LOS
FUNDADORES

LOS

FUNDADORES

LA HISTORIA DE PAYPAL Y LOS EMPRENDEDORES
QUE DIERON ORIGEN A SILICON VALLEY

JIMMY SONI

REVERTÉ MANAGEMENT

The Founders
Los fundadores

Copyright © 2022 Jimmy Soni

Todos los derechos reservados, incluido el derecho de reproducción total o parcial en cualquier forma.

© **Editorial Reverté, S. A., 2023**
Loreto 13-15, Local B. 08029 Barcelona – España
revertemanagement.com

Edición en papel
ISBN: 978-84-17963-64-4 (rústica)
ISBN: 978-84-17963-65-1 (tapa dura)

Edición en ebook
ISBN: 978-84-291-9719-8 (ePub)
ISBN: 978-84-291-9720-4 (PDF)

Editores: Ariela Rodríguez / Ramón Reverté
Coordinación editorial y maquetación: Patricia Reverté
Traducción: Genís Monrabà Bueno
Revisión de textos: M.ª del Carmen García Fernández

Impreso en España – *Printed in Spain*
Depósito legal: B 2480-2023 (rústica)
Depósito legal: B 2481-2023 (tapa dura)
Impresión y encuadernación: Liberdúplex
Barcelona – España

93 (rústica)
94 (tapa dura)

A mi hija, Venice, que llegó justo al empezar este proyecto, y a mi difunta editora, Alice, que nos dejó justo al terminar.

Contenidos

Debe notarse bien que no hay cosa más difícil de manejar, ni cuyo acierto sea más dudoso, ni se haga con más peligro, que el obrar como jefe para introducir nuevos estatutos. Tiene el introductor por enemigos activísimos a cuantos sacaron provecho de los antiguos estatutos, mientras que los que pudieran sacar el suyo de los nuevos no los defienden más que con tibieza. Semejante tibieza proviene en parte de que ellos temen a sus adversarios que se aprovecharon de las antiguas leyes, y en parte de la poca confianza que los hombres tienen en la bondad de las cosas nuevas, hasta que se haya hecho una sólida experiencia de ellas.

Nicolás Maquiavelo, El príncipe

Aquellos que han aprendido a caminar en el umbral de los mundos desconocidos, por medio de lo que comúnmente se llama por excelencia las ciencias exactas, pueden entonces, con las hermosas alas blancas de la imaginación, esperar remontarse más hacia lo inexplorado en medio del cual vivimos.

Ada Lovelace

Introducción

—Joder, tendré que abrir el baúl de los recuerdos —dijo Elon Musk.

Estábamos en una habitación sin apenas muebles, pero la metáfora era válida: Musk se disponía a contarme la historia de PayPal.

Cuando nos conocimos, en enero de 2019, PayPal (empresa que Musk había fundado dos décadas antes junto con otros tres socios) era una cuestión muy secundaria para él. El día anterior había hecho público que Tesla Motors, la empresa de automóviles eléctricos que dirige desde 2003, iba a hacer grandes recortes de personal. Y la semana previa había reducido en una décima parte la plantilla de SpaceX, la compañía de fabricación y transporte aeroespacial que fundó en 2002. En medio de esa vorágine, yo no sabía hasta qué punto Musk estaría dispuesto a ahondar en el pasado, y sospechaba que me despacharía con una rápida charla informal.

Pero a medida que hablaba sobre los orígenes de Internet y PayPal, la conversación empezó a ramificarse y me relató sus prácticas en un banco canadiense, la creación de su primera empresa, de la segunda, y su fracaso como CEO.

Al final de la tarde, casi tres horas después, le sugerí que nos tomáramos un descanso. Habíamos acordado una entrevista de una hora, y aunque Musk había sido muy generoso con su tiempo no quería aprovecharme. Sin embargo, cuando se levantaba para acompañarme a la salida me regaló otra historia de PayPal. Con 47 años, Musk hablaba con el entusiasmo de un veterano recordando sus buenos tiempos:

—¡No puedo creer que hayan pasado 20 años!

■ ■ ■

Era difícil de creer, no solo por el tiempo transcurrido, sino por todo lo que habían logrado en ese periodo los extrabajadores de la empresa. Si has usado Internet en los últimos 20 años, seguro que has entrado en contacto con algún producto, servicio o web relacionado con los creadores de PayPal. Los fundadores de muchas de las empresas más relevantes de nuestro tiempo (YouTube, Yelp, Tesla, SpaceX, LinkedIn o Palantir) trabajaron antes en PayPal, y muchos otros de los antiguos empleados de esta marca ostentan ahora cargos de responsabilidad en Google, Facebook o las principales sociedades de capital riesgo de Silicon Valley.

En las dos últimas décadas, exmiembros de PayPal, tanto los que daban la cara como los que se movían entre bastidores, han participado de alguna forma en todas las empresas de éxito de Silicon Valley. En conjunto, constituyen una de las redes más poderosas y triunfadoras del planeta (la controvertida expresión «la Mafia de PayPal» capta a la perfección el grado de poder e influencia que han alcanzado). De sus filas han surgido varios multimillonarios, y la suma de su patrimonio neto es superior al PIB de Nueva Zelanda.

Pero fijarse solo en el poder y la influencia que ejercen en el mundo tecnológico hace olvidar el alcance real de su impronta: también han fundado organizaciones sin ánimo de lucro, producido películas galardonadas, escrito libros de gran éxito y asesorado a políticos de toda índole. Y su labor no acaba ahí: en la actualidad, se han propuesto retos como la catalogación de los registros genealógicos mundiales o la recuperación de los ecosistemas forestales.

Además, han sido el epicentro de las mayores controversias sociales, políticas y culturales de nuestra era, que incluyen reñidos debates sobre la libertad de expresión, la normativa financiera, la privacidad, la desigualdad económica, la eficacia de las criptomonedas y la discriminación en Silicon Valley. Para sus admiradores, son todo un ejemplo; pero para sus detractores representan lo peor de la tecnología: un pequeño grupo de idealistas que acumula más poder que nadie en la historia de la humanidad. Los fundadores de PayPal no dejan a nadie indiferente: son héroes o villanos.

■ ■ ■

Sin embargo, aquellos días de PayPal suelen pasarse por alto. Y si, por casualidad, alguien lo menciona, lo habitual es que solo le dedique un breve párrafo reconociéndolo como origen de los increíbles hitos alcanzados más adelante. Porque esos éxitos y sus controversias son de tal envergadura que restan importancia a los orígenes. Al fin y al cabo, los viajes espaciales son más atractivos que un simple servicio de pago online.

Pero a mí me resulta extraño. Es como si todos ellos se hubieran criado en el mismo pueblo y nadie se preguntara qué tenía de especial ese lugar. También me parece injusto: ignorar la fundación de PayPal supone olvidarse de lo esencial de sus creadores, es decir, dejar de lado la experiencia crucial de sus orígenes profesionales, esa que ha determinado lo que lograron más adelante.

Solo cuando empecé a indagar y hacer preguntas sobre los orígenes de PayPal pude darme cuenta de cuántas historias cayeron en el olvido y cuántos de sus protagonistas han desaparecido de los relatos posteriores. Varias personas a las que entrevisté me aseguraron que nunca les habían preguntado sobre su paso por PayPal. Y gran parte de sus historias eran tan jugosas y reveladoras como las de los nombres más conocidos.

De hecho, es en los recuerdos de decenas de ingenieros, diseñadores de UX, arquitectos de redes, especialistas en producto, agentes antifraude y personal de apoyo donde la historia de PayPal recupera su esplendor. Como declaró un antiguo trabajador: «Había gente como Peter Thiel, Max Levchin y Reid Hoffman. Pero cuando llegué a la empresa las auténticas estrellas eran los administradores de bases de datos».

Conocidos o no, los cientos de personas que trabajaron en PayPal entre 1998 y 2002 creen que la experiencia fue trascendental: influyó en su manera de entender el liderazgo, la capacidad estratégica y la tecnología. Varios extrabajadores me comentaron que han pasado el resto de su vida profesional pretendiendo hallar un equipo con la misma intensidad, idéntico potencial y similares conocimientos. «Era algo muy especial, y creo que no todo el mundo se dio cuenta en ese momento —me comentó un miembro del departamento de producto—. Por eso, ahora, cuando analizo a un equipo busco esa magia que surgió en los primeros tiempos de PayPal. Es extraño, pero es lo que seguimos buscando».

Otro trabajador destacó la reacción en cadena que había provocado PayPal, no solo en la vida de gente como Musk, Levchin y Hoffman —cuyas creaciones han causado un gran impacto en millones de personas—, sino en la de los cientos que estuvieron presentes en el momento de su fundación. «Es algo que me marcó y que tal vez lo haga el resto de mi vida», confesó.

Comprender esa época permite desvelar un periodo extraordinario de la historia tecnológica y de las vidas de quienes lo hicieron posible. Y, cuanto más sabía sobre ello, más convencido estaba de que abrir ese «baúl de los recuerdos» valía la pena.

■ ■ ■

La fundación de PayPal es una de las mayores y más increíbles historias de los inicios de Internet. Dos décadas después, cuando ya la «e» de «e-commerce» resulta redundante, es fácil dar por sentado un servicio como PayPal. Ahora que con un par de clics te traen un coche a la puerta de tu casa, enviar dinero por Internet no parece gran cosa. Sin embargo, asumir que el desarrollo tecnológico necesario para hacerlo fue pan comido o que el éxito de PayPal era previsible es un tremendo error.

La PayPal que conocemos en la actualidad es el resultado de la fusión de dos empresas. Una de ellas (que primero se llamó Fieldlink y más adelante rebautizaron como Confinity) la fundaron dos auténticos desconocidos en 1998: Max Levchin y Peter Thiel. Y, en la búsqueda de un producto rentable, crearon una herramienta que vinculaba el dinero con el correo electrónico: un servicio conocido como PayPal que se topó con un público entusiasta en el portal de subastas eBay.

Pero Confinity no era la única compañía que trabajaba en el desarrollo de un sistema de pagos online. Justo después de vender su primera empresa, Elon Musk fundó X.com, que también se dedicó a enviar dinero por correo electrónico. Sin embargo, esa no era ni por asomo su intención original: él estaba convencido de que los negocios digitales debían cambiar de forma drástica y de que X.com sería la plataforma que lo haría posible. *A priori*, la nueva empresa iba a ser un portal con un completo catálogo de productos y servicios financieros. No obstante, una serie de cambios estratégicos la llevaron al mismo mercado de pagos online que Confinity, y ello le dio acceso a un mercado de servicios financieros mucho mayor.

Confinity y X.com lucharon de un modo feroz para repartirse el mercado de eBay, una disputa que incentivó su de por sí airada competitividad y acabó en una conflictiva fusión. Durante muchos años, la supervivencia de la compañía fue una incógnita: hubo demandas, fraudes y estafas externas. Sus fundadores se enfrentaron a gigantes financieros, a la crítica periodística, a un público escéptico, a legisladores hostiles e incluso a estafadores extranjeros. En apenas cuatro años, sobrevivieron al estallido de la burbuja de las puntocom, a las investigaciones de la fiscalía y a una réplica de la empresa que creó uno de sus inversores.

Además, PayPal tuvo que hacer frente a un mercado muy competitivo. En sus inicios vio llegar al sector una docena de nuevos rivales, al tiempo que se defendía de la competencia ya existente, como Visa, MasterCard o los grandes bancos. Y, como era la principal plataforma de pagos de eBay, también se topó con la resistencia de los ejecutivos de dicha compañía, que la veían como una empresa externa que los despojaba de las comisiones que les correspondían. Por eso, para quitarse de en medio a PayPal, eBay adquirió y puso en marcha su propia plataforma de pagos; todo aquello generó una rivalidad que, sin duda, marcó esos primeros años.

■ ■ ▪

Como era de esperar, la aparición de enemigos externos no apaciguó las disputas internas. «Llamarnos mafia es un insulto para las mafias —bromeó John Malloy, miembro inicial de la junta—. Están mucho más organizadas que nosotros». En sus dos primeros años de recorrido, PayPal tuvo tres CEO, y su directiva amenazó con dimitir al completo en dos ocasiones.

A decir verdad, los directivos de PayPal no tenían mucha experiencia. Tanto gran parte de sus fundadores como de la plantilla inicial se incorporaron a la empresa con apenas 20 años, recién salidos de la universidad: aquel fue su primer contacto con el mundo profesional. Un fenómeno bastante común en un Silicon Valley que, a finales de los noventa, estaba repleto de jóvenes tecnólogos queriendo hacer fortuna. Pero, incluso para los estándares de Silicon Valley, su cultura empresarial rompía moldes. Entre su equipo inicial había gente que dejó los estudios, jugadores de ajedrez o campeones de resolución de puzles; todos ellos fueron elegidos por sus excentricidades.

En la oficina central de la compañía había un contador de nuevos usuarios: «The World Domination Index», así como la inscripción «Memento Mori», que en latín significa «recuerda que morirás». Al parecer, aquel extraño equipo de PayPal quería dominar el mundo... o morir en el intento.

Muchos analistas pronosticaron más bien la segunda posibilidad. A finales de los noventa, solo un 10 % de los negocios virtuales era digital, y aún la mayor parte de las transacciones monetarias se hacían enviando cheques por correo ordinario. Mucha gente no se atrevía a facilitar sus datos bancarios porque relacionaba portales como PayPal con actividades ilícitas, como el blanqueo de capitales o la venta de droga. En vísperas de su salida a bolsa, una destacada revista especializada aseguró que el país necesitaba PayPal «tanto como una epidemia de ántrax».

Bueno, puedes obviar la mala prensa. Pero nadie es inmune a los grandes cataclismos que afectan a la humanidad. Y justo cuando los fundadores de PayPal se preparaban para sacar su empresa a bolsa, dos aviones aparecieron en el cielo de Nueva York y se estrellaron contra las Torres Gemelas. PayPal fue la primera compañía en solicitar su salida a bolsa después del 11 de septiembre de 2001, cuando el país y los mercados financieros apenas empezaban a recuperarse del ataque.

Entremedias, sus responsables se enfrentaron a innumerables demandas, a las inspecciones de la Comisión de Bolsa y Valores, así como a varios escándalos contables de otras empresas. Al final, tras múltiples contratiempos (una fusión conflictiva, decenas de millones de dólares perdidos por fraude y un contexto complicado para las acciones de las empresas tecnológicas), logró algo insólito: una asombrosa salida a bolsa y su adquisición, ese mismo año, por eBay, que pagó 1500 millones de dólares.

■ ▧ ▧

Tiempo después, Musk corrigió a un periodista que insinuó al entrevistarle que PayPal había sido una empresa de difícil creación. «Abrirla no fue complicado —le respondió—, lo complicado fue mantenerla a flote». 20 años más tarde, PayPal puede atribuirse un raro logro para sus contemporáneas: todavía existe. Con el tiempo, eBay se desvinculó de PayPal, que hoy tiene un valor aproximado de 300.000 millones de dólares, lo que la convierte en una de las mayores empresas del mundo.

Solo pasaron dos años entre la fusión de X.com y Confinity y la salida a bolsa de PayPal. Sin embargo, para muchos trabajadores fue como toda una vida laboral. Muchos recuerdan aquella empresa como un hervidero de ideas salvaje, creativo e intenso. Un miembro del equipo se dio cuenta de ello nada más incorporarse: cuando se dirigía hacia su cubículo, vio un frasco de analgésicos de tamaño industrial a su derecha, y a su izquierda, en el siguiente cubículo, oyó a una colega discutir con su esposo: «Recuerdo que le dijo: "Mira, no volveré a casa esta noche. No hay más que hablar"».

Así que todo el mundo recuerda esa época como un borrón en sus vidas, una nebulosa de ansiedad, adrenalina y extenuación. Un ingeniero dormía tan poco que se estrelló dos veces con el coche de camino a casa. Y el director tecnológico (CTO) describió a su personal como «un grupo de veteranos de guerra en medio de una intensa campaña militar».

Aun así, la totalidad de los antiguos trabajadores de PayPal sienten cierta nostalgia. «Fue una locura muy emocionante —señaló Amy Rowe Klement—. Creo que ni siquiera nos dábamos cuenta de a qué barco nos habíamos subido». Otros me explicaron que fue entonces cuando alcanzaron su máximo potencial profesional. «Sentía que formaba parte de algo grande. Nunca lo había experimentado antes», me confesó Oxana Wootton, analista de control de calidad. «Hoy en día —apuntó, por su parte, Jeremy Roybal—, todavía echo de menos aquellos tiempos».

■ ■ ■

Muchas de las personas que acabaron en PayPal llegaron allí de una forma inusual. Y este libro, este proyecto, surgió de un modo parecido. Mientras preparaba mi último libro, una biografía del difunto Dr. Claude Shannon (ideólogo de la teoría de la información y uno de los grandes genios olvidados del siglo xx), investigué la empresa en la que trabajaba, Bell Laboratories; era la división de investigación de la compañía telefónica Bell, y entre sus científicos e ingenieros habían ganado seis premios Nobel y habían inventado, entre otras cosas, la marcación por tonos, el láser, las redes celulares, los satélites de comunicaciones, las células solares y el transistor.

Entonces empecé a pensar en otras concentraciones de talento similares, incluyendo compañías tecnológicas como PayPal, General Magic y Fairchild Semiconductor, pero también en grupos ajenos a ese mundo, como los Fugitivos (poetas), el círculo de Bloomsbury y los *soulquarians*. En una ocasión, Brian Eno, músico y productor británico, contó que cuando estudiaba artes visuales le enseñaron que las revoluciones artísticas surgen a partir de figuras solitarias como Picasso, Kandinsky o Rembrandt. Sin embargo, al estudiar en profundidad a estos revolucionarios descubrió que habían sido el resultado de «un escenario muy fértil que involucraba a muchas más personas, desde artistas a coleccionistas, curadores, pensadores, teóricos… Todo tipo de gente que había generado un contexto que fomentaba el talento».

Eno lo llamó «escenario». «El escenario —dijo aquella vez— es la inteligencia de un conjunto de personas. Y, en realidad, creo que es la mejor forma de pensar en el mundo de la cultura». También es una buena manera de concebir la historia de PayPal; es decir, entenderla como un relato de las vidas, relaciones e interacciones de miles de individuos que formaron parte del nacimiento de Internet.

En la actualidad, la narrativa sobre el mundo tecnológico suele ser una historia de logros individuales, donde el «genio» ensombrece el «escenario». Así, Jobs es la piedra angular de Apple, como Bezos lo es de Amazon, Gates de Microsoft o Zuckerberg de Facebook. Pero el éxito de PayPal es otro tipo de relato: en él no existe un único héroe o heroína. A lo largo de la historia de la empresa, distintos miembros del equipo llevaron a cabo innovaciones cruciales que la salvaron, y si se hubiera prescindido de cualquiera de ellos es posible que todo hubiera fracasado.

Es más, gran parte de los mayores éxitos de PayPal surgieron de roces entre equipos; esa tensión entre los departamentos de producto, diseño y marketing promovió grandes innovaciones. Los pasos iniciales de la empresa estuvieron marcados por profundas disputas, y, como señala uno de sus primeros ingenieros, James Hogan, «hallamos una forma de colaborar que nos permitía trabajar sin pisarnos, profesional ni personalmente, pero que al mismo tiempo generaba problemas y desafíos». Y esa falta de armonía daba lugar a las innovaciones.

Ese era mi objetivo, captar ese «escenario»: esa fértil mezcla de personas que se enfrentaron a una serie de retos en un momento concreto de la historia tecnológica.

■ ▨ ▨

Para cualquier escritor, empezar a trabajar con el relato original de PayPal, aunque no sea sencillo, resulta apasionante. Yo comencé analizando al detalle todo aquello que se había dicho y publicado sobre el tema. Por fortuna, muchos de los fundadores de la empresa poseen un generoso perfil público: han publicado libros, creado podcasts y hablado sobre PayPal en conferencias, por televisión o radio. De modo que analicé cientos de horas de sus declaraciones y todos los artículos publicados sobre los años iniciales de PayPal, así como algunos libros y trabajos académicos que habían usado como caso de estudio a esta empresa.

También traté de contactar con muchos trabajadores de PayPal anteriores a la OPA, y entrevisté a cientos de ellos durante el proyecto. Llegado a este punto, estoy muy satisfecho, porque he podido hablar con todos los fundadores de la empresa y con la mayor parte de los miembros iniciales de su junta y los primitivos inversores. También he estado en contacto con colaboradores externos que me han aportado perspectivas muy valiosas: ciertos asesores técnicos, la persona cuya firma dio origen al nombre de «PayPal», los inversores que estuvieron a punto de apostar por la empresa y los líderes de la competencia. Me gustaría dar las gracias a todas las personas que me permitieron husmear en sus notas, documentos, fotos, recuerdos y decenas de miles de emails de esa época.

En muchos casos, he descubierto historias de PayPal que nunca habían visto la luz, como los desgarradores relatos sobre el más que probable fracaso de la fusión entre X.com y Confinity, y lo cerca que estuvo de irse a pique la empresa en varios momentos. Por otro lado intenté entender cómo, gracias al caos, surgieron las grandes innovaciones de PayPal y llegaron a formar parte de lo que hoy en día es Internet.

El resultado de estos años de investigación es una historia de ambición, innovación… e improvisación. De la incertidumbre surgió una generación de empresarios cuyos éxitos posteriores llevan el sello de PayPal. Sin embargo, el primer triunfo de esta compañía —su propia supervivencia— fue el resultado de un intenso esfuerzo. Bien entendido, su relato es una odisea de cuatro años, navegando de fracaso en fracaso.

Por eso es lógico que el origen de PayPal fuera un desastre tecnológico que ocurrió a miles de kilómetros de Silicon Valley y que descubrió a uno de sus futuros fundadores el mundo de la tecnología.

PARTE 1
LA DEFENSA SICILIANA

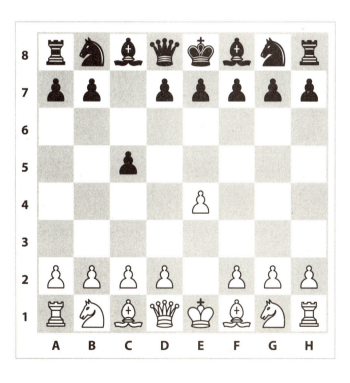

1

LOS CIMIENTOS

El número de febrero de la revista *Soviet Life* de 1986 incluía un folleto de diez páginas: «Paz y Prosperidad en Pripyat». Según rezaba, Pripyat era una ciudad idílica y cosmopolita. «En la actualidad, residen en ella personas de más de 30 nacionalidades de la Unión Soviética», escribieron sus autores. «Las calles están repletas de flores. Bloques de apartamentos se alzan entre los pinares. Cada zona residencial cuenta con una escuela, una biblioteca, tiendas, instalaciones deportivas y parques. Por la mañana hay menos ajetreo; solo se ven mujeres jóvenes empujando los cochecitos de sus bebés, de paseo por los alrededores».

Si acaso la ciudad tenía algún problema, este era la falta de espacio para los recién llegados. «Pripyat está viviendo un *baby boom*», declaraba el alcalde. «Hemos abierto decenas de guarderías. Hay más en construcción, pero todavía no podemos hacer frente a la demanda».

Y la demanda era comprensible, porque aquel lugar albergaba una de las maravillas tecnológicas de la Unión Soviética: la planta nuclear de Chernóbil; un gran centro económico que, según el artículo, proporcionaba empleos bien remunerados y una energía «mucho más limpia que la de las centrales térmicas, que queman grandes cantidades de combustible fósil».

Pero ¿era segura? A un ministro soviético le preguntaron a bocajarro sobre esta cuestión, y contestó con la confianza y seguridad de un responsable político: «Las probabilidades de que ocurra un desastre nuclear son de una entre un millón», afirmó.

Unos meses más tarde de que *Soviet Life* alabara el estilo de vida de Pripyat, la ciudad se convirtió en una escombrera radiactiva. A la 1:23 del 26 de abril de 1986, la fusión del núcleo del reactor número cuatro de la central causó una explosión que arrancó de cuajo las más de mil toneladas de revestimiento de la instalación. Pronto, en el cielo de Pripyat flotó 400 veces más material radioactivo que en el de Hiroshima.

Cuando la central saltó por los aires, Maksymilian «Max» Rafailovych Levchin tenía diez años y dormía a unos 150 km de allí. Al despertar, su vida había cambiado por completo. En esos instantes iniciales de angustia, sus padres lo metieron en un tren junto a su hermano. Durante el viaje, lo examinaron con un contador Geiger en busca de radiación y saltaron las alarmas del aparato. Pero era una falsa alarma: la espina de una rosa que tenía clavada en el pie estaba contaminada. No obstante, por un momento pensó en la posibilidad de que le tuvieran que amputar ese pie.

■ ▦ ▦

El desastre de Chernóbil afectó a toda la familia Levchin, incluida su madre, Elvina Zeltsman. Ella era física y trabajaba en el laboratorio radiológico del Instituto de Ciencias de la Alimentación.

Antes de la explosión, era un puesto de trabajo tranquilo. Según su hijo, se pasaba los días comprobando la seguridad de las reservas de alimentos en Ucrania. Sin embargo, tras el desastre, cuando los alimentos radioactivos empezaron a proliferar en el norte del país, sus responsabilidades se incrementaron tanto como su dedicación.

Para ayudarla en su labor, el Gobierno soviético envió dos ordenadores a su oficina: un Soviet DVK-2 y un East German Robotron PC 1715. De vez en cuando, Levchin acompañaba a su madre al trabajo y, al principio, consideró que esos ordenadores eran dos máquinas inútiles y aburridas. Y así fue hasta que llegó un juego para el DVK-2: el *Stakan* (otro nombre para el *Tetris*, el juego que crearon en 1984 los ingenieros de la Academia de Ciencias de la Unión Soviética). A partir de entonces se quedó enganchado.

Sin embargo, la curiosidad de Levchin pronto se centró en el Robotron. Venía con un compilador *Pascal*, un programa que convertía el código escrito en lenguaje de programación. En la caja también había un manual pirata de *Turbo Pascal* versión 3.0, que explicaba el funcionamiento del compilador. Este tipo de manuales eran muy escasos en la Unión Soviética, y para Levchin se convirtió en una suerte de biblia.

Poco después, ya era capaz de programar software rudimentario. Estaba fascinado. «La posibilidad de decirle a una máquina que hiciera algo que solo podías saber en el futuro fue un descubrimiento extraordinario —declaró años más tarde—. A partir de ahora, para abordar una tarea ya no es necesario saberlo todo. Puedo programarlo, y se llevará a cabo más adelante». Antes, Levchin aspiraba a ser profesor de matemáticas; ahora decía con orgullo que de mayor sería programador.

El chaval disfrutaba escribiendo código y programando juegos, pero los ordenadores no estaban ahí para su deleite personal; en principio, eran una herramienta para que Elvina detectara radiación en los alimentos. Sin embargo, cuando se percató de los asombrosos conocimientos técnicos de su hijo le propuso un trato: si la ayudaba con su trabajo, le dejaría usar los ordenadores.

No obstante, eso le limitaba para programar lo que se le antojara. Así que, con el fin de aprovechar al máximo el tiempo que podía usarlos, ideó un nuevo método: escribiría el código con papel y lápiz. Así, en un parque cercano a la casa familiar, escribía y corregía a mano sus programas, y cuando terminaba las tareas de su madre transfería el contenido de su cuaderno al ordenador. Entonces, la máquina dictaba sentencia: «Si copio exactamente los códigos de mi cuaderno, ¿el programa se ejecutará o tendré que corregirlo?».

Este proceso de aprendizaje le imponía un alto nivel de exigencia. «Siempre me describo como un programador que empezó con ordenadores rudimentarios —señaló Levchin una vez—. Era una forma de actuar compleja, con diferentes lenguajes de programación. Es probable que eso me convirtiera en una persona muy meticulosa, pero, desde luego, también fomentó en mí la perseverancia. Supongo que nunca tuve la opción de tomar el camino más fácil».

■ ■ ■

Y esa era una característica familiar: los Levchin nunca elegían el camino cómodo. Eran judíos en un Estado antisemita; sabían, pues, que tenían que trabajar el doble que los demás y afrontar muchos más obstáculos que la mayoría de la gente. Una mañana, el padre de Levchin se levantó y descubrió una estrella de David pintada en la puerta de casa. Le dijeron a su hijo que, dada su religión, su única oportunidad de entrar en una buena universidad era ser el mejor en secundaria.

No obstante, a pesar de las dificultades la familia Levchin siempre había logrado salir adelante. La abuela materna era buen ejemplo de ello: la doctora Frima Iosifovna Lukatskaya era una fuerza de la naturaleza de metro y medio, doctorada en Astrofísica, que trabajaba en el Observatorio Astronómico Principal de la Academia de Ciencias de Kiev. Contribuyó muchísimo al desarrollo de la espectroscopia astronómica, y sus extensos artículos sobre el «Análisis autocorrelativo del brillo de las estrellas variables irregulares y semirregulares» y las «Propiedades de la radiación óptica de las variables y los cuásares» se publicaron en las revistas más prestigiosas.

Para Levchin era el epítome de la fortaleza: una mujer que había triunfado en una disciplina dominada por hombres, y una judía que había alcanzado el éxito en un país antisemita. Su coraje era sobrenatural. Cuando nació Max, le diagnosticaron un extraño y agresivo cáncer de mama. «Dijo que no podía morir, que su nieto acababa de nacer. Así que se propuso vivir otros 25 años —me contó Levchin—. Tengo la suerte de disponer del ejemplo cercano de alguien que nunca se rindió, bajo ninguna circunstancia».

A finales de los ochenta, cuando Levchin casi era adolescente, la economía soviética entró en barrena y en el Politburó (el máximo órgano de poder) cundió el pánico. Lukatskaya comenzó a oír los inquietantes ecos de la Segunda Guerra Mundial, cuyos horrores había vivido en primera persona. Según la familia, el KGB vigilaba de cerca al padre de Levchin, y existía la posibilidad de que lo borraran del mapa.

Lukatskaya solicitó financiación a una organización judía de refugiados y se ocupó de todo para que la familia emigrara a Estados Unidos. Aquella huida fue un secreto muy bien guardado. «Fue un año disparatado: durante meses supe que íbamos a dejar el país, pero no podía decírselo a nadie», recuerda Levchin.

La familia partió hacia el aeropuerto dejando atrás muchas de sus posesiones. A pesar de viajar en pleno mes de julio, los Levchin llegaron a la terminal embutidos en abrigos de invierno para evitar declararlos. Tras la última entrevista con el agente de aduanas, que les advirtió que no habría vuelta atrás, tomaron el vuelo hacia los Estados Unidos.

■ ■ ■

Así, envueltos en sus abrigos, la familia aterrizó en el aeropuerto de Chicago el 18 de julio de 1991, un día antes de que comenzase la mortal ola de calor que azotó la ciudad aquel verano. Vendieron los abrigos a un marchante por unos pocos dólares, pero esa pequeña cantidad de dinero fue de gran ayuda. Justo antes de abandonar Ucrania, el rublo se había devaluado y había convertido los escasos miles de dólares que habían ahorrado en apenas unos cientos.

Para la familia, emigrar a Estados Unidos fue arriesgado; pero para Levchin, de casi 16 años, fue el primer paso de una aventura épica. Había sido un buen estudiante en el instituto, y quería que la Junta de Educación de Chicago convalidara su expediente académico. Sin embargo, en vez de pedir ayuda a sus padres, tomó un autobús con la intención de alcanzar por su cuenta ese objetivo.

De camino, se equivocó de parada y bajó en las viviendas de Cabrini-Green, una de las zonas más peligrosas de la ciudad. «Nada más echar a andar, pensé que nadie se parecía a mí —recuerda Levchin—. Estaba fuera de lugar... Era un chico flaco, judío, con mucho pelo, que parecía vestir el uniforme de una fábrica de Lenin en San Petersburgo, lo cual era cierto».

Levchin intentó integrarse como pudo. Poco después de llegar, encontró en la basura un televisor que su familia reparó sin problemas. Ahora ya podía ver *Arnold* (la famosa serie de televisión); y, como años más tarde le contó a la periodista Sarah Lacy, aprendió el idioma imitando el inglés de su protagonista, Arnold (Gary Coleman), que se había criado en Harlem.

—¿Dónde aprendiste inglés? —le preguntó a Levchin uno de sus profesores, sorprendido por la mezcla de acento neoyorquino y ucraniano.

—*Watchu talkin' 'bout, Mr. Harris?* —respondió Levchin, imitando al personaje de la serie.

Al final, el profesor le aconsejó que ampliara su repertorio de series de televisión.

Para Levchin, el idioma y la cultura eran nuevos, pero algo permanecía intacto: su amor por los ordenadores. Y en Estados Unidos tuvo por fin la oportunidad de usar uno a su antojo. Fue un regalo de un familiar, y era capaz de hacer algo que los viejos equipos que había manejado en Ucrania no podían: conectarse a Internet. Pronto se prendó de la red informática mundial, y encontró portales y foros repletos de espíritus afines.

También hizo buenas amistades en el instituto. En el Stephen Tyng Mather High School, al norte de Chicago, se inscribió en el club de ajedrez, creó el de informática y empezó a tocar el clarinete en la banda del centro, junto con un amigo que más tarde sería su socio en PayPal, Erik Klein, que tocaba el trombón. En aquella época, Levchin daba ya muestras de su característica meticulosidad. Un amigo suyo, Jim Kellas, que más adelante trabajaría también en PayPal, recuerda que una vez se quedaron solos en la parte de atrás de la clase de arte. Como estaban aburridos, decidieron lanzar cuchillos contra la pared como si fueran dardos. «Max es muy perfeccionista. Siempre quiere ser el mejor en todo lo que hace. Por eso, pasó el dedo por el filo del cuchillo, estimó el peso y calculó la mejor forma de arrojarlo —recuerda Kellas—. Yo le dije que se dejara de historias, que solo tenía que lanzarlo con fuerza».

Levchin destacaba en matemáticas y ciencias, por eso cuando llegó la hora de matricularse en la universidad acudió a la consejera del instituto lleno de ambición: quería estudiar en el «MTI». «Quiero entrar en el MTI —le dijo—. Tienes que meterme allí». La consejera lo escuchó con atención, pero lo más seguro es que se preguntase qué diablos era el «MTI».

Desde luego, se refería al MIT, el prestigioso Instituto Tecnológico de Massachusetts. Pero la consejera le recomendó solicitar plaza en la cercana Universidad de Illinois (UIUC). No obstante, había un problema: el plazo de solicitud había vencido. Por suerte, al revisar los requisitos se dio cuenta de que para los estudiantes internacionales seguía vigente, y entrevió una oportunidad: «Soy un estudiante internacional —alegó—. No tengo la nacionalidad, llegué a EE. UU. hace menos de dos años, ¿quién se va a dar cuenta?». Y, con esa excusa, la UIUC lo admitió.

■ ■ ■

Cansado de vivir en la casa familiar, Levchin se mudó al campus dos semanas antes de empezar las clases. Los comedores todavía estaban cerrados, así que su primera comida universitaria fue en el McDonald's de Green Street. Intentó pasar desapercibido. Antes de llegar, había recibido una carta de invitación a un acto de bienvenida para los nuevos estudiantes internacionales, en el cercano aeropuerto Willard; no parecía que pudiera escaquearse.

«Tenía miedo de que descubrieran mi artimaña», recuerda Levchin. Por eso, aquel día salió del campus y fue al aeropuerto con una maleta en cada mano. Se mostró sorprendido en todo momento, como si acabara de pisar por primera vez suelo estadounidense. «Todo aquel paripé estaba muy bien montado», reconoció.

Aun así, su admisión en la UIUC forjó una afortunada relación entre aquel joven y enérgico experto en tecnología y uno de los epicentros mundiales de la informática. Durante décadas, los investigadores de la UIUC fueron pioneros en el mundo digital y crearon algunas de las primeras redes sociales. Mientras Levchin fingía que acababa de llegar del extranjero, el Centro Nacional de Aplicaciones de Supercomputación (NCSA) de la UIUC anunciaba un nuevo navegador web, el Mosaic. Entre otras mejoras, Mosaic añadió gráficos a la web y simplificó su instalación, lo cual mejoró la accesibilidad a Internet y aceleró su crecimiento. Y todo eso con la UIUC como centro de operaciones.

Para un novato como Max Levchin, los éxitos de su universidad eran trascendentales, pero también es cierto que en esa época buscaba lo mismo que cualquier recién llegado: amigos y diversión; ambos los halló en el Quad Day, el día en que las asociaciones estudiantiles se presentan ante los novatos. Levchin divisó a un grupo de jóvenes con pinta de empollones que estaban de pie junto a un ordenador cubierto por una caja de cartón que protegía el monitor de los reflejos del sol. Para los que acabarían siendo los futuros miembros de la Association for Computering Machinery (ACM), estaba claro que los rayos de sol no iban a ser un impedimento para pasar tiempo frente a una pantalla. «Esta es mi gente», concluyó Levchin.

Y estaba en lo cierto. Fundada a mediados de los sesenta, la ACM de la UIUC pronto se convirtió en el centro de cualquier asunto relacionado con la informática en el campus y en un auténtico hogar para generaciones de estudiantes de ciencias de la computación. Cuando Levchin llegó al campus, los diversos Grupos de Interés Especial (SIG) de la ACM hacían de todo, desde redes avanzadas hasta realidad virtual inmersiva. Uno de sus miembros de aquella época declaró: «He visto departamentos de informática con menos potencia de cálculo que el que teníamos en nuestra oficina de la ACM».

Levchin se sentía como en casa. Tanto era así que pronto pasó más tiempo en la oficina de la ACM que había en el Laboratorio de Informática Digital (DCL) que en su habitación de Blaisdell Hall. «Puedo asegurarte que el tema de Eric Johnson *Ah Via Musicom* dura lo mismo que un trayecto en bicicleta desde Blaisdell al DCL. Lo hice muchas, muchas veces», confesó años después a la revista de exalumnos de la universidad.

■ ■ ■

En la ACM, Levchin también conoció a dos estudiantes que más tarde jugarían un papel crucial en su vida y en PayPal: Luke Nosek y Scott Banister. Se conocieron una noche que Nosek y Banister llegaron muy tarde a la oficina de la ACM. Al entrar, vieron a Levchin aporreando el teclado como si no hubiera un mañana. Por aquel entonces, pasaba tanto rato en la oficina que todos empezaban a preguntarse quién era.

—¿En qué estás trabajando? —preguntó Nosek.

—Estoy creando un simulador de explosiones —respondió Levchin.

—Pero ¿qué hace? ¿Para qué sirve? —dijo Banister.

—¿Qué quieres decir? Es chulo y ya está —replicó Levchin—. Funciona en tiempo real y calcula una explosión aleatoria cada vez.

—De acuerdo, pero ¿por qué lo haces? —insistió Nosek.

—No lo sé. Es entretenido —dijo Levchin.

—Es viernes por la noche. ¿No tienes nada mejor que hacer? —inquirió Banister.

—No... Esto me encanta. ¿Y ustedes? ¿No tienen nada mejor que hacer? —repuso Levchin.

—Vamos a abrir una empresa. Deberías apuntarte —anunció Nosek.

Como Levchin, Luke Nosek se había criado en una familia de inmigrantes que huyó de la dictadura comunista. Nació en Polonia, y llegó a Estados Unidos en los setenta. Era un alumno brillante, con una orientación técnica y un gran interés por aprender. Pero veía la escuela como un lugar asfixiante. «Empecé a pensar que mi educación dependía más de las cosas que quería hacer que de las que me obligaban a hacer», declaró en cierta ocasión. Entonces, su madre le prometió que la universidad sería una experiencia más independiente y liberadora.

Nosek eligió la UIUC por la sencillez del proceso de matriculación. Sin embargo, no pasó mucho tiempo antes de que el mundo académico lo volviera a desilusionar. «Al final del primer curso, solo pensaba en cómo faltar a clase», reconoció. Acabó rebuscando en el reglamento los requisitos mínimos para obtener el título y los siguió a pies juntillas. Además, siempre que se lo permitían compensaba las ausencias injustificadas con los buenos resultados de sus exámenes.

También buscaba mentes afines, y no tardó en dar con la ACM. «Era… como un pequeño grupo rebelde contra el mundo académico», me dijo Nosek. Incluso en comparación con las demás asociaciones estudiantiles, sentía que la ACM estaba al margen del sistema. «Nos dimos cuenta de que la gente se metía en otros grupos estudiantiles para usarlos como trampolín y entrar en el sistema». En cambio, a los miembros de la ACM no les interesaba el sistema, sino que mezclaron ese espíritu rebelde y su creatividad para llevar a cabo prototipos innovadores y arriesgados experimentos.

Como, por ejemplo, aquel que pretendía conectar a Internet la máquina de refrescos de su oficina. «Pensamos que uno de los mejores favores que podíamos hacer al mundo era conectar nuestra máquina expendedora a Internet», bromeó Nosek. Llamaron a la máquina «Caffeine». Según la revista del Departamento de Ciencias de la Computación, los miembros de la ACM habían «instalado un microcontrolador en una antigua máquina expendedora que estaba conectada a Internet, para que la gente pudiera comprar refrescos con su tarjeta de estudiante».

Nosek y el resto de miembros de la ACM estaban muy orgullosos de su hazaña, tanto por el resultado como por el desarrollo. «No fue nada fácil hackear una máquina expendedora para conectarla a

Internet —dijo Nosek—. Nos llevó tanto tiempo que, en lugar de eso, podríamos haber fundado eBay».

■ ■ ■

Antes de llegar Levchin, la ACM ya había juntado a Nosek y Scott Banister. Este sería luego el primero en llegar a Silicon Valley, vender una empresa emergente e invertir en PayPal.

Nacido en Misuri, Banister entró en contacto con el mundo tecnológico a una edad muy temprana. Tanto en el instituto como, más tarde, en la universidad, se entusiasmó con el desarrollo web y entró en la UIUC gracias a su excelente trayectoria en ciencias de la computación.

En aquella época, Banister también renegaba de la educación tradicional, y consideró que la universidad sería una buena cabeza de turco para mostrar su rechazo. De modo que trazó un plan para eludir las reglas de la UIUC: creó una empresa, se contrató a sí mismo como becario y utilizó esas prácticas para obtener los créditos que necesitaba.

Iconoclasta, intenso, persuasivo y con un peinado rollo Jesucristo, Banister se convirtió en un guía para Nosek y Levchin. Enseguida los tres trabaron amistad y empezaron a colaborar. Su primera iniciativa fue el diseño de una camiseta para la Jornada de Puertas Abiertas de Ingeniería de 1995, un congreso anual organizado por los estudiantes. Ese año, el invitado estrella era el cofundador de Apple, Steve Wozniak, y para aprovechar la ocasión decidieron lanzar ese pequeño proyecto, que serviría para reforzar su confianza y abordar empresas mayores.

A medida que iban conociéndose, Nosek y Banister iniciaron a Levchin en el libertarismo. Ambos habían fundado un grupo estudiantil libertario (Banister había desarrollado su web) e intentaron adoctrinar a Levchin, animándolo a asistir a distintos eventos y a leer libros como *El manantial*, de Ayn Rand, o *Camino de servidumbre*, de Friedrich Hayek. «[Nosek y Banister] eran los subversivos de nuestro grupo —declaró una vez Levchin—. Rebosaban amor libertario por los poros. Pero yo les decía que solo quería escribir código. Siempre me sentí extraño en ese ambiente».

La especialidad de Levchin era la ingeniería de software. En una ocasión, Banister intentó escribir su propio código en Perl, un lenguaje de programación útil pero poco sofisticado, y a Levchin le horrorizó. «Quita esto de mi vista —protestó—. Es una chapuza». Banister estaba encantado de que Levchin se encargara del código. «Max es quien me convenció para no ser programador —admitió Banister—. Él era mucho mejor».

En su primer proyecto serio, que llamaron SponsorNet New Media, unieron sus respectivos talentos para fundar una empresa de publicidad para sitios web. En principio echaron mano de sus ahorros, y cuando estos se acabaron recurrieron a las tarjetas de crédito. SponsorNet generó los ingresos necesarios para contratar a un equipo y alquilar unas oficinas al final de Huntington Street, uno de los lugares de referencia de Champaing. «Aún éramos estudiantes —recuerda Banister—. Así que, para nosotros, tener una oficina era un asunto bastante gordo».

Con el fin de poder centrarse en SponsorNet, Banister no se matriculó en ninguna asignatura ese semestre, mientras que Levchin y Nosek hallaron un frágil equilibrio entre las clases y sus obligaciones empresariales. El negocio estuvo en marcha un año. «En ese periodo nos gastamos el considerable capital de Scott, el poco que tenía Luke y el mío, que era casi inexistente», escribió Levchin más adelante, refiriéndose al cierre de aquella primera empresa. «Llegamos a un callejón sin salida. Las constantes ampliaciones de capital eran contraproducentes, y nuestras ganancias, insuficientes para mantener conectado el servidor».

A pesar del fracaso, SponsorNet fue una experiencia provechosa: era la primera vez que contrataban a un equipo, diseñaban un producto, lo vendían y ganaban —en este caso, perdían— dinero. «No creo que PayPal hubiera sido posible sin aquello», declaró Nosek.

■ ■ ■

Levchin, el único de los tres que creía en el sistema académico, recuerda muy bien esa época en la UIUC: «Era un bicho raro feliz. Iba a todas las clases y me encantaba. Entre las clases, escribir código, las chicas y descansar, cambié las dos últimas cosas por las dos primeras».

El expediente académico de Levchin estaba repleto de asignaturas técnicas, pero una de las pocas que no lo era lo marcó para siempre. En las clases de Cine estudió algunas de las películas más aclamadas del siglo xx y se obsesionó con *Los siete samuráis*, de Akira Kurosawa. «Pensaba que era la mejor película que se había hecho. Nunca había visto nada igual».

Durante las vacaciones de verano, se tragó repetidas veces las 3 horas y 27 minutos en blanco y negro de la película. «Solo estábamos yo, la tele y el aire acondicionado… Ese verano, me puse *Los siete samuráis* unas 25 veces. Estaba enganchado». En el momento de escribir este libro, Levchin afirma que ha visto el clásico de Kurosawa más de cien veces y asegura que es uno de sus referentes para la vida profesional.

En el ámbito social, Levchin intentó echarse novia, pero su devoción por el código dificultaba cualquier compromiso amoroso. «Recuerdo que, en una ocasión, al llegar a casa de una chica me encerré en el baño para escribir código».

La chica llamó a la puerta y preguntó:

—¿Qué estás haciendo?

—¿Cómo? Tener una cita, ¿no? —replicó, confundido por la pregunta.

—No. Esto no es una cita. Estás escribiendo código en mi baño.

Para Levchin, programar era una fuente de diversión y creatividad. Pero para el resto del mundo se estaba convirtiendo en una forma de obtener poder y riqueza.

En este aspecto, quien los ayudó a tomar ese camino fue Marc Andreessen, un exalumno de la UIUC. Cuando él mismo era estudiante, empezó a trabajar en el Centro Nacional de Aplicaciones de Supercomputación (NCSA) de la universidad. Allí participó en la creación del navegador Mosaic, y luego se llevó su talento al oeste, donde fundó Netscape. Pronto, esta formó parte del Nasdaq, y Andreessen salió en la portada de la revista *Time*.

«Es posible que, ahora mismo, Internet sea uno de los lugares donde nuestros exalumnos tienen más influencia», anunciaba la revista del Departamento de Ciencias de la Computación a mediados de los noventa. «Cuando empezamos a seguir la carrera profesional de los desarrolladores de Mosaic tras dejar la NCSA, recopilar los recortes de prensa sobre ellos era asequible. Sin embargo, poco después se convirtió en un trabajo poco realista y cejamos en el empeño». Esos recortes de prensa evidenciaban la creciente influencia de Internet: según la revista *Fortune*, Mosaic fue el producto del año 1994 junto con el Wonderbra y los Mighty Morphin Power Rangers.

De repente, el Departamento de Ciencias de la Computación de la UIUC estaba de moda. «Me matriculé allí por Marc Andreessen», admitió Jawed Karim, futuro miembro de la plantilla de PayPal y, más adelante, cofundador de YouTube. En el instituto, Karim era un fanático de Mosaic, y cuando se enteró de dónde se había desarrollado el navegador, no lo dudó y mandó la solicitud. Entró en la universidad y, antes de empezar las clases, ya había aceptado un trabajo en la NCSA.

El éxito de Andreessen inspiró a toda una generación de ingenieros en la UIUC: era la evidencia de que Internet era un motor económico y no solo un pasatiempo para excéntricos. «Una de las cosas que más me influyó fue ese constante sentido de la oportunidad que flotaba en el ambiente gracias a Mosaic y, luego, a Netscape», dijo Levchin más adelante en la revista de exalumnos. «Teníamos la sensación de que estudiantes como nosotros diseñaban esas fantásticas herramientas que a la industria nunca se le habían ocurrido».

▨ ▨ ■

Scott Banister estaba convencido de que Internet era algo demasiado goloso como para que él se quedara al margen, así que dejó la universidad y fue en pos de sus ambiciones. Luke Nosek no estaba del todo dispuesto a abandonar sus estudios, de modo que redobló esfuerzos para obtener el título, y solo entonces puso rumbo al oeste.

Como sus dos amigos estaban ya en California, Levchin también sintió deseos de salir de la universidad y convertirse en emprendedor a tiempo completo. No obstante, debía comunicárselo a su familia, que era partidaria de que continuara estudiando. La conversación fue breve: «Tu abuela se está muriendo —le dijeron sus padres—. ¿Quieres mandarla a la tumba?». Aun así, un título universitario solo era el peldaño inicial de la escalera educativa. «Para mi familia, la educación superior implicaba tener un doctorado», declaró Levchin en el *San Francisco Chronicle* años más tarde de aquella reprimenda de sus padres. Y con el asunto resuelto regresó a la UIUC para acabar su licenciatura.

De todas formas, el sueño de la Costa Oeste podía esperar: Levchin tenía mucho trabajo por delante. Poco después de que la aventura de SponsorNet llegara a su fin, puso en marcha otro proyecto: NetMomentum Software, una empresa que diseñaba anuncios para las webs de los periódicos. Sin embargo, esta iniciativa tampoco llegó a buen puerto. En realidad, acabó con el amargo divorcio de uno de sus socios fundadores: no se pusieron de acuerdo sobre el producto y su desarrollo.

Entonces, para dar un aire profesional a sus puntuales trabajos de programación, cofundó una consultora con Eric Huss, un compañero de la UIUC. Como iban cortos de capital, aprovecharon el logotipo de NetMomentum (NM) y llamaron a la empresa NetMeridian Software.

Fue el primer éxito comercial de Levchin. Su programa (ListBot) era un primitivo gestor de correo electrónico, precursor de Mailchimp y SendGrid. El producto salió al mercado y tuvo tanto éxito que el servidor de Levchin y Huss no podía con todo. Para hacer frente a la demanda, compraron un servidor Solaris de varios miles de dólares, que pesaba 90 kg y solo podían transportar en un camión de gran tamaño.

NetMeridian cosechó un segundo éxito con el proyecto Position Agent. Incluso antes de Google, a finales de los noventa, los sitios web que aparecían en los primeros resultados de buscadores como Lycos,

AltaVista o Yahoo estaban muy codiciados. Position Agent ayudaba a los administradores web a monitorizar su posición. El programa era fruto del talento de Levchin: programó un contador de posiciones que se actualizaba sin tener que refrescar la página.

Pero el éxito de NetMeridian fue tanto una bendición como una condena. La infraestructura de la empresa tenía que crecer al mismo ritmo que su número de usuarios, y Levchin no disponía de capital para comprar servidores más grandes y duraderos. Así que volvió a recurrir al mismo modelo de financiación que en SponsorNet: las tarjetas de crédito. Por desgracia, esa deuda le dejaría sin crédito durante años.

■ ■ ■

En teoría, Levchin era el fundador de NetMeridian, una prometedora empresa de software. Pero, en realidad, era un veinteañero endeudado que luchaba por mantenerse a flote. Por suerte, los programadores capaces de trabajar 24 horas al día estaban muy solicitados, así que él encontró un lucrativo empleo en la empresa de John Bedford, Market Access International (MAI).

Levchin llegó a afirmar que Bedford lo «sacó de la pobreza» gracias a unos trabajos de programación que le reportaban varios miles de dólares a la semana. El principal producto de MAI era una base de datos por suscripción, basada en la inteligencia competitiva, para productos de consumo y envasados. Levchin no hizo ascos al dinero, a pesar de que creía que el software de Microsoft era «rudimentario hasta lo insufrible».

Además, Levchin encontró otro trabajo, este como programador del Cuerpo de Ingenieros del Ejército de Estados Unidos, cuyas instalaciones estaban cerca del campus. «Tenía una identificación del Ejército y podía entrar en sus instalaciones», confesó Levchin. «Iba en bicicleta y la dejaba aparcada fuera. Cobraba 14 dólares la hora, pero el trabajo tenía una gran ventaja: podía pasearme por las bases militares y codearme con los pilotos de helicóptero».

Levchin se ocupaba del software de audio integrado en el sistema de control del tráfico aéreo del Ejército. «Cuando llegué, tenían unos fragmentos enormes de código escritos en Pascal», recuerda. El creador del software original ya no estaba, así que él sería a partir de entonces el responsable de que funcionara. «Tuve que aprender cómo fueron creados los sistemas».

Los usuarios de ese software eran mandos veteranos, un público escéptico que prefería usar papel y lápiz para trazar los patrones de vuelo. Así que, para disipar sus dudas, Levchin diseñó una interfaz que imitaba el método de papel y lápiz. «Una vez me pasé una semana entera pensando cómo crear un formulario que respetara las dimensiones exactas de las tiras de papel que usaban entonces», me explicó.

El formulario de Levchin se desplazaba a medida que el usuario escribía; sin embargo, le preocupaba que el movimiento de la pantalla pareciera demasiado «extravagante». Pero sus superiores le comunicaron que el formato era perfecto. «Nuestra gente lo usará porque les resulta familiar», dijeron.

■ ■ ■

En el ejército, Levchin también vivió una nueva experiencia: el rechazo a su propuesta estética. «Me decían que [mi programa] era funcional, pero carecía de estética…», me contó. Por eso recuperó una de sus antiguas creaciones, el simulador de explosiones, lo puso de salvapantallas en su software y así aportó un plus de diversión a la aburrida tarea de mostrar patrones de vuelo.

La verdad es que Levchin disfrutaba de su nuevo trabajo: se paseaba por las bases aéreas —Fort Drum, en Nueva York, y Camp Grayling, en Michigan— y regresaba al campus con historias entretenidas que contar. Pero su época de *recluta* también lo expuso a realidades más complejas. Por ejemplo, un día se enteró de que dos miembros del Ejército, un hombre homosexual y una mujer lesbiana, estaban legalmente casados, pero vivían con otras parejas. «Se llama matrimonio de conveniencia», le explicó un amigo de la base. Eso fue previo al «Don't Ask, Don't Tell»* —cuando homosexuales, lesbianas y bisexuales tenían prohibido servir en el Ejército—, y estos «matrimonios» eran muy comunes. «Aprendí mucho de todo aquello», admitió Levchin.

Pero él también tuvo que pasar un mal trago. En esa época, el Cuerpo de Ingenieros del Ejército empezó a preocuparse por la seguridad de la información y a desconfiar de los trabajadores extranjeros. Por desgracia, eso les suponía perder gran parte de sus talentos en materia de programación y dejar un complejo sistema informático en manos de personal no familiarizado con su mantenimiento.

Levchin estuvo a punto de ser despedido, pero su jefe intercedió y logró un acuerdo: seguiría trabajando en el software de los helicópteros, pero recibiría una parte de su salario en especies, es decir, en piezas de ordenador. Esta fórmula funcionó durante un tiempo, hasta que el Ejército tomó la decisión de mantener a los trabajadores extranjeros. No obstante, impusieron una cláusula bastante perturbadora: quienes no tuvieran la ciudadanía estadounidense tendrían que portar insignias de identificación amarillas. «Si llevabas una de esas, te vigilaban de cerca. No podías levantarte de tu mesa y, si lo hacías, alguien tenía que acompañarte», recuerda Levchin.

Para un refugiado judío, esas insignias evocaban paralelismos muy dolorosos. «Yo no lo había sufrido en persona, pero tengo familiares que sí». Al final, renunció al Cuerpo de Ingenieros del Ejército de los Estados Unidos, aunque conservó la insignia como reliquia de uno de los trabajos más extraños al margen de la universidad.

■ ■ ■

---

* «Don't Ask, Don't Tell» («No preguntes, no lo cuentes», o «Prohibido preguntar, prohibido decirlo») es la expresión con la que se conoce popularmente la política oficial sobre la homosexualidad y la bisexualidad en las Fuerzas Armadas de los EE. UU., que se mantuvo desde 1994 hasta 2011, cuando la norma fue derogada (Nota del editor).

Cuando se graduó, Levchin dirigía NetMeridian mientras preparaba los exámenes finales y meditaba sus siguientes pasos. La mayor parte de sus compañeros planeaban irse de la ciudad, pero él estaba atrapado. NetMeridian era un negocio de éxito, pero antes las empresas informáticas dependían de sus enormes servidores, y mientras el de NetMeridian estuviera anclado en Illinois, él también lo estaría.

Entonces un amigo le echó un cable. Por aquel entonces, Banister ya había fundado y vendido una empresa en Silicon Valley. Y, desde su nueva posición, pudo llegar a un acuerdo para la venta de los productos de NetMeridian: ListBot y Position Agent. A Levchin se le presentaba una nueva oportunidad: ahora podía marcharse a California para iniciar un viaje que cambiaría para siempre el mundo digital.

Su periplo empezó de forma muy humilde: Levchin se negó a contratar transporte para la mudanza, y alquiló el segundo camión más grande de Penske Truck Rental. Él y su compañero de piso, Eric Huss, metieron ahí y en el Toyota Tercel de Huss todo lo que había en la oficina (incluidas las mesas y las sillas de IKEA) y pusieron rumbo al oeste. «No paramos en ningún sitio para hacer turismo. Solo pensaba en llegar lo antes posible a Palo Alto», confesó Levchin.

2

PRESENTACIONES

Como él mismo reconoce, Peter Andreas Thiel se pasó sus primeros años de vida cumpliendo los objetivos de una carrera meritocrática: destacó en el instituto y lo admitieron en la Universidad de Stanford, en Derecho. «He estado compitiendo desde la escuela secundaria hasta la universidad —señaló Thiel en su discurso de graduación—. Y al entrar en la escuela de Derecho sabía que debía seguir compitiendo como hasta entonces. Sin embargo, ahora podía decirle a todo el mundo que lo hacía para convertirme en un auténtico profesional».

Su éxito no acabó ahí. Al terminar la universidad obtuvo una beca para trabajar en un prestigioso tribunal de apelación. Sin embargo, luego llegó su primer fracaso: fue rechazado en una entrevista para un puesto en el Tribunal Supremo. Para Thiel fue como un cataclismo. «El fin del mundo», dijo más tarde. Esto le hizo caer en «la crisis del cuarto de siglo», abandonar la carrera judicial y empezar a trabajar en Credit Suisse como corredor de bolsa. Al final, en 1996, regresó al Oeste.

En California empezó de nuevo, y recaudó dinero entre amigos y familiares para lanzar un fondo de cobertura, Thiel Capital, especializado en estrategias macroeconómicas e inversión en divisas. Dos años más tarde, de cara a buscar personal para su empresa, recurrió a una fuente de talento conocida. Siendo estudiante de segundo en Stanford, él y su compañero Norman Book habían fundado una revista estudiantil independiente, *Stanford Review*.

El número inaugural reivindicaba su espíritu rebelde: «En primer lugar, queremos presentar un punto de vista alternativo sobre los muchos asuntos de actualidad en la comunidad de Stanford». Thiel era el responsable de la financiación, la edición y la selección de artículos. También redactaba el editorial de cada número, piezas como «¿Mente abierta o cerrada?», «Liberalismo institucional», «La cultura occidental y sus fracasos» o «La importancia de ser honesto».

Para sus seguidores, la revista era un soplo de aire fresco en medio de la estirada corrección política de Stanford; para sus detractores, fomentaba la disidencia y la provocación en lugar de profundizar en el contenido. La revista ganó fama en el campus por su heterodoxia, y más tarde su editor jefe recibiría muchas críticas por ello en Silicon Valley.

Pero la publicación sobrevivió a la graduación de sus creadores, y para Thiel se convirtió en un vínculo duradero con el campus. Tras graduarse, asistía de vez en cuando a los eventos de la revista, y en uno de ellos conoció a un estudiante de Stanford, Ken Howery. Charlaron un poco e intercambiaron sus teléfonos.

Poco después, Thiel le dejó un mensaje en el contestador a Howery invitándolo a trabajar en Thiel Capital. Quedaron para cenar y hablar del tema en un restaurante de Palo Alto. Tras varias horas de charla, Howery estaba impresionado, no solo por los profundos conocimientos de Thiel, sino también por su gran visión de futuro. Regresó a casa y le comentó a su pareja:

—Peter quizá sea la persona más inteligente que he conocido en estos cuatro años en Stanford. Debería trabajar para él el resto de mi vida.

En cambio, para la pareja de Howery, sus amigos y su familia, aquella era una idea ridícula. Había recibido ofertas muy lucrativas de las principales firmas financieras de la Costa Este, y quería rechazarlas por... ¿por qué? La empresa de Thiel lo tenía a él como único trabajador. Ni siquiera disponía de oficina.

Pero Howery estaba en realidad más intrigado por el personaje que por la empresa. Le interesaban las compañías emergentes y la tecnología, y Thiel parecía conectado con ese mundo. Era una buena oportunidad para arriesgarse. Así que, tras graduarse, Ken Howery firmó con Thiel Capital.

■ ■ ■

Al poco la burbuja de las puntocom empezó a hincharse delante de sus narices. Las empresas de Internet entraron a cotizar en bolsa junto a las tradicionales, y miles de millones de dólares fluyeron hacia el Oeste. Aunque Thiel había cosechado cierto éxito como inversor en los mercados internacionales, pensó que la «moda» de Internet era una oportunidad lucrativa, y decidió invertir en esas prometedoras empresas tecnológicas.

Pero si Thiel quería prosperar en ese mundillo tendría que trasladar su empresa al lugar idóneo, es decir, a Sand Hill Road (Menlo Park), donde se hallaban las principales compañías de capital riesgo de Silicon Valley. De modo que la primera misión de Ken Howery en Thiel Capital fue localizar un buen sitio para montar las oficinas de la empresa. Y no fue sencillo: con el incremento del negocio en la zona, los locales de Sand Hill Road tenían listas de espera y se alquilaban por precios superiores a los que se pedían por unas oficinas en Manhattan con vistas a Central Park.

Howery recorrió Sand Hill a pie con la esperanza de que presentarse en persona le daría alguna ventaja frente a los demás interesados. Tras una jornada completa de negativas llegó a su última parada, el 3000 de Sand Hill Road, donde vio a un señor mayor recortando los setos. Se acercó y le preguntó con quién tenía que hablar para alquilar una oficina. Es curioso, pero aquel hombre era Tom Ford, el propietario del edificio, un veterano de la Segunda Guerra Mundial que ejercía de agente inmobiliario (y a veces se ocupaba él mismo del mantenimiento de sus propiedades).

Ford invitó a Howery a entrar y le enseñó los planos del edificio. Repasó con el dedo las distintas oficinas (todas alquiladas) y se detuvo en lo que a Howery le pareció un pequeño borrón en el plano.

—No tengo más oficinas —se excusó—. Pero hay un pequeño trastero que se podría aprovechar.

Entonces le condujo hasta el trastero: había una escoba, una fregona, varios baldes y diversos artículos de limpieza colgados en la pared. Howery aceptó sin pestañear, y Ford redactó un contrato de arrendamiento de cinco páginas. Sin tiempo que perder, Howery se puso a trabajar en la decoración de la nueva sede de Thiel Capital. «Para que no pareciera un trastero, compramos unos números metálicos en una ferretería y los colgamos en la pared exterior», me explicó. Y, como el despacho no tenía ventanas, Ford regaló a sus nuevos inquilinos un par de cuadros de paisajes… para que pudieran disfrutar de algunas vistas.

■ ■ ■

En 1998, Thiel Capital tenía un asociado y una «oficina» en Sand Hill Road, y había empezado a invertir en empresas tecnológicas. Una de sus primeras apuestas fue una compañía que había fundado un prometedor graduado de la Universidad de Illinois, Luke Nosek.

Tras finalizar sus estudios, Nosek se marchó a California a buscarse la vida. Tan sociable como siempre, se las ingenió para que lo invitaran a innumerables fiestas de las puntocom. Y en una de ellas entabló conversación con otro invitado que tenía un contacto en Netscape. Enseguida, Nosek consiguió un trabajo en el departamento de desarrollo empresarial de esta compañía.

Como parte de las responsabilidades de su nuevo puesto, tenía que asistir a todos los congresos y reuniones tecnológicas posibles. Y en uno de esos encuentros —el de la Asociación de Emprendedores de Silicon Valley— su amigo Scott Banister participó en un seminario sobre la reforma educativa. Tras su presentación, otro participante les comentó a ambos que no se arrepentirían si les presentaba a uno de sus compañeros de piso, Peter Thiel.

Para aquel encuentro, los cuatro quedaron en el Hobe's, una cadena de comida rápida local. En sus correos electrónicos, Nosek se refería de forma burlona a este grupo como «el club de los desayunos con millonarios». «Todos creíamos que los demás iban a conquistar el mundo», me dijo. Mientras comían, discutían sobre los últimos avances tecnológicos y también de filosofía, educación, empresas emergentes y sus propias predicciones de futuro. Fue entonces cuando Nosek supo que Thiel estaba interesado en invertir en empresas emergentes.

Antes de entrar en Netscape, Nosek se había contagiado de ese virus, el de las empresas emergentes. Y cuando empezó a trabajar a tiempo completo en una gran compañía, su enfermedad empeoró. «[En Netscape] no hice casi nada», confesó. En realidad, lo echaron en menos de un año.

Pero quedarse sin trabajo le permitió abordar su propio proyecto. Lo llamó Smart Calendar (una actualización digital de las obsoletas herramientas de gestión), y convenció a Thiel para que invirtiera en él. «Si echo la vista atrás, el proyecto era espantoso», admitió este más adelante. El mercado de los calendarios electrónicos estaba compuesto entonces por «unas 200 empresas» luchando por su trozo del pastel. Al final, a causa de los obstáculos externos y las disputas internas (destituyeron a Nosek tras una discusión con su cofundador), Smart Calendar echó el cierre.

Pero, a diferencia de otros fracasos, Nosek salió más maltrecho de este, en gran parte, porque había perdido el dinero de su nuevo amigo, Peter Thiel. «Para mí, aquello afectó a mi relación con Peter porque era su dinero», admitió. En cambio, para Thiel, Smart Calendar no había sido una inversión, sino un curso intensivo de emprendimiento. Nosek había compartido con él el relato detallado del ascenso y la caída de la compañía, le había mostrado los entresijos del comercio en Internet, la captación de clientes y el diseño de productos.

Así que Thiel recordaría siempre su inversión en Smart Calendar como una fuente de aprendizaje, un fracaso cuyas moralejas —como la elección de socios y el análisis de la competencia— allanaron el camino hacia el éxito de PayPal. Y, para Nosek, que Thiel siguiera confiando en él después de aquello también supuso una gran lección:

perder dinero en Silicon Valley no significaba lo mismo que en el resto del mundo. Allí se ganaban puntos por el esfuerzo, no solo por el resultado.

■ ■ ■

Mientras Nosek andaba ocupado con su empresa y Thiel con sus inversiones, Max Levchin tenía una preocupación más banal: el aire acondicionado. Su apartamento de Palo Alto no disponía de él, así que tuvo que improvisar una solución. Entonces descubrió que si asistía a las clases abiertas al público de la Universidad de Stanford (donde se sentaba al fondo, con los ojos cerrados) podía disfrutar de cierta tregua con el calor.

En una de esas visitas, Levchin vio anunciada una conferencia de Peter Thiel. El tema —mercados financieros y comercio de divisas— no le interesaba demasiado, pero Nosek le había hablado de Thiel y sabía que quería invertir en empresas emergentes. Cuando Levchin llegó al aula del Centro de Ingeniería Terman de Stanford, le sorprendió encontrarse con un público más reducido de lo previsto: apenas había un puñado de asistentes sentados en torno a Thiel, como en un seminario.

A pesar de la escasa asistencia, la charla de Thiel lo dejó impresionado. *Vaya, si algún día quiero entrar en el mundo financiero, esta es la persona indicada para empezar,* pensó. Además, su modo de pensar era el reflejo de algo más. *No es programador, pero es un bicho raro total.*

Finalizada la conferencia, se quedó en el aula para intentar hablar con él. Thiel estaba atrapado en lo que parecía una improvisada sesión de recaudación de fondos, y Levchin se percató de que «necesitaba que lo rescataran». Así que interrumpió la conversación:

—Hola, Peter, soy Max…, un amigo de Luke.

El interlocutor se dio cuenta de que su turno había terminado, y Thiel se dirigió a Levchin:

—Hola, ¿qué haces aquí?

—Creo que voy a abrir una empresa. Es lo que hice en Illinois.
—Y le explicó que había vendido la última, NetMeridian.

—¡Magnífico! Deberíamos quedar para desayunar —respondió
Thiel.

A la mañana siguiente, Levchin no calculó bien la distancia al
lugar donde habían quedado y, tras correr un buen rato, llegó empapado en sudor y con dificultades para articular una disculpa. Thiel
estaba tomando su bebida favorita, un batido rojo, blanco y azul, y
apenas se inmutó. Levchin tomó asiento y Thiel empezó a interrogarlo sobre sus intenciones para poner en marcha la empresa.

La primera idea que expuso Levchin fue la de mejorar un producto de Market Access International (MAI), la compañía para la que
trabajó en la universidad. MAI vendía información sobre venta minorista, y Levchin pensaba que también había mercado para las bases de
datos de publicidad digital. «Alguien debería rastrear la web, recopilar
los *banners* y registrarlos en una base de datos. Puede ser una forma
de entrar en el mercado de la publicidad digital», explicó.

—De acuerdo, parece interesante —asintió Thiel.

Al percatarse de la fría reacción de Thiel, Levchin le explicó su
siguiente idea: durante su etapa universitaria había creado una aplicación para PalmPilot (por aquel entonces, el dispositivo portátil más
popular del mundo) con el fin de resolver un problema de unos amigos que trabajaban con grandes sistemas informáticos. Para garantizar la seguridad, los administradores de sistemas dependían de unas
tarjetas del tamaño de una de crédito. Cada ordenador estaba vinculado a una, que creaba un código de acceso único, lo que obligaba a
sus amigos a llevar encima un amplio surtido de tarjetas de acceso.

Levchin llamó a su creación SecurePilot: transformaba la generación
de múltiples claves de acceso en una única aplicación para un dispositivo
portátil. «Básicamente, metí todo el programa en una PalmPilot para que
mis amigos no tuvieran que cargar con tanta tarjeta», señaló Levchin.

No era poca cosa. Las tarjetas de acceso ejecutaban una criptografía compleja y producían códigos muy rápido. Así que, para no generar mayores dificultades a los usuarios, SecurePilot debía hacerlo con la misma eficacia y rapidez. El caso es que emplear los limitados procesadores de la PalmPilot suponía un reto técnico. «Acelerar un programa es una suerte de arte, tanto desde el punto de vista de la interfaz de usuario como del matemático», le confesó más tarde a la entrevistadora Jessica Livingston. «Has de calcular cuánto puedes exprimir las matemáticas, y la interfaz de usuario debe seguir ese ritmo».

SecurePilot logró ambas cosas, y la aplicación captó a clientes de pago. Levchin cobraba 25 dólares por descarga, y cuando quedó a desayunar con Thiel su programa ya era un producto rentable. Entonces le explicó que el modesto éxito de SecurePilot prometía algo mucho más grande, una oportunidad de negocio basada en el vínculo entre los dispositivos móviles y la seguridad. Él pronosticaba un futuro en el que la PalmPilot o cualquier dispositivo portátil serían indispensables.

Thiel se mostró escéptico.

—Conozco esos dispositivos, pero aún no veo su utilidad —rezongó.

—Bueno, ahora mismo solo son útiles para tomar notas —concedió Levchin—. Pero estoy seguro de que reemplazarán a los blocs de notas, los dictáfonos y los correos electrónicos que usamos en el ordenador.

En cierto modo, lo que estaba sugiriendo era que algún día… todo el mundo llevaría un superordenador en el bolsillo.

Thiel siguió con el interrogatorio.

—Entonces, ¿adónde nos lleva todo esto?

—La cuestión es que ahora mismo ningún dispositivo está encriptado. Si alguien me roba la PalmPilot y conoce mi PIN, estoy jodido. Tendrá acceso a todo —explicó Levchin—. Debemos encriptar todos los programas.

Thiel empezó por fin a ver el potencial de aquello. Pero tenía una pregunta más, una que planteaba un auténtico reto. Una cosa era generar contraseñas de un solo uso, pero ¿la PalmPilot tenía la capacidad para encriptar correos electrónicos, documentos u otros archivos? ¿Tal vez la idea de Levchin iba más allá de la tecnología actual?

—Bueno, esa es la cuestión —admitió Levchin.

Estando en la universidad, había estudiado con esmero los artículos académicos que analizaban la encriptación en pequeños dispositivos y así había logrado crear SecurePilot. La encriptación portátil se había convertido en obsesión en un campo en el que Levchin creía tener una ventaja competitiva.

Al parecer, todo esto persuadió a Thiel, que abandonó su escepticismo y se apuntó al proyecto.

—Es una buena idea. Deberías sacarla adelante, y me gustaría invertir en ella.

■ ■ ■

Levchin y Thiel se reunieron con regularidad las siguientes semanas. Levchin llamaba a esas reuniones «las citas megafrikis». Una de ellas tuvo lugar en Printers Inc. Bookstore (Palo Alto) y se pasaron horas desafiándose con acertijos matemáticos. «Yo le planteaba uno para ver si podía pillarlo, y luego él me lanzaba otro para ponerme a prueba», me contó Levchin.

El intercambio era cordial, pero tenía un trasfondo competitivo que dejaba entrever el ambiente que imperaría en PayPal. Tanto Thiel como Levchin perfeccionaron su habilidad para resolver problemas; a ninguno le gustaba perder. Levchin se acuerda de un acertijo que Thiel le propuso el primer día: *Toma cualquier número entero positivo. Algunos tienen un número impar de divisores únicos, y otros, un número par de divisores. Halla el grupo de números enteros (z) que tienen exactamente un número par de divisores.**

Levchin estuvo devanándose los sesos cuatro o cinco minutos. Recuerda que al principio «lo complicó demasiado» y que por

---

* Solución: encuentra el número de cuadrados perfectos menores que z y resta ese número a $z - 1$.

accidente «halló un subgrupo del grupo». Sin embargo, al final dio con la respuesta correcta. Thiel, pese al rodeo, se quedó impresionado.

Luego Levchin contraatacó: *Imagina que tienes dos cuerdas de diferente grosor y longitud. Si prendes fuego a cualquiera de las dos, a pesar de arder a distinta velocidad, se consumirán por completo en una hora. Usando las dos cuerdas, calcula justo 45 minutos.**

Thiel acertó.

Estas estimulantes sesiones se prolongaban durante horas: los acertijos combinan problemas matemáticos y preguntas de lógica. Levchin y Thiel descubrieron que tenían un interés común: eran el tipo de persona que convierte las matemáticas en un deporte. «Peter no era muy técnico —me contó Nosek—, pero tenía el mismo tipo de intelecto que Max: siempre quería saber cómo funcionan las cosas. A ambos les gustaba apurar sus límites cognitivos».

Aquellas reuniones matinales de Thiel y Levchin fueron un anticipo de lo que sería el proceso de selección de candidatos en PayPal. Algunos acertijos, como el de las cuerdas, acabarían siendo habituales en esas entrevistas. «Parecen simples pasatiempos —dijo Levchin—, pero en el fondo son problemas informáticos muy básicos. Te obligan a detenerte y pensar: vale, esto es un acertijo; eso significa que la solución no es compleja. Así que si para dar con ella estás removiendo cielo y tierra, lo estás haciendo mal».

Levchin recuerda la entrevista con un prometedor candidato que tenía un doctorado en Matemáticas. «Cuando le planteamos el enigma, empezó llenar la pizarra con sus cálculos, y luego el cristal de la puerta». Para Levchin, ese largo y tortuoso desarrollo fue determinante. *Lo más seguro es que logres ser ingeniero de software, pero tu camino no será nada fácil,* pensó.

---

* Respuesta: enciende simultáneamente los dos extremos de una cuerda y un extremo de la otra cuerda. La primera cuerda se quemará en 30 minutos. Cuando lo haga, enciende el otro extremo de la segunda cuerda. Cuando esta segunda cuerda se consuma, habrán pasado 45 minutos.

Plantear acertijos en las entrevistas de trabajo no era algo exclusivo de PayPal; muchas otras empresas tecnológicas hacen sufrir así a sus candidatos. Pero no todos los antiguos miembros de PayPal creían que fuera la mejor estrategia de selección de personal. «No soy muy bueno resolviendo acertijos… pero me gustan los problemas matemáticos», admitió el ingeniero Erik Klein. «Hay una sutil diferencia entre unos y otros. Recurrimos mucho a los primeros en las entrevistas, pero creo que la resolución de problemas matemáticos podría haber filtrado mejor a las personas aptas para solucionar problemas». Klein recuerda que en aquel momento «yo mismo era partidario de los acertijos», pero que «ahora la versión más experimentada de mí considera que tal vez no era la mejor idea para esa finalidad».

Otro ingeniero, Santos Janardhan, fue testigo de las ventajas y desventajas de este método: «Es probable que dejásemos escapar a buenos profesionales, porque algunos tendrían un mal día. Pero la gente a la que terminábamos contratando tenía un alto coeficiente intelectual y pensaba como nosotros. Sí, es posible que perdiéramos talento, pero quienes acabaron entrando… encajaban de forma natural. Igual era muy arbitrario, aunque para un pequeño grupo, en realidad, fue una gran solución».

Pese a sus ventajas e inconvenientes, lo singular de PayPal fue que ese espíritu de resolución de enigmas impregnó su cultura corporativa. Una diseñadora de UX recuerda el entusiasmo del equipo de ingeniería por la resolución de problemas. «Es la satisfacción de llegar a una solución correcta», dijo. Para fomentar esa afición, la empresa incluía juegos de ingenio en su boletín semanal para los empleados, y las respuestas correctas se anunciaban en el siguiente número.

■ ■ ■

En diciembre de 1998, tras muchas horas y cafés, Thiel Capital prestó cien mil dólares a la empresa emergente de Levchin. No era mucho, pero por algo se empieza. Ahora Levchin tenía un *ángel inversor* y una base para empezar. Además, sabía quién sería el director general ideal:

John Powers, un experto en informática que trabajaba en la compañía de software JD Edwards.

Se habían conocido en un congreso de telefonía móvil en Oak Brook, Illinois, cuando Levchin todavía era universitario. Powers estaba en la cola de la caseta de Motorola, cargado de preguntas, y pudo oír a Levchin muy cerca, hablando con los encargados. *Parece que este chico sabe más que los tipos que llevan el puesto,* pensó Powers.

Tomaron un café cerca de allí, y Levchin esbozó una respuesta para el problema que Powers pensaba plantear a la gente de Motorola. Se quedó impresionado: los universitarios no eran habituales en los congresos de tecnología de las empresas, y tampoco tan ingeniosos.

Por su parte, Levchin recuerda a Powers como un chico «alto, desgarbado, estrafalario…, un tipo de buen corazón», alguien «diez años adelantado a su época». Había acudido al congreso porque le interesaba la informática portátil. La primera generación de dispositivos móviles —la PalmPilot, el Apple Newton, la Casio Cassiopeia, el Sharp Wizard, entre otros— acababa de entrar en escena. Cuando conoció a Levchin, había empezado a leer sobre parámetros inalámbricos y seguridad en dispositivos móviles. «Podías ver aproximarse el cambio», recuerda.

Poco después del congreso, propuso a sus jefes de JD Edwards abrir una consultora empresarial para dispositivos móviles. No obstante, si bien la idea era prometedora, el campo de la informática móvil estaba en pañales y su jefe la desestimó. Aun así, Powers estaba entusiasmado con aquello, y pidió una excedencia para abrir él la consultora.

Como necesitaba socios, llamó a Levchin y le ofreció un contrato de programador por 15 dólares la hora. Aceptó encantado. Su primer cliente fue Hyster Company, un fabricante de carretillas elevadoras y tractores. Sus técnicos de mantenimiento necesitaban un método para facturar cuando estaban fuera de la oficina, y Levchin diseñó un software para que pudieran calcular el tiempo y el dinero que invertían en piezas.

Pronto muchas otras empresas solicitaron los servicios de la recién creada consultora, entre ellas Caterpillar Inc., con sede en Peoria, Illinois, y otra de un sector muy distinto: cosméticos Avon. Powers recuerda que Avon fue quizá la empresa que entendió mejor el potencial de su programa. Enseguida el software de Levchin mejoró las ventas de maquillaje y el mantenimiento de las carretillas.

Así, teniendo ya clientes de pago, Powers empezó a mantener reuniones con posibles inversores. Él y Levchin vendieron la idea a docenas de inversores de Chicago, pero nadie acabó apostando por ellos. «Estaban encantados con la idea de financiar a una empresa que, de alguna manera, iba a utilizar Internet para enviar comida para mascotas o hacer camisetas, pero no sacamos nada en firme», rememora Powers.

En 1998, muchas compañías empezaban a cambiar el papel y el lápiz por los teclados y los ratones, pero invertir en dispositivos móviles de baja potencia como la PalmPilot era un salto demasiado grande, arriesgado y potencialmente inseguro. «Éramos un poco ingenuos», admitió Powers.

Aunque sus presentaciones no lograron ningún resultado, el proceso de exponer sus ideas y hacer contactos fue muy instructivo para Levchin. Al final, invitaron a la pareja a la sede de Palm Computing, que por aquel entonces era la meca de la informática móvil.

Powers se presentó con una chaqueta azul, unos pantalones caqui y una pajarita. Levchin acudió en chanclas, con pantalones deportivos y una camiseta que rezaba: «Windows Sucks». Antes de entrar a la reunión, Powers expresó cierta preocupación por la indumentaria de Levchin, pero este le quitó importancia:

—John, no lo entiendes. A ellos tampoco les gusta Microsoft.

Y así era. En la oficina de Palm Computing había muchos extrabajadores de Apple que compartían esa opinión. De todas formas, las dudas que suscitaba la vestimenta informal de Levchin se despejaron en cuanto empezó a responder las complejas preguntas técnicas. Resolvió con facilidad los problemas que le plantearon sobre el rendimiento de los dispositivos y la velocidad del procesador. Incluso los técnicos más experimentados de la sala percibieron que su atuendo contradecía su talento.

Aun así, la reunión acabó como las demás, con mucho entusiasmo y grandes alabanzas, pero poco más. Luego, cuando Levchin se graduó y puso rumbo al Oeste, él y Powers siguieron en contacto y trabajando en proyectos puntuales de consultoría.

■ ■ ■

A finales de 1998, Levchin contactó con Powers de nuevo: su empresa al fin contaba con un inversor. Era el momento de fabricar los productos de seguridad que tenían en mente desde hacía años, y Powers empezó a viajar con frecuencia a Palo Alto desde Illinois.

Este panorama podría representar a la perfección la etapa inicial de PayPal. Tras múltiples rechazos, la empresa contaba ahora con un *ángel inversor* que trabajaba desde un trastero (Thiel), un director tecnológico sin aire acondicionado (Levchin) y un director general que vivía a 3000 km (Powers).

Este último sugirió que la empresa se llamara Fieldlink: ese nombre contenía la esencia de los proyectos de Avon y Hyster, y parecía serio. Los tres empezaron a pensar en productos para los posibles inversores.

El trío enseguida cuajó como equipo. En los descansos, jugaban a las cartas y al ajedrez, y entre partida y partida Powers descubrió que Thiel y Levchin tenían un sorprendente punto en común: su feroz competitividad. En una ocasión, Powers venció a Thiel en el juego de monedas 3-5-7 (también conocido como «el juego de las cerillas»). Frustrado, este dejó de jugar para hacer los cálculos matemáticos correspondientes con papel y lápiz… y venció a Powers en las rondas siguientes. «Aprendí mucho sobre Peter gracias a ese juego —recuerda—. En lugar de limitarse a actuar según las reglas, todas sus decisiones tenían una base científica».

Powers disfrutaba de sus estancias en el Oeste para desarrollar una empresa emergente y hallar inversores; no obstante, empezaba a sentirse agotado. Aterrizaba en California el viernes por la noche, y trabajaba todo el fin de semana con Levchin y Thiel. El domingo por la noche volaba de regreso a Chicago, pasaba por casa temprano para saludar a su mujer y cambiarse de ropa, y enseguida se iba a trabajar.

Para Levchin, en cambio, esta precaria organización no suponía ningún problema: Thiel y Powers se encargaban de los negocios y la recaudación de fondos, y él programaba. Sin embargo, al cabo de unas semanas se percató del agotamiento que arrastraba Powers y llegó a la conclusión de que necesitaba un CEO a tiempo completo. Así que los tres (Thiel, Levchin y el agotado Powers) celebraron una cena en el Caffe Verona de Palo Alto. Levchin dejó que Thiel llevara la voz cantante. Este sabía muy bien que renunciar a una vida estable (Powers se acababa de casar en Chicago) a cambio de la incertidumbre y el caos de una empresa emergente era una decisión realmente complicada. Por eso, con mucha delicadeza, le dijo a Powers que no podía ejercer de CEO si no se mudaba a Palo Alto.

Este lo encajó lo mejor posible. «Estaba un poco molesto, porque me gustaban la intensidad y lo divertido del proyecto. Pero, echando la vista atrás, era lo más sensato». De modo que acabaron su relación de forma amistosa, y cuando la empresa creció Levchin y Thiel incluso recurrieron a Powers para que les echara una mano. Y él lo hizo con entusiasmo.

En este proceso de reestructuración inicial, Levchin fue testigo de las habilidades de Thiel. Al principio, Levchin y Powers se dividieron las acciones de la empresa a partes iguales. Pero con la marcha de Powers y la inversión de Thiel surgió un asunto espinoso: cada uno tendría que diluir su participación en la propiedad y, además, la empresa necesitaría más capital para contratar personal.

Levchin recurrió de nuevo a Thiel para que se encargara de la delicada negociación. Este no se lo pensó dos veces. «Era lo más parecido a un truco Jedi que había visto nunca —confesó Levchin—. Básicamente, me mantuve callado tres horas y escuché a Peter explicarle a John por qué debía tener menos acciones». Levchin empezó a preguntarse si Thiel podría desempeñar un papel más relevante que el de mero *ángel inversor*.

«Los CEO y los fundadores de una empresa deben tener a su lado a alguien de confianza —observó John Malloy, antiguo inversor de PayPal—. Porque, cuando las cosas van bien, siempre das con gente preparada, pero cuando el barco se hunde ¿en quién depositas tu confianza? Ellos [Levchin y Thiel] se tenían el uno al otro. Eran brillantes, juntos y por separado. Son uno de los mejores ejemplos de perfecta asociación».

3

LAS PREGUNTAS CORRECTAS

Las aventuras financieras de Elon Musk se iniciaron en su época universitaria. Él y su hermano, Kimbal, habían emigrado desde Sudáfrica a finales de los ochenta y se habían matriculado en la Universidad de Queen's, en Kingston, Ontario. Y para ampliar su lista de contactos empezaron a hacer llamadas «a puerta fría» a los personajes más reputados que aparecían en los periódicos del país.

Cierto día, Elon se tropezó con un artículo sobre el Dr. Peter Nicholson, un ejecutivo del Scotiabank. Nicholson se había licenciado en Física e Investigación de Operaciones, y había sacado partido a su mirada científica en el mundo de la política y las finanzas. Fue elegido miembro de la Asamblea de Nueva Escocia y ocupó el cargo de director de personal adjunto en la oficina del primer ministro de Canadá. A lo largo de su dilatada carrera, se tuvo que ocupar de todo tipo de asuntos, desde problemas informáticos hasta acuerdos de reparto de derechos entre las empresas pesqueras canadienses.

Musk se quedó asombrado. Así que contactó con el autor del artículo, y este le facilitó el número de Nicholson. No tardó en llamarle. «No miento si digo que Elon es la única persona que sin conocerme de nada me ha llamado para pedirme trabajo», recuerda Nicholson. Impresionado por su osadía, accedió a almorzar con él y su hermano Kimbal.

Durante la comida hablaron de «filosofía, economía y de cómo funcionaba el mundo», y Musk confirmó su impresión inicial sobre

Nicholson. «Era muy inteligente: todo un cerebro». Mencionaron el tema de las becas, y Nicholson comentó que tenía una vacante en un pequeño equipo del Scotiabank. Al percatarse de que compartían intereses científicos, Elon aceptó el puesto y se convirtió en su becario personal.

Peter Nicholson también salió beneficiado con el trato: sería uno de los pocos jefes que Elon Musk ha tenido en su vida.

■ ■ ■

Así que Musk no empezó a trabajar en el Scotiabank por intereses financieros, sino por su interés personal en Nicholson. Este había iniciado su carrera de forma parecida: no le atraían las finanzas, pero Cedric Ritchie, el CEO de la empresa, lo puso a la cabeza de un pequeño equipo de consultoría interna. «Éramos un poco como DARPA [la Agencia de Proyectos de Investigación Avanzada de Defensa] —recuerda Nicholson—: una minúscula y estrafalaria entidad que se mantenía al margen de todo lo demás».

Para Musk, un becario de apenas 19 años, aquello era una gran oportunidad para observar el mundo financiero desde la cima. Y no defraudó. «Era muy brillante, muy curioso —recuerda Nicholson—. Por aquel entonces ya mostraba una gran lucidez». Fuera del trabajo, ambos pasaban «mucho tiempo hablando de enigmas matemáticos, de física, del sentido de la vida o del origen del universo». Pero incluso entonces, señala Nicholson, uno de los intereses de Musk primaba sobre el resto: «Su auténtica pasión era el espacio».

Mientras disfrutaba de la beca, su jefe le asignó tareas cada vez más exigentes, como un proyecto de investigación sobre la deuda latinoamericana. En la década de los setenta, los bancos norteamericanos habían prestado miles de millones de dólares a los países en desarrollo, incluidos varios de Latinoamérica, bajo la premisa de que el rápido crecimiento de los mercados emergentes les reportaría grandes beneficios. Pero dicho crecimiento no se produjo, y en los ochenta esos bancos y los propios países se enfrentaron a una inminente crisis de deuda.

Las soluciones aplicadas fracasaron, y muchos expertos, entre ellos Nicholson, creyeron que la mejor opción era convertir la deuda en bonos, es decir, titulizarla. Los bancos aceptarían un período de reembolso a un tipo de interés fijo; a cambio, los nuevos bonos serían negociables en el mercado abierto y, en teoría, podrían aumentar su valor si la economía remontaba. En cualquier caso, este escenario era preferible a la desastrosa alternativa: decenas de países y bancos en quiebra, y la economía mundial herida de muerte.

El secretario del Tesoro de Estados Unidos, Nicholas Brady, apoyó la propuesta, y aquellos bonos se conocieron como los «Brady Bonds» («bonos Brady»; en español se conoció esa estrategia también como «Plan Brady»); emitidos en dólares estadounidenses, gozaban del respaldo del Tesoro de los Estados Unidos, el FMI y el Banco Mundial. En 1989, México alcanzó el primer Acuerdo Brady, y otros países siguieron su ejemplo. «Se desarrolló un mercado secundario con bastante rapidez», me explicó Nicholson.

■ ■ ■

En realidad, Nicholson no tenía idea de la envergadura de la deuda latinoamericana, pero sabía que era lo bastante elevada como para que su brillante pupilo le dedicara cierta atención. Sin embargo, nada más empezar a trabajar con los bonos Brady, Musk entrevió una oportunidad.

Calculó el valor teórico de los bonos de un país y descubrió que la deuda, en sí misma, podía comprarse a los bancos de la competencia por mucho menos. Así, sin que Nicholson lo supiera, llamó a empresas estadounidenses —Goldman Sachs y Morgan Stanley, entre otras— para preguntar el precio y la disponibilidad de la deuda. «Tenía 19 años o así —recuerda Musk—. Les decía que llamaba desde el Scotiabank, y que quería saber por cuánto venderían esa deuda».

Musk vislumbró un lucrativo negocio: ¿qué pasaría si el Scotiabank compraba deuda mala y barata de otros bancos, y luego la convertía en bonos Brady? Las ganancias podrían ascender a miles de millones y, en teoría, estarían garantizadas por el Tesoro estadounidense, el FMI y el Banco Mundial. Solo entonces presentó la idea a Nicholson: «Lo único que tenemos que hacer es comprar toda esta deuda. Esta gente no es muy avispada. Nada puede salir mal —le explicó Musk—. Podríamos ganar 5000 millones de dólares de golpe».

Sin embargo, los altos cargos no pensaban lo mismo: aunque otros bancos canadienses vendían la deuda de los países en desarrollo con grandes pérdidas, el Scotiabank había apostado por una estrategia más tradicional: quedarse con la deuda pese a las pérdidas. Según el director general, el banco poseía mucha deuda brasileña y argentina, por valor de miles de millones de dólares. Y como el consejo de administración lo había amonestado por ello, no estaba dispuesto a subir la apuesta con los nuevos e imprevisibles bonos Brady.

Musk no podía creérselo. Para él, la tradición no era un modelo a seguir; los bonos Brady eran un producto *nuevo*, y esa era la clave. «De hecho, por eso la deuda estaba en venta, porque los CEO de otros bancos tenían la misma idea —me explicó Musk—. Era increíble que existiera esa tremenda oportunidad y nadie la aprovechara».

Nicholson le expuso un punto de vista más benévolo: como el Scotiabank no vendía su deuda latinoamericana, estaba mucho más expuesto que sus competidores. «Lo que Elon quizá no supo entender —me dijo Nicholson— fue que no vender la deuda ya era en sí un escenario bastante arriesgado. Por eso, era impensable comprar más. Habría sido una apuesta demasiado fuerte».

Para Nicholson, tanto Ritchie como Musk demostraron una gran capacidad de análisis. Y tanto Ritchie —que apostaba por mantener la deuda del Scotiabank— como Musk —cuya propuesta era adquirir más y convertirla en bonos— acabarían teniendo razón: entre 1989 y 1995, otros trece países llegaron a acuerdos Brady para intercambiar deuda por bonos negociables.

En cuanto a Musk, la experiencia en el Scotiabank le hizo ver «la incompetencia de los bancos». El miedo a lo desconocido les había costado miles de millones de dólares y, por eso, en su futura aventura con X.com y PayPal, llegaría a demostrar que los bancos no siempre llevan las de ganar. «Como son reacios a los cambios, ninguna empresa que entre en el sector financiero debe temer que se la lleven por delante; básicamente, porque los bancos no apuestan por la innovación», concluyó Musk.

El bueno de Elon abandonó el Scotiabank con un mal concepto de las entidades bancarias, pero habiendo ganado un amigo y un mentor para toda la vida: Peter Nicholson. Tanto es así que, en la universidad, siguió sus pasos y combinó los estudios de ciencias con los de negocios. Se trasladó desde Queen's a la Universidad de Pensilvania, y allí obtuvo una doble titulación en Física y Empresariales.

Más tarde, Musk admitiría que estudió esta última carrera para cubrirse las espaldas: «Sabía que, si no lo hacía, me vería obligado a trabajar para alguien que sí lo hubiera hecho y que tendría más conocimientos que yo —declaró a la revista de la American Physical Society—. Y eso no pintaba nada bien. Quise asegurarme de tener también los conocimientos necesarios». De todas formas, admitió que si volviera a empezar no le importaría haber abandonado esos estudios.

En cambio, la física sí era para Musk una ciencia rigurosa: «En una clase de análisis avanzado de valores financieros estaban explicando las matrices matemáticas, y pensé que si podía comprender las matemáticas de la física, las matemáticas de la economía me serían muy fáciles». Además, sus compañeros de clase compartían sus intereses extracurriculares: para alguien que una vez se autodenominó «Nerdmaster 3000» fue un alivio toparse con espíritus afines que disfrutaban programando y jugando a *Dragones y mazmorras* o videojuegos de todo tipo.

Aunque su primer contacto académico con la física fue en la Universidad de Pensilvania, su pasión por esta ciencia era previa. «Con doce o trece años tuve una crisis existencial —admitió más tarde—. Buscaba el significado de las cosas, por qué estamos aquí o si todo carece de sentido…». Y en medio de ello, descubrió una novela de ciencia ficción que le dio cierta esperanza: *La guía del autoestopista galáctico*, de Douglas Adams.

El protagonista, Arthur Dent, sobrevive a la destrucción de la Tierra y se embarca en una aventura intergaláctica en busca del planeta Magrathea. Durante sus peripecias, se entera de que una antigua raza de «seres pandimensionales hiperinteligentes» fabricó un ordenador, el «Pensamiento Profundo» para hallar la respuesta al «sentido de la vida, el universo y todo lo demás». *La guía del autoestopista galáctico* fue un alivio a las preocupaciones existenciales de Musk, porque entendió que formular la pregunta correcta era tan importante como dar con la respuesta. «Muchas veces —me explicó Musk— la pregunta es más difícil que la respuesta. Si aquella está bien formulada, responderla es la parte más sencilla».

Y, para él, la física formulaba las preguntas correctas. A continuación de la novela de Adams empezó a leer, entre otros, los trabajos del Dr. Richard Feynman, físico ganador del Premio Nobel. En la universidad se sumergió aún más en el mundo de la física, y durante su época de estudiante de Empresariales en Wharton publicó varios artículos (que tuvieron mucha aceptación) sobre las bases financieras de los ultracondensadores y los sistemas energéticos espaciales.

Musk disfrutaba con las clases de Física, pero le preocupaban las salidas laborales que le aguardaban tras la graduación. «Pensé que podía quedarme atrapado en la tremenda burocracia de trabajar en un colisionador —recuerda—. Además, existe la posibilidad de que un proyecto de esa envergadura nunca vea la luz, como ocurrió con el gran colisionador. ¿Qué haría entonces?». Pero, por otro lado, ¿qué alternativas tenía? Muchos colegas de Wharton acababan trabajando para bancos y consultoras, pero él ya sabía lo que era eso. Y seguir el rumbo tradicional le resultaba mucho menos atractivo incluso que meterse en las oficinas de un colisionador sin un futuro claro.

Al final decidió tomar el camino por el que suelen optar los estudiantes indecisos: hacer un posgrado. Mandó la solicitud y lo

admitieron en el programa de Ciencia e Ingeniería de Materiales, en
Stanford.

■ ■ ■

El *doctor Elon Musk*. Así que ese era el camino, ¿no? Tenía claro que
no estaba hecho para las finanzas, pero, aunque había logrado entrar
en ese prestigioso programa de Stanford, tampoco le convencía dedicar su vida al mundo académico.

En sus últimos veranos en la universidad, Musk hizo dos pasan-
tías a la vez en Silicon Valley: de día trabajaba en el Pinnacle Research
Institute —una empresa dedicada a la investigación sobre armas espaciales, sistemas de vigilancia y fuentes de combustible alternativas
para los coches— y de noche en la prometedora empresa de videojuegos Rocket Science Games. «Era el encargado de cambiar los discos
por la noche, mientras el software del juego se renderizaba», señaló su
supervisor, Mark Greenough.

Estas dos experiencias introdujeron a Musk en el mundo de las
empresas tecnológicas, y gracias a eso conoció a gente que, como él,
trabajaba las 24 horas del día, disfrutaba de los videojuegos y resolvía
acertijos matemáticos para su deleite personal. Igual que en sus clases
de Física, en Silicon Valley ser un bicho raro era una ventaja, no un
defecto. Pero la clave fue darse cuenta de que en esos trabajos podía
aportar algo. En Pinnacle, por ejemplo, no se trataba de publicar un
artículo o morir en el intento, sino de cambiar el sector automovilís-
tico para siempre.

Aquel verano de los Musk en la bahía generó un aluvión de ideas;
por ejemplo, la creación de una red social para médicos. Aunque el
proyecto quedó en agua de borrajas, fue el primer granito de arena para
fundar una empresa emergente. Los hermanos Musk eran conscientes
de las oportunidades que surgían a su alrededor. Pocos meses antes
de que Elon llegara al Oeste, los estudiantes de posgrado de Stanford
Jerry Yang y David Filo crearon desde su furgoneta «Jerry and David's
Guide to the World Wide Web», que poco después rebautizaron como

«Yet Another Hierarchical Officious Oracle» y más tarde sintetizaron en «Yahoo!». En 1994, un antiguo proveedor de fondos de cobertura se trasladó desde Nueva York a las afueras de Seattle y, en su garaje, fundó con su esposa Cadabra Inc. Luego también le cambió el nombre a la empresa: la llamó Amazon.com.

La programación no era nada nuevo para Musk: había escrito código desde pequeño. A los trece años vendió su primer programa, el videojuego *Blastar*; en él tenías que «destruir un carguero espacial alienígena armado con bombas de hidrógeno y rayos láser». Tampoco era la primera vez que emprendía: durante su estancia en Canadá fundó la Musk Computer Consulting, que vendía ordenadores y procesadores de texto. Según un anuncio que publicó en la revista estudiantil de Queen's, la empresa era «de última generación», e imploraba a los clientes que llamaran «a cualquier hora del día o, incluso, por la noche».

Los fundadores de Yahoo! y Amazon apenas eran unos años mayores que Musk, y, en su opinión, no por ello más inteligentes. Aun así, abrir una empresa era un proyecto arriesgado, sobre todo tras ser admitido en un posgrado en Stanford. Así que optó por el punto medio y solicitó un puesto en una de las puntocom de moda: Netscape.

No recibió respuesta, pero al menos tampoco lo rechazaron. Entonces decidió personarse en las oficinas de Netscape a pedir una oportunidad. Tal vez de ese modo se le abriría alguna puerta. Tampoco dio resultado. «Era demasiado tímido —admitió más tarde—. Así que me quedé plantado en el vestíbulo, sin hacer nada. Fue bastante embarazoso. Solo quería hablar con alguien, pero estaba demasiado asustado para intentarlo. Al final di media vuelta y me fui».

Al cerrársele la puerta de Netscape, Musk debía elegir entre cursar su posgrado o abrir una empresa. «Me pregunté qué sería lo fundamental con el paso de los años. ¿En qué debería centrar mis esfuerzos?». Estando en la Universidad de Pensilvania hizo una breve lista de los campos con mayor potencial en un futuro próximo: Internet, la exploración espacial y la energía sostenible. Pero ¿qué podía hacer para posicionarse en estos ámbitos?

Su decisión fue acudir a Nicholson en busca de consejo. Mientras daban un largo paseo por Toronto hablaron sobre los pasos a seguir. Nicholson le dijo: «Las puntocom están en auge y lo seguirán estando. Es el mejor momento para tener una buena idea y arriesgarse. Siempre puedes echarte atrás y retomar tu posgrado; esa opción siempre estará sobre la mesa». Las palabras de Nicholson, que se había doctorado en Stanford como él, no eran intrascendentes.

Aun así, en el verano de 1995 Musk se marchó de la Universidad de Pensilvania con la intención de empezar el posgrado. Sin embargo, al volver a la bahía las palabras de Nicholson cobraron relevancia para él. «Sabía que me quedaría al margen del rápido crecimiento de Internet, y no podía aceptarlo. Quería aportar mi granito de arena», me confesó Musk. De modo que solicitó un aplazamiento en Stanford: empezaría el posgrado en enero de 1996, en lugar de en septiembre de 1995.

Aunque en la actualidad todo el mundo cree que Musk es uno de los hombres de negocios más osados que existen, en 1995 no estaba tan seguro de renunciar a su carrera académica. «No soy atrevido por naturaleza —declaró pocos años después a la revista *Pennsylvania Gazette*—. Además, podía perder la beca y la ayuda económica». Al presentar el formulario solicitando el aplazamiento, el administrativo de Stanford le dijo algo así: «Bueno, aprovecha la oportunidad, pero creo que te veremos de vuelta por aquí en tres meses».

■ ■ ■

Ese año, Musk empezó a diseñar un software para un portal web que incluía mapas vectoriales, direcciones punto a punto y listados de negocios. Se asoció con su hermano y pusieron en marcha la empresa con sus propios ahorros y varios miles de dólares que invirtió Greg Kouri, un empresario canadiense con el que habían entablado amistad y que se les unió como cofundador.

Fue la madre de Elon y Kimbal quien contactó con Kouri y le habló de sus hijos y las ambiciones de estos. Kouri falleció en 2012, a los 51 años, pero su viuda, Jean, todavía se acuerda de que su difunto marido echó una mano a los hermanos Musk: «Maye le dijo que sus hijos tenían una gran idea». Con el tiempo, Kouri jugaría un papel determinante en la vida y los negocios de los hermanos Musk; con mucha más experiencia que ellos y un gran olfato para los negocios, los acompañó en esos años de aprendizaje. «Creo que Elon y Kimbal lo querían como a un hermano mayor —me contó Jean Kouri—, porque, en realidad, acabó convirtiéndose en eso». Musk siempre habla de Kouri con mucho afecto. «Greg era uno de mis mejores amigos. Era un embaucador con un gran corazón. Usaba su talento para hacer el bien».

El equipo alquiló una austera oficina en Palo Alto, y tuvieron que hacer un agujero en el suelo para conectarse a Internet con la red de sus vecinos. Musk dormía allí y se duchaba en la Asociación de Jóvenes Cristianos (siguiendo el ejemplo de su abuelo materno, el quiropráctico Joshua Haldeman: «[Durante la Segunda Guerra Mundial], el Dr. Haldeman estaba tan ocupado que disponía de poco tiempo para encargarse de la consulta, y vivía en la Asociación de Jóvenes Cristianos»).

Llamaron a su nueva empresa Global Link Information Network, y la inscribieron en el registro a principios de noviembre de 1995. En la primera nota de prensa quedó patente su escasa experiencia: ni siquiera tenían un nombre para el producto que pretendían publicitar. La edición del 2 de febrero de 1996 del *San Francisco Chronicle* hizo escarnio de ello: «El nuevo producto se llama Virtual City Navigator o Totalinfo, que es posible confundir con *Totalfino*, un nuevo refresco italiano», rezaba el artículo. «La carta que adjuntan afirma que es la primera nota de prensa de Global Link, y es evidente, porque, por ejemplo, es difícil saber si el producto se llama Totalinfo o Virtual City Navigator».

Fuera cual fuera el nombre del producto, el *San Francisco Chronicle* fue el primer medio de comunicación en mencionar a esos dos totales desconocidos: «Los chicos son de Sudáfrica, donde, según

Kimbal, poseían uno de los pocos IBM del país, un XT con apenas 8K de memoria y sin disco duro. Quién sabe lo que puede pasar». Bromas aparte, los hermanos Musk tenían un buen motivo para estar orgullosos: en apenas dos meses habían logrado que los medios se interesaran por el proyecto.

A partir de ahí, todo se aceleró. Tras múltiples reuniones (sin éxito) en busca de financiación, Global Link consiguió una ronda de inversión de 3,5 millones de dólares, liderada por Mohr Davidow Ventures. A lo largo del proceso, una vez más, quedó patente la poca experiencia de ambos hermanos. «En un principio, pedían una inversión de unos 10.000 dólares para hacerse con un 25 % de la empresa», explicó más tarde el inversor Steve Jurvetson al autor de la biografía de Musk, Ashlee Vance. «¡Eso era un chollo! Cuando supe que al final invertirían 3 millones de dólares, me pregunté si Mohr Davidow se había leído de verdad el plan de negocio». Musk tampoco podía creérselo. «Pensé que estaban drogados —le contó a un periodista dos años después—. ¿Apenas saben quiénes somos y nos ofrecen 3,5 millones de dólares?».

Los hermanos desecharon los nombres de Global Link, Totalinfo y Virtual City Navigator, y una empresa de *branding* ideó una nueva marca para la compañía: Zip2. Registraron el dominio (www.zip2.com) el 24 de marzo de 1996 y, para coordinar el proyecto, contrataron a un CEO con experiencia, Rich Sorkin.

En principio, su intención era crear una web para usuarios (como Yahoo, Lycos o Excite), haciendo hincapié en los negocios locales. Pero en 1996 vender anuncios de Internet a pequeños negocios era aún una quimera. Así que exploraron la opción de colaborar con grandes empresas de telecomunicaciones (Pacific Bell, US West y GTE) para ampliar su oferta de publicidad en Internet. En julio, Kimbal Musk contó en una revista especializada que «las compañías de telecomunicaciones cuentan con mucha experiencia en el mercado, pero muy poca en el desarrollo tecnológico». Zip2 era capaz de cubrir esa laguna, pero cuando tales empresas se mostraron partidarias de gestionar la publicidad en Internet de forma interna el equipo de Zip2 también descartó ese enfoque.

Entonces se empezaron a vender como «una plataforma tecnológica que permite a los medios de comunicación ampliar su franquicia y gestionar la publicidad local online». En la práctica, esto significaba potenciar las ventas de publicidad digital de los medios y crear guías locales de las ciudades. Parecía un concepto prometedor, y cerraron acuerdos con grandes compañías, como Knight Ridder y Landmark Communications. Una influyente revista especializada afirmó que Zip2 era «el nuevo superhéroe de la prensa», y también que «la respetable empresa de software se ha abierto camino al frente del paquete de directorios online para encabezar el contraataque de la industria periodística contra las empresas de telecomunicaciones y Microsoft».

■ ■ ■

Al principio de su aventura norteamericana, Elon y Kimbal recurrieron a la prensa para conocer a los sujetos más influyentes de Canadá. Pocos años más tarde, se presentaban como los «caballeros andantes» de la prensa norteamericana. Los años siguientes fueron una carrera desesperada para hacerse con un trozo del pastel de la publicidad local, que ascendía a 60.000 millones de dólares. En esa época, Musk supo por primera vez qué significaba ser un emprendedor y sufrir constantes altibajos.

En realidad, las innovaciones de Zip2 lo tenían encandilado: mapas digitales, un servicio de correo electrónico gratuito e incluso una aplicación para reservar mesa en restaurantes por fax. El lenguaje de programación Java se lanzó en enero de 1996, y en septiembre de ese año Musk y su equipo de ingenieros ya lo habían incluido en el núcleo de Zip2. El doctor Lew Tucker, un alto directivo de JavaSoft, rindió homenaje a tal hazaña: «Los novedosos mapas y direcciones son algunas de las aplicaciones más potentes de Java en Internet. Zip2 es la combinación perfecta entre tecnología punta y practicidad cotidiana».

Así pues, la empresa despegó con fuerza entre 1996 y 1997 gracias a las inversiones de Knight Ridder, Soft-Bank, Hearst, Pulitzer Publishing, Morris Communications y la New York Times Company. Con apenas dos años de vida, Zip2 ya tenía secciones en más de 140 webs de periódicos. «A mediados del 97, y salvando las distancias, podía compararse con Microsoft», declaró un analista del sector.

Pero ese crecimiento tuvo un precio: a finales de 1996, Musk se enfrentó a los inversores y a sus propios colegas, que tenían ciertas dudas sobre su liderazgo. Impaciente y siempre falto de sueño, era propenso a fijar plazos imposibles, reprender a otros ejecutivos y colegas en público, así como retocar el código de los demás sin preguntar.

Más adelante, él mismo no tendría reparos en admitir sus carencias, y confesó que antes de Zip2 nunca había tenido muchas responsabilidades, «nunca había coordinado a un equipo, ni a una sola persona». A su biógrafo, Ashlee Vance, le contó un incidente en el que humilló en público a un compañero, corrigiendo su trabajo frente a los demás; con ello destruyó la relación para siempre. «Al final, entendí que había solventado el problema, pero que nunca más podría recurrir a esa persona», le dijo.

Zip2 mantuvo a Musk como director de tecnología y le permitió seguir siendo presidente de la junta. Pero, a medida que la empresa crecía, redujo su influencia en la dirección estratégica. Además, la frustración iba en aumento por la estrechez de miras que mostraba la dirección. Él pensaba que podían ser la próxima Yahoo!, pero ahora apenas eran un accesorio que gozaba de buena reputación en el sector de la comunicación. «Desarrollamos una tecnología asombrosa que se quedó atrapada en el sector de los medios de comunicación tradicionales. Era como tener un caza de combate para ir a comprar el periódico», recuerda.

Musk luchó (en balde) para que la empresa cambiara de rumbo. Presionó a la junta para comprar el dominio city.com, y en 1998 hizo públicas sus intenciones con unas declaraciones en el *New York Times*: «La verdadera batalla para convertirse en un portal local es contra

Yahoo! y AOL». Sin embargo, el consejo de administración, los inversores y el equipo ejecutivo no estaban de acuerdo. En su opinión, los medios eran clientes de pago y gozaban de mucha influencia; convertirse en el próximo Yahoo! era una fantasía. «No se trataba de una cuestión filosófica —me dijo Rich Sorkin, director general de la empresa—. El dinero mandaba».

1998 no fue un gran año para Zip2: la fusión con su mayor competidor (Citysearch) no llegó a producirse, y el *Charlotte Observer*, uno de sus principales clientes, canceló su guía digital de ciudades, habida cuenta de la reducción en los beneficios. Sus razones eran las mismas que afectaban a todo el sector. «Pese al interés de los anunciantes —publicó el *New York Times* en septiembre de ese año—, ninguna guía ha logrado beneficios regulares».

■ ■ ▨

La aventura acabó a principios del año siguiente. En febrero del 99, Compaq compró Zip2 por 307 millones de dólares. La adquisición les permitió combinar su motor de búsqueda (AltaVista) con el negocio publicitario y las direcciones de Zip2. Para Musk, supuso ingresar 21 millones de dólares.

Hoy en día, recordar ese momento aún le causa rubor: tanto por la cantidad de dinero como por la forma de pago. Le dieron un cheque. «Recibí los millones en mi buzón. Pensé que cualquiera tendría problemas para cobrarlo. Me sigue pareciendo una forma extraña de enviar dinero». Aun así, el acuerdo le permitió desvincularse de Zip2. «Pasé de tener unos 5000 dólares en mi cuenta corriente a unos 21 millones de dólares», me dijo. Solo tenía 27 años.

Tras su marcha, Musk se convirtió en un personaje de interés para los medios de comunicación, un papel del que nunca renegó. «Aunque habla y viste como cualquier ingeniero de Silicon Valley, tiene la imagen y los modales impecables de un misionero mormón», dijeron de él. Con sus millones todavía humeantes, se compró un condominio en Palo Alto y un McLaren de Fórmula 1.

El dinero y la fama fueron bien recibidos, pero Musk sentía que el éxito de Zip2 tenía algunas lagunas. La empresa triunfó en lo económico, pero nunca sacó partido a todo su potencial técnico. Estaba muy orgulloso de las innovaciones que habían logrado, como, por ejemplo, sus mapas online. Pero, en su opinión, esas pequeñas «perlas tecnológicas» cayeron en saco roto; los productos de Zip2 no habían alcanzado el auténtico potencial de Internet, al menos no en la medida que él esperaba. «Había trabajado para desarrollar una tecnología asombrosa, pero no logré cultivarla bien y se acabó marchitando», confesó.

Musk admiraba el capitalismo y a los científicos, si bien desde su paso por la Universidad de Pensilvania su fascinación por la ciencia prevalecía sobre lo demás. Los empresarios creían que Internet era una especie de lucrativa fiebre del oro del siglo XX, pero Musk tenía otro punto de vista. «Yo creía que era algo que iba a cambiar el mundo de forma radical. Un nuevo sistema nervioso global, capaz de convertir a la humanidad en algo parecido a un superorganismo».

Para Musk, este «sistema nervioso» combinaba la ciencia más rigurosa con la ciencia ficción, algo así como un cóctel entre Adams y Feynman. «Antes solo podíamos comunicarnos por ósmosis, es decir, por contacto físico. Incluso para mandar una carta, alguien tiene que llevarla físicamente. Ahora puedes estar en mitad de la selva amazónica y, si tienes cobertura, acceder a toda la información del mundo. Es pura fantasía».

Sí, una fantasía que se imponía a su alrededor. Musk ansiaba tener la oportunidad de hacer más. Como él decía, quería ser el responsable de poner los cimientos de Internet. Zip2 había quedado atrás, y tenía en el bolsillo algo más de cuatro centavos. Era el momento de emprender la siguiente aventura.

4

«LO ÚNICO QUE ME IMPORTA ES GANAR»

En 1990, cuando Musk era becario en el Scotiabank, le costaba entender por qué la entidad no mostraba interés en la innovación. Sin embargo, con el rápido progreso tecnológico que se produjo en la siguiente década, al parecer los grandes bancos empezaron a entrar en razón.

Aun así, aunque Internet estaba ya por todas partes, las entidades bancarias seguían mostrándose tan recelosas como los pequeños propietarios a los que Musk intentó convencer sin éxito para que invirtieran en su empresa de publicidad digital. En 1995, estaba metido de lleno en Zip2 y el concepto «banca digital» todavía era un oxímoron. A pesar de que cada vez más bancos apostaban por ello, sus productos eran apenas unos cuantos boletines que colgaban en la Red.

Un buen ejemplo era la web de Wells Fargo a finales del 94: en el caso de que sus usuarios pudieran acceder al portal (cosa que no siempre era posible), encontraban solo unos cuantos cuadros de información muy ordenaditos y las emblemáticas imágenes del logotipo del banco. «Por desgracia, como el acceso a Internet era por línea telefónica, las coloridas imágenes se descargaban de una en una, y la página tardaba varios minutos en visualizarse por completo», señaló años más tarde un especialista en la historia de ese banco. Los clientes de Wells Fargo presentaban constantes quejas y formulaban, entre otras, una pregunta de lo más sensata: «¿Cuándo podré consultar el saldo de mi cuenta en la web?».

Resulta evidente que Musk no era el único en creer que los bancos tradicionales eran demasiado lentos para moverse en el mundo digital. A finales de los noventa, el mercado de la banca digital estaba repleto de debutantes. No obstante, Musk consideraba que sus servicios nunca cubrían las expectativas. Por eso él no pretendía lanzar *otro* banco digital más; su visión de un nuevo servicio financiero era —como se podría esperar— mucho más ambiciosa que eso.

Lo que Musk se preguntaba era si una sola entidad sería capaz de ocuparse de toda la vida financiera de una persona. En algunos de sus discursos iniciales para obtener financiación llamó a esta idea «el Amazon de los servicios financieros»: una plataforma única, que no solo vendiera cuentas corrientes y de ahorro, sino todo tipo de servicios, desde créditos o préstamos hasta seguros o gestión de valores. Para Musk, allí donde hubiera dinero, también debía estar su nueva empresa.

Su objetivo era tan lógico como difícil de alcanzar. No estaba vendiendo una sola empresa, prometía media docena de un plumazo. Desde su punto de vista, las bases de la infraestructura financiera debían evolucionar, porque tanto los bancos como los gobiernos disponían apenas de «un puñado de ordenadores anticuados con un código arcaico para ejecutar un procesamiento por lotes con escasas garantías de seguridad».

En resumen: la tecnología bancaria en los noventa era pésima. Musk consideraba que sus principales operarios —es decir, los banqueros— eran un ejército de intermediarios que cobraba grandes comisiones sin dar apenas nada a cambio. «Por alguna razón desconocida, quieren generar infraestructuras colosales —declaró Musk—. Les encanta ponerles a sus cargos pomposos nombres, como vicepresidente adjunto, vicepresidente ejecutivo, etc.».

Sus críticas también iban dirigidas a estructuras financieras en apariencia de tanta relevancia como las bolsas de valores: «Me preguntaba por qué la gente no podía comerciar con libertad. Es decir, ¿por qué no puedo venderte yo una acción directamente? No necesito ningún intermediario». En otras palabras, su nuevo código podía dejar obsoleto el Nasdaq.

Pero alguien tenía que hacerlo: diseñarlo, ponerlo en marcha y poseer las bases de datos que reemplazarían a las grandes estructuras financieras, al personal innecesario y los grandes honorarios. Y Musk creía que él podía ser ese individuo.

■ ■ ■

Una de las primeras personas a las que presentó su idea fue Harris Fricker, un ejecutivo financiero canadiense. Se habían conocido gracias a Peter Nicholson, durante la pasantía de Musk en el Scotiabank. «Ambos eran brillantísimos —dijo Nicholson de sus protegidos—. Pensé que podían formar una pareja con un gran potencial».

Fricker se había criado en Ingonish, un pueblecito de Nueva Escocia. Hijo de obrero y enfermera, destacó en la universidad y obtuvo una de las once becas Rhodes que se concedían a los estudiantes canadienses. En Inglaterra estudió Economía y Filosofía, y luego regresó a Canadá para trabajar en un banco. Así como Musk había hecho fortuna con su empresa puntocom, Fricker prosperó con rapidez en el mundo financiero y a los 20 años ya era director de una compañía de inversiones en valores.

Y, como mucha otra gente, tenía un gran interés en la recién llegada Internet. A finales de 1998 Musk le presentó su idea para una nueva empresa de servicios financieros. «Es uno de los mejores vendedores que he conocido nunca —admitió Fricker—. En eso se parece a Steve Jobs: cuando presenta una idea, una gran mayoría suele picar el anzuelo». A principios del 99, Fricker ya estaba en el ajo. Renunció a un sueldo de un millón de dólares y se trasladó a Palo Alto.

Poco después, este dio con un tercer cofundador: Christopher Payne, graduado por la Universidad de Queen's, en Ontario y que más tarde trabajó en el sector financiero y cursó un MBA en Wharton. Por otro lado, había cultivado sus conocimientos informáticos manipulando hardware y escribiendo código por las noches y los fines de semana, además de que en su trabajo tuvo que adaptarse con rapidez a las innovaciones tecnológicas. En BMO Nesbitt Burns, la compañía de capital riesgo a la que se incorporó al terminar sus estudios en Wharton, la mesa de Payne estaba repleta de planes de negocio para nuevas empresas de Internet.

Payne conoció a Fricker cuando ambos trabajaban en BMO Nesbitt Burns, y unos años más tarde, cuando el primero se mudó a Silicon Valley, convenció a Payne para que lo acompañara. Este recuerda muy bien lo que le dijo: «Si dentro de 20 años tus hijos te preguntan dónde estabas cuando surgió Internet, ¿qué prefieres responder: en un viejo y aburrido banco o en primera línea de combate?».

De modo que en 1999 Payne hizo las maletas y se marchó también a Palo Alto, donde poco después conocería a Elon Musk. «Poseía mucha energía —recuerda Payne—. Siempre tenía alguna idea o algo entre manos. No paraba quieto». Un día que estaban en casa de Musk, Payne entró en su dormitorio. «Estaba repleto de libros; biografías y ensayos sobre gente del mundo de los negocios, donde se explicaba cómo habían alcanzado el éxito», me contó. «De hecho, recuerdo que uno de los libros que estaba encima de la pila era sobre Richard Branson. Me di cuenta de que Elon se estaba preparando para ser un empresario famoso. Tenía alguna clase de objetivo supremo que lo impelía».

■ ■ ■

Ed Ho fue el último en incorporarse al grupo, de la mano de Musk. Ho se había licenciado en Ingeniería Eléctrica e Informática en Berkeley, y trabajó en Oracle tras su graduación. Más tarde entró en Silicon Graphics, un gran centro de talento en ingeniería. Pero a mediados de los noventa sus colegas fueron abandonando esa compañía para incorporarse a las nuevas empresas emergentes de Internet.

El éxodo también afectó a su jefe, Jim Ambras, que se fue a Zip2 y más adelante reclutó a Ho. Este disfrutó con los retos de ingeniería que se le presentaban allí, en especial los de un último y memorable proyecto: diseñar aplicaciones para los arcaicos móviles de la época.

«Imagina que pudieras teclear dos direcciones —eso era un auténtico suplicio por aquel entonces— y luego tuvieras ambas en tu teléfono», recuerda Ho.

Allí también se familiarizó con el estilo de liderazgo de Musk. «Cada vez que le presentaba una idea, Elon me animaba a seguir adelante». Apreciaba mucho, pues, que se comportara más como ingeniero que como ejecutivo. En ocasiones incluso sacaba su vena competitiva y se apuntaba a las partidas nocturnas de *StarCraft* o *Quake*. «Es un auténtico profesional del *StarCraft*».

Gracias a los videojuegos, pronto forjaron una buena amistad. «Te quedas trabajando hasta tarde, luego te pones a jugar… y al final surge la amistad», rememora Ho. Antes de que se secara la tinta del contrato entre Compaq y Zip2, Musk empezó a hablarle de su próximo paso. «Echando la vista atrás, se supone que no podía hacerlo —me contó Ho—. Respecto a las cuestiones técnicas, Musk había firmado unas cláusulas que limitaban su margen de maniobra, pero las solía pasar por alto con cierto desdén». Ho todavía se acuerda del regocijo con el que Musk recibió una queja formal de Silicon Graphics por el uso de información protegida.

A principios de 1999, la nueva empresa apenas era una serie de ideas en la cabeza de Musk. Aun así, Ho no dudó en sumarse al proyecto con entusiasmo. «Cuando viene una ola —me explicó— puedes tomarla o esperar la siguiente. Y la de Yahoo! ya había pasado». El equipo original, formado por cuatro personas, se repartió las responsabilidades: Musk y Ho se encargarían de la tecnología y el producto, y Fricker y Payne, de los aspectos financieros, legales y operativos de la empresa.

■ ■ ■

Antes incluso de tener nada que vender, Musk le puso nombre a la empresa: X.com. Para él era simplemente «la mejor dirección de Internet». Y no era el único que lo pensaba: a principios de los noventa, una pareja de ingenieros, Marcel DePaolis y Dave Weinstein, había comprado el dominio www.x.com para su empresa: Pittsburgh

Powercomputer. Aunque años más tarde la vendieron, se quedaron con el dominio y lo usaban para sus correos electrónicos personales.

Durante varios años, DePaolis y Weinstein rechazaron distintas ofertas para vender el dominio porque no cubrían sus expectativas. Pero en 1999 recibieron una muy interesante. «Con la inminente amenaza del efecto 2000, Musk se puso en contacto con nosotros», dijeron. Esta vez los términos de la oferta eran mejores, y al final vendieron la dirección a cambio de una suma en efectivo y un millón y medio de acciones de la nueva empresa. La negociación suscitó el interés del *Wall Street Journal*, que la mencionó en un artículo sobre las acciones de las empresas emergentes; artículo en el que, casualmente, se nombraba a otro joven emprendedor, Max Levchin.

Gracias a ese acuerdo Musk obtuvo, entre otras cosas, una flamante dirección de correo electrónico corporativo: e@x.com. Pese a que a algunos les parecía confuso o incluso de mal agüero, Musk confiaba plenamente en esa dirección y en el nuevo nombre de la empresa; X.com era tan novedoso, fascinante y amplio que captaba a la perfección su idea de compañía: un lugar donde coexistieran todos los servicios bancarios y de inversión. Igual que la X «marca el lugar correcto» en un mapa del tesoro, X.com indicaba dónde se hallaba el mejor centro financiero digital. También le gustaba que fuera una dirección poco común, una de las únicas tres que, en ese momento, contaban con una sola letra (las otras dos eran q.com y z.com).

Además, Musk tenía una razón práctica para haber elegido ese nombre: preveía que el mundo pronto estaría lleno de dispositivos móviles del tamaño de una tarjeta de crédito. Y en ese mundo, X.com era una dirección ideal, porque estaba al alcance de unos pocos movimientos con el pulgar.

Su convicción respecto al nombre también era fruto de los problemas que había experimentado con el de su antigua empresa, Zip2. «En primer lugar, ¿qué sentido tenía? Era una de las peores direcciones posibles. ¿Cómo se escribía, con el dígito (Zip2), con el número en letra (Ziptwo) o con la preposición (Zip-to)? —me explicó—. Es un nombre con un número de variaciones infinito. Este tipo de direcciones no es adecuado. No, en realidad no fue un nombre muy acertado».

Por aquel entonces, como estaba ocupado escribiendo código, Musk había delegado el cambio de nombre a Global Link; una decisión que más tarde lamentaría. «Dejé en manos de otras personas el nombre de la empresa y la estrategia de marketing. Se creían expertos. Pero luego me di cuenta de que hay que usar el sentido común. Ese es el mejor de los sentidos».

Para él, X.com era diametralmente opuesto a Zip2, y estaba convencido de que su éxito también tendría un destino diferente. «Estaba fascinado con esa letra», recuerda Payne.

■ ■ ■

Musk destinó gran parte de las ganancias de Zip2 a X.com: invirtió 12,5 millones de dólares y compró el dominio de su bolsillo. «En aquel momento pensé que estaba loco. Era muy arriesgado», me contó Ho. Y estaba en lo cierto. Apostar tanto patrimonio personal en una nueva empresa era digno de mención, en parte porque Musk no tenía por qué hacerlo. El éxito de Zip2 le había granjeado una buena reputación, y mucha gente estaba dispuesta a invertir en su nuevo proyecto. «Con una simple llamada conseguiría reunirse con cualquiera», recuerda Payne.

Las empresas de capital riesgo más prestigiosas —New Enterprise Associates, Mohr Davidow Ventures, Sequoia Capital y Draper Fisher Jurvetson— estaban ansiosas por conocer su proyecto. Fricker, con todo su bagaje financiero, no podía creerse lo sencillo que parecía todo. El equipo llegaba a las reuniones con una presentación improvisada y siempre lograba captar el interés de su público. «Para mi sorpresa, Elon fue muy competente en las presentaciones ante las empresas de capital riesgo —me dijo Fricker—. Siempre explicaba sin cortapisas los problemas que sufría la industria financiera, es decir, la existencia de grandes monopolios, la escasa transparencia en la fijación de precios, etc. Los asistentes se quedaban invariablemente fascinados».

No obstante, pese a ese entusiasmo, Musk prefirió usar su dinero. Tal empeño en la autofinanciación tenía dos ventajas: por un lado, le permitía ostentar la propiedad y el control operativo absoluto de X.com (esta vez, al menos por el momento, no habría inversores que lo pudieran echar); por otro, ese compromiso con el proyecto era una buena baza para captar personal. «Cuando quería contratar a alguien —recuerda Ho— solo tenía que mencionar que Musk había invertido 13 millones en la empresa. Con la tremenda demanda de ingenieros que había entonces, todos los detalles eran importantes, y que el propio dueño de la empresa invirtiera su fortuna en ella era, sin duda, un buen reclamo».

El esfuerzo de contratación cumplió sus objetivos, tanto en el campo de la ingeniería como en el del talento económico. Steven Dixon, ejecutivo del Bank of America, entró como director financiero. Julie Anderson, antigua analista del Deutsche Bank, también se incorporó al equipo empresarial. En los departamentos de producto e ingeniería contrataron a See Hon Tung —amigo de Fricker y Payne de Canadá—, a Harvey Tang, a Doug Mak —ingeniero de software— y a Chris Chen, antiguo analista de seguros de Hawái y amigo de Ed Ho.

Musk también contrató al abogado Craig Johnson. «Craig era un auténtico coloso en el valle», me contó Fricker. Su llegada fue la constatación de que la empresa iba en serio. Así que también llegó el momento de poner orden en cuando a la sede física de la empresa. Por eso, el equipo se trasladó a unas oficinas alquiladas en el 394 de University Avenue.

Desde su nueva posición, X.com dirigió su atención a otros bancos minoristas y a la competencia de las puntocom. «Por aquel entonces había más bancos operando en el mercado que estaban cotizando por cuatro veces su valor contable. En cambio, los tradicionales solo cotizaban por dos o tres veces su valor. Esa era una gran diferencia a favor de la banca digital —me explicó un trabajador de X.com—. El plan de Elon se sustentaba porque era un "chico de Internet". Creía que podía hacer cualquier cosa. Aquel sería el primer banco fundado en Silicon Valley, y por eso tendría mucho más éxito que los demás».

Uno de sus principales competidores era NetBank, que funcionaba desde el 96 y se anunciaba como «el banco digital del futuro». A mediados del 97, salió a bolsa con un precio de 12 dólares por acción; en el 99, el precio de sus acciones era siete veces superior. Sin embargo, Ho recuerda muy bien que en la oficina todo el mundo estaba convencido del éxito de su proyecto: «Pensábamos que íbamos a aplastar a NetBank».

No obstante, había mucha más esperanza y autobombo que un plan detallado. «Básicamente, creíamos que esos chicos solo jugaban a ser banqueros. Quizá sabían cómo funcionaban los bancos, pero no tenían ni idea de la tecnología y los consumidores», me explicó Ho. En parte, era una reacción a las declaraciones del fundador de NetBank, que dijo a un periodista en 1998: «Somos un banco regulado por completo. No como Amazon». Es decir, quería que el mundo se convenciera de que su empresa era un «auténtico banco», no una inestable empresa puntocom. Y, para demostrarlo, operaba desde Georgia, no desde Silicon Valley.

En cambio, para Musk y X.com eso era una clara evidencia de que NetBank y sus competidores en la banca digital no apostaban lo suficiente por las empresas tecnológicas. X.com sí era una de ellas, y se impondría a la competencia si era capaz de acceder al mercado, reducir las tarifas y captar clientes de forma agresiva. Para eso, optaron por trabajar con proveedores externos; es decir, aprovechaban el software de los bancos tradicionales para crear productos nuevos sobre ese código. «El único problema es que no eres el propietario del software principal —me explicó Ho—. Pero, a cambio, la contabilidad y las cuestiones legales quedan resueltas».

■ ■ ■

A pesar de escribir «sobre código ajeno», X.com pronto se dio de bruces con un laberinto legal: las líneas de crédito, los anticipos en efectivo, las hipotecas, los bonos, la compraventa de acciones e incluso el almacenamiento de dinero eran procesos sujetos a complejas normas estatales y federales, supervisadas por agencias tradicionales que no estaban acostumbradas a tratar con ejecutivos de Silicon Valley.

Así que contrataron a un bufete de abogados (Dechert Price & Rhoads) para que se encargara de las cuestiones legales. Sin embargo, incluso con su ayuda, siempre remaban a contracorriente. Además, el que Musk estuviera decidido a revolucionar el mundo de las finanzas integrando todos los servicios financieros en una misma empresa no era de gran ayuda.

Las normas y la revolución no suelen llevarse bien. Por ejemplo, Musk quería combinar la banca comercial con la de inversión, pero la Ley Glass-Steagall de 1933 lo prohibía de forma expresa. En abril del 99 se aprobaría una ley que permitía la unión de ambas, pero tendrían que esperar aún algunos meses hasta que el presidente Clinton la firmara.

Para Musk y muchos otros, las leyes que se promulgaron durante la Gran Depresión no se ajustaban a las necesidades del contexto actual, con la aparición de la economía digital. «Es muy frustrante comprobar que a veces las leyes son irracionales —diría más tarde Musk—. Puedes intentar convencer a todo el mundo de que no tienen sentido, pero nunca te escucharán». (Más tarde, en su aventura en SpaceX, Musk propondría una solución para un futuro gobierno de Marte, y entre otras cosas sugirió que las leyes marcianas incluyeran una cláusula de caducidad).*

---

* «Lo más probable es que la forma de gobierno en Marte sea una democracia directa, no representativa», explicó Musk en la Recode Code Conference de 2016. «La gente votará directamente sobre cualquier tema. Y creo que es la mejor opción, porque la corrupción puede disminuir de modo sustancial en una democracia directa, frente a una representativa. Así que creo que eso es lo que con toda probabilidad ocurriría. También aconsejaría hacer algún ajuste para la caducidad de las leyes. Eso sería lo más sensato. Debería ser más sencillo cargarse una ley que aprobarla. Las leyes tienen una vida infinita… a menos que alguien las derogue. Así que mi recomendación sería algo así como que con el 60 % de los votos se pudiera aprobar una ley, pero que bastase un 40 % para acabar con ella. Todas las leyes deberían tener caducidad. Esa sería mi recomendación: una democracia directa en la que sea un poco más difícil promulgar leyes que derogarlas, y donde estas no perduren para siempre».

Aun así, tenía el convencimiento de que X.com debía seguir adelante: «No podemos temer que se nos rompan algunos huevos por el camino», le dijo a Payne. El abogado era de la misma opinión, y aseguró al equipo que, llegado el momento, prestarían atención a los organismos reguladores.

Para él era crucial conseguir la inversión de las empresas de capital riesgo; luego ya se preocuparían por los detalles. «Cuando se nos presentó este dilema, preferimos no falsear nuestra imagen ante los posibles inversores —dijo Johnson—. El ciervo estaba a punto de caer en la trampa; no era momento de asustarlo. Los planes de negocio cambian de manera constante».

Pero a los miembros más veteranos del equipo financiero no les convencía esta estrategia; sabían por experiencia que en su mundo no se puede hacer caso omiso a la normativa. «Existen requisitos para el capital, la información o la privacidad —afirmó Payne—. Teníamos que ser responsables y conscientes de que se trata de un sector regulado». A algunos de los trabajadores iniciales también les preocupaba que la empresa y sus directivos pudieran enfrentarse a problemas legales si no se tomaban en serio la normativa económica.

▨ ▨ ■

Entonces empezaron las disputas entre Fricker y Musk que marcaron la tónica en los meses iniciales de X.com. Fricker no compartía la estrategia de Musk, y también se opuso a contratar a una empresa de relaciones públicas para generar titulares de prensa y a que utilizara su capital para comprar el dominio X.com. En su opinión, eran extravagancias que no contribuían al propósito principal de la empresa. En cambio, para Musk se trataba de costes esenciales que garantizarían el éxito en un mercado saturado.

Fricker tampoco dio saltos de alegría cuando Musk le prometió encargarse de todo lo relacionado con las finanzas. «Cuando contábamos nuestro proyecto, exagerábamos hasta el extremo lo que estábamos haciendo en realidad. Si me sentía frustrado era porque yo quería construir algo tangible, regularlo y producirlo —me contó Fricker—. Pero cuanto más describíamos lo que íbamos a crear, más difícil era llevarlo a cabo».

Así que intentó concentrar los esfuerzos de la empresa. Para él, solo tendrían éxito si lograban focalizarse en dos servicios específicos: combinar las ofertas bancarias tradicionales con los fondos indexados, y proporcionar asesoramiento financiero. Por supuesto, Musk no estaba de acuerdo. Desde su punto de vista, esa estrategia limitaba el potencial de la compañía. Además, el asesoramiento financiero implicaba un elevado coste en recursos humanos y no encajaba con su visión de una empresa en esencia digital.

Fricker y Payne habían diseñado modelos sobre el crecimiento y los ingresos de X.com, pero los números no parecían encajar con la realidad. «Todo eso era extraño para mí. Mi formación era muy clásica, se basaba en hechos, números, hojas de cálculo y complejas estimaciones —confesó Payne—. Yo era lógico y mecánico, en especial cuando se trataba de analizar riesgos y oportunidades».

No obstante, para Musk los modelos no podían ser congruentes porque las suposiciones de las que partían eran falsas. «El relato es mucho más importante que las matemáticas —diría Payne más adelante—. Elon era muy bueno analizando el futuro y convenciendo a la gente de que *la meta estaba ahí, a pocos pasos*». Incluso en Silicon Valley, el Olimpo de las matemáticas, la visión era más relevante que los números. «Hay una razón que explica por qué los emprendedores de éxito cobran tanto: el camino entre la construcción de una fábrica y la salida y venta de los productos nunca es una línea recta», señaló Payne.

Fricker estaba cada vez más frustrado con el equipo de ingenieros de Musk, en especial por su escasa intención de entregar incluso los primeros modelos. Para ellos, el trabajo no estaba «incompleto», sino «en desarrollo». La programación, como la escritura, es una disciplina plagada de vacilaciones e incertidumbre. «No es lineal. Puedes ir tres horas por un camino y de pronto llegar a un callejón sin salida», me dijo Ho.

Pero todos estos callejones sin salida tenían su importancia: en Zip2, Musk había aprendido que el éxito, en una empresa emergente, no consiste en tener la mejor idea, sino en descubrir y descartar con rapidez las que no lo son. «Se empieza con una idea que casi siempre es errónea. Luego la adaptas y las vas perfeccionando gracias a las críticas», diría en una presentación años más tarde. «Después, debes preguntarte todo el tiempo si estás haciendo algo útil para la gente. Porque, al fin y al cabo, ese es el propósito de una empresa». En definitiva, según Musk, la meticulosidad en las etapas iniciales de un proyecto aborta de forma prematura el desarrollo de las ideas con mayor potencial.

■ ▨ ▨

En cuanto a Fricker, él era hijo del mundo de las finanzas; la precisión gobernaba todos los aspectos de su vida. Llegaba temprano a la oficina: los mercados financieros abrían a las 6:30 a. m., y a esa hora él ya estaba trabajando. En cambio, Musk solía terminar su jornada laboral a las 3 o 4 de la mañana, y descansaba unas horas en el suelo de la oficina antes de que llegara Fricker.

Para este, aquel era un síntoma de su desconexión con la realidad de la empresa, pero para Musk lo de pasarse las noches en vela trabajando era consustancial a las empresas emergentes. Sin duda, ese fue otro punto de fricción. Y todas esas tensiones se trasladaron a las reuniones, alimentadas por el carácter intenso e impaciente de ambos.

Algunos compañeros no sabían cómo tomárselo. A Ed Ho, por ejemplo, le dejó atónito la rapidez con la que se envenenó la relación: «Siempre que se ponían a discutir les preguntaba por qué se comportaban de forma tan hostil. ¿Acaso no eran amigos?». A otros la situación no les sorprendía en absoluto: Musk y Fricker siempre habían llevado las riendas de sus empresas, de modo que compartir el poder no era una de sus virtudes. «Nunca podrían trabajar juntos como es debido», descubrió Payne nada más iniciarse el proyecto.

Fricker estaba resentido por el escaso compromiso de Musk con la empresa, pero intentó limar asperezas. El 9 de marzo de 1999 le escribió un correo electrónico en el que le decía: «Por favor, Elon, vuelve a las trincheras de la empresa. Eres brillante, pero nosotros somos lo bastante inteligentes como para saber cuándo no estás comprometido. Es la maldición de tener unos socios competentes». Y le recordó que la oportunidad de trabajar juntos había sido una de sus razones para trasladarse a California.

Musk respondió con educación, pero rechazó haberse bajado del barco. «En realidad, creo que me has malinterpretado. Siempre estoy pensando en X.com, incluso durmiendo. Soy obsesivo-compulsivo por naturaleza. Para mí, la clave es ganar, ganar a lo grande». Luego le sugirió que cenaran juntos y se despidió con un «Tu amigo y socio, Elon».

A lo largo de mayo y junio de 1999, las fisuras continuaron ampliándose. «Las discusiones eran acaloradas», me contó Ho. El equipo de X.com se dividió en dos bandos: por un lado, los veteranos de Silicon Valley —Musk y Ho—, y por el otro, los expertos en finanzas —Fricker y Payne—. Y según varios testimonios, en julio el bando financiero intentó cambiar la estrategia de X.com y destituir a Musk como CEO.

Una noche, Peter Nicholson recibió una llamada de Musk. Su antiguo becario estaba furioso y le dijo que Fricker estaba intentando apartarlo de la empresa. Le pedía consejo para «arreglar las cosas». Nicholson no estaba involucrado de manera formal con X.com, pero, preocupado por los problemas entre sus dos protegidos, le aseguró que hablaría con Fricker al día siguiente.

Nicholson recuerda que Fricker dijo: «El equipo tiene muchos problemas para entender el estilo de liderazgo de Musk». Por ello, temía que se acabaran yendo de la empresa. También le dijo que Musk era brillante y que sus ideas eran muy ambiciosas, pero «que muchas no podían ponerse en práctica».

Nicholson fue sabio y optó por mantenerse al margen, diciendo: «Creo que no tiene sentido inmiscuirme en este problema. Ambos cuentan con mi estima y mi respeto, pero desconozco los motivos internos y cómo se ha llegado a este punto».

Con o sin Nicholson, la situación pronto fue crítica. Musk seguía teniendo una participación mayoritaria en X.com y, cuando el ambiente se volvió irrespirable, convocó una reunión con Fricker y el abogado de la empresa. Los demás abandonaron la oficina antes de lo que suponían iba a ser una discusión acalorada. «Sabíamos que estaba pasando algo —confesó Payne—. Nos fuimos porque no queríamos estar presentes». Los gritos empezaron nada más marcharse de la oficina.

Al final, Musk despidió a Fricker. Fue incluso, hasta cierto punto, maleducado: Fricker descubrió al llegar a la oficina que su ordenador había desaparecido, además de que le habían cortado el acceso a los archivos de la empresa.

■ ▦ ▦

Chris Payne, el otro socio fundador, no se lo podía creer. «Cuando todo salta por los aires, tienes que pararte un momento y preguntarte: ¿qué demonios acaba de pasar?». La resaca del despido trajo rumores de que Fricker pretendía abrir una nueva empresa y tenía pensado llevarse con él a gran parte del equipo.

Para frenar el golpe, Musk se reunió con la plantilla y les pidió que se quedaran a cambio de la promesa de recibir participaciones adicionales de la compañía. «Elon convocó a todo el mundo en la sala de reuniones y se limitó a preguntarles si estaban con él. Y que, si así fuera, sacarían la empresa adelante», rememora Doug Mak. Chris Mark también recuerda que en esa reunión Musk aseguró que las participaciones «algún día tendrían mucho valor».

Musk presionó a Payne para que no se marchara, un gesto que este apreció de todo corazón. «Fue muy honesto conmigo. Quería que me quedara». Siempre había tenido buena relación con Musk, pero era leal a Fricker. Había sido él quien lo convenció para que se trasladara a California y, pensándolo bien, creía que lo mejor era irse de la empresa.

El otro cofundador, Ed Ho, también se marchó, aunque a él lo había contratado Musk. «La situación había afectado mucho a Ed», admitió Musk. Como señaló el propio Ho: «Me encantaba trabajar con Elon, pero estaba demasiado cansado de las luchas internas». Además, se sentía desencantado con la hoja de ruta de los productos de X.com: la idea de «aprovechar el software de otros y modificarlo» no le entusiasmaba. Ho consideró brevemente la posibilidad de unirse a la nueva empresa de Fricker, pero acabó abriendo otra por su cuenta.

Muchos otros se alinearon con Musk, incluido Doug Mak, un ingeniero que había abandonado IBM para unirse a la compañía semanas antes de que estallara todo. Ahora, con tres de los cuatro fundadores fuera de la empresa, Mak empezaba a preguntarse si había elegido bien. Lo que lo convenció para quedarse y confiar en el futuro de X.com fueron las palabras de Musk: «Yo sabía que si Elon estaba convencido de que algo iba a suceder, pondría hasta su último centavo para llevarlo a cabo. Quería revolucionar el mundo financiero y estaba seguro de que lo lograría».

La quinta trabajadora de X.com, Julie Anderson, también se quedó. Nacida en Iowa, llegó a la zona de la bahía tras ser rechazada en los Cuerpos de Paz por una lesión de espalda. Entró en el Deutsche Bank's Technology Group como analista, y allí trabajó a las órdenes de Frank Quattrone justo antes de que el Deutsche Bank apostara con decisión por empresas tecnológicas como Netscape, Amazon o Intuit.

Anderson y sus compañeros trabajaron sin descanso los dos años siguientes, al tiempo que Internet se iba materializando. Pero las expectativas iniciales dieron paso al agotamiento. «Al mirar a mi alrededor, parecía que todo el mundo estaba a punto de tirar la toalla», me confesó Anderson. Por eso dejó el Deutsche Bank y se puso de aprendiz de un fabricante de vidrieras en un garaje de San Mateo. Cuando se le acabaron los ahorros, una amiga le comentó que conocía a alguien que acababa de vender una empresa e iba a abrir otra. Anderson conoció a Musk por correo electrónico, y fue a almorzar al Empire Tap Room de Palo Alto con todo el equipo de X.com, por aquel entonces formado por cuatro personas: Musk, Fricker, Ho y Payne.

Ahora de esos cuatro solo quedaba uno, y Anderson optó por permanecer junto a Musk. En el Deutsche Bank había sido testigo de la alta tasa de despidos de las empresas que salían a bolsa. «Destituyen constantemente a cualquiera, y las posibilidades de que un grupo de alto rendimiento se mantenga son muy pequeñas. Dar con las personas adecuadas es una tarea muy compleja».

Como a Mak y a Chen, el discurso de Musk le llegó al corazón. «Me gusta pensar a lo grande. Y Elon quería cambiar el mundo o hacer algo bueno para la humanidad». Además, Anderson también sabía apreciar sus rarezas. «Por aquel entonces, cuando se enfrentaba a un problema complejo, se pasaba mucho tiempo mirando fijamente la pantalla de su ordenador, como si estuviera leyendo algo. Pero en realidad creo que no hacía nada, solo rumiaba o, más bien, esperaba a que le llegara la respuesta».

■ ■ ■

Dos décadas más tarde, Harris Fricker solo se permite un pequeño instante de reflexión para tratar un tema que suele llamar «un punto caliente» de la historia de PayPal. «Siempre hay mucho drama en las empresas emergentes», reconoce.

En realidad, se arrepiente de cómo acabaron las cosas. «Me habría gustado gestionar todo ese asunto de forma distinta», me dijo. Ahora entiende que debería haber considerado de otro modo la estrategia de Musk, es decir, vender a los inversores y a la prensa una visión de lo que *podría ser*, en vez de lo que ya tenían hecho. «Mi error fue hacer caso a mi juicio empresarial. Tendría que haberme dado cuenta de que esa estrategia no era tan extraña en esas circunstancias».

Sin embargo, su mayor remordimiento tiene más que ver con el aspecto personal. Él y Musk eran mucho más que simples colegas de trabajo; habían sido amigos. «Uno de los grandes disgustos de mi carrera profesional fue torpedear nuestra relación. No hemos vuelto a hablar», admitió. Después de su salida de X.com, intentó lanzar una empresa de asesoramiento financiero: whatifi.com. Fracasó, regresó a Canadá y se reencontró con el éxito como ejecutivo financiero y, más tarde, como CEO de GMP Capital.

Echando la vista atrás, el mentor de Musk y Fricker, Peter Nicholson, sabía que esa ruptura era inevitable: «Eran dos talentos titánicos. O, mejor dicho, uno era el iceberg y el otro, el trasatlántico».

5

LOS VIGILANTES

Fieldlink (la empresa de seguridad de dispositivos móviles de Levchin) necesitaba un CEO. Por un tiempo, consideró asumir el cargo él mismo, pero estaba convencido de que prefería ser CTO. Él, que se describía como «ingeniero de ingenieros», creía que su principal talento era escribir código, no gestionar un negocio y presentarlo ante los inversores.

Pero, si él no asumía el cargo, ¿quién podía hacerlo? Levchin no tenía una amplia red de contactos, por lo que su lista de candidatos en el valle era limitada. Le había pedido a Nosek que le presentara a varios aspirantes, pero ninguno lo había convencido. John Powers también entrevistó a dos candidatos en la Kellogg School of Management; ambos eran prometedores y, sin embargo, rechazaron trabajar para Fieldlink. «No teníamos mucho dinero —recuerda—, y esa gente confiaba en empezar con un salario base de cien mil dólares. Y claro, no podíamos permitírnoslo».

Eso solo dejaba una opción: Peter Thiel. «Era la única persona que conocía que no estaba demasiado ocupada y podía asumir el cargo». Thiel no había peleado para tener más poder en la empresa, pero Levchin vio cómo gestionaba a la perfección la salida de Powers. Así que lo llamó desde su «enorme teléfono móvil» y le preguntó si quería ser el CEO de Fieldlink.

Al principio, Thiel no se mostró interesado. «Resopló y resopló, como siempre —recuerda Levchin—. No lo presioné demasiado, pero tuve que esforzarme para que aceptara». Thiel quería que la empresa tuviera éxito, pero no estaba interesado en las responsabilidades administrativas de un CEO. Prefería ceñirse a los mercados y al dinero.

Sin embargo, también era consciente de que esa experiencia podía mejorar sus habilidades como inversor. Así que le propuso un trato a Levchin: sería el CEO de Fieldlink hasta que la empresa se consolidara. Luego daría un paso atrás, seguiría como consejero y otra persona ocuparía su lugar. Levchin estuvo de acuerdo.

Thiel llamó a Ken Howery, el primer contratado de su fondo, para comunicarle que se incorporaría a Fieldlink. A Howery le preocupaba que el nuevo cargo de Thiel supusiera el fin de Thiel Capital Management. Pero este lo tranquilizó y le propuso que trabajara con él en Fieldlink durante el día, mientras se ocupaban del fondo de inversión por las noches y los fines de semana.

■ ■ ■

Como nuevo CEO de Fieldlink, Thiel redobló esfuerzos para que la compañía despegara. Al analizar el mercado se dio cuenta de que surgía una nueva empresa cada poco. Por eso hizo hincapié en agilizar la contratación, la recaudación de fondos y el lanzamiento de productos. En cierta ocasión, animó a Levchin a contratar más ingenieros.

—Tienes razón, pero yo estoy muy ocupado escribiendo código —respondió Levchin.

—Pero necesitas contratar más ingenieros. Tú eres el CTO —insistió Thiel.

—Sí, pero no conozco a nadie.

—Te has graduado en una de las mejores universidades de informática del país. ¿De verdad no conoces a nadie? —replicó Thiel.

—Bueno, tal vez a...

Levchin estaba pensando en dos de sus antiguos compañeros de la UIUC: Yu Pan y Russell Simmons. Había trabajado con ambos antes, pasándoles proyectos de programación cuando él no daba abasto.

Tras la graduación, Yu Pan se fue a Rochester, Minnesota, para trabajar en IBM. Pero tras sobrevivir a su primer invierno allí ya no estaba tan seguro de su decisión. Simmons describió de este modo la funesta vida de Pan en Minnesota: «Iba al trabajo, regresaba a casa, cenaba arroz con salsa de ostras y luego jugaba a videojuegos… Eso cada día. Era muy triste».

En el invierno de 1998, Levchin lo puso al corriente de cómo funcionaba Fieldlink y le ofreció la posibilidad de mudarse a California. No obstante, pese al atractivo de un clima más templado, Pan no las tenía todas consigo: había ganado mucho dinero con los proyectos de Levchin, pero no confiaba en él. Una vez graduado, se había ido de pronto a California sin avisar a nadie, y muchos de los correos que Pan le envió nunca tuvieron respuesta. «Simplemente, desapareció… Así que no sabía si era de fiar. En el fondo pensaba que aquel proyecto no era real», me confesó Pan.

Pero Levchin le aseguró que Fieldlink era una empresa seria y que esta vez no desaparecería. Aun así, al principio Pan se negó en redondo: «No me creía nada. Pensaba que era lo más estúpido que había oído nunca. No tenía intención de confiar en él». Sin embargo, Levchin siguió presentándole las ventajas de trabajar en una empresa emergente en Palo Alto, con un clima y un ambiente profesional tan propicios.

Poco a poco, Pan empezó a entrar en razón. No obstante, todavía quedaba un problema que resolver: su familia. Como las de Thiel y Levchin, eran inmigrantes. Y consideraban que un empleo en IBM era algo sólido, estable, con futuro… y cerca de casa. En cambio, lo que le ofrecía Levchin era todo lo contrario: una empresa de la que nadie había oído hablar, fundada por un antiguo compañero de su hijo y muy lejos de Illinois. «Necesitaban más garantías», me dijo Pan.

Así que le pidió a Levchin que fuera a Chicago para hablar con sus padres. Este, sin dudarlo, voló hasta allí y explicó el proyecto a su familia. Cuando el padre de Pan quedó satisfecho, Yu aceptó la oferta y entro en Fieldlink como ingeniero.

■ ■ ■

La contratación de Simmons fue mucho más sencilla. Levchin lo conoció cuando trabajaba en los proyectos de ACM. Incluso en la universidad, se dio cuenta de que Simmons tenía un gran talento: «Russ es brillante. Un fuera de serie. Tiene el coeficiente intelectual de un genio. Puede aprender cualquier cosa que se proponga en la mitad del tiempo que se le supondría».

Acabados sus estudios, Simmons se matriculó en un posgrado de informática. «Nunca he sido un gran estratega —me contó—. En ese momento ni siquiera estaba pensando en buscar trabajo, solo en hacer mi posgrado. No estaba interesado en abrir una empresa o ir a Silicon Valley».

Pero, cuando Levchin contactó con él en septiembre del 98, estaba bastante decepcionado con su posgrado. En los correos que intercambiaron le confesó a Levchin que se estaba planteando dejar los estudios y empezar a programar para una empresa de Texas. Su amigo lo animó para que, en lugar de eso, pusiera rumbo a California: «Esto es genial. Deberías mudarte aquí y meterte en buenos proyectos». A finales de año, esos buenos proyectos acabarían siendo los de Fieldlink.

No obstante, como Yu Pan, Simmons también necesitaba cierta garantía: «Sabía que Levchin era inteligente, pero no si podía confiar en él. Me preguntaba si el trabajo que me ofrecía era real». Otro de los problemas era que Levchin le dijo que tendría que adquirir acciones de Fieldlink. Aunque esta es una práctica habitual en las empresas emergentes, a Simmons no le entusiasmaba la idea y, al igual que Pan, lo consultó con su madre. «[Ella] dijo: "Vaya, vaya, vaya, todavía no has empezado y ya te piden dinero… Esto parece una estafa"».

Aun así, Simmons decidió asumir el riesgo, si bien llegó a un acuerdo con Pan, lo que llamarían «el pacto Levchin»: si los dejaba tirados, se apoyarían el uno al otro. De todos modos, la apuesta tampoco era tan arriesgada: el mercado de ingenieros en Silicon Valley estaba en auge. Al final, Pan y Simmons tomaron el mismo vuelo de bajo coste de American Trans-Air, y Levchin los recibió en el aeropuerto.

■ ■ ▪

Así como Levchin no perdió un segundo en la contratación, Thiel tampoco desperdició el tiempo: aparte de contar con Ken Howery, le preguntó a Luke Nosek si quería unirse a Fieldlink. Como Pan y Simmons, este también se mostró reticente, sobre todo porque estaba en pleno desarrollo de un nuevo proyecto: una plataforma de apuestas digitales. Cuando se lo comunicó a Thiel, él le aconsejó que se olvidara de ello, porque las leyes que regían los mercados de apuestas eran demasiado complejas. Y le insistió para que se fuera a Fieldlink.

Pero Nosek no estaba muy convencido. «Pensaba que la seguridad de los dispositivos móviles era un ámbito muy aburrido, con poco margen de negocio». Tanto Thiel como Levchin le aseguraron que replantearían el proyecto hasta hallar un concepto más genuino. Sin embargo, lo que acabó por convencer a Nosek fue la química del grupo, que ahora contaba con tres ingenieros a los que conocía de la universidad: Levchin, Pan y Simmons. «Decidí trabajar en Fieldlink porque tenía la sensación de que juntos lograríamos algo increíble. Aunque se hubiera tratado de cualquier otro proyecto, habría querido trabajar con ese grupo».

Bien, Nosek ya estaba con ellos. Pero ahora Levchin se enfrentaba a un problema: ¿cuál sería su cometido? Su excompañero de universidad era competente desde el punto de vista técnico, pero tampoco lo que se dice un as de la programación. Cuando Levchin se lo planteó a sus amigos, otro exalumno de la UIUC, Scott Banister, resolvió su duda: «Fácil. Nosek hará lo de siempre: sus cosas».

Con el tiempo, «sus cosas» tendrían un alcance multidisciplinar: Nosek generaba un flujo interminable de ideas extravagantes, la mayoría relacionadas con el marketing y la captación de clientes. «Luke… era de esas personas que en cualquier momento pueden sacar una buena idea de la chistera. En cierta medida, solo se le ocurrían a él —me relató Levchin—. Sugería cualquier cosa y nosotros decíamos: "Bueno, eso es una locura". Y más adelante resultaba que era una idea brillante. Era capaz de ver más allá, como si tuviera la habilidad de predecir el futuro».

Pronto Nosek asumió el cargo de vicepresidente de marketing y estrategia, y tanto él como Russ Simmons, Yu Pan y Ken Howery fueron nombrados cofundadores de la empresa.

■ ■ ■

Empezaron a trabajar en los apartamentos de los cofundadores, en el 469 de Grant Avenue, hasta que Howery —otra vez encargado de los bienes raíces— localizó una oficina en el 394 de University Avenue. Aprovecharon los muebles de la anterior empresa de Nosek y la colección de IKEA de Levchin. Howery y Nosek montaron los cubículos a mano. «Fue entonces cuando descubrí que Ken disfruta de cualquier tarea —me dijo Nosek—. Fue el que mostró más entusiasmo mientras montábamos la oficina».

Teniendo ya nueva sede, Levchin decidió que era el momento de cambiar el nombre de la empresa. Fieldlink nunca le había convencido, y decidió combinar las palabras *confidence* e *infinity* para crear Confinity. Pero pronto empezó a arrepentirse: «Todo el mundo me dijo que parecía que nos dedicaríamos a estafar a la gente (*con* significa «estafa» en inglés). Esa fue la última vez que le puse nombre a una empresa».

Aun así, el cambio de nombre supuso también una reorientación estratégica. En sus anteriores etapas, Fieldlink se dedicaba a conectar terminales móviles de forma segura, gracias a la consultora de Levchin y Powers y al SecurePilot de Levchin. Sin embargo, este y Thiel se percataron de que Fieldlink no era el único operador en el mercado de la seguridad móvil.

Levchin llevaba años trabajando para entrar en 3Com, empresa matriz de PalmPilot. Asistía con frecuencia a los congresos de la empresa y se convirtió en el 153º desarrollador registrado de PalmPilot. Además, había trabado amistad con Griff Coleman, director de productos de Palm para soluciones empresariales. El objetivo de Levchin era conseguir que Palm cambiara su código base para que admitiera su software de seguridad.

Un día, Levchin intentó presentarle sus ideas sin cita previa. Asistió a un congreso de programadores en las oficinas de 3Com, se acercó al CEO de Palm, Jeff Hawkins, y le preguntó si podía llevarlo a casa. Él, creyendo que trabajaba en la empresa, aceptó encantado. Levchin intentó ganar tiempo indicando de forma vaga su destino, pero al cabo de un rato Hawkins llegó al límite de su paciencia y le soltó:

—¿Puedo dejarte aquí mismo?

—De acuerdo —respondió Levchin con educación—. ¿Pero podremos hablar unos minutos más sobre la seguridad que necesitará su sistema operativo?

Hawkins le explicó que Palm ya había contratado a una empresa canadiense, Certicom, para esa cuestión. «Pensé: *Mierda, tienen a alguien trabajando en esto*», me contó Levchin.

Pero eso no era lo más preocupante. Levchin y Thiel tenían muchas dificultades para que las empresas entendieran la necesidad de contratar seguridad para los dispositivos móviles. «Aunque parecía un paso lógico, nos dimos cuenta de que las empresas no acababan de apostar por los dispositivos móviles —recuerda Levchin—. Y nosotros actuábamos como los cristianos primitivos, que aguardaban la segunda venida de Cristo. Es decir, nos limitábamos a esperar: *Cuando menos te lo esperes, habrá millones de personas que necesitarán seguridad en sus dispositivos móviles*. Pero ese cambio no llegaba». La empresa se vio obligada a buscar otras opciones.

■ ■ ■

No obstante, el plan original de Confinity había tenido éxito en un aspecto: la financiación. En febrero de 1999, la empresa logró una ronda de inversiones de 500.000 dólares, recaudados en gran parte entre amigos y familiares. El fondo de Thiel aportó 240.000 dólares y Scott Banister, otros 100.000. Las familias también pusieron su granito de arena: los padres de Thiel contribuyeron con 35.000 dólares y los de Ken Howery, con 25.000. Otros 50.000 dólares llegaron de manos de los amigos de Thiel: 25.000 de Edward Bogas, músico y ajedrecista de San Francisco, y 25.000 más de Norman Book, compañero de Thiel en Stanford y cofundador de la *Stanford Review*.

Los últimos 50.000 dólares los puso Gödel Capital, una empresa de inversión. Dirigida por los australianos Peter Davison y Graeme Linnett, era nueva en la escena tecnológica estadounidense. Como tenían pocos contactos, Davison y Linnett «buscaban negocios de poca envergadura», señala este último. «No sabía nada de empresas emergentes, y estábamos empezando en el mundo de las inversiones», apostilla Davison. Confinity fue la primera operación de capital riesgo de Gödel, que solo aceptó cerrar el trato una vez que Thiel incluyó una cláusula de salida de dos semanas sin penalización.

El 26 de febrero de 1999, el día antes de cerrar su ronda de financiación, Confinity mandó a Davison, Linnett y demás inversores un documento de 18 páginas en el que detallaba el cambio de estrategia: la venta de seguridad para dispositivos móviles de empresas no estaba dando sus frutos; por ello, modificarían su enfoque y se centrarían en el consumidor final. Confinity lanzaría un «monedero digital» para dispositivos móviles, en un intento de dejar obsoletas las carteras físicas. Ese monedero protegería la información financiera y permitiría mandar dinero y comprar en Internet desde una PalmPilot.

Como proyecto de cara al futuro de la telefonía móvil, el plan de negocio de Confinity, presentado en febrero de 1999, era sorprendentemente sólido. La empresa pensaba aprovechar el crecimiento del mercado móvil y de finanzas digitales. «El mercado actual de dispositivos móviles presenta ciertas similitudes con el de Internet en 1995 y el de los ordenadores domésticos en 1980», aseguraba el plan. «Las nuevas aplicaciones y la disminución de costes están desplazando la demanda hacia el público en general».

En teoría, el aumento de dispositivos móviles incrementaría el uso de los monederos digitales, y los usuarios instalarían el suyo porque sus amigos y familiares también lo tendrían. Pero el plan de negocio preveía, asimismo, un gran problema: «¿Cómo empieza de cero una empresa cuyo auténtico valor reside en contar con una gran red de usuarios?». El equipo elaboró dos enfoques para abordar esta tautología: uno consistía en buscar a y negociar con los principales actores del mercado; el otro, en intentar que los usuarios invitaran a los miembros de sus propias redes. «Confinity —escribieron sus fundadores— combinará estos dos enfoques, aunque en principio hará hincapié en el segundo, es decir, el modelo de base».

Después de eso, en su opinión, se harían con el mercado y podrían maniobrar sin problemas. Se trataba de crecer de forma paulatina, implicar a los comercios, sacar tarjetas de crédito y prestar servicios bancarios por Internet: «A medida que Confinity crezca, el coste de una transferencia para otra empresa será prohibitivo, y eso creará una barrera efectiva para nuestros usuarios». La compañía buscó cuatro millones de dólares de financiación para formar el equipo y diseñar el producto, cuyo lanzamiento estaba previsto seis meses más tarde, en agosto de 1999.

En el momento de redactar el plan de negocio, apenas contaban con una plantilla de seis personas, medio millón de dólares, una oficina alquilada encima de una panadería y algunos muebles usados de IKEA. Sin embargo, aquel equipo apuntaba alto. Una vez que su monedero digital se hiciera popular, «la estrategia era que alguna entidad financiera o empresa tecnológica adquiriera la compañía, porque estarían en mejor posición para aprovechar su red de clientes».

También había otra opción: «Si tenían éxito y eran agresivos en el mercado de las transacciones económicas de Internet, Confinity podía convertirse en una entidad financiera global que ofreciera todo tipo de servicios bancarios. En este escenario, harían una oferta pública de venta».

■ ■ ■

En el preámbulo del plan, donde figuran las biografías de los fundadores, puede apreciarse qué pensaban Thiel y Levchin sobre la formación de equipos en una empresa emergente en ese momento:

> Para seleccionar a los fundadores de Confinity tuvimos en cuenta dos características primordiales: por una parte, que

fueran personas de gran talento y variopinta experiencia laboral, para que cada cual pudiera asumir diversas tareas empresariales y tecnológicas. Por otra, formar un equipo que funcionara bien. Cada miembro fundador de Confinity ha trabajado antes con al menos otro en alguna empresa emergente. En consecuencia, conocemos tanto los puntos fuertes como los débiles de cada componente del equipo principal. Sabemos quién es el mejor en cada aspecto y cómo distribuir tareas. Esta historia común permite a Confinity funcionar con eficacia y celeridad.

Más adelante, en su papel de inversor y asesor, Thiel subrayó la importancia de la «prehistoria» de un equipo, es decir, los vínculos de trabajo y amistad que existen antes de fundar una empresa. Y, al menos por parte de Levchin, la prehistoria de Confinity fue larga: Nosek, Pan y Simmons eran amigos de la universidad; otros también llegaron a través de esa red y de los contactos de Thiel en Stanford. Aunque este enfoque tenía sus inconvenientes, por supuesto. Al contratar a amigos se corría el riesgo de generar una cultura empresarial cerrada y excluyente, y además resultaba muy difícil prescindir de cualquiera.

Sin embargo, Thiel estaba convencido de que es muy difícil forjar una relación de auténtica confianza en los equipos, mientras que los amigos que acaban trabajando juntos ya cuentan con ella de antemano. «Era una especie de contratación en red que nos permitía estar seguros de que todo el mundo era razonablemente brillante y estaba comprometido con el éxito de la empresa», recuerda David Wallace, uno de los primeros en ser contratados. Y esa confianza aceleró el ritmo de trabajo. «Podíamos trabajar con más celeridad que muchas otras empresas en las que pierdes un mes enviando mensajes antes de poder decir lo que piensas».

Wallace, que es una persona bastante apacible, también recuerda que el ambiente en Confinity era excelente: «Si hubiera entrado a trabajar en un lugar donde no conocía a nadie, nunca podría haber interactuado de esa manera».

El ingeniero Santosh Janardhan no empezó en PayPal hasta 2001, pero enseguida entendió que los directivos de la empresa confiaban incluso en el personal que acababa de incorporarse. En su primer día en el equipo de bases de datos le proporcionaron la contraseña de la base de datos de PayPal, y su jefe, Paul Tuckfield, le dijo: «Familiarízate con ella y hazme saber si tienes alguna duda».

Poco después, Tuckfield y Levchin se le acercaron y le dijeron:

—Oye, ¿qué estás haciendo?

—Estoy habituándome al diseño de las bases de datos y haciendo algunas búsquedas.

—En la base de datos acaba de aparecer un error. ¿Has sido tú?

—Por Dios, no.

Ambos se miraron y dijeron:

—Ok, está bien.

Luego se marcharon sin decir nada más.

Janardhan estaba atónito. «Si lo piensas bien... nada más llegar me dieron la contraseña raíz del sitio. Tu temeridad o tu confianza deben de ser increíbles, ¿verdad? Por otro lado, cuando les dije que no había hecho nada, lo aceptaron y se fueron. No hubo discusión ni mayores indagaciones. En cierto modo, me hicieron sentir uno más, como si ya formara parte de la familia».

Y Janardhan no era amigo de un amigo ni se había graduado en la Universidad de Illinois o en Stanford; se incorporó a la empresa mucho más tarde. Pero él también se percató del nivel de confianza que reinaba allí. «Contrataron a gente muy buena y les dieron mucha confianza. De ese modo, cada cual trabajaba a su ritmo. Solo de vez en cuando comprobaban que estábamos sincronizados. Luego seguíamos con nuestros asuntos. Así fueron capaces de sacar lo mejor de gente muy, muy inteligente».

■ ■ ■

En muchos sentidos, el acierto en el método de selección de personal de PayPal fue reconocido más tarde, una vez que el éxito de la empresa lo validó. Por aquel entonces, la lógica de los fundadores era más práctica que filosófica, y más fruto de las circunstancias que de la experiencia. «Teníamos que contratar a amigos porque nadie más hubiera trabajado con nosotros», aseguraría más adelante David Sacks, el futuro director de operaciones.

Desde 1994 hasta 1999, el talento en Internet se había profesionalizado. Empresas como Amazon, Google y Netscape, surgidas en un garaje o una furgoneta, ahora operaban desde espaciosas oficinas, proporcionaban grandes sueldos y muchos beneficios, y sus acciones tenían un valor real, no solo teórico. Además, podían permitirse acudir a costosos intermediarios para cazar a los mejores talentos de Silicon Valley y otros lugares.

En cambio, Confinity aún no tenía una gran reputación ni ningún producto atractivo. «Fue un auténtico reto, porque era muy difícil contratar a gente para trabajar en una empresa sin experiencia», me dijo Thiel. Vince Sollitto era director de comunicación para un senador de Washington cuando David Sacks se puso en contacto con él para pedirle que entrara en Confinity. Se acuerda del escepticismo de su esposa y del dilema al que se enfrentaron. «Podemos hacerlo —recuerda que le dijo—. No vamos a vender nuestra casa de Washington, la alquilaremos un año y, cuando todo esto acabe, volveremos».

Por otro lado, Confinity competía por el talento con un gran número de «empresas emergentes sin experiencia», surgidas durante el boom de Internet. Era aquella una época de rápido crecimiento que provocó una demanda sin precedentes de software. En palabras de Janardhan, «si tenías unos pocos conocimientos, el trabajo estaba asegurado. Así eran las cosas en 1999».

Ese contexto obligó a Levchin y Thiel a contratar a amigos y contactos cercanos. Un claro ejemplo fue Tomaz Pytel, que trabajó al principio como ingeniero en la empresa. Cuando eran adolescentes, Pytel y Levchin se conocieron como Delph (Levchin) y Tran (Pytel), los apodos que utilizaban en la subcultura de arte informático denominada *demoscene*.

Los grupos de programadores de *demoscene* competían entre sí creando gráficos digitales novedosos, y Pytel se había convertido en una leyenda de esta comunidad por sus impresionantes visualizaciones. «Tenía mucho tiempo para dedicarme a *demoscene* porque no iba a clase —recuerda—. De hecho, dejé el instituto, no tenía sentido seguir».

Pytel era inmigrante polaco, y su formación en informática era parecida a la de Levchin.

> Mi madre me compró un ordenador en cuarto curso. Era un Commodore 16 con un *datasette* —no una unidad de disco, un *datasette*— que se rompió en un par de meses. Eso quiere decir que cada vez que encendía la máquina tenía que empezar a escribir desde cero. Supongo que, en términos de sacrificio y rigor, ese sería el equivalente a entrenar como Rocky Balboa. Desde entonces, no fui capaz de dejarlo.

Al dejar el instituto en su segundo año, Pytel tuvo que compaginar distintos trabajos de programación para pagarse las facturas; por ejemplo, estuvo en la empresa de videojuegos Epic Games.

Años más tarde, viajando por el país se detuvo en Palo Alto para verse con Levchin, Simmons y Pan. «Era un nómada», recuerda Levchin. Cuando entró en la oficina de Confinity, Pytel calzaba un par de zapatillas hechas polvo. «Le asomaban los dedos de los pies», me contó Simmons. Más adelante, los miembros del equipo de PayPal comprobaron que la calidad de su calzado no mejoraría pese a la prosperidad de la empresa. «Eran los zapatos más cómodos que había tenido en mucho tiempo —se justificó Pytel—. Me gustaban tanto que me los ponía siempre».

Pero unos zapatos destrozados no suponían un gran problema para la empresa: las excentricidades de los talentos siempre se pasan por alto. Levchin puso todo su empeño en contratar a Pytel y, cuando este aceptó, Simmons y Pan vieron el cielo abierto. «El que se uniera al equipo fue determinante», recuerda Simmons. En cambio, para

Pytel su llegada tuvo mucha menos relevancia. «En ese momento de tu vida, siendo tan joven, no prestas mucha atención a los riesgos. Simplemente sigues adelante hasta que surge algún problema».

Tom Pytel tenía el talento suficiente para hacer un doctorado, pero no estaba dispuesto a renunciar a su calzado gastado. Además, disponía de tiempo libre y toleraba ocurrencias como querer cambiar el mundo con los monederos digitales. Brillantez, inconformismo, disponibilidad y una confianza férrea: estas cualidades marcaron las contrataciones iniciales de Confinity y formaron la base de su cultura.

■ ▪ ▪

Por desgracia, el monedero digital se topó con el mismo problema que el software de seguridad Fieldlink: la gente no se atrevía a cambiar sus carteras reales por monederos digitales. Incluso mientras picaban código con brío, el equipo se cuestionaba el futuro del proyecto. Al final, en la primavera del 99 se produjo una serie de debates que pusieron en duda la utilidad del producto; y buscaron posibles usos alternativos.

La cuestión no era técnica, sino de lógica: ¿qué tipo de información se almacenaba mejor en una PalmPilot que en una cartera convencional? Por ejemplo, las contraseñas: una escrita en papel es vulnerable, porque te la pueden robar. «[Pero] si las guardas en tu PalmPilot, puedes protegerla con una pregunta de seguridad», me explicó Levchin. Era un concepto prometedor y, de hecho, precursor de los actuales gestores de contraseñas. No obstante, en aquella época el mercado de los dispositivos portátiles todavía era pequeño, y el de los gestores de contraseñas de PalmPilot aún más.

Por si fuera poco, ese mercado era muy poco glamuroso. Las puntocom de la época se afanaban en impulsar una revolución tecnológica que prometía lo imposible, desde llevarte la compra a casa hasta encontrar pareja. Incluso Levchin admitía que un gestor de contraseñas parecía un proyecto bastante aburrido.

Sin embargo, aunque el concepto en sí no tuvo éxito, propició la formulación de una pregunta clave: ¿qué otros trozos de papel deben protegerse? Pues, por ejemplo, los cheques bancarios y los billetes. Así que «el siguiente proyecto fue un programa que protegía de forma criptográfica los pagarés. Yo decía: "Te debo 10 dólares" e introducía mi clave de acceso», recuerda Levchin. Los pagarés digitales se almacenaban hasta que el usuario conectaba su PalmPilot a un ordenador, y entonces el pago se efectuaba.

En realidad, Confinity había creado unos primitivos cheques digitales, vinculando así los dispositivos móviles y las finanzas. Pero, igual que las ideas anteriores, los pagarés basados en PalmPilot no representaron un gran avance hasta que el equipo les dio una vuelta más.

En 1998, las PalmPilot de tercera generación estaban equipadas con una tira de plástico rojo en la esquina. Palm presentó este puerto de infrarrojos (IR) como una forma de transmitir información. Sin embargo, por aquel entonces no se sabía a ciencia cierta de qué era capaz dicho puerto. «No todas las aplicaciones pueden utilizar esa función. Ni siquiera los programas nativos, como Palm Mail y Expense, pueden transmitir información», aseguraba la guía *PalmPilot for Dummies*. «Sin embargo, cada vez más programas complementarios la incluyen, por lo que se puede empezar a plantear la transmisión de datos de una Palm a otra».

No obstante, esos nuevos puertos no estaban exentos de problemas. «Los dispositivos pierden la conexión a metro y medio de distancia», señalaba la guía, «y también tienen ciertas dificultades para conectarse cuando están muy cerca».

Pero este tipo de innovaciones fue un auténtico descubrimiento para los usuarios, y los ingenieros de software llenaron los foros con ideas sobre posibles usos. «Aunque el puerto no es lo bastante potente para actuar, por ejemplo, como el mando a distancia de un televisor —escribió un programador—, tiene suficiente potencia para transmitir casi cualquier tipo de datos». A continuación, aparecía una guía de varios miles de palabras sobre cómo configurar el puerto de infrarrojos para jugar a *Battleship*.

Aquel puerto de infrarrojos anticipaba un futuro en el que los dispositivos móviles tendrían una comunicación fluida. Pero en 1999 era una innovación brillante... sin un propósito definido. De todas formas, el equipo de Confinity tenía un objetivo entre ceja y ceja: enviar dinero por Internet.

■ ■ ■

Imagina esta situación: un puñado de amantes de la tecnología están comiendo juntos en Palo Alto. Les traen la cuenta y llega el tedioso momento hacer cálculos. Entonces, uno de los comensales comenta que todos tienen una PalmPilot, que incluye una calculadora y el software para mandar dinero de Confinity. Listo: así todo el mundo paga lo suyo sin problemas.

Así pues, Confinity modificó el concepto, y su software y su discurso se centraron desde entonces en la transmisión de dinero de una PalmPilot a otra. Esta idea presentaba dos ventajas: por un lado, aprovechaba las innumerables líneas de código que ya habían escrito para dispositivos portátiles; por otro, era novedosa. Hasta la fecha, nadie había aprovechado el potencial del puerto de infrarrojos de la PalmPilot; pero al transferir dinero Confinity le daba un propósito definido.

Mirándolo con perspectiva, Levchin se lo llegó a tomar a risa y a calificar la idea de «pintoresca e inútil». Años más tarde, le preguntó con sorna a Jessica Livingston, autora y fundadora de una empresa de capital riesgo: «¿Qué prefieres, sacar cinco dólares y repartirlos entre los comensales o sacar dos PalmPilot y hacer el friki en la mesa?». Sin embargo, en aquel momento pensó que era una idea novedosa: «Era muy extraña e innovadora. Los frikis estaban convencidos de que sería el futuro».

Lauri Schultheis era asistente legal en Wilson Sonsini Goodrich & Rosati, el bufete de abogados que Levchin y Thiel contrataron para fundar su empresa y gestionar la documentación financiera. Y, al principio, también se mostró escéptica ante las ambiciones de sus clientes. Recuerda que pensó: «Es una idea bastante extraña. No sé si la gente la aceptará, porque toda esa tecnología [PalmPilot] es nueva». De todas formas, pese a albergar dudas sobre el futuro de la empresa, presentó todos los documentos para constituirla. (Más adelante, Schultheis abandonaría el bufete de abogados para incorporarse a PayPal como jefa de personal, y ascendió hasta llegar a vicepresidenta).

En cambio, Thiel creía que la posibilidad de enviar dinero entre dispositivos móviles le daba a la compañía una pátina nueva y brillante. Al aprovechar la tecnología más innovadora del momento, serían más convincentes en la recaudación de fondos. El medio millón de dólares que Confinity había logrado reunir entre amigos y familiares apenas daba ya más de sí, sobre todo tras contratar a tanto personal. Por lo tanto, el equipo preparó una presentación de PowerPoint centrada en la evolución de este producto.

Venían a decir que enviar dinero con la PalmPilot era una oportunidad de mil millones de dólares. Era «mejor que el efectivo», «mejor que los cheques» y «mejor que las tarjetas de crédito». Pero lo principal era que Confinity «asumiría parte del "señoreaje" que suponía el cambio de moneda». El señoreaje es la diferencia entre el valor nominal del dinero y su coste de producción; un concepto, en realidad, bastante antiguo. Por ejemplo, si llevas a la Casa de la Moneda cien libras de plata y te devuelven noventa y nueve libras en monedas de plata, esa libra que falta es el señoreaje, un impuesto que el rey cobraba a cambio de convertir tu plata en moneda.

Thiel pensaba que las empresas tecnológicas podían reemplazar a los gobiernos y operar como intermediarios; por ende, podrían quedarse con este impuesto. La verdad es que era un concepto un poco confuso. «Hoy en día, todavía no entiendo del todo lo que quería decir», admitió Levchin. Pero las cifras eran reales: según las estimaciones de la empresa, el señoreaje en Estados Unidos tenía un valor de casi 25.000 millones de dólares al año; si Confinity recaudaba un modesto 4 % de esa cifra, la empresa obtendría… mil millones de dólares.

Thiel y Levchin imaginaban un mundo sin dinero en efectivo, con Confinity enlazando bancos centrales, empresas de crédito y bancos minoristas. Tenían la esperanza de que la PalmPilot llegara a ser la forma de pago e intercambio de dinero preferente, reemplazando tanto a los cheques como al efectivo. Para 2002, si todo iba según el plan trazado, la compañía preveía unos ingresos anuales de 25 millones de dólares gracias a su monedero digital y a las transferencias por Internet.*

■ ■ ■

Sin embargo, pese a lo convincente del concepto, el equipo tuvo dificultades —una vez más— para venderlo. En febrero de 1999, Levchin asistió al congreso anual de la Asociación Internacional de Criptografía Financiera. Celebrado en Anguila, una isla caribeña, atrajo a los principales expertos en criptografía y monedas digitales. (Hoy en día, Thiel, que asistió también al congreso de 2000, tiene la teoría de que Satoshi Nakamoto —el misterioso fundador de la criptomoneda bitcoin— se hallaba entre los asistentes).

Allí, Levchin quería tantear el terreno para su idea de un sistema monetario sin efectivo y digital. Pero no despertó el entusiasmo de los asistentes: llevaban mucho tiempo dándole vueltas a ese problema. «Era difícil pasar por alto la ira y el resentimiento que sentía la gente», me dijo Thiel.

Por desgracia, Confinity anunció su producto en un momento en que estaba reciente una serie de fracasos espectaculares de la moneda digital, incluyendo la quiebra de DigiCash. Para aquella asamblea de expertos en criptografía financiera, Thiel y Levchin fueron arrogantes, e inconscientes de todos los recursos que ellos habían invertido con el mismo propósito en la última década.

Pero los académicos no fueron los únicos en darles la espalda. El consultor Mark Richardson había contactado con Thiel para presentarle a algunos de sus contactos en los servicios financieros. Ahora

---

*Esta estimación de ingresos había errado en un factor de ocho: era ocho veces más baja que la que realmente fue.

recuerda la decepcionante respuesta de un banquero de JP Morgan Chase: «Hemos estudiado, probado e incluso promovido el que la gente utilice el dinero de una forma diferente a la de un cajero automático o una tarjeta de crédito. Y han surgido todo tipo de ideas sobre cómo conseguirlo. Sin embargo, la gente no se siente cómoda sin dinero en efectivo, cajeros automáticos y tarjetas de crédito».

Los inversores de capital riesgo tampoco estaban convencidos. Durante lo que Thiel describió como «un proceso insoportable», el equipo llevó a cabo más de cien presentaciones, sin éxito. Los posibles inversores hacían preguntas sensatas, del tipo: ¿de verdad la gente enviará dinero desde sus dispositivos móviles? ¿Cuáles son las probabilidades de que cuatro personas que quedan para comer tengan PalmPilot y monedero digital? ¿Qué significa exactamente el señoreaje? ¿Confinity podrá ganar dinero fuera del circuito tradicional?

A medida que los rechazos se acumulaban, el equipo perdió la paciencia y empezaron a llamar, a puerta fría, a empresas de capital riesgo sin ningún tipo de relación con Silicon Valley. Luke Nosek tiró de sus contactos para concertar una reunión con el departamento de inversión de la compañía europea de móviles Nokia.

El encuentro con el director de Nokia Ventures, John Malloy, no empezó con buen pie. Levchin y Nosek se presentaron en pantalón corto y chanclas. «En aquella época no se hacían esas cosas con los altos directivos», expuso Malloy, refiriéndose a su vestimenta. Además, no parecían muy centrados. «Estaban tan entusiasmados con la posibilidad de enviar dinero de un dispositivo a otro que no paraban de hacerlo. Intenté mantener una conversación adulta con ellos y fue una auténtica locura. Eran como niños —me contó Malloy—. Al final les puse un apodo: *los Beamers*».

Aunque Malloy trabajaba para una empresa de dispositivos móviles, algunas afirmaciones de Confinity estaban fuera de lugar incluso para él. En concreto, recuerda que Peter lo miró a los ojos y soltó:

—Vamos a ser el sistema de pago preferente en la economía de Palm.

¿En serio? ¡Qué dices! ¿Qué tipo de objetivo es este?, pensó Malloy. Aun así, tanto él como Pete Buhl, su socio en Nokia Ventures, salieron de la reunión con cierto interés. Su compañía había sopesado la misma idea y creían que por ella pasaba el futuro de esta tecnología. Confinity había dado con algo importante.

Aunque lo que más impactó a Buhl y Malloy fue la química que se respiraba en el equipo: «Había una energía única entre ellos... Eran brillantes», me contó. Su colega pensaba igual: «Ahí tienes a Peter, un tipo superinteligente para los negocios; a Max, el cerebrito técnico; y luego está Luke, el de las ideas». Malloy sospechaba que el plan para las PalmPilot no daría el resultado esperado, pero el equipo tenía lo necesario para llegar a una buena idea que sí lo hiciera.

Buhl y Malloy les comunicaron, pues, su interés, y efectuaron las debidas comprobaciones sobre el equipo. Buhl se puso en contacto con dos profesores de Stanford, los doctores Dan Boneh y Martin Hellman. El primero era un joven docente, conocido por su trabajo en criptografía de dispositivos móviles; y Hellman había inventado la criptografía de clave pública. Ambos le confirmaron que Levchin era «un fuera de serie». «En cierto modo —me dijo Buhl—, la auténtica garantía de Max era su gran reputación».

Malloy concertó una reunión entre Levchin y el presidente de Nokia, Pekka Ala-Pietilä. No necesitaba su aprobación para invertir en Confinity, pero quería darle la oportunidad de conocer a ese joven ingeniero de Silicon Valley.

Como Confinity estaba contra las cuerdas, Levchin se tomó la entrevista como un examen final más que como un encuentro informal. Además, Ala-Pietilä era el líder de una de las empresas tecnológicas más importantes del mundo, que fabricaba y vendía tecnología móvil a millones de personas. En las semanas previas a la reunión, Levchin repasó sus conocimientos sobre móviles.

Cuando se vieron cara a cara, Ala-Pietilä se puso a hacer preguntas técnicas; por ejemplo, cómo conseguían que las PalmPilot hicieran cálculos complejos. Levchin, que había hecho los deberes, resumió las diferencias entre los estándares criptográficos —los algoritmos empleados para proteger los sistemas— y le explicó cómo lograr la máxima seguridad con muy poca velocidad de procesamiento.

Al llegar a la reunión, Levchin creía que Ala-Pietilä tomaría una decisión inmediata sobre la inversión de Nokia. Pero, cuando terminaron, el presidente se limitó a darle las gracias por asistir. Fue descorazonador. Cuando Thiel le preguntó qué tal había ido, le respondió con sinceridad:

—No lo sé. Creo que lo hice bien, pero no sabría decir si lo he conseguido.

Poco después, Ala-Pietilä le hizo una crítica muy positiva a Malloy sobre Levchin. Así pues, Nokia Ventures redactaría los términos de su inversión en Confinity.

■ ■ ■

En la jerarquía de Silicon Valley, las empresas que estaban respaldadas por socios corporativos como Nokia se situaban en la parte inferior. Además, en ese momento Nokia Ventures tenía otro factor en contra: Buhl y Malloy no contaban con antecedentes en este tipo de operaciones, ni con experiencia en OPV (Ofertas Públicas de Venta).

Por eso, Confinity sopesó un tanto la oferta de inversión de una compañía más conocida: Draper Fisher Jurvetson (DFJ) había tenido cierto éxito con algunas inversiones en Internet, incluida una participación inicial en el innovador servicio de correo electrónico Hotmail. Sin embargo, aun con esa reputación, Thiel persuadió al equipo para quedarse con Nokia Ventures, que ofrecía una suma mayor en unas condiciones más favorables.

En 1999, Nokia Ventures hizo la tercera inversión de su historia mediante la aportación a Confinity de 4,5 millones de dólares. Ahora Thiel y Levchin podían al fin luchar contra las grandes empresas del mercado: contaban con un gran respaldo empresarial, una hoja de ruta y un consejo de administración.

John Malloy acabó incorporándose al consejo y se comprometió con su gente y sus operaciones. En esos tiempos se vio envuelto en las situaciones más delicadas y desempeñó un papel a medio camino entre inversor y terapeuta: tanto ejecutivos como trabajadores rasos acudían a él para expresar sus quejas. «John fue una incorporación crucial», me contó Scott Banister. Por su parte, Levchin fue un paso más allá y lo describió como «el héroe olvidado de la historia de PayPal».

Sin embargo, la colaboración de Malloy no empezó con buen pie. Él y Thiel concretaron los últimos detalles de la inversión por teléfono, justo en mitad de una travesía marítima de aquel con el presidente de Nokia. Según Malloy, el propietario de la embarcación «se había comprado un barco demasiado grande» y las condiciones atmosféricas no eran demasiado favorables. Al final, la hélice se estropeó y tuvieron que regresar a tierra para evitar males mayores. «Ese viaje fue un auténtico desastre —recuerda Malloy—. Un día para olvidar».

6

EN EL BARRO

En la primavera y principios del verano de 1999, Confinity y X.com compartían edificio de oficinas en el 394 de University Avenue, en Palo Alto. Con el tiempo, esa coincidencia se ha convertido en un hecho capital en la historia de PayPal. Sin embargo, todo empezó como lo que era: una casualidad. Ambas empresas no competían ni colaboraban. Confinity se dedicaba a las transferencias por Internet y a la criptografía, y X.com pretendía crear una plataforma que prestara todo tipo de servicios financieros.

Y ambas creían que la otra estaba equivocada. Musk nunca ocultó sus reticencias a hacer transferencias con la PalmPilot. «Pensaba que era una idea estúpida», recuerda. Por su parte, Confinity esperaba que X.com se hundiera en los lodazales normativos.

Pero, si bien poseían distintos enfoques sobre la tecnología aplicada a las finanzas, uno y otro CEO compartían un rasgo: el afán de notoriedad. Así como Musk buscó la atención de los medios para X.com, Thiel se puso como prioridad generar titulares en prensa. Acababa de cerrar el acuerdo de inversión con Nokia Ventures y quería celebrar un gran evento para anunciarlo y mostrar al mundo su innovadora tecnología.

Para dicho evento, el equipo eligió el Buck's de Woodside. El local, cuya decoración kitsch incluía botas de vaquero de porcelana, un auténtico traje de cosmonauta ruso y una Estatua de la Libertad a escala, era un lugar de peregrinación histórico en Silicon Valley. Fue uno de los primeros restaurantes de EE. UU. con wifi pública, y dicen que Hotmail surgió en una de sus mesas.

Confinity esperaba añadir otra página en los anales del local: Thiel tenía pensado usar las PalmPilot para transferir los 4,5 millones de dólares de Nokia Ventures a la cuenta de Confinity. Pero era más fácil decirlo que hacerlo. «La tecnología de infrarrojos era una chapuza», recuerda Levchin. Y, aun así, él pensaba que la transferencia debía llevarse a cabo en el local, en lugar de limitarse a montar un simulacro.

No obstante, y pese al gran trabajo del equipo de ingenieros, el código base no estaba aún en condiciones. «Apenas funcionaba», admitió Pan. Por eso, Levchin tuvo que diseñar deprisa y corriendo sus propios protocolos de seguridad y actualizar la interfaz de usuario de la aplicación. Copió la mayoría de botones de otra aplicación de la PalmPilot (una calculadora) y codificó de manera frenética un nuevo botón de «Enviar» para la prueba.

Por desgracia, poco después el equipo tuvo que enfrentarse a un problema bastante más espinoso que ese: para que el código escrito por un programador funcione, antes debe compilarse; es decir, pasar por un proceso que convierte los comandos en un lenguaje que las máquinas comprendan. Durante la compilación se descubren y corrigen los errores de programación. Sin embargo, pocos días antes de la demostración, Russ Simmons descubrió que Yu Pan no había compilado su código. «Por supuesto, intentamos hacerlo, y tenía alrededor de mil errores», me confesó Levchin.

Tocaba trabajar contra reloj. «Había empezado la desquiciante carrera para llegar a la prueba. Nadie durmió en varios días. El último día, Yu Pan estaba casi catatónico», recuerda Levchin. La demostración estaba programada para la mañana del viernes 23 de julio de 1999, y todo el equipo se pasó la noche anterior comprobando una y otra vez el código, hasta justo antes de empezar el evento.

El viernes, al amanecer, Levchin se dio cuenta de que había llevado los mismos pantalones varios días seguidos. *Necesito ponerme otros pantalones*, pensó. Así que se metió en el coche, condujo hasta su casa y se cambió de pantalones. Luego se fue a toda prisa al Buck's.

■ ■ ▪

Cuando llegó al local, Thiel ya estaba ahí charlando con Pete Buhl, de Nokia Ventures. Su colega había convocado a varias televisiones locales para cubrir el evento, y los camiones de televisión por satélite estaban aparcados en el exterior.

Levchin había puesto a punto las dos PalmPilot para la transacción. Una se la dio a Buhl y la otra, a Thiel. Frente a las cámaras, Buhl alzó el dispositivo y utilizó el lápiz táctil para introducir los datos del pago de Nokia: 4-5-0-0-0-0-0-0. A continuación, situó su puerto de infrarrojos junto al de Thiel y pulsó el botón «Enviar» que Levchin acababa de codificar. Este contuvo la respiración. ¿Daría resultado?

Pues sí, la PalmPilot de Thiel emitió un pitido y mostró un mensaje que certificaba que la transacción se había completado con éxito. El equipo de Confinity soltó un suspiro de alivio.

A pesar de la expectación que generó el acontecimiento, Buhl recuerda que no fue tan espectacular como esperaba. Más tarde, un reportero se acercó a Thiel y Levchin para preguntarles si podían repetir la transacción, porque su cámara no la había captado con suficiente detalle. «¡No se puede! —le gritó Levchin—. Son millones de dólares que se mueven de un banco a otro. Es imposible volver a hacerlo». Sin embargo, a petición del reportero, Thiel y Buhl recrearon el intercambio.

Levchin no podía creérselo. Se fue a una esquina, se sentó a una mesa y apoyó la cabeza. Más tarde, cuando se despertó, estaba solo: sus colegas se habían ido y le habían dejado una tortilla fría en la mesa. El camarero le dijo que habían pagado la cuenta. *¿Debería enfadarme con Peter por dejarme tirado? ¿O estarle agradecido por ser tan cuidadoso y dejarme dormir?*, se preguntó Levchin.

Pese a todo, Thiel había acabado encantado con el evento. «Fue una forma perfecta de presentarse en público». Confinity obtuvo una valiosa cobertura en los medios, y eso aumentó las solicitudes de empleo y suscitó cierto interés por parte de los inversores, algo que no había resultado fácil en el pasado.

Sin embargo, aun con tal exposición mediática, el evento no consiguió incrementar el número de usuarios: nadie llamó a las oficinas de la empresa preguntando cómo transferir dinero con su PalmPilot. «Esta fue una de las lecciones que aprendimos sobre las exhibiciones públicas —recuerda Nosek—. Ese tipo de eventos eran más relevantes para la contratación y las inversiones que para que los usuarios empezaran a utilizar el producto».

En realidad, podría decirse que la repercusión fue mayor puertas adentro. En apenas unos meses, Levchin, Thiel y su pequeño equipo habían creado una aplicación que merecía la atención de la prensa y que aumentó la confianza de la empresa. «Creo que necesitábamos saber hacia dónde íbamos», me dijo Nosek.

■ ▪ ▪

En los inicios del boom de Internet, las excentricidades de las empresas emergentes estaban a la orden del día en Silicon Valley: costosos retiros en equipo, fiestas con barra libre y vallas publicitarias por doquier. No obstante, Thiel y Levchin pensaban que nada de eso beneficiaba en realidad a los productos u objetivos de una empresa. Y por eso no querían emplear los millones de Nokia Ventures en tales excesos. Aunque sí se permitieron un lujo: mejorar la marca.

«Confinity» era un buen nombre, pero en el equipo pensaban que las tres primeras letras (*con*, como dije antes, significa «estafa» en inglés) no inspiraban confianza.

Los consumidores necesitaban un nombre atractivo, y la tarea de hallar uno que se ajustara a lo que querían recayó en Luke Nosek, que buscó ayuda en Internet. Escribió www.naming.com en su navegador y se topó con el portal de una empresa de gestión de marca, Master-McNeil. «Nos figuramos que eran los propietarios de la URL naming.com —me explicó Nosek—, así que la cosa prometía».

SB Master, fundadora de la compañía, tenía una triple licenciatura por la Universidad de Santa Cruz, en Economía, Música y un curso autodiseñado, «Historia del libro». Tras cursar un MBA en Harvard, fundó el departamento de *branding* de una empresa que fue responsable, entre otras, de las marcas Touchstone Pictures y Westin Hotels. Luego se estableció por su cuenta y fundó Master-McNeil.

Master combinaba su sensibilidad poética con las habilidades empresariales. En su opinión, muchas empresas emergentes consideraban que poner nombre a una empresa era un mero juego de palabras, «un proceso puramente creativo, aleatorio». En cambio, ella lo consideraba una decisión tan crucial como cualquier otra, y que requería, además, de rigor analítico.

En junio de 1999, Confinity contrató a Master-McNeil para elegir el nombre de su producto. Master y su equipo se entrevistaron con Thiel, Levchin, Nosek y otros miembros de Confinity, y entre todos definieron lo que la marca debía sugerir:

1. Práctico, fácil, sencillo de configurar/utilizar.
2. Instantáneo, rápido, sin esperas, eficaz.
3. Móvil, práctico, siempre a mano.
4. Transferir, intercambiar, enviar/recibir.
5. Dinero, cuentas, transacciones financieras, números, mover dinero.

Esas conversaciones también revelaron un aspecto fundamental de las características del producto: hacer transferencias desde un dispositivo móvil atrae a un público amante de la tecnología, pero ¿cómo llegar a otros mercados? Aún no tenían respuesta para eso, pero Confinity le pidió a Master-McNeil un nombre no demasiado «tecnológico» y que, al mismo tiempo, «llegara a todos los consumidores», incluyendo a los de fuera de Estados Unidos.

Con esta combinación de preferencias, el equipo de Master-McNeil se puso a trabajar para generar docenas de posibles nombres, una lista que logró reducir a ochenta «prometedores». Luego, tras comprobar qué marcas estaban registradas, la lista se redujo a cinco: eMoneyBeam, Zapio, MoMo, Cachet y PayPal. Zapio era divertido, pero al equipo de Confinity tampoco le entusiasmaba. En un principio, pensaron que Cachet sería la mejor opción, pero la propia Master no opinaba igual: era difícil de deletrear y pronunciar, tenía un «tono presuntuoso» y era difícil de traducir a otros idiomas. Además, el dominio www.cachet.com ya tenía dueño.

Luego estaba PayPal. La diapositiva de Master-McNeil mostraba seis razones para apostar por él:

- Lleva a pensar en cuentas, transacciones financieras, movimiento de dinero.
- Sugiere familiaridad y accesibilidad, y es sencillo.
- Implica fidelidad y movilidad.
- Estructura repetida, fácil de memorizar, divertida.
- Especialmente corto y simétrico.
- Web disponible.

Así pues, para Master el claro ganador era PayPal: una sílaba más corto que Zapio y más sencillo que Cachet. «Si la gente no sabe cómo decir algo o tiene miedo de decirlo mal —me contó Master—, intentará no decirlo en voz alta. La vergüenza es una emoción muy potente».

También creía que PayPal transmitía más confianza. Confinity había sido el burdo intento de Levchin de generarla a través de un juego de palabras, pero Master pensaba que el término *pal* («colega» en inglés) lograba ese objetivo con mayor acierto: «Tu "colega" es más que un amigo. Un colega siempre te echa una mano. Siempre te apoya. Confías en él», me explicó.

Por si fuera poco, PayPal contenía dos pes. «Nos encantan estos sonidos, los llamados oclusivos —afirmó Master—. Para producirlos, retienes el aire y luego lo sueltas». Las oclusivas se quedan en el oído una fracción de segundo adicional, y eso implica más tiempo de recuerdo de la marca. «Un nombre con dos oclusivas saca el máximo partido de este recurso», añadió.

Por tanto, estaba convencida de su elección, pero gran parte del equipo de Confinity, incluido Thiel, no se mostraron de acuerdo. «Todos pensábamos lo mismo. ¿PayPal? Menuda idiotez», recuerda el ingeniero Russ Simmons. «Sin lugar a dudas, no fue una decisión unánime», me dijo Jack Selby. Pete Buhl, miembro de la junta directiva, también creía que sonaba demasiado rimbombante para un producto financiero. «La gente no va a fiarse de algo llamado PayPal. Me parecía una idea estúpida. ¿Quién confiaría su dinero a un producto con ese nombre?».

No obstante, al familiarizarse con la marca el equipo empezó a convencerse de sus virtudes. «Al principio, nuestra idea era que PayPal se utilizara para pagar comidas y cosas así. Se ajustaba de forma natural a ese tipo de situaciones», recuerda David Wallace, que se había incorporado a la empresa como encargado del servicio de atención al cliente y de las operaciones.

Y el sencillo lema *Just Paypal it to me* («Págamelo por PayPal») les acabó de convencer por su sencillez. También hubo algunos miembros de la junta, como Scott Banister, que apostaron por él desde el principio: «Sostuve que era un gran nombre. Con una aliteración y fácil de recordar». Por otro lado, como el dominio www.paypal.com estaba disponible, el equipo no tuvo que enfrentarse a largas y costosas negociaciones para adquirirlo. Al final lo compraron el 15 de julio de 1999.

Aunque Thiel, en principio, prefería Cachet, también se dejó convencer por PayPal. De hecho, más adelante lo usaría para ilustrar el valor de las denominaciones de marca amables y generosas: así, aseguró que Lyft sonaba mejor que Uber y Facebook mejor que MySpace. Poco después, Thiel y muchos otros considerarían que, comparado con PayPal, X.com sonaba bastante siniestro.

Al final, Confinity eligió PayPal con mayúscula también en la segunda *pe* para estilizar el nombre. Una nota en los archivos de Master registra la adopción de la *pe* mayúscula —en una frase dice «Elige PayPal»—, pero Master no recuerda quién fue responsable, si ella misma, un diseñador gráfico o el equipo de Confinity.

■ ■ ■

Teniendo ya la marca, ahora la empresa solo necesitaba crecer para que su generador de transferencias se usara en el mundo real. Igual que X.com, Confinity tenía que luchar en un mercado de ingenieros muy competitivo, y pese a gozar de un buen capital la captación de nuevos talentos seguía siendo un problema.

Pero las conexiones universitarias del equipo dieron sus frutos, igual que los vínculos de varios ingenieros con la Academia de Matemáticas y Ciencias de Illinois (IMSA), un prestigioso instituto ubicado en Aurora. A medida que se incorporaban más ingenieros de uno y otro origen, los miembros del equipo de producto y finanzas fueron llegando de Stanford.

Para acelerar el proceso de contratación, la empresa aprobó conceder una bonificación de varios miles de dólares por cada recomendación. James Hogan, que se incorporó en aquellos días, recuerda que fue su amigo Steve Chen, de la Universidad de Illinois, quien se puso en contacto con él. «Chen estaba muy emocionado con lo de la bonificación —rio Hogan—. Andaban buscando a cualquier conocido que tuviera algún tipo de experiencia en el desarrollo de software. Para Chen, yo era un billete de dólar más que otra cosa».

Para seleccionar a su personal, el equipo elaboró un discurso muy atrevido. Años más tarde, Levchin describió ese enfoque en una clase de informática en Stanford:

> Los ingenieros son muy cínicos; ese han formado para serlo. Además, pueden permitírselo, porque en Silicon Valley muchas empresas quieren hacerse con sus servicios. Y como los ingenieros creen que cualquier idea novedosa es estúpida, lo más probable es que cuando les presentes la tuya piensen igual. En

Google cobran mucho y se dedican a proyectos muy interesantes. ¿Por qué deberían dejar de indexar el mundo para trabajar en tu estúpida idea? Así pues, la forma de competir contra los gigantes de Internet no es el dinero. Google siempre puede doblar la oferta. Tienen una mina de oro que genera 30.000 millones de dólares por búsquedas cada año.

No, para ganar tienes que disponer de un relato, algo como *en Google solo eres una pieza más del engranaje. En cambio, conmigo eres una pieza indispensable de este gran proyecto que construiremos juntos.* Si lo piensas bien, ni siquiera hace falta un gran sueldo. Solo satisface las necesidades de tu equipo; págales para que puedan costearse el alquiler y salir de vez en cuando. No se trata del dinero, sino de romper esa coraza de cinismo; se trata de lograr que tu proyecto sea más emocionante que un par de cientos de miles de dólares y un cubículo en Google.

Para Hogan, no hizo falta nada más. Estaba viviendo en Dallas y era un mero «engranaje» en Norte Networks. «No era feliz, y tampoco muy productivo», admitió. En Confinity volvió a sentirse parte de algo más grande.

No obstante, aun con ese discurso tan pulido, las contrataciones en Confinity no avanzaban a buen ritmo. En realidad, formaba parte del plan. «Estábamos muy preocupados por el hecho de que alguien mal elegido se cargara el código base», me contó el ingeniero Erik Klein. «En parte era culpa nuestra, porque no está bien que un código base pueda dañarse con tanta facilidad. Pero si lo escribes, es el código que tienes; es tu problema. Lo que pasa es que luego tienes que contratar a alguien que pueda trabajar con ese problema».

Levchin mantuvo el listón del talento muy alto, como señaló el ingeniero Santosh Janardhan, aunque eso perjudicara la selección de personal. «Max repetía una y otra vez que una manzana podrida podía echar a perder el cesto entero. Si contratabas a alguien sin talento, quizá tirarías por tierra el trabajo de todos».

Además, los directivos de Confinity exigieron que cualquier candidato se entrevistara con todo el equipo. Cuando acababa la larga
ronda de entrevistas, debatían en grupo sobre cada individuo y se preguntaban si había generado una buena «dinámica de grupo».

Con las empresas tecnológicas contratando a diestro y siniestro,
los candidatos también analizaban el ambiente de trabajo, y más de
uno señaló que el principal atractivo de la oferta no había sido el producto en sí o sus posibilidades de éxito, sino la dinámica de equipo.
Por ejemplo, Skye Lee se había curtido en Netscape y Adobe, y en
ese momento trabajaba para otra empresa emergente; un antiguo colega que se había incorporado a Confinity le sugirió conocer a David
Sacks. Aun con reservas, aceptó.

Sacks invitó a Lee a visitar la oficina de Confinity a las diez de la
noche. Como era muy tarde, Lee esperaba que fuera una «entrevista
breve». No fue así. «Fue bastante completa —recuerda—. Y la verdad es que no estaba preparada para algo así». Cuando abandonó las
oficinas a las dos de la madrugada, había hablado con casi todos los
trabajadores de Confinity.

También le enseñaron el funcionamiento de PayPal. Al presentarle
Sacks el concepto, Lee detectó un problema: «Pensé que no se trataba
de transferir dinero en tiempo real; porque los dispositivos solo se
sincronizaban cuando estaban puestos en su base». Tenía razón, por
supuesto; desde el punto de vista técnico la transacción solo se llevaba
a cabo si la PalmPilot estaba encajada en su base. «Pensé que algo se
me escapaba» recuerda. Más tarde, Sacks admitió que Lee estaba en lo
cierto, que sus dudas eran pertinentes.

Pese a la larga (e intempestiva) entrevista y las limitaciones que
presentaban las transacciones por infrarrojos, Lee quedó cautivada
por el equipo. «No puedo explicarlo con palabras, porque me dejé
guiar por el instinto. La energía que sentí en ese entorno de trabajo
era nueva para mí. Y quería formar parte de eso». Después de otra
entrevista más, entró a trabajar en Confinity, donde jugaría un papel
clave en el diseño de los productos de la empresa.

Por su parte, Denise Aptekar, del departamento de producto, llevaba unos meses trabajando en otra empresa emergente cuando en una fiesta conoció a Luke Nosek y este le dibujó en una servilleta el plan de negocio de Confinity. Aptekar se quedó prendada, no tanto por la idea como por la forma en que Nosek hablaba de ella.

También visitó la empresa para conocer al equipo. «Salí de la entrevista sin saber demasiado bien en qué consistía el producto. Sin embargo, sí sabía que quería trabajar con esa gente —me contó—. Eran muy competitivos, estaban enganchados al trabajo y querían cambiar el mundo. Había encontrado a mi gente».

En cuanto a Benjamin Listwon, diseñador técnico, era feliz en su trabajo y no andaba buscando a «su gente» cuando conoció a David Sacks y Max Levchin. Pero poco después Sacks lo invitó a comer en Confinity. «Aquel almuerzo se alargó más de siete horas», recuerda Listwon.

La espontaneidad de la larga charla sobre prácticas de diseño lo entusiasmó. «Parecía uno más del equipo. Si aquello era solo una entrevista, ¿cómo sería trabajar con ellos cada día?».

■ ▪ ▪

Desde el principio, Thiel fijó una norma no escrita: no efectuar despidos. «Despedir a la gente es como declarar una guerra —señaló—. Y en la guerra no hay vencedores. Por eso es primordial no hacerlo». Esta norma subió aún más el listón para contratar a alguien, pero también provocó que el personal menos apto se quedara en la empresa. «En realidad, deberíamos haber despedido a más gente», admitió más adelante.

La prueba de la química de grupo y la norma de no despedir a nadie eran medidas imprecisas y poco eficaces. Sin embargo, el proceso de contratación resultaba necesario para la expansión de la empresa. En los comienzos de Confinity, Levchin se percató de que el número de personas que trabajan juntas en una habitación está muy relacionado con el incremento de fricciones en el grupo. «Si estás solo, te limitas a trabajar y a confiar en que tu esfuerzo sea suficiente —me dijo—. Como suele haber demasiado que hacer, la gente forma equipos. Pero en un equipo la posibilidad de que surja un problema se incrementa. Por ejemplo, entre cinco personas se crean unas veinticinco relaciones independientes que debes gestionar y cuidar».

Y, para curarse en salud, Levchin quería ingenieros que pensaran como él. Por ejemplo, cuando al principio eligió C++ como lenguaje de programación, pese a que él mismo había dicho que era una chapuza, esperaba que ningún otro ingeniero se quejara. «Cualquiera que no estuviera de acuerdo no encajaba en el equipo —afirmó Levchin—. No quería discutir, eso frena el avance».

Sin embargo, ni él ni Thiel ignoraron el pensamiento grupal. «Discutir sobre estrategias de marketing o distintos enfoques para resolver problemas tácticos o estratégicos es fundamental. Esas son las decisiones que importan, en realidad —me explicó Levchin—. La diversidad de opiniones es esencial cuando dudas sobre algún aspecto. En cambio, si estás convencido de algo, discutirlo es una pérdida de tiempo».

Hallar el equilibrio no fue nada fácil, y el equipo tuvo que afrontar su correspondiente cuota de frustraciones y algunas violaciones de la norma antidespidos. No obstante, en ese periodo la empresa logró cerrar varias contrataciones. Por ejemplo, la primera no relacionada con su red de contactos: Chad Hurley. En 1999, se acababa de graduar en Bellas Artes y no tenía ningún vínculo con el equipo de Confinity. Vio una nota en la prensa sobre el evento en el Buck's y les envió un correo electrónico que le abrió las puertas para una entrevista. Tras un retraso en su vuelo y una charla que duró toda la noche, Hurley recibió una oferta. Era el primer diseñador gráfico al que contrataban.

Su tarea inicial fue diseñar el logo de PayPal, y optó por una imagen en blanco y azul, con la P estilizada dentro de un remolino. Levchin también le pidió que diseñara una camiseta para el equipo, y se le ocurrió una idea: ¿y si la camiseta se inspiraba en el techo de la Capilla Sixtina? En lugar de que Dios le otorgara a Adán la chispa de la vida con la punta de los dedos, podía enviarle dinero con una PalmPilot. Con el paso de los años, esta camiseta basada en la obra de Miguel Ángel se ha convertido en un preciado recuerdo del equipo.

Con la incorporación de Hurley y otros muchos, la estrecha oficina del 394 de University Avenue se quedó pequeña. Entonces hallaron un local disponible a solo cinco minutos, en el 165 de la misma avenida. El edificio tenía un significado especial, ya que su inquilino más reciente había sido la empresa más popular de la ciudad: Google. De hecho, Confinity heredó la mesa de ping-pong del gigante de las búsquedas, que durante un tiempo se empleó como mesa para la sala de juntas.

El cambio de oficina también acabó con un importante rito de iniciación. En la antigua, cada recién llegado debía procurarse su propia mesa de IKEA. Era un ritual democrático que rendía homenaje a los muebles que llevó Levchin en los orígenes de la compañía. Sin embargo, las nuevas oficinas de Confinity asestarían un golpe fatal a esta tradición porque estaban, en gran parte, amuebladas.

■ ■ ■

Nombre nuevo, oficinas y personal nuevos. Todo iba viento en popa. Pero una cuestión crucial todavía les carcomía: ¿qué podían hacer para que PayPal llegara a la gente? Y, lo más importante, ¿lo utilizarían?

Hasta cierto punto estaban convencidos de que, si sacaban el producto, los usuarios acudirían a él. Y teniendo en cuenta que se encontraban en Silicon Valley, ese error era comprensible. Porque dispositivos móviles como la PalmPilot estaban de moda allí. «Yo estaba seguro de que esos dispositivos tendrían éxito —admitió Scott Banister—. Y mucha gente opinaba igual». En 1999, más de cinco millones de personas poseían algún dispositivo móvil, y 3Com, la empresa matriz de Palm, incluso consideraba en ese momento su salida a bolsa.

Confinity confiaba en subirse a esta ola tecnológica. Así, se anunciaron en revistas del mercado de dispositivos móviles, y los miembros del equipo acudieron a varios foros tecnológicos de Internet para promocionar su producto. En esa época Nosek propuso una idea de marketing poco ortodoxa: al ver el mal estado del toldo de la oficina, sugirió sustituirlo por una luz infrarroja que emitiera mensajes sobre PayPal.

Ese proyecto no llegó a cuajar, pero era toda una declaración de intenciones, un ejemplo de hasta dónde tendrían que llegar. Porque, pese a todo el esfuerzo invertido, a lo largo del verano del 99 tanto asesores como amigos de la empresa se preguntaron si el producto era viable.

«Vivíamos en el paraíso de las PalmPilot —observó Reid Hoffman, un amigo de Thiel de la época de Stanford—. Pero si entrábamos en un restaurante cualquiera y preguntábamos cuántas personas la tenían, lo más seguro es que solo levantasen la mano una o dos. Eso quería decir que las probabilidades de que se usara nuestro producto eran muy pobres. Es decir, que aquello no pintaba bien».

Ese verano, en uno de sus muchos debates nocturnos, Reid Hoffman planteó otra cuestión espinosa: ¿qué pasaría si uno de los hipotéticos usuarios de PayPal olvidara su PalmPilot y necesitara hacer una transacción? Levchin propuso una solución: que en PayPal. com se incluyera la opción de enviar dinero a través de la dirección de correo electrónico del usuario. De todos modos, para sincronizar su dispositivo móvil con el ordenador, los usuarios tenían que ir a la web y descargar el software de PayPal. De modo que el sitio podía tener un sistema de correo electrónico de apoyo.

Cuando se sugirió esto por primera vez, muy pocos se percataron de su potencial; más bien al contrario. De hecho, Levchin solo pretendía que fuera una opción secundaria para las «pobres almas» que se dejaran olvidada su PalmPilot. En su opinión, hacer transferencias por correo electrónico estaba muy lejos de ser el uso principal de PayPal. Esa función (si así podía llamarse) no era nada más que una solución improvisada ante los reparos de Hoffman, no el producto en sí.

Sin embargo, esa «solución improvisada» no tardaría en demostrar sus múltiples aplicaciones. Antes de poner en marcha el nuevo proyecto, Levchin llevó a cabo una concienzuda prueba de los engranajes de PayPal: transfirió dinero de una PalmPilot a otra, sincronizó ambos dispositivos en sus soportes y luego consultó dos cuentas ficticias para confirmar la transferencia. Pero hacer eso mismo por correo electrónico simplificaba en gran medida la secuencia: ahora Levchin podía llevarla a cabo con unos cuantos clics. En pocas semanas, se había convertido él mismo en un ávido usuario de ese producto de última generación. No obstante, seguía entusiasmado con el proyecto original. «Eso debería haber sido solo un parche», me confesó.

Además, como dijo Klein, la solución improvisada aparecía en el mejor momento: «En el mundo de Internet, los avances llegan en oleadas. En apenas un año, los usuarios ya sabían utilizar la web como auténticos profesionales. Nosotros queríamos aprovechar la ola de las PalmPilot, pero la nueva ola web se nos echó encima y tuvimos la suerte de poder aprovecharla. Al final, sacamos partido de ambos proyectos».

■ ■ ■

Otro que dudaba de la viabilidad de transferir dinero con la PalmPilot era una reciente incorporación que jugaría un papel determinante para la empresa: David Sacks. Thiel y él eran compañeros de clase en Stanford y, tras graduarse, Sacks estudió Derecho en la Universidad de Chicago. Luego entró a trabajar en la consultora McKinsey & Company.

A mediados del 99, ambos se reunían con frecuencia para hablar sobre Confinity y sus productos. Thiel presionaba a Sacks para que dejara la consultora y se uniera a Confinity. Y él estaba interesado en el proyecto, porque procedía de una familia de emprendedores. En la década de los veinte, su abuelo se había trasladado de Lituania a Sudáfrica para abrir una fábrica de caramelos. Pero su nieto, aunque mostraba cierta curiosidad, no estaba convencido del éxito del proyecto.

De todos modos, visitó las oficinas de la empresa y se entrevistó con ellos. «Pero Sacks no pasó la prueba de la química grupal», admitió un miembro del equipo. Por un lado, se opusieron a su incorporación porque no mostró entusiasmo por el producto. «Era una idea estúpida —recuerda—. Existían dos problemas: solo había cinco millones de usuarios de Palm y, en el caso de que estuvieras con alguien que tuviera una, ¿a quién se le ocurriría usarla en una cena?».

Así que le comunicó a Thiel que solo se incorporaría a la empresa si le daban prioridad a la función de enviar dinero por correo electrónico. «Le dije que, si la empresa ponía todo su empeño en ello, dejaría de inmediato la consultora», me contó.

Thiel le aseguró que ese proyecto sería prioritario, y entonces Sacks aceptó la oferta. Sin embargo, ese cambio no llegó a muchos de los integrantes del equipo, que seguían creyendo que la prioridad eran las transferencias entre PalmPilots. Así que cuando Sacks llegó allí quitándole importancia a esa función, los ingenieros se sintieron tan sorprendidos como molestos. «Levchin era el único que lo sabía —me explicó Sacks—. Creo que el equipo de ingenieros pensaba que Thiel era un tipo que iba por allí solo para señalar lo que hacían mal». Al final, Thiel llegó a un acuerdo con Sacks: impulsarían ambos productos.

Al contratar a Sacks, Thiel echó mano de su posición jerárquica e ignoró las objeciones del equipo. Era extraño, no obstante, porque él también pensaba que Sacks era un tipo controvertido: al fin y al cabo, poca gente llega a una entrevista de trabajo dejando a la altura del betún el producto estrella de la empresa. Sin embargo, valoraba su honestidad y le creía capaz de hablar sin paños calientes. Recuerda que una vez le dijo: «Peter, necesito gente que alce la voz de vez en cuando».

En Confinity, Sacks se ganó fama de tipo duro y cabezota, y muchos le atribuyeron el mérito de enderezar la empresa y refinar el producto. «Por mucho que la gente se quejara de su carácter, esas críticas siempre eran acertadas —recuerda Giacomo DiGiorgi—. Nunca se trataba de algo personal o de un problema de egos. Iba al grano; intentaba que hiciéramos hincapié en el objetivo, el cliente o nuestras metas».

■ ■ ■

En realidad, la mayoría de las discusiones de ese verano no tenían mucha base. Confinity no sabía cómo reaccionaría el público a sus productos porque todavía no habían salido al mercado. El evento en el Buck's apenas fue una presentación, no un lanzamiento. Y Thiel quería contarle al mundo lo que hacían, no solo convencer a los inversores. Deseaba una segunda oportunidad para llegar al público.

Por eso presionó a Levchin para que se pusiera las pilas. «Con el objetivo de que todo funcionara, trabajábamos 24 horas al día, siete días a la semana», recuerda este. En esa época, el equipo tuvo que familiarizarse muy rápido con el ámbito financiero, entre otros. «Nadie había trabajado con un banco o con sus códigos —me explicó Erik Klein—. Antes de escribir el código, nuestro pobre director financiero, David Jaques, tuvo que reunirse con nosotros durante un mes para explicarnos cómo funcionaba todo aquello».

Y es que una cosa era transferir dinero entre dos PalmPilot para la prensa, y otra muy distinta que usuarios reales empezaran a saturar las «ondas» con dólares de verdad. «Viéndolo en perspectiva, es gracioso. No sabíamos nada sobre sistemas de pago. Nunca habíamos escrito un código para que interactuara con una base de datos. Si hubiéramos tenido la más remota idea de lo que estábamos haciendo, lo habríamos hecho con mucho más respeto», me contó Simmons.

Cuando la noticia de la posibilidad de hacer transferencias con una PalmPilot llegó a foros tecnológicos como Slashdot, la empresa se enfrentó a las primeras críticas. Un usuario del foro escribió un post titulado *Una idea asombrosamente mala*:

Es una mala idea porque hay al menos tres formas de entrar y trastocar el sistema.

- A través de los infrarrojos se puede copiar la transacción a distancia.
- En relación con el software, se puede obtener un pago legítimo y luego hackear el software de la Palm para incrementar la cantidad de dinero.

- Por último, respecto a los datos que se mandan a la empresa, puedes enviarles registros de transacciones que en realidad nunca han tenido lugar.

Y quizá haya más. Es verdad que estos tres problemas pueden solucionarse con la encriptación adecuada, pero dudo que se preocuparan demasiado por ello cuando diseñaron el software.

En resumen, no lo uses para nada importante de aquí a uno o dos años; que tengan tiempo para solucionar los errores. De todos modos, es probable que este proyecto sea una cortina de humo.

Los usuarios especializados en tecnología de Slashdot criticaron el producto con dureza y hasta con ironía. Uno redactó un «Extracto de la Enciclopedia Galáctica», donde describía cómo serían los robos del futuro. «Desde que salió PayPal, los ladrones iban equipados con una PalmPilot, junto con sus habituales navajas y pistolas. Y cuando querían quitarle el dinero a alguien decían: "Apunta tu PalmPilot hacia la mía y si me transfieres todo tu dinero nadie saldrá herido"».

El equipo redactó de inmediato una sección de FAQ donde reconocía los errores. ¿Lo hicieron para contrarrestar las publicaciones en Slashdot? Sí. De hecho, la elaboraron a toda prisa para solventar los problemas de los usuarios lo antes posible.

¿Qué tipo de encriptación tenía PayPal? La respuesta del equipo fue tan técnica como sincera:

«En la actualidad utilizamos ECDSA de 163 bits para verificar las firmas de los pagos, DESX para encriptar los datos en los dispositivos móviles, el algoritmo Diffie-Hellman para compartir claves por infrarrojos y TLS basado en ECC para proteger las conexiones desde el escritorio al servidor mientras tiene lugar una sincronización. Durante más de media hora picamos código para programar la suficiente entropía y sembrar nuestro generador de números aleatorios».

La escasa experiencia del equipo también se manifestó de otras maneras. Por ejemplo, en un momento dado Levchin y su gente se dieron cuenta de que no habían utilizado la «contabilidad por partida doble» en PayPal. Este concepto es una piedra angular de la contabilidad: cualquier movimiento de crédito o débito tiene un registro igual u opuesto. «Si eres ingeniero y nunca has trabajado en contabilidad —me dijo Levchin—, no puedes entender la utilidad de almacenar dos copias... En realidad, yo pensaba que aquello era una extraña ficción contable». Por eso le solicitó al director financiero de Confinity un curso intensivo de contabilidad, y el equipo reconstruyó la base de datos en función de ello.

Por tanto, vemos que aun antes de su lanzamiento el producto evolucionó con mucha rapidez. Thiel también había estado hablando con la prensa en Nueva York. «Tras la ronda inicial de entrevistas, Peter llamó y nos contó que le había dicho a todo el mundo que el servicio sería gratuito, así que teníamos que eliminar todas las comisiones», recuerda David Wallace. Y pese a sus reticencias el equipo tuvo que actualizar la web para hacerlo.

Con el fin de luchar contra la presión que tenían encima y por la necesidad de solventar los problemas de inmediato, tuvieron que acostumbrarse a ser creativos, y esa experiencia enseñó a los ingenieros una forma de trabajar que, en el futuro, les sería de mucha utilidad en PayPal y en sus trabajos posteriores. «Ahora mismo, en mi empresa, cuando comentamos un problema en una reunión, yo ya estoy pensando en cómo solventarlo. ¿Cómo resolvería esta situación? ¿Qué as puedo sacarme de la manga? Aprendes a *inventar* en lugar de *investigar y probar*», me confesó Erik Klein.

En esa época, la empresa también se enfrentó a situaciones de vida o muerte. Sin ir más lejos, cuando trasladaron los discos duros de un servidor a otro, el administrador de sistemas de Confinity borró sin querer el código base. *No hay problema*, pensó Levchin, *vamos a activar la copia de seguridad*. Fue entonces descubrieron que el propio administrador no había guardado ninguna. Se habían volatilizado miles de líneas de código y ocho meses de trabajo. «Por un instante, pensamos que PayPal estaba acabado», me dijo Thiel.

Por suerte, entró en escena David Gausebeck, un ingeniero que había copiado todo el código fuente de la empresa. «Estábamos programando en un servidor compartido y nos íbamos quedando sin espacio, así que creamos uno nuevo donde todo el mundo podía copiarlo todo —explicó Gausebeck—. Por fortuna, yo lo hice, y al parecer fui el único». Su copia de seguridad evitó que tuvieran que reconstruir su código línea por línea. «Fue la situación más peliaguda a la que nos enfrentamos», recuerda Levchin. Obviamente, el administrador del sistema se convirtió en una excepción a aquella regla que prohibía despedir a un trabajador.

■ ■ ■

El verano dio paso al otoño, y los preparativos para sacar PayPal al mercado se dilataron. Levchin se vio obligado a pedir a Thiel que aplazara varias veces la fecha de lanzamiento. Este echaba humo. «Fueron meses complicados», recuerda Levchin.

Además, justo entonces Levchin puso a prueba la seguridad del producto. El código de la PalmPilot contaba con poco tiempo de vida, igual que su nivel de encriptación. Para agilizar la aplicación de PayPal, Levchin había utilizado un método de criptografía de clave pública conocido como «de curva elíptica», que también era terreno virgen. «Palm tenía tan poco código criptográfico, sobre todo de curva elíptica, que tuvimos que escribirlo nosotros mismos», rememora.

Al crear estos elementos desde la nada, Levchin se arriesgaba a cometer errores. «En realidad, no quieres crear tus propias primitivas criptográficas… Prefieres que lo haga alguien que no tenga nada más que hacer en el mundo que eso», me confesó.

Él había hablado sobre seguridad criptográfica, entre otros muchos, con Dan Boneh, asesor técnico de Confinity y profesor de Stanford. Boneh y Levchin estaban entusiasmados con la tecnología móvil y la criptografía, y además eran aficionados al Ultimate Frisbee.

Y Boneh también era un apasionado de las PalmPilot. «Tengo que decir que, durante muchos años, incluso después de que saliera el iPhone, estaba tan enamorado de mi PalmPilot que me resistía a comprarme uno», bromeó Boneh. Él y sus compañeros de Stanford estaban tan enamorados de su PalmPilot que incluso siguieron el ejemplo de Nosek y su experimento en la ACM: conectaron el monedero del dispositivo a una máquina expendedora de Stanford.

Como Boneh era experto en la aplicación segura de la PalmPilot al mundo de las máquinas expendedoras y otros campos, Levchin recurrió a él cuando ese otoño necesitó que alguien pusiera a prueba su código. «Cuando me pregunté qué podía parecerse más a una auditoría de seguridad pensé en Dan y lo llamé para ver si quería venir a Confinity a revisar mi código. Aceptó encantado».

Ambos acordaron que sería una revisión rápida, porque ese día Boneh tenía la fiesta de su trigésimo cumpleaños. Sin embargo, pronto detectó un problema.

—Tío, ¿qué es esto? —exclamó.

El equipo de Levchin estaba *empaquetando* mal ciertos bits.

—Mira cómo lo estás haciendo —señaló Boneh.

—¡Dios mío! —respondió Levchin.

—Esto no es aleatorio —explicó Boneh—. Es todo lo contrario. No me hace falta ni un superordenador para cargármelo, me bastaría con un lápiz.

Así que se pasaron toda la noche revisando cada línea de código y corrigiendo los errores. Estuvieron allí hasta las cinco de la madrugada.

A pesar de la cancelación de sus planes de cumpleaños y de lo trepidante de esa noche, Confinity llegó a tiempo para el lanzamiento de PayPal. A principios de noviembre, su pequeño equipo empezó a mandar correos electrónicos a amistades y familiares para anunciarles que ya podían descargar y utilizar el primer producto de la empresa. PayPal estaba en marcha.

7

EL PODER DEL DINERO

A finales del verano de 1999, la empresa de Elon Musk, X.com, era un pálido reflejo de la plataforma financiera que había imaginado. Por aquel entonces, aún no habían presentado ningún producto y apenas contaban con un buen equipo: tras la salida del economista canadiense Harris Fricker y compañía, la plantilla ascendía a un total de cinco personas. Se habían marchado: el presidente fundador y director de operaciones; el CTO y vicepresidente de desarrollo de producto; el director financiero y el vicepresidente de desarrollo corporativo.

El joven ingeniero Scott Alexander fue testigo del caos que se había desatado. Recién salido de Berkeley con una licenciatura en Informática y un posgrado en Administración de Empresas, había visto como sus compañeros de clase se lanzaban de cabeza a cualquier proyecto que llevara el sufijo «.com». En cambio, él se tomó su tiempo y analizó con detalle los planes de negocio de las nuevas empresas. «Aunque en el 99 se había desatado la fiebre del oro en Silicon Valley, yo no creía que una empresa que vendía comida para perros por Internet pudiera mantenerse a flote mucho tiempo».

Alexander descubrió X.com en una página de búsqueda de empleo. Presentó su solicitud y consiguió una entrevista con Musk que recuerda muy bien: «Casi al final de la charla, [Musk] me dijo: "Quiero que entiendas que esta es una empresa emergente y que se espera mucho de ti. No puedes trabajar solo 40 horas a la semana.

Espero que trabajes mucho más hasta que tengamos éxito. Te voy a pedir que hagas lo imposible"».

Al día siguiente, Alexander recibió un correo electrónico de Ed Ho, el cofundador de X.com. Le decía que la compañía estaba en proceso de descomposición y que él y otros directivos se iban para abrir otra. Terminó deseándole mucha suerte en X.com. Poco después, le llegó otro correo de Ho, esta vez desde una cuenta personal, en el que le preguntaba si quería trabajar en su nueva empresa.

Alexander pensó que la situación era extraña, y se tomó unas largas vacaciones en el cabo San Lucas, esperando dejar atrás semejante embrollo. Pero Musk tenía otros planes para él. «Cuando regresé tenía unos seis mensajes en mi contestador. Musk me pedía una y otra vez que lo llamara, porque, pese a la situación, tenía buenas noticias». Cuando habló con él le aseguró que había obtenido financiación de capital riesgo y que además iba a invertir algunos millones de su bolsillo.

Alexander sintió entonces que el compromiso personal de Musk era auténtico. «Elon me dejó impresionado. El dinero hablaba por él». Al final, entró en X.com en agosto de 1999.

■ ■ ■

Hasta entonces, y a pesar del interés mostrado, Musk nunca había aceptado inversiones externas en X.com. Tras la traición de los inversores de Zip2 no quería que nadie se inmiscuyera en su empresa.

Aun así, tuvo que hablar con los inversores de capital riesgo por dos razones. En primer lugar, por las asombrosas sumas de dinero que manejaba el resto de empresas emergentes. En el periodo comprendido entre 1998 y 1999, dicha cantidad aumentó de forma considerable, a medida que el entusiasmo por Internet alcanzaba su punto álgido. Y, aunque X.com estaba bien financiada por Musk, su posición no era demasiado competitiva. De modo que si la competencia se percataba del escaso capital que manejaban, podía aprovechar esa debilidad y dejarla muy atrás en el mercado.

Por otro lado, aunque Musk seguía presumiendo de su enorme participación en la compañía, como Thiel, era consciente del valor de contar con inversión externa. «No necesitábamos el dinero —me dijo Musk—. La inversión externa era solo un indicador de las posibilidades de la empresa». Por eso tuvo que «cortejar» a un alto directivo de Sequoia Capital, Michael Moritz.

Moritz era una *rara avis* en Silicon Valley: licenciado en Oxford, había trabajado como periodista en la revista *Time* y tenía escasa formación técnica. Sin embargo, sus años de reportero le habían refinado el instinto para detectar el talento y los grandes proyectos. Siendo joven vio el potencial de uno que acabaría convirtiéndose en una las mayores empresas de Internet de la época. En una famosa operación, consiguió una participación del 25 % en Yahoo.com, por un millón de dólares, cuando sus fundadores todavía trabajaban en una caravana.

Moritz es incapaz de recordar con exactitud cómo entró en contacto con Musk, en parte porque el 99 fue «un auténtico huracán en el sector empresarial. Habíamos pasado de una época de vacas flacas a otra donde surgían más oportunidades de las que uno se podía imaginar. Todo el mundo quería abrir una empresa, y todo el mundo podía equivocarse».

No obstante, la compañía de Musk destacaba entre la numerosa competencia. A Moritz le pareció que su historia resultaba interesante y que su director de ventas (el propio Musk) era muy convincente. «Elon, como todo el mundo sabe hoy, es muy buen narrador —sonrió—. Y a veces algunos cuentos se hacen realidad». También recuerda que se reunió con un prestigioso banquero del momento, John Reed, que le aseguró que las críticas de X.com al sector bancario eran acertadas. Entonces pensó: «Es posible. Podemos hacerlo».

Para Musk, el nombre de la empresa también fue una de las razones que acabó de convencer a Moritz. «Era como Yahoo! o Apple —me explicó—. Un nombre difícil de olvidar es una ventaja, porque no parece improvisado ni el resultado de contratar a una empresa de *branding*».

Así pues, en agosto del 99 Sequoia Capital invirtió en X.com: compró cinco millones de dólares en acciones de la empresa e incorporó a Mike Moritz al consejo de administración. Además, aconsejaron a Musk que no metiera todo su capital en la compañía: «Moritz me dijo que no debería tener la casa, el coche y todo mi dinero en la empresa», recuerda. (No obstante, más adelante acabaría reinvirtiendo allí su capital).

Si Moritz y Sequoia Capital hubieran sabido qué estaban firmando —los años de dificultades que se avecinaban, tanto para la empresa como para el sector tecnológico en general— tal vez se lo habrían pensado dos veces. «Creo que nos metimos en esta aventura de la misma manera que Elon, Peter o Max, con un nivel de desconocimiento asombroso —recuerda Moritz—. En realidad, la decisión fue un tanto quijotesca».

Por aquel entonces, Steve Armstrong hizo una entrevista para optar al puesto de interventor financiero y se acuerda muy bien de ese afán aventurero de Musk. «Me dijo: "¡Vamos a crear un banco digital! ¡Y tendremos servicios de seguros! ¡Y tendremos corredores de bolsa! ¡Vamos a echar del negocio al Bank of America! Tengo cinco millones de dólares de Sequoia Capital. Tu trabajo es asegurarte de que no lo pierdo todo"».

■ ▨ ▨

La financiación ya no era un problema, pero quedaba por responder una pregunta crucial: ¿qué habían comprado exactamente Moritz y Sequoia Capital? «No teníamos casi nada, solo un montón de ideas y un poco de código», recuerda Alexander. En realidad, X.com era un banco sin depósitos, una empresa de inversión sin activos, un paraíso de las finanzas digitales con una web muy sencillita.

En ese momento, tenía muy poco que ver con las gigantescas promesas de Musk. En parte, aquello era consecuencia de las disputas entre él y Fricker, que sin duda habían frenado el desarrollo de los productos de la empresa. Aun así, Musk no dudaba en mostrar en público sus ambiciones. En *Computer Business Review* dijo que X.com sería «una combinación del Bank of America, Schwab, Vanguard y Quicken». Cuando *Mutual Fund Market News* le preguntó sobre su plan de negocio, destacó el enfoque «no lineal» de su compañía, en comparación con las del sector: «Tener todo el patrimonio de alguien en una sola hoja de estado de cuentas —préstamos, hipotecas, seguros, cuentas bancarias, fondos de inversión, acciones— es revolucionario». Declaró que, para finales de año, X.com tendría un fondo de inversión del S&P 500, un fondo de bonos agregados de EE. UU. y uno del mercado monetario.

Y es que creía que, gracias a la magia de Internet y a su enorme iniciativa, X.com podría dar todos esos servicios más rápido, más barato y mejor que los actuales operadores del mercado. «X.com tenía grandes aspiraciones», recuerda Chris Chen, uno de los miembros iniciales del equipo. «Creo que el banco digital era la idea central del producto, pero queríamos ofertar el paquete completo: inversiones, seguros, etc.».

Estas propuestas no eran novedosas, por supuesto, y los analistas de la industria comentaron que tanto titular en prensa podía acabar con X.com, porque la competencia lanzaría productos parecidos. Pero Musk conocía muy bien el funcionamiento de los grandes bancos, y sabía que no eran muy amantes de la innovación. Por eso no le quitaba el sueño la posible competencia de JP Morgan o Goldman Sachs.

Además, un precedente muy reciente apoyaba su punto de vista: la estrategia similar de Jeff Bezos, es decir, «crear un conglomerado de servicios», había catapultado al éxito a Amazon.com. Bezos no había dudado en empezar a vender CD cuando la empresa todavía estaba luchando por atender los pedidos de libros.

Ambos, Bezos y Musk, pensaban que un sitio con todos los servicios siempre es mucho mejor que cinco sitios que ofrezcan productos específicos. En realidad, no era una idea original: el concepto de «gran almacén» tenía siglos de antigüedad. No obstante, era necesario que alguien tuviera esa visión para aplicar la idea a Internet, y llevarla a cabo cuando los usuarios todavía estaban haciendo sus pinitos con las compras y la banca digitales.

En cierto sentido, la apuesta de Musk era mucho más osada que la de Bezos. Porque ninguna ley prohibía a Amazon.com vender libros y CD al mismo tiempo; en cambio, el Gobierno no permitía vender de manera simultánea productos bancarios y bursátiles, al menos hasta finales de 1999, cuando el Congreso derogó la Ley Glass-Steagall. Además, aparte de esa norma, cada servicio financiero que quería ofrecer X.com estaba muy regulado, y para cualquier regulador un conglomerado de servicios financieros sonaba a pesadilla.

En cambio, Musk concebía el dinero como meras «entradas en una base de datos». Y X.com se limitaba a unir las «entradas» del mundo en una sola base de datos, y a eliminar a los intermediarios que se lucraban con ello. «Mi objetivo era que X.com se convirtiera en un centro mundial para gestionar todo el dinero», proclamó.

■ ■ ■

Pero para lograrlo necesitaba ampliar cuanto antes el equipo. Por eso X.com se puso en contacto con un cazatalentos independiente, Tim Wenzel. «En esa época, Silicon Valley era un hervidero; era muy difícil contratar personal. La gente con talento siempre tenía múltiples ofertas —observó—. Pero enseguida me di cuenta de que X.com era especial. Todo el mundo quería trabajar ahí, casi todos pretendían aprovechar la oportunidad de trabajar con ellos».

Al final, Wenzel tuvo que hacer una selección. En principio le pagaban por contrato firmado, pero pronto la empresa le comunicó que las facturas eran demasiado elevadas y que debería incorporarse a tiempo completo, es decir, dedicarse en exclusiva a X.com. «No tuve dudas y me subí al barco de inmediato».

Algunos de los trabajadores iniciales de X.com advirtieron el marcado contraste entre las contrataciones de Confinity, en su mayoría varones jóvenes, y las de X.com, que incluían a padres de familia, mujeres y personal experimentado que llevaba décadas bregando en las trincheras del sector financiero. Deborah Bezona, al comparar aquello con su antiguo empleo, me comentó que «era la empresa con más diversidad en la que había trabajado».

Mientras se mantuvo la burbuja de las puntocom, Bezona asesoró a muchas empresas emergentes que se dedicaban a la salud y el bienestar, e incluso dentro de ese conjunto X.com destacaba por la diversidad de su plantilla. Musk daba mucha libertad a su equipo, «el espacio suficiente para que cada cual cumpliera sus objetivos»; pero a la vez fijaba unas expectativas de rendimiento muy elevadas. «Nunca he trabajado tanto ni tan rápido en toda mi vida», admitió.

Bezona aprobó las condiciones salariales, los beneficios, los visados H1B y las indemnizaciones por despido de Musk. Además, consideraba que X.com era una empresa «muy generosa repartiendo beneficios» y que su CEO se mostraba bondadoso incluso con el personal que dimitía. «Si alguien no podía hacer su trabajo, o no lo estaba haciendo bien, Elon siempre le dejaba abandonar la empresa con dignidad». También recuerda que siempre se concedían indemnizaciones por despido, con independencia del rango de los trabajadores.

X.com recurrió asimismo a empresas externas para captar talento. Una de ellas, Kelly Services, les ayudó a reclutar a trabajadores temporales, como Elizabeth Alejo, que sería la nueva gestora de cuentas. La oferta de X.com supuso un cambio radical en su carrera profesional, que había incluido trabajos como cajera o gerente en un banco. Su paso por la banca tradicional fue una ventaja, porque en X.com se dedicaba a analizar las nuevas cuentas de la empresa y cotejaba la información con las facturas y otro tipo de documentos con los que estaba familiarizada.

Alejo también fue de las primeras trabajadoras en detectar ciertos fraudes, como la falsificación de recibos para abrir cuentas en X.com. Aún recuerda aquel pesado proceso. «Los llamábamos y les dejábamos hablar. Ya sabes, que contaran toda la historia con pelos y señales. Y luego íbamos a por ellos. Solían quedarse en silencio o colgar sin despedirse», me explicó.

Poco después la contrataron a tiempo completo. En aquellos días también se incorporó John Story como vicepresidente ejecutivo. Tenía una trayectoria profesional de varias décadas a sus espaldas, incluyendo cargos destacados en Alliance Capital o Montgomery Asset Management. Su llegada generó cierto revuelo en el sector financiero, porque alimentaba la narrativa de que X.com estaba mezclando la vieja guardia con nuevos talentos. «Una empresa con cero activos para gestionar y sin sucursales planea dar su primera estocada —publicó Ignites.com—. Y lo que da credibilidad a esta afirmación es la personalidad de sus líderes».

Poco después entró otro veterano de las finanzas, Mark Sullivan, que dejó de ser vicepresidente en First Data Investor Services Group para convertirse en vicepresidente de operaciones en X.com. «Mi carrera siempre estuvo relacionada con los negocios tradicionales. Nunca había trabajado en el mundo de las puntocom». Pero aceptó volar a Palo Alto y almorzar con Story y Musk, y este último no tardó en mover ficha. «Terminamos de comer y Musk me preguntó sin rodeos cuándo podía empezar —recuerda—. ¡Vaya! No estaba preparado para eso». De modo que dimitió y se fue a trabajar a Palo Alto en apenas unas semanas. Además, con treinta años, se convirtió en el veterano de X.com. «Era el único que peinaba canas», bromeó.

Sin embargo, otro de edad similar se incorporó en esa época: Sandeep Lal. Había trabajado en Singapur y en Citibank, donde adquirió experiencia en servicios financieros. Su entrevista con Musk fue memorable. «Yo usaba expresiones rimbombantes, como *estrategias de gestión de cambios*, y recuerdo que me dijo que dejara de hacerlo». Para evaluar sus capacidades, Musk lo puso a prueba preguntándole:

—Si tuviera que hacer una transferencia desde Singapur a Estados Unidos, ¿qué pasos debería seguir?

Lal describió con cuidado el proceso y Musk le hizo una oferta enseguida.

■ ■ ▪

Una de las contrataciones clave de ese periodo fue la de la gerente de desarrollo de negocio, Amy Rowe Klement. Ella había iniciado su carrera en JP Morgan, pero aquel puesto no colmaba sus expectativas. «Siempre quise que mi trabajo tuviera alcance mundial», me explicó. Tras dejar el banco, se fue al Oeste y se metió en el área de estrategia corporativa y desarrollo de negocio de Gap. Sin embargo, seguía anhelando algo más grande.

En tanto solicitaba una plaza de posgrado en una escuela de negocios, Klement tuvo una charla con John Story, un contacto suyo en la banca, que le habló de la interesante empresa de servicios financieros en la que acababa de entrar. Al principio Klement se mostró reticente, pero Story no dio su brazo a torcer y le insistió en que fuera a conocer a Musk. La entrevista y la presentación de este le parecieron «muy interesantes». «¿Por qué cuesta tanto dinero mover bits y bytes en el sistema financiero?», se preguntó tras escuchar las críticas de Musk.

Klement se incorporó, pues, a X.com como directora de desarrollo de negocio. Sin embargo, poco después se vio trabajando en los posibles casos de uso del producto. «Me convertí en una especie de intermediaria entre los programadores y el resto de la humanidad», bromeó. Allí se dio cuenta, como David Sacks, de que para sacar un buen producto es imprescindible ser paciente y organizado. Para mucha gente, Klement mostró una gran desenvoltura, y no solo en el ámbito de la gestión de productos. Más de un trabajador la citó como la persona a la que acudían en caso de crisis, tanto si se trataba de un problema relacionado con el producto como una cuestión personal. Y varios aseguraron que era una «apagafuegos natural», una astuta diplomática que aplacaba las tensas disputas que surgían en una empresa como aquella, en plena expansión.

La entrevista con Musk había surgido por casualidad, justo cuando iba a matricularse en un posgrado. Pero entrar en la compañía le cambió la vida. Medio en broma, me dijo que acabó convertida en una mezcla de «terapeuta, historiadora y gestora». «El trabajo de terapeuta era justo eso. No es fácil gestionar a un grupo, siempre hay alguien que necesita desahogarse —recuerda—. Fui historiadora porque es muy difícil llegar a una empresa y crear un producto si no entiendes el código base o cómo funcionará en una situación concreta. Y gestora, porque me preocupo mucho por el *cómo*. Tuve muchas reuniones en las que me interesaba por el diseño, la gestión de contenidos, el control de calidad o la atención al cliente. Para mí, era una parte fundamental de mi trabajo; este consistía en que todo el mundo pudiera hacer el suyo sin problemas».

Klement permaneció en la empresa siete años, desde finales del 99 hasta su salida a bolsa y posterior adquisición por parte de eBay. A partir de entonces, supervisó el desarrollo del producto y se convirtió en una de las ejecutivas más jóvenes de eBay. Para muchos extrabajadores de PayPal, fue un pilar de la compañía. El propio Musk afirmó que es una de las «heroínas olvidadas». Uno de sus compañeros llegó a decir: «Siempre quise ser como Amy. Era un ejemplo para mí».

■ ■ ■

La contratación de ingenieros en X.com también avanzó con rapidez. A Colin Catlan lo llamó un cazatalentos en septiembre, tras dejar la empresa de pagos Billpoint, que eBay había adquirido a principios de ese año. Era su primer trabajo en Silicon Valley, y en un equipo tan pequeño cada miembro jugaba un papel determinante.

Sin embargo, apenas unos meses después de su lanzamiento, eBay compró Billpoint y Catlan pronto se sintió incómodo con tanta burocracia. Sus ideas, como la de generar un sistema universal de procesamiento de pagos, apenas gozaban de recorrido. «Sentí que tenía un asunto pendiente. Había puesto todo mi empeño en sacar adelante aquella idea, y no podía ponerla en práctica en Billpoint. Así que se me ocurrió llevármela a otro lado». En su entrevista con Musk, se lo comentó y este se mostró interesado. Poco después, a principios de septiembre, Catlan se unió a X.com como director de ingeniería.

Nick Carroll, graduado del Harvey Mudd College, llegó más o menos a la vez, justo tras el gran éxodo de directivos. Dos años más tarde de acabar sus estudios en la universidad obtuvo una beca como ingeniero en X.com y reclutó para la empresa a dos colegas más, sus antiguos compañeros clase Jeff Gates y Tod Semple.

Otra incorporación fue un viejo conocido de Musk: Barden Spikes. Habían trabajado juntos en Zip2, y allí sufrió los altibajos propios de una empresa emergente. Así que aceptó la oferta de X.com solo porque confiaba ciegamente en Musk. «En realidad, me preocupaba que la creación de un banco digital fuera un proyecto aburrido», bromeó. En su caso, nada más llegar le dieron el cargo de director y una codiciada dirección de correo electrónico: b@x.com.

■ ■ ■

Conforme la empresa crecía, el equipo tenía que empezar a desarrollar el producto. Así que, antes de nada, lanzaron una web con un mensaje para los usuarios: «Regístrate con tu correo electrónico para recibir nuestras notificaciones de lanzamiento». Además, la página contenía una especie de declaración de intenciones:

> Internet ha dejado obsoletas las formas tradicionales de gestionar el dinero. Miles de personas ya disfrutan de las ventajas del comercio electrónico a bajo coste. Otros miles están ahorrando con las tasas de interés de los seguros online y la planificación financiera por Internet. Sin embargo, millones siguen pagando comisiones a los bancos tradicionales para mantener sucursales y cajeros poco rentables.
>
> El objetivo de X.com, como empresa basada en exclusiva en Internet, sin sucursales ni una infraestructura informática obsoleta y costosa de mantener, es ahorrar tales comisiones y cargos ocultos a nuestros clientes, al tiempo que proporcionamos soluciones de bajo coste para la inversión personal, los seguros y la planificación financiera. X.com será la solución perfecta para la gestión económica personal.

Y, haciendo un guiño a la primera empresa de Musk, la web incluía indicaciones para llegar a la oficina de X.com «por cortesía de Zip2 Corp».

Para acelerar su crecimiento, la compañía también recurrió a proveedores externos. Uno de ellos, Envision Financial Systems, diseñó un software para gestores de activos y financieras. Satnam Gambhir, uno de sus cofundadores, estaba habituado a lidiar con entidades financieras y grandes bancos con ritmos de negociación tradicionales. «Nuestro ciclo de ventas, es decir, desde que conocíamos a un cliente hasta que cerrábamos el trato, solía durar entre seis meses y dos años», me explicó Gambhir. En cambio, apenas dos semanas más tarde de la reunión inicial llegaron a un acuerdo con X.com, y poco después le ofrecieron el acceso a su código. «En diez semanas, el equipo de X.com sentó las bases para poner en marcha la colaboración». Gambhir estaba asombrado por la rapidez de la operación.

En septiembre, X.com anunció un acuerdo con Barclays que permitiría a los usuarios de la empresa invertir en los fondos de esa entidad. También cerraron un acuerdo con un banco comunitario —el First Western National Bank de La Jara, Colorado— que permitía a X.com comprarlo si los organismos reguladores lo aprobaban. Entonces X.com ya podría promocionarse como un auténtico «banco asegurado por la FDIC». No obstante, lo principal era que podría sacar sus propias tarjetas de débito y distribuir cheques.

Estos progresos llamaron la atención, entre otros, de la CNBC, el *Wall Street Journal* y la revista *Fortune*. Musk aprovechó tales éxitos en la prensa para difundir su llamativo mensaje y pronosticar un deslumbrante futuro, pese a que la compañía aún estaba en pañales. Por ejemplo, garantizó que el proceso de creación de la cuenta de usuario apenas duraría dos minutos. También prometió que no habría comisiones ni penalizaciones por reembolso. Y destacó que no contaban con una, sino con dos empresas de seguridad que supervisarían los movimientos, pues «la seguridad del cliente» era una de las prioridades de la empresa.

Tampoco desaprovechó la oportunidad de comparar a X.com con sus competidores, y aseguró que dos de ellos, Wingspan Bank y Telebanc Financial Corp, no podían igualarlos en lo tecnológico. Luego puso en el punto de mira a un operador histórico del sector: el Vanguard Group. Cuando le preguntaron cómo competiría el coste de las inversiones de X.com con sus famosos fondos, respondió:

—Nadie nos va a superar, y punto.

Discursos como el de Musk encajan a la perfección en los medios de comunicación porque despiertan el interés del público por las historias de superación. Pero para ganarse la atención de la prensa tenía otro as en la manga. Se percató de que sus exageraciones daban buenos frutos: la empresa, de hecho, apenas había echado a andar y ya se hablaba de ella, y lo mismo le ocurría a él; en agosto del 99, pocas semanas después de que X.com perdiera a la mitad de su equipo, Salon.com escribió que Musk estaba «preparado para convertirse en la próxima estrella de Silicon Valley».

■ ■ ■

En octubre, presionó al equipo para lanzar el producto. Como en Confinity, los ingenieros de X.com mostraron su disconformidad y pidieron más tiempo a su exigente CEO. «Elon quería salir al mercado en septiembre —me contó Catlan—, y convencerlo para que aguantara hasta octubre no fue nada fácil». El equipo estaba preocupado, porque no quería dejar ningún cabo suelto. En cambio, Musk temía que, si no salían al mercado cuanto antes, la empresa perdería el interés mediático.

Los días previos al lanzamiento, su presión fue en aumento. «Se movía frenético por la oficina, de un lado para otro. Ahora hablaba con un programador, después con alguien de finanzas y luego con uno de operaciones. Buscaba respuestas, y las quería de inmediato. Debías estar alerta cuando lo tenías cerca. En realidad, a nadie le apetecía estar mucho rato con él», me relató Sullivan. A Musk no se le escapaba un detalle, y más de uno recuerda todavía lo que significaba trabajar bajo su supervisión.

Pero Musk se exigía tanto a sí mismo como a su equipo. «Dormíamos debajo las mesas —recuerda Catlan—. Y Elon también».

No le asustaban esas cosas». Los ingenieros comentan que el jefe siempre trabajaba codo con codo con ellos. «La mayoría de los CEO no son muy comprensivos con su personal —me dijo Spikes—. Pero Elon sí: se tiraba al barro contigo si hacía falta. Esa era una de las grandes ventajas de trabajar con él».

Para los más veteranos, aquella fue una muestra de la nueva cultura corporativa de las empresas emergentes. «En realidad, no tenía despacho ni mesa propia —me explicó Mark Sullivan—; solo una silla y un *brik* de leche». Wensday Donahoo, que se incorporó a la empresa en un puesto administrativo, todavía recuerda los cubículos, el personal joven y el ambiente informal que reinaba en la oficina. Incluso Musk iba a trabajar en camiseta y pantalones cortos.

En una ocasión, el jefe tenía una reunión con unos inversores y otros directivos de X.com, y Donahoo oyó a alguien aconsejarle que se pusiera traje y corbata. «Recuerdo que Musk respondió que, si no les gustaba su forma de vestir, tampoco les agradarían sus productos. Que lo más importante era el producto, no su vestimenta». Donahoo admite que nunca olvidará esa lección: «Si tienes algo bueno entre manos, a la gente le va a dar igual tu aspecto».

Nick Carroll, que se incorporó a la compañía después de trabajar para el gigante aeroespacial Lockheed Martin, entendió enseguida cómo funcionaban las cosas. En un momento dado, pidió que contrataran a un programador de bases de datos para crear la de X.com. Pero Elon dijo: «No necesitamos a nadie para eso. Configurar una base de datos en SQL Server es sencillo, deja que te lo enseñe». «En una empresa emergente tienes que tocar todos los palos —me dijo Carroll—. Me di cuenta de que no había un equipo de apoyo, no podíamos acudir a nadie más».

No obstante, incluso con las limitaciones de mobiliario, si algo podía acelerar el lanzamiento de un producto Musk no escatimaba en gastos. Por ejemplo, para la adquisición de un nuevo servidor. Carroll recuerda que Musk pidió al equipo que eligiera un servidor de Dell capaz de soportar una avalancha de datos entrantes. «Elegimos el más caro y potente que podíamos comprar», confesó Carroll. El precio era exorbitante, pero Musk no puso reparos. (Más tarde, Branden Spikes cubrió el servidor con un cristal antibalas. «Era un banco, así que pensé que tenía que estar bien protegido», admitió).

Al final, las prisas condujeron a la improvisación, y decisiones tan relevantes como la apariencia de la web se tomaron un poco sobre la marcha. Carroll recuerda que se preguntaba: *¿Cómo será nuestra web? ¿Vamos a contratar a un diseñador?* «En cambio, Elon decía sin ambages que quería que se pareciera a la de Schwab. Supongo que es lo que entonces estaba de moda. Así que seguimos su diseño, y el color principal de la página de X.com acabó siendo el azul. ¿Por qué? Porque era la tonalidad predominante de Schwab».

En esa época, todo el equipo sufría la excesiva carga de trabajo. «Para mí, que solo llevaba seis años como ingeniero de software, era una enorme responsabilidad. Tenía que partir de cero y descubrir qué hacer para poner en marcha el sistema de fondos de inversión», me contó Alexander. Además, como estaban trabajando con el dinero real de los usuarios, los ingenieros pusieron todo su empeño en escribir un código seguro. «Queríamos que fuese limpio, impecable», recuerda también. Pero eso no es fácil cuando el tiempo apremia. «En esos momentos pensaba —señaló Carrol—: *Ahora me alegro mucho de no ser directivo, porque fui yo quien escribió este código y no sé si será suficiente*».

A pesar del caos reinante, el equipo saltó de alegría cuando la web de X.com y sus diferentes productos cobraron vida al fin. «Había mucho por hacer, llevábamos demasiado sueño atrasado —recuerda Mark Sullivan—, pero nos daba igual, porque sabíamos que estábamos creando algo muy grande y cada día desarrollábamos una cosa nueva».

■ ■ ■

En muchos sentidos, X.com era la típica empresa emergente de Palo Alto. No obstante, se diferenciaba de las demás en un aspecto fundamental: en lugar de trabajar con un sistema operativo de código abierto como Linux, empleó los productos de Microsoft.

Para los defensores de Microsoft, su tecnología proporcionaba herramientas estables y profesionales, avaladas por una empresa multimillonaria. Pero para sus detractores no era más que un sistema cerrado y chapucero, que limitaba la parte creativa de la programación. Linux, por el contrario, era la alternativa «del pueblo», tan abierta y flexible como el mismo sueño de Internet. En los foros, la polémica entre Microsoft y Linux a veces adquirió el cariz de un conflicto religioso.

Más adelante, la elección de los productos de Microsoft daría muchos dolores de cabeza a la empresa, pero por aquel entonces los ingenieros la creían la opción más acertada. «Habíamos investigado un poco y llegamos a la conclusión de que el único *framework* realmente viable desde el punto de vista comercial era el de Microsoft —me dijo Scott Alexander—. Pero eso era una herejía en Silicon Valley».

La velocidad era un factor clave y, a diferencia de Linux, Microsoft proporcionaba un conjunto de herramientas que simplificaba el trabajo a los ingenieros. «En X.com teníamos esta filosofía: los *frameworks* siempre son bienvenidos —recuerda Alexander—. Hoy en día, todo el mundo los usa, pero en aquel entonces solo nuestra empresa apostaba por ellos. Y te permiten ser mucho más productivo en menos tiempo». Musk no dudó en aceptar la decisión, porque, si bien perdía flexibilidad con ello, a cambio incrementaba la eficacia del equipo. «Ahora Linux tiene un montón de herramientas —me explicó Musk—. Pero en esa época, no». Con las bibliotecas de software de Microsoft, solo tres ingenieros de X.com podían hacer el trabajo de docenas.

Musk anunció que todo estaría listo a finales de noviembre de 1999, y a medida que se acercaba el fin de semana de Acción de Gracias el equipo, como siempre, puso todo su empeño en cumplir los plazos. «En esa época, a partir de medianoche se apagaban los semáforos en el centro de Palo Alto —recuerda Carroll—. Lo sé porque siempre regresábamos a casa a la una o las dos de la madrugada».

El lanzamiento se fijó, pues, para Acción de Gracias. Pero parte del equipo estaba preocupado. «Yo había trabajado antes en

JP Morgan y en Gap, y era mi primera experiencia en una empresa emergente —recuerda Amy Rowe Klement, que apenas llevaba unas semanas en X.com—. Con todo lo que se nos venía encima me dijeron que tenía el día libre, que era festivo nacional». Sin embargo, la noche anterior a Acción de Gracias un puñado de ingenieros (incluidos Nhon Tran y Musk) se la pasaron trabajando. Musk llamó a Scott Alexander a las once de la mañana del Día de Acción de Gracias y este todavía se acuerda de sus palabras: «Nhon ha estado aquí toda la noche y su cerebro no da para más. ¿Puedes venir y asegurarte de que todo está bien?». Otros recuerdan un correo electrónico de Musk en el que se disculpaba ante quienes estaban de vacaciones.

Así pues, X.com entró en servicio el Día de Acción de Gracias de 1999. Poco después del lanzamiento, el equipo salió de la oficina y se detuvo en un cajero automático cercano. Musk introdujo una tarjeta de débito de X.com, marcó su PIN y solicitó efectivo. Cuando la máquina zumbó y emitió billetes, lo celebraron por todo lo alto. «Elon estaba muy, muy satisfecho», recuerda Sullivan.

■■■

En el verano de 1999, los altos cargos de X.com habían intentado destituir a Musk y luego abandonaron la empresa. Tras su salida, apenas se quedó con una plantilla de cinco personas. En ese momento, el 394 de University Avenue era más conocido por su panadería del primer piso que por las oficinas de la empresa que operaba en el segundo. Esa «empresa», en realidad, era solo una idea con una misteriosa URL y el limitado capital de Musk.

Pero cuatro meses más tarde aquello era agua pasada. En ese intervalo, X.com logró la financiación de una compañía de capital riesgo de alto nivel, creó un producto funcional y firmó acuerdos con bancos nacionales y extranjeros. Musk no se conformaba con eso, pero al menos su equipo podía mirar atrás con alivio, y hacia el futuro con determinación. Por fin X.com se había hecho realidad.

PARTE 2

MALA JUGADA

8

SI TÚ LO CONSTRUYES

Pese a la desmesurada ambición de ambos equipos, X.com y Confinity no estaban preparadas en realidad para el incremento de usuarios que se avecinaba. Musk había pronosticado una subida exponencial, pero su equipo pensó que era otra de sus exageraciones. El caso es que tales predicciones se estaban cumpliendo. Justo después del lanzamiento, los usuarios llegaban con cuentagotas; luego se convirtieron en una tromba. «El primer día teníamos diez personas. El segundo, veinte. El tercero, cincuenta», me relató Colin Catlan. Cinco semanas más tarde, el número de usuarios de X.com ascendía a miles.

En los comienzos, Julie Anderson, trabajadora de X.com, recuerda un crecimiento «explosivo». Tras el frenético lanzamiento, el equipo ni siquiera pudo disfrutar de un merecido descanso. «Teníamos la esperanza de que las cosas se calmaran —explicó Catlan, recordando su preocupación por la capacidad limitada de los servidores—. Estábamos muy preocupados, porque los servidores podían sufrir una sobrecarga y dejar de funcionar». No obstante, el equipo, exhausto, siguió desarrollando el portal y lanzando actualizaciones con apenas margen para efectuar las pruebas pertinentes.

Ken Miller se incorporó a la empresa justo en ese periodo. Lo habían contratado para combatir los posibles casos de fraude, y cuando echó un vistazo a las nuevas cuentas se quedó estupefacto. «Por ejemplo, una tenía como nombre de usuario Micky, y de apellido Mouse. Vaya, había hecho una transferencia de 2000 dólares y le habíamos abierto una línea de crédito». Pronto, Miller empezó a recibir amonestaciones del banco asociado de la empresa, el First Western, cuyos responsables estaban horrorizados por la cantidad de clientes con el nombre de un personaje de Disney.

Musk había prometido a cada nuevo usuario un talonario de cheques y una tarjeta de débito, que se enviaban por correo y debían entregarse en mano. «No puedo decir cuántos talonarios sacamos con el nombre *asdf* y el apellido *jkl*..., pero todos ellos se imprimieron», recuerda Steve Armstrong. Además, la línea telefónica de X.com se saturó de quejas de clientes. Un artículo de prensa aseguraba que el volumen de llamadas era una muestra del impulso inicial, pero para los miembros del equipo que atendían el teléfono (en una centralita improvisada que llamaban «la cueva») los clientes malhumorados eran una fuente de ansiedad constante.

Todo el mundo, al parecer, tenía problemas. A finales de enero de 2000, la madre de Musk, Maye, escribió a su hijo para hacerle algunas sugerencias: «Mis amigos y yo no usamos mucho la tarjeta de crédito que nos diste, porque no regala millas de vuelo. Además, tampoco podemos pagar algunas facturas con la tarjeta. ¿Cuándo mejorarán las condiciones? Te quiere, M».

Los problemas de seguridad también afectaron al crecimiento de X.com. «Había miles de errores que intentábamos solucionar, y un montón de gente que trataba de piratear el sistema», confesó Musk, que casi vivía en la oficina en esa época.

Pese a contar con usuarios reales, X.com seguía siendo una empresa emergente menos organizada de lo que sus clientes (que les confiaban su dinero) suponían. Una mañana, Branden Spikes encontró a un indigente dormido en un sofá de la oficina. «Era un tipo muy simpático —recuerda—. Solo buscaba un lugar para dormir».

■ ■ ■

Pronto, ciertos problemas relacionados con el crecimiento de la empresa salieron a la luz. El 28 de enero de 2000, X.com despertó con un titular devastador del *New York Times*: «Se detecta un fallo de seguridad en un banco digital». El artículo detallaba una vulnerabilidad en el proceso de pago de X.com que permitía a los clientes transferir fondos utilizando solo un número de ruta bancaria y un número de cuenta corriente; ambos figuraban en cualquier cheque anulado o cancelado. «Puede ser una advertencia sobre la excesiva precipitación del comercio digital —decía el *Times*—. Un nuevo banco digital permitió que sus clientes transfirieran fondos desde cualquier otra cuenta del sistema bancario nacional durante un mes».

La noticia se difundió, y tanto el *Washington Post* como el *American Banker* se interesaron por ella. Pronto X.com se vio envuelta en una tormenta mediática. «Deberían salirse del negocio —señaló un analista del *Washington Post*—. De todas formas, no creo que aguanten mucho». Otro crítico dijo en el *U. S. Banker Magazine*: «El nombre de X.com está maldito. Necesitan cambiarlo cuanto antes».

Los más veteranos del equipo intentaron paliar los daños; alegaron que solo había habido un puñado de operaciones no autorizadas, cuyo monto no excedía los 25.000 dólares, y que la empresa ya había tomado cartas en el asunto. A partir de entonces, antes de sacar dinero de una cuenta externa los usuarios tendrían que presentar un cheque anulado, una tarjeta con su firma y una copia de su carné de conducir.

El argumento de X.com —que no se trataba de una «brecha de seguridad», sino de un «problema de protocolo» relacionado con una normativa de transferencias poco estricta— era correcto desde el punto de vista técnico. Pero la mala prensa avivó las preocupaciones de la gente sobre la banca digital, y el ambiente dentro de la empresa era de pánico. Anderson, cuyas responsabilidades aún incluían las relaciones públicas, temía por su puesto. «Todo aquello fue terrible —rememora—. El asunto podía tener miles de consecuencias». También se acuerda de que Musk temía que esa cobertura mediática dañara de forma irremediable la reputación de la compañía y ahuyentara a los nuevos clientes.

Al final, Anderson conservó su trabajo. Y a mediados de febrero el rápido crecimiento de X.com sacó de los medios ese incómodo relato que los presentaba como un banco digital sin garantías de seguridad. Un trabajador de aquella época señaló una de las cosas que aprendió de la situación, algo que no tenía que ver con los fraudes o la seguridad bancaria: pese a la mala prensa y a la cobertura mediática, X.com atrajo a muchos más clientes que antes de aquella crisis.

■ ■ ■

Al final de esa misma calle, PayPal tampoco estaba viviendo su mejor época. Tras el lanzamiento para amigos y familiares a finales de octubre, creció con más lentitud que su homólogo X.com. Sin embargo, a mediados de noviembre ya tenía registrados más de mil usuarios, y a finales de invierno eran varios miles. La empresa no podía hacer frente a esa ingente cantidad de trabajo.

«El personal trabajaba veinte horas al día y solo dormía cuatro», recuerda el ingeniero David Gausebeck. Levchin se había llevado un saco de dormir a la oficina y lo usaba todas las noches. Pero no todo era tan sencillo de arreglar. En esa época, Gausebeck tuvo un incidente en la carretera: pasó con el coche por encima de una tabla, con lo que se le pincharon dos ruedas y quedó dañada una llanta. «Puse una rueda de recambio y dejé el pequeño pinchazo en la otra», me contó. Como no había tiempo que perder, condujo en estas condiciones durante tres días.

PayPal había salido al mercado con muchas cuestiones sin resolver. Por ejemplo, ¿qué ocurría si alguien escribía mal una dirección de correo electrónico y enviaba dinero a otra parte? ¿Llegaría a una cuenta fantasma o lo retendrían hasta comprobar que alguien era titular de esa cuenta? La solución surgió sobre la marcha: mantendrían el dinero en un depósito y se endeudarían con los remitentes hasta que estos lo reclamasen. No obstante, la solución no era perfecta: años más tarde, el equipo descubrió que tenía cientos de miles de dólares en custodia que nadie había reclamado.

A medida que la empresa se expandía, el equipo de Confinity tuvo que lidiar con fallos, errores y frecuentes interrupciones. Ya en enero del año 2000 hicieron frente a una importante crisis: el equipo salió un tiempo de la oficina para trabajar fuera y así combatir la rutina. «Donde estábamos, nadie tenía cobertura en el móvil —confiesa Levchin—. Obviamente, la web se cayó y el portal estuvo fuera de servicio varias horas».

Además, algunas ideas que parecían prometedoras el día del lanzamiento se convirtieron en un auténtico quebradero de cabeza cuando las llevaron a la práctica. Por ejemplo, los usuarios de Confinity podían recuperar el dinero mediante un cheque enviado por correo ordinario. Sin embargo, a medida que el número de clientes aumentaba, también lo hacía la demanda de pagos por correo, y el proceso no era nada sencillo. El equipo tenía que descargar las transacciones con un módem de acceso telefónico, y el director financiero, David Jaques, era el encargado de imprimir los cheques en la única impresora habilitada para ello. Luego tenía que firmarlos uno por uno y ensobrarlos junto al resto del equipo.

En aquel entonces, David Wallace, responsable de atención al cliente, no era capaz de librarse de una sensación de terror constante. Los usuarios colapsaron las líneas telefónicas hasta el punto de que «el personal no podía llamar desde sus propios teléfonos». Y quienes llamaban para reclamar pocas veces colgaban satisfechos, según dice Wallace. Antes de que reforzaran la plantilla, aquello era un caos. «Ese era el momento que tanto habíamos esperado. Pero el servicio de atención al cliente no estaba preparado».

Para ambas empresas, pues, ese ascenso meteórico fue tan extenuante como inspirador. «Cada día nos arremolinábamos delante del ordenador para saber cuánta gente se había registrado», recuerda Colin Catlan. En Confinity, el llamado «Índice de Dominación Mundial» controlaba el número de nuevos usuarios. Aquel programa era una fuente de dopamina bastante fiable... hasta que se dieron cuenta de que afectaba a la escasa capacidad de los servidores de la empresa. Terminaron desactivando el IDM hasta nuevo aviso.

Al final Confinity celebró sus éxitos con azúcar: cuando alcanzaron los 10.000 usuarios, organizaron una fiesta con cinco pasteles: uno con forma de «1» y otros cuatro con forma de «0». Más adelante, al romper la barrera de los cien mil, repitieron la fiesta añadiendo un pastel más (otro cero).

■ ▦ ▦

Pero ¿qué explicaba ese repentino interés? Ni X.com ni Confinity podían atribuirse la invención de la banca digital o de los pagos por correo electrónico. Por aquel entonces, la gente ya podía hacer pagos digitales con CyberCoin, ClickShare o Millicent. Si querías un monedero digital podías recurrir al 1ClickCharge, el sistema de micropagos de QPass, o al NetWallet de Trintech. Y para llevar a cabo operaciones bancarias por Internet siempre podías emplear Security First Network Bank, NetBank, Wingspan o CompuBank.

Incluso a las empresas que no operaban en el sector les resultaba difícil quedarse al margen. Ryan Donahue, que fue el segundo diseñador de Confinity, trabajaba en un portal de invitaciones digitales, mambo.com. A finales de 1999, sus directivos le comunicaron que la empresa entraría en el mercado de los servicios de pago e intentaría competir, entre otros, con PayPal. Acto seguido, Donahue se puso en contacto con David Sacks, al que había conocido en un bar. «Me limité a decirle que me gustaría trabajar para él en lugar de competir con él», me contó Donahue.

Incluso Musk, pese a sus alardes, tenía claro que X.com y Confinity, más que una *revolución*, suponían una *evolución* de la tecnología de pagos de la época. «No inventamos las transferencias; solo hallamos una forma práctica de utilizar esa tecnología. Antes otras empresas tuvieron la misma idea, pero no dieron con el camino adecuado». Y puso como ejemplo a Accept.com o Billpoint.

X.com y Confinity acertaron al elegir el correo electrónico como eje de sus plataformas. En 1999, la población estadounidense ya enviaba más correos electrónicos que paquetes por correo ordinario. Incluso en Hollywood estaba de moda: en 1998, Tom Hanks y Meg Ryan protagonizaron la comedia romántica *Tienes un email,* cuya trama giraba en torno a un romance basado en el correo electrónico.

Es evidente que ninguna de las dos empresas se había propuesto inventar el mayor sistema de pagos por correo electrónico. La idea, en ambos casos, surgió de forma tardía. En el otoño de 1999, Musk y otro ingeniero estaban charlando sobre el concepto de enviar dinero por correo electrónico de un usuario a otro, y llegaron a la conclusión de que una dirección de email podría funcionar como identificador único, puesto que apenas se diferencia de los dígitos de una cuenta corriente. Nick Carroll recuerda que crearon el programa en apenas unos días. «Hacer una transferencia no supone un gran problema —me indicó Musk—. Tienes una base de datos SQL con un número que codificas y trasladas a otra base de datos. Es muy sencillo. Mi hijo de doce años sería capaz de hacerlo».

Sin embargo, tanto Carroll como Musk se dieron cuenta del potencial que tenía aquello. «Al principio era una función secundaria», admitió Carroll. Amy Rowe Klement recuerda que el equipo de X.com pensaba que el servicio de pago por correo electrónico no era el negocio principal, sino un anzuelo para «captar usuarios». El verdadero objetivo era crear un superbanco digital. De hecho, a Musk le frustraba que los otros productos no generasen el mismo entusiasmo. «Cuando presentábamos a la gente la parte más compleja, es decir, aglutinar todos los servicios financieros, nadie mostraba interés. Pero luego les enseñábamos el servicio de pago por correo electrónico y todo el mundo prestaba atención», contó Musk en un discurso de graduación en CalTech. «Por eso creo que es básico escuchar las opiniones ajenas; de lo contrario, es muy difícil considerar otras opciones».

A pesar de todo, el equipo reaccionó al buen *feedback* del mercado y puso todo su empeño en ese producto concreto. Musk insistió en que el correo electrónico que enviaba la empresa para registrarse no podía ser frío e impersonal. «Era fundamental que todo el mundo pensara que ese mensaje lo había escrito una persona real, no un ordenador —se justificó—. Un correo de una empresa con fines comerciales no tiene valor; en cambio, si lo manda un amigo siempre suscita interés».

Habida cuenta de los buenos resultados, Musk quería anunciar a bombo y platillo el éxito del nuevo producto. Pero Mike Moritz, su principal inversor, le aconsejó todo lo contrario. «Prefería que siguiera hablando del banco digital para alejar la atención del producto», me explicó Musk.

■ ■ ▪

Pero en la batalla de las transferencias por email Confinity gozó de una ventaja gracias, en parte, a la insistencia de un miembro del equipo: David Sacks. Aunque muchos consideraban que el programa del correo electrónico apenas era un apéndice de su producto principal, Sacks, amigo de Thiel en la universidad y exconsultor de McKinsey, pensaba lo contrario. «Quería reventar el proyecto de los infrarrojos y la PalmPilot», recuerda.

Entretanto, se dedicó por entero al producto que permitía hacer transferencias por correo electrónico, y le pidió a Levchin que le otorgara un espacio destacado en la web de la empresa. Ese obstinado interés convirtió a Sacks en el primer director de producto de Confinity, un rol que no figuraba en el organigrama original de la compañía.

Enseguida descubrió que la gestión de productos consistía tanto en evitar distracciones como en garantizar los avances. «Cuando me hice cargo de eso, me transformé en la persona más ceniza de la empresa —rememora—. Siempre tenía que decir que no a las ideas estúpidas de todo el mundo… Era crucial que no desperdiciáramos nuestro precioso "ancho de banda de ingeniería" en propuestas sin sentido para la estrategia a largo plazo de la compañía».

Sacks se hizo fanático de la eficacia y la simplicidad. Por ejemplo, le horrorizó darse cuenta de que para registrarse en la versión inicial del producto había que leer siete páginas. Así que esbozó en la pizarra de la oficina un nuevo formulario de inscripción de una sola página, y tras obtener la aprobación de Thiel y Levchin llamó a todos los ingenieros y les anunció: «Así debe ser».

Su búsqueda de simplicidad se convirtió en un dolor de cabeza para el equipo de producto. «Teníamos que contar espacios y caracteres, y visualizar lo que queríamos que apareciera en esa página —recuerda Denise Aptekar—. Tuve que exprimir al máximo mis habilidades».

Otro miembro de ese departamento, Giacomo DiGrigoli, dice que a Sacks le frustraba sobre todo la complejidad de los procesos. «Se quejaba, no entendía por qué todo era tan complicado. Que debería ser tan sencillo como mandar un correo electrónico». Pronto, una foto de David Sacks con la frase «¡Tan sencillo como mandar un correo electrónico!» adornó las paredes de la oficina.

Su inconformismo también generó ciertos roces con los ingenieros. No permitía ningún desarrollo tecnológico que no tuviera aplicación práctica para los usuarios. Es decir, no bastaba con innovar; Sacks quería asegurarse de que se pudiera sacar partido de cualquier avance.

Esa tensión fomentó la productividad. Por ejemplo, la decisión de centrarse en las transacciones por correo electrónico resultó muy provechosa. «Siempre tuvimos esa aplicación revolucionaria —bromeó Sacks en el *Wall Street Journal* años después—. Pero estaba escondida en nuestra web».

A finales del 99, es decir, pocas semanas después de su lanzamiento, el programa por infrarrojos de PalmPilot contaba con 13.000 usuarios. Cuando cancelaron el proyecto, un año después, esa cifra se había quedado estancada. «Cuando nos comunicaron que iban a cancelarlo, recuerdo que pensé: *Es una pena, una pena... para muy poca gente*», me contó David Wallace entre risas.

■ ■ ■

Al tiempo que X.com y Confinity tomaban impulso gracias a las transferencias por email, se sirvieron de otra estrategia para alcanzar la velocidad de crucero: pagaron bonos en efectivo para que la gente se registrara.

Con el tiempo, esa iniciativa se ganó la fama de ser una de las más grandes campañas de «marketing viral» de todos los tiempos. Sin embargo, en principio no todo el mundo la veía con buenos ojos. ¿Si una empresa tiene que pagar a sus usuarios quiere decir que es incapaz de captarlos de otra forma? ¿No se supone que los usuarios son quienes deben pagar a la empresa por sus servicios, y no al revés?

Luke Nosek, director de marketing de Confinity, había analizado las estrategias de los otros operadores financieros digitales para captar clientes, y cada nuevo usuario de Beenz, Flooz o DigiCash recibía una suma simbólica en moneda digital. Siguiendo esa lógica, Confinity optó por regalar diez dólares a cada nuevo usuario de PayPal. Pero Nosek quería ir más allá, y empezó a pensar qué hacer para que ese tipo de promociones estimularan el crecimiento de la red de pagos, en lugar de solo captar clientes.

Y halló el germen de su nueva idea regresando a sus años de formación. En 1996, Hotmail había adjuntado la frase «Obtén tu correo electrónico gratuito...» con un enlace de inscripción en la firma de cada correo electrónico. Eso atrajo a cientos de miles de nuevos usuarios en un tiempo récord. Dos inversores de Hotmail, Tim Draper y Steve Jurvetson, publicaron un artículo sobre el tema el 1 de enero de 1997, en un boletín informativo muy popular entre los pioneros de la tecnología; entre los que se encontraba Nosek, que por aquel entonces todavía era estudiante de secundaria.

«La atención es finita —decían Draper y Jurveston—. Hacerse escuchar entre un millón de voces requiere creatividad. Levantar la voz no es una táctica muy creativa; colgar un anuncio en la web y esperar a que acudan los usuarios, tampoco. En cambio, las nuevas empresas pueden diseñar sus negocios como si fueran virus, es decir, expandirse bloqueando a la competencia tradicional mediante precios innovadores y la explotación del mismo canal de difusión que estos utilizan».

Nosek nunca olvidó aquel neologismo incluido en el artículo, «publicidad viral», y cuando ya trabajaba en Confinity se acordó de él. Entonces detectó una oportunidad para aprovechar, mejor que Beenz, Flooz y demás competidores, esa gratificación económica. ¿Y si Confinity no solo ofrecía diez dólares a los usuarios por inscribirse, sino que prometía diez más para regalar a sus amistades? ¿Y qué ocurriría si se bonificaba con otros diez dólares al primer usuario si esas amistades se registraban? Entonces Confinity incentivaría la publicidad entre usuarios y se haría viral.

En perspectiva, desde un punto de vista económico la idea parecía ridícula. ¿Pagar a la gente para que regale el dinero de la empresa y, además, premiarla por ello? Sería el camino más corto hacia la bancarrota. Obviamente, al responsable de contabilidad, David Jaques, no le entusiasmaba la estrategia. *Debe de ser una broma*, recuerda que pensó. Sin embargo, a medida que el equipo de Confinity desarrollaba la idea, empezó a darse cuenta de su potencial. Muchas estrategias de incentivos o bonificaciones habían fracasado, y con esa tenían la oportunidad de convertir a sus clientes en comerciales de la empresa.

Porque era una táctica que interpelaba a los clientes potenciales, esos que consideran que diez dólares es una suma considerable. Jaques recuerda muy bien la diferencia entre el escepticismo de su mujer y el entusiasmo de su sobrina cuando recibieron la bonificación. «¡Increíble! ¡Es fantástico!», dijo la chica, que por aquel entonces estaba en la universidad. Algunos dijeron con sorna que la campaña era «la mayor transferencia de capital de riesgo a estudiantes universitarios de la historia».

Para justificar la apuesta, compararon el importe de sus «premios» con los costes de captación de clientes de los bancos tradicionales, que oscilaban entre 100 y 200 dólares por persona. En cambio, la bonificación de Confinity apenas ascendía a 20 o 30 dólares por cliente. «Por tanto, cada vez que captábamos a un usuario —me explicó David Sacks— no perdíamos 20 dólares, sino que ganábamos 180. Esa era la forma de pensar de las puntocom antes de que estallara la burbuja».

Para conseguir más usuarios, X.com había llegado a una solución similar, pero por otro camino. «Elon siempre contaba la historia del banco que regalaba tostadoras a los nuevos clientes —recuerda Nick Carroll—. Él decía que no hacía falta regalar una tostadora, con el dinero era suficiente». Al principio, Musk sugirió cinco dólares, pero la cifra acabó llegando a 20. Sin embargo, pronto descubrieron que una única bonificación no era suficiente. «Era crucial incentivar tanto al receptor como a sus posibles contactos —me dijo Musk—. Hacía falta premiar la iniciativa, y para eso debías premiar todo el proceso». De modo que, además de los 20 dólares de bonificación, la empresa decidió otorgar diez más a cualquiera que recomendara a un nuevo usuario.

Esa generosidad sorprendió a más de un miembro del equipo. «Hay que quitarse el sombrero ante Elon, porque estaba dispuesto a regalar su propio dinero para impulsar un proyecto que nadie sabía si funcionaría —reconoció Catlan—. No le tembló el pulso al apostar todo lo que tenía para que la empresa saliera adelante». Además, Musk redobló su compromiso con el proyecto, porque trasladó todas sus cuentas bancarias a la empresa. No solo fue de los primeros clientes en abrir una en X.com, sino que además fue el que más dinero transfirió.

■ ■ ■

Tanto X.com como Confinity aprovecharon la nueva ola tecnológica del correo electrónico y el viejo truco de regalar dinero. Pero eso no explica del todo su rápido crecimiento. El factor decisivo llegó de la mano de las casas de subastas por Internet.

Pierre Omidyar, ingeniero iraní-estadounidense nacido en Francia, nunca tuvo en mente crear un gigante de las subastas cuando

escribió el código de AuctionWeb y lo publicó en su web personal, www.ebay.com, llamada así por su consultora digital, Echo Bay
Technology Group. Al principio, AuctionWeb solo ofrecía los productos descartados de Omidyar, como un puntero láser roto, que puso a
la venta por 14,83 dólares. Cuando alguien lo compró, se sorprendió
y se dio cuenta de que su negocio paralelo podía tener un brillante
futuro.* Cuatro años más tarde, AuctionWeb ya se había convertido
en eBay, una empresa de mil millones de dólares que cotizaba en bolsa
y era un referente de las puntocom.

La primera noticia de una mención entre Confinity y eBay data
de abril de 1999. El día 8, Thiel y su equipo se reunieron con Peter
Davison y Graeme Linnett, dos de sus inversores. En un correo que
dejaba por escrito los resultados de dicha reunión, Thiel escribió: «Si
es posible, investigaremos más a fondo una posible colaboración con
eBay, en especial por el modelo de desintermediación de consumidor
a consumidor que comparten ambas empresas».

Aun así, el equipo dejó de lado la idea durante el resto del año.
«eBay era una compañía muy inestable —señaló Thiel más tarde en
una conferencia en Stanford —. Gente que se dedicaba al marketing
vendiendo basura en Internet». Confinity, por el contrario, había diseñado un programa de vanguardia. Eran dos conceptos muy difíciles
de integrar.

En mayo del 99, cuando eBay compró la empresa de servicios
de pago Billpoint, Confinity asumió que eso haría de este el sistema

---

* Ese alguien era Mark Fraser. De viaje para hacer presentaciones, quería un puntero láser, pero no podía permitirse uno nuevo y sospechaba que su jefe se resisti-
ría a comprarle uno. Fraser, que se considera un «friki de la electrónica», intentó
primero construir el suyo propio, pero no funcionó como esperaba. «Alguien me
indicó un nuevo sitio web, que resultó ser eBay, y me sorprendió descubrir que
había un puntero láser roto en la lista», dijo Fraser más tarde en un vídeo testimo-
nial con motivo del vigésimo aniversario de eBay. «Y pensé: 'Oye, probablemente
podría hacer que eso funcionara'».

de pagos por defecto de eBay.* *De acuerdo, no tenemos ninguna posibilidad de asociarnos con eBay,* recuerda haber pensado Nosek.

Sin embargo, la integración de Billpoint en eBay sufrió ciertos retrasos, y a finales de año compradores y vendedores todavía gestionaban los pagos de las subastas por su cuenta. Para ello utilizaban de forma indistinta dinero en efectivo, cheques, giros postales, transferencias bancarias y, unos pocos, servicios de pago digitales como PayPal.

■ ■ ■

Sacks recuerda a la perfección el instante en el que descubrieron que había gente que usaba PayPal para comprar y vender en eBay: una usuaria de esta última plataforma envió un correo al servicio de atención al cliente de Confinity pidiendo permiso para utilizar el logo de PayPal en su página de subastas. Además, quería que la ayudaran a modificar el tamaño del logo. David Wallace reenvió ese correo al equipo sin apenas percatarse de su importancia.

En cambio, sus colegas se preguntaron si sería la única petición de ese tipo o habría más. Luke Nosek, Chad Hurley y David Sacks se apiñaron delante del ordenador y buscaron en www.ebay.com la palabra «PayPal». De repente, miles de subastas aparecieron en pantalla. «Fue uno de esos momentos reveladores —me dijo Sacks—. Nosek empezó a desvariar».

¿Qué había ocurrido? En Confinity no lo sabían con certeza. David Sacks sospechaba que un usuario de eBay habría visto algún

---

*eBay había respondido, en parte, a la adquisición de accept.com por parte de Amazon. eBay estaba en conversaciones con accept.com cuando Jeff Bezos, de Amazon, llegó con una oferta muy elevada. Tras perder la oportunidad de adquirir accept.com, eBay se apresuró a comprar Billpoint, que acababa de cerrar su serie A de financiación, con Sequoia Capital como principal patrocinador. Irónicamente, las primeras ambiciones de Billpoint reflejaban algunas de las de Confinity. Jason May, jefe técnico de Billpoint, había estudiado a fondo la literatura sobre micropagos y explorado las trayectorias de monedas digitales como Millicent y Flooz.

titular de PayPal en la prensa, lo vinculó a la plataforma de subastas...
y había servido de ejemplo para el resto. El caso es que los usuarios
de eBay estaban entusiasmados con las novedades de Internet, y compartían todo el tiempo opiniones sobre cualquier software o servicio
que mejorase el proceso de subasta. «En aquel entonces, los buenos
vendedores de eBay era auténticos bichos raros», recuerda Sacks.

Las investigaciones posteriores les revelaron que PayPal era un
tema de moda en los foros de eBay, la columna vertebral de su comunidad, donde los expertos en la plataforma compartían toda la información. «La de eBay era una comunidad muy dinámica. Todo el
mundo se fijaba en lo que hacían los demás —me explicó Sacks—. Por
eso, el uso de PayPal empezó a extenderse de forma orgánica».

Sea como fuere, el descubrimiento de que en miles de subastas
se usaba PayPal de manera espontánea fue una grata sorpresa para
Sacks; era la prueba de que su producto solventaba un problema real.
Sin embargo, como en Confinity no apreciaban demasiado la plataforma de subastas, su entusiasmo no era la emoción predominante
en la compañía. Levchin, por ejemplo, estaba horrorizado. «No sabía
muy bien qué era eBay —recuerda él mismo—. ¿No era una especie
de empresa del tres al cuarto que había fundado Pierre Omidyar? No
me parecía una buena idea».

Es más, al parecer incluso se mostró reacio a ayudar a la usuaria
que quería modificar el tamaño de su logo. «En realidad, no quería
que eBay tuviera éxito», confesó. Hasta consideró la opción de bloquear la dirección de eBay en los servidores de Confinity.

Parte de esa reticencia era fruto de su apego por la tecnología
de la PalmPilot, que él creía que debía mantenerse como prioridad.
Sin embargo, su servicio de pago por correo electrónico se expandía
con rapidez, generando preguntas que él no tenía ningún interés en
contestar: *¿Estarán usando la versión de prueba? ¿Cómo se organizan?*
¿Qué ocurriría si se cae nuestra web?

Los usuarios de eBay también echaron mano del servicio de
pago de X.com, aunque Musk y su equipo se dieron cuenta mucho

más tarde. Aun así, ese descubrimiento generó una respuesta similar. Como en el caso de Confinity, el objetivo de X.com no era facilitar pagos menores entre los participantes en una subasta. «Nosotros queríamos competir con Western Union, ocuparnos de transacciones elevadas, como enviar dinero a tu hijo en la universidad o pagar el alquiler. Pretendíamos reemplazar esas grandes y engorrosas transferencias que solo podían llevarse a cabo desde un banco —me explicó Doug Mak—. Sin embargo, resulta que la gente estaba usando nuestro servicio para pagar los 20 dólares que costaba un peluche». En definitiva, la dirección estaba preocupada, porque los compradores y vendedores de eBay no eran sus clientes soñados, los que buscaban para que usaran sus servicios de facturación o de valores, que era de donde esperaban obtener verdaderos beneficios.

Pero, aun con esas dudas, semejante incremento de usuarios no podía obviarse. Las consultas en la barra de búsqueda de eBay sobre «X.com» o «PayPal» mostraban que sus usuarios utilizaban y promocionaban ambos servicios con entusiasmo por una buena razón; y es que, si alguien vendía en eBay un artículo y registraba al comprador en PayPal a través de su propio vínculo de recomendación, ganaba diez dólares. En consecuencia, las pequeñas ventas se volvían aún más rentables, porque en la mayoría de los casos esos diez dólares cubrían el coste total de la compra.

Así que ese rincón de Internet, una web de subastas que vendía muñecos y punteros láser rotos, se había convertido en un terreno inesperadamente fértil para los productos de ambas empresas. «En realidad, los usuarios de eBay hallaron una utilidad para nuestros productos —señaló Skye Lee—. No fuimos nosotros quienes pensamos que eBay era una gran oportunidad». Los grandes gurús de las empresas tecnológicas solían recomendar a cualquiera que pretendiera fundar una que ofreciese un producto que resolviera un problema cotidiano para sí mismo. Pero el éxito de X.com y Confinity impulsado por eBay generó un potente contrapunto: resolver un problema ajeno puede ser tan valioso como resolver los propios.

«Si eBay no hubiera existido, estoy segura de que PayPal no habría sobrevivido», afirmó Vivien Go.

■ ■ ■

A principios de 2000, Peter Thiel anunció que uno de los primitivos miembros del consejo de administración, Reid Hoffman, entraría en la plantilla de Confinity como director de operaciones. Hoffman y Thiel habían sido amigos más de una década, tras coincidir en Stanford.

Incluso antes de conocerse, ambos oyeron rumores de que había alguien muy similar en el campus, pero con una postura política opuesta. En el invierno del 86, se matricularon en la misma asignatura: los lunes, miércoles y viernes a las 13 h asistían a las clases de Filosofía del profesor Michael Bratman, «Cerebro, materia y significado». «Un objetivo del curso —decía el programa— es explorar algunas de las cuestiones y argumentos que se debaten hoy en día en la literatura filosófica».

Con libros como *Free Will*, de Gary Watson, o *Personal Identity*, de John Perry, como telón de fondo, Hoffman y Thiel debatieron sobre determinismo, libertad y la polémica entre cuerpo y mente. Y pese a que descubrieron visiones del mundo divergentes, forjaron una amistad duradera. «Peter y yo seguimos pensando diferente sobre cómo debería ser la humanidad —me contó Hoffman—. Pero compartimos parecer sobre el valor y los principios de ser un intelectual, como decir la verdad o generar un discurso sólido… Una de las mejores cosas de nuestra amistad es que Peter ha logrado que mi pensamiento sea más incisivo».

En 1987, ambos se presentaron como candidatos al consejo estudiantil de Stanford, la ASSU (Asociación de Estudiantes de la Universidad de Stanford). Las candidaturas de Hoffman y Thiel tenían valores comunes, pero dos estilos muy distintos:

Hoffman: «La ASSU tiene un potencial enorme para lograr
cambios que beneficien a esta universidad. Es una

organización con mucho capital disponible, más o menos medio millón de dólares. Recientemente, la ASSU aprobó un plan para renovar sus oficinas que ascendía a 80.000 dólares. Sin embargo, otras instalaciones estudiantiles apenas tienen fondos para poder cumplir su labor. Creo que la ASSU sufre de ese egocentrismo común en muchas organizaciones dominadas por la burocracia: suele atender sus propias necesidades antes que las de los estudiantes. Como candidato, intentaré incrementar el compromiso financiero de la ASSU con las actividades estudiantiles, porque de momento todo ese dinero se está desaprovechando».

Thiel: «No tengo experiencia en la ASSU. Tampoco en malgastar 86.000 dólares para renovar sus oficinas, maquillar el currículo de mis amigos con cargos inexistentes y, además, ponerles sueldos desorbitados. Como estudiante ajeno a la asociación, estoy disgustado. Como miembro de varias organizaciones estudiantiles que no han recibido financiación (supuestamente por «falta de fondos»), estoy furioso por este despilfarro. Si salgo elegido, trabajaré para que la ASSU sirva a la comunidad de Stanford en lugar mirar por sus propios intereses.

Ambos consiguieron un escaño. Por cierto, su futuro competidor, Elon Musk, también se presentó a un puesto similar en la Universidad de Pensilvania. Su candidatura combinaba idealismo y desparpajo. Este era su programa: «Si salgo elegido prometo: 1. Hacer todo lo posible para que la asamblea se responsabilice de las necesidades de los estudiantes. 2. Hacer todo lo posible para que la asamblea halle soluciones útiles. 3. Que, si alguna vez aparece este cargo en mi currículum, me comeré 50 copias de este documento en un lugar público. Me presento porque creo que hay posibilidades de hacer algo de valor para los estudiantes». Sin embargo, Musk no logró su escaño.

■ ■ ■

Al terminar sus estudios en Stanford, Hoffman partió hacia Oxford con una beca Marshall, con la idea de ser profesor e intelectual. No obstante, al final tomó otro camino y optó por la carrera de programador. De modo que regresó a California, trabajó en Fujitsu y Apple, y luego abrió su propia empresa, SocialNet.

SocialNet fue una de las primitivas redes sociales y tuvo muchos problemas para salir adelante. En sus frecuentes paseos con Thiel en aquella época, Hoffman compartía con él los sinsabores de lanzar una empresa emergente. «Siempre le comentaba que apenas sabía nada —me explicó Hoffman—. El aprendizaje en una empresa emergente no es escalonado, sino jodidamente intenso. Surgen dudas una y otra vez: ¿cómo se contrata al personal? ¿Cómo organizo la empresa? ¿Cómo obtengo financiación? ¿Cómo se diseña una estrategia de marketing? ¿Cómo doy con una idea innovadora?».

Cuando Thiel le propuso ser director de operaciones de Confinity en enero de 2000, Hoffman ya había formado parte de su consejo de administración y había podido ver el proyecto de la PalmPilot transformarse en una plataforma de pagos por correo electrónico. En cambio, SocialNet se tambaleaba y su junta había tomado una dirección estratégica que él no compartía: «Es lo que ocurre cuando los inversores de capital riesgo creen que saben lo que hacen, pero no tienen ni idea de lo que ocurre. Como es obvio, pierden el control de la empresa», afirmó.

Cuando Hoffman le comentó a Thiel que estaba pensando en irse de SocialNet para iniciar un nuevo proyecto, este lo presionó para que se uniera a Confinity. Hoffman todavía se acuerda de su argumentación: «Mira, estamos corriendo como pollo sin cabeza. No tenemos modelo de negocio. Necesitamos organizarnos para vender el producto». Hoffman no tenía demasiado interés en poner orden en semejante gallinero, pero Thiel le garantizó que sería un viaje apasionante y que, además, mejoraría su currículo tecnológico.

Para los inversores de Confinity, Hoffman era una elección inesperada para el cargo de director de operaciones. «Me pareció extraño, no era *ese* tipo de hombre —recuerda haber pensado Peter Buhl, de Nokia Venture—. Hoffman era sociable, muy cordial. No encajaba en un cargo tan autoritario».

Pero Thiel estaba convencido. Él creía que la empresa necesitaba más mano izquierda, y Hoffman, como bien sabía, *disfrutaba* con las relaciones públicas. Vivien Go se entrevistó con él en el invierno de 1999, finalizadas unas prácticas de verano en eBay. Y se quedó atónita, porque Hoffman no intentó sonsacarle todo su currículo; se limitó a preguntarle por qué quería trabajar en Confinity. «Hoffman nunca juzga a la gente de forma superficial —me explicó Vivien—. Algunas personas se limitan a etiquetar a los demás, pero él no es así. Tiene mucha inteligencia emocional».

A medida que la empresa crecía, también lo hacían las interacciones con terceros: usuarios, directivos de otros negocios, la competencia y, sobre todo, las autoridades gubernamentales. Thiel pensó que Hoffman sería ideal para ocuparse de ese tipo de trabajo. «Si no crees en el Gobierno, es difícil trabajar con él —bromeó Nosek—. Hoffman, en cambio, aunque sea socialista, es un caso aparte».

Hoffman podía ser amable con la gente, pero tampoco era un pusilánime. En su infancia le apasionaban los juegos de estrategia como *RuneQuets*, *Dragones y mazmorras* y *Avalon Hill's Tactics*. Los juegos de rol ampliaron su conocimiento estratégico, lo que sus compañeros de PayPal tuvieron la suerte de apreciar en las teleconferencias de negocios. Dan Madden trabajó en el departamento de desarrollo de negocio y participaba en las llamadas de Hoffman. «Él tomaba asiento y yo me sentaba a su lado para tomar notas. Entonces silenciaba la llamada y me decía: "Va a decir esto, y yo le responderé aquello. Luego él me dirá esto otro, y yo le responderé esto"». Cuando volvía a conectar el auricular, la negociación se desarrollaba tal y como Hoffman había previsto.

Al final, lo que se suponía que debía ser un trabajo de unos pocos meses acabó convirtiéndose en varios años. Hoffman también presenció la oferta pública de venta de PayPal y, como Thiel había previsto, jugó un papel determinante en el futuro de la empresa.

■ ■ ■

En diciembre del 99, Confinity recibió una oferta de compra. Cada día, la compañía regalaba con despreocupación miles de dólares a desconocidos para que usaran su producto. Sin embargo, había resuelto un problema real y suscitó el interés de un posible comprador.

BeFree Inc. era una empresa de marketing de afiliación con sede en Boston, fundada por los hermanos Tom y Sam Gerace. La compañía trabajaba con minoristas tradicionales publicitando productos digitales. «Colaborábamos con unos 400 comerciantes, y teníamos 400.000 afiliados. Éramos la plataforma idónea para que los minoristas crearan programas de afiliación», me contó Tom Gerace. BeFree salió a bolsa en noviembre del 99 y en apenas cinco meses sus acciones se dispararon un 700 %.

Pero ese crecimiento acelerado generó un problema para la empresa: el pago a sus afiliados. «Enviábamos los cheques por correo ordinario, pero recibíamos muchos devueltos, y teníamos que pagar una tasa de devolución por cada uno». A medida que la empresa crecía, también lo hacían las tarifas y los problemas asociados a la gestión de los cheques. Cuando descubrieron PayPal, Pat George, director de desarrollo empresarial de BeFree, y el propio Tom Gerace reconocieron de inmediato su potencial.

«Su campaña era viral —sostuvo George—. Era imposible que no te registraras para tener una cuenta con diez dólares gratis». Además, él anticipó una solución para los problemas de pago de su empresa: en lugar de utilizar cheques, podían mandar el dinero por correo electrónico.

BeFree pidió una entrevista con Levchin y Thiel. En la reunión, este último recurrió a un truco que usaba en las presentaciones de Confinity: sacó un dólar de su cartera y afirmó que era uno de los combustibles más potentes para garantizar el futuro de una empresa.

Y Confinity había logrado combinarlo con una plataforma ilimitada: el correo electrónico. «Tenía sentido. Era maravilloso —recuerda George—. ¿Por qué no lo había pensado antes?».

George y Gerace quedaron convencidos, pero todavía tenían que ganarse al consejo de administración de su empresa. BeFree acababa de salir a bolsa, y esta sería su primera operación. El consejo se mostró cauteloso. «¿Por qué deberíamos invertir? ¿Qué tienen? ¿Qué venden? No generan ingresos reales», arguyeron.

El principal escollo era el precio: Thiel pretendía vender Confinity por cien millones de dólares, pero el consejo de administración de BeFree consideraba que era una cifra inaceptablemente alta. «Fue muy difícil convencerles para que llegaran a ese montante», reconoció Gerace. En realidad, la oferta del consejo apenas suponía la mitad de ese precio.

George y Gerace organizaron una cena con Thiel y Levchin para presentarles la oferta a la baja. Se reunieron en un anodino restaurante chino de las afueras de Boston. La lluvia repiqueteaba en las ventanas. George y Gerace empezaron alabando el trabajo de Confinity y mostrando mucho entusiasmo ante la posibilidad de colaborar con ellos. Luego presentaron la oferta. «Por la expresión de Thiel, era evidente que no íbamos a llegar a ningún acuerdo —admitió George—. Los dos me estaban mirando, y solo recuerdo que cuando dije la cifra Levchin cerró los ojos y negó con la cabeza».

Echando la vista atrás, Gerace reconoce que esa compra fallida fue «uno de los mayores errores que he vivido en el mundo de los negocios». Cuando PayPal creció y multiplicó su valor, no dejaría de recordarle al consejo de administración lo que podían haber adquirido.

Para Thiel y Levchin, en cambio, la experiencia no fue tan traumática. BeFree acabaría siendo una de las víctimas de la explosión de la burbuja de las puntocom. En 2002, uno de sus competidores la adquirió por 128 millones de dólares, y tres semanas más tarde PayPal salió a bolsa con un valor cercano a los mil millones.

■ ■ ■

Pero el acuerdo fallido reveló en parte las intenciones de Thiel. A pesar de la negociación frustrada, George se dio cuenta de que aquel quería deshacerse de la empresa: «Parecía que quería salir de allí».

Thiel detestaba la burocracia, y como Confinity estaba creciendo mucho corría el riesgo de quedarse enterrado en papeleo, como le había ocurrido en el bufete de abogados. «Peter es mucho menos tolerante que yo con el papeleo —me confesó Musk—. Mi tolerancia hacia las gestiones inútiles es baja, pero la de Peter es inexistente».

A diferencia de Thiel, Musk ya había aprovechado su oportunidad para librarse de las responsabilidades de CEO. A comienzos de diciembre de 1999, renunció a su cargo en X.com. Cuando Moritz entró como inversor, le dijo:

—Deberíamos contratar a un nuevo CEO.

—Perfecto —respondió Musk—. Yo no quiero serlo.

«No tenía ningún deseo de ejercer ese cargo. Conlleva demasiadas responsabilidades. Es un auténtico infierno», me contó Musk, que más tarde también intentaría «evitar» por todos los medios ocupar ese puesto en Tesla.

De modo que, con el beneplácito de Musk, la empresa contrató a Bill Harris, antiguo CEO de Intuit. Procedía de una familia acomodada de Boston y había disfrutado de una próspera carrera como editor de revistas, incluyendo distintas colaboraciones con *Time* y *US News & World Report*. Pero necesitaba un cambio. En 1990, cuando aún vivía en Nueva York, lo invitaron a formar parte del consejo de administración de ChipSoft, con sede en San Diego, y al final le pidieron que ejerciera de CEO. Cuando aceptó, los jefes de los medios de comunicación de Madison Avenue se quedaron perplejos. Harris recuerda que dijeron: «¿San Diego? ¿Eso está en Estados Unidos?».

En 1993, ChipSoft se fusionó con Intuit, donde Harris trabajó los siguientes seis años hasta convertirse en su CEO. Desde 1995 intentó «que la empresa entrara en Internet», porque creía que sus productos (Quicken, TurboTax y QuickBooks) podían funcionar tan bien en el mundo digital como en el «real». No fue tarea fácil; además, como él mismo reconoce, dirigir una gran empresa no se ajustaba a sus habilidades.

«No fui un buen CEO para la compañía. No era lo que me interesaba ni lo que se me daba mejor». De todas formas, la experiencia le enseñó mucho sobre los tejemanejes de Internet.

Aun con su polémico historial como CEO, cuando Harris abandonó esta empresa en septiembre de 1999 descubrió que tenía muchas puertas abiertas. «No es que me ofrecieran empleos: me suplicaban que trabajara para ellos —recuerda—. Era el mejor momento para abrir una empresa y todo el mundo se puso a ello. Y todos sus directores necesitaban a alguien con cierta reputación o un nombre conocido».

En pleno frenesí, para Harris, X.com sobresalía del resto de empresas. «Me gustaba su idea. Me gustaba Elon, y también Moritz —confesó—. Me parecían una pareja fantástica». Cuando Musk manifestó su idea de un sistema integral de servicios financieros digitales, Harris ya había mordido el anzuelo. «El mejor rasgo de Elon es su atrevimiento», afirmó.

Mike Moritz presionó a Musk para que Harris ocupara el puesto de CEO. Y no estaba solo: varios ingenieros de X.com también reconocen haber mandado algún correo a altas horas de la noche pidiendo su contratación. «Son cosas que haces a las tres de la mañana, cuando has tomado demasiada cafeína», admitió Colin Catlan.

Pero Musk tenía algunas reservas. *Todo parece perfecto, pero algo me dice que no debo hacerlo,* recuerda haber pensado. Por eso le comentó a Moritz:

—Tú has conocido las idas y venidas de muchos CEO. ¿Qué nota le darías a Harris, del 1 al 10?

—Un 10 —replicó Moritz.

Musk se quedó muy sorprendido.

—De acuerdo, tendré que ignorar mi intuición y hacerte caso, porque tú sabes mucho más sobre esto.

El comunicado para presentar al nuevo CEO de X.com se lanzó la misma semana que la empresa sacó al mercado oficialmente sus

productos. Y fue un acierto. Con el antiguo CEO de Intuit en la plantilla, Musk podía vender que contaba con la mejor persona para conectar un software financiero con Internet. «X.com puede ser la empresa
que sería Intuit si esta se hubiera creado hoy mismo», señaló un analista del sector poco después de la publicación del comunicado.

■ ▦ ■

No obstante, con el paso de los años Bill Harris ha quedado al margen
de la historia de PayPal. Ello se debe, en parte, a la brevedad de su
mandato (apenas cinco meses). Pero el caso es que varios trabajadores
de PayPal me dijeron que entraron en la compañía por él. Y un directivo sostuvo que fue la razón por la que se marchó.

Pero, hasta cierto punto, el futuro de PayPal dependió de ese periodo de cinco meses, y tal vez de la labor de Harris. Porque, pese a
la brevedad y las dificultades que surgieron durante su mandato, dejó
una huella indeleble tanto en X.com como en Confinity: fue el eje del
controvertido acuerdo que fusionaría ambas empresas.

9

GUERRA DE *WIDGETS*

X.com y Confinity se pasaron el cambio de siglo luchando de forma encarnizada para repartirse los usuarios. Esta fue la tarea principal de ambas empresas desde finales de 1999 hasta principios de 2000, y llevó al límite tanto a trabajadores como a directivos.

Nadie se lo esperaba. Al fin y al cabo, meses atrás se habían comportado como buenos vecinos. Ya que ambas empresas compartían edificio de oficinas en University Avenue, no tenían reparo en juntarse para hacer un descanso o bajar a comprar café. A decir verdad, incluso compartían el baño. La relación era amistosa y, aunque cada equipo sabía más o menos qué andaba haciendo el otro, no le daban demasiada importancia: cada cual pensaba que su estrategia era la mejor.

Pero aquello cambió cuando ambos focalizaron sus esfuerzos en los pagos por correo electrónico. A finales de verano del 99, Luke Nosek irrumpió en la oficina de Confinity siendo portador de un rumor preocupante: había oído a alguien de X.com hablar por teléfono sobre el servicio de pago por email. Unas semanas más tarde, la situación era insostenible: no solo es que X.com fuera a entrar en ese mercado, sino que utilizaría la misma estrategia de bonificación que ellos. Lo sorprendente era que prometían 20 dólares por usuario (el doble que Confinity), y la gente enseguida se dio cuenta: foros y portales de Internet empezaron a mencionar a ambas empresas y a señalar la diferencia de incentivos.

Pronto surgieron las teorías conspiratorias. ¿Acaso X.com había copiado la publicidad viral de Confinity? «Todo el mundo estaba paranoico —recuerda John Malloy—. Nadie podía dejar de pensar en ello». Levchin le dijo a más de un miembro del equipo que, si pasaba por la otra oficina, tuviera cuidado con lo que decía, porque al parecer las paredes tenían oídos. Más tarde, X.com difundió el rumor de que los trabajadores de Confinity habían rebuscado en sus contenedores el plan de negocio de la empresa.

No obstante, la paranoia de ambos equipos no era del todo ficticia. David Wallace, responsable de atención al cliente de Confinity, tenía una posible explicación. «A finales de 1999, mucha gente de X.com empezó a registrarse en Confinity —me explicó—. Recuerdo que quise saber si pasaba algo raro». Alarmado, pidió al equipo que investigara los casos sospechosos.

Por su parte, en X.com Musk también prestaba mucha atención a los nuevos registros, y varios le habían llamado la atención. «Tenía una aplicación en mi ordenador que me mostraba los nombres a medida que se registraban», recuerda Musk. Era su granito de arena contra el fraude. Y poco después del lanzamiento de X.com apareció en su pantalla un nuevo cliente: «Peter Thiel». Él sabía que era el director de la empresa que había alquilado la oficina contigua. Así que valía la pena llegar al fondo del asunto. Descolgó el teléfono y llamó a Thiel.

■ ■ ■

En diciembre, Confinity estaba ocupada gestionando el incremento de transferencias en eBay. «Gozábamos de una pequeña ventaja», señala su cofundador, Ken Howery. Como salieron antes que los demás, fueron los primeros en cosechar los frutos y demostrar que la intuición de Musk era correcta: en el sector de las empresas emergentes, los tiempos son fundamentales; y más aún para las dedicadas a servicios de pagos.

«Los efectos de red triunfan sobre todo lo demás», me explicó Howery, aludiendo al principio económico que justificó el incremento del uso del teléfono a comienzos del siglo xx: cada terminal que se añadía a la red aumentaba el valor de todos los demás e incentivaba la compra de nuevos aparatos en quienes aún no lo tenían. Así pues, a finales del siglo xx Confinity corrió la misma suerte que la American Bell Telephone Company en sus albores. Porque cada vendedor de eBay que usaba PayPal incentivaba a los compradores a registrarse en el nuevo servicio, y cada comprador que pagaba con PayPal incentivaba a su vez al resto de vendedores.

Confinity adoptó medidas estratégicas para aprovechar la situación y extender su red en eBay. El equipo rastreó las páginas de ese portal y diseñó herramientas específicas para compradores y vendedores. Sus funciones empezaron a incluir una herramienta para cambiar el tamaño del logotipo, y otra que rellenaba automáticamente el formulario de pago de eBay. También diseñaron el llamado «enlace automático», que establecía que, si un vendedor había efectuado una operación con PayPal antes, esta fuera la opción de pago por defecto. «Eso incrementó mucho el número de transacciones», señaló Yu Pan.

A Pan le asignaron trabajar en exclusiva en las herramientas de eBay, con lo que se convirtió en uno de los cada vez más numerosos «antropólogos» de la plataforma de subastas en su oficina. Del mismo modo, otros miembros del equipo tuvieron que adentrarse en los foros de eBay e investigar sobre la comunidad «PowerSeller». Además, David Sacks recomendó al equipo de producto que compraran algunos artículos en eBay. Luego, «esos nuevos usuarios» se reunían para analizar cada paso de la experiencia de compra y, en especial, el proceso de pago. «Nos vimos obligados a adquirir algunos artículos», recuerda Denise Aptekar; ella compró un teléfono fijo que, por desgracia, también «contenía restos de cigarrillos».

No solo compraron, también se convirtieron en vendedores. «Teníamos miles de clips de oficina sin usar, así que los vendimos por eBay —recuerda Oxana Wootom—. De vez en cuando alguien los compraba». Por ello, había gente que debía desplazarse a la oficina de correos para hacer los envíos.

Ahora bien, aunque los propios usuarios consideraban que PayPal era una herramienta útil, los directivos de eBay pensaban lo todo contrario: veían ese nuevo servicio como competencia directa de Billpoint, la empresa de pagos que acababan de adquirir. Por eso, al principio tomaron medidas para frenar la expansión de PayPal; por ejemplo, bloquear los *scripts* que los ingenieros de Confinity ejecutaban para rastrear las páginas de eBay. «Fue una especie de guerra fría», recuerda David Gausebeck, que formaba parte de ese equipo.

Sin embargo, y al mismo tiempo, los primeros usuarios en adoptar el método de pago de Confinity se enteraron del lanzamiento de X.com. Y como esta empresa también regalaba dinero (incluso más que Confinity), compradores y vendedores se pasaron a su sistema de pagos con un fervor similar.

Igual que Levchin, Musk nunca pretendió que su empresa derivara hacia un servicio de pago por email para usuarios de eBay. Pero tampoco podía ignorar la cantidad de usuarios de ese portal que utilizaban X.com, ni quedarse de brazos cruzados sabiendo que iban por detrás de Confinity. Con el paso de los días, y al analizar las maniobras de la empresa rival, Musk aprendió a respetar el ingenio de su equipo de ingenieros. «En realidad, me di cuenta de que eran muy listos», me confesó.

Así pues, llegó a la conclusión de que X.com tendría que hacer todo lo posible para quedarse con el mercado de eBay, es decir, iniciar una batalla para conquistar el futuro de los pagos digitales. Musk creía que, si derrotaba a Confinity en eBay, eliminaría de la ecuación a su rival. «Confinity era nuestra única competencia —me explicó—. Los bancos eran harina de otro costal».

■ ▦ ■

Y así comenzó una de las guerras más cruentas e insólitas de la historia de Internet: X.com y Confinity se enzarzaron en una pugna para ganar clientes en eBay. «Fue una especie de carrera para ver quién se quedaba sin dinero más rápido», ironizó Musk.

Ambos bandos recuerdan esos días como un periodo frenético donde las noches cortas y los sacos de dormir en la oficina eran pura rutina. Vigilaban a su rival todo el tiempo y actuaban en consecuencia. «Recuerdo que, cada vez que queríamos mejorar un *widget*, ellos se anticipaban y diseñaban uno mejor —recuerda Musk—. Era como una guerra de *widgets*».

Esa guerra no tardó en recrudecerse y volverse extremadamente personal. Por ejemplo, para la fiesta de cumpleaños de Yu Pan, el equipo de Confinity preparó una tarta en cuyo glaseado escribió: «DIE X.COM». Por otro lado, en esas fechas Musk envió un memorable correo electrónico al equipo de X.com con el inocente asunto «Nota amistosa sobre nuestros competidores». El texto del mensaje contenía una sola línea, que sus destinatarios recuerdan más o menos así: «KILL THEM DEAD. DIE. DIE. DIE». «Todo el mundo sabía que Musk bromeaba, pero él era el primero que se preocupaba por cumplir los objetivos y obtener tantos usuarios como fuera posible», me dijo Douglas Mak.

Levchin colgó un cartel en la oficina que decía «*memento mori*», junto a un logotipo de X.com. *Memento mori* es una máxima latina que se traduce como «recuerda que morirás». En general, sirve para tener presente que la muerte es inevitable, pero Levchin la empleó para recordar al equipo que tenían al enemigo justo al lado. En realidad, aquella pancarta era innecesaria. Como expresó Luke Nosek: «Todo el mundo sabía lo que había».

■ ■ ■

Musk dio con la horma de su zapato en Levchin y Thiel. Porque estaban tan motivados como él para alcanzar el éxito. *Esta gente de PayPal son dignos adversarios*, recordó haber pensado. En especial, le impresionó la velocidad del lanzamiento del código de PayPal. «Me dejó atónito. Porque soy bastante bueno en tecnología, así que, si alguien me sigue el ritmo, se gana mi respeto de inmediato».

Pero pese al talento de Levchin, Musk seguía creyendo que X.com saldría victoriosa. Su empresa tenía más fondos y, si era necesario, podía recaudar más. Y contaba con un equipo de mayor prestigio y el apoyo de instituciones consolidadas. Así que, en su opinión, X.com tenía el respaldo de una de las principales empresas de capital riesgo del mundo, la atención de la prensa y un nombre mucho más atractivo.

Esa seguridad de Musk dotó de más confianza a su equipo. «Creo que todos pensábamos que venceríamos, porque en aquel momento teníamos más dinero», recuerda Julie Anderson. En consecuencia, los trabajadores de X.com no manifestaban el mismo nivel de paranoia que los de Confinity. «No estábamos para tonterías —afirma Colin Catlan—. Elon no es del tipo de persona que se queda cruzada de brazos».

Por su parte, el estado de ánimo en Confinity oscilaba entre la preocupación y la confianza. «Era a la vez excitante y aterrador —recuerda Thiel—. Íbamos a conquistar el mundo o a morir en el intento». Pan se acuerda de que, al principio, X.com no suponía una amenaza, sobre todo por su falta de tecnología móvil. «Nosotros teníamos las herramientas de la PalmPilot».

Pero, conforme la batalla se encarnizaba, Levchin cada vez estaba más nervioso. No conocía demasiado a Elon Musk, pero los datos que tenía sobre él no lo dejaban dormir tranquilo. Por ejemplo, sabía que Musk había vendido Zip2 por varios millones de dólares y que conducía un McLaren F1. En cambio, él aún vivía en un modesto apartamento y no podía permitirse un automóvil de lujo. «Elon parecía un tipo popular y exitoso, y yo uno que apenas sabía lo que hacía», admitió. Y el equipo de Confinity también pensaba que la disputa era desigual. «Elon había ganado mucho dinero, y X.com tenía el respaldo de Sequoia. No era como tener a Nokia; disponían de mucho más dinero y más posibilidades que nosotros», recuerda Jack Shelby.

Thiel fue el primero en percibir que X.com era una grave amenaza. «A Peter le gusta ser directo y saber si está equivocado —me contó Nosek—. Siempre está analizando los puntos débiles. Presta mucha más atención a los detalles que la mayoría de los emprendedores que conozco». Y era consciente de que X.com podía borrarlos del mapa. «Peter sabía reconocer cuándo una amenaza era real», sentenció Malloy.

Pero, al mismo tiempo, no le gustaba perder. Una vez dijo en la oficina: «Un buen perdedor solo es eso, un perdedor». El instinto competitivo de Thiel se había refinado con el ajedrez. David Wallace, que había sido su compañero de piso, recordaba que se ponía a prueba una y otra vez cuando jugaba con él. «Al principio se propuso jugar sin su dama y me ganó. Luego, sin una torre ni la dama, y también me ganó —me contó—. Al final, intentó jugar sin torres ni dama, y entonces gané yo. Nunca más volvimos a jugar».

Sus rivales de ajedrez aún se acuerdan de su estilo agresivo. «Thiel era implacable —comentó Ed Bogas—. En esas partidas no había lugar para la diversión». Él se había enfrentado a Thiel en algunos torneos de California, y su comportamiento en las partidas lo convenció para invertir en la primera ronda de recaudación de fondos de Confinity.

■ ■ ■

Pero una cosa era el ajedrez y otra muy distinta los negocios. Y en estos dejarse llevar por el instinto competitivo no siempre es la opción más razonable. Confinity estaba ganando usuarios, pero sus bonificaciones estaban sangrando a la empresa. Además, la ampliación de personal había incrementado el peso económico de las nóminas; los gastos eran insostenibles, e incluso la ventaja competitiva que le proporcionaba su política de bonificaciones —es decir, unos pocos más usuarios en eBay— no era garantía de futuro: si una mañana cualquiera los directivos de eBay se levantaban y decidían prohibir los servicios de pago de terceros, X.com podría salvarse gracias a los productos de inversión y a la banca, pero Confinity quedaría atrapada en sus aplicaciones para la PalmPilot.

Aparte de las luchas por el mercado de eBay, Confinity y X.com empezaron a competir por acuerdos de desarrollo empresarial. En este sentido, Confinity, por ejemplo, contactaba con webs consolidadas para ofrecerles su servicio de pago. Pero al hacerlo muchas veces descubrían que X.com se les había adelantado y estaba dispuesta a mejorar su oferta. «Siempre chocábamos con ellos —recuerda Howery—. Todo empezó a volverse más difícil».

A finales de diciembre, tanto X.com como Confinity entablaron conversaciones con Yahoo! Lo que empezó como una inocente negociación pronto se convirtió en algo mucho más serio, cuando Yahoo! se propuso adquirir una de las dos empresas. Y, como siempre, Confinity tenía las de perder. Si Yahoo! adquiría X.com, el portal podría utilizar sus miles de millones de dólares y su influencia para acabar con Confinity. Además, el hecho de que el principal inversor de X.com, Mike Moritz, formara parte del consejo de administración de Yahoo! no era de gran ayuda.

Por último, como si no tuvieran bastante, Thiel también hizo un pronóstico sobre los riesgos del mercado para el año siguiente. El entusiasmo por la Red había tocado techo: las empresas de Internet que acababan de salir a bolsa, como Priceline.com, eran más valiosas sobre el papel que todo el sector aeronaval junto. Confinity era buen ejemplo de ello: tenía buena prensa, pero carecía de un modelo de negocio viable y, además, estaba regalando dinero a manos llenas.

«No hay duda de que lo que estamos presenciando es la mayor burbuja financiera de la historia —escribió un analista en esas fechas—. Los inexplicables excesos económicos, el aumento masivo de la deuda, el colapso del ahorro privado, los increíbles déficits en las cuentas corrientes y la inflación de activos de los bancos centrales describen los gravísimos desequilibrios financieros que ninguna revisión estadística ni la propaganda de la CNBC pueden ocultar».

Thiel estaba preocupado, porque no sabía si Confinity sobreviviría al estallido de la burbuja de las puntocom. Entonces se acordó de las más de cien veces que rechazaron a su empresa durante el tedioso proceso de captación de fondos. Ahora, si el mercado se hundía, obtener capital sería todavía más complicado.

Por tanto, ante un mercado tambaleante y un competidor despiadado, Thiel y algunos miembros del equipo empezaron a considerar

otras opciones. «Muchos llegamos a la conclusión de que era una guerra donde el ganador se quedaría todo el pastel —dijo Ken Howery—.
O una empresa se hacía con el mercado, o ambas caerían en el olvido».

Y, de repente, la postura hacia X.com dio un giro de 180 grados.
Vince Sollito, director de comunicaciones de Confinity, controlaba el
tira y afloja de las relaciones entre ambas empresas. «Algo me decía
que tenía que hundir la reputación de X.com», dijo. Pero David Sacks
le ordenó que se quedara de brazos cruzados. «Recuerdo que David
vino a hablar conmigo y me dijo que tenía libertad para gestionar las
relaciones públicas, pero que no criticara, bajo ningún concepto, a
X.com», me relató Sollito. Enseguida se dio cuenta de que las dos empresas estaban negociando una fusión.

■ ■ ■

En el otro bando, el CEO de X.com, Bill Harris, tampoco dormía
tranquilo. «Ambas empresas éramos del mismo tamaño y crecíamos
a idéntica velocidad —recuerda—. Si seguíamos compitiendo, las dos
habríamos acabado en la ruina». Él era plenamente consciente del peligro: dos redes de pago que actúan en el mismo mercado no pueden
convivir en armonía. «Las grandes redes tienden por naturaleza hacia
el monopolio», me explicó.

Harris sentía que el momento había llegado, y concertó una reunión entre Confinity y X.com. El encuentro tuvo lugar en el Evvia
Estiatorio, un elegante restaurante de Palo Alto. Thiel y Levchin se
sentaron frente a Harris y Musk. El ambiente era tenso. «Harris llevaba traje y corbata, y todos sabíamos que Elon había vendido su
empresa por 300 millones de dólares —me dijo Levchin—. Querían
intimidarnos». Comenzaron con una charla relajada que serviría para
tomar posiciones. «Se trataba de saber quién estaba por encima del
otro», explicó Levchin.

Luego, Harris tocó el tema principal: ¿y si evitaban seguir en esa
senda de destrucción y unían sus fuerzas? Thiel le preguntó qué términos había pensado para ese supuesto acuerdo. Musk presentó la

oferta inicial: X.com adquiriría Confinity, y el equipo de esta recibiría un 8 % del valor combinado de ambas empresas.

La insignificante oferta dejó atónito a Levchin. «No sabía si se suponía que debía pronunciarme al respecto, pero desde luego no me había reunido con ellos para escuchar algo así», recuerda. Los cofundadores de Confinity abandonaron la reunión con una actitud amable, pero nada satisfechos con los términos del acuerdo; de hecho, los consideraban realmente injustos. A la segunda reunión —esta en el restaurante Il Fornaio— también asistieron los inversores de Confinity, Pete Buhl y John Malloy, y mostraron sus discrepancias por las condiciones propuestas. «Dejamos claro que aceptar esa oferta no era una opción viable», recuerda Buhl.

Para Malloy, la oferta a la baja era una señal de que Confinity tenía que seguir por su cuenta. «El 8 %. No daba crédito —me dijo—. En todo caso, nosotros deberíamos comprarlos a ellos. No los necesitábamos».

Estaba seguro de que X.com infravaloraba a Confinity. «Nuestro equipo le daba mucho más valor a la empresa. Sin embargo, eran incapaces de verlo porque no tenían confianza en sí mismos —recordó—. Yo confiaba en ellos ciegamente, pero ellos no se daban cuenta de su valor, lo cual es irónico, porque todos eran muy inteligentes».

Malloy comparó la obsesión con X.com con un fenómeno que padecen los pilotos de caza, la «fijación del objetivo»: se centran solo en su objetivo y eso les lleva, sin querer, a chocar con él o a ignorar otras amenazas cercanas. «Estaban demasiado focalizados en X.com. Y todos los datos indicaban que estábamos por encima de ellos. Pero entonces ¿por qué hablábamos todo el rato de esos tipos? —protestó—. Se había convertido en una obsesión».

Por tanto, Malloy se opuso a la fusión desde el principio y recalcó que, si X.com los compraba, Thiel y Levchin se verían obligados a aceptar ese modelo de negocio basado en la banca del que se habían burlado antes. «Me estaban diciendo que esos tipos estaban muy bien organizados, pero a la vez querían dar un paso atrás y volver a un negocio que me habían asegurado que estaba obsoleto —me explicó—. Ese era mi argumento para impedir la fusión».

Pese al escepticismo de Malloy, en las siguientes semanas Thiel logró convencerlo de que fusionarse era la única alternativa. Confinity se estaba quedando sin dinero, y era probable que X.com acabara ganando la batalla. Así que Malloy hizo de tripas corazón e intentó conseguir el mejor acuerdo posible.

Y, según múltiples testimonios, no lo tuvo nada fácil. «Mike [Moritz] es un gran negociador —me confesó Malloy—. Por eso en las reuniones yo fingía estar distraído o no tener interés. Tenía la sensación de que pretendían cerrar el trato cuanto antes. Pero eso no entraba en mis planes. Creo que querían aprovecharse de nuestra falta de experiencia».

Para tener mejores cartas en la negociación, Thiel le pidió a Nosek que «se pusiera las pilas» y lograra la mayor cantidad posible de usuarios nuevos en eBay. A medida que pasaban los días, el dinero en las arcas de las dos empresas se reducía, y la presión para llegar a un acuerdo aumentaba. Pero la estrategia de Confinity estaba dando resultado: conforme PayPal tenía más usuarios, el porcentaje de la oferta de X.com iba en aumento.

■ ■ ■

Musk tampoco estaba seguro de la fusión. Aunque le impresionaba el ímpetu de Confinity, seguía pensando que X.com era un negocio distinto y que estaba un escalón por encima de ellos. «Sabía que esos tipos eran listos, pero seguía convencido de que podíamos derrotarlos», recuerda. Y, aunque Confinity tuviera más usuarios en eBay, X.com poseía muchas más cuentas fuera de la plataforma de subastas. «En X.com habíamos invertido más dinero, pero estábamos un paso por delante de ellos», me aclaró Musk.

Como al principio de su carrera había presenciado la fusión fallida entre Citysearch y Zip2, su escepticismo tenía fundamento. «Elon era reacio a la fusión, pensaba que las de ese tipo pocas veces daban resultado. Él estaba convencido de que podíamos ganar», me dijo Bill Harris.

Sin embargo, Harris no se dio por vencido, y las dos parejas de directivos empezaron a pasar más tiempo juntos. Levchin descubrió que Harris era un tipo amigable y trabajador. Además, Musk se ganó su respeto. «Recuerdo que empezó a caerme bien —confesó Levchin—. Obviamente, pensaba que estaba loco, pero también que era muy inteligente. Y me gusta mucho la gente inteligente.

Al final, tras duras negociaciones, llegaron a un acuerdo provisional: Confinity seguiría siendo el socio minoritario, pero el 8 % del valor combinado de ambas empresas acabó convirtiéndose en el 45 %. Levchin seguía «insatisfecho», porque las condiciones todavía eran desfavorables para Confinity, pero Thiel lo convenció de que era el único camino y, en todo caso, bastante mejor que acabar en la quiebra.

En cambio, mucha gente estaba satisfecha con el trato porque veían el potencial de la operación. «Mike Moritz me dijo que se trataba de una fusión histórica —recuerda Levchin—. Que iba a ser la más importante de la historia de Silicon Valley». Y además le aseguró que, si se llevaba a cabo, nunca vendería una sola acción de la nueva empresa.

Pero otro de los principales actores no estaba tan entusiasmado. Elon Musk consideraba la operación una renuncia en una guerra que iban a ganar. Para él, poner a la misma altura a ambas empresas era una falta de respeto, sobre todo teniendo en cuenta que X.com iba en cabeza en las operaciones no relacionadas con eBay. A Musk le traían sin cuidado las tendencias del mercado, el crecimiento del número de usuarios, el desgaste de las empresas o la posible competencia. Para él, X.com podía haber ganado gracias a su voluntad y su talento.

Levchin recuerda que en una ocasión, estando él de visita en la oficina de X.com, Musk no pudo controlar su frustración y se refirió al acuerdo con tono despectivo. «No podía pasarlo por alto —recuerda Levchin—. Si íbamos a ser socios no debía pensar que éramos unos ladrones. Así era imposible que funcionara». Por eso llamó a

Thiel y le dijo que no habría acuerdo; que no quería que lo trataran con condescendencia o como si fuera un mero socio minoritario.

Cuando la noticia llegó a oídos de Bill Harris, no dudó en enfundarse el traje de negociador. Llamó a Levchin y le pidió reunirse para hablar sobre el acuerdo.

—Bill, no creo que esto pueda seguir adelante —replicó Levchin.

—¿Dónde estás?

—En casa, lavando la ropa.

—Está bien. No te muevas de ahí, te ayudaré a doblarla —respondió Harris.

Llegó al apartamento de Levchin y se fue directo al lavadero. Este le repitió lo que le había dicho a Thiel.

—No creo que esto funcione si pensáis que estamos robando el patrimonio de la empresa —explicó—. Esta fusión no tiene futuro.

—¿Y qué te parece si vamos a medias? —propuso Harris—. ¿Si somos socios en igualdad de condiciones?

—Entonces sería difícil que alguien creyera que la otra parte se está aprovechando.

—Si opinas que de esta forma funcionará, adelante con ello —zanjó Harris.

Levchin le dijo que solo apoyaría la fusión si iban al 50 %, pero también le preguntó qué pensaría Musk, dada su falta de entusiasmo por el antiguo trato. Harris le dijo que no se preocupara, que él se encargaría de cerrar el acuerdo.

■ ■ ■

Hoy en día, Harris todavía cuenta con cierta prudencia lo que ocurrió después. Musk no estaba satisfecho. «A mí no me importaba un pimiento Confinity. Podíamos aplastarlos», insistió. Si no quería ser el socio minoritario, era su problema. «X.com podía seguir con la guerra de captación de usuarios».

Pero entonces Harris dejó caer la bomba: le dijo a Musk que, si las dos empresas no llegaban a un acuerdo, dimitiría como CEO de

X.com. Musk le respondió: «Harris, necesitamos otra ronda de financiación, y tú me pones una pistola en la cabeza y me dices que si no
aceptamos este acuerdo nos quedaremos sin CEO. Justo ahora, que
estamos en plena recaudación de fondos. Es una situación muy compleja. Esto podría acabar con la empresa».

Pero Harris se mantuvo en sus trece y no le dejó otra opción a
Musk: el acuerdo saldría adelante. «Acepté la oferta porque, si no lo
hacía, Bill Harris dimitiría —se justificó Musk—. De lo contrario,
nunca habría dicho que sí».

Para Harris era la única opción: «¿Solo podía quedar uno? Sí —me
explicó—. Pero habríamos perdido mucho tiempo y mucho más dinero. Además, no sabía con seguridad de qué lado caería la balanza».

Para él, la fusión no solo era un movimiento defensivo; formaba parte de una estrategia ofensiva. Entonces mencionó la ley
de Metcalfe, formulada en los ochenta por el inventor de Ethernet,
Robert Metcalfe. La idea es bastante sencilla: la ley de Metcalfe dice
que el valor de una red de telecomunicación aumenta proporcional-
mente al cuadrado en relación con el número de usuarios del sistema.
Así, si una red de ordenadores cuenta con cinco dispositivos, el valor
total de dicha red es de veinticinco, es decir, cinco al cuadrado. Y si
cuenta con mil dispositivos, el valor real es de un millón, es decir,
mil al cuadrado. Para Metcalfe, una red más grande, que cuenta con
200 dispositivos más, tiene un valor 40.000 veces mayor.

La ley de Metcalfe, que servía para las redes de teléfono, fax u
ordenadores, también podía aplicarse a las de servicios de pago. «El
número de usuarios multiplica el valor —explicó Harris—. Porque
nadie quiere estar en una red de pago donde no puedes pagar a nadie;
y viceversa, nadie quiere recibir dinero en una red en la que no existe
ningún pagador. Así que el objetivo era aumentar de tamaño». Por
tanto, pese a las protestas de Musk, Harris pensó que la fusión era la
única alternativa, aunque tuviera que poner en juego su cargo.

Por aquel entonces, nadie culparía a quien creyera que el acuerdo no tenía futuro. El propio fundador de X.com, Elon Musk, estaba abiertamente en contra; John Malloy, principal inversor de Confinity, tampoco sentía un especial entusiasmo; el CTO de Confinity, Max Levchin, se había echado atrás en una ocasión; y el CEO de X.com había supeditado su cargo a la firma del acuerdo. «Pendíamos de un hilo», concluyó Malloy.

Ese matrimonio forzado planteó ciertas preguntas hipotéticas: ¿qué podría haber pasado de no haber acuerdo? ¿Quién habría ganado la guerra de eBay? ¿Confinity entraría en quiebra sin X.com? Las respuestas llegarían más tarde, pero por el momento directivos y equipos tenían por delante la ingrata tarea de fusionar a dos empresas emergentes. Y, aunque Harris y Levchin habían llegado a un acuerdo, ninguno había resuelto los principales detalles.

Lo que ocurrió a continuación les enseñaría mucho sobre los pros y los contras de una fusión de empresas. «No es tanto unir dos empresas, sino más bien contratar a 50 personas sin saber nada de ellas», me dijo Nosek.

10

ACCIDENTES

A principios de 2000, Thiel y Musk se reunieron con Mike Moritz en la oficina de Sequoia, en el 2800 de Sand Hill Road, para tratar el asunto de la fusión. Musk ofreció a Thiel llevarle desde Palo Alto.

El año anterior le había comprado un McLaren F1 plateado a Gerd Petrik, un empresario alemán. El automóvil costaba un millón de dólares, sus puertas se abrían como las alas de una gaviota... y un compartimento del motor era de oro. Musk lo calificó de «obra de arte», «una pieza de ingeniería realmente hermosa». Además, entre los siete McLaren F1, el suyo era el único que podía circular por Estados Unidos en ese momento.

McLaren basó su diseño en los modelos de Fórmula 1, y se propuso construir el mejor coche del mundo. Cuando lo presentó, el éxito fue clamoroso. «El F1 pasará a la historia como un gran acontecimiento de la historia del automóvil —se puede leer en una crítica del momento—. Es posible que sea el coche comercial más rápido que el mundo haya visto jamás».

El vehículo no era pesado, pero tenía una potencia de más de 600 caballos. «Imagina un coche que pesa como un Kia —me comentó Erik Reynolds, gran aficionado a McLaren—, pero con cuatro veces más potencia». Esa relación entre el peso y la cilindrada le permitía alcanzar velocidades de más de 300 km/h.

No obstante, eso mismo lo hacía peligroso para conductores inexpertos. Uno de sus propietarios, el actor británico Rowan Atkinson, se estrelló dos veces con su famoso McLaren. Además, por esas fechas, un joven empresario británico perdió la vida junto a sus dos acompañantes al estrellar su McLaren contra un árbol. «Poseerlo requiere tener nervios de acero —advertía *Car and Driver* en su reseña—. No hay forma de conducirlo de manera legal, y es imposible explorar todo el alcance de su potencia y velocidad».

Cuando le entregaron a Musk su F1, la *CNN* estaba presente para cubrir la noticia. «Hace tres años, me duchaba en la universidad y dormía en el suelo de la oficina —declaró ante la cámara con cierto rubor—. Y ahora tengo un coche de un millón de dólares. Es una etapa más de mi vida». Como los demás propietarios del modelo (por ejemplo, el sultán de Brunéi, Wycleaf Jean y Jay Leno, entre otros), Musk podía permitírselo, y, aun así, la compra hizo mella en su cuenta. Además, a diferencia de los demás, él lo usaba para ir al trabajo, y se negó a asegurarlo.

Volviendo a aquella reunión, de camino a Sand Hill Road el coche fue el tema de conversación entre Musk y Thiel. «Era como esa película de Hitchcock —recuerda este último—. Estuvimos hablando del coche unos 15 minutos. En teoría, teníamos que preparar la reunión, pero estábamos hablando solo del coche».

—Entonces, ¿qué es capaz de hacer esta máquina?

—Presta atención —respondió Musk.

Pisó el acelerador y tomó el carril izquierdo de la carretera a Sand Hill Road.

Viéndolo en perspectiva, Musk reconoce que no estaba preparado para conducir ese coche. «En realidad, no sabía llevarlo. No había control de estabilidad ni de tracción. Tenía tanta potencia que incluso a poca velocidad podías perder el control».

Thiel, por su parte, recuerda que el coche que venía de frente se acercaba a toda velocidad, y Musk dio un volantazo para esquivarlo. El McLaren chocó con un terraplén y salió disparado «como un disco», dijo Musk. Luego impactó contra el suelo. «La gente que vio el accidente pensó que habíamos muerto», añadió.

Thiel no se había puesto el cinturón de seguridad, pero, milagrosamente, ambos salieron ilesos. «La obra de arte» de Musk no tuvo tanta suerte; ahora parecía una obra de arte abstracto. Después de la mortal experiencia, Thiel se sacudió el polvo en el arcén y se dirigió a las oficinas de Sequoia haciendo autoestop. Una vez allí se reunió de nuevo con Musk.

El CEO de X.com, Bill Harris, les esperaba y recuerda que llegaron tarde, pero no dieron ninguna explicación por el retraso. «Nunca me lo dijeron —me contó—. Simplemente, empezamos la reunión».

Al comentar el incidente, Musk lo hizo con cierto sentido del humor: «Creo que podemos decir con seguridad que Peter nunca volverá a subirse en mi coche». Thiel también le quitó hierro al asunto: «En realidad, fue mi primer despegue con Musk. Lástima que no fuera en un cohete».

■ ■ ■

Quizá nunca más viajarían juntos en coche, pero Musk y Thiel estaban ahora en el mismo barco, profesionalmente hablando.

En la prensa y sobre el papel, X.com parecía tenerlo todo a su favor: un equipo de tecnólogos de gran talento, una base de usuarios en aumento —cercana al medio millón— y un liderazgo que contaba con el antiguo CEO de Intuit y con un empresario que había logrado una venta de nueve cifras en su última empresa. Y, gracias a la fusión, su discurso era aún más potente. Como habían neutralizado a su principal competidor y sumado sus bases de usuarios para aprovechar los efectos de red, la nueva empresa podía conquistar del todo el mercado de los pagos digitales. Incluso antes de firmar el acuerdo, Bill Harris llamó a Levchin para que comunicara a Yahoo! que su acuerdo con ambas empresas quedaba cancelado. «Lo fundamental era hacer frente común», explicó Levchin en una conferencia en Stanford, años más tarde.

Cuando empezaron a aparecer filtraciones sobra la fusión, una usuaria de PayPal escribió a Julie Anderson, de X.com, y al jefe de relaciones públicas de Confinity, Vince Sollitto, para compartir sus impresiones. Esta mujer calificó la fusión de «ganadora»:

> Lo último que querría presenciar en eBay, donde soy compradora y vendedora, es una guerra sin cuartel entre X.com y PayPal, como ocurrió con BETA y VHS. Recibir el dinero de un comprador de forma inmediata por PayPal es infinitamente mejor que esperar un cheque y liquidarlo. Todos los que formamos parte del mundo de la informática sabemos que el canon importa. Por eso, ese acuerdo simplificará la vida de mucha gente. Por otro lado, ambas empresas son un modelo en el mundo de los pagos digitales, tienen una enorme responsabilidad con los usuarios, incluso más que antes.

Pero no todas las reacciones fueron positivas. Tal vez los usuarios de eBay estuvieran satisfechos con la fusión, pero la dirección del portal de subastas lo percibió más bien como una amenaza. Y tenían un as en la manga: justo tras darse a conocer el acuerdo, anunciaron que Wells Fargo tomaría el control de su plataforma de pagos, Billpoint. También presentaron un acuerdo con Visa que proporcionaba tres meses de servicio de pago gratuito para sus usuarios.

Sin duda, para mucha gente fue una gran noticia. «El principal inconveniente para que los usuarios de eBay utilicen su plataforma de pago, Billpoint, es su elevado coste —declaró Rodrigo Sales, cofundador de AuctionWatch, centro de noticias sobre subastas en Internet—. Por eso las empresas que ofrecen servicios de pago gratuitos, como PayPal y X.com, han entrado con tanta fuerza en la comunidad de eBay». De hecho, las alianzas de esta plataforma con Visa y Wells Fargo parecían diseñadas con un único propósito: recuperar el terreno perdido frente a X.com y PayPal.

Además, el rápido crecimiento del número de usuarios de ambas empresas también propició la aparición de algunas imitaciones. En marzo de 2000, uno de los mayores bancos del país, Bank One, con sede en Chicago, lanzó eMoneyMail; y el mismo mes, Yahoo! adquirió dotBank, otra plataforma de pagos. Incluso un inversor de Confinity, IdeaLab Capital Partners, financió un producto de la competencia, PayMe.com.

■ ■ ■

Para colmo, la mejor baza de X.com —el incremento repentino de usuarios— era tanto una bendición como una maldición. Porque más usuarios era sinónimo de más reclamaciones. Y los foros de subastas se llenaron de quejas cuando se caía la web, las bonificaciones no se hacían efectivas o una transacción sufría algún percance.

Por otro lado, ambas empresas empezaron a sufrir la persecución de los legisladores gubernamentales. La gran cantidad de quejas de usuarios provocó una investigación de la Comisión Federal de Comercio, y el Servicio Secreto de EE. UU. también comenzó a preocuparse por las transacciones ilegales que podían efectuarse por PayPal. Además, como el número de clientes de ambas empresas aumentaba a un ritmo incontrolable, los esfuerzos por poner orden en el caos eran inútiles.

La propia fusión tampoco ayudó a calmar el ambiente. Salvo Bill Harris, en los dos equipos apenas tenían experiencia de gestión, por no hablar de una operación tan compleja como una fusión. X.com y Confinity poseían bases de usuarios distintas, una web muy diferente, y habían desarrollado dos plataformas de pago sin demasiados puntos en común: la de X.com operaba con Microsoft y la de Confinity con Linux.

Además, la fusión tenía que llevarse a cabo con celeridad. Ni Thiel ni Harris querían arriesgarse a posponer el frágil acuerdo, porque, en gran medida, ambas empresas dependían de una próxima captación de fondos: habían intentado conseguir financiación antes de las negociaciones y por eso cuanto más rápido sellaran el acuerdo, antes podrían recaudar fondos de forma conjunta.

En ese periodo, cada vez que visitaban a un inversor le vendían la oportunidad de entrar en una gran empresa. Un candidato recuerda que Levchin le presionó para que aceptara con rapidez su oferta para beneficiarse de la distribución de acciones antes de la fusión. Por eso, cuestiones tan básicas como el nombre del producto quedaron sin respuesta. «Recuerdo que debatimos durante horas el diseño del logotipo —me contó Amy Rowe Klement—. ¿Cómo podíamos fusionar ambos?». Sí que habían aceptado que X.com fuera el nombre corporativo oficial tras la fusión, pero ¿qué ocurriría con PayPal?

Una de las propuestas era llamar al producto «X-PayPal», cuyo prefijo hacía referencia al centro de productos y servicios financieros que tenía en mente Musk. Un correo electrónico de Bill Harris, del 18 de marzo de 2000, destacaba el potencial de una familia de marcas que empezaran por el prefijo «X». Sin embargo, para el equipo de Confinity, el guion que separaba ambas marcas les hacía temer quedarse relegados a una posición de socio minoritario.

Por otra parte, el proceso de auditoría de venta reveló ciertas irregularidades en ambas empresas. Según varios altos cargos, el día que se cerró el acuerdo X.com tuvo que inyectar dinero en las arcas de Confinity. Aunque esta había conseguido otra ronda de financiación a principios de 2000, ya había consumido gran parte de esa inversión.

Pero X.com tenía sus propios problemas. Para ampliar su base de clientes, había concedido líneas de crédito a muchos de ellos, como parte de su plan de creación de una plataforma integral de servicios financieros. Pero, con la rápida expansión que vivió, ese proceso había pasado a un segundo plano. «Resulta que concedimos líneas de crédito a personas que no eran reales o que habían robado la identidad de otro individuo —me explicó Ken Miller—. Y, por otro lado, concedíamos créditos a individuos que sí eran reales, pero no cumplían con los requisitos».

Ambas empresas asumieron estos inconvenientes con tal de sacar adelante una operación crucial que, en teoría, las fortalecería a ambas.

Pero la fusión no había resuelto un problema fundamental: el flujo de caja negativo de la nueva empresa, que iba a gastar casi 25 millones de dólares solo en ese trimestre, entre salarios, bonificaciones, comisiones y fraudes. «Si hubiéramos subido a la azotea de nuestro edificio a lanzar fajos de billetes de cien dólares —comentó Reid Hoffman—, habríamos gastado el dinero con mayor lentitud».

Musk recuerda el momento en el que salieron a la luz todos los problemas: «Si no solucionamos lo del fraude, estamos acabados. Si no arreglamos lo del servicio de atención al cliente, también. Y si no modificamos el modelo de negocio, que consiste en gastar dinero sin ingresar nada, es obvio que esto no prosperará».

■ ■ ■

Los dos equipos habían luchado de forma épica para lograr la supremacía en el mercado —incluyendo tartas con mensajes de mal gusto, pancartas amenazadoras y correos electrónicos sin filtro—. Ahora, pocas semanas después, se esperaba que trabajaran juntos y fueran poco menos que una familia feliz. Mucha gente dudaba de que aquello fuera posible.

A finales de febrero, la noticia de la fusión llegó a los trabajadores de ambas empresas, y para gran cantidad de ellos fue una auténtica sorpresa. «En ese momento, creo que el personal de Confinity pensaba que estaba luchando para dejarnos en la cuneta, y nosotros estábamos convencidos de que íbamos a aplastarlos —recuerda Colin Catlan, ingeniero de X.com—. La verdad es que la gente de X.com se quedó un poco sorprendida por el cambio de rumbo».

De todas formas, la historia de la fusión es distinta según quién la cuente. «En Confinity nos dijeron que nosotros éramos el pilar de la fusión —recuerda David Gauseback, ingeniero—. Nos aseguraron que, si bien X.com tenía más capital, su tasa de morosidad era muy elevada y estaban perdiendo mucho dinero. Es decir, que en comparación nosotros estábamos mucho mejor que ellos. Sin embargo, como no éramos los únicos operadores del mercado, la fusión nos beneficiaba a la hora de recaudar fondos».

En sus memorias, Eric Jackson, miembro del equipo de marketing de Confinity, recuerda que Luke Nosek intentó tranquilizarlo, ya que estaba muy preocupado por el cariz que había tomado la operación:

> Mira, no es mal negocio para nosotros. Por un lado, X.com tiene casi 200.000 usuarios, ¡casi tantos como nosotros! Además, con todos los servicios financieros que prestan, como mercados de valores, fondos indexados y tarjetas de débito, cada cuenta suya valdrá mucho más que una de las nuestras. Y como estamos gastando mucho dinero y tendremos que buscar financiación más pronto que tarde, fusionarnos con nuestro mayor competidor es una forma de convencer a los inversores.

Por otro lado, los trabajadores de X.com escucharon un relato muy distinto: su empresa estaba «rescatando» a Confinity, que había crecido más rápido en eBay, pero que, como resultado, había agotado su efectivo. Además, X.com también comunicó a su equipo que la experiencia de sus líderes sería de gran ayuda para una dirección tan joven e inexperta como la de Confinity.

En marzo, algunos trabajadores de Confinity empezaron a visitar las oficinas de X.com, ubicadas en su antiguo edificio. «Fue divertido, porque alquilamos esas oficinas y tras la fusión volvimos a instalarnos allí —recuerda Ken Howery—. Así que tuvimos que trasladar otra vez todo el mobiliario a la antigua sede».

Pero esta experiencia no fue igual de divertida para todo el mundo. Un ingeniero, Erik Klein, recuerda una tensa reunión en el restaurante Nola de Palo Alto con sus homólogos del otro equipo: «Tras varias horas, acabábamos a gritos delante de los demás comensales —me relató—. No congeniábamos en absoluto, éramos como el agua y el aceite».

En cambio, otros trabajadores recibieron la noticia con cierto alivio. «Nadie quería una reducción de sus participaciones —me confesó Todd Pearson, de X.com, refiriéndose a la bajada de las acciones de los trabajadores tras la fusión—. Pero al menos esa guerra tan encarnizada había terminado». En cambio, Julie Anderson, de X.com, consideraba que algo así era un paso natural en cualquier empresa. «Dada la situación financiera, no fue una gran sorpresa». Ambas compañías habían incrementado su número de usuarios, pero juntas tendrían más posibilidades de convertir esa base en un negocio rentable. «Todos pensamos que era bueno pasar a la siguiente etapa», recuerda.

Y esa nueva etapa requería un nuevo hogar mucho más grande. Por eso, un mes más tarde, la empresa alquiló unas oficinas en el 1840 de Embarcadero Road, en Palo Alto, donde antes se localizaba la antigua sede de Intuit (y de Bill Harris). El espacio, de más de 6500 m^2, costaría unos cien mil dólares al mes el primer año. Lee Hower, que se incorporó a X.com al terminar sus estudios en la Universidad de Pensilvania, recuerda la mudanza como todo un reto. «Puede parecer una tontería, pero en ese contexto era otro elemento más que fomentaba el caos».

En las nuevas oficinas, todavía sin amueblar, se celebró una de las reuniones iniciales del equipo combinado. Harris, Musk y Thiel tomaron la palabra, cada uno ofreciendo garantías de que su empresa iba por buen camino. Los asistentes recuerdan que Thiel llevaba la camiseta de la Capilla Sixtina de Confinity y unos pantalones cortos. Aquello contrastaba con el impecable traje de Harris. Además, Thiel no dejaba de calcular mentalmente el índice de conversión entre las acciones de Confinity y las de X.com.

El 30 de marzo de 2000, el jefe de recursos humanos de X.com, Sal Giambanco, envió un mismo correo electrónico a toda la empresa (tanto a all@paypal.com como a all@x.com). El asunto era «Es oficial», y el cuerpo del texto decía: «A partir de hoy, X.com y Confinity son una sola empresa. ¡Felicidades a todos!».

■ ■ ▪

Aquel día tenían otros motivos para estar de enhorabuena: comunicaron de manera formal la fusión a la prensa y anunciaron una ronda de financiación de serie C de cien millones de dólares. «Tenemos una gran responsabilidad —manifestó Thiel en la rueda de prensa—. La ronda de financiación ha superado con creces nuestras expectativas, y hemos visto un gran entusiasmo por participar en nuestra plataforma financiera». Y Musk añadió: «La envergadura de esta ronda pone de manifiesto el valor de X.com como empresa líder de los pagos digitales».

El proceso para recaudar fondos había sido frenético. Jack Shelby, del equipo de finanzas, no había pisado su casa en varias semanas para reunirse con distintos inversores. Thiel quería cerrar todos los compromisos con la mayor rapidez posible, porque sospechaba que la economía nacional estaba al borde del precipicio. «Yo confiaba en la opinión de Peter —me contó Shelby—. Él sabía de macroeconomía y tenía la seguridad de que el fin estaba cerca».

Pero, pese al temor por la inestabilidad económica, el equipo no tuvo ningún problema en atraer el interés de los inversores. «Yo no lo llamaría captación de fondos, porque en realidad se trataba de elegir qué inversores queríamos que participaran en el proyecto», me explicó Musk. En cuanto a Thiel, recuerda que los inversores intentaban acorralarlo para que aceptara su dinero. En una ocasión, un posible inversor lo siguió hasta el vestíbulo de un hotel. Pero Thiel no estaba allí para entrevistarse con él, sino para charlar con otros posibles inversores. De todas formas, él acercó una silla a su mesa y se limitó a escuchar su discurso ante el otro grupo de inversores.

También en otra ocasión, en un viaje a Corea, cuando Thiel se disponía a comprar el billete de vuelta la aerolínea rechazó la tarjeta de crédito de la empresa. Pero los inversores con los que acababa de reunirse estuvieron encantados de comprarle un billete en primera clase. «Estaban entusiasmados. Al día siguiente llamaron a nuestro bufete de abogados y preguntaron cuál era el número de cuenta para hacer el pago».

La extraña naturaleza de esos acontecimientos confirmó las sospechas sobre el estado de los mercados: «Recuerdo que tenía la sensación de que todo podía desvanecerse en cualquier momento. Por eso debíamos cerrar todos los acuerdos de inmediato. Esa oportunidad no seguiría ahí mucho tiempo», admitió Thiel.

La cifra final, cien millones de dólares, decepcionó a algunos miembros del equipo. Confinity y X.com habían acordado verbalmente números que duplicaban aquel monto, y había gente que creía mejor prolongar la ronda de financiación o presionar más a los inversores para llegar a los mil millones de dólares.

Pero Thiel no pensaba igual, y presionaba a Selby y al resto del equipo financiero para que convirtieran los apretones de manos en cheques reales y confirmaran la recepción del dinero. «Peter presionó a todo el mundo para que se cerrara cuanto antes esa ronda de financiación», recuerda David Sacks. Muchos miembros de la plantilla de Confinity, que habían sufrido en primera persona el duro carácter de Thiel, rara vez lo recuerdan tan persistente. «Si no cerramos los acuerdos —me contó Howery que les dijo—, la empresa podría saltar por los aires».

Musk también anticipaba la quiebra inminente del mercado. Ya a mediados del 99 advirtió sobre ello a un reportero de la revista de antiguos alumnos de la Universidad de Pensilvania: «Cualquier cambio profundo está destinado a desencadenar un terremoto especulativo —manifestó sobre la burbuja de Internet—. Y la gente tiene que hacer sus deberes, y no invertir en empresas que no están bien organizadas. Hay muchos gigantes con pies de barro, y la mayoría se derrumbarán».

Musk predijo una ruptura del orden económico: «Este está siendo el momento de paz y prosperidad más largo de la historia. Y para los jóvenes que nunca han visto de cerca una recesión, como nos dice la historia que sucederá, será una experiencia dura». Una predicción que contrastaba con su habitual optimismo: si Musk recomendaba prudencia, algo estaba ocurriendo.

También era consciente de que la valoración de su empresa (500 millones) era «ridícula». Su anterior compañía, Zip2, se vendió por 300, y tenía clientes de pago y generaba millones de dólares. En cambio, el valor de X.com era mucho mayor, pero su principal logro se basaba en que podía transferir el dinero de los usuarios por correo electrónico.

■ ■ ■

En la ronda de financiación, el equipo eligió con acierto a un inversor principal que estaba al margen de los problemas que presentaban las puntocom: Madison Dearborn Partners (MDP), una empresa de capital privado con sede en Chicago. MDP entró en el mundo de las inversiones con una serie de pequeñas apuestas en empresas emergentes de tecnología, medios de comunicación y telecomunicaciones.

Tim Hurd, el socio de MDP que se encargaba de la ronda de financiación, había analizado el crecimiento y la expansión de las empresas de Internet. Y cuando le llegó la oferta de Confinity/X.com, obviamente, se mostró interesado. «Sabía algo sobre pagos digitales y pensé que era un proyecto bastante atractivo». Ambas compañías habían logrado incrementar su base de usuarios muy rápido, y Hurd sabía lo complicado que era ese sector. «Cuando logras un efecto de red, es mucho más difícil que otra empresa aparezca en el mercado», señaló.

Él no había tenido ninguna experiencia previa con X.com ni con Confinity, así que, como reconoció, «era un salto sin red». Y, aunque su aportación era relevante, MDP tampoco estaba invirtiendo una suma decisiva: su participación de 30 millones de dólares apenas representaba una pequeña fracción de sus activos. «Para mí, PayPal era un diamante en bruto», recuerda.

Una vez asegurada la participación de MDP, Selby, Thiel y el equipo financiero se propusieron recaudar otros 70 millones de entre «la retahíla de inversores destacados» que deseaban participar en la empresa. Al final se unieron otros, entre ellos tres empresas de inversión de Singapur, dos de Japón y una de Taiwán. Y en Estados Unidos el equipo consiguió la participación de LabMorgan, Capital Research and Management Company, Digital Century Capital y Bayview 2000.

El tiempo apremiaba: unos días antes de que X.com cerrara la ronda de financiación, los mercados de EE. UU. empezaron a derrumbarse y acabarían cancelando 2,5 millones de capital bursátil e hiriendo de muerte el entusiasmo por los valores tecnológicos. «Los días de avaricia que alimentaron uno de los mayores mercados alcistas de la historia se convirtieron en días de terror al percatarse de que los valores tecnológicos subían demasiado, demasiado rápido», informaba la *CNN* en abril de 2000. A final de año, las acciones del Nasdaq habían perdido la mitad de su valor. En vísperas de 2001, la *CNN* solicitó a un experto bursátil una selección de acciones con buen pronóstico: «En realidad, no invertiría ni un dólar; dejaría que el ángel de la muerte se llevara los cadáveres», afirmó este.

Más adelante, Thiel declararía que ese cataclismo resultó esclarecedor. «Quizá el punto álgido de esa purga también fue el más aclaratorio. Fue entonces cuando vislumbramos el futuro, si bien descubrimos también que muchas cosas se habían hecho mal».

De repente, los excesos de Silicon Valley dieron paso a la austeridad. «Todas las empresas que habían esperado para cerrar sus rondas de financiación se dieron cuenta de que el dinero se había evaporado», sostuvo Saks chasqueando los dedos. Todo el mundo recuerda la conmoción que supuso ver los escaparates de Palo Alto cerrados, cuando meses atrás la gente se arremolinaba ante ellos.

Al comienzo de la recesión, ni los grandes patrocinios servían para nada. Mike Moritz, de Sequoia, había invertido en una de las empresas más prometedoras del boom de las puntocom: el portal de mascotas Pets.com. En enero de 2000, este contrató un costoso anuncio de 30 segundos en la Super Bowl, titulado «If you leave me now». El 7 de noviembre, apenas 200 días más tarde, Pets.com echó el cierre y liquidó todos sus activos. Se transformó en el epítome de los peligros de la especulación de las puntocom.

Durante la crisis, fuckedcompany.com —sección humorística de la revista tecnológica *Fast Company*— se hizo popular entre la gente del sector. Como su nombre indica, la página relataba las numerosas desventuras de la época. Varios trabajadores de X.com recuerdan haber consultado a diario esa página; pero no lo hacían para enterarse de los desastres ajenos, sino por miedo a ser los siguientes.

Hay muchos factores que explican por qué Confinity y X.com no acabaron en el vertedero de Silicon Valley, aunque uno de los más destacados es que tenían mucho más margen de maniobra para superar un año difícil. «Por aquel entonces, había quizá entre cinco y siete empresas dedicadas a los pagos digitales, pero con el tiempo se quedaron sin fondos. Todas ellas acabaron cerrando en otoño», me explicó Vince Sollitto.

Los antiguos trabajadores señalan esa ronda de financiación como un punto de inflexión para PayPal. «No creo que la gente sepa hasta qué punto estaba mal el sector —señaló Klement—. Si no hubiéramos conseguido esos cien millones, PayPal no existiría hoy en día». Mark Woolway fue mucho más allá: «Si el equipo no hubiera logrado esos cien millones, no existirían ni SpaceX ni LinkedIn ni Tesla».

Para reflexionar sobre todo ello, David Wallace recurrió a la teología: «Teníamos la sensación de que, si seguíamos trabajando, podíamos lograr nuestro propósito. Nos fusionamos y cerramos justo a tiempo la financiación, antes de que todo se viniera abajo. En la teología cristiana, existe una relación entre el esfuerzo humano y la predestinación. Sin embargo, la única manera de que este enfoque tenga sentido es analizando las dos cosas en conjunto. En otras palabras, aquello que está predestinado que ocurra conlleva un *trabajo*».

■ ▪ ■

Las predicciones catastrofistas de Thiel también trajeron consigo nuevas propuestas. En el verano de 2000, mientras preparaban una reunión del consejo de administración, le preguntó a Musk si podía presentar una proposición. Este aceptó. «Peter tiene un punto en la agenda que le gustaría tratar», anunció en la reunión, y le cedió la palabra.

Y Thiel empezó a hablar. Los mercados, dijo, no habían tocado fondo todavía. En su opinión, las cosas se pondrían más feas aún, tanto para la empresa como para el mundo. Mucha gente había considerado ese incidente como una mera corrección a corto plazo, pero Thiel estaba convencido de que se equivocaban: la burbuja era más grande de lo que se creía y aún no había estallado del todo.

El caso es que, para X.com, las consecuencias de la predicción de Thiel eran nefastas: su flujo de caja negativo los obligaba a seguir recaudando fondos, pero, si la burbuja en realidad no había estallado, los mercados se ajustarían aún más y la financiación se agotaría, incluso para ellos. El balance general de la empresa podría caer en picado y no tendrían posibilidad de recaudar más dinero.

Sin embargo, Thiel presentó una solución: debían transferir los cien millones de la ronda de financiación a su fondo de cobertura, Thiel Capital. Él usaría ese dinero para vender en corto en la bolsa. «Era una buena estrategia —admitió Tim Hurd, miembro del consejo de administración de MDP—. Una de las ventajas de PayPal era que no hacía falta que actuara como si estuviese en el mundo real».

Pero la junta directiva se quedó horrorizada. Moritz, Malloy y Hurd se opusieron. «Peter, lo entiendo muy bien —dijo Hurd—. Pero obtuvimos el dinero de los inversores porque teníamos un plan de negocio. Y ellos lo tienen en sus archivos. Y este plan estipulaba con claridad que los ingresos se usarían con fines corporativos y para ampliar el negocio, no para especular en bolsa. Tal vez el futuro demuestre que tienes razón, pero si te equivocas nos demandarán a todos». Por otro lado, la reacción de Mike Moritz resultó especialmente memorable. Con su característico dramatismo, perdió los papeles, como recuerda un miembro de la junta:

—Peter, es muy sencillo: si esta junta aprueba tu propuesta, dimito —anunció.

«El dramatismo de Mike Moritz fue de los mejores momentos de la reunión», recuerda Malloy. Lógicamente, a Thiel le enfadó la negativa de la junta y, en señal de protesta, no se presentó a las siguientes reuniones. En su opinión, demostraban una gran cortedad de miras. Se estaba gestando un colapso histórico del mercado y, si aprovechaban la oportunidad, podían ganar mucho dinero. «El mercado estaba cambiando y, aunque Peter siempre es pesimista, se dio cuenta de eso. En definitiva, tenía razón», confirmó Malloy. «Habríamos ganado más dinero que todo el que ganamos con PayPal».

11

EL «MOTÍN DEL NUT HOUSE»

Mensajes en los foros de eBay en junio de 2000:

PayPal siempre me ha funcionado. Es probable que
pruebe BidPay. ¡No pienso usar Billpoint! ¡Los vendedores
debemos unirnos para boicotear a Billpoint!

¡PayPal es un servicio fantástico para compradores
y vendedores! Tanto para unos como para otros. ¡No
entiendo por qué nadie usaría Billpoint en su lugar!

He usado PayPal estos dos últimos meses y es perfecto. La
mitad de los compradores lo usa, y las transacciones van
como la seda.

Comentarios como estos subieron el ánimo al equipo de PayPal desde
que todo estalló. «Los usuarios nos preferían —recuerda Colin Catlan—.
Cada día, recibíamos cientos de correos electrónicos en los que nos
aseguraban que les habíamos cambiado la vida». Emprendedores
que durante mucho tiempo habían soñado con tener su propio negocio ahora ya podían comprar y vender sin problemas por eBay.
«Inventamos algo que solucionaba un problema real», me explicó Jim
Kellas, amigo del instituto de Levchin y por aquel entonces ingeniero
de control de calidad en la empresa.

Pero entre tanto mensaje de amor también se colaban algunas quejas. Al principio, en X.com y Confinity solventarlas era secundario. De hecho, en octubre de 1999, cuando se lanzó PayPal, en Confinity incluso podían llamar por teléfono a cada usuario para arreglar sus incidencias. Pero la empresa crecía y una sola persona, David Wallace, tenía que ocuparse de todo el servicio de atención al cliente.

A principios del año 2000 todo cambió. En apenas cinco días de febrero, X.com recibió la asombrosa cifra de 26.405 llamadas en atención al cliente, es decir, unas siete por minuto. Confinity experimentó una avalancha similar. «24 horas al día —rememora Reid Hoffman—, al descolgar cualquier teléfono podías hablar con un cliente enfadado».

Ambas empresas afrontaron la situación del mismo modo: ignorando los correos electrónicos, desconectando los teléfonos de la oficina e incluso apagando o sustituyendo los móviles de los miembros del equipo. «[Wallace] nos dijo que en su bandeja de entrada tenía más de cien mil correos —recuerda David Sacks—. No dábamos crédito. Le dijimos que debería haberlo comunicado antes».

■ ▨ ▨

Para los usuarios que llevaban tiempo siendo fieles a Confinity y X.com, los fallos en la plataforma tuvieron graves consecuencias. Por ejemplo, uno de los primeros usuarios de X.com fue de viaje a San Diego, a pasar el fin de semana con su novia. «Miré el saldo de mi cuenta poco antes de salir hacia el aeropuerto, y vi que era de 746,14 dólares», escribió en un detallado correo al equipo directivo de X.com. Pero al aterrizar rechazaron su tarjeta en el mostrador de la empresa de alquiler de coches, no pudo sacar dinero en un cajero cercano y luego tampoco pudo pagar en el hotel. Entonces llamó a atención al cliente y, tras una interminable espera, se dio por vencido.

«Si hubiera viajado yo solo —decía en el correo—, me habría quedado tirado en el aeropuerto sin coche, sin hotel y sin dinero. Además, no pude hablar con nadie de atención al cliente. Creo que, de ahora en adelante, no utilizaré más sus servicios».

Pero es que incluso los trabajadores de X.com tenían problemas con los productos de la empresa. En abril de 2000, la tarjeta de débito de uno de ellos falló dos veces en un Starbucks. «Acaban de rechazarme la tarjeta dos veces, y nuestro responsable de atención al cliente no ha sabido explicarme por qué —escribió el trabajador en un correo interno—. Esto no pinta bien». Aquel cliente de Starbucks era nada menos que el presidente y fundador de X.com, Elon Musk.

Otro cliente, al que X.com cobró una comisión por demorarse en el pago de un cheque, fue al portal Epinions para compartir su descontento y prometió «ponerse en contacto con la FDIC y la fiscalía general». Los clientes insatisfechos muchas veces contactaban con la prensa, el Better Business Bureau o la Comisión Federal de Comercio.

Vivien Go se ocupaba de las quejas del Better Business Bureau. «Me entregaban esas órdenes judiciales como si no tuviera ningún derecho. Estaba un poco asustada. La señora de la oficina del Better Business Bureau de San José me dio mucha caña. Era una mujer muy dura. No me resultaba agradable pensar que tenía que reunirme con ella».

Algunos clientes incluso se tomaron la justicia por su mano. «La gente pensaba que nos estábamos quedando con su dinero —protesta Skye Lee—. Alguien incluso condujo hasta Palo Alto con una pistola para reclamarlo. La seguridad era una cuestión básica en aquella época».

Dionne McCary, que era directora de control de calidad, cuenta que en una ocasión, al salir de casa con una camiseta que lucía el logo de la empresa, un hombre empezó a chillarle. «Se puso a gritarme porque tenía algún problema con PayPal. Fue surrealista; la gente cree que como trabajas en PayPal puedes solucionar sus problemas». Ella siguió en el sector tecnológico el resto de su carrera, pero de aquello aprendió una cosa: «Por la calle nunca llevo ropa con los logos de las empresas en las que trabajo».

Es cierto que algunos problemas no eran del todo imputables a la empresa. Por ejemplo, que una tarjeta de X.com funcionara en una oficina de alquiler de coches o en un Starbucks requería una compleja secuencia de pasos, y en cualquiera de ellos algo podía salir mal. Al analizar el caso del cliente de San Diego, sin ir más lejos, los responsables de X.com descubrieron que el problema venía del servidor de un sistema de procesamiento de tarjetas de débito perteneciente a un tercero.

Pero, en cualquier caso, el precario servicio de atención al cliente dejaba colgados a sus usuarios, lo que no permitía depurar responsabilidades; así que, si algo iba mal, siempre creían que era culpa de X.com. Por eso la empresa decidió que la atención al cliente sería una prioridad a partir de entonces.

■ ■ ■

Al principio, X.com intentó aplicar la fórmula tradicional: externalizar las llamadas y las reclamaciones. Para ello contrató a empresas con sede en California y un centro de llamadas en Burbank. Sin embargo, estas soluciones eran costosas y con frecuencia no se resolvían los problemas de los usuarios. «Nos cobraban un montón y no arreglaban nada», se quejó Musk.

De modo que Julie Anderson se propuso zanjar la cuestión de una vez por todas. Analizó otras empresas de atención al cliente de todo el país y de pronto tuvo una idea. «No sé cómo se me ocurrió, pero pensé que podía enseñar a mi familia a hacer esa labor desde casa. En realidad, tengo una familia muy extensa».

En particular, Anderson pensó en su hermana, Jill Harriman, que vivía en Nebraska y cuya paciencia, típica del Medio Oeste, podía ser útil para enfrentarse a la frustración de la clientela. Musk lo consideró interesante. Anderson recuerda que le dijo: «Haz lo que quieras. Busca un local y no pierdas más tiempo. Necesitamos a cien personas en 30 días». Así que Anderson voló a Ceresco, Nebraska, y enseñó a su hermana a atender las llamadas. Luego, esta hizo lo propio con catorce personas más.

Esta iniciativa fue uno de los proyectos inaugurales de la empresa en Omaha. El grupo inicial de especialistas en atención al cliente resultó mucho más eficaz, rápido y barato que sus predecesores en

California. «Eran fantásticos. Nadie lo hacía mejor. Eran fiables, responsables y trabajadores», recuerda Anderson.

Gracias al éxito del nuevo centro de atención al cliente, la dirección de X.com autorizó la ampliación del negocio en Nebraska, que en unos tres meses pasó de alrededor de 25 trabajadores a 161. En cuestión de semanas, el centro de llamadas tenía más empleados que la sede central de la empresa en Palo Alto. Y los resultados fueron espectaculares: el 12 de mayo de 2000, X.com comunicó a todo su personal que «se han atendido los miles de correos electrónicos que se acumulaban en los servidores». Además, la empresa cerró el costoso servicio de atención al cliente de Burbank.

Ese verano (y los siguientes) la plantilla de X.com visitó con frecuencia la oficina de Omaha. Sobre todo los miembros del equipo de producto, para ejercer como una especie de enlaces. La propia Anderson se trasladó allí un tiempo para ayudar a formar el equipo y elaborar el protocolo de atención al cliente.

Ese equipo, pues, era el canal de comunicación entre los clientes y los directivos de Palo Alto. Michelle Bonet, una de las primeras trabajadoras de PayPal en Omaha, recuerda que quedó impresionada por la rapidez con la que la empresa respondía a las peticiones de los clientes. «Cuando encontrábamos un fallo en el sistema, lo notificábamos de inmediato a Palo Alto. Y al día siguiente ya estaba arreglado». Como eran los representantes de la empresa ante su clientela, Bonet también señala que no fue sencillo tratar con la gente malhumorada. «Tuvimos incluso avisos de bomba. Nos amenazaban todo el tiempo, tanto verbalmente como por escrito».

Amy Rowe Klement, por su parte, se acuerda de que aquel éxito de Omaha generó una especie de «punto ciego» en Palo Alto. «Al cabo de un tiempo, y echando la vista atrás, me di cuenta de eso: no pasaba suficiente tiempo en la oficina de atención al cliente de Omaha. En realidad, no tenía nada que ver, ¿verdad? Sin embargo, cuando adquirí experiencia me di cuenta de que debía pasar más por allí, porque eso también formaba parte de mi trabajo. Si había problemas en Omaha era porque mi equipo no lo hacía bien. Así que teníamos que estar más conectados».

Musk se prodigó en elogios hacia el centro de llamadas de Omaha. «Lo hacían fenomenal. Era mucho más barato y los clientes quedaban mucho más satisfechos». El viernes 2 de junio, el propio Musk viajó hasta allí para inaugurar la primera oficina de la empresa en Nebraska. Le acompañaron algunos colegas de Palo Alto, el alcalde de Omaha, Hal Daub, y el equipo de X.com en la ciudad, incluido un representante de atención al cliente, Andre Duhan III, que celebró la ocasión afeitándose el logo de X.com en el pelo y tiñéndoselo de azul. En el evento se recaudaron fondos para el Child Saving Institute, una organización benéfica local.

Al elegir Omaha, X.com no solo sacó partido de las relaciones familiares de Anderson, también del Ejército estadounidense, que tenía presencia en la zona. Protegido a ambos lados por medio continente, el estado de Nebraska albergaba entonces el cuartel general del Mando Aéreo Estratégico, división militar que controlaba gran parte del arsenal nuclear del país. De hecho, durante la Guerra Fría, la base aérea Offutt planificó el escenario de la llamada «destrucción mutua asegurada». Así que muchas empresas como X.com aprovecharon las inversiones militares en las telecomunicaciones de la zona. A principios de los noventa, la región contaba con una de las primeras redes de cable de fibra óptica del país.

Esa razón hacía de Omaha una de las mejores ubicaciones para el centro de atención al cliente de una empresa de servicios de pago digitales ubicada en la Costa Oeste. Pero aquello también se extendería: tiempo después, esos trabajadores viajaron por todo el mundo y abrieron nuevos centros de atención al cliente en India, Dublín y Shanghai. El grupo inicial llegó a ampliarse a miles de personas y a tener una plantilla varias veces superior a la de la sede de X.com en Palo Alto. Hoy en día, PayPal sigue siendo una de las empresas que genera más trabajo en la región.

■ ■ ■

Años más tarde, Anderson reflexiona sobre su arriesgada estrategia: «Nunca me paré a pensar si funcionaría. Esa pregunta no tenía sentido en aquel momento. Solo nos centrábamos en qué podíamos hacer y cuánto tardaríamos en ponerlo en práctica».

La rapidez tenía un coste, pero la empresa estaba dispuesta a asumirlo. El diseñador Ryan Donahue recuerda que un viernes por la tarde se interrumpió una de las funciones clave de la web en un momento de gran volumen de pagos. Avisó al CTO de la empresa —es decir, a Max Levchin— y este se presentó allí para evaluar la situación: «Nada más llegar me dijo: "Buen trabajo, acababas de joder la función de enviar dinero. Has costado a la empresa un millón y medio de dólares"». Donahue se quedó aterrado. «Nunca había cometido un error tan caro. Pero no pasó nada. Levchin se lo tomó con humor. En realidad, aquel lugar era asombroso».

Musk y otros directivos consideraban que los errores eran un daño colateral, producto de tener a personal multidisciplinar. «Recuerdo que una vez Elon me dijo que si antes de lograr algo no podía contarle cuatro formas de joderlo, lo más probable es que no fuera un especialista en el tema», recuerda Giacomo DiGrigoli.

Musk sabía de lo que hablaba. «Si tuviéramos que elegir entre dos opciones similares —comentó en una charla en Stanford, en 2003—, en lugar de perder el tiempo intentando averiguar cuál es un poco mejor tal vez deberías limitarte a apostar por una. Es verdad que eso a veces implica un coste. Pero suele ser mejor elegir un camino y explorarlo que dudar eternamente».

■ ▪ ■

Sin embargo, en muchos otros aspectos, la fusión no dio los frutos que todo el mundo esperaba, y tanto trabajadores rasos como ejecutivos empezaron a detectar problemas no tan fáciles de resolver. Incluso los más sencillos parecían no tener solución. Por ejemplo, el correo electrónico corporativo tardó meses en fusionarse de forma efectiva y, además, el desarrollo de productos se frenó de manera considerable.

«Lo único que hacía era ir a la oficina y fichar —me contó un trabajador—. No sabía muy bien cuál era mi labor ni a quién tenía que
informar».

Los retrasos se sumaron a nuevas amenazas que aparecían en el
horizonte: la novedosa estrategia de pagos de eBay, más competencia... y el fraude. «Dos o tres meses sin sacar ningún producto era una
eternidad —señaló Sacks—. Como en los dos o tres meses previos
habíamos lanzado muchos, ganamos a nuestros competidores, nos fusionamos y logramos sacar adelante una ronda de financiación. Pero
de repente parecíamos estancados».

Antes de eso, la directiva celebraba reuniones cortas e informales,
sobre todo en Confinity. Pero en la nueva X.com esos encuentros se
volvieron larguísimos. «Asistíamos a reuniones ejecutivas donde par-
ticipaban más de 20 personas», calcula Sacks.

El CEO Bill Harris fue uno de los principales responsables de esta
desaceleración. «Bill nunca llegó a resolver el tema de la duplicación
de cargos», recuerda uno de los directivos de entonces. Por ejemplo,
algunos trabajadores señalaron que cada compañía tenía un responsable para supervisar las finanzas; ambos se llamaban David (Jaques
y Johnson).

Harris no solo se enfrentó a las complejidades operativas de una
fusión; además tuvo que lidiar con un grupo de personalidades muy
especiales. De los cuatro hombres fuertes de la empresa, Levchin,
Thiel, Musk y él mismo, Harris diría más tarde entre risas que eran
«cuatro tíos con un ego tan grande que no cabía en un gimnasio».
Harris no era un CEO acostumbrado a tratar con ingenieros. Y, como
él mismo admite, trabajar en X.com le supuso todo un reto.

En aquel momento, muchos directivos estaban molestos por una
decisión concreta que había tomado Harris: eliminar las bonificaciones por inscripción de X.com y reducir el incentivo de Confinity de
diez a cinco dólares. Harris ordenó emitir un comunicado a todos
los clientes para informarles de que, a partir del 15 de marzo, el programa de bonificaciones de X.com dejaría de funcionar y los antiguos

clientes de PayPal verían reducida su bonificación. Si alguien preguntaba por qué se eliminaban unas mientras se mantenían las otras, la respuesta oficial sería: «Solo tiene sentido ofertar un programa de bonificación mientras se fusionan las empresas».

La decisión de recortar incentivos se basó en la curva de coste de la empresa. *Vamos a detener la sangría*, pensó Harris. «Pensé que habíamos conquistado el mercado —explicó tras la fusión—. Y que lo que teníamos que hacer era dejar de gastar dinero».

Pero no todo el mundo compartía su opinión, porque esa medida frenaba el crecimiento de la empresa en un mal momento. Como los usuarios de eBay seguían representando la mayor parte de su base de clientes, X.com continuaba a merced del gigante de las subastas; cualquier decisión suya podía repercutir en el negocio, una situación que ya habían vivido. Por ejemplo, como parte de una promoción de Billpoint en la primavera de 2000, eBay anunció que se podrían vender artículos de forma gratuita si se elegía esa plataforma como opción de pago. En solo 24 horas, Billpoint pasó de tener un porcentaje de uso del 1 al 10 %. Según Eric Jackson, «PayPal había tardado un mes en lograr ese incremento en la cuota de mercado».

Por eso mucha gente del equipo creía que las bonificaciones eran cruciales. X.com tenía muy pocos ases en la manga para convencer a los clientes de eBay. Salvo raras excepciones, sus vendedores no sentían una predilección especial por las marcas: los servicios de pago eran solo una herramienta. En otras palabras, aunque apreciaban los productos de X.com y Confinity, los usaban porque les pagaban por ello. Así que, para muchos, eliminar las bonificaciones significaba renunciar a ese porcentaje de ventas «motivadas» que estaba resultando tan eficaz.

Incluso dos décadas después, aquella decisión aún incomoda a ciertos individuos, como Luke Nosek, uno de los fundadores de Confinity. «Fue un error», expresó, rotundo. A pesar del posterior éxito de PayPal, todavía piensa que la empresa podía haber crecido mucho más y más rápido si se hubieran mantenido las bonificaciones.

■ ■ ■

Una tarde, Bill Harris se dio cuenta de que un ingeniero se iba a casa antes que sus compañeros. Dijo que quería ver un programa en la tele y que más tarde regresaría a la oficina. «Aunque si tuviera un TiVo —bromeó el ingeniero, refiriéndose a un nuevo dispositivo que permitía grabar programas de televisión—, lo grabaría y me quedaría aquí». Unos días más tarde, se encontró en su mesa un flamante TiVo, cortesía de Bill Harris.

Esta anécdota, como muchas otras, refleja la mano izquierda de Harris en contraposición a los demás directivos de X.com. Durante su mandato también elaboró un nuevo organigrama y trató de poner orden en el departamento de ingeniería. Además, sacó adelante varios acuerdos de desarrollo empresarial y ayudó a cerrar otro con el portal AllAdvantage (que pagaba a sus usuarios por navegar por la web) para aumentar la base de usuarios de X.com.

Parte de la plantilla pensaba que el empeño de Harris por alcanzar esos acuerdos, más que una bendición, era un síntoma de que debían afrontar un problema mucho mayor: X.com necesitaba una nueva estrategia de ingresos, no de crecimiento. La base de usuarios estaba incrementándose de forma viral, a razón de decenas de miles al día, justo gracias a las bonificaciones que Harris quería eliminar. Y los acuerdos de desarrollo eran de gran ayuda, pero el principal problema seguía siendo la estrategia de generación de ingresos.

Como ya dije, el plan original de X.com era ofertar un amplio conjunto de servicios financieros, poco relacionados con los servicios de pago, que garantizarían unos ingresos fijos. En Confinity, en cambio, se pretendía obtener intereses de las cuentas de PayPal. Pero en ambos casos los planes acabaron chocando con la realidad: el resto de servicios de X.com no atrajo a muchos usuarios, y los intereses de las cuentas de Confinity resultaron insignificantes.

Para colmo de males, la mayoría de las cuentas de X.com estaban vinculadas a las tarjetas de crédito de los clientes; eso quería decir que la compañía debía pagar tasas por cada transacción a empresas como

Visa, MasterCard y American Express. «Cuantas más transacciones hacíamos —me explicó Amy Rowe Klement—, más dinero perdíamos».

Harris era consciente de los elevados costes y la falta de ingresos,
así que propuso cobrar una tarifa plana a los usuarios que mandaban dinero, como si se tratara de un giro postal o una transferencia
bancaria. Thiel consideró desastrosa esa idea; él creía que una de las
razones del éxito de PayPal era que, a diferencia de sus competidores,
había prometido transacciones gratuitas. De hecho, muchos usuarios
de eBay recurrían a PayPal para evitar las comisiones y molestias de
Western Union. La imposición de tarifas podía reducir su cuota de
mercado frente a Billpoint, sobre todo en un momento en el que eBay
estaba esforzándose mucho para recuperar usuarios.

Además, si cobraban por sus servicios ambas empresas se arries-
garían a tener más reclamaciones y clientela insatisfecha. Sus productos habían entrado en el mercado bajo la promesa de gratuidad: la
web de Confinity lo anunciaba sin rubor, y Musk cargaba contra las
comisiones siempre que tenía oportunidad. Ambas partes creían que,
una vez que contaran con suficientes clientes, no sería difícil abordar
el asunto de los ingresos.

Por eso, aquella idea se descartó enseguida. Las discusiones subi-
das de tono en la cúpula directiva revelaron las fuertes discrepancias
entre Harris y los demás directivos. Y, lo que es más importante, el
equipo de X.com se dio cuenta de que, aunque pudieran solucionar
algunos problemas, la estructura de la empresa se había vuelto demasiado caótica para que cualquier solución funcionara. Así pues, la
presión iba en aumento al mismo ritmo que los costes. Todo podía
saltar por los aires en cualquier momento.

■ ■ ▧

Peter Thiel ha pasado buena parte de su vida reflexionando sobre la libertad. En Stanford trató el concepto desde una perspectiva filosófica;
más tarde tomaría un carácter político. Sin embargo, durante su etapa
en X.com aquella fue una cuestión estrictamente personal.

Poco después del mediodía del viernes 5 de mayo de 2000, Thiel tomó una decisión y mandó un correo a toda la empresa con el asunto «Dimisión como vicepresidente ejecutivo»:

A todos:

A partir de hoy, dimito como vicepresidente ejecutivo de X.com. Hay tres razones que han motivado mi decisión:

(1) Hemos pasado de una plantilla de cuatro personas (en PayPal) a más de 300, hemos creado una base de clientes de un millón y medio, y hemos crecido hasta convertirnos en una de las empresas de finanzas digitales más grandes del mundo. Ha sido una evolución asombrosa, pero después de 17 meses de trabajar literalmente día y noche, estoy agotado.

(2) En el proceso, hemos pasado de las primeras etapas de planificación a un negocio que está a punto de controlar el mercado internacional, cuyo propósito principal consiste en desarrollar un sistema operativo financiero mundial, y por lo tanto sentar las bases para el comercio global. Soy más un visionario que un gestor. Y como la visión inicial ha cobrado tanta fuerza, es más necesaria que nunca la transición hacia un equipo que gestione y amplíe las operaciones de X.com.

(3) La reciente ronda de financiación de cien millones de dólares (con una valoración previa de 500 millones) fue una declaración de intenciones de nuestros inversores. Por eso me parece el momento oportuno para concluir mi participación cotidiana en la empresa y dejar paso a quienes llevarán a cabo la oferta pública de venta de X.com.

Tengo la intención de seguir colaborando de un modo activo, como asesor estratégico de X.com. No duden en ponerse en contacto conmigo para cualquier pregunta o duda que tengan.

En lo personal, he crecido y aprendido más que en cualquier otro
año de mi vida (quizá con la excepción de entre mis 2 y 3 años). Y, lo
que es más importante, he forjado grandes relaciones y amistades
con las magníficas personas que hemos reunido en X.com, y estoy
seguro de que las mantendré los próximos meses y años.

Gracias por todo,
Peter Thiel

Pese a lo racional que pudiera parecer su mensaje, quienes conocían a
Thiel sabían el motivo subyacente: se le había acabado la paciencia con
Harris. Se opuso a la propuesta de este de imponer una cuota a los usuarios de PayPal y a la de invertir con fondos de la empresa en pagar a los
grupos de presión relacionados con cuestiones normativas, porque le parecía tirar el dinero. Y la relación entre ambos no mejoró con el tiempo.

Pero las objeciones de Thiel respecto a X.com no se limitaban a su
CEO: la compañía había crecido de forma desmesurada, y él detestaba
las exigencias que conllevan las grandes operaciones. Tras la fusión, lo
nombraron vicepresidente ejecutivo de finanzas, por lo que dependía
tanto de Harris como de Musk. Además, en ese organigrama tenía
varios subordinados directos: David Jaques, Mark Woolway, Ken
Howery y Jack Selby, que formaban el equipo de finanzas. Para Thiel,
todo eso era demasiado.

Entre finales de febrero y finales de marzo, él había cerrado la
ronda de financiación, y ahora que X.com contaba con los fondos necesarios para sobrevivir, no sentía la necesidad de quedarse. La empresa saldría adelante sin él, y él estaría mejor sin los problemas de la
vida de directivo.

■ ▨ ▨

La salida de Thiel afectó a muchos miembros de Confinity. «No estaba
nada contento con su marcha», recuerda Sacks, a quien Thiel había
contratado a pesar de las objeciones del resto de la empresa.

En cuanto a Musk, la renuncia de Thiel no era más que otra señal de que el CEO no encajaba en el equipo. Es cierto que las reservas de Musk hacia Harris eran previas a la marcha de Thiel; de hecho, nunca le perdonó que lo chantajeara para lograr la fusión. «Estaba molesto, porque me había puesto entre la espada y la pared para llevar a cabo la fusión —se justificó Musk—. Jugó sucio».

Pero el estado actual de la empresa agravó su malestar. No estaba satisfecho con la lentitud en el desarrollo de los productos y se opuso a que Harris impusiera su hoja de ruta tecnológica. En un documento del 7 de abril, en el que se esbozaban los objetivos de X.com, aparecían los pagos por subastas por delante de servicios como «bolsa de valores», «tarjetas de crédito» y «fondos de inversión». Musk seguía creyendo firmemente que las subastas no eran más que una plataforma de lanzamiento, y no estaba dispuesto a prestarles mucha atención. Harris quería «llevar a la empresa en una dirección estratégica sin sentido», señaló.

Además, tampoco estaba de acuerdo con el deseo de Harris de contratar a más profesionales de los negocios y las finanzas. «Quería que les enseñaran a nuestros *novatos* cómo funcionaba el mundo de los negocios. ¿Pero esos profesionales, esos hombres de negocios, no eran los mismos que no podían competir contra nosotros? Carecía de sentido». Musk tenía el convencimiento de que los «novatos» como Thiel eran justo los que podían marcar la diferencia.

▨ ▨ ■

Por aquel entonces, Musk también había entablado una buena amistad con David Sacks. Ambos eran inmigrantes de Sudáfrica, y aportaban una intensidad y energía al trabajo que apreciaban en la misma medida. «David y yo nos llevábamos muy bien», rememora Musk.

La semana después de la salida de Thiel, Sacks, Musk y Mark Woolway se reunieron para tomar una copa en un bar cercano, el Antonio's Nut House; aquel era uno de los centros neurálgicos de Palo Alto, muy popular por los cacahuetes que ponían de aperitivo y el constante ruido de sus cáscaras crujiendo bajo los pies de la clientela.

Musk y Sacks intercambiaron perspectivas sobre los productos de X.com. «Fue una buena charla para desahogarnos», me contó el primero. Sacks soltó algunas ideas, como ofrecer sus servicios de pago a cualquier portal digital, no solo a eBay. Estaba seguro de que se iba a incrementar el volumen de mercado del comercio electrónico, y otros portales se enfrentarían al problema que ellos habían resuelto en eBay: permitir y facilitar los pagos.

La conversación pronto derivó hacia el CEO de X.com. Musk empezó compartiendo con su colega sus reservas hacia Harris y comentando que todavía estaba molesto por su chantaje. Para Sacks, aquello fue una auténtica revelación. Hasta entonces, muchos en Confinity pensaban que Harris y Musk eran inseparables.

Sacks le comentó que el ritmo de crecimiento y el desarrollo de los productos habían disminuido tras la fusión y amenazaban, de hecho, el futuro de la empresa. En su opinión, Harris había introducido una serie de cambios (reuniones, formalidades y procedimientos adicionales) que dificultaban el avance de los nuevos productos. Tampoco estaba de acuerdo con reducir los incentivos a los clientes, y dudaba de que el gasto en bonificaciones fuera tan insostenible como Harris creía. El mayor riesgo, según él, era que X.com perdiera la batalla de eBay, y estaba seguro de que incrementar los ingresos debía tener prioridad sobre la reducción de costes por bonificaciones. Musk estuvo de acuerdo.

Aquella reunión desveló un punto común entre Sacks y Musk allá donde nadie lo esperaba. Y esa comunión provocó una acción inmediata: ambos hicieron algunas llamadas a otros miembros de X.com, incluido Levchin, que no tardó en presentarse en el local para escucharles y hacer planes.

«Al salir nos dimos cuenta de que todo el mundo pensaba lo mismo —me contó uno de los asistentes—. En resumen: algo no iba bien». Esa noche, quienes se congregaron en el Antonio's Nut House empezaron a planificar un motín contra su CEO.

■ ▩ ▩

El plan era muy sencillo y, dados los antecedentes de Harris, también muy oportuno. Los «rebeldes» pensaban acudir al consejo de administración y plantear un ultimátum: si Harris no era destituido, todos ellos —incluidos Musk, Sacks y Levchin— dimitirían.

Los amotinados estaban convencidos de sus altas probabilidades de éxito. Dos de ellos pertenecían al consejo; Thiel también, y era obvio que compartía su punto de vista. Además, sabían con seguridad que John Malloy se pondría del lado de Thiel y Levchin. Eso solo dejaba dos incógnitas: Mike Moritz y Tim Hurd. Sin embargo, incluso sin su aprobación tendrían los votos necesarios.

Esa noche, los cabecillas del complot llamaron a Tim Hurd. «Se quedó atónito», recuerda uno de los participantes en el golpe. En realidad, creían que cuando Harris se enterara dimitiría sin oponer resistencia. Pero él no estaba dispuesto a irse sin presentar batalla. Le habían avisado y preparó su contraataque: una presentación al consejo de administración para convencerles de que contaba con un plan exitoso que garantizaría el futuro de la empresa.

En esa reunión de urgencia, «Harris intentó hacer ver que no sabíamos lo que estábamos haciendo —recuerda Musk—. Dijo que, por el bien de la empresa, era necesario un líder experimentado». Pero el consejo no le permitió llegar más lejos. Al final, la votación salió según lo esperado, y el consejo le comunicó que no encajaba en los planes futuros de la compañía. Tendría que dejar su cargo.

En realidad, Harris nunca tuvo opción. En lugar de hablar de su nuevo plan, la junta optó por discutir las condiciones de su dimisión. A partir de ahí, todo se aceleró. Justo una semana y 20 minutos después de que Thiel enviara aquel correo, Musk hizo llegar la siguiente nota a toda la empresa:

Hola, compañeros:

X.com, como empresa, ha entrado en su etapa más emocionante:

- Somos el principal portal financiero de Internet en cuanto a tráfico de usuarios. Es asombroso que tengamos más clientes que usan a diario nuestro portal que cualquier banco o portal financiero del planeta.

- Hemos construido en tiempo récord un centro de atención al cliente con 500 personas en Omaha.
- Ahora tenemos más de 1.700.000 usuarios y una cuota de mercado superior al 30 % en eBay.
- La revista *Red Herring* nos reconoce como una de las 50 empresas privadas más importantes del mundo, y *Fortune* nos ha incluido entre las 25 mejores pequeñas empresas de Estados Unidos.
- Hemos cerrado nuestra segunda ronda de financiación recaudando cien millones de dólares.

Sin embargo, este crecimiento acelerado exige mayor atención y que tomemos decisiones con rapidez para responder a las condiciones cambiantes del mercado de Internet. Como es sabido, Bill Harris y yo hemos compartido el papel de CEO. Creemos que X.com está en esa encrucijada donde lo más importante es tener una dirección, una visión y un único propósito. Y nuestro consejo de administración está de acuerdo con ello.

Por eso, me han pedido que asuma el cargo de CEO de forma inmediata.

Quiero agradecer a Bill el trabajo que ha hecho en X.com estos últimos seis meses, y desearle la mejor de las suertes en sus futuros proyectos.

Esta va a ser una etapa increíble para la compañía. Seguiremos desarrollando nuestro modelo de negocio y ampliando la oferta de productos con el objetivo de convertirnos en el principal sistema financiero de Internet. Estoy deseando trabajar para lograrlo y cambiar el mundo.

Si hay alguna pregunta, no duden en hablar conmigo o enviarme un correo electrónico.

Gracias,

Elon

■ ■ ■

Para algunos, la marcha de Harris fue una sorpresa; para Sandeep Lal fue «un auténtico shock. [...] Lo fue porque me descubrió una forma de proceder que creía (y todavía creo) que no expresaba lo mejor de Silicon Valley». En su caso, se sentía culpable porque, pese a que Harris fue uno de los artífices de la fusión y sacó adelante la ronda de inversión, le parecía evidente que cierta gente había conspirado en su contra.

En opinión de muchos, la política del consejo de administración era algo secundario. «En realidad, con independencia de las luchas bizantinas de la junta, yo iba todos los días a trabajar y me divertía haciéndolo. Creo que la renuncia de Harris fue un ejemplo de que todo eso no nos afectaba. Nos limitábamos a hacer nuestro trabajo —me contó Denise Aptekar—. En general, yo me enteraba de todo cuando ya había pasado la tormenta».

Sin embargo, algunos miembros del equipo de finanzas de Harris estaban molestos. Uno de ellos acusó a Sacks de ser de los «culpables del Motín del Nut House», pensando que la decisión tendría consecuencias en su departamento. Aquello inmortalizó la insurrección como el «Motín del Nut House».

■ ■ ■

Harris se marchó con elegancia y agradeció al personal su entrega y su trabajo. Dijo que estaba «decepcionado» por el resultado, pero no amargado. Para él solo se trataba de una diferencia de opiniones con el presidente y cofundador de la empresa, Elon Musk. «Creo que teníamos puntos de vista legítimos, pero opuestos —me explicó Harris—. Si esa era la nueva estrategia, entonces él era el hombre ideal para tomar las riendas de la empresa».

A pesar de la brevedad de su mandato, Harris cosechó algunos éxitos. Su llegada a X.com impulsó la imagen pública de la marca y su figura sirvió de reclamo para captar más talento. Además, se esforzó para que algunos trabajadores se quedaran en la empresa después de una complicada fusión.

También dio lo mejor de sí mismo para que la operación fuera lo más profesional posible. Aún se acuerda de que, en una ocasión, X.com olvidó destruir los datos de los clientes y tuvo que hacerlo a toda prisa antes de que llegara el inspector. «Trabajábamos como una fraternidad, no como una empresa de servicios financieros», recuerda. Por otro lado, se encargó de estrechar relaciones con importantes organismos gubernamentales que serían de gran ayuda en el futuro.

Con todo, la contribución más duradera de Harris fue la fusión entre X.com y Confinity. Si no hubiera sentado a la misma mesa a Levchin y Musk, es muy posible que Confinity se hubiera quedado sin dinero o que X.com hubiera perdido la carrera por el mercado de eBay. Sin ese pacto, tal vez en la actualidad PayPal sería apenas un recuerdo.

Resulta irónico, pero la firma de ese acuerdo histórico también selló su destino como CEO. En cuanto presentó el ultimátum a Musk, nada entre los dos volvió a ser lo mismo. Además, Elon siempre estuvo presente y participó en las decisiones de la empresa. «Había muchas personas que en un momento u otro creían que debían ejercer de líderes», sonrió Harris.

El caso es que su estilo, colaborativo y orientado al consenso, podría haber sido una ventaja en cualquier otro lugar, pero en X.com le dio mala fama. A finales de 2000, según la revista *Fortune*, «algunos trabajadores creían que Harris había generado una estructura demasiado rígida, y que sus interminables reuniones no daban los frutos esperados». Sus críticos destacaron que, tras la fusión, había pecado de indiferencia, y algunos de ellos pensaron que había perdido la fe en la empresa.

Los más moderados solo dijeron que se sentía «abrumado» por el caos, el crecimiento, el desgaste de su posición y la fusión de dos equipos muy competitivos; una situación que habría superado a cualquiera que se hubiera hecho cargo de la empresa en ese momento. En su opinión, la culpa podía repartirse a partes iguales, pero, sobre todo, recaía en los amotinados. «Bill estaba al cargo de un puñado de niñatos. No era probable que aquello acabara bien», me confesó John Malloy.

■ ▦ ▦

Acertado o no, este episodio cimentó la alergia del equipo a la «experiencia ejecutiva».

Eso se convertiría más tarde en un tópico de las empresas emergentes, pero en aquel momento el espíritu del equipo iba en contra del sentido común. Lo más habitual era que, cuando una empresa emergente se consolidaba, el consejo de administración designara a un CEO experimentado: Meg Whitman en eBay, Tim Koogle en Yahoo y Eric Schmidt en Google son solo algunos de los ejemplos más conocidos. Incluso en Amazon, bajo el férreo control de Jeff Bezos, hubo un intento de introducir la figura de un director de operaciones, Joseph Galli, que se suponía iba a jugar el papel de «supervisor veterano». Apenas aguantó trece meses, y Amazon no ha vuelto a tener director de operaciones desde entonces.

La directiva de X.com, en cambio, consideró que el accidentado mandato de Bill Harris demostraba que esa figura no solo era innecesaria, sino también contraproducente. Cada éxito que sumaba provocaba un desastre en otra empresa que seguía la misma fórmula, como ocurrió con John Sculley: antiguo CEO de PepsiCo, fue designado para dirigir Apple tras la destitución de Steve Jobs, y el resultado no fue óptimo. «Sabíamos lo que había pasado en Apple cuando trajeron al ejecutivo de Pepsi —recuerda David Sacks—. Y también vimos lo que ocurrió en Netscape cuando incorporaron a Jim Barksdale. Por eso creíamos que estábamos yendo por el mismo camino».

Musk también era escéptico sobre la necesidad de contratar a un supervisor veterano para las empresas emergentes:

> El fundador de una empresa emergente puede mostrarse errático, pero se trata de una fuerza creativa, y debería dirigir la empresa. Si alguien es la fuerza creativa o una de las fuerzas creativas de una compañía, al menos sabe qué rumbo tomar. Tal vez no pilote el barco a la perfección; el rumbo puede ser un poco vacilante y la moral no estar siempre alta. Quizá, incluso, algunas partes de la embarcación no funcionen del todo bien. Pero siempre irá en la dirección correcta. En cambio, puedes tener un barco bien organizado, con las velas desplegadas y la moral de la tripulación alta, pero que vaya derechito a un arrecife.

Musk admiraba a Steve Jobs y analizó la etapa en que no estuvo al mando de Apple. «El barco llevaba el rumbo ideal —afirmó Musk sobre esa época— para estrellarse contra el arrecife».

David Sacks recuerda que en aquel entonces «Silicon Valley no confiaba en sus directivos. Era un momento en el que se podía salir del modelo tradicional y adoptar el "modelo Zuckerberg": ese en el cual una empresa va creciendo con sus directivos y deja que estos la controlen».

Para los más críticos, estos argumentos pueden sonar un tanto autocomplacientes. Es evidente que un grupo de jóvenes emprendedores nunca aceptará ser supervisado. Pero igual que integrar en las empresas emergentes a una figura experimentada cosechó varios fracasos, el enfoque opuesto —es decir, respaldar a los fundadores inexpertos hasta el final— también condujo a un gran número de desastres ejemplares. Sin ir más lejos, solo en el año 2000, decenas de emprendedores recién salidos de la universidad hundieron sus empresas puntocom.

Pero en ese momento a Musk, Sacks, Thiel y su cohorte no les interesaban los estudios de caso; según ellos, su CEO no había hecho demasiados progresos, no actuaba con agilidad y, además, no gozaba de su confianza. «Creo que, simplemente, dejamos de fiarnos de él», concluyó Musk.

■ ▨ ▨

Así pues, en mayo de 2000, a punto de cumplir 29 años, Elon Musk retomó el cargo de CEO de X.com. «Por eliminación, solo podía ser yo. No pretendía serlo, pero si no lo hacía yo ¿quién iba a hacerlo? Además, Peter ya no estaba. Así que tuve que aceptar».

Era una buena síntesis sobre su propio papel en la decisión. Pero Musk no se convirtió en CEO por accidente o por eliminación. Thiel se había marchado tras la fusión y él siguió implicado en los problemas de la compañía; y cuando sintió que esos problemas no se estaban abordando bien, se limitó a liderar un motín contra su CEO.

Ahora el barco era suyo y tenía la responsabilidad de alejarlo de los arrecifes. Gran parte de los implicados, incluido él, recordarían los meses posteriores como la etapa más difícil de su vida. «No fue una crisis de mediana edad, porque teníamos 25 años —me explicó el cofundador de Confinity, Luke Nosek—, pero lo cierto es que pasamos una mala época».

12

CAMBIO DE SIGNO

Como nuevo CEO, Musk implementó algunos cambios con rapidez: «Redirigió la empresa en muchos sentidos», recuerda Mark Woolway. El 1 de junio de 2000, 19 días después de asumir el cargo, instauró una nueva estructura ejecutiva. Ahora tendría siete subordinados directos: David Jaques como director financiero; David Johnson como vicepresidente de finanzas; Sandeep Lal como vicepresidente de atención al cliente y operaciones; David Sacks como vicepresidente de producto; Reid Hoffman como vicepresidente de desarrollo; Jamie Templeton como director del equipo de ingeniería; y Levchin, que seguiría siendo director de tecnología. De forma expresa, dicha reorganización no le permitía actuar como director de operaciones o presidente.

Una semana más tarde llegó otra de sus medidas. «Estoy orgulloso de anunciar que Peter Thiel ha sido nombrado presidente del consejo de administración de X.com — puso en un correo electrónico dirigido a toda la empresa—. Además, echará una mano a Jack Selby, Mark Woolway y Kenny Howery en la nueva ronda de financiación y actuará como asesor estratégico». Tras su abrupta salida, Thiel se había tomado un descanso, y su regreso como presidente fue una medida reconfortante para los trabajadores de X.com que pertenecían a Confinity.

Sin embargo, muchos otros miembros de la plantilla recibieron estos cambios con indiferencia. A esas alturas, la empresa había superado un gran caos antes de la fusión, las turbulencias propias de esta y la posterior pérdida de rumbo. Para Confinity, Musk era su tercer CEO en pocos meses; los movimientos en la cúpula directiva se habían convertido en rutina, y simplemente había demasiado trabajo como para preocuparse por quién estaba al mando.

En realidad, varios trabajadores de nivel medio y bajo admitieron que los directivos los aislaban de las disputas políticas de la empresa. «Me sentía bastante protegido —recuerda un antiguo ingeniero de Confinity, James Hogan—. Ser tan ingenuo como yo era un auténtico lujo».

■ ■ ■

En cambio, para quienes dependían de David Sacks la reestructuración resultó determinante.

La nueva estructura de Musk incluía un importante cambio: los responsables de ingeniería trabajarían a partir de entonces con los directores de producto como equipos separados y, en parte, autónomos. Antes, los ingenieros operaban como agentes libres, es decir, afrontaban los problemas en función de su capacidad, su interés y las necesidades de la empresa. Pero eso a menudo generaba situaciones confusas.

Sacks y Musk esperaban que la mayor autonomía de los nuevos equipos potenciara la innovación. Ambos habían observado una terrible paradoja en las empresas emergentes: cuanto más crecían, menos productos sacaban al mercado. Y no fueron los primeros en darse cuenta: ya en 1975 —décadas antes de la expansión de Internet— el Dr. Frederick P. Brooks, ingeniero de IBM y luego fundador del Departamento de Informática de la Universidad de Carolina del Norte, analizó este fenómeno en su biblia de la ingeniería de software, *The Mythical Man-Month*.

«Cuando se detecta un desajuste en el calendario —escribió Brooks—, la respuesta más natural (y tradicional) consiste en contratar más personal. Pero eso es lo mismo que usar gasolina para apagar un incendio, es decir, empeora la situación. Porque cuanto más grande es el fuego más gasolina necesitas, y así se genera un círculo vicioso que siempre acaba en desastre». Esto es, Brooks explicó que si contratas a más programadores para un proyecto determinado, los canales de comunicación aumentan de forma exponencial. Y ese tiempo que se dedica a la comunicación —ya sea para mantener al equipo al día o para forjar relaciones personales— es tiempo que no se dedica a programar. En otras palabras, dos cabezas no son necesariamente mejor que una.

Más tarde se popularizarían dos soluciones para este problema, bajo la denominación de «desarrollo ágil de software», que priorizaría la innovación en equipos pequeños. Pero en el verano del 2000 este tipo de literatura era aún muy escaso, y X.com tuvo que improvisar. Sacks creó pequeñas unidades autónomas emparejando, por ejemplo, a Paul Martin con un diseñador y un ingeniero, Chad Hurley y Yu Pan. Como grupo, se centraron en todo lo relacionado con las subastas. Sacks y Musk creían que las unidades pequeñas fomentaban la innovación porque eludían la burocracia.

Los grandes cambios en la estructura del equipo se combinaron con otros de menor calado. Por ejemplo, se decidió cambiar el nombre del cargo de director de producto —cuyo cometido incluía aspectos de estrategia, análisis y operaciones— por el de «productor». «La palabra *director* había adquirido una connotación negativa —me explicó Sacks—. Si los llamábamos *directores de producto* significaba que su trabajo consistía en dirigir, en lugar de en producir».

Asimismo, para fomentar el compromiso con la empresa, X.com asignó tareas importantes y delicadas a los recién llegados. Por ejemplo, Janet, que había dejado un trabajo en una financiera más grande, se incorporó a X.com como analista de marketing. Sin embargo, a los pocos días Sacks le asignó una tarea de investigación: debía calcular la cuota de PayPal en las subastas de eBay. A ella le sorprendió la magnitud del encargo: en apenas unos días, un alto cargo como Sacks le pedía que llevara a cabo un análisis tan importante y, además, le bastaba con que le entregara una hoja de cálculo en lugar de un cuidado PowerPoint.

«Cuando entré en PayPal, nadie me decía cómo hacer mi trabajo —recuerda—. Solo me planteaban una pregunta tras otra, y tenía que apañármelas para hallar la respuesta. Aquella empresa era... una auténtica locura».

Con ese mismo afán de autogestión, Sacks y Musk prohibieron las grandes reuniones, porque pensaban que era «una buena estrategia para acabar con la cultura de banco tradicional e instaurar la nueva cultura de las empresas emergentes». Hay quien todavía se acuerda de la mirada perdida de Sacks cuando asistía demasiada gente a una reunión.

■ ■ ■

Según los líderes de X.com, las empresas que prosperaban solían cometer un error clave: la satisfacción del personal se volvía más importante que la productividad. Por eso, para evitar caer en ello, acompañaron su liderazgo de una actitud impaciente. Por ejemplo, cuando era necesario sacrificaban el consenso en pro de la rapidez en la toma de decisiones. «Aquello no era una democracia», recuerda Jeremy Stoppelman, ingeniero de X.com que más tarde cofundó Yelp.

Si querían avanzar, había que picar código y lanzar productos sin parar. Para la cúpula directiva, esta era la mejor estrategia hacia el éxito. Sin embargo, también implicaba trabajar sin descanso. «En mi primera entrevista de trabajo vi sacos de dormir debajo de las mesas y pensé: *Nunca voy a dormir debajo de mi mesa* —recuerda Kim-Elisha Proctor—. Sin embargo, en uno de mis primeros lanzamientos, el de un nuevo procesador de tarjetas de crédito, me vi en las mismas; creo que trabajé 36 horas seguidas. [...] De hecho, dormí en una sala de conferencias».

El consumo de cafeína en la empresa era legendario. Doug Ihde era famoso por su talento como ingeniero de software... y por la enorme colección de latas vacías de Coca-Cola Light que se amontonaban en su mesa. Pero no era el único; Levchin también bebía mucho café. Más tarde, en una entrevista para NerdTV, un programa de la PBS, representó en directo lo que significaba trasnochar: cuando el entrevistador, Robert X. Cringely, llegó a la oficina antes de las 10 de la mañana, Levchin ya lo estaba esperando porque había pasado la noche allí.

—¿Has estado despierto toda la noche? —le preguntó Cringely.

—Estaba pasándomelo bien, y eso es lo que ocurre cuando te lo pasas bien, que no quieres parar —replicó Levchin con naturalidad.

Y, acto seguido, le soltó un largo discurso sobre las ventajas de trasnochar:

> Creo que trabajar toda la noche es muy especial. Para los ingenieros la nocturnidad es desde luego una costumbre gratificante; te permite ser más creativo o escribir código con más soltura. La gente pierde reflejos, pero también se vuelve un poco más creativa. Y cuando estás cansado, a esas horas, se despierta la camaradería y te vuelves más productivo, porque no tienes miedo de decirle a la gente que se vaya a la mierda si hace algo mal. En realidad, las interacciones se vuelven mucho más interesantes.
>
> Además, valoro profundamente el compromiso que demuestras cuando, en lugar de descansar, sigues trabajando seis o siete horas más para aprovechar al máximo lo que has hecho en las últimas horas. Es entonces cuando pierdes la cabeza y no paras hasta que ya no puedes más.

Y ese ritmo lo impuso la cúpula directiva. El ingeniero William Wu recuerda que Musk pretendía que quienes trabajaban hasta el viernes por la noche se presentaran en la oficina el sábado por la mañana. (Tiempo después, Wu compró acciones de Tesla en cuanto la empresa salió a bolsa. «La adicción al trabajo no es lo ideal, pero si Elon impone la misma política en Tesla, entonces seguro que tendrá éxito. Es muy duro trabajar con él, pero invertir dinero en sus empresas es una apuesta segura», señaló al respecto).

Dionne McCray, que estaba en control de calidad, tampoco ha olvidado la presión a la que se vio sometida, pero destaca los fuertes lazos que creó con sus compañeros cuando trabajaban bajo presión. «Llegabas a las 9:30 o 10 de la mañana. Y, fácil, trabajabas más de diez horas seguidas. Se generó un ambiente extraño. Si te ibas, la gente te preguntaba: "¿Ya está? ¿Solo has trabajado catorce horas? ¿Estás cansada?". Así eran las cosas. Pero estábamos muy unidos».

Por otro lado, la empresa se fortaleció gracias a una serie de extraños rituales que tenían lugar en mitad de la noche: poner a todo volumen la canción «Push It» de Salt-N-Pepa, disparar patatas contra la fachada con pistolas de PVC de alta velocidad, o incluso simples ejercicios de resistencia, como ver quién podía sentarse en una pelota de baloncesto más tiempo sin caerse.

Muchos mencionaron la fuerte atracción que ejercía ese caos. «Te enganchaba. Si no dejabas la empresa, no podías tomar distancia —recuerda Oxana Wootton—. Por ejemplo, si en una reunión se fijaba un nuevo objetivo, todo el mundo se ponía manos a la obra de inmediato para cumplirlo».

■ ■ ■

Sin embargo, otros aspectos de la cultura de PayPal no resultaban tan beneficiosos. Por ejemplo, la política de higiene era demasiado laxa. En este sentido, una analista de control de calidad recuerda que había un ingeniero que ponía los pies descalzos sobre su mesa de trabajo y se limpiaba las uñas delante de todos. «Tenías que acostumbrarte, porque debías estar por encima de todo eso», rememora.

Por otro lado, la intensa actividad de la compañía ponía a prueba tanto a parejas como a familias enteras. Un trabajador comenta que tenía que llevarse a su hija de ocho meses a la oficina los sábados y domingos, porque le quedaba trabajo pendiente. Todo el mundo lo miraba y se preguntaba: «¿Qué demonios hace? Se ha traído al bebé a X.com». Además, como muchos directivos no tenían hijos, convocaban las reuniones los fines de semana, y quienes sí los tenían debían sufrir esos horarios en silencio.

Aunque el paso del tiempo ha suavizado el recuerdo de las experiencias negativas, mucha gente revive aún con una hostilidad visceral aquel ritmo de trabajo. Además, si bien la compañía hacía hincapié en los enemigos externos, las rivalidades dentro del equipo proliferaban sin control, y eran tan salvajes a veces que G. R. R. Martin no daría crédito. Había gente que se faltaba al respeto por correo electrónico, y las reuniones técnicas se convertían muchas veces en un auténtico campo de batalla.

En una de esas reuniones, sobre la aprobación de las tarjetas de débito a 60 días, los miembros del equipo intercambiaron airados correos electrónicos. Uno dijo que ese margen era «poco realista», y un colega le respondió: «Entendemos que pienses eso, pero tal vez deberías explicar por qué». Acto seguido, otro replicó: «Si vinieras a alguna reunión quizá no haría falta explicarlo».

Esa era la tónica. Este tipo de amargas disputas torpedeaban el punto de flotación de la empresa mediante rumores y críticas entre bastidores. Aun con todas las virtudes que tenía X.com, también era el lugar donde cualquiera podía concluir una conversación banal con un comentario hiriente.

■ ▨ ▨

El producto que el mundo conoce hoy como PayPal tomó forma entre la primavera y el verano de 2000. En esos meses, X.com lanzó varias de sus prestaciones características, que lo consolidarían como un negocio rentable.

Dos semanas después de comunicar la reestructuración de la empresa, se publicó un diseño nuevo de la web de PayPal. Entonces Sacks envió un correo general, elogiando a «una serie de personas que han trabajado muchas horas para alcanzar los objetivos en un plazo relativamente ajustado». Entre sus nuevas funciones, la web incluía una actualización pensada para imponerse a las demás grandes empresas de tarjetas de crédito, como Visa, MasterCard y American Express.

Desde su lanzamiento, X.com había mantenido una batalla encubierta con el sector de las tarjetas de crédito. Para los pequeños vendedores, el proceso para acreditarse desde el punto de vista legal era engorroso y requería de mucho papeleo, y X.com se aprovechó de ello: actuó como un mecanismo de compensación virtual de tarjetas de crédito para subastadores, acreditándolos y permitiéndoles aceptar pagos con tarjeta a través de PayPal, en lugar de recibirlos mediante un cheque, en efectivo o por giro postal. «En realidad, PayPal facilitaba a la gente que vendía productos a importes bajos operar con tarjetas de crédito en Internet», me explicó Vince Sollitto.

Sin embargo, el hecho de ser el «principal servicio de pago de eBay» tampoco les garantizaba un futuro sin obstáculos: Visa y MasterCard intervenían en las transacciones de X.com y, además, competían directamente con ella. «Tendrían que habernos aplastado cuando pudieron. Éramos tan competitivos que nos aprovechábamos demasiado de su sistema —recuerda Todd Pearson—. Pero es difícil sentir lástima por estas empresas gigantes, que son monopolios. [...] Deberían haber tomado alguna medida contra nosotros».

Esa dependencia, combinada con las elevadas comisiones por transacción que tales empresas imponían, generó una alianza un tanto incómoda. Además, obligó a años de tensa diplomacia con las asociaciones de tarjetas y los bancos emisores. Más de un miembro del antiguo equipo de PayPal atribuye a Todd Pearson, Alyssa Cuthright y su gente el mérito de «salvar a la empresa» con solo impedir que Visa y MasterCard dieran un golpe de timón.

El asunto de las tarjetas de crédito también generó un imperativo estratégico: la empresa tuvo que animar a sus usuarios a vincular sus cuentas de PayPal directamente a los bancos, en lugar de a las tarjetas. El asunto llegó a la cúpula directiva y al consejo de administración. «Lo llamé la *guerra de la financiación con tarjetas de crédito* —me contó Tim Hurd—. Estaba obsesionado con ese asunto».

■ ■ ■

De modo que aquella gran visión de Musk, el imperio de servicios financieros que quería edificar, tenía una posible salida: si los usuarios guardaban el dinero en sus cuentas de X.com, la empresa podría hacer transferencias entre usuarios sin coste. «Las transacciones internas apenas tenían coste —me explicó Musk—. Básicamente, este era nulo. Por eso queríamos mantener los saldos en las cuentas».

Con ese fin, Musk apostó por una cartera más amplia de productos financieros digitales, incluyendo cuentas de ahorro y correduría de bolsa. Con el fin de que los usuarios transfirieran su dinero a la plataforma, se fijó un tipo de interés del 5% en las cuentas de ahorro, uno de los más altos del país. «Invertimos el 100% de nuestros beneficios en esas cuentas —me relató Sacks—. No tratábamos de ganar dinero, solo queríamos que la gente metiera el suyo en nuestras cuentas».

Esto también dio lugar a ciertos comportamientos inesperados. Por ejemplo, se descubrió que, al facilitar la retirada de dinero de las cuentas, los usuarios metían más. Por eso, Musk se empeñó en seguir distribuyendo tarjetas de débito e incluso cheques. «Si tienes que sacar dinero de las cuentas de PayPal por causa de fuerza mayor, nada podrá impedirlo. Así que, si necesitas extender un cheque, y PayPal no te deja hacerlo desde sus cuentas, deberás mover tu dinero a una cuenta corriente».

Musk entendió, pues, que el objetivo era aumentar el volumen monetario de los usuarios, y no solo el número de transacciones. «Quien tenga más dólares en el sistema será el vencedor —apostilló—. Si estamos en todas partes, PayPal estará donde esté todo el dinero; y entonces ¿por qué llevártelo a otra cuenta?».

Pero el usuario medio no siguió este razonamiento, y eso provocó un gran problema. Los clientes de X.com ya tenían cuentas corrientes y de ahorro en bancos tradicionales. Y, para la mayoría, un interés elevado —que apenas les aportaba unos pocos centavos— no era motivo suficiente para cambiar.

De modo que la única opción que le quedaba a la empresa era cambiar su «base de transferencias»; es decir, las transacciones con tarjetas de crédito por las que se hacían desde la cuenta bancaria. Y es que cada pago con tarjeta les costaba un 2% o más del total; en cambio, desde la cuenta bancaria de un usuario solo costaba unos céntimos. Por lo tanto, si los usuarios vinculaban sus cuentas a PayPal, X.com se ahorraría millones de dólares y obtendría una gran ventaja sobre Visa, MasterCard y demás servicios de pago.

Pero para ello tenían que emplear una herramienta de la infraestructura bancaria, conocida como Automated Clearing House (ACH): un sistema que llevaba décadas digitalizando los pagos rutinarios, como nóminas o facturas. Sin los costes de papel y franqueo postal, los pagos ACH costaban la mitad que el envío de cheques. A mediados de 1994, un tercio de la población estadounidense recibía sus cheques en formato digital, a través de la ACH.

Así pues, si X.com podía hacer uso de esa herramienta con los pagos de PayPal, reduciría su dependencia de las tarjetas de crédito. No obstante, acceder a una cuenta bancaria tenía sus inconvenientes, incluidos algunos que X.com ya había vivido: sin ir más lejos, en enero de 2000 la escasa seguridad con la que habían gestionado las cuentas bancarias llevó a la publicación de una oleada de titulares negativos.

Si querían que la ACH fuera una herramienta segura para los pagos de X.com, debían autenticar la titularidad de las cuentas bancarias, lo cual no era nada fácil. «El problema radicaba en autenticar una cuenta sin tener una firma física —me explicó Musk—. En realidad, sin una verificación en persona creceríamos tan lentos como el coral. A menos que encontráramos una forma de hacerlo, estábamos jodidos».

■ ■ ■

El proceso de autenticación fue una de las últimas contribuciones de PayPal a la maquinaria financiera digital. Y surgió gracias a un libro, un paseo para tomar un café y la rompedora visión de un miembro del equipo de X.com.

Sanjay Bhargava llegó a la compañía procedente de la división de pagos internacionales de Citibank, donde había trabajado una década. Durante esa etapa profesional llegó a la conclusión de que el correo electrónico podía ser una forma sencilla de mandar dinero al extranjero, como una suerte de «pasaporte financiero».

No obstante, cuando planteó el negocio de los pagos internacionales por correo electrónico, su superior no mostró ningún entusiasmo. «Tampoco le disgustó la idea, pero me dijo: "¿Por qué tenemos que ser los primeros? Será un fracaso para nuestro negocio"». Y es que Citibank estaba ganando mucho dinero con las transferencias de fondos tradicionales, de modo que los pagos por correo electrónico reducirían su margen de beneficio.

Al final, Bhargava abandonó Citibank para buscar la forma de poner en práctica su idea. A principios de 1999 cofundó ZipPay, aunque poco después tuvo que salirse del proyecto. En aquel momento tenía 42 años y pretendía regresar a su exitosa carrera bancaria.

Pero en el trascurso de su etapa en ZipPay había estado en contacto con distintos inversores de capital riesgo, entre ellos Mike Moritz, de Sequoia. Era agosto del 99, justo después del éxodo del equipo directivo de X.com. Musk estaba ocupado con la contratación de ingenieros, y a instancias de Moritz llamó a Bhargava para organizar una entrevista. «Le dije que la próxima vez que fuera a Silicon Valley nos reuniríamos —recuerda Bhargava—. Pero Musk me soltó que no podía esperar, que me compraba un billete para que fuera de inmediato».

La reunión, que en principio no debía prolongarse más de diez minutos, dio paso a una cena en una hamburguesería cercana, Taxi's Hamburgers. «Nos reunimos sobre las 8, y al final hablamos hasta las 4 de la mañana. Entonces, Elon me dijo que me presentara en la oficina a las 7 de la mañana siguiente a por mi oferta de trabajo».

■ ■ ■

De esos días iniciales en X.com, Bhargava recuerda semanas laborales de cien horas y una cultura corporativa donde la velocidad era más importante que la organización. «Colin, Elon y yo nos dedicábamos a rumiar ideas hasta las 2 o las 3 de la mañana. Una vez le sugerí a Colin que habría que anotarlas. Pero él me dijo que no me preocupara, que lo habláramos y las probáramos».

Para él, X.com fue un soplo de aire fresco en el sector bancario. Aunque no todo iba como la seda: cuando el equipo empezó a vincular las cuentas bancarias con las de los usuarios de X.com, Bhargava apostó primero por la seguridad y rechazó el enfoque de lanzar el producto y arreglar los problemas más tarde. «No se puede hacer eso —argumentó—. Porque la gente quizá ponga los datos de la cuenta de otra persona». Musk desautorizó a Bhargava, esgrimiendo que un procedimiento de seguridad tan elaborado frenaría el crecimiento. «Elon pensaba que, en general, la gente es honesta», me dijo Bhargava.

Pero esa decisión llevó al límite la probada paciencia de Bhargava. «Ese asunto en particular me sacó de mis casillas. Luego pensé que no era para tanto». En realidad, si tenía razón, la seguridad de la empresa se vería afectada de inmediato. Y si no, todo podría seguir adelante. «En menos de diez días teníamos todos los datos», me contó Bhargava, refiriéndose a los informes iniciales sobre la actividad de cuentas no autorizadas.

Después de esa controversia, X.com no perdió más tiempo e instauró los toscos métodos tradicionales de verificación: para confirmar la propiedad de una cuenta bancaria, cada usuario tendría que enviar por correo un cheque anulado. Más tarde, se autorizó el envío de estos cheques por fax, sin mucho éxito. «Esos cheques enviados por fax no siempre se podían descifrar», recuerda Bhargava.

En cualquier caso, la experiencia le permitió reflexionar sobre la seguridad y la verificación de la identidad en sistemas complejos. A principios de 2000, Bhargava leyó *Secretos y mentiras: seguridad digital en un mundo en red,* del arquitecto de seguridad informática Bruce Schneier; un gran éxito de ventas que versa sobre la tecnología de la información y contiene explicaciones claras y lúcidas sobre criptografía, piratería informática y el concepto de señal/ruido.

Las «señales» son los trozos de información relevante que un emisor espera que lleguen al destinatario; por ejemplo, una canción de la radio. Por su parte, el «ruido» es cualquier cosa que interfiera en la llegada de esa información; como la estática que distorsiona la canción. Y Bhargava se dio cuenta de que, para confirmar la titularidad de una cuenta bancaria, X.com necesitaba una señal más limpia y rápida que los cheques anulados o los indescifrables faxes.

Algunos bancos ya utilizaban ese tipo de señales; de hecho, un PIN de cuatro dígitos en el cajero automático confirmaba la propiedad de la tarjeta de débito. X.com necesitaba algo parecido, algo tan simple como un código para el cajero automático.

Entonces Bhargava tuvo una idea: ¿y si X.com generaba su propio sistema de claves personalizadas? Podían crear códigos de acceso de cuatro dígitos enviando dos depósitos aleatorios de menos de un dólar a la cuenta bancaria de un usuario. Si alguien recibía 0,35 y 0,07 dólares, por ejemplo, el código sería «3507». Entonces, cuando introdujera bien el código confirmaría su titularidad sin necesidad de enviar faxes o cheques por correo.

Bhargava dejó reposar la idea y se fue a la cama. A la mañana siguiente, como de costumbre, él y Todd Pearson salieron a tomar café. Tenían muchas cosas en común: los dos había entrado en X.com antes de la fusión, eran veteranos del sector financiero y, además, tenían hijos, una auténtica rareza en aquel joven equipo.

Mientras caminaban, Bhargava le explicó su idea de usar dos depósitos aleatorios para autenticar la titularidad de una cuenta bancaria. Pearson no dudó ni un segundo:

—Es una idea fantástica. Eres un genio.

La propuesta también gustó al resto del equipo, y pronto empezaron a trabajar para que tomara cuerpo.

Con el depósito aleatorio y otras tácticas para validar las cuentas bancarias, el equipo de producto tenía mucha faena por delante. Por aquel entonces, la mayoría de los usuarios apenas eran capaces de introducir los números de su tarjeta de crédito. Y ahora X.com tenía que ayudarlos a teclear los de la ruta bancaria y la cuenta corriente: más dígitos y el doble de campos.

«Cada usuario era un caso aparte —recuerda Skye Lee—. Por eso tuvimos que pensar en su experiencia preguntarnos: ¿cómo explicarles este complejo sistema si no existe nada parecido en el mercado?». Los diseñadores de la compañía hicieron capturas de pantalla de los cheques, dibujaron círculos sobre los números correspondientes y los colgaron en la web como recurso visual. Y la novedad de la imagen resistió el paso del tiempo: el diseñador Ryan Donahue apunta que las imágenes de los cheques originales de la empresa circularon por Internet durante años en otros portales, con los mismos números de cuenta inventados, todavía visibles.

Además, X.com enlazó la confirmación de los depósitos aleatorios de Sanjay Bhargava con las bonificaciones de registro. A partir de entonces, para que un nuevo usuario recibiera su bonificación tenía que vincular su cuenta bancaria con PayPal y confirmar los dos depósitos. El cambio, combinado con otros productos, fue un éxito sin precedentes: a finales de junio, un tercio de los nuevos usuarios habían registrado sus cuentas en X.com.

Con el tiempo, la compañía adoptó varias medidas adicionales para fomentar la vinculación de más cuentas bancarias, incluyendo un sorteo de 10.000 dólares que se celebró en julio de 2000. Además, ofreció a esos clientes ciertas prestaciones exclusivas. Cuando el número de cuentas vinculadas aumentó de un modo exponencial, emplearon su conocida táctica de cambiar los valores por defecto en su beneficio: en un momento dado, la empresa pasó automáticamente a los usuarios que tenían tanto tarjetas de crédito como cuentas bancarias a pagos con fondos bancarios. Sin duda, era un cambo arriesgado, pero fundamental para reducir la curva de costes.

Estos movimientos permitieron que X.com dejara de utilizar los pagos con Visa y MasterCard, y se ahorrara así las gravosas comisiones por transacción y los riesgos asociados. Por otro lado, aquello supuso un auténtico avance en el sector. Hoy en día, la idea de Sanjay

Bhargava todavía se utiliza; el depósito aleatorio es habitual en muchos bancos.

Musk elogió sin reservas el depósito aleatorio: «Fue un paso de gigante». Y David Sacks expresó su elegante simplicidad en el acto de lanzamiento: «Era una idea que, como la del velcro, desearías que se te hubiera ocurrido a ti».

■ ■ ■

Concebido para luchar contra el fraude, el nuevo sistema de autenticación también reveló un sorprendente grado de honradez de los usuarios. A medida que se aplicaba, había gente que se sentía en la obligación de devolver (por correo postal) los depósitos aleatorios de la empresa.

Pero ese diluvio de sobres llenos de dinero acabó siendo un quebradero de cabeza administrativo. «Como éramos una institución financiera, teníamos que ingresar ese dinero en una cuenta —me contó Daniel Chan, el joven encargado de abrir los sobres—. Así que tenía que abonarlos físicamente, es decir, llevar el dinero al Silicon Valley Bank para hacer el depósito en persona».

En su tiempo libre, Chan se dedicaba a la magia, actuando en eventos infantiles y haciendo trucos en la oficina para sus colegas. «Ganaba más con las fiestas de cumpleaños infantiles de Silicon Valley que en PayPal», admitió. Así que, una vez que acabó con el problema de las monedas de los clientes, dejó el trabajo y se convirtió en un mago profesional de éxito. Su espectáculo, por supuesto, incluía algunos trucos con monedas que desaparecían ante los ojos del público.

■ ■ ■

La autenticación de las cuentas mediante depósitos aleatorios alivió algunos problemas, pero X.com todavía no se había salvado del todo: eBay estaba al acecho.

En cierto sentido, su dominio en la plataforma de subastas era un triunfo: X.com gestionaba un porcentaje de las ganancias de una empresa que no le pertenecía. Pero aquello no estaba exento de riesgos. Sin ir más lejos, a mediados de junio la inmensa mayoría de las transacciones de X.com se producían en eBay, y la directiva temía que esta reclamara sus beneficios en cualquier momento. Por tanto, necesitaban reducir esa dependencia.

Cuando Confinity se percató del entusiasmo de los usuarios de eBay por sus productos, el diseñador Ryan Donahue trabajó con David Sacks para mejorar el sistema de pago de las subastas. Una de las primeras versiones tenía dos pasos: en primer lugar, había que pulsar el botón de PayPal; y luego introducir el valor en dólares de la transacción y pulsar «Pagar». A Donahue se le ocurrió integrar el segundo paso en el primero: si se metía el importe en dólares y se pulsaba el botón, la siguiente página podía cumplimentarse de manera automática y confirmar el pago.

El cambio parecía una tontería, pero ahorraba unos preciosos segundos en cada transacción. Y, para Sacks, cada segundo era importante. En su opinión, toda pequeña mejora que ahorrase tiempo haría más atractivo el producto, y la gratificación instantánea es lo que acaba convenciendo a los usuarios más impacientes.

Esos avances en el sistema de pago fueron una fuente de inspiración para los trabajadores de la compañía. Surgieron preguntas como las siguientes: ¿y si los botones fueran el producto principal? ¿Y si esos trozos de píxeles ayudasen a PayPal a convertirse en el sistema de pago por defecto de la web? El equipo empezó a desarrollar «un conjunto de botones accesibles que permitieran cualquier transacción en apenas un instante», me explicó Sacks.

¿*Botones?* La idea parecía ridícula, pero sus implicaciones eran significativas. Desde un punto de vista estratégico, centrarse en los botones metía a la empresa en un mercado con pocos rivales. Claro, sus imitadores podían vincular los pagos con el correo electrónico, mejorar las bonificaciones o disputarles el mercado de eBay. Pero antes de que llegaran a centrarse en los botones habrían perdido un tiempo muy valioso.

El proyecto «un botón para dominarlos a todos» también resolvió un verdadero problema para la gente que comerciaba por Internet. El comercio electrónico creció con rapidez desde finales de los noventa hasta principios de los 2000, y un nuevo grupo de pequeños vendedores digitales se enfrentó a cuestiones cotidianas referentes a cómo llevar el dinero del punto A al punto B de forma rápida y segura.

Resulta irónico, pero X.com detectó por primera vez el incremento en el número de vendedores digitales independientes en la propia eBay. Los PowerSellers, es decir, los usuarios más importantes de la plataforma, responsables de la mayor parte de sus subastas, empezaron a abandonar el portal. «La gente que tenía cierto éxito en eBay acababa abriendo su propio portal de comercio digital», me comentó Sacks. Además, el equipo se dio cuenta de que esos nuevos vendedores independientes solían utilizar PayPal.

Y, para disgusto de eBay, X.com alimentó esta pequeña rebelión. «Una de las principales preocupaciones de eBay era que nuestra empresa permitiera que sus vendedores los abandonaran», recuerda Sacks. X.com incluso copió ciertas prestaciones básicas de eBay para facilitar las cosas a los «rebeldes». Y el desarrollo de los botones echaba más leña al fuego de la insurrección. De hecho, no era la primera vez que un botón era señal de cambio: recordemos que tiempo atrás Confinity se percató de que los usuarios de eBay utilizaban PayPal porque una persona contactó con ellos para cambiar el tamaño de su logotipo.

En esa ocasión el botón del logo había sido un catalizador para el éxito de la empresa. Por eso, Sacks y otros del equipo pensaban que podían reimpulsarla con la creación de nuevos botones. En realidad, Donahue cree que tampoco había unas expectativas muy altas con ese proyecto. «Se trataba de echar una mano a los usuarios que querían vender por su cuenta sus camisetas y CD. Me encantaba la idea de ayudar a esa gente que hacía transacciones de 10 y 20 dólares. Me parecía fantástico que alguien sin conocimientos técnicos pudiera convertir una web en un medio de pago».

■ ■ ■

En realidad, antes de la fusión, a finales de 1999, David Sacks expresó en un documento el potencial del proyecto de los botones. Y con el tiempo esa visión incorporó innumerables ideas y retomó muchos de los conceptos que permitieron la expansión de PayPal en Internet. En muchos sentidos, ese documento es el texto fundacional del PayPal moderno.

En honor al apego de Musk por la marca «X», llamaron a ese producto «X-Click», aunque luego lo rebautizaron como «Web Accept». Su antecedente directo era la función de PayPal «Money Request», que permitía a cualquiera enviar una solicitud personal de dinero con un correo electrónico que contenía un enlace a una página de PayPal. X-Click se aprovecharía de esa función y la haría omnipresente, es decir, «permitiría a los usuarios de PayPal pegar el enlace de solicitud de dinero en sus portales, páginas de inicio personales, listados de subastas u otras url. El resultado sería un sistema de pago universal... a un solo clic».

Además, el alcance internacional del producto también sería provechoso para la publicidad de la empresa: fomentaría la expansión viral de PayPal y llevaría sus productos a webs de todo el mundo. Otros servicios de pago especializados en un solo portal, como Billpoint en eBay, dotBank en Yahoo! o 1-Click en Amazon seguirían tan focalizados que nunca alcanzarían la difusión de PayPal.

El documento insistía en una cantinela familiar sobre el ritmo de mercado. «La velocidad es esencial por tres razones», decía. Porque:

1. Los efectos de red propios del producto indican que quien mueva ficha antes tendrá una enorme ventaja frente al resto. Cada día que pasa es una oportunidad inmejorable para acrecentar nuestra ventaja.

2. La empresa tiene que demostrar un historial de ingresos de al menos seis meses para hacer una oferta pública de venta. X-Click podría proporcionar ingresos inmediatos.

3. Competidores como Yahoo!, eBay y Amazon también están
    desarrollando las funcionalidades básicas P2P. Para con-
    trarrestar su capacidad de distribución, es necesario sacar
    adelante X-Click.

El equipo, con Sacks a la cabeza, se propuso lanzar un piloto el 1 de
junio de 2000. Ese proyecto vislumbraba un futuro donde PayPal
no dependería de eBay, y eso suponía un gran estímulo para todo el
mundo. «Pintó un porvenir en el que PayPal podría extenderse de
forma autónoma en Internet», me dijo Amy Rowe Klement.

■ ■ ■

Pero la reestructuración de X.com, el desarrollo de X-Click y el lanzamiento del depósito aleatorio coincidieron con otra evolución fundamental: en el verano de 2000, la empresa aplicó sus primeras comisiones.

X.com sabía que las comisiones eran algo inevitable, y se generaron grandes debates para tomar el camino correcto. ¿Debían cobrar
a los remitentes o a los destinatarios? ¿Cómo podían romper la promesa que habían hecho a sus usuarios con el eslogan «siempre gratis»? Si empezaban a cobrar por sus servicios, ¿no perderían cuota de
mercado frente a Billpoint? «Esa será la prueba definitiva —sentenció Lal—. Determinará si nuestros clientes se quedan con nosotros».
Incluso Musk se percató del problema: «Teníamos que encontrar una
forma de generar ingresos sin sacrificar nuestro crecimiento».

Las respuestas a todo ello se hallaban en la difusa intersección entre
el comportamiento del usuario y la planificación financiera. Por eso, el
equipo analizó la manera de actuar de los usuarios con los productos de
X.com y los de la competencia, incluidos los de su rival directo en eBay,
Billpoint, cuya estrategia económica (una tarifa plana y un porcentaje
del pago) había disgustado a algunos clientes del portal de subastas.

Este descontento, es obvio, estaba relacionado con los orígenes de
eBay. «Las raíces del portal de subastas se hundían en una comunidad
de vendedores muy poco organizada que tuvo que arreglárselas para

dar con una forma de pago porque eBay no le daba alternativa —señaló un abogado de eBay de aquella época, Robert Chestnut—. Por eso, creo que la aparición de una empresa que cobraba por los pagos no generó lo que se dice un cálido recibimiento. Los vendedores no querían pagar otra comisión, porque ya estaban pagando una a eBay».

Además, X.com se dio cuenta de que aplicar tarifas genéricas a los pagadores sería una sentencia de muerte para su producto: nadie quiere pagar por enviar dinero. Así que pensaron que los usuarios se limitarían a recurrir a un servicio que gravase al destinatario, no al remitente. Aun así, una estrategia de comisiones bien diseñada podría funcionar, sobre todo si estaba vinculada con algo por lo que merecía la pena pagar y se dirigía al público adecuado.

Así pues, el cambio se inició creando una categoría de productos premium, con más prestaciones que las cuentas gratuitas. Se llamaría cuenta «Business» o «Premium», en función de si el usuario era una empresa o un particular. Pero lo más importante era que se daba la opción de pagar por las nuevas prestaciones o quedarse con los servicios gratuitos, tal cual estaban.

En la publicidad de sus cuentas de pago, la compañía promocionó tres humildes prestaciones: (1) la posibilidad de que las empresas se registraran con un nombre corporativo; (2) una línea de atención al cliente disponible 24 horas al día; y (3) una actualización automática diaria del saldo de una cuenta bancaria. Tampoco era gran cosa, pero prometieron más ventajas posteriores.

X.com cobraría en principio un 1,9 % de los pagos recibidos, sin una tarifa fija adicional. Aquello era una ganga en comparación con lo ofrecido por su principal competidor. En el anuncio se decía que la tarifa era «inferior a lo que se paga con otros servicios». X.com conocía a su público: mejorar las tarifas de Billpoint atraería sin duda a los PowerSellers de eBay, que eran muy sensibles a la variación de precios.

En una reunión celebrada en aquellos días, Musk hizo hincapié en los peligros de sustituir un servicio gratuito por otro de pago. «En esa reunión, Musk dijo: "Vamos a cobrar. Vamos a aplicar unas tarifas.

Pero el resultado es cuestión de azar. Se trata de una apuesta. Esto es como jugar a la ruleta"», recuerda Lal.

La empresa fue muy explícita en cuanto a la libertad de elección: «**No se obligará a nadie a actualizar su cuenta**», decía el nuevo anuncio. Es decir, si querías mantener tu cuenta gratuita, eras libre de hacerlo.

Pero, si se podía mantener la cuenta gratuita, ¿quién querría actualizarla al nivel premium? A las 17:00 horas del día del lanzamiento, el equipo obtuvo respuesta a esa cuestión: pese a haber enviado el comunicado a un reducido grupo de usuarios, se dieron de alta 1300 cuentas premium. Y una semana después, el 19 de junio, la empresa ya contaba con 9000 clientes de pago, que solo ese día generaron mil dólares gracias a las nuevas tarifas. Al día siguiente, la cifra se duplicó con creces: se obtuvieron más de 2500 dólares.

«Cuando pusimos en marcha las cuentas de pago, logramos una fuente de ingresos. Al fin alguien pagaba por nuestros servicios —recuerda David Wallace—. Algunos usuarios sacaban partido de nuestras nuevas prestaciones, pero lo más importante era que cualquier nuevo producto ya tenía un escaparate para que la gente pudiera pagar por él. Así que pasamos de estar tan pendientes de las cuentas gratuitas y nos centramos en mejorar las de pago».

Como ese verano fue de todo menos tranquilo, el lanzamiento de las cuentas de pago no culminó con una celebración ni captó la atención de los medios. Aun así, al instaurar ese nuevo sistema X.com había logrado algo que estaba fuera del alcance de sus competidores: su web ya no solo regalaba dinero; ahora también generaba ingresos.

■ ■ ▨

Cuando Musk recuperó el cargo de CEO, entregó a todo el personal una copia de la presentación que hizo ante el consejo de administración en mayo de 2000; esta incluía una diapositiva titulada «Hitos principales». «Si podemos cumplir todos estos puntos —escribió en un correo de seguimiento general— seremos imparables».

Y tenía una muy buena razón para mostrarse tan confiado. A finales del verano de 2000, la compañía estaba lista para sacar nuevos productos. Seis semanas después del informe de David Sacks, Julie Anderson anunció que X-Click estaba oficialmente en marcha y que, por primera vez, las webs que no pertenecían a eBay podrían utilizar los servicios de la empresa. Además, X.com también había logrado unificar su marca: «Los usuarios que escriban www.PayPal.com en su navegador serán redirigidos a www.x.com», anunciaron.

Y así, cuando X.com introdujo estos importantes cambios, el mundo entero reparó al fin en ellos. La compañía ganó un «People's Voice Award» en los Webby —los Oscar de Internet— y la revista tecnológica *Red Herring* la incluyó en la lista de las cien mejores empresas digitales. Además, según *PC Data Online*, durante cuatro semanas consecutivas X.com fue la web de finanzas con más visitas de Internet. Por último, la revista *Fortune* la nombró una de las empresas emergentes más prometedoras de Estados Unidos.

Por ese motivo, los grandes operadores del sector empezaron a prestar atención a este recién llegado al mundo de las finanzas. La American Bankers Association organizó una mesa redonda en la que surgió el tema de X.com:

Andrew Trainor: Recientemente, X.com se ha fusionado
con PayPal, un servicio de pago por correo electrónico.
La nueva empresa utiliza una estrategia de marketing
muy novedosa. En lugar de invertir mucho dinero para
promocionar su banco, abonan a cada cliente 20 dólares
por abrir una cuenta. Luego les regalan una bonificación
por cada recomendación, hasta un límite determinado. En
la actualidad tienen un millón y medio de clientes.

Su razonamiento es el siguiente: El CEO, Elon Musk,
de 27 años, asegura que su objetivo es captar usuarios para
aprovecharlos como comerciales gracias a la estrategia de
bonificaciones.

Henry Radix: En cierta medida, los bancos hemos hecho lo
mismo, hemos atraído a nuestros clientes y ahora tenemos
que explotar esas relaciones. Pero no tuvimos que pagar
20 dólares a cada uno. O tal vez lo hicimos sin darnos cuenta.
David Beito: El modelo de X.com es una seria amenaza. Con su
servicio de PayPal puedes mandar dinero a cualquiera que
tenga una cuenta de correo electrónico. Tengo un montón
de amigos que trabajan en subastas digitales y todos han
utilizado PayPal.

Nos están comiendo mucho terreno. La gente se
enganchará a su producto y muy pronto van a poder
cobrar por ello. ¿Vale la pena, digamos, invertir seis
dólares al mes para hacer eso? Los banqueros antes se
preguntaban si merecía la pena cobrar 25 dólares por un
cheque sin fondos. Pero ahora todos lo cobramos y la
gente está dispuesta a pagarlo.

Para colmo, la base de usuarios de la empresa estaba creciendo a razón
de más de 10.000 nuevas cuentas diarias. «Ayer, X.com superó la barrera de los DOS MILLONES de cuentas —escribió Eric Jackson en un
informe del 1 de junio—. PayPal tiene 1.738.989 cuentas y X-Finance,
267.621».

Como de costumbre, el cambio de estrategia de la compañía dio
buen resultado; ese «virus» que había contagiado a eBay no daba muestras de agotarse. En abril, X.com estimó que sus servicios se usaban en
un 20 % de las subastas de eBay; a finales de junio, esta cifra ascendía al
40 %. En cambio, Billpoint —el servicio interno de eBay para pagos—
solo se utilizaba en el 9 % de las transacciones. «El crecimiento vertiginoso de X.com en el mundo de las subastas es una mala noticia para los
servicios postales de todo el mundo —publicó el *Weekly eXpert*—. Los
cheques se están convirtiendo en una especie en peligro de extinción».

Pero, además, ese crecimiento no entraba en conflicto con el servicio de atención al cliente: el equipo de Omaha se había hecho cargo

de las reclamaciones, y las webs que evaluaban la satisfacción de los usuarios situaban a PayPal como uno de los servicios mejor valorados. Incluso las autoridades federales empezaban a apreciar a X.com. En este sentido, su equipo de revisión de cuentas había ayudado al FBI en una operación contra una red de delincuencia organizada en Chicago, y ahora la empresa estaba en contacto permanente con el Servicio Secreto, los investigadores del Servicio Postal y las fuerzas del orden locales.

■ ■ ■

De puertas adentro, el equipo se organizó para trabajar de la mejor manera. En junio de 2000 se trasladaron de forma oficial a las nuevas oficinas en el 1840 de Embarcadero Road. «Cambiar el caótico ambiente de University Avenue, con sus abarrotados cubículos, sus olores extraños y su caprichoso aire acondicionado, por las oficinas limpias y espaciosas del 1840 de Embarcadero (equipadas, además, con máquinas expendedoras gratuitas y videojuegos) es un poco extraño», señaló el boletín de la empresa.

Ese verano incluso pudieron gozar de algo de diversión y camaradería. El 14 de julio, la compañía reservó una sala del Century Cinema 16 de Mountain View para ver la nueva película de X-Men. Tameca Carr, de X.com, fue quien organizó la salida y «alquiló la sala a pesar de que Steve Jobs había hecho una oferta que duplicaba la nuestra», aseguró de nuevo el boletín de la empresa. El cine, que ya había firmado su contrato con X.com, rechazó la oferta de Jobs, con lo que el cofundador de Apple sufrió una poco habitual derrota en las negociaciones. Todo el equipo llegó a la sala luciendo sus camisetas de X.com.

Además de la noche de cine, se organizó una fiesta para celebrar el solsticio de verano. «Nuestro presidente, Peter Thiel, salió a la pista de baile, pero no pudo competir con las piruetas voladoras de Max Levchin», señaló, una vez más, el boletín de la empresa. Por otro lado, el equipo preparó una fiesta sorpresa a Elon Musk por su 29 cumpleaños. «Justine, su esposa, lo llevó al Fanny & Alexander, para cenar supuestamente con unos amigos. Pero, al llegar, más de 40 trabajadores de la empresa los recibieron dispuestos a pasar la noche bebiendo con ellos. Incluso convencieron a Musk para tomarse unos chupitos de tequila». Por último, unas semanas más tarde, la empresa organizó una barbacoa para celebrar el 25 cumpleaños de Levchin.

Estas novedades corporativas se publicaban en el *Weekly eXpert*, el boletín de noticias que recopilaba las efemérides de la empresa, festejaba los cumpleaños de los trabajadores y presentaba a las nuevas incorporaciones. La mera existencia de esta publicación era una señal de madurez. En ese momento, la plantilla de X.com había crecido de un modo considerable y las charlas improvisadas en la panadería de la planta baja ya no servían para informar a todo el personal. Aquel agosto, una reunión del equipo completo tuvo que celebrarse en dos sesiones: de la A a la K asistieron a las 10:00, y de la K a la Z, a las 11:00. «¡Sí! —se decía en el boletín de la empresa—. ¡Hemos crecido mucho!».

■ ■ ■

En esa etapa, cuando Musk oteaba el horizonte solo podía pronosticar un camino despejado y tranquilo. Sin embargo, otros detectaron algunas señales de alarma: pese al aumento de ingresos y la reducción de costes, seguían perdiendo dinero en fraudes y comisiones; a pesar de tantas muestras de unidad, el equipo ejecutivo estaba dividido en todos los aspectos, desde la marca hasta la arquitectura tecnológica y la misión de la compañía; y, aun con la dedicación plena de Musk, algunos directivos —en particular los que venían de Confinity— creían que estaba dirigiendo el barco hacia un arrecife.

El conflicto permaneció latente hasta que, a finales del verano, una extraña secuencia de acontecimientos transformó la vida de Musk y el futuro de la empresa. Él mismo, sin saberlo, lo había presagiado en una nota que acompañaba al nuevo organigrama corporativo: «Por supuesto, como somos una empresa de rápido crecimiento, con más de 400 trabajadores y subiendo, este organigrama sufrirá cambios y se irá adaptando con el tiempo». Y así fue. Su predicción se cumplió mucho antes de que él o cualquier otra persona lo imaginara.

13

LA ESPADA

Si levantaba la vista, la lista estaría ahí como un recordatorio constante, tal cual la había elaborado Roelof Botha, futuro director financiero de X.com.

Frente a su mesa, pegada a la pared, enumeraba los objetivos del joven Botha. Cada vez que alzara los ojos de sus tareas le recordaría sus objetivos y lo forzaría a volver al trabajo. Si intentaba salir de la habitación, un duplicado de la lista pegado en la puerta lo devolvería de nuevo a su silla.

Esas listas también actuaban como presagio. Cuando tachó su ambicioso objetivo académico —estar entre los diez mejores estudiantes sudafricanos—, no solo se situó en ese rango, sino que se llevó el primer premio al obtener las mejores notas en el considerado como campo más competitivo de su país: las ciencias empresariales.

Roelof Botha era el vástago de una poderosa familia de políticos sudafricanos. Pero en lugar de limitarse a gozar de su apellido quería labrarse un futuro. Y con esa intención se marchó de Sudáfrica para sacarse un MBA en Stanford.

Tras su primer año entró a trabajar como becario en Goldman Sachs, en Londres, donde colaboró en la salida a bolsa de algunas empresas de Internet, entre las cuales estaba el portal de servicios financieros egg.com. Y cuando terminó sus prácticas llegó a la conclusión de que la banca de inversión no era tan interesante como las finanzas en las empresas de Internet.

En Stanford, Botha compartía habitación con Jeremy Liew. Este había trabajado en Citysearch, donde se había cruzado con otro joven sudafricano, Elon Musk. Entonces pensó que Botha y Musk tenían muchas cosas en común, así que los puso en contacto.

Cuando se conocieron, en el otoño de 1999, Musk le propuso a Botha entrar de inmediato a trabajar en X.com. Pero él rechazó la oferta: estaba en Estados Unidos con un visado de estudiante, sin autorización para trabajar, y no quería saltarse las normas de inmigración. Además, no iba a dejar sus estudios en Stanford para unirse a una empresa emergente. Al cabo de unos meses, Musk volvió a intentarlo. Y Botha, una vez más, se negó. Sin embargo, su compatriota le causó muy buena impresión: «Hay personas a las que conoces y, dos semanas después, no recuerdas nada de ellas —me contó Botha—. Bien, pues Elon es todo lo contrario».

Además, la idea de trabajar en X.com nunca se esfumó del todo. Botha se tomó sus estudios en Stanford como una oportunidad para investigar el negocio de X.com y a su competencia. «Solo necesitaba una pequeña excusa para pensar en PayPal. Siempre me preguntaba: *¿Cuál era el modelo de negocio de este tipo de empresas? ¿Cómo funciona la parte bancaria, la captación de depósitos o la emisión de líneas de crédito?*».

Y así, desde la distancia, llegó a la conclusión de que X.com estaba lejos de ser una apuesta segura. «No gozaba de una ventaja natural —me dijo refiriéndose a las perspectivas de la compañía a finales del 99—. No había efecto de red, y el coste de captación de clientes era elevado». Sin embargo, supo apreciar el potencial de los pagos por correo electrónico y, en concreto, su capacidad para volverse un sistema viral.

Su confianza en la empresa surgió al mismo tiempo que él caía en una crisis personal. A finales de 1999 y principios de 2000, una recesión en Sudáfrica consumió todos sus ahorros. Se vio en situación de tener que pagar el alquiler como fuera, y no había llegado hasta allí para recurrir a la generosidad de su familia. De modo que le preguntó a Musk si podía trabajar a tiempo parcial en X.com.

■ ■ ■

Su mensaje, de febrero de 2000, llegó cuando X.com y Confinity estaban cerrando su fusión. Como Botha se incorporaría a la nueva empresa, Musk le pidió a Peter Thiel que lo entrevistara. En esa primera reunión, Thiel le planteó uno de sus acertijos:

> Hay una mesa redonda cuyo tamaño no sabes de antemano. Hay dos jugadores que tienen una bolsa de monedas sin límite. Cada jugador puede colocar una moneda en la mesa cada vez, pero estas nunca pueden llegar a superponerse. La última persona que ponga una moneda en la mesa gana la partida. ¿Cómo puedes lograrlo? ¿Es necesario que pongas la primera moneda?*

Botha respondió bien y recibió su oferta de trabajo el mismo día que X.com y Confinity anunciaban la fusión.

Poco después de empezar a trabajar, en una de sus clases en Stanford tuvo lugar una charla en la que participaba Meg Whitman, CEO de eBay. Le preguntaron por la aparición de PayPal en su portal. ¿Iban a permitir que esa empresa les comiera el terreno en el ámbito de las subastas? Botha aún recuerda la respuesta de Whitman:

—Vamos a aplastarlos.

Él no podía creérselo. «Esa amenaza estuvo presente mucho tiempo. Además, David Sacks no dejaba de repetir que teníamos la

---

*Respuesta: Sí, y juega primero. Coloca tu moneda en el centro. El otro jugador colocará su moneda en algún lugar de la mesa. Ahora puedes colocar tu moneda en la misma línea de diámetro que el otro jugador, y a la misma distancia del borde. Sigue repitiendo este paso, y tu oponente se quedará sin espacio antes que tú.

espada de Damocles colgando sobre nuestra cabeza todo el tiempo. Y
esa fue la primera vez que lo noté».

■ ■ ■

Botha empezó a trabajar de noche y por las tardes después de clase, en
un cubículo junto a Musk. Su primera tarea fue reconstruir desde cero
el modelo financiero de X.com.

Aunque la compañía había recaudado varios millones en la ronda
de financiación, Botha consideraba que su modelo económico era
«extremadamente simple». Por eso empezó a elaborar uno más sólido,
empleando para ello un conjunto más amplio de métricas. ¿Qué parte
de las cuentas existentes estaba activa? ¿Cuánto pagaba la empresa en
concepto de comisiones de las tarjetas de crédito? ¿Qué ocurriría si la
tasa de fraude aumentaba o disminuía? ¿Y si se eliminaban las bonificaciones? Aquella hoja de cálculo de Botha permitió sopesar varias
hipótesis y prever los resultados, lo cual les proporcionó una buena
panorámica para estimar la salud del negocio.

Con el tiempo, además, se convirtió en una suerte de oráculo:
antes de tomar cualquier decisión, había que consultar «el modelo».
Y así fue como, gracias a su gran labor, se contrató a Botha tras su
graduación y lo invitaron a asistir a una reunión del consejo de administración. «Cuando Mike Moritz llegó a la reunión, dijo que solo tenían siete meses de margen —recuerda Botha—. Y que no podríamos
recaudar más fondos porque el mercado había desaparecido». Para
él, esa intervención de Moritz fue determinante: «Y de gran ayuda,
porque nos hizo ver que no debíamos dar por sentada la posibilidad
de conseguir más dinero».

Pero se acuerda de dicha reunión por otra razón: con las prisas,
había cometido un error en la última línea de una hoja de cálculo
casi impecable, donde analizaba el flujo de caja de la empresa. Y Mike
Moritz detectó el error. Botha, que es un perfeccionista, se puso rojo
de vergüenza. Al acabar la reunión, volvió a su mesa y se echó a llorar.
Levchin, otro perfeccionista, se acercó a consolarlo.

■ ■ ▨

La aventura de Botha en el departamento financiero de X.com le llevó a obsesionarse con las pérdidas. En este sentido, para construir su preciso modelo tuvo que estudiar cada tipo de pérdida, comprender sus orígenes —ya fueran comisiones, devoluciones de cargos o fraudes— y contabilizarlas una por una. Lo curioso es que sus cálculos revelaron una contradicción: las pérdidas de X.com eran inferiores a las proyecciones futuras de su modelo. Y eso le llamó la atención. «Quería llegar al fondo del asunto».

Al final halló el problema: X.com no había tenido en cuenta el tiempo de demora de las transacciones fraudulentas con tarjeta de crédito. Es decir, si un cliente ganaba una reclamación, la compañía propietaria de la tarjeta le devolvía el cargo, pero ese proceso de devolución no empezaba hasta que se enviaba la factura, el cliente se quejaba y se investigaba el problema, algo que podía prolongarse más de un mes. «En otras palabras, las devoluciones que contabilizábamos en mayo correspondían a las transacciones que se habían hecho en febrero o marzo», apostilló Botha.

Pero las previsiones de X.com no habían incluido esta demora, con lo que no estaban preparados para lo que se avecinaba. «A partir de junio, empecé a darme cuenta de que teníamos un problema enorme», me confesó.

Y sabía mejor que nadie a qué tipo de problema se enfrentaban: su formación actuarial incluía técnicas como el «método de escalera en cadena», que las compañías de seguros emplean para estimar las reservas necesarias para futuras reclamaciones. Cuando aplicó estos conocimientos a las cuentas de X.com, descubrió la cruda realidad: no contaban, ni por asomo, con reservas suficientes.

Si no arreglamos esto, habrá que echar el cierre, recuerda haber pensado. Para colmo de males, sentía que el CEO no compartía su miedo a la quiebra. Musk, al parecer, estaba mucho más preocupado por la expansión de X.com.

■ ■ ■

Así que Botha le mostró a Levchin el «método de escalera en cadena» y le proyectó una imagen nefasta de las reservas de la empresa. Pero es que este ya estaba preocupado por el futuro mucho antes de la advertencia de Botha; había estado analizando los informes de fraude, y lo que encontró le dejó muy intranquilo.

Luke Nosek recuerda con claridad que una noche de ese verano su localizador vibró pasadas las 12. Era Levchin: quería que lo llamara. «Luke, creo que estamos muertos», le dijo incluso antes de explicarle cómo los estafadores estaban consumiendo los fondos de la empresa.

Como si eso no fuera suficiente, Levchin estaba inmerso en una lucha de poder. A pesar de su cargo de CTO, Musk, que era su jefe, había copado la dirección de la empresa. Y la pelea llegó en un momento crítico.

«Nuestro portal duplicaba el número de usuarios cada semana o dos», recuerda Ken Brownfield, que era ingeniero de bases de datos. En consecuencia, la web se volvió inestable, y los usuarios sufrían cortes semanales de varias horas. «Ese era el pan de cada día —insiste Brownfield—. Fue una época terrible; lo único que nos preocupaba era mantener en pie la web una semana más».

Una de las causas era el modo en que se había diseñado la web. «Con cada transacción, teníamos que pararlo todo y asegurarnos de que un usuario recibiera el dinero, al otro se lo descontaran, y que todo el proceso quedara registrado. Y todo eso debía ocurrir con apenas un clic. Por lo tanto, era muy fácil que surgiera un problema en la base de datos». Pero eso de «pararlo todo» en cada operación sobrepasó la capacidad del servidor. «Era un obstáculo insuperable».

En realidad, ese problema no era exclusivo de X.com. Muchas webs previas a la existencia de «la nube» luchaban constantemente con este tipo de interrupciones. Sin ir más lejos, eBay sufrió miles de caídas del servidor, como la de junio del 99, que se prolongó 24 horas. Pero su monopolio en el mundo de las subastas online aseguraba la vuelta de los usuarios. En cambio, X.com no podía confiar en la fidelidad de los suyos si el servicio no funcionaba, porque tenían muchas otras opciones de pago.

Para colmo de males, la fusión multiplicó la cantidad de problemas técnicos. «Teníamos dos webs que funcionaban de forma independiente», recuerda el ingeniero David Gausebeck. Dos webs... y dos equipos de ingenieros: el de Confinity, liderado por Levchin, y el de X.com, con Musk a la cabeza. Y, con los cada vez más frecuentes problemas de capacidad, la brecha entre ambos se fue ampliando ese verano.

Musk propuso una solución: reescribir el código base de PayPal; pensaba que el original de Confinity con Linux debía rehacerse desde cero en una plataforma como Microsoft, más estable y eficaz. Su iniciativa llevaba el nombre de «PayPal 2.0», y dentro de la empresa la llamaron V2.

■ ■ ■

Por absurdo que parezca, el dilema entre Linux y Microsoft iba más allá de un mero debate técnico en el seno de X.com. En realidad, era solo uno de los campos de batalla de una guerra más amplia que se libraba entre dos bandos de tecnólogos.

En 1999, Microsoft ya era la empresa de software más importante del mundo. Ese éxito fue fruto de la simplificación: Microsoft Windows había dejado atrás las interfaces negras con cursores parpadeantes que, para abrir fotos o borrar archivos, requerían comandos como «c:\photos» o «del *.*». Con sus elegantes y sencillos iconos, botones y cursores refinó la experiencia informática, que de inescrutable pasó a ser atractiva.

Pero las prestaciones más simples de Microsoft levantaron ampollas entre quienes había aprendido informática a la antigua usanza. Los programadores, en especial, constituían un sector muy crítico con tales novedades, básicamente porque ese software era de pago y tenía derechos de autoría. Así que los *hackers* consideraban que los productos de Microsoft eran simples, burdos y poco prácticos, algo así como un monovolumen familiar.

Y de este malestar surgió una serie de sistemas operativos de código abierto y libre distribución, que utilizaban la plataforma Unix. Linux, el más famoso de ellos, fue obra de un universitario, Linus Torvalds, que lo creo en 1991. Para sus defensores, Linux era lo opuesto a Microsoft: flexible, eficaz... y libre; los usuarios podían modificar el núcleo del sistema operativo para adaptarlo a sus necesidades.

Pero esa flexibilidad tenía un precio: era más complicado de usar. Incluso una tarea sencilla, como instalar un módem, podía causar un tremendo dolor de cabeza. El caso es que Levchin, fiel a sus principios, había diseñado PayPal.com con Linux. Además, contrató a ingenieros que, como él, se habían formado en ese sistema operativo. Por eso PayPal tenía una base de código más larga y engorrosa. «Era como si PayPal no se hubiera enterado de que el software había cambiado en los últimos diez años», bromeó un ingeniero.

Así que, como decía, Musk quería prescindir del código basado en Linux de Levchin, y sustituirlo por uno de Microsoft. Y, dada su familiaridad con esta plataforma, dicho cambio pondría al mando a los tres ingenieros responsables de los productos de X.com —Jeff Gates, Tod Semple y Nick Carroll— y daría de lado a los de Confinity, que habían creado PayPal.

■■■

Musk justificó el cambio por una cuestión de eficacia: consideraba que las herramientas de Microsoft permitían hacer el mismo trabajo con menos ingenieros. «Por ejemplo, con Linux teníamos trabajando a 40 o 50 personas —me explicó, aludiendo al equipo de Confinity—. En cambio, en X.com cuatro tipos eran capaces de replicar los mismos programas. 4 personas en lugar de 40».

Además, como Musk era fanático de los videojuegos y en su día desarrolló alguno, también argumentó (como prueba de su superioridad) que el código de los más avanzados estaba basado en el sistema de

Microsoft. «Los videojuegos son el campo más desarrollado del sector —insistió—. Y los mejores programadores trabajan en videojuegos». Y, como todos sabían, desde un punto de vista técnico los videojuegos eran mucho más complejos que los sitios web de aquella época.

Por si fuera poco, Musk también arguyó que para contratar a nuevos ingenieros trabajar con un código basado en Microsoft tenía muchas más ventajas. En aquella época, «Linux era marginal», mientras que con el otro sistema podían acceder a una bolsa de talento mucho más amplia. «En el año 2000, Linux no era lo mismo que en el 99: ya parecía arcaico y no tenía mucho desarrollo. Entonces, ¿por qué lo estábamos usando?».

Desde una perspectiva estratégica, Musk consideraba que el nuevo proyecto (el V2) era un paso adelante para erigirse en ese centro mundial del dinero que X.com quería ser. «Y eso exigía más software del que tenía PayPal. Por eso tenía sentido, bajo mi punto de vista, usar el sistema más potente y desarrollado del mundo, es decir, Microsoft».

En julio de 2000, el equipo de X.com viajó a Redmond para reunirse con los altos cargos de Microsoft, incluido su CEO, Steve Ballmer. El boletín semanal de la empresa informó de la reunión con entusiasmo:

> Nuestro equipo de ingenieros se reunió hace poco con algunos directivos de Microsoft, varios de los cuales incluso dependían directamente de Bill Gates [entonces presidente del consejo de administración]. ¿Qué quiere Microsoft de nosotros? Como X.com pretender basar su código en Microsoft 2000, querían reunirse con nosotros. La reunión se hizo para saber cómo podían mejorar o modificar sus herramientas y así facilitarnos el trabajo con su plataforma.

Musk solía hablar de X.com como una empresa que aspiraba a la eternidad; y tal ambición exigía una revisión estructural. «Decía que, si

querías construir una empresa eterna, debías asegurar que los cimientos aguantarían el paso de muchas décadas», recuerda Luke Nosek.

▩ ▪ ▩

Pero la reestructuración de Musk, como era de esperar, no gozó de
gran aceptación por parte del equipo más veterano de ingenieros, con
Levchin a la cabeza.

¿Cuál era el problema principal? Bien, PayPal funcionaba con una
base de datos única. Y para los ingenieros de Confinity la forma más
sencilla y barata de ampliarla era añadir cajas de servidores construi-
das por Sun Microsystems.

Además, consideraban que la tecnología de Microsoft era más cara,
y no resultaba compatible con las necesidades de PayPal. «El Microsoft
Database Server era un producto empresarial —señaló Brownfield, partidario de Linux—. Microsoft se creó para gestionar una empresa y tener
10.000 registros de personas; no estaba pensado para ser un sistema de
procesamiento online de alto rendimiento que funcionara durante años».

Además, algún ingeniero pensaba que «como Microsoft resolvía un problema ya existente y sus herramientas solo hacían su labor,
no estaba pensado para crear algo nuevo e interesante». Y PayPal era
una compañía que solo afrontaba nuevos desafíos; por eso algunos
partidarios de Linux estaban convencidos de que los productos de
Microsoft no encajaban con ese propósito.

Desde el punto de vista operativo, los sistemas basados en Linux y
Microsoft se comportaban de forma distinta. Por ejemplo, en las respuestas a las solicitudes de procesos, Microsoft mantenía estos activos
incluso después de que tales solicitudes se hubieran completado. «El
problema es que, si tienes un proceso que atiende solicitudes y siempre está activo, cada vez se vuelve más lento —señaló Jawed Karim—.
El servidor Linux no tenía ese problema. Cada vez que había una solicitud, se iniciaba un proceso nuevo».

Un ejemplo práctico de esto: las primeras versiones de PayPal 2.0
tenían problemas de «fugas de memoria». Por eso los interminables

procesos sobrecargaban el sistema y era necesario reiniciar el servidor. «Para un purista de la tecnología, reiniciar las máquinas es una solución un poco torpe —añadió Karim—. Es como si te gustan los coches y un fabricante te dice que el tuyo es tan potente que debes apagar el motor cada cinco minutos».

Además, algunos ingenieros vaticinaron que este problema empeoraría con el paso del tiempo. Y así fue. «Cuando poníamos a prueba el servidor, debíamos reiniciarlo a diario», me contó el ingeniero David Kang. De hecho, el 10 de julio alguien estaba redactando un comunicado en el que informaba de los problemas y, cuando le preguntaron cómo afectaría un millón de cuentas nuevas al sistema V2, respondió: «Ahora mismo, nuestro servidor no está en condiciones de soportar la creación de un millón de cuentas, por culpa de las fugas de memoria». «Al final —reconoció otro— teníamos que reiniciar los servidores cada trece segundos».

A medida que avanzaba el desarrollo del proyecto V2, las dudas del equipo iban en aumento. Cuando probaron una de las primeras versiones, el botón de enviar dinero (el más importante de todos) no funcionó. «Cada día que pasaba estábamos más seguros de que no íbamos por buen camino —recuerda otro ingeniero—. Y que, aunque habíamos avanzado mucho, la meta parecía alejarse cada vez más».

■ ■ ■

Incluso algunos partidarios de X.com reconocieron que una arquitectura basada en Microsoft no era la mejor opción. Sugu Sougoumarane se entrevistó con X.com antes de la fusión, pero no lo contrataron. «Cuando llegué a casa vi que tenía un correo electrónico del responsable de RR. HH. diciéndome que Elon no había dado el visto bueno. Así que le respondí pidiéndole el correo del propio Elon».

Sougoumarane envió un efusivo mensaje al CEO de X.com, y este lo llamó. Por teléfono, «le dije que X.com iba a cambiar el mundo de Internet. Y que no me importaba trabajar de cualquier cosa, pero que quería estar en esa empresa». Al final, Musk lo contrató y reenvió aquel primer correo a todo el equipo.

Cuando Sougoumarane se incorporó de manera oficial a la compañía, X.com y Confinity estaban empezando a fusionarse, y la batalla de Linux frente a Microsoft se estaba gestando. Hasta entonces, Sougoumarane se había dedicado en exclusiva a diseñar herramientas de desarrollo de bases de datos y, desde su punto de vista, «el sistema [basado en Linux] iba a llegar mucho más lejos que el servidor [Microsoft] SQL. En realidad, no sabía hasta dónde podían llegar los servidores de Microsoft».

En cambio, Doug Mak, veterano ingeniero de X.com, creía que ambas plataformas tenían sus ventajas. Por un lado, un sistema basado en Unix resultaba más práctico para los ingenieros y podía soportar que varios programadores trabajaran al mismo tiempo. También era más adecuado para un sitio con muchas solicitudes de usuarios en un momento dado. «Unix es una plataforma más adecuada para trabajar en equipo, porque desde el primer día ha sido multiusuario. Pero Windows se desarrolló como un sistema operativo de escritorio, nunca fue concebido para transacciones multiusuario a gran escala», me explicó.

No obstante, las herramientas de Microsoft simplificaban algunas tareas. «La lógica empresarial es fácil de reflejar en Windows —recuerda Mak—. En Unix hay que dedicar mucho más tiempo para lograr lo mismo». Por ejemplo, Microsoft hizo más sencillas tareas como crear un sitio web básico. Y, si había algún problema, el servicio de atención al cliente estaba a una llamada de distancia.

Sin embargo, Doug y muchos otros del equipo llegaron a la conclusión de que, aunque el esfuerzo de la V2 había dado lugar a algunas modestas mejoras, no valía la pena seguir trabajando en ello. «Escribimos y reescribimos muchas líneas que no eran necesarias. Perdimos mucho tiempo, y podríamos haber lanzado el producto seis meses antes. PayPal habría tenido aún más éxito», sentenció Mak.

Y el coste de oportunidad de ese tiempo fue decisivo. En esos meses, la empresa perdió millones de dólares por culpa del fraude.

«Si te dedicas a arreglar fugas de memoria —me comentó un analista de control de calidad—, no te estás dedicando a solucionar un problema que está generando 30 millones de dólares en pérdidas».

■ ■ ■

Varios ingenieros —incluidos algunos más afines a Levchin y a Linux— admitieron que reescribir todo el código con Microsoft podría haber dado buen resultado; con suficiente tiempo y esfuerzo quizá habrían reorganizado la empresa en torno a un PayPal basado en ese sistema. Pero la pregunta que les rondaba era: ¿por qué? Y es que los problemas que Musk esperaba resolver podían arreglarse sin reescribir todo el código.

Los foros de tecnología de Internet también trataron este cisma entre Microsoft y Linux, e ilustran el carácter ligeramente religioso del debate. «Los fanáticos de ambos bandos argumentan que su sistema operativo (o credo) es el mejor y el más seguro», señaló un experto informático. «Yo prefiero Linux —replicó otro ingeniero—. Como en cualquier cosa que valga la pena, no es fácil empezar, pero una vez superas la curva de aprendizaje inicial cosechas buenos frutos».

Más tarde, con la calma que otorgan la madurez y el paso del tiempo, muchos ingenieros reconocieron que su aversión por el proyecto PayPal 2.0 en realidad era producto de su rechazo a Microsoft. Y es que, para los de Confinity, Linux «era el único camino». «En esa época, mi vida giraba en torno a Linux —me confesó Brownfield, hablando en nombre de muchos antiguos trabajadores de Confinity—. No quería acercarme a Microsoft ni aunque mi vida dependiera de ello». Con su código fuente abierto y sus raíces en el mundo *hacker*, Linux reflejaba los valores de los ingenieros, así que no era fácil aceptar el cambio a un sistema de código cerrado, creado por una multinacional.

«Mucha gente se sentía bastante frustrada», admitió Karim. Por ejemplo, recuerda que una vez, en el aparcamiento de la oficina y antes de que esta cerrara, se encontró a un colega. Cuando Karim le preguntó dónde iba, respondió:

—Me voy a navegar. Esta mierda de V2 nunca va a funcionar. A la mierda.

El ingeniero William Wu llegó a X.com a finales de 1999, mientras cursaba un posgrado en Ciencias de la Computación, y se desplazaba a diario desde San Francisco a Palo Alto para trabajar. Cuando X.com y Confinity se fusionaron, apuntó en su lista de tareas pendientes «aprender a escribir código en los dos sistemas».

«Así que cuando escribía código para las tarjetas de débito de PayPal, hacía dos versiones distintas: una basada en Microsoft, porque así lo quería Elon, y otra en Unix, para el equipo de Confinity. Dedicaba mucho tiempo a picar código, escribiendo dos versiones distintas y probándolas por separado en ambas plataformas». Wu admitió que era una práctica destinada a cubrirse las espaldas. «Lo hacía así para asegurarme de que funcionaría con cualquier plataforma que eligieran. Fue una de las épocas más duras de mi vida laboral».

El proyecto PayPal 2.0 minó bastante la moral de los ingenieros. «Fue una etapa muy extraña. Era un momento para estar centrados en nuestro trabajo, porque no sabíamos si íbamos a tener éxito. Sin embargo, aunque no estuviera bien, algunos días me iba al cine a las 3 de la tarde», admitió el ingeniero David Kang.

■ ■ ■

Musk comprendió por fin que la nueva versión de PayPal no gozaba de gran aceptación. Pero la alternativa, según su punto de vista, era mucho peor: progresos lentos, dos sitios web y un tiempo de inactividad casi semanal.

De modo que intentó recompensar (y acelerar) los esfuerzos del equipo lanzando un programa de incentivos en agosto: «Para que el calendario de lanzamiento de la V2.0 y la V2.1 sea más atractivo, se aplicará el siguiente plan de bonificación: 5000 dólares si la V2.0 está lista antes de la medianoche del 15 de septiembre; por cada día de retraso se descontarán 500 dólares, es decir, si está lista el 20 de septiembre, se abonarán 2500 dólares». El resultado final «debe cumplir los requisitos de Max, y cualquier problema que surja en el lanzamiento no debe ser significativo (es decir, hay que evitar que se filtre a la prensa)».

«En otras palabras, había que trabajar como si no hubiera un mañana», me dijo Musk. Pero se empezaban a cumplir los plazos... y el producto no estaba terminado. La preocupación se extendió incluso fuera del equipo de ingenieros. «Sabía que tenían un grave problema —me contó Todd Pearson—. Debían acabar el proyecto en tres semanas, que acabaron convirtiéndose en tres meses».

Un mes después de que Musk enviara el correo anunciando los incentivos, el boletín de la empresa intentó maquillar la demora del proyecto:

Todo el mundo se pregunta cuándo saldrá la V2.0, ¿verdad? Bien, es fácil entender por qué un proyecto de esta envergadura sufre ciertos retrasos. El equipo de diseño ha de crear una web nueva para una nueva plataforma. Mientras, el equipo del proyecto trabaja para actualizar nuestros servicios y mantener a raya a la competencia, a la vez que se asegura de que todos los cambios sean útiles para nuestro portal. Los desarrolladores trabajan sin descanso para generar una versión actualizada de Admin Tools en la nueva plataforma. Y nuestros ingenieros están dejándose la piel para escribir el código que requiere la nueva plataforma. Entretanto, ¡cada día seguimos recibiendo miles de solicitudes de registro! El equipo de control de calidad trabaja sin descanso para detectar y resolver los errores del sistema. Y los PIG [grupo de integración de productos] están esforzándose en garantizar que esos pequeños detalles no supondrán un obstáculo para lanzar el nuevo servicio. Al mismo tiempo, mantenemos nuestro portal y mejoramos sus prestaciones constantemente. Así que ahora sabemos por qué muchos de nosotros trabajamos hasta altas horas de la mañana y bebemos tanto café. ¡Hacemos lo imposible para que nuestro producto sea el mejor, y estamos trabajando el doble porque es un portal nuevo en una nueva plataforma! Es una gran labor que requiere mucho esfuerzo. Pero merecerá la pena. Sobre todo, cuando estemos de vacaciones en el Mediterráneo con un cóctel en la mano.

Con el fin de acelerar el ritmo, Musk ordenó que no se desarrollara ningún proyecto no relacionado con PayPal 2.0. Sin embargo, como la primera versión de PayPal tenía miles de usuarios, muchos se echaron las manos a la cabeza. Luego hubo otra señal de alarma: Musk anunció que planeaba lanzar PayPal 2.0 sin tener una alternativa sólida como salvaguarda.

«En realidad, tenemos una oportunidad limitada y poco dinero, así que no podemos perder más tiempo —recuerda Hoffman que dijo Musk—. No hay margen para un plan B. Lo único que se puede hacer es terminar el nuevo sistema y sacarlo al mercado».

El ingeniero Santosh Janardhan me señaló que este enfoque no era tan arriesgado como ahora puede parecer. «A principios de los 2000, había una muletilla que se repetía sin parar: *arréglalo y sigue adelante*. Eso quería decir que la gente estaba comprometida con un proyecto y dispuesta a trabajar por la noche o cuanto hiciera falta para que saliera adelante. En aquel entonces, era mucho mejor solucionar un problema que invertir una semana en comprobar que funcionaba».

Aun así, las instrucciones de Musk hicieron saltar todas las alarmas. En ese momento, PayPal movía millones de dólares… al día; si algo iba mal con la nueva versión, el resultado podía ser desastroso.

■ ■ ▪

Y la nueva versión era una línea divisoria, pero no la única: desde la fusión, el nombre de la empresa había sido un foco de tensión.

A esas alturas, si la gente escribía www.paypal.com en su navegador, saltaba directamente a www.x.com. Había sido una decisión unilateral de Musk, y muchos extrabajadores de Confinity se quejaron de tapadillo. Las cifras, en su opinión, hablaban por sí solas: en julio de 2000 había millones de transacciones en PayPal y solo varios cientos de miles en X.com. Los usuarios se habían registrado en PayPal para usar el producto en eBay y mostrar el logo en las firmas de sus correos electrónicos. Así que el cambio de nombre ponía en riesgo esa trabajada confianza con los usuarios.

En realidad, Musk decretó que el producto pasara a llamarse «X-PayPal» y que se eliminaran las referencias exclusivas de PayPal. La X sería el prefijo de toda la marca, cuyos productos se llamarían X-PayPal o X-Finance. «Si solo pretendes ser un sistema de pago, PayPal es el mejor nombre. Pero para controlar el sistema financiero mundial, X es el nombre ideal, porque PayPal es un producto, no la marca en sí», afirmó Musk. Según él, llamar a la empresa PayPal «sería como si Apple cambiara su nombre por Mac».

Ese verano, la cuestión volvió a estar sobre la mesa. Las encuestas de opinión indicaban que PayPal era un nombre más apreciado que X.com. Vivien Go, que contribuyó a la elaboración de esos estudios de mercado, recuerda que «una y otra vez, la gente decía que nunca se fiaría de un nombre con una X. Que parecía una web para adultos».

Ella sabía que la opinión de los usuarios no era incuestionable —«al fin y al cabo, la gente cree que Apple es un nombre divertido»—, pero al mismo tiempo era consciente del problema. «Es muy difícil pasar por alto una opinión si todo el mundo la comparte».

Rena Fischer, que llegó a X.com desde la prestigiosa empresa de contabilidad KPMG, recuerda que tanto ella como otros colegas recibían «muchos correos electrónicos» porque el nombre de X.com parecía más sombrío de lo que era en realidad. «Nuestro producto era PayPal. Y era mucho más fácil explicar el propósito de la empresa si se usaba ese nombre».

En cuanto a Amy Rowe Klement, se incorporó a X.com porque la idea de una marca global le parecía muy interesante. «X era el núcleo. Sería la matriz de la cual saldrían distintas marcas». Pero entonces comprobó que el mayor negocio eran los pagos por correo electrónico. «PayPal creció más rápido porque las cuentas de X.com eran cuentas bancarias, y su gestión resultaba mucho más cara —observó—. Así que, si no éramos capaces de ampliar con rapidez la oferta de productos financieros, no tenía mucho sentido seguir usando la X como matriz».

Sin embargo, Musk seguía en sus trece: había que cambiar el nombre. Su reacción al estudio de mercado fue de cierto resentimiento. Y los partidarios de «PayPal» consideraron que estaba dejando que su opinión personal primara sobre la de los usuarios.

Pero la disputa por el nombre no era más que la manifestación de una brecha más profunda. «Si ese hubiera sido el único problema, podríamos haber remontado la situación», confesó Hoffman. «Hay que tomar una decisión —sentenció Musk—. ¿Queréis ir a por el primer premio o conformaros con lo que tenemos?».

Algunos de sus colegas reconocían (o incluso admiraban) el alcance de su visión. «Creo que el mérito de Elon es que era muy ambicioso acerca de lo que podíamos hacer con PayPal y nuestro equipo —me dijo Thiel—. En su opinión, aquello no era una mera empresa de pagos». Al contrario, era algo mucho más grande y, en un contexto adecuado, podía tener éxito. «Musk es ese tipo de empresario que tiene un objetivo claro y que, además, está convencido de que podrá cumplirlo», me explicó Hoffman.

Pero otros compañeros y muchos miembros de la junta, incluidos los citados Thiel y Hoffman, no estaban de acuerdo. Para ellos no era una cuestión de futuro, se trataba solo de números, de matemáticas. «En septiembre teníamos unos 65 millones de dólares en el banco —recuerda Thiel—. Pero nuestro *burn rate* era de 12 millones de dólares. Había que frenar esa sangría».

Además, las circunstancias personales jugaron un papel importante. Musk fijó un objetivo arriesgado porque quería una victoria sin paliativos, no como ocurrió en Zip2. «Cuatro años después de graduarme fundé una empresa que vendí por 300 millones de dólares. Por eso quería el premio gordo», admitió.

En cambio, otros directivos —como Levchin, Sacks, Hoffman o Nosek— nunca habían probado las mieles del éxito. Por eso no estaban dispuestos a poner en peligro todo su trabajo para quedarse al final con las manos vacías.

■ ■ ▨

Algo como un código puede llegar a ser muy personal. Por ejemplo, la base del código original de PayPal.com era la Capilla Sixtina de Levchin, con pautas de programación que incluso tomaron su nombre (el llamado «código Max»). Por el contrario, los cambios que pretendía instaurar Musk con la nueva versión eliminarían el código Max y seguro que también su legado.

De hecho, Levchin se planteó dejar la compañía en ese momento. Había disfrutado de su crecimiento, cuando el futuro era incierto y su huella, indeleble. Pero ahora era uno más en el equipo y su labor caería en el olvido, porque su jefe quería desechar la primera versión de PayPal y hacer algo nuevo. *No quiero seguir* —recuerda haber pensado—. *Este nuevo proyecto me está quitando las ganas de vivir.*

Como Musk y Thiel, él era alérgico a los tejemanejes políticos de las empresas. Pero, también igual que ellos, era muy competitivo. Por eso estaba seguro de que Musk nunca daría su brazo a torcer respecto a la decisión de cambiar el nombre de la empresa, ni de plataforma o estrategia. Sin embargo, al hablar con otros del equipo se convenció de que no debía renunciar a su cargo.

A finales del verano y principios del otoño de 2000, Levchin encontró simpatizantes en otros ejecutivos de X.com. Todos habían participado en el motín contra un director general anterior. Lo que funcionó una vez, pensaron, podría funcionar de nuevo. Así comenzó el esfuerzo clandestino para expulsar de la empresa al cofundador, director general y mayor accionista individual de X.com.

14

EL COSTE DE LA AMBICIÓN

En enero de 2000, Musk se casó con su novia de toda la vida, Justine Wilson. No obstante, tuvieron que posponer la luna de miel por lo que él denominó «los dramas de empresa». Esperaba compensarlo con un viaje, a mediados de septiembre, a los Juegos Olímpicos de Sídney. El itinerario de los no tan recién casados los llevaría por todo el mundo, con paradas en Singapur y Londres.

Pero, con el trabajo siempre en la cabeza, Musk también organizó varias entrevistas para recaudar fondos y algunas reuniones con el equipo de X.com en el extranjero. «Era una luna de miel tardía y al mismo tiempo un viaje para captar inversiones», admitió.

Pero antes de emprender ese viaje Musk percibió algunos cambios. «Mis interacciones en el trabajo eran cada vez más extrañas», recuerda. Por ejemplo, las llamadas siempre acababan con un tono raro. «El equipo estaba muy preocupado e insatisfecho. Me decían que no querían intervenir en el proyecto. Y yo les respondía que tenían que hacer su trabajo. Creo que ese fue el punto de inflexión».

Pero no se imaginaba qué se estaba cociendo a sus espaldas: su equipo ejecutivo había tramado un golpe de Estado. Como no consiguieron que repensara la nueva versión de PayPal y renunciara al cambio de nombre, se propusieron dar un ultimátum a la junta directiva, exigiendo su destitución bajo la amenaza de una renuncia masiva. Redactaron una moción de censura y, con mucha discreción, recabaron firmas entre los trabajadores insatisfechos.

Hubo gente que firmó aun sin estar tan convencida como los cabecillas del golpe. «Sin duda, la ignorancia es una bendición», bromeó Giacomo DiGrigoli, miembro del equipo de producto. Él recuerda una tensa reunión en la que discutían sobre el futuro de la empresa, que, aseguraban, dependía de la reacción del consejo a la moción de censura que acababan de firmar. «Por supuesto, a los 23 años yo no sabía cómo funcionan los negocios. Pensaba que todo eso era normal, aunque no tenía la más mínima idea de lo que estaba ocurriendo», me explicó entre risas.

Vale, otro lunes más en la oficina, recuerda haber pensado un trabajador cuando se enteró del motín contra Musk.

■ ▥ ▦

El plan empezó a tomar forma en las semanas previas al viaje de Musk. Luke Nosek, Peter Thiel, Max Levchin y Scott Banister asistieron al mismo congreso de tecnología en agosto, y allí compartieron su frustración sobre la dirección de la empresa.

En ese primer fin de semana y en las reuniones posteriores, el grupo empezó a poner en cuestión la figura de Musk. Creían que su CEO hacía peligrar el futuro de la empresa, y necesitaban quitárselo de encima. Pero derrocarle sería complicado y mucho más arriesgado que el «Motín del Nut House». Al final y al cabo, Bill Harris era un recién llegado y no tenía demasiados vínculos con la empresa; pero Musk era uno de sus fundadores, y contaba con numerosos seguidores y varios apoyos en la junta, como era el caso de Mike Moritz. Además, era un tipo con recursos y fuerte personalidad. Para destituirlo tendrían que moverse de forma estratégica y con sigilo.

La luna de miel de Musk era, pues, la ocasión perfecta para actuar. Uno de los cabecillas del golpe observó que, aunque elegir ese momento parecía cruel, también era lo más oportuno. Argumentó que la gente como Musk tiene tanto carisma que su capacidad de persuasión puede imponerse a cualquier cosa que se alegue en una sala de juntas. Así que, en su opinión, un juicio justo requería la ausencia de Musk.

Echando la vista atrás, el propio Musk aprecia esa cautela. «Quizá pensaron que volvería y convencería a la junta, que luego se limitaría a despedirlos. Creo que eso tal vez fuera lo que más les preocupaba». Y a esas alturas de su vida, él era consciente del efecto que causaba en la gente. «Temían que volviera y los echara a patadas. Tenían miedo, pero tampoco era tan grave, no los iba a matar».

El paso del tiempo incluso permitió que el humor se colara en el discurso de Musk. «Malditos bastardos —bromeó—. Estaban demasiado asustados como para apuñalarme de frente. Si querían mi cabeza ¿por qué no venían de cara? Eran doce, ¿tanto miedo tenían?».

■ ▦ ▦

Cuando Levchin llamó a John Malloy —miembro del consejo de administración—, este estaba en el vestíbulo de una compañía de inversión china. Le comunicó que varios directivos habían decidido echar a Musk. «¡Dios! Tengo que volver de inmediato», recuerda haber pensado Malloy.

El vuelo de Musk salió el jueves 19 de septiembre de 2000. Mientras estaba en el aire, Thiel, Levchin, Botha, Hoffman y Sacks se dirigieron a las oficinas de Sequoia para convencer a Mike Moritz. Su voto era determinante. Si él, que era uno de los principales aliados de Musk, convencía a Tim Hurd para votar a favor de este, habría empate: Thiel, Levchin y Malloy por un lado, y Musk, Moritz y Hurd por el otro.

La comitiva llegó a Sequoia con las firmas de los miembros del personal que habían prometido dimitir si Musk seguía en el cargo. Moritz escuchó sus argumentos sin inmutarse e hizo varias preguntas para despejar ciertas dudas. Aparte de avisar a Malloy y Moritz, Thiel también llamó a Hurd para comentarle lo que estaba ocurriendo.

Con Musk en el extranjero, Hurd en Chicago y Malloy volviendo a toda prisa de Asia, gran parte de las discusiones de los siguientes días tuvieron lugar por teléfono. Los conspiradores se reunían en grupo en el apartamento de Levchin o en el de Nosek. Por eso, Thiel y Levchin se unían a las llamadas desde el apartamento que quedaba libre y luego regresaban al otro para informar a todo el grupo.

Cada bando presentó sus argumentos. Thiel y Levchin se centraron, sobre todo, en el polémico cambio de tecnología del sitio web. Era la primera vez que la junta tenía noticia de ello; se quedaron estupefactos al enterarse de que un cambio tan importante no había pasado primero por sus manos, y de que, además, no había alternativa si no tenía éxito. «Eso debería haberlo revisado la junta —dijo uno de los presentes—. No puedo creer que no supiéramos nada. Me parece espantoso que se corran estos riesgos».

Hurd hizo una analogía con los aviones. «Tienes cuatro motores en un avión y estás sobrevolando el Himalaya. Hay una tormenta, una gran tormenta. Entonces, dos motores dejan de funcionar. No hay mecánicos a bordo, y aun así decides cambiar los otros dos en pleno vuelo».

Thiel y Levchin también sacaron a colación otras cuestiones. En su primera versión, X.com había ofrecido líneas de crédito a sus clientes. Pero, con las prisas por salir al mercado, no se había seleccionado con suficiente rigor a los solicitantes. En consecuencia, se concedieron préstamos dudosos que, al final, tendrían que asumirse como pérdidas. A principios de 2000, Musk había anunciado el cierre de ese programa. Pero, para sorpresa de la junta, los libros de la empresa seguían mostrando los préstamos como activos que generaban intereses con una expectativa de reembolso.

Otros asistentes cuestionaron esta afirmación, y recordaron que Musk ya había puesto fin al programa de líneas de crédito sin garantías. El problema para sus partidarios era que estaba empeñado en mantener ciertos servicios de X.com más tiempo del que querían algunos. «Musk se dio cuenta de que el negocio más prometedor de X.com tenía que desaparecer. Debíamos echar el cierre —recuerda Sandeep Lal—. Pero estaba muy comprometido con los clientes, porque sentía que había creado algo y no quería quitárselo de encima sin más. Así que se tomó mucho más tiempo del que otros consideraban necesario».

Para terminar, Lal apuntó que Musk «quería cerrarlo, pero el problema radicaba en el tiempo». Según aquel, su demora era fruto del acuerdo original de X.com con el First Western National Bank. Al parecer, un representante de este banco había recordado a la compañía que no podía deshacerse de los productos bancarios y de préstamo con tanta celeridad.

No obstante, más allá de los argumentos presentados por unos y otros, la junta se percató por primera vez de la gran brecha que aún separaba a X.com y Confinity. «Había mucha tensión entre ambos equipos —recuerda Malloy—. No podía creerme que la junta no supiera nada de eso, pero, en realidad, la magnitud de los problemas había pasado desapercibida».

█ █ █

La fuerza del golpe se basaba en la amenaza de una renuncia masiva. Además, la participación de David Sacks y Roelof Botha le otorgaba cierto peso añadido: ambos estaban en la empresa gracias a Musk, y lo apreciaban. Sin embargo, no veían opción de que los problemas se solucionaran si seguía como CEO. Y, en el caso de Botha, si llegaba a cumplir su promesa y dimitía, también perdería el visado. Así que no era una decisión tomada a la ligera.

«La junta se reunió sin mí», alegó Musk. Las discusiones entre directivos se alargaron durante días. Sería el segundo CEO destituido en apenas un año. Todo el mundo sabía que la prensa se enteraría. Pero, para la junta, el riesgo de mantener esa nociva dinámica interna superaba los de los malos titulares. De todos modos, aunque no fuera CEO, Musk seguiría siendo un accionista importante de la compañía. ¿Cómo funcionaría entonces la junta? ¿Cómo reaccionaría Musk al conocer la traición?

También se escuchó la opinión de la plantilla. Por ejemplo, un trabajador escribió un largo y apasionado correo electrónico a Hurd.

Puso en copia a Musk y a otros colegas que no estaban convencidos de la destitución. Decía en primer lugar: «He recibido la moción de censura contra nuestro actual CEO, Elon Musk. No la he firmado, y tampoco estoy de acuerdo con su contenido». A continuación, enumeró los que consideraba eran los puntos fuertes de Musk como CEO:

> Desde mi punto de vista profesional, Elon es un gran CEO. Es fácil comunicarse con él, porque lee todos los correos que recibe. En las reuniones a las que he asistido con él (con Intuit, Microsoft y muchas otras) ha actuado de forma excelsa y ha representado muy bien a nuestra empresa. Elon es un negociador muy duro y, gracias a ello, hemos alcanzado un gran acuerdo con Intuit y con muchos de nuestros proveedores (como First Data y MasterCard). Pronto deberíamos llegar a un acuerdo con Microsoft, y creo que tenemos muchas posibilidades de hacerlo con AOL a finales de año.

Cerró el escrito con una solicitud para que Hurd pidiera más opiniones antes de que la junta tomara su decisión.

Musk respondió al grupo, eliminando a Hurd de su respuesta: «Gracias, amigos. Todo este asunto me entristece tanto que me faltan las palabras. He dado todo lo que tenía, casi todo mi dinero de Zip2, y, además, he arriesgado la felicidad de mi matrimonio. Y, a pesar de ello, se me acusa sin que pueda defenderme. En realidad, todavía no sé de qué se me acusa».

Desde mediados de esa semana hasta el domingo por la noche, la junta estuvo deliberando. Pero Musk carecía del apoyo necesario para aguantar. «Cuando regresé, la decisión ya estaba tomada», recuerda. «Era un hecho consumado —me dijo Lal—. Musk no estaba presente cuando todo ocurrió. Estaba en el extranjero, regresando en avión. No tuvo la oportunidad de devolver el golpe. Cuando llegó, ya era demasiado tarde».

■ ■ ■

La noche del domingo 24 de septiembre, Peter Thiel envió un email general:

A todos:

Como sabéis, Elon Musk aceptó recuperar el cargo de CEO de X.com en mayo, durante un periodo de inestabilidad tras la inesperada marcha del anterior CEO. Demostrando una increíble ética del trabajo y un enorme liderazgo empresarial, enseguida restauró la estabilidad en la empresa y con los inversores. Gracias a sus esfuerzos, hemos hecho enormes progresos en amplios sectores: X-Finance y PayPal tienen casi cuatro millones de usuarios, el volumen de pagos se acerca a los 2000 millones de dólares al año y, según algunas estimaciones, X.com se ha convertido en la mayor empresa de finanzas en Internet. Estamos preparados para dar un gran salto adelante en términos de tamaño, complejidad y asociaciones estratégicas.

A raíz de este exitoso crecimiento, Elon y el consejo de administración han decidido formar un comité para buscar un CEO con experiencia que lleve a la empresa al siguiente nivel. Él permanecerá activo como director y principal accionista. Yo he accedido a ejercer de presidente con responsabilidad operativa hasta que se nombre al nuevo CEO. A mi cargo estarán Reid Hoffman, Dave Johnson, Sandeep Lal, Max Levchin, David Sacks y Jamie Templeton.

Peter Thiel
Presidente de X.com

Cinco horas más tarde, Musk contestó con un correo cuyo asunto era «Llevar a la empresa al siguiente nivel».

Max Levchin emigró a la ciudad de Chicago desde Ucrania. Desempeñó un papel activo en el Stephen Tyng Mather High School Computer Club, cuyos miembros de 1993 aparecen en esta fotografía. Levchin (fila de atrás, en el centro) está junto al futuro ingeniero de PayPal Erik Klein (fila de atrás a la izquierda). Cuando se desató la fuerte la demanda de talentos tecnológicos, muchos de los primeros empleados de PayPal llegaron a través de los contactos de la escuela secundaria y la universidad. *Cortesía de Max Levchin*

Una de las primeras fotografías de equipo de Confinity, la compañía que fundaron Peter Thiel y Max Levchin y que creó PayPal. En la fila de atrás aparecen Max Levchin, Jamie Templeton, David Wallace; en la fila de en medio, David Terrell, Peter Thiel, Tom Pytel, Russel Simmons, Luke Nosek; y en la primera fila, Yu Pan, Lauri Schultheis, Ken Howery, Matt Bogumill y David Jaques. *Cortesía de Russel Simmons*

En el restaurante Buck's de Woodside, Confinity lanzó su primer producto: un servicio para transferir dinero entre los puertos de infrarrojos de las PalmPilots. Este nuevo producto les permitió recaudar capital de Nokia Ventures a mediados de 1999 y encarriló a la empresa para crear PayPal, un servicio de transferencia de dinero por correo electrónico. *Cortesía de Russel Simmons*

Después de vender su primera empresa, Zip2, Elon Musk entró en el mundo de las finanzas digitales con una osada empresa de servicios financieros a la que llamó X.com. Los miembros del equipo recuerdan su alegría cuando la tarjeta de débito de X.com logró sacar dinero con éxito de un cajero automático cercano a la oficina de la empresa en Palo Alto. *Cortesía de Seshu Kanuri*

En 1999, Musk compró el exclusivo coche deportivo que aparece en este anuncio: el McLaren F1, Chasis #067. A principios de 2000, Musk recogió a Thiel, y condujeron juntos a Sand Hill Road. El coche quedó completamente destrozado cuando Musk intentó demostrar su potencia y velocidad. *Cortesía de duPont REGISTRY™*

Elon Musk asumió el cargo de CEO de X.com justo antes de cumplir los veintinueve años. A medida que la empresa crecía, empezó a captar la atención de la prensa. En esta fotografía, Thiel y Musk muestran el sitio web de la empresa y sus tarjetas de débito. La marca «X-PayPal» que aparece en la pantalla del ordenador molestó a muchos veteranos de Confinity, que consideraban que PayPal era una marca más exitosa. *Associated Press*

Las hermanas Jill Harriman (a la izquierda) y Julie Anderson (en el centro) fueron indispensables para crear el servicio de atención al cliente de PayPal en Omaha (Nebraska), que fue capaz de resolver los cada vez mayores problemas de atención al cliente de la empresa y de convertirse en uno de los pilares de la empresa. «La historia que nadie cuenta es que hubo trescientas personas en Omaha que hicieron un gran trabajo para garantizar el éxito de PayPal», dijo Sarah Imbach, una ejecutiva que ayudó a dirigir la sucursal de Nebraska. *Cortesía de Steve Kudlacek*

Detrás de PayPal se escondía una compleja lucha contra el fraude en la que Levchin y otros ingenieros fueron unos abanderados. Esta tecnología le valió a Levchin el premio «Innovator of the Year» del MIT en 2002. En esta fotografía aparece con el premio. *Getty Images*

La cultura de empresa de PayPal se centraba en las métricas. Las pantallas de vídeo de toda la oficina mostraban datos en directo. A la derecha hay una figura de cartón que representa a «Scotty», el ingeniero de *Star Trek*. La figura formaba parte de una fallida campaña de marketing cuando la empresa promocionó su tecnología de transferencia de dinero por PalmPilot. *Cortesía de Russel Simmons*

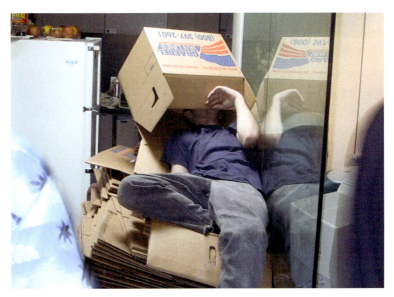

PayPal podía llegar a ser un lugar de trabajo tremendamente exigente, y los empleados intentaban dormir cuando y donde podían. Uno de los ingenieros estaba tan privado de sueño que destrozó dos vehículos al volver a casa desde la oficina. *Cortesía de Russel Simmons*

La vida en PayPal era una curiosa mezcla de exigencia y desenfado. Las bromas en la oficina eran habituales. Aquí, una empleada de PayPal, Karen Seto, aparece en un cubo lleno de globos para celebrar su cumpleaños. *Cortesía de Russel Simmons*

La de PayPal era una cultura de acertijos y resolución de problemas, prácticamente todo podía convertirse en una competición. *Cortesía de Max Levchin*

A pesar de sus modestos orígenes, PayPal se estrenó en el Nasdaq el 15 de febrero de 2002. Cuando la que había sido una pequeña empresa empezó a cotizar en bolsa, muchos empleados que llevaban años trabajando en ella lo interpretaron como una recompensa por su duro trabajo. *Cortesía de Russel Simmons*

Para la mayoría de los empleados, el recuerdo más sorprendente del día de la salida a bolsa fue ver a Peter Thiel (a la derecha) jugar diez partidas simultáneas de ajedrez rápido. Los espectadores se preguntaban cómo era capaz de hacerlo. La única derrota de Thiel fue ante David Sacks (izquierda), director de operaciones de la empresa. *Cortesía de Russel Simmons*

PayPal irrumpió en un evento público de eBay y repartió miles de camisetas entre los asistentes. La camiseta de PayPal llegó a la portada de la sección «Money» del *USA Today*, donde un usuario la llevaba puesta junto a la CEO de eBay, Meg Whitman. El éxito de PayPal allanó el terreno para retomar las negociaciones con eBay. *Cortesía de Oliver Kurlander*

En el último día de PayPal, antes de que la adquiriera eBay, sus ejecutivos se pusieron unos trajes de sumo inflados y lucharon en un enorme cuadrilátero. *Cortesía de Russel Simmons*

El apodo de la «Mafia de PayPal» se creó en 2007, cuando varios de sus antiguos miembros aparecieron en una foto en la portada de la revista Fortune. La fotografía fue polémica porque no incluía a varios de los protagonistas clave en la creación de PayPal. Sin embargo, esa imagen sirvió de inspiración para mucha gente, incluidos dos jóvenes presos de una cárcel de máxima seguridad cerca de Jessup (Maryland), que se documentaron a fondo sobre los fundadores de PayPal, y compartieron esas historias con sus compañeros de prisión. *Robyn Twomey/Redux*

Hola a todos:

X.com ha crecido con mucha rapidez, hasta el punto de que, dos años más tarde, cuenta con 500 trabajadores. Así que, después de darle muchas vueltas, he decidido que ha llegado el momento de buscar un CEO con experiencia para llevar a X.com al siguiente nivel. Como emprendedor, mis intereses están más relacionados con crear algo nuevo que con la gestión de una gran empresa.

Por eso intentaré dar con un gran CEO para X.com y hacer algo de relaciones públicas, cuando tenga sentido para la compañía. Una vez terminada la búsqueda, mi plan es tomarme un periodo sabático de tres a cuatro meses, reflexionar sobre algunas ideas y abrir una nueva empresa a principios del año que viene.

Peter Thiel, que ha participado en la empresa desde el principio y es un tipo excepcionalmente inteligente, con un gran conocimiento de los problemas a los que nos enfrentamos, asumirá la responsabilidad operativa de forma provisional, lo que me permitirá centrarme en la búsqueda de un CEO. Ruego a todo el mundo que apoye plenamente a Peter y a la empresa en los próximos meses, ya que tenemos mucho que hacer y nos enfrentaremos a una dura competencia. Después de todo, no tengo la menor duda de que X.com será una compañía de enorme valor y representará, al haber creado un nuevo sistema de pagos mundial, uno de los mayores avances que ha hecho posible Internet.

Ha sido fantástico trabajar con todos (aunque todavía no me he ido). Han sido como mi familia.

Elon

■ ■ ■

Sí, Musk consideraba al equipo de X.com como su familia. De hecho, pasaba más tiempo en la oficina que en casa. Pero la razón por la que renunciaba no era que «después de darle muchas vueltas» había llegado a esa conclusión; eso era simple maquillaje.

Sin embargo, y de manera sorprendente, el mensaje era generoso, más de lo que sus críticos admitirían. Sus buenas palabras sobre Thiel, apenas unas horas después de que lo apartara del cargo, fueron una muestra de su autocontrol.

Lo cierto es que Musk no quiso buscar venganza. Jeremy Stoppelman, uno de sus primeros fichajes para X.com, habló con él justo después para preguntarle si sus partidarios deberían manifestar su apoyo y amenazar a la junta con dimitir en masa. Pero él le pidió que lo dejara estar. Incluso sus aliados más antiguos se sintieron desconcertados por su mesura. «Me resultó muy extraña su forma de encajar el golpe —confesó Branden Spikes—. Yo me habría cabreado mucho».

Pero la postura de Musk era fruto de la realidad. «Aunque no estaba de acuerdo con lo que habían hecho —declaró años más tarde—, entiendo muy bien por qué lo hicieron». La junta había tomado una decisión y, desde su pragmático punto de vista, cualquier disputa habría sido improductiva. «Podría haber plantado cara, pero no era el momento más oportuno. Lo mejor era ceder y dejarlo pasar —recuerda ahora—. Peter, Max, David y los demás son tipos inteligentes que no tienen maldad. Solo hicieron lo que pensaron que era adecuado, por unas razones que creían correctas. No obstante, en mi opinión, esas razones no eran válidas.

Sería muy fácil odiarlos el resto de mi vida. Pero lo mejor era poner la otra mejilla y procurar que la relación no fuera a peor. Y yo pongo mucho empeño en hacer las cosas bien». Otros, pese a no estar de acuerdo con la perspectiva de Musk, lo elogiaron por su saber estar. «Actuó por el bien de la empresa», recuerda Malloy. «No fue nada rencoroso —observó Levchin—. Al fin y al cabo, un grupo lo echó cuando estaba de luna de miel y su reacción fue admirable».

Al entrar en el tema, Musk mencionó la historia bíblica del juicio de Salomón. En ella, este rey debe resolver la reclamación de dos mujeres por la maternidad de un niño. El monarca propone partir al bebé por la mitad y, acto seguido, una de las mujeres renuncia a su petición, por el bien del niño. Entonces, Salomón ordena que se lo entreguen a ella, porque al renunciar a él demostró que era su verdadera madre.

«Yo consideraba a la empresa como mi bebé —me dijo Musk, emocionado—. Si la atacaba a ella y a la gente que trabajaba allí, estaría atacando a mi propio hijo. Y eso era lo último que quería».

Esta era la segunda vez que apartaban a Musk de una compañía que había fundado, y fue doloroso. Jawed Karim recuerda que en esa época, cuando se discutía el futuro de Musk, se lo encontró en una cafetería: estaba jugando al *Street Fighter* en una máquina recreativa. «Parecía muy angustiado —recuerda Karim—. Estaba jugando solo. Me acerqué y le pregunté cómo estaba. Él apenas contestó. Dos días más tarde, la junta directiva anunció su dimisión.

■ ■ ■

Hubo un aspecto que descubrieron los conspiradores contra Julio César en la obra de Shakespeare: una cosa era dar un golpe de Estado y otra muy distinta, explicarlo. Con la sangre todavía caliente en el cuchillo, Marco Bruto se dirigió a la muchedumbre de romanos confundidos. «Que nadie se asuste —proclamó—. La ambición ha pagado su deuda». Sin embargo, la multitud no lo entendió, expulsó a los conspiradores de Roma y estalló una guerra civil.

Thiel, Levchin, Sacks y los demás conspiradores ahora se hallaban en la misma situación: tenían que unir a leales y revolucionarios. *Y en una guerra civil no hay bando ganador*, recuerda haber pensado el ingeniero Erik Klein.

El ambiente en la oficina era tenso, y ciertas situaciones exacerbaron la división entre ambos equipos. Un par de partidarios del sistema basado en Linux celebraron la desaparición de la nueva versión destruyendo las copias de *VBScript in a Nutshell* e *Inside COM+: Base Services*, dos guías de referencia para programar en un entorno basado en Microsoft.

Incluso quienes apoyaron la moción de censura contra Musk se vieron envueltos en situaciones embarazosas. Por ejemplo, Mark Woolway, del equipo de finanzas, se hallaba en el extranjero cuando todo ocurrió, si bien estaba al corriente. No obstante, cuando Musk lo llamó para comunicarle que lo habían cesado, tuvo que fingir sorpresa.

Y las disputas en el seno de la empresa no se limitaron a momentos de torpeza e insensibilidad. Pese a la cantidad de firmas que obtuvo la moción de censura, X.com también contaba con muchos partidarios de Musk. «Recuerdo que hubo gente que lloró por la decisión. Habían invertido mucho tiempo en la nueva versión de PayPal», señaló Jawed Karim.

Amy Rowe Klement comentó que aquello supuso «una pequeña crisis» para ella. Había llegado a X.com a finales de 1999, pero su rechazo al golpe de Estado no era fruto de una profunda lealtad a Musk; no, Klement estaba molesta por la forma en que se había actuado. «Fue por cómo se hizo. Por ejemplo, eso de pedir a la gente que firme una moción de censura afecta a la moral y a los valores», me dijo.

Klement se desplazaba cada día desde San Francisco y a menudo llegaba a la oficina al amanecer para evitar el tráfico. Recuerda que más de una vez pilló a Musk durmiendo allí tras una noche entera de trabajo. «Todos nos esforzábamos muchísimo, y dimos todo lo que teníamos. ¿Tanto costaba resolver los problemas de una manera productiva y madura?».

En cuanto a Jeremy Stoppelman, otro ingeniero de X.com, tampoco daba crédito. «Amábamos a Elon. Era un pedazo de pan para los ingenieros». Y sobre la moción de censura no se anduvo con rodeos: «Estaba cabreado, furioso». Por aquel entonces, Stoppelman tenía 25 años, y no tuvo problema en enfrentarse a Thiel y Levchin.

«Fui muy sincero con ellos. Recuerdo que les dije que pensaba que todo lo que había ocurrido era lamentable». Se refería, en especial, a la forma de echar a Musk. «Creo que entiendo las razones, pero estaba en pleno vuelo y no tuvo ocasión de defenderse».

Thiel y Levchin escucharon a Stoppelman y se tomaron un tiempo para explicarse y convencerlo. «No se limitaron a decir que les traía sin cuidado mi opinión —reconoció—. Al contrario, me trataron con respeto y cariño, y me explicaron por qué se había hecho de esa forma».

Por su parte, Sandeep Lal nunca ocultó lo que pensaba sobre la salida de Musk. Por eso le preocupaba que su opinión, favorable al CEO saliente, perjudicara su relación con el nuevo, Thiel. Sin embargo, no fue así. Cuando este le preguntó cuál era el problema más acuciante de la empresa, Lal le dio su opinión, y Thiel organizó una reunión al día siguiente, puso a un equipo a trabajar en ello y exigió una solución en 24 horas. «Hoy en día, me sorprende la confianza que depositó en mí sin conocerme», admite Lal.

Reid Hoffman, otro de los conspiradores, optó por ser más diplomático tras la destitución de Musk: envió una serie de mensajes a los miembros descontentos del equipo, para tranquilizarlos, y explicó a grandes rasgos lo que les deparaba el futuro. Sin embargo, toda aquella diplomacia tenía un límite: los dos bandos, es decir, los miembros de Confinity y X.com, seguían acudiendo a sus bares favoritos por separado.

La forma de proceder de los conspiradores fue determinante para que uno y otro grupo no hicieran las paces. Los responsables de la moción de censura ni siquiera habían presentado el documento a muchos de los trabajadores que procedían de X.com, porque suponían que no estarían de acuerdo. Por eso gran parte de ellos nunca llegaron a saber qué estaba ocurriendo. «Cuando tomaron la decisión —recuerda Sandeep Lal—, yo estaba en Nebraska, y Reid me envió un mensaje preguntándome de qué lado estaba. Yo le respondí que estaba en Nebraska, que acababa de llegar a Citibank y que no tenía la menor idea de lo que me estaba hablando».

El caso es que Levchin y Thiel se abstuvieron de tomar en cuenta la lealtad del personal, y muchos seguidores de Musk prosperaron en su ausencia. Por ejemplo, Julie Anderson, Sandeep Lal, Roelof Botha, Jeremy Stoppelman, Lee Hower y Amy Rowe Klement permanecieron en la empresa y ascendieron. Hoy en día, Musk todavía se enorgullece de haber contratado a esos talentos.

Pero otros habían cruzado algunas líneas rojas; en cuanto Musk se marchó, se les apartó o se les puso en cargos que les impedían ejercer su labor en X.com. «Nunca nos faltaron al respeto, aunque si eras seguidor de Elon no era un gran sitio donde trabajar», recuerda Spikes. Después de la moción de censura, el trío de ingenieros de Harvey Mudd, (los primeros desarrolladores de X.com y los principales ingenieros de PayPal 2.0) dimitió casi a la vez. Aquella fue una acción motivada tanto por la solidaridad como por la certeza de que sus días útiles en la empresa como expertos en Microsoft estaban contados. Con Levchin al mando, la nueva versión de PayPal nunca vería la luz.

Aun así, para Thiel y Levchin la marcha del grupo de Harvey Mudd era un asunto preocupante. ¿Serían los únicos en renunciar? ¿El equipo de ingenieros podía sufrir una serie masiva de bajas? No, en realidad, la mayoría sabía que la empresa tenía mucho potencial. «Yo era consciente de que estábamos a punto de lograr algo fantástico. Así que, si podía mantener mi puesto, sabía que tendríamos éxito —me contó Stoppelman—. No quería tirar por la borda tanto esfuerzo». Con el tiempo, muchos trabajadores que se habían mostrado contrarios a la destitución de Musk reconocerían que hacía falta un cambio estratégico. «Los retos a los que se enfrentaba [la compañía] eran evidentes para todos», admitió Lee Hower.

■ ■ ■

Dos décadas más tarde, los conspiradores aún hablan con cautela sobre lo ocurrido. Muchos mantienen buena relación con Musk, hablan con él con cierta frecuencia y lo consideran un buen amigo. Además, admiran mucho lo que ha conseguido después de aquello, y varios incluso han invertido en sus proyectos. Algunos prefieren guardar silencio, porque no quieren remover el pasado; otros, simplemente, creen que el tiempo ha curado las heridas.

Sin embargo, y a pesar de todo, nunca dudaron de su decisión. Para ellos, la empresa estaba abocada al fracaso si seguía ese rumbo. Por eso tuvieron que «deshacerse» de Musk. Uno de ellos todavía mantiene que no habrían aguantado ni seis meses si el CEO hubiera seguido siendo él. Otros comparten esa impresión, alegando que la alta tasa de fraude, la crisis de deuda en las líneas de crédito y el estancamiento de la nueva versión de PayPal habrían dejado a la compañía en una situación precaria, es decir, sin fondos, además de con un equipo técnico dividido y un sitio web cuyos servidores no podían soportar su rápido crecimiento.

Dicho esto, el grupo tampoco está de acuerdo con la historia poco halagadora que algunos medios de comunicación contaron sobre el mandato de Musk en PayPal. Señalan que el relato es inexacto. Para ellos, su contribución está fuera de toda duda: se comprometió de forma personal con la empresa, la apoyó en lo económico, cumplió con sus obligaciones y, además, compartió su visión de lo que podría llegar a ser. Estando él en el cargo, la compañía lanzó los primeros productos que generaron ingresos, modificó la estructura de las transacciones, reforzó la cartera de productos, ascendió a figuras clave a puestos de liderazgo y gestionó con maestría la fusión y la salida de Bill Harris. Incluso sus detractores consideran que los medios excluyeron de un modo injusto a Musk de la historia sobre el origen de la empresa.

■ ■ ■

Pasados 20 años, él mismo es capaz de comprender aquella moción de censura. «Fue un golpe muy bien ejecutado —sonrió—. En realidad, que lo hicieran sin estar yo presente es una especie de elogio».

Y con el paso del tiempo también ha logrado aprender de sus errores. Por un lado, sentía que se había equivocado al irse de viaje en

medio de unas circunstancias empresariales tan complicadas y con-
trovertidas. «Cierto que estar lejos del frente de batalla cuando la situación era tan inestable no era lo mejor —me confesó—. No fue una
buena decisión. No pude hacer nada para defenderme».

Según él, si hubiera estado allí podría haber persuadido a sus
críticos o, al menos, haberlos acobardado. «Creo que una mezcla de
tranquilidad y miedo habría impedido el golpe», concluyó.

Aun así, pese a su prudencia, estaba convencido de que su visión
era la correcta. Sí, admitió las críticas de los detractores de PayPal
2.0 («¿De verdad quieres cambiar las ruedas del autobús mientras se
precipita a toda velocidad por una pendiente?»). Pero estaba seguro
de que tenía razón. «Desde mi punto de vista, los nuevos cambios
nos habrían permitido desarrollar el sistema mucho más rápido. En
mi opinión, ese era el camino. Teníamos que asumir ciertos riesgos».

También me comentó que en esa batalla había elementos personales. «No supe apreciar del todo la parte emocional —admitió—. Si
lo piensas, es muy difícil borrar del mapa algo llamado "código Max".
Es comprensible que él estuviera molesto». Musk también reconoce
que podría haber explicado mejor su visión futura de la empresa, en
especial a Levchin. «Debería haber puesto mucho más empeño en
convencer a Max de que esa era la mejor decisión».

En la actualidad, Musk puede contemplar su destitución con el
buen humor de alguien que ha logrado muchos éxitos desde entonces.
«Es difícil discutir el resultado final, que fue positivo». Además, ha
enterrado el hacha de guerra o, como diría él, «su hacha de guerra [la
de ellos]». Con todo, aún lamenta lo que considera su mayor fracaso
en X.com: que no llegara a ser el Amazon de los servicios financieros,
es decir, «una empresa de un billón de dólares».

■ ■ ■

Quienes trabajaron allí en los años iniciales de PayPal no dudan en
referirse al camino lleno de obstáculos que tuvieron que recorrer
para consolidar la empresa; al fin y al cabo, fundar una compañía de

servicios de pago en medio de la crisis de las puntocom fue algo así como la primera flor que brota tras un largo invierno.

Muy poca gente experimentó esos vaivenes de forma tan significativa como Elon Musk. Entre 1999 y 2002, ganó una fortuna con la venta de su primera empresa, lanzó otra exitosa compañía de Internet, obtuvo una segunda fortuna cuando esta salió a bolsa y fundó una tercera empresa. Pero en esos mismos años se enfrentó a una moción de censura, estuvo a punto de fallecer en un accidente de coche, fue destituido como CEO de la empresa que había cofundado, de nuevo casi muere por una combinación de malaria y meningitis, y perdió a su primer hijo por el síndrome de muerte súbita del lactante (SMSL).

Justo después de la marcha de Musk, un extrabajador de X.com, Seshu Kanuri, le escribió una nota: «Elon, lamento los últimos acontecimientos relacionados con tu marcha. Me gustaría decir que esto no es algo que deba desanimarte, ya que estoy seguro de que estás destinado a lograr éxitos mayores en el mundo de la tecnología». Kanuri recuerda que Musk le respondió con palabras de agradecimiento.

A pesar de todo el revuelo, esa salida también fue una bendición para Musk, porque le dio un respiro creativo. Liberado de las obligaciones empresariales, pudo regresar a sus pasiones: la exploración espacial y la energía eléctrica. «Steve Jobs hizo grande a Pixar porque fue despedido de Apple —señaló Scott Alexander—. Elon pudo tener éxito con SpaceX y Tesla porque lo echaron de X.com».

Estos nuevos proyectos llegaron con rapidez; Musk tuvo muy poco tiempo para lamerse las heridas o alimentar el resentimiento. Apenas unos meses más tarde, Mark Woolway lo invitó a tomar una copa. «Le pregunté qué iba a hacer después, y me dijo que pensaba colonizar Marte. Estábamos en un pequeño bar de Palo Alto, el Fanny & Alexander, sentados fuera. Y me dijo que su misión era convertir a la humanidad en una civilización interplanetaria. Yo le respondí que estaba loco».

Apenas dos años más tarde, el 6 de mayo de 2002, Musk presentó la documentación para abrir una nueva empresa, Space Exploration

Technologies Corporation. Siete días después, registró su dominio en Internet: www.spacex.com. El 4 de agosto de 2008, SpaceX anunció que había recibido 20 millones de dólares del fondo de Peter Thiel, y que un socio de dicho fondo, Luke Nosek, se incorporaría al consejo de administración de SpaceX.

El 28 de septiembre de 2008, casi ocho años después de ser destituido como CEO de X.com, Elon Musk contempló cómo el cohete Falcon 1 de SpaceX se elevaba hacia el cielo desde la isla de Omelek, en el atolón de Kwajalein, al suroeste de Hawái. A los 9 minutos y 31 segundos del lanzamiento, el Falcon 1 se convirtió en «el primer cohete privado de combustible líquido que orbitaba la Tierra».

PARTE 3
TORRES DOBLADAS

15

IGOR

Cuando la junta echó a Musk, Mike Moritz insistió en que fuera con
una condición: Thiel podría ser el CEO provisional, pero PayPal
debería emprender la búsqueda de un CEO como es debido. Para
ello, se contrató a una empresa de captación de talentos, Heidrick &
Struggles, y se pidió a Thiel y Levchin que elaboraran una descripción
del puesto.

Regresaron con un perfil imposible, tal y como recuerda un
miembro de la junta: el candidato deseado por ellos debía poseer
destreza tecnológica, comprensión estratégica, un alto coeficiente
intelectual, experiencia en la dirección de una empresa durante una
oferta pública inicial de acciones, sentirse cómodo en la cultura de
vestimenta casual de las empresas emergentes y disfrutar del debate
permanente que se daba en PayPal. «Era la cosa más jodidamente ridícula —recuerda otro miembro de la junta—. Buscaban al ser humano
perfecto. [...] Aquello era inocencia juvenil».

Los cazatalentos propusieron a una docena de candidatos, pero,
como cabía esperar, ninguno dio la talla. Algunos fueron rechazados
por «no ser lo bastante rigurosos desde el punto de vista intelectual»,
según recuerda John Malloy de los comentarios del equipo ejecutivo
de PayPal; y otros se retiraron de la carrera tras un proceso de selección muy duro. Malloy recuerda en especial la llamada iracunda de un

candidato que exigía saber qué tenía que ver la resolución de enigmas matemáticos con dirigir una empresa.

Para ser justos, Thiel deseaba un nuevo CEO tanto como cualquiera. «En realidad, Peter no quería trabajar para otras personas», me explicó Reid Hoffman. Y eso incluía a la junta directiva de PayPal. Pero otros del equipo pretendían que se quedara en el puesto, de modo que se tomaron el proceso de selección como una farsa. «Hacíamos falsas entrevistas de trabajo —recuerda Sacks—. Fingíamos que teníamos la intención de contratar a alguien, pero pasábamos del tema». En cuanto a Mark Woolway, calificó el proceso de «pura fachada».

■ ▨ ▨

No obstante, hubo un candidato que pasó las pruebas. Con apenas treinta y tantos años, David Solo había acumulado experiencia en el sector de los servicios financieros. Tras graduarse en Ingeniería Eléctrica y en Informática en el MIT, trabajó en O'Connor & Associates, una empresa de tecnología financiera pionera en las técnicas de transacciones con derivados. Consiguió ser socio a los 26, y supervisó la fusión entre O'Connor y Swiss Bank a los treinta y pocos. «Era un matemático brillante, entendía muy bien el asunto y habría cumplido los requisitos», me dijo Thiel.

Incluso antes de aspirar al puesto de CEO, los caminos de Solo y de X.com ya se habían cruzado. En 1999, cuando acababa de llegar a la Costa Oeste, un amigo inversor le presentó a Musk. Solo recordaba los enormes logos en forma de X de las oficinas de X.com, y a Elon explicándole lo que aún era un objetivo indefinido. Aquella vez intercambiaron ideas y, aunque Musk le impresionó, a Solo no le convenció el modelo de negocio de X.com.

Un año después, se hallaba sentado en un espacio más amplio, en PayPal. Esta vez, Levchin y Thiel fueron los responsables del interrogatorio. Paradójicamente, Thiel y Solo también se habían conocido años atrás, cuando este último le había entrevistado para un puesto en O'Connor & Associates.

Después de la entrevista, le habló con entusiasmo a su mujer del énfasis que ponía PayPal en el mérito, cosa que le recordaba a lo que había tenido en O'Connor. «Cuando tenía veintimuchos años, el socio gerente de O'Connor me dijo: "David, queremos nombrarte director global de la división de renta fija y derivados del banco". Y yo recuerdo decirle: "... eso es genial, pero ¿no crees que sería mejor contratar a alguien de Solomon Brothers que sepa de esto?". [Él] replicó: "¿Sabes qué?, de hecho, es posible que perdamos nueve meses o incluso un año por no contratar a un tío con más experiencia, pero al final siempre nos ha salido bien apostar por quienes creemos que poseen el talento y la ética del trabajo, y que son de nuestra confianza"».

Tras reflexionar sobre ello, Solo sintió que la misma lógica podía aplicarse a PayPal. «Recuerdo irme a casa y pensar: "¿Sabes?, este tío, Peter, lo tiene todo. Si soy honesto conmigo, lo más seguro es que él hará mejor el trabajo que yo, porque ha estado en este negocio desde el principio. Conoce a la gente". Claramente, le tenían un gran respeto, y con razón, desde mi punto de vista». Así que Solo abandonó sus aspiraciones al puesto y le dijo a Mike Moritz: «Yo que tú apostaría por Peter».

Otro miembro de la junta, Tim Hurd, también había llegado a esta conclusión por su cuenta. «Existía una probabilidad muy alta de que solo Peter hubiera podido tener éxito como CEO, porque la gente tenía que respetarlo. Y Reid, los demás..., estaban ahí por él —me confesó—. Ahora bien, ¿Peter era buen gerente? Desde luego que no. Y él mismo lo diría. Pero nadie más habría podido encajar».

Cuando Solo hizo la entrevista habían pasado por el «calvario» de PayPal innumerables candidatos. Thiel asumió el cargo en septiembre del año 2000 y la empresa seguía viendo a aspirantes en la primavera de 2001. En realidad, Solo fue el último entrevistado, y a raíz de eso la junta eliminó la palabra «provisional» del cargo de Thiel. Este admitió que el apoyo de Solo «había jugado un gran papel a la hora de convencer a la junta para apostar por mí».

Todo ese proceso forzado de búsqueda de CEO le había dejado a Thiel un mal sabor de boca. Un observador me contó que estaba «bastante disgustado» por el hecho de que algunos miembros de la junta hubieran tratado de echarlo; eso generó una brecha —que nunca llegó a cerrarse por completo— entre él y Mike Moritz, de Sequoia, y reafirmó la alergia de PayPal a la «experiencia ejecutiva».

Thiel era tanto un ejemplo como un defensor de la idea de poner al mando a novatos con talento. No tardó en nombrar a Reid Hoffman director de operaciones, desafiando el consejo de su junta directiva. También colocó a Sacks como vicepresidente de estrategia, pese a las preocupaciones que existían acerca de su nivel de compañerismo. Así mismo, ascendió a Roelof Botha, recién salido de la escuela de negocios, a director financiero; y puso a una joven abogada, Rebecca Eisenberg, como primera responsable jurídica de la OPI. Más tarde, las conversaciones sobre el espíritu contestatario de Thiel se centrarían en sus decisiones en los mercados y en la política. Pero, a lo largo de sus años en PayPal, su tendencia a saltarse las convenciones no tuvo nada que ver con las matemáticas ni con la filosofía política, sino con las personas.

Rebecca Eisenberg era una abogada y columnista de tecnología formada en Harvard que llegó a la empresa en el apogeo de la crisis de las puntocom, apenas unas semanas después de haber sido despedida. Hoy en día reflexiona con pasión sobre su incorporación y señala lo que aquello decía de la cultura corporativa de PayPal. «Lo extraordinario de Peter y su equipo era que en realidad no les importaban las demás cosas: que yo fuera una columnista sin pelos en la lengua; [que] mi cara [estuviera] en un autobús antes de eso; que dijera lo que pensaba; que fuera una mujer (y se me conociera como feminista); que admitiera un historial de bisexualidad. No le importaba una mierda. Le importaban las personas inteligentes que se esfuerzan».

■ ■ ■

Poco después de la salida de Musk, Thiel reunió a un pequeño grupo en el que estaban Botha, Sacks y Levchin. Se sentaron a una mesa en el apartamento de la novia de Botha, y Levchin les recordó la solemnidad del momento. Habían conseguido lo que querían: con Musk fuera, la empresa ahora era suya. Pero también lo eran sus crisis. Thiel repartió entre los asistentes la responsabilidad de combatir cada amenaza a la integridad de la compañía.

Otro grupo se reunió en casa de los abuelos de Reid Hoffman en Gualala, California. Organizaron la agenda de la siguiente manera: día 1, diagnosticar los problemas de la empresa; día 2, proponer soluciones. Había acuerdo en un aspecto concreto: la compañía abandonaría el proyecto X-Finance y se centraría en consolidar su posición como «servicio principal de pagos» de eBay. El tercer día hicieron una lluvia de ideas para decidir los pasos a seguir en caso de que la empresa se hundiera. Hoffman propuso algo que acabaría materializándose: diseñar una red social profesional, que más tarde se conocería como LinkedIn.

En el otoño del año 2000, los miembros de los diferentes departamentos de PayPal sentían el peso de sus acciones y la urgencia del momento. «En aquel entonces, cada pequeña cosa que hicieras y cada segundo contaban. Tú (¡tú!) podías ser el cuello de botella. Y lo sentías y lo entendías —recuerda Oxana Wootton—. Y aquella sensación de urgencia era lo que te motivaba. Te saltabas las comidas, dejabas de ir al baño... y hacías tu trabajo».

Y PayPal tenía mucho trabajo que hacer. Las amenazas de eBay, Visa y Mastercard, entre otras, seguían siendo importantes, y las arcas de la empresa estaban cada vez más justas de fondos. En otoño de ese año, a PayPal le quedaban apenas unos meses de margen y pocas esperanzas de obtener financiación adicional. A menos que pudieran dar un giro y mostrar solvencia empresarial, no parecía probable que los inversores mínimamente precavidos arriesgaran su dinero. «Pensábamos que podíamos quebrar», recuerda Mark Woolway.

La junta directiva se reunió la semana después de la salida de Musk, y el 28 de septiembre Thiel expuso el giro estratégico en un correo general:

Hola a todos,

Aquí está la breve actualización sobre las prioridades de X.com para el próximo mes:

(1) Prevención del fraude. Max Levchin coordinará este departamento, y Sarah Imbach, los aspectos de ingeniería, financieros y operativos necesarios para cumplir sus objetivos. La buena noticia es que la crisis de fraude es fácilmente contenible y que disponemos de una serie de excelentes soluciones para la interfaz de usuario (con el fin de bloquear a los defraudadores antes de que entren en el sistema) y también secundarias (para detectarlos una vez que entran en el sistema).

(2) Ciclo de producto/Plataforma V1. El ciclo de producto se acelerará lo antes posible y, en consecuencia, todos los recursos de ingeniería se concentrarán en la plataforma V1...

(3) Marca. No habrá ningún cambio en nuestra dualidad de marca: el producto se llamará PayPal (porque es lo que conocen los usuarios) y la empresa, X.com (porque es lo que conocen los inversores).

(4) X-Finance. Cerraremos las operaciones de X-Finance y empezaremos a unificarlo todo en PayPal. El personal de X-Finance pasará al producto PayPal, que es el que requiere toda nuestra atención en este momento.

Gracias,
Peter

■ ■ ■

Para una empresa financiera que —tal como señala Levchin— empezó siendo «ingenua respecto al fraude», el hecho de que de pronto esa cuestión encabezara la lista de prioridades estratégicas representaba un cambio de proporciones épicas. Pocos días antes del mensaje de Thiel, él y el resto de la junta habían escuchado a Roelof Botha y al propio Levchin exponer la gravedad del problema del fraude en PayPal.

El análisis continuado de Botha aportó una información crucial: el fraude que asolaba la web se presentaba en distintas formas. El primer tipo era el fraude comercial, perpetrado por los compradores: alguien compraba un artículo y luego afirmaba (de forma falsa) que había llegado roto o que era equivocado o que nunca había llegado. Entonces pedía un reembolso y PayPal (el intermediario financiero) era el responsable de proporcionarlo. La empresa se dio cuenta de que este tipo de fraude afectaba a grandes y pequeños vendedores; bien, era un precio que había que pagar. «El fraude comercial era un poco irritante —recuerda Botha—, pero constituía solo una pequeña parte del coste del negocio».

El tipo de fraude más preocupante tenía que ver con tarjetas de crédito, webs extranjeras de *dropshipping* e incluso sociedades ficticias. Algunos *hackers* abrían cuentas de PayPal con tarjetas de crédito robadas, compraban y enviaban mercancías al extranjero y luego las revendían. Otros estafadores creaban empresas ficticias, engañaban a compradores confiados para que adquirieran productos falsos y luego se embolsaban los pagos sin enviar nada. Para borrar sus huellas, desviaban el dinero a través de una elaborada serie de cuentas fantasma en el extranjero, imposibles de rastrear.

Este tipo de delincuencia profesional representaba un riesgo más grave para la compañía. «Con un par de delincuentes inteligentes sacando millones de dólares de tu cuenta de forma continuada te ibas a la quiebra —admitió Botha— Ese fraude no tenía freno».

El reto principal a la hora de luchar contra el fraude profesional era separar los cargos lícitos de los ilícitos de forma rápida y a gran escala. Al principio, la empresa había intentado ser permisiva, evitando cualquier paso adicional en el proceso de transacción para poder crecer lo máximo posible. Pero ahora que PayPal estaba adquiriendo reconocimiento, esa permisividad era una desventaja. Su lucha ya no era contra unos cuantos universitarios aburridos que abrían cuentas falsas para gastarse el dinero en cerveza; ahora se enfrentaba a delincuentes profesionales, decididos a robar millones de dólares.

Por tanto, el fraude, según concluyó Botha, iba más allá de una simple molestia: si no se controlaba, podía hundir el negocio. Él comunicó estas conclusiones a la junta de PayPal, que estuvo de acuerdo con su severa evaluación. «Si no hubiéramos resuelto ese problema —concluyó Tim Hurd—, PayPal no existiría hoy».

■ ■ ■

En la película favorita de Levchin, *Los siete samuráis*, el líder de los samuráis, Kambei Shimada, le dice a un compañero guerrero que «vaya hacia el norte», donde se librará la batalla decisiva. Pero si Kambei sabe dónde tendrá lugar la batalla, pregunta el guerrero, entonces ¿por qué no levantar una muralla para mantener fuera al enemigo? «Una buena fortaleza debe tener una brecha —sentencia Kambei—. Hay que atraer al enemigo hacia el interior. Para poder atacarle. Si solo nos defendemos, perderemos la guerra».

Del mismo modo, a lo largo de su vertiginoso crecimiento, PayPal había construido sin querer una fortaleza con enormes brechas, y los estafadores lo estaban aprovechando al máximo. Sin embargo, como en *Los siete samuráis*, tales fisuras funcionaron a modo de señuelos decisivos: la estrecha observación a que PayPal sometía a los numerosos estafadores de su plataforma ayudó a adoptar una serie de soluciones innovadoras, algunas de las cuales marcaron la pauta en el sector en materia disuasoria. «El fraude nos salvó, por pura casualidad —me explicó Luke Nosek—. Y resultó más barato que contratar anuncios en la Super Bowl».

Antes de la destitución de Musk como CEO, la lenta transición hacia PayPal 2.0 había dejado a Levchin con bastante tiempo libre. Y lo empleó para bucear en los chats y foros online donde había presencia de estafadores, vigilando así a los atacantes de la empresa en su propio terreno. «Uno se quedaba maravillado viendo cómo resolvía esos problemas con el fraude —recuerda Todd Pearson—. Su creatividad..., por ejemplo, el hecho de que se metiera en las salas de hackeo rusas para espiar. Lo único que yo pensaba era: *Nuestros competidores están jodidos*». En cuanto a Tim Hurd, se acuerda de Levchin llamando a algunos estafadores por teléfono y hablándoles en ucraniano.

Max y sus colegas descubrieron distintos niveles de sofisticación entre los atacantes de la empresa. Por ejemplo, un estafador moderadamente inteligente hizo una pequeña fortuna con la web de imitación «PayPai.com», explotando la proximidad de las teclas «l» e «i» para atraer a los usuarios a una réplica funcional de PayPal.com. Pero también surgieron estratagemas más sofisticadas y amenazantes. Sin ir más lejos, desde sus inicios PayPal se había enfrentado a ataques de bots: bits de código escritos para abrir grandes cantidades de cuentas nuevas con el objetivo de extraer de manera ilícita las bonificaciones de 10 y 20 dólares que daba la empresa.

Para solucionar el problema de los bots, el equipo de ingeniería de PayPal tuvo que lidiar con una cuestión filosófica con cientos de años de historia: en el siglo XVII, René Descartes se preguntó qué podían hacer los seres humanos que no pudieran hacer los robots (en aquella época llamados «autómatas»). El caso es que los autómatas no existían cuando Descartes habló de ellos en su *Discurso del método*, pero sí que había versiones primitivas de los mismos en la década de 1950, cuando el informático y matemático británico Alan Turing retomó la pregunta de Descartes. «Propongo considerar lo siguiente: ¿pueden pensar las máquinas?», escribió Turing.

Su respuesta fue someter a los ordenadores a un «juego de imitación» en el cual un ordenador y un humano se situarían en habitaciones separadas y tendrían que responder preguntas planteadas por alguien en una tercera habitación. Si quien preguntaba no podía distinguir entre las respuestas de la máquina y las del humano, entonces el ordenador superaba el test de Turing.

Impulsados por motivos más prácticos, los ingenieros de PayPal se embarcaron en esta lucha unas décadas después. «¿Qué es lo que un ordenador no puede hacer, pero es muy fácil para un humano?», planteó Levchin a su equipo de ingenieros. A David Gausebeck le vino a la mente su investigación universitaria sobre la capacidad de los ordenadores para descifrar imágenes; los humanos pueden leer letras deformadas, ocultas o distorsionadas, una tarea mucho más difícil para los ordenadores. Entonces miró a Levchin y le dijo: «OCR» (refiriéndose al reconocimiento óptico de caracteres, por sus siglas en inglés).

El concepto no era nuevo para Levchin; en la red Usenet y en otros foros que frecuentaba, los *hackers* distorsionaban las palabras continuamente para preservar la información de posibles fisgones. Así, SWEET se convertía en $VV££+, y HELLO podía expresarse como 1-1 3 1_1_() o)-(3££0. Un ser humano podía leer estos códigos, pero los ordenadores gubernamentales no.

«Así que esa noche me puse a pensar: ¿qué problemas son fáciles de resolver para un humano y difíciles para un ordenador? —recuerda Gausebeck—. Y reconocer letras me pareció el ejemplo típico. Le escribí a Max: "¿Por qué no ponemos imágenes de caracteres y le pedimos al usuario que los teclee? Eso sería difícil de automatizar"». Envió el mensaje de madrugada. Cuando llegó a la oficina a la mañana siguiente, se encontró con que Levchin «ya había empezado a desarrollarlo». Ese mismo fin de semana terminó una primera versión en bruto, en un esprint sin pausa. Una vez completado el código, lo puso en marcha y luego hizo sonar a todo volumen *La cabalgata de las valquirias*, de Wagner, por un altavoz montado en un cubículo.

■ ■ ■

Para perfeccionar su creación, Levchin y su equipo estudiaron las herramientas automatizadas disponibles en aquel momento. Por ejemplo, él mismo fue a una tienda de informática cercana y compró un montón de programas de reconocimiento óptico de caracteres (OCR), un software (entonces aún muy poco desarrollado) que extraía texto legible por una máquina a partir de imágenes o de texto manuscrito. Esa investigación dio lugar a nuevas mejoras, como el uso de un tipo de letra hecha de símbolos y el añadido de líneas gruesas y translúcidas encima del texto, que hacían fracasar a los programas de OCR que habían comprado.

El equipo pronosticó que el «test de Gausebeck-Levchin» (según lo denominaron) funcionaría bien al principio y luego iría yendo a menos. Como con otros desarrollos de PayPal, tenían previsto analizar lo que fallaba, recomponerlo y repetir las pruebas. Pero, por muy brillante que fuera la solución inicial, Gausebeck suponía que con el tiempo los estafadores serían capaces de vencer al sistema. «Porque sigue siendo un problema con solución», recuerda haber pensado entonces.

Pues bien, la función se implementó y el equipo esperó a que fallara. Sin embargo, para su sorpresa, no lo hizo. «Al final, la versión original aguantó bien varios años —me contó Gausebeck—. Supongo que quienes tenían la suficiente motivación para intentar hackearlo no eran las mismas personas con habilidad para hacerlo; porque son habilidades muy distintas a las necesarias para interactuar con una web».

El test de Gausebeck-Levchin se convirtió, pues, en la primera aplicación comercial de un test de Turing público y automatizado para diferenciar a ordenadores de seres humanos (en inglés, Completely Automated Public Turing Test to Tell Computers and Humans Apart, o CAPTCHA). Hoy en día, los CAPTCHA son habituales en Internet: para conectarse hay que buscar, por ejemplo, una imagen concreta (una boca de incendios, una bicicleta o un barco) en una matriz. Pero en su momento PayPal fue la primera empresa que obligó a sus usuarios a «demostrar su humanidad» de esta forma. Aunque, en realidad, Gausebeck y Levchin no inventaron el CAPTCHA; investigadores de la Carnegie Mellon habían ideado algo parecido en 1999, si bien la versión de PayPal fue la primera en ser escalable y de las primeras en resolver el ya centenario reto de distinguir a los humanos de las máquinas.

■ ■ ▩

«El mundo está gobernado por robots —bromeaba tiempo después el cómico John Mulaney, refiriéndose a los test CAPTCHA—. Y nos pasamos el día diciéndoles que no somos un robot, ¡solo para poder conectarnos y ver nuestras cosas!».

Hubo gente en PayPal que anticipó este problema: dichos test podrían suponer una molestia para los usuarios humanos. Cuando Levchin le presentó por primera vez a David Sacks una prueba de línea gruesa sobre texto manuscrito, este recuerda haberle respondido: «No me jodas, ¿en serio? Eso nadie lo entenderá. No van a querer nuestro producto. [...] ¡¿Qué quieres hacerle a mi página de registro?!». Skye Lee, por su parte, cuenta que hubo un largo tira y afloja a la hora de generar imágenes que funcionaran para el CAPTCHA, pero que no obstaculizaran el uso de la web. «La imagen no puede tardar mucho en descargarse —señaló—. Quieres que sea rápido, no solo que cumpla con su función».

Pero, al final, Sacks cedió, si bien su resistencia reflejaba lo que llegaría a ser un juego permanente de equilibrios en PayPal entre seguridad, accesibilidad... y las arcas de la empresa. «Peter lo llamaba *los diales* —recuerda Sacks—: es fácil frenar el fraude si estás dispuesto a cargarte la funcionalidad. Lo difícil es mantener un nivel suficiente de funcionalidad sin que el fraude se descontrole. Así que Max controlaba el dial del fraude, yo controlaba el de la funcionalidad... y nos íbamos reuniendo de vez en cuando para llegar a un acuerdo».

En ese periodo, la dirección de la empresa desarrolló lo que Sacks denominaba «el ajustado bucle iterativo entre el producto y las finanzas». Se instauraron reuniones semanales los miércoles, y la empresa observaba de cerca cada ajuste de los diales para ver, por ejemplo, cómo una disminución del incremento en el número cuentas afectaba a sus ingresos, o cómo una modificación en las transacciones con cargo a cuentas bancarias variaba sus costes.

Con el tiempo, el afinado ajuste de estos diales por parte de PayPal le otorgó una cierta ventaja competitiva. «Muchos de nuestros competidores fracasaban porque empezaban a recibir el azote del fraude y enseguida convertían su página de registro en, bueno, cuatro páginas llenas de flechas con cien preguntas», me explicó Ken Miller. Pero, pese a perder millones de dólares por culpa del fraude, PayPal no adoptó medidas tan draconianas. En vez de eso, iban haciendo pequeños ajustes, combinando el diseño de producto, el análisis detallado y las herramientas de lucha contra el fraude, para convertir las pérdidas en mejoras.

■ ■ ▩

Tanto el test de Gausebeck-Levchin como el concepto de «depósito aleatorio» de Sanjay Bhargava lograban detener a muchos estafadores «en la puerta», pero tampoco impedían la entrada de todos; un gran número de ellos consiguieron superar estas barreras. Así que, con el fin de combatirles, la empresa tuvo que ingeniárselas, además, para implementar la supervisión de transacciones en el *back end* (es decir, vigilar a los usuarios que ya habían abierto una cuenta).

En este ámbito, PayPal también dejaría una huella pionera en el sector, gracias en parte a las contribuciones de un ingeniero que aún era becario: Bob Frezza. Este llegó a PayPal de forma poco ortodoxa; su padre había asistido en 1999 a una conferencia en el Cato Institute, en la que Peter Thiel habló del prometedor futuro de las empresas de Internet. Bill Frezza y Thiel intercambiaron sus contactos, y cuando el hijo del primero —que en aquel momento se estaba sacando la carrera en Stanford— envió solicitudes para hacer prácticas en verano, su padre le escribió a Thiel adjuntando el currículo del chico.

Thiel respondió de inmediato: «Gracias por recomendarnos a Robert. Ya tenemos a unos catorce graduados de Stanford trabajando en Confinity (incluyéndome a mí) y hago todo lo posible para contratar a más gente de esa universidad, así que sin duda lo llamaré». Frezza era un ingeniero en ciernes, de modo que Thiel reenvió el correo a Levchin.

«Al principio pensé: Peter, ¿qué haces mandándome a este becario? —recuerda Levchin—. No necesito a nadie que me traiga el café».

Y es que Confinity no había tenido becarios en el sentido tradicional; Levchin prefería contar con equipos pequeños e ingenieros autosuficientes; no se planteaba darle clases particulares a un universitario.

Lo cierto es que cuando algunas personas con perfil de becario acudían a las entrevistas, Levchin les convencía para trabajar a tiempo completo. De hecho, una de las más tempranas incorporaciones de la empresa, Jawed Karim, estaba en primero de carrera cuando se entrevistó con Levchin para lo que (suponía) iban a ser unas prácticas de verano. «Y entonces dije: "Sí, bueno, solo me interesa algo en plan trabajillo de verano". Y [Levchin] me ignoró y me mandó una oferta a jornada completa». Karim aceptó, así que empezó a trabajar a los 20 años y se sumó a la lista de universitarios que habían abandonado la carrera y que formaban el grueso de la plantilla. (La empresa, espoleada por su habilidad para ganar la partida a universidades de primer nivel en cuanto a captación de talento, publicó un anuncio en *The Stanford Daily* en el que se animaba a los estudiantes a dejar la universidad y unirse a la compañía).

A diferencia de Karim, Frezza fue más explícito en su idea de que solo buscaba un trabajo de verano, de modo que Thiel instó a Levchin a que hablara con él. «Tuvimos una conversación en el University Café de Palo Alto —recuerda este—, y me di cuenta de que era un chico especial».

Frezza inició sus prácticas en PayPal el 20 de junio, justo en la época en la que Levchin empezaba a poner su atención en el fraude. Uno de los mejores amigos de Frezza en la empresa era Bob McGrew, otro becario de Stanford. El resto del equipo se refería a la pareja como «los becarios Bob». «Creo que la broma evolucionó hasta el punto de que él era Bob el becario y yo el becario Bob —señaló McGrew—. Nadie era capaz de recordar quién se suponía que era quién».

Ahora bien, sin un programa formal de prácticas, los primeros becarios de PayPal asumieron el mismo trabajo que quienes estaban a tiempo completo (y se les recompensó en consecuencia). A Frezza, por ejemplo, le dieron una pequeña cantidad de acciones, cosa poco habitual en un trabajo temporal. Por su parte, Bora Chung, que entró como becaria de operaciones en el verano de 2000, terminó sus prácticas, se quedó a tiempo parcial mientras finalizaba sus estudios en la escuela de negocios de Stanford y recibió opciones de compra de acciones por aquel periodo; todo ello antes de quedarse a jornada completa ya en 2001. La empresa incluso ofrecía opciones sobre acciones por horas a determinados colaboradores externos.

Pero tanto Frezza como McGrew y otras personas con contrato temporal se esforzaban tanto como sus colegas, y en proyectos igual de sensibles. McGrew, por ejemplo, ideó una forma de incrementar la complejidad de las contraseñas maestras de PayPal. «Max pensó [en mi idea] un tiempo —rememora—. Era distinto a todo lo que habíamos hecho. Y al final dijo: "Es una gran idea. Hagámoslo". Y entonces rediseñé por completo nuestra forma de gestionar las contraseñas».

También se acuerda del margen de maniobra que se concedía a los mejores miembros del equipo, incluido su colega, el «becario Bob». Un día, Frezza se presentó en el trabajo a las 2 de la tarde, saltándose una reunión que tenía programada con su jefe, Levchin. Cuando este le preguntó qué había pasado, Frezza le explicó que acababa de comprarse un volante para el ordenador y se había quedado hasta tarde jugando a un videojuego. «Era el tipo de sitio donde pasaba esa clase de cosas», rio McGrew.

■ ▪ ■

Por su parte, John Kothanek —el principal investigador de la empresa en temas de seguridad— recuerda que a Frezza le interesaba el problema del fraude porque él mismo había sido víctima de ello en dos ocasiones: dos vendedores le habían enviado cajas vacías en lugar de los productos que había pedido. «Me comentó varias veces que no quería que eso le pasara a la gente. Estaba deseando acabar con esa lacra».

Por tanto, en el verano de 2000, Frezza se unió a Levchin en su estrategia para descubrir patrones de fraude. Porque los estafadores dejaban pistas, secuencias de comportamiento coherentes. Al principio, tales patrones daban lugar a reglas simples: el momento o el volumen de una transacción, por ejemplo, podían usarse para detectar una conducta fraudulenta. En un momento dado, Levchin se dio cuenta de que las cuentas falsas a menudo contenían una pista concreta: el estafador se olvidaba de poner la primera letra de su nombre en mayúscula en sus perfiles. De manera que ese patrón podía usarse como test preventivo: una cuenta con la *t* minúscula en *tom*, por ejemplo, quedaría marcada para que los analistas de fraude le prestaran una especial atención.

Sin embargo, los estafadores se dieron cuenta enseguida de esta lógica. «Los malos [...] comprueban si se está usando un conjunto sencillo de reglas», declaró Levchin a la publicación especializada *The American Banker*. Si él y su equipo fijaban, por ejemplo, un umbral de 10.000 dólares para que las transacciones las revisara un trabajador de PayPal, los ladrones se daban cuenta y cambiaban de estrategia. «Y enviaban diez cargos de 1000 dólares. Entonces nosotros empezábamos a aplicar una nueva regla: revisar los cargos totales de 10.000 dólares. Y ellos intentaban mandar 999 dólares en lugar de 1000 —me explicó McGrew—. Es bastante difícil fijar reglas en una situación así».

Además, cuanto más crecía la empresa, más sofisticados se volvían los estafadores. Los auténticos problemas para PayPal empezaron cuando los *hackers* internacionales se pusieron a la compañía como objetivo. Los más atrevidos incluso entraban en una especie de juego del gato y el ratón con Levchin y su equipo de ingenieros: los estafadores hallaban una brecha, los ingenieros le ponían un parche y los estafadores volvían a probar. «Llegó a ser algo así como una escalada armamentística —me contó Ken Milller—. Nosotros hacíamos algo y ellos nos devolvían el golpe al mismo nivel, con alguna nueva argucia».

Había un ladrón muy persistente que se puso como nombre de guerra «Igor». Uno de sus trucos era abrir dos cuentas, ambas de aspecto lo bastante fiable como para superar el proceso inicial de cribado de PayPal. Luego esperaba. Transcurrido el tiempo suficiente para no levantar sospechas, empleaba una de las cuentas para comprar productos de la otra, usando un número de tarjeta de crédito robado. El falso vendedor se llevaba entonces el dinero a una cuenta bancaria que no era de PayPal.

Para cualquier observador, esas transacciones parecían normales; no había en ellas ninguna diferencia respecto a los innumerables intercambios entre compradores y vendedores que PayPal facilitaba a diario. Y es que la perspicacia de Igor consistió en crear un facsímil del tipo de transacción que PayPal no miraría dos veces.

■ ▦ ▦

En el otoño del año 2000, la compañía procesaba decenas de miles de transacciones al día, y las cantidades y los detalles de cada una podían variar sustancialmente. Así que la búsqueda manual de infracciones era inviable. Por lo tanto, Levchin, Frezza y otros empezaron a estudiar patrones más sofisticados (códigos postales y direcciones IP sospechosos, cuentas que superaban los límites de transacción u otras pistas) con el fin de abarcar la diversidad del fraude en PayPal.

Cuando profundizaron en el reconocimiento de patrones, se preguntaron si la actividad de los sistemas de PayPal podría representarse de un modo visual en lugar de numérico. De modo que el equipo lo intentó, construyendo el equivalente a un ecocardiograma para la empresa: una representación gráfica de los flujos monetarios.

En una pantalla de ordenador se mostraba una serie de líneas que representaban el flujo económico; el grosor de cada línea se correspondía con el tamaño de una determinada transacción. Así, si una cuenta siempre aparecía con transacciones de líneas finas (importes pequeños), la aparición repentina de una gruesa justo en medio de su historia reciente podía indicar algún problema.

La representación gráfica del fraude financiero mejoró la intuición humana. Estas herramientas digitales daban a los equipos de analistas de fraude de PayPal algo que buscar en semejante laberinto

de números. Antes de contar con ellas, según recuerda Kothanek, na-
daban en voluminosos registros en papel. «No hacíamos más que imprimir, ya sabes, literalmente, cajas y cajas y más cajas de papeles para
revisarlos con un rotulador, y colgar cosas en la pared. Lo he visto en
las películas, pero en la vida real jamás en ningún otro lugar que no
fuera PayPal».

Con el tiempo, grupos mixtos de jefes de producto e ingenieros
ayudaron a mejorar la seguridad en función de los diseños originales,
desarrollando herramientas para que los analistas de fraude pudieran
ver las actividades sospechosas a gran escala. «De repente, solo con
darle a un botón podíamos contemplar un entramado de 4300 cuentas que creíamos que estaban relacionadas y que formaban parte del
mismo círculo —me explicó Ken Miller—. Antes habríamos tardado
semanas en sacarlo».

Las herramientas visuales también facilitaban la comparación
entre categorías de fraude. En un momento dado, Frezza le sugirió
a McGrew intentar comparar gráficos. En términos de informática
teórica, estaba describiendo el problema del isomorfismo de subgra-
fos, una tarea computacional bastante compleja. Los programadores
solían usar esta técnica para comparar, entre otras cosas, las complejidades de los compuestos químicos.

Al final, los esfuerzos de Frezza y Levchin para aplicar esta técnica a los patrones de actividad fraudulenta dieron lugar a otro gran
avance: ahora PayPal podía comparar no solo números, sino también
patrones. Mejoraron el proceso con reglas generadas por ordenador
que disparaban una alarma en cuanto un patrón se parecía a otro previo que hubiera sido fraudulento. Si ese se registraba con la suficiente
frecuencia, el equipo introducía una norma general en el sistema para
evitar que volviera a ocurrir.

«En términos simples, podríamos decir que empezamos a luchar contra patrones en lugar de contra estafadores —me relató el
ingeniero Satosh Janardhan—. Los patrones son matemáticas. Y algunas de las personas que acabaron trabajando en estos asuntos eran

básicamente matemáticos de Stanford a quienes Max contrató y que terminaron generando modelos que detectaban cambios y anomalías en los patrones, lo cual era una forma muy avanzada de ver las cosas en aquella época».

Al verse obligados a emplear formas de engaño cada vez más complejas, los estafadores de PayPal muchas veces se cansaban. «Nuestro esfuerzo condujo a la quiebra a determinados individuos más tontos», recuerda McGrew. También provocaba que los ladrones cometieran errores. «Cuanto más compleja es la argucia, más probable es que se deje algún rastro. Por ejemplo, si reutilizas una dirección IP que ya has empleado para una transacción sospechosa, puede que se active un aviso que se envía a un analista de fraude. Este saca tu nuevo gráfico y de repente reconoce el patrón y ve que estás intentando hacer algo sospechoso».

El nuevo sistema de detección del fraude de Frezza y Levchin fue apodado «IGOR», en honor al tristemente célebre estafador de PayPal. El Igor humano no solo había abusado de los sistemas de esta compañía, sino que además se lo había tomado como algo personal; incluso llegó a provocar a Levchin con emails burlones e incendiarios. Inmortalizarlo poniendo su nombre al programa (y este figuraba en las presentaciones para los socios y hasta en los informes financieros enviados a la Comisión de Bolsa y Valores de Estados Unidos, la SEC) le añadía un giro irónico al asunto: IGOR ayudó a terminar con el reinado del terror de Igor.

███

Así pues, herramientas como IGOR proporcionaron a PayPal una visión en tiempo real del fraude en las cuentas: si una parecía sospechosa, el departamento correspondiente podía analizar el flujo monetario y detectar en el acto la irregularidad.

Otras innovaciones ayudaron a rastrear el fraude una vez cometido. En este caso, se usaba la matemática aplicada para compensar la inexperiencia del equipo. «La gente que acabó trabajando en esto no era experta en dominios —recuerda Santosh Janardhan—. Y, con franqueza, eso era positivo; así no tenían prejuicios y lo abordaban con una mirada fresca. De modo que convirtieron el fraude en una cuestión matemática, manejable».

Una de esas «miradas frescas» era la de Mike Greenfield, que había entrado en la empresa como analista de fraude a las órdenes de Levchin. «En efecto, me contrataron con la intención de poner a un jovencito de 22 años ante un problema y ver qué podía hacer —rememora—. Siendo sincero, los primeros seis meses no fui demasiado útil». Greenfield desarrollaba software para generar árboles de decisión con el objetivo de prever el fraude, pero «metía demasiados datos» como para que el programa fuera eficiente; aunque sí resultó de utilidad para detectar el fraude comercial.

El proceso algorítmico en el que se sustentaba el programa de Greenfield se conoce como «bosques aleatorios», ya que consiste en múltiples árboles de decisión que se agregan para mejorar las predicciones. Esta aproximación permitía a PayPal someter a las transacciones a una prueba de fuego. «Tras bajar 18 escalones, decíamos: "Vale, esta transacción tiene un 20% de probabilidades de ser fraudulenta. Esta otra tiene un 0,01 %" —me explicó Greenfield—. Creábamos como cien de esas».

La aproximación de PayPal era distinta a la de las empresas de servicios financieros tradicionales. Sus modelos procesaban centenares de variables distintas al mismo tiempo, a diferencia de los modelos de regresión de variables, más limitados, que empleaban los bancos de toda la vida. En los años 2000 y 2001, el sector económico que surgiría del aprendizaje de las máquinas y el *big data* aún quedaba lejos, pero PayPal fue pionera en muchas de las técnicas que lo definieron. Su uso de los bosques aleatorios, por ejemplo, estuvo entre las primeras aplicaciones mundiales de este método de aprendizaje con un propósito comercial.

Gracias a tales avances, PayPal se reinventó, en efecto, como una de las empresas pioneras de seguridad en *big data*. «En realidad, PayPal es poco más o menos una empresa de productos básicos —señaló Levchin—. Suena muy moderno e innovador [...] mover el dinero a Internet. Pero las interfaces de las tarjetas de crédito llevaban funcionando 20 años. [...] Todo lo que hicimos fue poner una bonita portada en forma de web y dejar que la gente usara su correo electrónico en lugar de su número de cuenta». Sin embargo, en su opinión, las principales innovaciones de PayPal se encontraban en un nivel más profundo:

> La parte «sumergida» de PayPal es este sistema de gestión de riesgos masivo y muy, muy numérico que nos permite saber al instante cuándo envías dinero a otra persona, con un alto grado de certeza sobre si el dinero que estás moviendo es tuyo o lo has conseguido de manera ilegal, y puede que nos veamos obligados a ayudar a las autoridades a investigar o a recuperar el dinero más adelante.

Incluso los millones de dólares perdidos en transacciones fraudulentas podrían justificarse gracias al enorme volumen de datos que generó PayPal. «Perder mucho dinero por fraudes fue el daño colateral inevitable de recopilar los datos necesarios para entender el problema y desarrollar buenos modelos predictivos —escribió Greenfield tiempo después en su blog—. A partir de millones de transacciones, decenas de miles de las cuales eran fraudulentas, nuestro equipo podía detectar patrones más sutiles y localizar el fraude con mayor precisión».

En definitiva, PayPal hizo que el fraude pasara de ser una amenaza a su negocio a uno de sus grandes triunfos como empresa. También tuvo el beneficio inesperado de cargarse a la competencia. «A medida que los estafadores mejoraban —me explicó Thiel—, también eran más eficaces la hora de destruir a nuestros competidores». En otras palabras, los ladrones, obligados a esforzarse cada vez más para «desplumar» a los clientes de PayPal, se acabaron dedicando a presas más fáciles. «También descubrimos que eran un poco vagos, ¿sabes?

Querían trabajar lo menos posible. [...] Así que, en cierto modo, confiábamos en echárselos a la competencia», confesó Miller.

■ ■ ■

El 19 de diciembre del año 2000, Roelof Botha mandó un mensaje a varios directivos: les informaba de que los costes por fraude habían disminuido en casi dos millones de dólares en el lapso de un mes, entre octubre y noviembre. A la larga, PayPal alcanzaría una de las tasas de fraude más bajas del sector de los servicios financieros y habría reducido su tasa de fraude en varios órdenes de magnitud a finales de 2001.

Algunas señales anecdóticas también daban fe de los progresos de la compañía en la lucha contra el fraude. A finales de 2000 y principios de 2001, Levchin, Miller y otros trabajadores examinaron varios canales de Internet Relay Chat (IRC) que frecuentaban los estafadores y se percataron de que las cuentas funcionales de PayPal se habían convertido casi en piezas de coleccionista. A medida que se cerraban las fraudulentas, las pocas que sobrevivían se vendían como si fueran bienes. «Se podían ver cómo subía y subía el coste de adquirir cuentas de PayPal, cosa que considerábamos muy positiva», me aclaró Miller. En 2001, la empresa compró algunas cuentas robadas de PayPal solo para hacer «ingeniería inversa» del fraude y entender mejor al enemigo.

El éxito del equipo en la lucha contra el fraude les valió a sus miembros ciertos reconocimientos. Levchin se hizo con un puesto en la prestigiosa lista de «Innovadores menores de 35» de 2002, elaborada anualmente por el *MIT Technology Review* y supervisada por gente del sector. Otros galardonados a lo largo de los años han sido el fundador de Facebook, Mark Zuckerberg; los cofundadores de Google, Larry Page y Sergey Brin; y el fundador de Linux, Linus Torvalds. Además, por los esfuerzos de Levchin y Frezza en IGOR obtuvieron la patente US7249094B2: un «sistema y método para representar transacciones online».

Robert Frezza obtuvo la patente a título póstumo: el 18 de diciembre de 2001, tres días después de sus exámenes finales y a solo tres semanas de su vigésimo segundo cumpleaños, falleció a causa de un fallo cardíaco. Su obituario en el *Stanford Daily* destacaba la etapa que había pasado en PayPal y su trabajo en IGOR. «IGOR es una de las dos o tres razones principales por las que PayPal no es una puntocom arruinada, sino que está en la cima», declaró McGrew a ese periódico.

La muerte de Frezza fue un duro golpe para sus colegas. «Sentimos un gran desconsuelo cuando falleció —comentó Tim Wenzel—. Todo el mundo lo adoraba». PayPal llevó a consejeros de duelo a la oficina y Levchin voló a Lawrenceville, Pensilvania, para su funeral el 22 de diciembre.

Sal Giambanco sugirió además que el equipo elaborara una especie de libro de recuerdos de PayPal para los padres y el hermano de Frezza. Levchin lanzó una petición a toda la empresa para que la gente enviara cualquier cosa «interesante, personal, divertida, tonta, lo que sea, que tenga que ver con tu trabajo con Bobster».

Levchin les entregó el libro en el funeral y el gesto conmovió a la familia. «Puedo decir sin exagerar que no ha habido un solo pensamiento, una sola palabra, acto o gesto que haya significado tanto para nosotros como el libro de recuerdos que habéis hecho en PayPal», escribió Bill Frezza al equipo. Señaló además que su difunto hijo había gozado de su paso por la compañía y del «reto de demostrar su valía ante sus talentosos, escépticos y exigentes colegas.

[…] Sabía que Bob había alcanzado ese estado de gracia característico de los ingenieros cuando trabajan al máximo de sus capacidades. Ser consciente de que experimentó esa profunda felicidad en su corta vida será para siempre un consuelo para mí». Al cabo de unas semanas, la familia Frezza visitó la oficina de PayPal. Algunos años más tarde, Levchin, ante un público de fundadores de empresas emergentes, mencionó a Frezza como prueba de que la inexperiencia no es una barrera para generar impacto.

16

USA LA FUERZA

Justo antes de la salida de Musk, el equipo de producto hizo un segundo intento de obtener ingresos. Con una campaña titulada «The Upsell» («El incremento de ventas»), PayPal animaba a sus usuarios (de forma amable pero firme) a confesar si usaban PayPal con fines comerciales. Si respondían que sí, la web les inducía a cambiarse a cuentas Business o Premier.

La tarea de aunar los elementos de ingeniería, diseño y negocio para subir las ventas recayó sobre todo en dos desarrolladores: Paul Martin y Eric Jackson. Este último, otro exalumno de Stanford captado por Thiel, había llegado a la empresa a finales de 1999. Aunque en principio lo asignaron al equipo de marketing junto con Luke Nosek, se convirtió más tarde en discípulo de David Sacks en el departamento de producto.

En cuanto a Paul Martin, era deportista y estudiante de Historia en Stanford, y contactó con Thiel a través de la *Stanford Review*. Durante una visita a la oficina de Confinity, descubrió «a un grupo fantástico de personas que tenían esa maravillosa mentalidad de *nosotros contra el mundo*». No tardó en dejar Stanford para entrar en Confinity como asociado de marketing y ganar 35.000 dólares al año.

Con el lanzamiento en mayo de las primeras cuentas Business y Premier, PayPal había abandonado de forma definitiva su filosofía de «siempre gratis». Al no ser el cambio obligatorio, notaron que las reacciones negativas fueron limitadas (lo cual demostró que aquello podía generar ingresos). «Tuvimos éxito donde muchas otras empresas fracasaron: conseguimos que la gente pagara por un servicio que antes era gratuito», sentenció Martin.

Entonces llegó la campaña que haría crecer aún más el número de actualizaciones de cuentas: el equipo de producto se volcó de lleno en ella y se preparó para recibir una avalancha de usuarios enfurecidos. Martin conocía mejor que nadie la vehemencia de los usuarios de subastas por Internet: cuando trabajaba en el departamento encargado de ello, se había metido en foros sobre el tema y se había convertido en un personaje popular en ellos. Así, Paul de PayPal —como lo conocían en el foro de eBay, en Auction Watch y en la Online Traders Web Alliance (OTWA, la alianza web de comerciantes online)— fue uno de los miembros del equipo con quienes la gente más se ensañaba cada vez que la empresa sufría un tropiezo.

Pero no estaba solo: eBay también había pasado malos tragos a causa de la franqueza de sus usuarios. Sin ir más lejos, cuando una de sus primeras trabajadoras, Mary Lou Song, diseñó nuevas categorías de subasta, agrupó inocentemente la sección de «botones» con la de «artículos de costura». Parecía bastante lógico, pero el caso es que los foros echaban humo. El periodista Adam Cohen retomó el asunto de los botones en *The Perfect Store*, una protohistoria sobre la creación de eBay:

Los coleccionistas de botones, un grupo cuya existencia había escapado a su conocimiento hasta entonces, la fustigaron por ser tan ignorante en materia de botones. «¿Sabías que hay botones *vintage*, botones antiguos y botones modernos?», le reprochó un iracundo vendedor de botones. «¿Que los botones no pertenecen a la categoría de artículos de costura de colección? ¿Que tienen su propia categoría? ¿Sabías que puede haber botones de plástico y botones metálicos? ¿Te referías a botones de chapa o de cuatro agujeros?».

Song asumió la derrota y creó una nueva categoría para los botones. «Si McDonald's saca un nuevo bocadillo —le dijo a Cohen— la gente se limita a decidir si lo compra o no. No dicen: "¿Por qué no lo has consultado conmigo?"». El caso es que tanto Song como Martin acabaron reconociendo que, les gustara o no, la comunidad de subastas digitales poseía un peculiar sentido de la propiedad sobre las plataformas y sus herramientas.

■ ■ ■

Con su campaña para incrementar las ventas, PayPal apostó por renunciar a la política del «siempre gratis». Sin embargo, todo el mundo sabía que se estaban metiendo en un berenjenal. La empresa presentó aquella campaña como un pequeño cambio en sus procedimientos: solo pedía que los usuarios que ya utilizaban PayPal con fines comerciales se registraran como empresa. «No era una estrategia nueva —objetó un miembro del equipo—, solo un recordatorio de una ya existente».

No obstante, era poco probable que los usuarios lo vieran de esa forma. En general, los vendedores de eBay que utilizaban PayPal no consideraban que tuvieran un negocio. La mayoría no tenían escaparate, productos ni empleados; se veían más bien como vendedores de segunda mano en lugar de como empresarios en ciernes.

El equipo redactó y editó rigurosamente la página que los usuarios verían al entrar en PayPal.com. En ella se pedía «ratificar» su categoría y se citaban las «condiciones de uso» del servicio, que exigían a quienes se dedicaran a actividades comerciales que se registraran para obtener una cuenta de empresa. Los usuarios tenían tres opciones:

- Actualización Business: para empresas que vendían por Internet.
- Actualización Premier: para particulares que vendían por Internet a tiempo parcial o completo, o que sencillamente querían obtener mejores prestaciones.

- No me dedico a las ventas: para particulares que usaban PayPal solo con fines no comerciales y que quisieran seguir con una cuenta personal.

Al principio se optó por mostrar la página solo a los vendedores más prolíficos de eBay, aquellos con un gran volumen de pagos en sus negocios, lo que debería llevarlos a elegir la primera o la segunda opción. Su reacción sería un indicador clave.

En los días previos al lanzamiento de la campaña, PayPal parecía una fortaleza preparándose para un asedio. Todo el mundo estaba involucrado: ingeniería, diseño, producto y atención al cliente. Sacks preparó el borrador de web y la empresa al completo era consciente de los miles de quejas que estaban por llegar. Se indicó al personal que remitiera las preguntas de los medios de comunicación al jefe de relaciones públicas, Vince Sollitto, y las consultas de atención al cliente a Omaha.

«Que dé comienzo el incremento de ventas y que Dios nos acompañe…», escribió Jackson al equipo el 12 de septiembre de 2000, la noche anterior al lanzamiento.

■ ■ ▧

Y entonces llegó el apocalipsis. Los usuarios enfurecieron y los foros de subastas se llenaron de críticas. «Cuando me registré en PayPal, me aseguraron que era gratis y que seguiría siéndolo —se quejó el usuario "kellyb1"—. Lo que han hecho es sucio y rastrero. Atrajeron a todo el mundo con la promesa de cuentas gratuitas y luego se llevan nuestro dinero». En honesty.com, una web de servicios para vendedores de subastas cuyos usuarios confiaban en PayPal, un cliente escribió, enfadado: «¿Es PayPal el que debe determinar si tengo o no un negocio? Igual eso queda entre el Gobierno y yo».

Una jornada laboral cualquiera de Damon Billian en PayPal consistía en enfangarse en discusiones con los clientes. Todos los días enviaba un resumen de las opiniones del foro junto con algunas citas seleccionadas, tanto positivas como negativas. En su informe del día del lanzamiento, Billian no tenía buenas noticias; las cinco frases más destacadas sobre PayPal fueron:

1. Engaño comercial.
2. Cheque sin fondos.
3. Mentirosos (al decir que jamás tendríamos que pasarnos por obligación a una cuenta de pago).
4. A los pequeños vendedores les preocupan las tarifas.
5. Es posible que haya gente que inserte un logo de «PAYPAL NO» en su web.

Casi todos los días, Billian se esforzaba por responder a las consultas del foro de forma individual. Pero aquel día se vio sobrepasado. «Solo en OTWA había más de 500 artículos, y en Auction Watch todavía más —me contó que informó al equipo—. No tenía tiempo de leer todos los mensajes, y mucho menos de responder a la mayoría de las preguntas». Las líneas telefónicas de Omaha también estaban saturadas.

Billian advirtió, además, que el descontento de los usuarios parecía ir más allá de los foros. «Tras el lanzamiento —escribió—, cuatro usuarios me han asegurado que acudirían a los medios de comunicación, y otros tantos que contactarían con las agencias reguladoras». Los clientes copiaban la página y la compartían con periodistas especializados en tecnología. Por su parte, webs como CNET se sumaron a las críticas y publicaron artículos al respecto.

La avalancha de protestas y la mala prensa dieron lugar a unos cuantos días agotadores. Pero, con el tiempo, el efecto red empezó a hacerse notar. «Los primeros resultados —informó Jackson en una nota general para la empresa— son alentadores».

De las alrededor de 30.000 personas que habían visto la página de la campaña, casi un 20 % cambió su cuenta a una de pago, un porcentaje que superaba las previsiones más optimistas. Pero lo mejor fue que apenas unos pocos usuarios se bajaron del barco. «A pesar del alboroto que se montó en los foros —informaba el boletín semanal de la empresa al final de la campaña—, solo 158 usuarios cerraron sus cuentas (¡el 0,004 % de nuestra base de usuarios!)».

Como parte de su estrategia de comunicación, PayPal hizo hincapié en que su servicio seguiría siendo la opción de pago más barata. La compañía anunció lo siguiente a su clientela en un email genérico:

X.com se compromete a mantener la gratuidad de su servicio PayPal para uso personal. Sin embargo, para poder seguir siendo un negocio fuerte y viable necesitamos que los vendedores acepten su parte proporcional de los costes de operar con tarjetas de crédito. Visa y MasterCard nos cobran por cada transacción que procesamos, y nos vemos en la obligación de repercutir esta tasa en los vendedores para cubrir gastos.

Otras empresas cobran el doble: un pago de 50 dólares con X.com cuesta poco más de un dólar, mientras que Billpoint cobra 2,5 dólares, y BidPay, 5. No se dejen engañar por las ofertas promocionales de servicios que no están consolidados: nadie más puede ofrecer a los vendedores digitales pagos instantáneos, seguros y protegidos contra el fraude de forma sostenible a un precio menor.

Los usuarios se hicieron eco de este mensaje. Alguien que se hacía llamar «Waspstar» escribió: «Así que por fin ha llegado el momento. [...] PayPal ya no es gratuito para los vendedores de eBay». Sin embargo, pese a su aparente resistencia al cambio, admitió que no iba a marcharse de PayPal. «Seguiré con ellos. Es más barato que otros, supongo».

El aumento de las ventas en septiembre del año 2000 reveló un dato crucial: «Nos dimos cuenta de que el precio era poco flexible —me explicó Thiel—. Al subir los precios, ninguno de nuestros clientes pudo marcharse. La gente decía: "Nos negamos a pagar". Pero se iban y no había otro sitio desde donde recibir pagos por Internet. Y entonces volvían». Para el equipo, este episodio fue una lección fundamental sobre el comportamiento de los usuarios y el cambio en los costes. Se percataron de que, una vez implantado en la vida de la gente, desbancar a un producto o servicio requería un esfuerzo ingente. «Los seres humanos funcionan por inercia —me dijo Amy Rowe Klement—, y hallar formas de cambiar lo predeterminado (comportamientos, pensamiento, narrativa, etc.) puede dar lugar a un cambio masivo».

■ ■ ▨

Aquella campaña se basó en la franqueza más que en cualquier mecanismo de imposición. «Pedimos a los vendedores que ahora mismo poseen una cuenta personal que cumplan las normas y cambien a una cuenta Premier o Business. Contamos con que haya honestidad».

Ahora bien, como no se fijaba ninguna penalización, cualquiera podía decidir saltarse las reglas y seguir usando el servicio como antes. La empresa comunicó a su personal que no tenían previsto imponer el cambio, pero que revisarían esa estrategia si los usuarios no se pasaban a Premier o a Business con la suficiente rapidez.

El momento clave llegó en septiembre de 2000. Desde mayo, más de 200.000 clientes de PayPal habían abierto cuentas Premier o Business, pero eso no era suficiente para aliviar las angustias económicas de la compañía. Ni juntando las comisiones de todas las cuentas se cubrían el fraude, los gastos estructurales y los pagos y devoluciones con tarjeta de crédito, que aún suponían un coste ingente. Porque, a pesar de los esfuerzos para que los usuarios pasaran a hacer sus transacciones por cuenta bancaria, a principios de septiembre casi el 70% de los pagos en PayPal seguían efectuándose mediante tarjeta de crédito. «Siempre íbamos poniendo parches en lo que en realidad eran defectos cruciales de nuestra idea de negocio original —me contó Klement—. PayPal empezó como un producto sin casos de uso. Luego teníamos casos de uso, pero faltaba un modelo de negocio. Más tarde tuvimos que generar un negocio sostenible».

Así que, por el momento, aquel seguía siendo un negocio deficitario, cuyos usuarios de pago representaban menos del 10% del total. Estaba claro que la empresa debía adoptar medidas más contundentes, tanto para que la gente se cambiara a cuentas de pago como para que, además, se redujera el número de transacciones con tarjeta de crédito. En otras palabras, solo animar a «seguir las normas» no era una opción viable; habría que empezar a intervenir y asegurarse de que se cumplieran.

En realidad, el producto que era PayPal había crecido con rapidez gracias a su permisividad en todos los aspectos, desde repartir bonificaciones hasta tolerar el fraude o asegurar a pequeños compradores y vendedores costeando las comisiones de las tarjetas de crédito. Pero había llegado el momento de lograr la «actualización forzosa» de cuentas, un movimiento que representaba el cambio más arriesgado del producto hasta la fecha.

La empresa exigirá a las empresas usuarias que se adapten a sus políticas y actualicen sus cuentas, y al mismo tiempo hará que los clientes abandonen las transacciones financiadas con tarjetas de crédito para pasar a las financiadas con cuentas bancarias y con fondos propios. Hubo gente de la plantilla que se refería en broma a la actualización forzosa como «FU» (*forced update*, en inglés), reconociendo así que se trataba del cambio más controvertido en su relación con los clientes, y con el que se arriesgaban a provocar su ira.

Esta medida trajo, pues, una nueva serie de preocupaciones a la empresa. «La actualización forzosa era algo jodidamente aterrador —rio Klement al acordarse—. No sabíamos lo que iba a pasar». ¿Desaparecerían de golpe los casi 20.000 nuevos usuarios diarios de PayPal? O, lo que es peor, ¿Billpoint y eBay serían capaces de ofrecer un precio inferior al de PayPal para quitarles usuarios? En definitiva, para el equipo de producto y la directiva, la actualización forzosa resolvería el principal enigma del negocio, o bien revelaría cuáles eran los límites de la insensibilidad al precio de los usuarios de PayPal.

Mucho tiempo después, las empresas de Internet podrían recurrir al conocimiento acumulado sobre los modelos de precios «*freemium*». Las respuestas a las problemáticas cuestiones de cuándo, cuánto y cómo cobrar surgieron a partir de estudios de caso y ejemplos bien documentados. Pero el término *freemium* no se acuñó hasta 2006, de modo que en esto, como en casi todo lo demás, el equipo de PayPal confió en el instinto, la improvisación y la innovación para hallar respuestas.

La directiva era consciente de que la actualización forzosa conllevaba —más que cualquier otra decisión tomada hasta el momento— el riesgo de desencadenar una avalancha de bajas. En consecuencia, mientras se lidiaba con aquel proceso, los debates internos no eran precisamente tranquilas sesiones de control. Y justo en este periodo surgió una idea revolucionaria: PayPal debía sincronizar el paso a cuentas de pago (algo que los usuarios *no querían* hacer) con algo que *no pudieran evitar* hacer. Y, al final, dieron con la fórmula: vincularían la actualización a la recepción del dinero.

La cosa funcionaría así: durante la actualización forzosa, los usuarios con una cuenta personal podrían recibir un máximo de 500 dólares en pagos con tarjeta de crédito en un periodo de seis meses. Si alguien excedía esa cantidad, podía seguir recibiendo pagos, pero solo se le permitiría acceder al dinero de su cuenta si se hacía Premier o Business. «Creemos que nadie es tan tonto como para rechazar un cobro —explicó Martin en una intervención en el pódcast *The Investor Show*—. Y eso era lo bueno: nunca dimos a elegir entre tener o no una cuenta profesional; solo les dimos a elegir entre aceptar un cobro o rechazarlo».

No obstante, se estableció una solución alternativa: si el receptor del dinero ya había alcanzado el límite de 500 dólares, pero seguía queriendo cobrar, podía pedirle al emisor que volviera a enviar la cantidad desde una cuenta bancaria o desde su cuenta de PayPal. Así, se ponía a los vendedores en el brete de tener que obligar a otros usuarios a pasarse a transacciones vinculadas a cuentas.

PayPal saldría ganando con ambas alternativas, ya fuera obligando al cobrador a cambiar a una cuenta de pago, o haciendo que el pagador usara un tipo de transacción más barato.

■ ■ ■

El 3 de octubre del año 2000, la empresa envió una notificación a sus usuarios con cuenta personal más activos:

> Dentro de dos semanas, a partir del lunes 16 de octubre, X.com introducirá un nuevo límite en las cuentas personales de PayPal: 500 *dólares cada seis meses* para pagos recibidos con tarjeta de crédito. Tras la puesta en marcha de esta medida, las cuentas personales que superen dicha suma no podrán recibir pagos con tarjeta de crédito a menos que se suscriban a cuentas Premier o Business. Todos los pagos con tarjeta que se envíen a cuentas personales cuyo límite se haya excedido quedarán como «pendientes» hasta que su receptor decida si acepta el pago actualizando su cuenta o bien lo devuelve al emisor, es decir, lo rechaza. (Aclaramos que el emisor puede volver a pagar desde una cuenta bancaria o desde su saldo de PayPal).

Como se puede ver, en sus comunicaciones durante este periodo la empresa dio a conocer a los usuarios su razonamiento, partiendo de la teoría de que la franqueza ayudaría a suavizar el malestar generado por esa medida.

> Prometimos a nuestros usuarios que trabajaríamos para desarrollar una política que cumpliera varios criterios: (1) que fuera justa y razonable; (2) que se anunciara con dos semanas de antelación antes de aplicarse; (3) que no obligara a nadie a cambiar su cuenta a una de tipo profesional (aunque se pudiera eliminar alguna funcionalidad costosa, como la posibilidad de aceptar pagos con tarjeta de crédito desde las cuentas personales); y (4) que cubriera

la necesidad de PayPal de repartir los costes de las transacciones con tarjeta de crédito (y otros gastos como la atención al cliente y la protección contra el fraude) con los usuarios de gran volumen, que son los que generan la mayor parte de nuestros costes.

Aun así, los mensajes contenían cierta artificiosidad retórica, ya que, de hecho, los usuarios no tenían otra opción que la de actualizar sus cuentas. «La verdad es que no era obligatorio, podías elegir —replicó David Sacks, sin salirse del guion—. Pero si querías seguir usando PayPal... tenías que pasar a una cuenta profesional».

Como era de esperar, las líneas de atención al cliente de Omaha y los foros volvieron a echar humo. «PayPal era gratuito —se quejó un usuario— hasta que nos tuvieron enganchados, y entonces empezaron a cobrarnos». «Estoy muy decepcionado con esta empresa —señaló otro—. Y pensar que los promocioné, que los ayudé a crecer... ¿Y ahora nos hacen esto? Debería darles vergüenza».

El enfado se debía al hecho de que la actualización forzosa reduciría sus ingresos y a que chocaba frontalmente con la promesa inicial de «siempre gratis». «Nunca más voy a usar PayPal. Punto. Han fijado su estrategia y no estoy de acuerdo con ella, así que mi decisión es NO usarlo», escribió un usuario. Entretanto, la preocupación crecía en la plantilla de PayPal al tiempo que en los foros de Internet se multiplicaban los mensajes sobre posibles boicots.

Sin embargo, también aparecieron algunos defensores de PayPal. «Pueden protestar todo lo que quieran, pero creo que se quedarán solos —argumentó un usuario—. He estado hablado con mucha gente sobre esto, todos vendedores de eBay, y los más razonables están de acuerdo en que, si esto es necesario para la continuidad de PayPal, estamos a favor. Es evidente que las comisiones no gustan a nadie. Y se puede protestar, por supuesto, pero creo que es tirar piedras sobre el propio tejado».

Otros incluso entendían el punto de vista de la compañía. «¿De qué va todo este mal rollo contra PayPal? —dijo alguien—. En mi opinión, son fantásticos. [...] Mi negocio ha crecido de manera considerable, tanto por la facilidad para los cobros como en lo que respecta a mis ingresos. [...] ¿Qué otro servicio es equiparable? No se me ocurre ninguno». Otro señaló que, debido a una mayor penetración en el mercado que sus rivales, usar PayPal suponía recibir pujas más altas en las subastas. «Vale que la idea de imponer comisiones es lamentable —señaló un usuario—, pero también es verdad que las pujas son más altas [cuando acepto el pago por PayPal]. Así que me parece que esto compensa con creces las comisiones. Seguiré con PayPal y seguiré recomendándolo a otros vendedores».

Lo cierto es que había algunas cuestiones éticas que suponían un inconveniente para la campaña de la actualización forzosa. Por un lado, se había incumplido una promesa explícita. Y ese giro de 180 grados molestó a los usuarios, sobre todo después de que la comunidad de vendedores PowerSeller hubiera favorecido los intereses de PayPal publicitando su servicio. Además, la empresa había diseñado su portal de actualización de tal manera que cualquier fallo en el proceso podía suponer un coste para los usuarios: el pagador no sabría necesariamente si el destinatario del pago había cambiado a una cuenta profesional o si había alcanzado el límite de 500 dólares.

En cualquier caso, PayPal era una empresa, no una organización benéfica. Y reducir el porcentaje de transacciones con tarjeta de crédito era básico para su supervivencia, igual que generar ingresos con su producto principal. Tampoco es que hubieran cerrado el grifo de sus servicios gratuitos de golpe; habían empezado con las actualizaciones opcionales, luego las habían incentivado con amabilidad, y por último habían obligado a efectuar el cambio, pero todo de forma gradual, a lo largo de seis meses. Es más, si PayPal no hubiera tomado estas medidas, habría corrido el riesgo de tener que cancelar su servicio de pagos, algo que habría sido desastroso para todas las partes implicadas, en particular para los compradores y vendedores de subastas.

A lo largo de los años posteriores, estos dilemas respecto al diseño del producto han perseguido a otras empresas que optaron por adentrarse en

las procelosas aguas de los modelos *freemium*. Estos permitieron la proliferación de nuevas y apasionantes tecnologías, al tiempo que se ganaban
la antipatía de los usuarios, que se sentían como ranas hervidas a fuego
lento. Un bloguero plasmó a la perfección esta especie de locura: «Los
desarrolladores *freemium* son como los camellos —escribió—: dan sus
servicios básicos gratis y te cobran en cuanto pides más». Aun así, unos
párrafos después reconocía lo potente del modelo: «El surgimiento del
modelo *freemium* es tal vez lo mejor que le ha pasado a Internet».

Solo un mes después del lanzamiento de la campaña, el 95 % de las
cuentas personales a las que iba dirigida habían cambiado a Business
o Premier. Esto fue clave para el salto de PayPal hacia su transforma-
ción en una empresa de pleno derecho, y constituyó claramente el fin
de la promesa de «siempre gratis», que había extendido el producto al
mundo entero.

■ ■ ■

No obstante, con la excepción del breve aluvión mediático en torno
a la campaña para fomentar las ventas, las innovaciones que puso en
marcha la compañía en el otoño de 2000 no tuvieron una amplia cobertura en prensa. El equipo, por supuesto, prefería que así fuera, pues
entendían que cuanto menos se dijera sobre IGOR o sobre su estrategia de precios, mucho mejor.

Pero, de manera interna, eran conscientes de la importancia de
aquellos avances, en especial en cuanto a la tipología subyacente de
las transacciones, un problema acuciante que formó parte del modelo
PayPal desde el principio. Desde finales de octubre hasta principios
de noviembre, Eric Jackson distribuyó con diligencia gráficos linea-
les en los que se mostraba cómo subía la línea azul (pagos bancarios
y con saldo de la plataforma) y cómo caía la roja (pagos con tarjeta
de crédito). El 2 de noviembre, Jackson envió los gráficos con la siguiente frase en el asunto: «¡¡¡Al final ha ocurrido, las líneas se han
cruzado!!!». Sí, los pagos a través de cuenta bancaria y con saldo de
PayPal habían igualado a los de tarjeta de crédito.

Poco después, la empresa logró dos hitos más. «El viernes 24 de noviembre procesamos nuestro milmillonésimo dólar a través del sistema PayPal —escribió la jefa de producto, Jennifer Kuo—. Estamos trabajando con grandes cifras, pero no hemos llegado a la meta. ¡Está claro que no bajaremos el ritmo hasta que alcancemos nuestro objetivo final, la Dominación Mundial!». Y el 8 de diciembre PayPal dio un paso más hacia ese objetivo, al obtener su cuenta número 5 millones.

Estos acontecimientos, que se produjeron al final de un año repleto de agitación interna y en medio de una caída en picado del mercado bursátil, dieron a la plantilla la confianza de que podrían salvar los baches que se estaban llevando por delante a otras puntocom. Las crisis internas, debidas a asuntos como el mal funcionamiento de la web, empezaron a parecer menos apocalípticas y más manejables. Por ejemplo, en noviembre, cuando la página estuvo colgada bastante tiempo, la circular interna que se envió daba muestra de la creciente autoestima del equipo:

> La mala noticia es que la web de PayPal ha sufrido problemas de rendimiento muy graves toda la mañana de hoy. Incluso podría decirse que hemos estado fuera de servicio unas siete horas.
>
> La buena noticia es que este es un problema que solo pueden sufrir las webs de mayor *éxito*. Esta mañana estamos recibiendo la visita de más usuarios de los que nuestro sistema de equilibrio de carga de red puede soportar.

Los apagones seguían causando pánico cuando duraban toda la noche, pero, a diferencia de los primeros meses, en la empresa sentían que los usuarios eran más indulgentes; a estas alturas, necesitaban a PayPal tanto como PayPal los necesitaba a ellos.

El servicio también se ganó su merecido reconocimiento público. En noviembre de 2000, la revista *GQ* nombró a PayPal «web del mes», y *US News & World Report* la incluyó en su lista de «lo mejor de la Red». Poco antes, en octubre, la directiva de la compañía asistió a los Rave Awards, de la revista *Wired*, en el Regency Center de San Francisco. Entre focos y alfombras rojas, el evento contó con presentadores invitados como David Spade, Courtney Love, Thomas Dolby y el alcalde de San Francisco, Willie Brown, así como con la actuación del artista de rock Beck.

PayPal había sido nominada a «Mejor campaña de marketing no convencional» y, aunque perdió ante el servicio musical Napster, la propia nominación lo decía todo. Además, PayPal terminó «riendo la última». «Napster arrasó en las tres categorías a las que estaba nominada. Pero se especula con que puede haber obtenido votos por compasión, ¡ya que la reciente sentencia de un juez federal quizá les obligará a cerrar a finales de año!». En efecto, tras las demandas por infracción de derechos de autor interpuestas por varios grupos de la industria discográfica, Napster canceló su actividad en julio de 2001.

PayPal ya se había convertido en un fijo del universo digital, lo que permitió rebajar la acidez estomacal de sus fundadores. Lo celebraron como correspondía: David Sacks se llevó al equipo de producto a hacer *rafting*, cosa que les había prometido si «se cruzaban las líneas» (refiriéndose a los indicadores rojo y azul de los tipos de pagos). Y los lujos antes limitados empezaron a permitirse: ahora celebraban fiestas en la oficina y disfrutaban de masajes en el propio despacho y de batidos de fruta Jamba Juice.

Aquel Halloween hubo gente que fue a trabajar disfrazada. «Vimos al mismísimo Peter Thiel con un disfraz de Obi-Wan Kenobi», informó la revista semanal; aunque expresando cierta decepción por el hecho de que Luke Nosek no se hubiera disfrazado de Luke Skywalker, como (al parecer) había prometido. En cambio, asistió a la fiesta de Halloween vestido de mafioso.

17

CRIMEN EN DIRECTO

Vasily Gorshkov y Alexei Ivanov eran conocidos como *hackers* por sus nombres en clave, «Kvakin» y «Subbsta», respectivamente. Vivían en Chelyabinsk, Rusia, y estaban especializados en fijarse como objetivo empresas financieras estadounidenses. Se dedicaban a robar información de las tarjetas de crédito y cuentas bancarias de sus clientes, y luego la empleaban para adquirir bienes. Los artículos se enviaban a puntos de entrega cercanos en Kazakstán, en Georgia y en otros países satélite de la antigua Unión Soviética. La mercancía resultaba casi imposible de rastrear una vez que atravesaba fronteras y husos horarios, y Gorshkov e Ivanov la revendían y así obtenían pingües beneficios.

Aquellos *hackers* veinteañeros también tenían otra actividad, y esperaban que les permitiera ganarse la vida de forma legítima en la industria tecnológica: hackeaban sistemas informáticos de empresas, les enviaban evidencias del ataque y les ofrecían «servicios de consultoría sobre seguridad». Al parecer, se había corrido la voz respecto a este negocio paralelo, ya que en el verano de 2000 ambos recibieron la petición de una empresa con sede en Estados Unidos, Invita Security, para que la protegieran contra los *hackers* haciendo ingeniería inversa.

Invita se ofreció a trasladar a la pareja en avión hasta Seattle para tratar los detalles en persona. Gorshkov e Ivanov habían oído historias sobre *hackers* «del lado oscuro» que se habían vuelto legítimos expertos en seguridad y bien remunerados. Así que la posibilidad de un contrato con Invita Security sonaba estupenda. El viaje desde el centro-oeste de Rusia hasta Seattle duró 30 horas, y la pareja llegó a Estados Unidos el 10 de noviembre de 2000.

Fueron a buscarlos y los trasladaron en coche hasta la sede de Invita Security en un parque empresarial cercano al aeropuerto. En el trayecto, Ivanov se quedó asombrado de que los estadounidenses cumplieran las normas de tráfico. «¿Por qué conducís tan tranquilos? —le preguntó a uno de sus anfitriones—. En Rusia pisamos el acelerador en cuanto cambia el semáforo. [...] De hecho, en Rusia es habitual subirse con el coche a la acera para atajar».

Al llegar a la oficina de Invita Security, Ivanov se conectó en remoto a su ordenador personal (que había dejado en casa, en Rusia) e hizo una demostración de las técnicas que había empleado para atacar los sistemas estadounidenses. Sus anfitriones quedaron impresionados. Pero cuando les pidieron detalles acerca del modo en que habían accedido a la información sobre las tarjetas de crédito, Gorshkov se mostró cauteloso. «Este tipo de cosas es mejor tratarlas en Rusia», señaló. Cuando los directivos de Invita les preguntaron si les preocupaba el FBI, Gorshkov le quitó hierro. «No pensamos en absoluto en el FBI, porque en Rusia no pueden pillarnos».

Terminada la demostración, Gorshkov e Ivanov subieron a una furgoneta de la empresa para irse al hotel a pasar la noche. Pero al entrar en el aparcamiento del hotel, de pronto el conductor pisó el freno, la puerta de la furgoneta se abrió de golpe y una voz dijo a gritos:

—¡FBI! ¡Salgan del coche con las manos a la espalda!

Gorshkov e Ivanov se vieron de repente rodeados por agentes federales armados. Los sacaron a empujones y los esposaron mientras les leían sus derechos en inglés. Luego les entregaron una hoja con la traducción al ruso.

■ ■ ■

Para atrapar a Gorshkov e Ivanov, la estrategia del FBI (denominada en clave «Operación Flyhook») incluyó a Invita Security, una empresa falsa cuyos ejecutivos eran en realidad los agentes especiales encubiertos Michael Schuler y Marty Prewett. El ordenador que los chicos rusos utilizaron para mostrar sus habilidades como *hackers* estaba equipado con un programa «detector» que registraba cada pulsación, y el equipo de audio y vídeo de la sala grabó cada una de sus palabras y movimientos. Además, una vez que Gorshkov se conectó a su ordenador en Rusia, los agentes federales descargaron un tesoro de varios gigas con sus hazañas como *hackers*.

Según argumenta Steve Schroeder en su libro *The lure*, Gorshkov e Ivanov fueron dos *hackers* muy prolíficos: juntos habían atacado a casi 40 empresas estadounidenses, entre las cuales se encontraban Western Union (de cuya web habían robado casi 16.000 tarjetas de crédito) y CD Universe, de la que sacaron otros 350.000 números. El fiscal asignado a su caso comentó que «las habilidades de hackeo de Gorshkov eran de primer nivel». Un perito describió a la pareja como «de los mejores integradores de sistemas que jamás había visto».

El archivo también reveló lo que los fiscales denominaron «estrategia a gran escala» de Gorshkov e Ivanov para defraudar a PayPal. Ambos abrieron cientos de cuentas falsas tanto en esta plataforma como en eBay; entonces ponían en marcha subastas, pagaban en ellas con tarjetas de crédito robadas y movían el dinero de una cuenta a otra, sin enviar, en realidad, ninguna mercancía. Así, lo que para PayPal parecía una transacción ordinaria era, de hecho, una complicada operación para convertir números de tarjetas de crédito robados en dinero.

También los usaban para pujar en subastas reales, con bots en vez de personas. «La estrategia de Ivanov y Gorshkov era tan elaborada como impresionante: robaban números de tarjetas de crédito de PayPal que adquirían a través de ataques de *phishing* bien diseñados —escribió Ray Pompon, un experto en ciberseguridad relacionado con el caso—. Luego estos números los empleaban bots para comprar artículos en subastas de eBay. Esas adquisiciones se enviaban a Rusia para revenderlas». Las pérdidas de PayPal ascendieron a casi un millón y medio de dólares.

Ivanov y Gorshkov también estafaron a otros vendedores fuera de eBay que aceptaban pagos con PayPal. En una ocasión, por ejemplo, compraron varias piezas de hardware y, cuando el vendedor les mandó la factura, pagaron con una tarjeta robada a través de PayPal. Luego el vendedor envió la mercancía a Kazakhstán, donde Gorshkov sobornó a los agentes de aduanas para pasarla a Rusia.

■ ■ ■

El agente especial Prewett llamó a PayPal para trasladarles lo que había descubierto el FBI. Al otro lado de la línea estaba John Kothanek, investigador jefe de seguridad de la compañía. Él tenía un historial singular para trabajar en una empresa tecnológica: empezó su carrera como oficial de inteligencia militar en el Cuerpo de Marines de los Estados Unidos.

«Cuando volví de la Guerra del Golfo —me explicó Kothanek—, me compré un ordenador; me gasté un montón de dinero en un 486 DX. Y cuando metí ahí el primer disco de tres pulgadas ya era demasiado tarde, estaba enganchado. Algo se despertó dentro de mí». Por culpa de su incipiente adicción tuvo que aguantar las bromas de otros marines. «Todos mis colegas se metían conmigo. Me decían que con eso no llegaría a ninguna parte, que eran unas máquinas inútiles».

Después de los Marines, Kothanek trabajó en Macy's como investigador interno. Luego, un amigo de eBay le avisó de que X.com y Confinity estaban uniendo fuerzas y podrían necesitar a alguien que sirviera de enlace entre ellas y los cuerpos de seguridad.

Ahora bien, poco después de incorporarse a PayPal, Kothanek se topó con una barrera lingüística. Necesitaba ayuda y escribió lo siguiente en un correo para toda la empresa: «¿Alguien en X.com habla o entiende ruso? Estoy trabajando en un asunto relacionado con el crimen organizado que tiene algunos vínculos con Rusia. Me gustaría que alguien consultara las direcciones de correo electrónico y me dijera si significan algo. ¡Es urgente!». Kothanek recibió respuesta enseguida: «¿Acaso no sabes que Max Levchin habla ruso?». «Por aquel entonces, no tenía la menor idea de quién era Max. Lo siguiente que recuerdo es que un tipo con gafas entró en mi cubículo».

Al final, la extraña pareja formada por Levchin y Kothanek se dirigió a los estafadores rusos. Kothanek marcaba el tono y Levchin traducía. «Yo decía: "Bueno, así le respondería. Vamos a darles una patadita en los huevos. Venga, ya sabes, vamos a cabrear a estos tipos". Y Max decía: "De acuerdo", escribía algo en ucraniano desde mi cuenta de correo y les respondía. Y al día siguiente recibía una respuesta de ellos». Así comenzó la «curiosa relación» de Kothanek y Levchin con los estafadores rusos de PayPal.

■ ■ ■

Kothanek ya sabía de la existencia de Ivanov y Gorshkov, aunque no con estos nombres: él y otros miembros de PayPal los conocían como «Greg Stivenson» y «Murat Nasirov». La hoja de cálculo donde registraba las hazañas de la pareja contra PayPal llegó a contener 10.796 transacciones. Cuando el FBI se puso en contacto con él, les respondió con un correo electrónico que decía lo siguiente: «Debo deciros que definitivamente me habéis alegrado no el año, sino la década con la noticia de ayer. Llevo diez meses obsesionado con esta gente».

Al igual que Igor, «Greg Stivenson» se había convertido en un archienemigo de PayPal, especialmente molesto. La primera vez que se enfrentaron a él, Kothanek y el equipo de fraude se limitaron a cerrar las cuentas con el apellido «Stivenson» y a escribir a la dirección del usuario para comunicárselo. El infractor, Ivanov, respondió a Kothanek: «¿Crees que me has pillado? Mira esto». Ese mismo día se abrieron miles de cuentas fraudulentas más.

A mediados de octubre, Kothanek le escribió para decirle que PayPal lo había pillado *in fraganti*:

Kothanek: Hola, colega, soy yo otra vez. [...] Algunos de nuestros clientes dicen que has reclamado tus envíos. Pues, adivina, no van a llegar. Así que, básicamente, si no recibes algo

es porque lo hemos parado. A ver si tienes más suerte la
próxima vez.

Stivenson: ¿Hay alguien ahí o es una dirección automática? Por
favor, respondan, me gustaría hablar con alguien sobre el
tema de la seguridad.

Kothanek: ¿Qué tal si hablamos de tu actividad fraudulenta en
nuestro sistema?

Aquí, y en general en toda su correspondencia, Stivenson intentaba
conseguir trabajo como experto en seguridad. «Puedo detener mi actividad en PayPal —le dijo en una ocasión a Kothanek—. Y puedo
vender el sistema entero a terceros». En otro momento, en un extenso
mensaje a Levchin redactado en ruso, Stivenson volvió a ofrecer sus
servicios como experto en seguridad, le mostró parte de su dispositivo
de inteligencia y se burló de los esfuerzos que hacían por boicotearlo:

Hola. Tal vez ya sepan que aquí tenemos un sistema desarrollado
para pagar mercancía a través de PayPal.

Puede parecer extraño, pero invertimos mucho tiempo en el
análisis y la evaluación del factor humano (precisamente por eso
puedo trabajar con PayPal, porque nadie ha podido luchar contra
la escoria humana). Además, en esa empresa comenzaron bajo
la premisa de que la mayoría de la gente es honrada, y por eso
después de cada cambio que se implementa intento actuar de tal
forma que el sistema piense que también soy honrado.

Con respecto al último movimiento de PayPal, en un futuro muy
próximo estos cambios se darán en otras páginas de Internet
(tiendas, bancos, etc.). Algo así solo les concederá un poco más
de margen (creo que no más de 2 meses).

En cuanto a la seguridad, puedo echar una mano, pero estoy
convencido de que solo recibiría a cambio un simple «gracias».

Y un simple «gracias» no da de comer. Por lo tanto, cada cual
hace lo que puede. En PayPal lo suyo, yo lo mío. Espero que me
entiendan.

Saludos.

El juego del gato y el ratón no acabó ahí. PayPal intentaba detener a
Stivenson, y este siempre daba con la forma de derribar las defensas
de la empresa. También les provocaba. «Que les den, cabrones ameri-
canos —escribió una vez—. Volveré».

«Eran muy descarados —declaró Kothanek a la *CNN*—. Creían que
no podríamos tocarles un pelo porque estaban en Rusia». Por su parte,
Levchin le contó tiempo después a un periodista que había llegado a tomarse las burlas de Stivenson como algo personal. «Yo soy un ruso impasible —señaló al *San Francisco Chronicle*—. Las reglas del juego están
claras: ellos intentan robar y yo se lo impido». Y, de hecho, el equipo fue
capaz de impedirlo en alguna ocasión. Levchin y Kothanek recuerdan
su orgullo al decirle a Stivenson que intentara superar el CAPTCHA de
Gausebeck-Levchin... y comprobar que no lo lograba.

■ ■ ■

Pero no todos los delincuentes estaban en otros husos horarios. Una
vez descubrieron a un talentoso estafador que vivía apenas a unos
kilómetros de su oficina. El equipo recopiló varias de sus «hazañas» e
incluso permitió que el fraude continuara y así las fuerzas del orden
tuvieran margen para hacer su trabajo. «Conseguimos las pruebas necesarias para presentar una demanda penal y se las entregamos a los
servicios secretos y al FBI. Pero ellos replicaron algo así como que
no sabían de quién era la jurisdicción —recuerda Musk—. Entonces
les dijimos que en ese preciso instante ese tipo estaba robando, y que
teníamos su dirección, su imagen y las pruebas ahí delante. ¡Por Dios!
¡Era un crimen en directo! Al final lo detuvieron dos o tres meses
después. Aquello fue eterno».

Aunque a veces resultaba frustrante y les quitaba mucho tiempo, la empresa quería colaborar con las autoridades como medida disuasoria. «Conseguir que el Gobierno detuviera a alguien fue importante —señaló Musk—. Porque, si no lo hacían, la gente seguiría estafando de una u otra forma. Se corre la voz muy rápido en el mundo del fraude».

Precisamente una analista especializada en este ámbito, Melanie Cervantes, recuerda haber contactado con las autoridades de varios estados y recibir respuestas confusas. «Empezábamos [...] diciendo cosas como: "Hola, somos de PayPal, hemos sido víctimas de un delito financiero. Y nos contestaban: "¿PayPal? ¿Qué es eso?"». Incluso cuando conseguían captar el interés de las fuerzas del orden, los agentes no sabían bien cómo clasificar los delitos digitales: si aquello era blanqueo de dinero, fraude de dispositivo de acceso, delito informático o error de transmisión monetaria. «Al ponernos en contacto con abogados estadounidenses nos decían que sí, que había delito; lo que no había era ninguna ley para perseguirlo», recuerda Cervantes.

Así pues, el empeño del FBI en el caso de Ivanov y Gorshkov fue un cambio de actitud muy bien recibido. Días después de que se pusieran en contacto con la empresa por la Operación Flyhook, una delegación de PayPal formada por Kothanek, Levchin, Erik Klein y Sarah Imbach (vicepresidenta primera de operaciones de atención al cliente y fraude) se reunió con sus agentes en Seattle. Estos les revelaron los detalles de la estafa.

Así fue como el FBI y PayPal empezaron a colaborar en el caso. «Pudimos establecer un vínculo entre las direcciones IP de sus ordenadores, las tarjetas de crédito que estaban empleando en nuestro sistema y la secuencia de comandos en lenguaje Perl que usaban para abrir cuentas», enumeró Kothanek. De ese modo, descubrieron que Ivanov y Gorshkov estaban también detrás de paypai.com, la réplica impostora de PayPal.

Pero, aunque les hacía felices tener al Gobierno implicado en el caso, la repercusión mediática que generó dicha colaboración

no siempre fue la deseada. Sin ir más lejos, cuando la fiscalía presentó
su declaración jurada ante el tribunal federal, un periódico de Seattle
publicó un artículo en el que se afirmaba, por error, que la base de
datos de PayPal estaba entre las hackeadas por Ivanov y Gorshkov.
Pero lo cierto es que la pareja había usado tarjetas de crédito robadas
en PayPal, no *de* PayPal, y para Levchin la diferencia entre una cosa
y otra era como entre la noche y el día. Porque sabía que su empresa
podía resolver el primer problema con un poco de astucia; pero el
segundo representaba un gran riesgo para la confianza en las medidas
de seguridad de PayPal.

Así pues, Levchin se puso, según el fiscal, «lógicamente furioso»,
y presionó al Departamento de Justicia para que corrigiera el error. El
fiscal llamó al periodista, se lo explicó y consiguió que publicaran una
fe de erratas en el periódico del día siguiente.

■ ■ ■

Aquel revuelo con la prensa sacó a la luz uno de los principios básicos de Levchin: pasara lo que pasara (fueran las disputas con eBay,
los desesperantes fallos de la web, el volumen de reclamaciones de
los clientes, etc.), ningún *hacker* debía poder penetrar jamás en los
sistemas de PayPal y obtener información personal. «El equipo de desarrollo estaba en sintonía con eso —recuerda David Gausebeck—.
Sobre dónde debíamos aspirar a poner el listón, sobre todo en cuanto
a la seguridad y las garantías de rigor, la actitud era: "Por supuesto que
hay que asegurar que esto sea a prueba de balas"».

El «ruso impasible» llegó a pensar que el sector de los servicios
financieros no se tomaba lo bastante en serio la seguridad de la información. Levchin y su equipo habían estudiado con detenimiento
las normas de ciberseguridad y el resultado les había impresionado
muy poco. Si pretendían que el sistema de PayPal fuese de verdad seguro, no sería suficiente con cumplir aquellos estándares. «Ya existían
unas reglas sobre cómo se *suponía* que había que proteger la información, pero cubrían apenas un 10 % de todas las formas en las que un

pirata informático podía atacar tu sistema —me relató el ingeniero Bob McGrew—. En PayPal, el trabajo no estaba estructurado, pero teníamos mucho talento. Además, a nuestro equipo le importaba más la seguridad que a cualquiera que se preocupara tan solo por cumplir con el estándar».

Levchin también era consciente de que había un mayor nivel de exigencia para su servicio, que no tenía cajeros automáticos ni sucursales: la «marca PayPal» era su web; y hackearla, el equivalente a que unos ladrones asaltaran todas las sucursales de un banco... a la vez. «Wells Fargo poseía un sistema de pago de facturas competitivo. Pero no desaparecerían si les hackeaban —me explicó McGrew—. En cambio, para PayPal cualquier problema de seguridad informática suponía una amenaza a su mera existencia».

Por tanto, el equipo desarrolló salvaguardas internas además de las externas. «Teníamos protecciones diseñadas por nuestros analistas de fraude», recuerda McGrew. Por ejemplo, Huey Lin ayudó a desarrollar las herramientas de «permisos» de la empresa. En la primera época, «todo el mundo» tenía acceso a información sensible. Pero, con el tiempo, se intensificaron los controles, de tal forma que ningún directivo pudiera acceder a información sobre las tarjetas de crédito. La contraseña maestra dio paso a un complicado sistema compartido: cualquier intento de acceso alertaba al resto de directivos de forma automática y simultánea. Y es que en el mundo de la seguridad digital no se puede confiar en nadie, ni siquiera en los jefazos de tu empresa.

Colin Corbett se incorporó en 2001 como arquitecto de redes y ayudó a renovar el centro de datos de PayPal. Desde su puesto, construyó un sistema de tres niveles con una elaborada secuencia de salvoconductos que se volvía más y más difícil a medida que te aproximabas al núcleo, «hasta el punto en que, ya sabes, a la gente que administraba los sistemas no le gustaba cómo funcionaba en algunos casos, porque era muy farragoso».

Además de la «segmentación lógica» de la red, la empresa implantó la «segmentación física»: algunas cajas de red «residirían en

armarios separados y cerrados», recuerda Corbett. Así, para un ingeniero de seguridad, el acceso a la infraestructura central de la empresa
solo era posible si pasaba con éxito por «cinco lectores de la palma
de la mano». Más aún, Corbett me comentó que, una vez verificada
la mano cinco veces, todavía se necesitaba «un código único de ocho
dígitos para acceder al armario».

Aparte de todas esas barreras más «formales», la empresa contaba
con métodos informales para proteger la información. Por ejemplo,
quien cometía el error de dejar un portátil desatendido era objeto
de «escarnio»: otra persona lo tomaba prestado y enviaba un correo
electrónico humillante a toda la empresa... haciéndose pasar por el
propietario del portátil.

Con el tiempo, estos escarmientos se hicieron populares, y se
preparaban con mucha antelación. «Eran muy elaborados —recuerda
Kim-Elisha Proctor, que fue víctima ocasional de alguno de ellos—.
A los ingenieros les encantaba. Siempre estaban al acecho y tenían
correos preparados. Si dejabas tu puesto y lo tenías [el ordenador]
desbloqueado, te mandaban el correo, corrían hacia tu mesa, lo abrían
y lo reenviaban a todos tus contactos. Y tú te quedabas diciendo: *Oh,
mierda*».

■ ■ ▦

A medida que se incrementaba el fraude, se ampliaba el equipo antifraude de PayPal. Antes de incorporarse a la empresa, Cervantes había
estado trabajando en el tema para un procesador de tarjetas Visa, pero
aquello le parecía un tanto «idiotizante». Empezó a oír hablar de una
empresa de Palo Alto que aparecía una y otra vez en sus informes de
fraude; y se atrevió a dar el paso. «Si te dedicas a investigar el fraude,
tienes que ir donde esté el fraude. [...] De modo que me puse en contacto [con PayPal] y básicamente (no sé de dónde saqué los arrestos)
les dije algo así como: "Tíos, aquí hay un montón de fraude. Y lo sé
porque constantemente estoy volviendo a pasar los cargos. Así que
parece que se necesita ayuda"».

El equipo antifraude de PayPal era testigo de lo peorcito del género humano. Jeremy Roybal había llegado a Confinity a través de una agencia de trabajo temporal, y demostró ser un as de la atención al cliente, pero cuando ese departamento se trasladó a Omaha necesitó un puesto nuevo. «Kothanek me sacó del "desguace" y me preguntó si quería ser analista de fraude».

Como tal, Roybal recopilaba información para cumplir con las solicitudes de citación de las agencias de seguridad, accediendo así de forma traumática al lado oscuro de la base de datos de usuarios de PayPal. «Era muy doloroso. [...] Cada línea era la compra o la venta de cosas horribles, horribles». Una vez, tras declarar en un juicio, regresó al hotel y se echó a llorar en su habitación. «Aquello te dejaba hundido».

A pesar de sus encuentros constantes con el crimen y la depravación, Cervantes, Kothanek, Roybal y otros miembros del equipo antifraude de PayPal hablan de esa experiencia como un punto álgido de su trayectoria profesional, en parte por su papel directo en la defensa de las personas más vulnerables, pero también porque la inventiva de los estafadores les forzó a ser cada vez más innovadores. Gracias a sus avanzadas herramientas y técnicas, en muchas ocasiones PayPal fue capaz de identificar comportamientos ilícitos antes incluso que los bancos o las empresas de tarjetas de crédito. La lucha contra el crimen digital «resultaba muy enriquecedora», recuerda Roybal. Él y sus colegas se sentían como «una especie de superhéroes».

Y también notaban que les alentaban sus compañeros «superhéroes», entre los que se contaban algunos agentes de la ley a los que conocieron entonces y que, con el tiempo, se convirtieron en aliados clave para llevar ante la justicia a los «malhechores de Internet». Roybal se acuerda muy bien de una llamada que hizo a un agente de Arkansas:

—Señor, creo que alguien está estafando a una persona mayor.

—¿En mi condado? ¡Jamás! —respondió el agente—. ¡Vamos a por ellos!

Roybal estuvo ocho años en la empresa; Cervantes, catorce. «¿Sabes esa sensación que tienes al estar junto a personas generosas, carismáticas y geniales a las que desearías tener siempre cerca? —me contó Cervantes—. Pues eso sentía yo allí». Y John Kothanek, que hoy en día supervisa investigaciones a escala mundial para la empresa de cambio de criptomoneda Coinbase, está totalmente de acuerdo. «Estaba enganchado. Ni una horda de caballos salvajes podría haberme sacado de esa oficina».

Incluso Levchin rememora aquello que casi acaba con la empresa como un gran aprendizaje. Se acuerda, en concreto, de un email (tristemente famoso) que le escribió a Musk, con el asunto *El fraude es amor*. «Si lo veo en perspectiva, aquello era algo más que una broma. En realidad [la lucha contra el fraude] me terminó gustando. Era lo más parecido a un duelo de capa y espada. Soy un lector empedernido, y fanático de las novelas de espías, y eso era como meterte en el mundo del espionaje si eres un friki de la tecnología financiera».

La existencia del equipo antifraude también servía como recordatorio de que, por muchos avances que hiciera PayPal en la lucha algorítmica y automatizada contra esos delitos, las empresas tecnológicas seguían necesitando a seres de carne y hueso para proteger a los usuarios. «Detectar el fraude es una combinación entre el factor humano y el aprendizaje técnico —me comentó Cervantes—. Las personas siempre serán indispensables. Siempre. Porque hay un elemento de comportamiento humano que los bots no pueden emular del todo».

■ ▩ ▩

Los fiscales y los agentes del FBI del caso Ivanov-Gorshkov visitaban PayPal con regularidad, e hicieron de la lucha contra el «fraude de PayPal» una prioridad federal. Esa colaboración marcó un punto de inflexión, en cierta medida irónico, en la historia de la empresa: en sus inicios, Confinity coqueteó con la idea de crear una moneda digital universal, libre de ataduras gubernamentales. Y ahora el mismo equipo trabajaba codo a codo con los agentes del FBI, ayudándoles a perseguir delitos financieros.

«Creo que el gran punto de inflexión fueron esos momentos en que llamábamos a alguien en algún estado (ya fueran agentes de campo del FBI o de los servicios secretos) y decíamos: "Mira, tengo un caso para ti", y ellos respondían al teléfono y nos escuchaban», recuerda Kothanek.

Pero aquella era una vía de doble sentido: los agentes del caso Ivanov-Gorshkov solicitaron a Kothanek y Levchin testificar en el juicio, y el primero accedió. Explicó al tribunal los detalles del sistema que habían elaborado los rusos basándose en PayPal, pasando para ello por la creación de paypai.com y las tarjetas de crédito robadas. El abogado principal del caso leyó al jurado uno de los correos más extensos y provocadores de Ivanov.

Ivanov y Gorshkov fueron acusados de múltiples cargos, entre ellos conspiración, fraude informático, piratería y extorsión. Ivanov se declaró culpable y cumplió una condena de casi cuatro años de cárcel; Gorshkov fue juzgado y condenado a tres años. Estos casos sentaron jurisprudencia en el campo emergente de la ciberseguridad, y los agentes del FBI involucrados ganaron el prestigioso Premio del Director por su excelente labor en la investigación.

Como represalia, Rusia demandó al FBI alegando que había accedido de forma ilegal a los ordenadores de Ivanov y Gorshkov. En 2002, el Gobierno ruso abrió una causa penal contra el agente especial Schuler. La noticia salió en la portada del *Moscow Times*.

Una vez que Vasily «Kvakin» Gorshkov cumplió su condena, fue deportado a Rusia. Mientras estaba en la cárcel, su novia de entonces había dado a luz, por lo que él solo se pudo reunir con su familia en Rusia al salir de prisión. Por su parte, Alexey «Subbsta» Ivanov cumplió su deseo de tener un trabajo legal en el mundo de la tecnología, como ingeniero; fue una versión, digamos, poco ortodoxa del sueño americano.

18

GUERRILLAS

En otoño del año 2000, eBay dio al fin su vuelta triunfal. A principios de ese año había superado los 3000 millones de dólares de capitalización bursátil, al tiempo que otras empresas tecnológicas se hundían. En el tercer trimestre ya había aumentado sus ingresos netos en un 108%, el número de usuarios registrados en un 146%, y además sus ingresos netos se habían multiplicado por doce respecto al año anterior.

Un analista señaló que los resultados de eBay en el tercer trimestre la situaban como «uno de los pocos valores de Internet cuya solidez financiera ya rivaliza con la de las mejores empresas *offline*». Además, como no dependían de la publicidad, el analista afirmó que su futuro parecía más seguro que el de AOL o Yahoo! Según algunos, el modelo de subasta de eBay parecía estar a punto de reescribir las reglas del comercio online. La venta al por menor a precio fijo, según esta hipótesis, había muerto, y eBay había sido responsable de acabar con ella.

Por eso fue relevante que, justo en este periodo, David Sacks lanzara un grito de advertencia a un pequeño grupo de ejecutivos y otros miembros de la directiva de PayPal: «Como ya sabréis, eBay (en connivencia con Visa) nos ha declarado la guerra haciendo que Visa sea gratuita para los vendedores…».

■ ■ ■

A pocos kilómetros de la sede de PayPal, la gente del servicio de pagos Billpoint, de propiedad y operado por ebay, había ido prestando mucha atención a los cambios aplicados por PayPal, sobre todo a la introducción de tarifas y a las actualizaciones forzosas de las cuentas de ciertos usuarios. Vieron ahí la oportunidad de recuperar el terreno perdido y, a finales de 2000, tomaron medidas para lograrlo.

El 19 de septiembre, Billpoint criticó a PayPal en un correo dirigido a los vendedores de subastas. El mensaje presentaba sus nuevos y mejorados precios, y anunciaba la eliminación de los periodos de retención de dinero de tres días. «Mejor aún, a diferencia de PayPal, no es necesario hacer una nueva petición especial cada vez que quiera acceder a sus fondos», decía la nota. La empresa presumía de ser «propiedad» y estar «avalada por ebay», así como por «Wells Fargo Bank y Visa USA», y de ser el primer servicio en ofertar pagos internacionales.

Unas semanas más tarde, Billpoint tomó otra medida que provocó una gran conmoción en PayPal: desde el 23 de octubre y hasta finales de noviembre, los vendedores que utilizaran su servicio no tendrían que pagar comisiones por las transacciones con Visa, y los compradores que utilizaran una de esas tarjetas a través de Billpoint recibirían un dólar de descuento en cada compra. «Sin trucos. Sin palabrería —se anunció a los vendedores—. Solo lenguaje directo, fiabilidad y la seguridad de marcas en las que puede confiar: ebay, Wells Fargo y Visa».

Puesto que las transacciones con Visa representaban más de la mitad del volumen de pagos con tarjeta en ebay, en PayPal entraron en pánico. Al compartir esa especie de «declaración de guerra», Sacks señaló que tales intromisiones llegaban en un instante especialmente difícil: «Por desgracia, debido a la actualización forzosa que está previsto que empiece el lunes, estamos en nuestro momento más vulnerable. Es fundamental que respondamos con rapidez y creatividad en la próxima semana para tener las mayores posibilidades de éxito (¿de supervivencia?) en el siguiente mes».

Lo más preocupante era que sería la primera vez en la saga «Billpoint contra PayPal» en la que el primero ofrecía precios más

baratos que el segundo. «... esta será una prueba de fuego», escribió
Sacks en su correo al grupo, al que denominó «equipo de respuesta a
eBay [sic]». En él incluyó a los mejores de la empresa en distintas funciones: todo su equipo ejecutivo, la gente de productos de subasta, su
jefe de relaciones públicas, los administradores de las relaciones con
Visa/MasterCard, su abogado principal, los expertos en datos y otras
personas que creía que podían ayudar.

La primera medida de este equipo fue replicar al mensaje que
comparaba a Billpoint y PayPal. Decidieron enviar también un correo
a sus vendedores de eBay para recordarles las múltiples ventajas de su
producto (que no ofrecía Billpoint), como un mejor servicio de atención al cliente y el estricto control del fraude. También acusaron a su
rival de tergiversar la nueva estructura de pagos de PayPal: «Billpoint
emplea un gráfico engañoso en el que compara nuestras transparentes
cuentas *Premier/Business* con la suya de tarifa más baja».

Pero recurrieron, además, a otras armas. Por ejemplo, Sacks dio
instrucciones a Damon Billian para que entrara en los foros y corrigiera la «desinformación sobre los precios», y le pidió a Reid Hoffman
que llamara a sus contactos en eBay para que rectificaran sus co-
municados. También propuso otras ideas. Se preguntaba si habría
llegado el momento de enviar un «mensaje desagradable» a eBay y
un requerimiento judicial por precios anticompetitivos. Y si podría
Vince Sollitto, jefe de relaciones públicas, hacer algo para «ganarse a la
opinión pública sin mostrarse débil». Asimismo, si sería capaz el departamento de atención al cliente de hacer menciones especiales a los
usuarios más fieles de PayPal. «Todas las sugerencias son bienvenidas
—añadió Sacks—. Necesitaremos muchas buenas ideas para vencer a
eBay en otras variables que no sean el precio».

■ ▦ ▦

En cualquier caso, la problemática relación de eBay con los pagos era
muy anterior a su escaramuza con PayPal. En las versiones iniciales
de la plataforma, su fundador, Pierre Omidyar, se limitaba a confiar

en que los usuarios le enviaran por correo las correspondientes comisiones. Los empleados pioneros de eBay recuerdan ver llegar miles
de sobres a la oficina, algunos con monedas de cinco y diez centavos
pegados a fichas.

Incluso conforme la plataforma crecía, los pagos seguían siendo
algo secundario. Reed Maltzman, miembro de la plantilla inicial, recuerda haber entrado en una sala con faxes que zumbaban. Cuando
preguntó qué imprimían aquellas máquinas le dijeron que recibos de
autorización de tarjetas de crédito. Todos esos papeles cubrían por
completo el suelo de la oficina.

Omidyar sabía que los pagos de las subastas podían ser una lucrativa fuente de ingresos. Había visto a rivales como Auction Universe
introducir programas del tipo BidSafe, que ofrecía al vendedor el procesamiento de tarjetas de crédito por 19,95 dólares al año. Pero en ese
momento y más adelante, eBay siguió centrándose en el crecimiento
y la mejora de su negocio principal, el de las subastas, lo que supuso
dejar de lado muchas de las propuestas innovadoras que se hicieron.
Por esa razón, eBay optó sobre todo por no intervenir respecto a sus
usuarios: además de dejarles elegir proveedor de pago, no les daba
servicios de envío ni de gestión, ni tomaba fotos de las subastas, ni
proporcionaba una atención al cliente integral. El enfoque de *laissez
faire* de Omidyar surgió de su sensibilidad libertaria y de su creencia
fundamental de que «la gente es, en esencia, buena».

No obstante, conforme eBay maduraba cambió un poco su postura respecto a los pagos. En este sentido, adquirió Billpoint en la primavera de 1999 para integrar la última etapa del proceso de subasta.
Pero la lenta incorporación de este servicio abrió la puerta a sistemas de pago de terceros, como Confinity y X.com, ambos a finales
de 1999. «Contratamos a ejecutivos del sector bancario para dirigir
Billpoint —señaló Meg Whitman años más tarde—, y adoptaron la
postura típica de un banco, es decir, evaluar a quienes entran por la
puerta antes de darles una cuenta. Pero ese proceso, más engorroso,
no gustó a los clientes; tampoco a los vendedores de eBay, a los que

PayPal recibió con los brazos abiertos, apenas con unos pocos clics y una bonificación en efectivo para empezar».

A principios y mediados del año 2000, el servicio Billpoint de eBay tuvo la mala suerte de competir con el generoso programa de bonificaciones de PayPal y su promesa de no cobrar comisiones. Jason May, cofundador de Billpoint, recuerda las intensas discusiones en eBay sobre si debían dar bonificaciones o renunciar a las comisiones. «No podíamos hacer mucho por competir con todo eso. Porque nuestro modelo de precios estaba en cierto modo controlado por el consejo de administración, propiedad de eBay y Wells Fargo. De vez en cuando decíamos: "Bueno, podríamos ser gratuitos seis meses, o hagamos esto otro para tener cierto margen de maniobra". Y ahí fue donde siento que PayPal ganó. Fue muy significativo que nuestra empresa nunca pusiera toda la carne en el asador».

A finales de 2000, los usuarios de eBay habían recibido con entusiasmo a PayPal, pero eso llevó a la plataforma de subastas a un callejón sin salida. Por un lado, PayPal se quedaba con las comisiones de pago que, en teoría, podrían haber ido a parar a su propio servicio, Billpoint; y, por el otro, ayudaba a los usuarios de eBay a completar las transacciones. «En cierto modo —apuntó Ken Howery—, si mucha gente utilizaba un servicio de pago, cuantas más transacciones cerrara eBay, más dinero le estaría haciendo ganar».

Pero para eBay los servicios de pago representaban poca cosa en relación con su negocio principal, las subastas. El gran crecimiento de sus ingresos entre 1999 y 2000 vino del aumento de usuarios y de la ampliación de las categorías de subastas, no de los servicios tangenciales de Billpoint. «Tal vez miraban a Billpoint y decían: "Oh, son solo un pequeño porcentaje de los ingresos de eBay" —me relató Howery—. Pero en PayPal eso era todo lo que teníamos».

Pese a ello, la plataforma parecía dispuesta a luchar por la cuota de mercado de los pagos. El siguiente paso fue integrar Billpoint en su portal de subastas. Empezó por sustituir ese nombre por el de «eBay Payments», un cambio sutil que pretendía redirigir a los usuarios a su sistema de pago preferente. A continuación se puso en marcha un cambio más relevante, al lanzar la función «*Buy it now*» («Cómpralo ahora»): los vendedores podían fijar un precio y, si alguien decidía pagarlo, la subasta se cerraba de inmediato.

En principio, la función *Buy it now* no parecía una amenaza para PayPal. El hecho de que el precio lo fijara el vendedor o se hiciera una subasta era irrelevante, siempre y cuando se utilizara su servicio para liquidar el pago. Pero, una vez que su equipo analizó la mecánica del botón *Buy it now*, cundió el pánico. En una subasta tradicional, un postor hacía una oferta, recibía un correo si ganaba y luego elegía un sistema de pago. Así, como los compradores abandonaban eBay a mitad del proceso, PayPal tenía la oportunidad de introducirse en el procedimiento de pago, enviando alertas cuando la subasta finalizaba e incitando al usuario a ir a su web para pagar, sin tener que regresar a eBay.com.

Pero el botón *Buy it now* reconfiguró esta dinámica de forma radical. Al pulsarlo aparecía un formulario de eBay Payments que permitía pagar sin moverse de allí. Por supuesto, el comprador podía abrir otra ventana y dirigirse a www.paypal.com, si así lo deseaba, pero la página automática de eBay Payments aumentaba de manera considerable la tensión para los compradores que utilizaban PayPal. «Fue sin duda el movimiento más audaz de eBay hasta ese momento», escribió Eric Jackson en sus memorias sobre PayPal.

■ ▧ ■

Así pues, eBay anunció a bombo y platillo la función «*Buy it now*», renunciando a las tasas de transacción con tal de fomentar su adopción. La empresa explicó que había administrado una encuesta a 20.000 usuarios y organizado varios grupos de discusión para llegar a la conclusión de que «aunque les encanta la oferta de eBay [...] mucha gente desea comprar artículos con más rapidez y seguridad, y también vender algo sin esperar a que termine la puja».

El caso es que *Buy it now* se puso en marcha... y enseguida fracasó. El 23 de octubre, justo después de su lanzamiento, los foros de eBay se llenaron de críticas por un fallo en el sistema de pago. Las notificaciones se retrasaban, cosa que enfureció a los usuarios. «He tardado más de una semana en recibir el dinero en mi cuenta después de arreglar el asunto. Qué engorro más grande —escribió alguien—. Así que volví a PayPal y abandoné Billpoint». Otro comentó: «Acabo de recibir una carta de Billpoint diciéndome que me abonaron una compra en la mañana del 17. No me digas. Hoy es 21. Nosotros hacemos envíos con prioridad. Y ahora voy con retraso con este paquete. ¡Muchas gracias, Billpointless!».

A finales de noviembre, *Buy It now* seguía sin funcionar. «Soy vendedor y estoy intentando recibir un pago —escribió un usuario—. La persona que hizo la compra pagó con la función *Buy It now* y no he recibido notificación de pago de eBay. Me he registrado en Billpoint para intentar cobrar, pero no lo he conseguido. La página de información de *Buy It now* […] es muy poco útil. […] La función *Buy It now* ha hecho que esta sea la transacción más difícil de mi vida y voy a eliminar dicha opción de mis subastas».

La prensa se enteró de los problemas de eBay, y *eWeek* publicó un artículo señalando que «la función *Buy It now* presenta fallos». Según el artículo, fallaba si el vendedor fijaba un precio de apertura de la puja equivalente al precio de compra inmediata con *Buy it now*. En ese caso, los compradores que hacían clic en *Buy it now* recibían un mensaje de error: «Problema con el importe de la puja». «Estamos trabajando con celeridad para corregir el problema y deberíamos tenerlo solucionado a principios de la semana que viene», anunció la dirección de eBay en un comunicado oficial. Mientras tanto, instaron a los vendedores a fijar su precio de *Buy it now* un céntimo por encima del precio mínimo de puja.

Buy It now tenía problemas, sí, pero eBay contaba con el factor tiempo de su parte. «Esto es una maratón, no un sprint», afirmó Meg Whitman acerca de las tentativas de eBay para recuperar los pagos. A finales de noviembre, el equipo de PayPal tenía serios motivos para preocuparse, dada la resistencia de eBay. «La cuota de mercado de

Billpoint ha pasado de alrededor del 9% a algo menos del 15 en el último mes», escribió Eric Jackson en una puesta al día del equipo de producto. Las cifras absolutas también eran preocupantes: según las estimaciones de PayPal, Billpoint había pasado de aparecer en solo 400.000 subastas en septiembre, a más de 800.000 a principios de noviembre; y los observadores externos, incluidos los medios de comunicación, empezaban a notar ese crecimiento.

Después de que eBay presentara unos beneficios del tercer trimestre que superaron las expectativas de Wall Street, un periodista señaló que «el sistema de pago online Billpoint de eBay parece estar ganando por fin adeptos después de que su rival, PayPal, empezara a cobrar a algunos de sus usuarios».

■ ■ ■

eBay tenía entonces una oportunidad real de recuperar el control del sistema de pagos, y cada modificación que hacía provocaba en los directivos de su rival (sobre todo en Thiel y Sacks) un auténtico paroxismo de ira. «David y Peter se ponían histéricos y decían cosas como "¡no pueden hacer esto!", o "¿cómo se atreven?" —me contó un directivo—. Y nosotros decíamos: "Bueno, es su plataforma. Pueden hacer lo que les dé la gana"».

Dejando a un lado el cabreo y la frustración, aquella disputa llevó a las dos empresas a crear canales de comunicación paralelos. Reid Hoffman entabló una relación con Rob Chestnut, un abogado de eBay, y juntos ayudaron a suavizar las tensiones surgidas en aquellos años.

Chestnut había sido fiscal federal y fue contratado a principios de 1999 para supervisar «la confianza y la seguridad» en eBay, función respecto a la que se encargaría de todo, desde pequeñas reclamaciones por fraude hasta decidir si los usuarios podían subastar sus propios órganos. También le tocó lidiar con otras empresas que, como PayPal, se habían «instalado» en eBay.

Para Chestnut, PayPal era un problema tanto de confianza como de seguridad. Porque a eBay le resultaría más difícil regular su mercado de subastas si otro controlaba el flujo de fondos. «Si controlas el dinero, puedes controlar mejor el fraude —me explicó—. En cambio, si un sistema de pago de terceros es dueño de tu mercado, entonces ellos controlan la confianza... y tú no puedes controlar el fraude».

Con el tiempo, Chestnut llegó a respetar los agresivos esfuerzos de crecimiento de PayPal. «Diría que sus competidores quizá se iban a casa a las seis o siete de la tarde —bromeó—. Y ese era el momento en el que traían la cena en PayPal. [...] Eran muy emprendedores, muy agresivos. Es algo digno de admiración». La directora general de eBay, Meg Whitman, comparte las reflexiones de Chestnut. «PayPal era una empresa de gente en extremo agresiva con una auténtica predisposición a la acción», escribió en sus memorias empresariales, *The Power of Many*.

■ ■ ■

En su papel de diplomáticos digitales, Chestnut y Hoffman mantenían frecuentes enfrentamientos, «muchos largos debates que fueron épicos», recuerda el primero. Uno de los más tensos fue el provocado por el logotipo de «verificado por PayPal», que los vendedores de eBay podían obtener cuando autenticaban sus cuentas bancarias, y que era un signo de confianza para los compradores. En el caso de PayPal, se trataba de una estrategia más para desacostumbrar a la gente a pagar con tarjeta de crédito. Pero para eBay se reducía a otro frustrante elemento de promoción de PayPal en su web. De modo que optó por prohibirlo, tomando su tamaño como pretexto.

Como era de esperar, esto enfureció a PayPal. Pero también molestó a los vendedores de eBay que habían pasado por el proceso de verificación. A Hoffman se le encargó presionar a Chestnut para que se restableciera el logo. Como las tensiones solían ser demasiado fuertes para una visita oficial, los diversos intercambios bilaterales solían producirse de forma subrepticia, en un Boston Market cercano a las dos empresas.

Hoffman consiguió que Chestnut restableciera el logo de «verificado por PayPal» con la baza de las protestas de los propios usuarios.

En otros casos, sin embargo, tuvieron que recurrir a un vaivén diplomático más oficial, dejando constancia de las concesiones de cada parte. En la escaramuza sobre los precios de Billpoint, por ejemplo, Hoffman expuso punto por punto las cuestiones a resolver en un correo titulado «Acuerdos». Algunos pormenores eran los siguientes:

3.   Rectificaremos nuestra página de precios para reflejar de un modo adecuado las tarifas de eBay. Esto saldrá en nuestro próximo *push*. [Compromiso por parte de X].

4.   Se rectificarán anuncios públicos y de prensa para reflejar con exactitud nuestros cargos y otras condiciones. [Compromiso por parte de eBay]. Mandaremos un mensaje con la información definitiva hoy mismo, para que Janet Crane y otros puedan ser precisos. [Compromiso de X].

5.   Se rectificarán la web y las comunicaciones por correo electrónico para que sean rigurosas respecto a nuestras tarifas y condiciones de reintegro, más o menos en el mismo plazo en que nosotros lo hagamos (3-5 días como máximo), o se hará lo posible en este sentido. [Compromiso por parte de eBay]. Enviaremos un correo hoy mismo sobre lo que se debe cambiar. [Compromiso por parte de X].

A lo largo de dos años, Hoffman y Chestnut se dedicaron a discutir cada cosa al detalle y a enviarse capturas de pantalla para justificar sus argumentos. Aun así, su minucioso trabajo tuvo algunos momentos de tregua.

▩ ▩ ▩

Mientras fijaban un canal de comunicación, digamos, extraoficial, su esfuerzo también dio paso a algo más. «Hoy hemos tenido nuestra primera reunión oficial con eBay», escribió Hoffman a toda la empresa el 10 de noviembre de 2000. Se habían iniciado conversaciones sobre la posibilidad de vincular formalmente el futuro de ambas compañías. Todas las opciones estaban encima de la mesa, desde un modesto acuerdo de reparto de ingresos hasta la adquisición total de PayPal.

Hoffman advirtió al equipo de que cualquier acuerdo potencial seguía estando lejos de producirse. Wells Fargo había adquirido una participación en Billpoint con la condición de que siguiera siendo el proveedor de pagos preferente de eBay. De modo que «cualquier acuerdo con eBay respecto a los pagos implicará también a Billpoint. Esto llevará tiempo y presenta evidentes incertidumbres», escribió Hoffman.

De todos modos, los detalles de esas primeras conversaciones entre PayPal y eBay se mantuvieron en secreto. Una empresa externa, First Annapolis Consulting, auditó a ambas partes. Para la directiva de eBay una preocupación superaba al resto: el fraude financiero. Aunque tenía su cuota de vendedores fraudulentos, la empresa mantenía (y esto era sorprendente) una tasa de fraude inferior a la de la mayoría de los comercios minoristas. Por tanto, cualquier acuerdo con PayPal que implicara un riesgo de aumentar el fraude era inviable.

Mientras ambos equipos exploraban la posibilidad de llegar a un acuerdo, el de First Annapolis pasaba tiempo en la sede de PayPal entrevistando al personal y buceando en sus datos para comprender el perfil de fraude de la empresa. Después de hacerlo se mostraron optimistas al respecto y así lo comunicaron en su informe a eBay: «Si el criterio de Billpoint para iniciar conversaciones con PayPal es que esta debe estar lo bastante centrada en la gestión de riesgos, creemos que lo cumple. La organización ha invertido mucho recientemente en dicho aspecto y ha desarrollado algunas herramientas innovadoras».

Pero First Annapolis señaló otros riesgos de PayPal no relacionados con el fraude: por ejemplo, sus tácticas eran nuevas y no estaban probadas, había experimentado un crecimiento vertiginoso y disponía de un procedimiento de cobertura muy básico. Se cuestionó, por tanto, la «estabilidad operativa» del negocio: ¿huirían los trabajadores tras un posible acuerdo eBay-PayPal? «Pese a todas estas preocupaciones —puso First Annapolis en su informe—, la cuestión clave que tenemos en mente es si el modelo de negocio de PayPal compensará adecuadamente el riesgo que está asumiendo».

En aquel momento, la respuesta de eBay y Billpoint fue negativa. La directiva de la plataforma (sobre todo Janet Crane, directora general de Billpoint) miraba a PayPal y veía un pozo de fraude. Así que se concluyó que, por el momento, utilizarían Billpoint para competir por los pagos, en lugar de firmar un acuerdo precipitado. Eso sí, aunque no se llegó a establecer una alianza, esas prediligencias de finales del año 2000 abrieron la puerta a las conversaciones que ambas empresas seguirían teniendo, con diferentes niveles de seriedad, los dos años siguientes.

■ ■ ▪

Aun con el *Buy It now*, la promoción de Visa gratuita y otras estrategias, Billpoint solo se había hecho con un pequeño porcentaje de los pagos en la plataforma a finales de 2000 y principios de 2001. Y, a medida que iba reduciendo sus promociones, esos progresos se estancaron, e incluso se dieron pasos atrás. Las numerosas contraofensivas de PayPal evitaron los avances de Billpoint, y ambas partes siguieron disputándose el terreno.

En una ocasión, PayPal sacó al mercado tarjetas de débito para los *PowerSellers* de eBay, una prestación que Billpoint no daba. Además, prometió como incentivo cierto porcentaje de devolución a quienes utilizaran la tarjeta, y añadió un extra: solo se la daría a los vendedores que anunciaran a PayPal como su proveedor exclusivo de pagos. Aquellas tarjetas tuvieron una promoción muy agresiva en la web, por correo electrónico e incluso por teléfono. «Revisamos la base de datos, nos centramos en los 150.000 vendedores más importantes de eBay y empezamos a enviarles tarjetas de débito sin que lo pidieran», señala Premal Shah, miembro del equipo de producto.

En 2001 llegó el lanzamiento de PayPal Shops, un directorio y servicio de comercios online fuera de eBay que ayudaba a los vendedores a crear sus propias empresas en Internet. Surgió del empeño de David Sacks para que la compañía diera servicios de pago en toda la Red, no solo en eBay. A los usuarios de la plataforma de subastas, PayPal Shops les prometía cierto ahorro: si podían gestionar sus propias tiendas online, ya no tendrían que pagar las comisiones de eBay. Luego PayPal subió la apuesta creando botones específicos para PayPal Shops, y carros de la compra virtuales. Ese esfuerzo fue el preludio de una división de «servicios comerciales» de PayPal que amplió su alcance más allá de las subastas.

De forma interna, eBay se refería a esas transacciones fuera de su web como el «mercado gris», y no quiso atenderlas con Billpoint. Pero sí respondió de forma similar con el lanzamiento, en junio de 2001, de las «eBay Stores», un espacio para quienes preferían vender a un precio fijo en lugar de hacer una subasta. Los usuarios de las eBay Stores podían elegir entre una cuenta comercial oficial con tarjeta de crédito o Billpoint. eBay sabía que la mayoría de sus vendedores no cumplían los requisitos para obtener una cuenta comercial, así que esperaba que la integración de Billpoint redujera el dominio de PayPal.

El lanzamiento de las eBay Stores volvió a irritar a PayPal. Hoffman fue designado para ponerse en contacto con Chestnut y exigir un cambio. Como resultado, eBay aplicó una pequeña modificación, permitiendo el uso de PayPal en las eBay Stores. PayPal respondió proporcionando instrucciones detalladas para poder utilizar su servicio allí, e incluso recomendando a los vendedores de eBay que incluyeran sus tiendas en el directorio de PayPal Shops.

La mayoría de los movimientos y disputas entre eBay y PayPal en 2000 y 2001 pasaron desapercibidos para los medios de comunicación, hasta que a principios del segundo año eBay lanzó una bomba: modificó su formulario de «Vende tu artículo» para que, cuando el vendedor creara un anuncio de subasta en el formulario, el campo de pago fuera por defecto Billpoint. «Si hubiera llevado a cabo con prisas el proceso para publicar mi subasta en la página de eBay —escribió Jackson—, Billpoint habría aparecido como opción de pago preferente, animando así a mi mejor postor a utilizar ese servicio para pagarme».

El cambio fue imperceptible para la mayoría de usuarios, pero tuvo enormes consecuencias para PayPal. Casi de la noche a la mañana, la cuota de Billpoint en el mercado de subastas se disparó un 5 %. Sus rivales descubrieron que, dado que los grandes vendedores empleaban herramientas automatizadas para publicar cientos o miles de subastas, rara vez visitaban la página «Vende tu artículo». Por lo tanto, no sabían que Billpoint se había convertido en su forma de pago por defecto.

PayPal envió entonces un correo a toda su base de datos de usuarios para dar la voz de alarma. «Los logos no autorizados de Billpoint pueden hacer que los compradores no se fijen y utilicen Billpoint para pagarle, y esto, a su vez, puede repercutir de forma negativa en sus resultados —decía—. La única forma segura de protegerse de futuros logos Billpoint no autorizados es cerrar su cuenta de Billpoint». El mensaje también incluía el teléfono del centro de atención al cliente de eBay.

Al final el conflicto salió a la luz porque muchos vendedores se hicieron eco en los foros. Por tanto, la prensa se enteró y las dos empresas acabaron enfrentándose públicamente. PayPal acusó a eBay de no jugar limpio; eBay acusó a PayPal de exagerar el asunto, calificando su reacción de «incendiaria» y sus movimientos de «profundamente equivocados».

Rosalinda Baldwin, editora de la publicación sobre subastas online *The Auction Guild* y voz crítica en el ámbito de las subastas por Internet, se puso del lado de PayPal. En un artículo de 1356 palabras titulado «Las tácticas poco éticas de Billpoint», se despachó a gusto: «No nos agrada que no protejan a los vendedores contra los cargos sin garantía. No nos gusta nada cómo defraudan a los vendedores con los cargos fraudulentos de las tarjetas de crédito. Tampoco cómo cuelan sus logos en las subastas cuando el vendedor no selecciona su servicio, y no confiamos en que protejan la información de los usuarios».

Se reservó su crítica más mordaz para el cambio efectuado en «Vende tu artículo»: «Billpoint, de eBay, ha utilizado todo tipo de juego sucio para colar sus logos en las subastas». Pero esta modificación destacaba por encima del resto:

> Configuraron, sin anunciarlo, la opción de Billpoint para que hubiera que rechazarla en lugar de elegirla. Añadieron de manera automática sus logos a los anuncios de los artículos que se publicaban de nuevo, incluso si no existía esa opción en el anuncio original. Por tanto, eBay [sic] está engañando a los nuevos vendedores para que se registren en Billpoint; y están requiriendo información bancaria no para garantizar la seguridad de la página, como afirman, sino para evaluar a los vendedores para usar Billpoint, quieran o no...

Baldwin terminaba con un último golpe: «Billpoint no ha hecho méritos para que los vendedores quieran utilizarlo. [...] Pero parece que la única forma de evitar sus sucias tácticas [sic] es cerrar la cuenta de Billpoint para siempre». A continuación, proporcionaba un enlace para hacerlo.

Siendo justos, algunas de las acusaciones de Baldwin también podrían haberse dirigido a PayPal. En más de una ocasión, ellos habían activado opciones sin consultar a los vendedores, y habían modificado los valores predeterminados en pro del crecimiento de su número de usuarios. Uno de los cambios aplicados en primer lugar (la función de «autoenlace», que publicaba los logos de PayPal en las subastas de los vendedores que lo habían utilizado en alguna ocasión) era básicamente un calco del que hizo eBay en «Vende tu artículo».

Los comentarios de Baldwin también reflejaban una tremenda vena de independencia entre la comunidad de vendedores de eBay. «A ciertos vendedores no les gustaba dar a eBay tanto poder sobre su negocio. [...] [Utilizar PayPal] era una oportunidad para ser un poco más independientes. eBay quiere que hagamos A. Pues bien, nosotros haremos B. Sin duda, en la comunidad hay algo de esto hay», me explicó Rob Chestnut, de eBay.

En definitiva, la modificación aplicada por eBay en «Vende tu artículo» tal vez fuera demasiado pequeña y tardía para recuperar cuota de mercado. Así que, ante la presión de los medios de comunicación, los «medios de las subastas» y sus propios vendedores, dieron marcha atrás en este aspecto. Por tanto, en las semanas siguientes las ganancias obtenidas como resultado del cambio se evaporaron.

■ ■ ■

En los primeros cuatro años de PayPal, Sacks, Thiel y el resto del equipo directivo pensaban que eBay podía acabar con ellos en un abrir y cerrar de ojos. «Uno de los supuestos que me planteé fue: si yo dirigiera eBay Payments, ¿qué haría para acabar con PayPal? ¡Y se me ocurrieron un montón de cosas diferentes! —me relató Sacks—. Me preocupaba mucho que un día se dieran cuenta de ello».

Ese temor impulsó la generación de planes de contingencia. En un momento dado, previeron que eBay pudiera bloquear la dirección IP corporativa de PayPal, cosa que haría que sus botones dejaran de funcionar. Para prepararse, registraron cientos de cuentas de acceso telefónico a Internet de AOL. Así, si eBay desactivaba la posibilidad de PayPal de reproducir su logotipo bloqueando la dirección IP de la empresa, podrían canalizar su servicio a través de esas conexiones.

A medida que aumentaban las tensiones, en PayPal temían que eBay llegara al límite de su paciencia y les cerrara el chiringuito, sin importarle las consecuencias. Levchin, Hoffman, Thiel y Nosek concluyeron que construirían su propia red de subastas online, un plan que bautizaron como «Operación Overlord», el nombre en clave del Día D, la invasión aliada de Normandía durante la Segunda Guerra Mundial. Podrían recurrir a la gran cantidad de información sobre los PowerSellers de que disponían para atraerlos a una red de subastas de la competencia. La idea iba más allá de sus posibilidades, en realidad, pero el mero hecho de que la discutieran era muestra del nivel de preocupación que había en PayPal por el poder de eBay.

Y, aunque esos temores nunca se disiparon del todo, empezaron a remitir en parte por el apoyo de la comunidad de vendedores en momentos como la disputa por el cambio en «Vende tu artículo». «eBay tenía todo un historial de protestas en cuanto introducían un cambio en su web. Aquel era un tipo de usuario muy intratable —me dijo Sacks—. Y es normal que tuvieran miedo».

Según May, cofundador de Billpoint, la directiva de eBay sí que había coqueteado con la idea de un cierre total de PayPal, pero optó por no hacerlo. «Sí, se pensó en la posibilidad de cerrar PayPal. Pero los ejecutivos de eBay decidieron no ser mezquinos. No es que se dejasen llevar y no quisieran considerar estas opciones».

Cuando la crítica de Baldwin llegó a *The Auction Guild*, PayPal había logrado tal nivel de ubicuidad que había podido eludir a Billpoint por su cuenta, y esas críticas reflejaban el sentimiento general de la comunidad. «Éramos muy reacios a hacer algo en contra de los deseos de la comunidad —recuerda Rob Chestnut—. Les gustaba PayPal, tenían éxito con ese servicio. Y a nosotros no nos gustaba, pero era lo que nuestra comunidad quería».

Quizá nadie entendiera mejor el poder de una base de usuarios fieles que el propio fundador de eBay, Pierre Omidyar, que había repelido los intentos de Amazon y de Yahoo! de hacerse con una parte del negocio de las subastas. «Teníamos un gran imán, que era eBay, y todos estos pequeños imanes llegaron y trataron de llevarse a la gente —explicó en una ocasión al periodista Adam Cohen—. Pero el de eBay era tan potente que para ellos fue muy difícil comernos terreno».

Por su parte, PayPal se empeñó en reforzar su imán, en especial con los PowerSellers de eBay. «Recibíamos sugerencias de nuestros PowerSellers acerca de un producto que les gustaría que desarrolláramos —recuerda Paul Martin— y al lunes siguiente lo tenían disponible en la web». En ese periodo se sacaron varios productos para ayudar a los vendedores a mejorar sus anuncios de subastas. Por ejemplo, la «notificación para el ganador», que enviaba de forma automática a la persona que hubiera hecho la mejor puja instrucciones para pagar con PayPal; así como los «logos inteligentes», que hacían que los botones de pago cambiaran de color cuando se cerraba una subasta. Esta, en concreto, fue una mejora muy llamativa.

«Estas cosas parecen sencillas —me explicó Martin al referirse a los esfuerzos del equipo por congraciarse con la comunidad de PowerSellers de eBay—, pero hay que recordar que, para nosotros, eran muy difíciles de desarrollar en términos de programación. Porque no las estábamos implementando en nuestra web, sino para que funcionaran en la de otra gente a la que, además, no le gustábamos un pelo. [...] Era casi como si estuviéramos creando malware».

Los esfuerzos de PayPal fuera de eBay también dieron sus frutos. A pesar de sus problemas iniciales con el servicio de atención al cliente, el éxito de Omaha hizo que la empresa se ganara la simpatía de los vendedores, que acudían en masa a los foros a elogiar su servicio de 24 horas. El boletín semanal de la empresa reflejó la señal más potente (por no decir insólita) de que PayPal se había metido en el bolsillo a los usuarios de eBay. Damon Billian, conocido como «Damon de PayPal» en los foros de eBay, había alcanzado un «estatus casi de estrella del *rock*» y recibía de todo, desde fotos hasta propuestas de matrimonio, por parte de los vendedores de eBay.

■ ▪ ■

En mayo de 1998, el Departamento de Justicia de EE. UU. y 20 fiscales generales estatales demandaron a Microsoft por comportamiento monopolístico y anticompetitivo. A esto le siguió una lucha legal de varios años en la que se acusó a Microsoft, entre otras cosas, de intentar «cargarse» a Netscape, su rival en materia de navegadores web. El Gobierno amenazó con cerrar Microsoft.

El caso provocó un escalofrío a los líderes tecnológicos de todo el mundo, incluidos los de eBay. Y la directiva de PayPal alimentó ese temor. Uno de los miembros más recientes del equipo, Keith Rabois, recibió de Thiel el encargo de recabar pruebas antimonopolio contra eBay. También se creó un comité de acción política (CAP) para hacer aportaciones a los congresistas y luego animarles a dirigirse a la Comisión Federal de Comercio para denunciar el monopolio de eBay.

A finales de la primavera de 2001, la empresa contrató a un abogado externo para que emitiera una mordaz nota de once páginas a un espacio, dirigida a eBay. Fue enviada por fax y por FedEx a Meg Whitman, y era una especie de salva de advertencia. Decía: «eBay está abusando de su poder en el mercado online para desvirtuar y eliminar la competencia en los servicios de pago por Internet. Véase, por ejemplo, *Estados Unidos contra Microsoft Corp.*, 87 F. Supp. 2d 30 (D. D. C. 2000). Como Microsoft, eBay intenta eliminar o limitar la competencia en un segundo mercado (los servicios de pago por Internet), en gran parte para potenciar y proteger el monopolio de su negocio principal (los mercados digitales). Las leyes antimonopolio no permiten que una empresa con poder de mercado como eBay amplíe su monopolio eliminando a quienes, como PayPal, ofrecen una competencia beneficiosa para los consumidores, es decir, un mejor servicio a precios más bajos».

PayPal se aseguró de mantener su amenaza siempre presente, aprovechándola incluso en las comunicaciones cotidianas. Por ejemplo, cuando Hoffman se puso en contacto con Chestnut para tratar el cambio en «Vende tu artículo», su mensaje fue claro: «Rob, si eBay ha puesto Billpoint por defecto, como indican algunos foros, por favor, considera esto una comunicación oficial sobre mi preocupación por la vinculación de productos (por ejemplo, de esta solución de pago al monopolio de eBay en la publicación de subastas) y, por lo tanto, por la generación de una situación anticompetitiva que requiere una actuación antimonopolio».

Vince Sollitto, jefe de comunicación de PayPal, justificó el uso de estas tácticas: «La postura de eBay era: o te adquirimos o acabamos contigo. Y, mientras no nos compraran, tenían en mente destruirnos. En el mundo de las relaciones públicas y en el de las relaciones gubernamentales, la táctica habitual era la de tierra quemada; intentar hacer todo lo posible para fastidiarles. [...] Básicamente, yo corría por el Capitolio llamándoles malvados monopolistas».

Por su parte, Chestnut considera justificado el temor de su rival. «Para ser justos, su supervivencia dependía de nosotros. Así que puedo entender esa actitud». Pero ni él ni la dirección de eBay sufrían por las amenazas antimonopolio tanto como hubieran esperado en PayPal. «No fueron sutiles —me confesó, sonriendo—. En realidad, no lo fueron. Pero mire, soy abogado. Soy fiscal federal. ¡A mí me han llegado a amenazar con pegarme un tiro! No puedes intimidarme con las leyes antimonopolio».

Mucho más intimidante para eBay era la confianza que PayPal había sembrado entre sus propios usuarios. «Lo que de verdad me preocupaba era la posible reacción de la comunidad de vendedores si les cerrábamos el negocio», recuerda Chestnut.

19

EL DOMINIO DEL MUNDO

Cuando asumió el cargo de CEO, Thiel señaló el crecimiento en el extranjero como uno de sus objetivos estratégicos. Pero esa idea era previa a su mensaje de finales del año 2000.

En sus documentos originales de presentación, Confinity señalaba Mobile Wallet como un medio para librar a las masas del control de los gobiernos y los bancos centrales, que manipulan las monedas. Y, aunque tales ideas libraron al final a los usuarios de eBay de Billpoint, el equipo siguió planificando el crecimiento mundial de PayPal. Por ejemplo, cuando había que poner nombre a un producto, la facilidad para pronunciarlo en varios idiomas era fundamental. Incluso la jerga del equipo («Índice de dominación mundial» o «nueva moneda mundial») aludía a ese objetivo de hacer de PayPal un sistema de pagos universal que rompiera fronteras.

X.com también llevaba la conquista del planeta en su ADN. Musk esperaba que algún día su compañía hiciera las veces de «centro económico mundial» y almacenara los dólares, marcos alemanes (que pronto serían euros) y yenes en un solo lugar. En su opinión, este camino no era revolucionario, sino lógico. Él veía las monedas «desde el punto de vista de la teoría de la información», en referencia al campo académico fundado por el doctor Claude Shannon en 1948. «El dinero es un sistema de información —señaló—. La mayoría de la gente cree que tiene poder en sí mismo. Pero, en realidad, es solo un sistema de información para que no tengamos que recurrir al trueque y podamos mover su valor en el tiempo en forma de préstamos y acciones y cosas similares».

Si, tal como lo veía Musk, el dinero almacenado en las cuentas de X.com era solo una expresión más de la información, entonces las monedas nacionales resultaban un molesto artificio. Una red de información universal como Internet, que permite a los bits cruzar fronteras de forma sencilla, rápida y barata, podría eliminar la tensión y las comisiones en el cambio de divisas. «Las ambiciones de X eran básicamente estar donde estuviera todo el dinero —me explicó Musk—. Tenía que *ser* el sistema financiero mundial».

A finales del año 2000, PayPal ya no intentaba provocar una revolución financiera internacional, pero seguía explorando oportunidades en el extranjero. Estados Unidos continuaba siendo líder mundial en usuarios de Internet, con 95 millones de ciudadanos conectados. Pero Asia y Europa, juntas, tenían más o menos ese número de usuarios, y los líderes extranjeros que antes eran escépticos con respecto a la *world wide web* ya la estaban promoviendo. En 1998, el presidente francés, Jacques Chirac, organizó una fiesta de Internet en todo el país (*La fête de l'internet*) y presidió un debate online desde el palacio del Elíseo. Poco antes, en 1996, había admitido, avergonzado, que no sabía que el dispositivo para apuntar y hacer clic en un ordenador se llamaba ratón.

El crecimiento de la Red en el extranjero despertó el interés de muchas empresas estadounidenses, entre ellas eBay, cuya base de usuarios abarcaba 90 países. A mediados del 99, compró la página de subastas alemana www.alando.de, que llevaba apenas tres meses funcionando, para convertirla en www.ebay.de. Más tarde hizo adquisiciones similares en Francia —comprando iBazar— y en Corea del Sur, donde compró Internet Auction Co. Estas páginas le permitieron adaptar con mayor cuidado sus servicios y el idioma, e incluso aprovechar las leyes locales: los vendedores de Alando, por ejemplo, podían vender vino online a sus compatriotas alemanes, mientras que los estadounidenses no podían hacerlo.*

A medida que eBay se expandía en el extranjero, PayPal vio una oportunidad: los vendedores de subastas en otros países también necesitaban servicios de pago. «Si eres coleccionista —me explicó Bora Chung—, no solo buscarás en Estados Unidos, también bucearás a la caza de artículos en el Reino Unido o en Alemania». En consonancia con esto, empezaron a ver que los usuarios enviaban dinero a direcciones IP extranjeras. «En cierto modo, David Sacks ya lo sospechaba, así que observó los datos y dijo: "La gente está pirateando nuestro sistema simplemente porque necesita enviar dinero a Canadá o al Reino Unido o a cualquier otro país de habla inglesa. Solo tenemos que dar con la manera de hacerlo posible"», recuerda Giacomo DiGrigoli.

El interés de la clientela internacional coincidió con una ventaja adicional de salir al extranjero: la posibilidad de recaudar fondos. Incluso tras haber recibido cien millones de dólares en marzo de 2000, la empresa necesitaba más financiación. Pero, con el mercado bursátil aún en declive, a los inversores estadounidenses les quedaba poco apetito por las puntocom que perdían dinero. Los inversores internacionales, sin embargo, continuaban sintiéndose atraídos por las tecnológicas. «Silicon Valley era el centro de toda esta innovación —me explicó Mark Woolway—, no París. Se dieron cuenta de que su acceso a esta tecnología provenía de Estados Unidos».

Por tanto, en PayPal decidieron utilizar su expansión internacional para perseguir dos grandes objetivos: el crecimiento y la

---

* Estas adquisiciones de eBay también contribuyeron a frustrar el ascenso de imitadores extranjeros. Los cofundadores de Alando, por ejemplo, no han ocultado que copiaron al gigante estadounidense de las subastas. «Hicimos muchas operaciones en eBay —declaró en su momento el cofundador de Alando, Marc Samwer, al *Wall Street Journal*—. Decidimos copiar lo que funcionaba y hacerlo mejor. ¿Por qué íbamos a reinventar la rueda?». Su capacidad de imitación le valió a Alando 50.000 registros en apenas unas semanas, y una oferta de adquisición de 42 millones de dólares por parte de eBay, meses después de su lanzamiento.

recaudación de fondos. E iniciaron esta tarea como lo habían hecho con muchas otras cosas en los años previos: con poca planificación, rapidez de acción y fe en sí mismos en pro del éxito.

■ ▧ ■

Scott Braunstein fue una de las principales ayudas en sus primeros pasos en el extranjero. Tras cursar un MBA y un doctorado *Juris Doctor* en Stanford, buscó una empresa de Silicon Valley con presencia en Londres, donde esperaba establecerse con su prometida británica.

Por suerte, la solicitud de Braunstein llegó en el momento en que PayPal se planteaba su presencia internacional. Durante lo que denominó «el proceso de entrevistas más interminable de la historia», Braunstein vio venir el caos: al empezar, Bill Harris era CEO; cuando le hicieron la oferta, Musk dirigía la empresa; y, apenas unas semanas después de su incorporación, Thiel sustituyó a Musk. Además, en este periodo el Nasdaq perdió más de un tercio de su valor.

Poco después de llegar, a Braunstein se le encomendó la tarea de montar la operativa europea de PayPal en Londres (y recibió pocas indicaciones al respecto). «Jamás había abierto una empresa en Europa —recuerda—. Tampoco sabía nada de *lobbies* ni de cuestiones legislativas». Al poco, empezó a comprender la magnitud del reto. «Las leyes bancarias europeas son arcaicas comparadas con las de Estados Unidos». Sandeep Lal, que acabó supervisando la expansión internacional de PayPal, va un paso más allá: «Los reguladores estadounidenses son bastante buenos en términos de innovación. Intentan que el tema no sea demasiado farragoso [...] pero ese no es el caso de Alemania ni de todos estos países europeos».

El problema no eran solo las normativas extranjeras, sino que PayPal aún no había dado con la tecnología necesaria para que funcionara el cambio de divisas. Desde finales del 99 hasta 2000, todas sus transacciones se llevaron a cabo en dólares. Al tiempo, un gran mercado internacional (Europa) acababa de iniciar una versión 2.0 de sus monedas nativas con la introducción del euro.

Para Musk, Thiel y otros ejecutivos de PayPal, las cosas siempre eran urgentes, incluida (y en especial) su campaña de difusión internacional. Braunstein acababa de llegar a Londres cuando Musk pasó por allí para dar una charla. Acordaron reunirse en la pequeña oficina de la capital británica. «Al cabo de una hora, ya me estaba interrogando sobre el entorno normativo —recuerda Braunstein—. Y yo le dije: "Elon, ¡llevo una semana aquí, literalmente!"».

Y es que, en el frente internacional, PayPal se sentía a la zaga desde el principio. Visa y MasterCard ya estaban presentes en los mercados extranjeros, y había otras empresas emergentes que se dedicaban al negocio de los pagos fuera de Estados Unidos. En marzo de 2000, eCash Technologies, con sede en Seattle, anunció su implantación en Alemania y el establecimiento de programas piloto en varias ciudades europeas y en Australia. El 25 de abril, un antiguo rival de PayPal, TeleBank, se declaró «el primer banco por Internet estadounidense que ofrece sus servicios en todo el mundo»

Entretanto, PayPal le daba vueltas a cómo proceder. Ya tenían suficientes dificultades para gestionar sus operaciones en Palo Alto, así que exportar ese caos al extranjero en forma de filiales planteaba nuevos problemas, incluso en relación con el código base. «Para localizar en cualquier idioma —me explicó un diseñador de experiencia de usuario que trabajó en la expansión de PayPal en Japón—, lo primero que suelen tener que hacer las empresas es extraer las cadenas localizables del código».

Como la expresión de los plurales y las unidades puede variar según el idioma, los programadores tienen que crear comandos en el idioma nativo para las bases de código locales. En el caso de PayPal, esto supuso un gran reto. «Cuando llegué, lo primero que vi fue que todas las cadenas localizables estaban insertadas en el código y escritas en *código Max*», recuerda el diseñador.

Al enfrentarse a problemas lingüísticos, normativos e incluso de símbolos monetarios, comprendieron que PayPal no podría trasladarse a otros países sin más. Habría que replicar grandes secciones de la web pieza por pieza, y todo ello mientras se atendía a las preocupaciones siempre urgentes de la web principal, en Estados Unidos.

■ ■ ■

Inicialmente, se decantaron por la estrategia más sencilla: PayPal permitiría a sus usuarios internacionales hacer transacciones con clientes estadounidenses, en dólares. A continuación, ampliaría la oferta a ciertos mercados vinculando tarjetas de crédito extranjeras a PayPal. Por último, buscaría empresas con las que asociarse en cada país para ofertar servicios locales, valiéndose de su ayuda para superar las barreras lingüísticas, las de conversión de divisas y las normativas.

Cuando se corrió la voz sobre las colaboraciones de PayPal, enseguida hubo interés. «No existe mucha innovación en el mundo de los pagos. Es algo que se mueve con lentitud —admitió Braunstein—. Así que, al aparecer PayPal, la gente se entusiasma (y se pone muy nerviosa)». Los ejecutivos financieros europeos temían perder el tren de la innovación. Si PayPal era el futuro, querían estar presentes desde el inicio.

Ese entusiasmo no se limitó a Europa. «Cuando aterrizaba en Taipéi, había gente esperándome con carteles que decían: "Bienvenido, señor Mark de PayPal" —recuerda Woolway—. Los inversores de allí nos adoraban [...] incluso después de la crisis. [...] Estaban encantados de que alguien de Silicon Valley fuera a Seúl o a Taipéi».

A finales de mayo de 2000, invitaron a PayPal a participar en el primer congreso sobre finanzas online del mundo. Este se celebró en Pekín, lo que supuso una tremenda muestra de aceptación. Copatrocinado por Lehman Brothers y el China Development Bank, contó con la presencia de las principales figuras de las finanzas chinas. Jack Selby viajó a Pekín para representar a PayPal y, una vez allí, compartió sus observaciones con sus colegas en un curioso correo electrónico dirigido a toda la empresa:

> Llegué a última hora de la noche del lunes, después de perder
> una conexión y de catorce horas de vuelo. El congreso empezó a

la mañana siguiente, y los más de 40 delegados estadounidenses y chinos nos sentamos en torno a una mesa equipada con auriculares y micrófonos (era como una sesión de la ONU en la que cada palabra se traducía del/al inglés y mandarín).

Después de la sesión de la mañana, me di cuenta de que habían concedido el espacio principal de la tarde para la banca online a otro grupo, el Security First Network Bank, «el primer banco por Internet del mundo». Así que acorralé al jefe de la oficina de Lehman en Pekín y le expliqué que: 1) SFNB es penoso; y, lo principal, 2) mi charla serían los quince minutos más apasionantes del congreso. Tuve que suplicarle, pero al final accedió a reducir el discurso del CEO del SFNB a la mitad y dejarme hablar a mí el resto del tiempo. El tipo del SFNB era muy elocuente, pero tenía muy poco que decir; salvo que, en efecto, el suyo había sido el primer banco del mundo por Internet. Sin embargo, X.com captó más clientes en sus primeras cuatro semanas que el SFNB en casi cinco años; un argumento tan atractivo no podía dejar de mencionarse.

Al principio, Selby no estaba seguro de si el público estaba «impresionado o no había entendido nada de lo que había dicho». Pero esa noche se sentó junto al vicegobernador del China Development Bank, que se explayó respecto a que su país necesitaba a PayPal. Luego le presentaron otros líderes de las finanzas chinas y, al día siguiente, el vicegobernador salpicó su propia presentación de referencias a PayPal, argumentando que las empresas chinas debían seguir su modelo.

Selby observó que incluso la cultura informal de las empresas emergentes estadounidenses era bien recibida. «Fui el único en los tres días de congreso que nunca llevó corbata —escribió—. ¡Y les pareció formidable!».

■ ■ ■

El modelo de filiales conjuntas de PayPal proporcionaba a los bancos y financieras del extranjero la oportunidad de invertir a cambio de una web con marca compartida. «En esencia, les vendíamos la exclusividad para que fueran nuestro socio en el ámbito local», me explicó Selby.

En los años siguientes, Jack Selby y sus colegas de desarrollo de negocio prácticamente vivieron fuera de casa. Pero, gracias a sus esfuerzos, se establecieron vínculos con Crédit Agricole en Francia, ING en Holanda y Development Bank Singapore, entre otros. Estas empresas se mostraron muy dispuestas a inyectar dinero en las arcas de PayPal a cambio de la prometedora oferta de ser su «marca blanca».

Sin embargo, esos PayPal de marca blanca tardaron en materializarse; y, en algunos casos, nunca lo hicieron. «El acuerdo con Crédit Agricole es un buen ejemplo —me contó Woolway—. Hicieron una inversión de 20 millones de dólares. [...] Querían lanzar PayPal France, pero nuestra principal motivación era obtener el dinero». Selby reconoce los retrasos que se produjeron con las marcas blancas, pero también señala que los bancos asociados se beneficiaron de sus inversiones, aunque no lo hicieran del lanzamiento de un PayPal propio. «Todos remábamos en la misma dirección y, en la medida en que tuviéramos éxito, ellos también lo tendrían —se justificó Selby—. Cuándo sucediera daba un poco igual».

Tanto Lal como Braunstein, Selby y otros tuvieron que ampliar los plazos para conseguir la suficiente actividad en productos internacionales y así mantener el empuje, pero sin distraer al equipo de su trabajo en Estados Unidos. Si la paciencia de un socio internacional se agotaba, a veces Lal se veía obligado a aceptar la dura realidad: PayPal seguía luchando por ganar a eBay, y su éxito «doméstico» era una condición previa para abrir sucursales internacionales.

«Una cosa que estaba muy clara para todos nosotros, incluso para mí —me dijo Lal—, era que la máxima prioridad era ganar en nuestro país. Si no lo hacíamos, era imposible que perdurara nada en el ámbito internacional».

Pese a la complejidad de los acuerdos en el extranjero, estas asociaciones ayudaron a reducir al mínimo las imitaciones «regionales»
de PayPal y, lo que es más importante, proporcionaron a la empresa
una fuente de efectivo en un momento crítico. Tales alianzas también
le permitieron apoyar su producto doméstico sin tener que contratar
personal ni abrir sucursales de PayPal en todo el mundo desde cero.

Tales movimientos en el extranjero, por muy incipientes que
resultaran, también fueron útiles en su pugna contra Billpoint. Por
ejemplo, permitir transacciones en dólares estadounidenses a clientes
de fuera del país fue un primer paso crucial. Los vendedores de eBay
en el extranjero querían entrar en el mercado estadounidense, pero
el movimiento de fondos entre fronteras conllevaba unas comisiones
considerables. «La única forma de recibir dinero hasta ese momento
era a través de remesas internacionales. Eran 25 dólares en Western
Union. Se iba a uno de estos bancos y se pagaban 25 dólares y enormes
tasas de cambio. Eso se carga al pequeño comercio», describió Lal.

Cuando PayPal empezó a permitir a los usuarios extranjeros
aceptar dólares estadounidenses abrió las puertas a los vendedores de
otros países. Lal recuerda un comercio de piedras preciosas de eBay,
cuya sede estaba en Tailandia (www.thaigem.com); este se convirtió
en el principal vendedor de PayPal en el extranjero durante un tiempo,
y terminó siendo un caso de estudio del negocio de PayPal fuera de
eBay. Calificándola de «historia de éxito del comercio electrónico», el
Weekly Pal publicó que la empresa «empezó con poco, apenas cinco
artículos en eBay, y es ahora el principal proveedor de piedras preciosas talladas de la plataforma». PayPal ingresaba unos 600.000 dólares
al mes con las transacciones de Thaigem, pero el verdadero golpe de
gracia fue la evolución del vendedor de gemas: «Han migrado el 95 %
de su negocio de Amazon y eBay a su propia web».

Con el tiempo, PayPal averiguó cómo lanzar productos localiza-
dos en el extranjero. Al principio, Braunstein y Lal se centraron en
Europa, por el programa de licencias de dinero electrónico del continente. «Si conseguías esa licencia —recuerda Lal—, podías usarla en

otro país de Europa. Así que la solicitabas en un país y una vez que la obtenías te daba derecho a operar en todos los demás, informando [a sus autoridades]». La empresa se centró en conseguirla en el Reino Unido (que contaba, según Lal, con «los legisladores más flexibles») y luego se valió de ella en otras jurisdicciones europeas.

Cuando sus productos de conversión de divisas empezaron a cobrar vida, la compañía regresó a su política de rigurosa simplicidad. Giacomo DiGrigoli, que trabajaba en productos internacionales, quería «empatizar» con los usuarios y mostrar toda la información posible sobre los tipos de cambio para que se sintieran cómodos. «Diseñamos una pantalla de pagos que era una puta pesadilla», me contó, detallando una compleja interfaz cargada de tipos de cambio locales entre otros montones de información relevante.

Benjamin Listwon, diseñador técnico, también se acuerda del enérgico debate que mantuvieron durante varias semanas acerca del diseño de esa página. «Parece que todas las empresas tecnológicas se enzarzan en nimiedades al tiempo que resuelven los mayores problemas del mundo».

Giacomo DiGrigoli nunca olvidará la dura respuesta de Sacks. «David le echó un vistazo y dijo: "No. Tiene que ser así de sencillo: alguien intenta comprar algo en eBay. Y tiene que enviarle a otra persona 80 euros. Debería haber un desplegable donde ponga '80' y el nombre de la moneda. Y luego, en la pantalla de permisos, puedes poner toda esta otra mierda de aquí. […] Hazlo así de sencillo, por favor"».

El 31 de octubre del año 2000, justo un año después de su lanzamiento en Estados Unidos, PayPal pasó a estar disponible para clientes de 26 países. Al principio, tales cuentas presentaban ciertas limitaciones: solo se podían hacer transacciones en dólares estadounidenses y enviar dinero a personas de sus propios países y a Estados Unidos. Pero existían, y generaban ingresos para la empresa, con una cuota de 0,30 dólares y un 2,6 % sobre cada pago.

A finales de 2001, las transacciones internacionales ya representaban casi el 15 % de los ingresos de la compañía, y el equipo iba viendo cómo los gráficos de usuarios y transacciones en el extranjero subían sin parar. Una vez que las basadas en el dólar se convirtieron en multidivisa, este crecimiento se aceleró, lo que allanó el camino para una expansión global que llevó a PayPal a operar en 200 países y con 25 divisas.

■ ■ ■

Pero no toda la salida hacia nuevos mercados sería tradicional, y PayPal no se lanzó de cabeza a todos los potencialmente lucrativos. Reid Hoffman recuerda a un vendedor que quería los servicios de PayPal para su negocio de marihuana. «Le dije: "Bueno, tengo que hablar con nuestros abogados"». Al final fue rechazado.

La pornografía también resultó un problema delicado; era la mayor fuente de tráfico de Internet con diferencia, pero varios trabajadores de PayPal querían que la empresa se mantuviera al margen. Thiel se sentó a dialogar con distintos grupos de empleados. Kim-Elisha Proctor era entonces relativamente nueva en la empresa, pero valora el hecho de que su CEO «escuchara mis preocupaciones y me explicara la decisión que se estaba tomando».

Al final, la directiva llegó a un acuerdo. «No buscaríamos de forma activa ese negocio —me explicó Sacks—, pero tampoco seríamos una especie de Inquisición para erradicarlo de nuestra gigantesca base de usuarios».

Por otra parte, un nuevo sector en claro desarrollo los puso en un aprieto legal: el 6 de julio de 2001, apareció en la portada del *New York Times* el logo de PayPal encima de la página de inicio de un servicio de apuestas. El titular del artículo rezaba: «Las empresas de Estados Unidos se benefician del aumento de las apuestas online».

Cuando la Red despegó, a finales de la década de los noventa, el mercado de los casinos online se disparó a la par. Apostar por Internet era ilegal en la mayor parte de Estados Unidos, pero la gente navegaba por páginas extranjeras, a menudo alojadas en Costa Rica o en el Caribe. A medida que este sector iba recaudando miles de millones,

surgió una serie de empresas estadounidenses para apoyarlo —dedicadas, por ejemplo, al diseño de programas de juegos de azar o a instalar vallas publicitarias de casinos en las carreteras del país—. Incluso
ciertas cibercompañías de renombre se unieron a la lista; sin ir más
lejos, mientras que Google y Yahoo! rechazaban los ingresos por publicidad de empresas de alcohol y tabaco, abrazaron las apuestas por
Internet. «El juego no es lo mismo para nosotros —se justificó un
ejecutivo de Google ante el *New York Times* en 2001—. Las leyes no
son concluyentes al respecto».

Por poco concluyentes que fueran las leyes, los resultados de la
proliferación de apuestas online sí lo eran, y cada vez más. «No haces
más que pulsar y pulsar y pulsar el botón —confesó una jugadora a un
periodista—. Era un estado total de euforia. Era como si la realidad no
existiera». Aquella jugadora perdió en un mes la mitad de lo que había
ganado trabajando en todo el año. Entonces, desesperada, se planteó
arrojarse con su coche al océano Pacífico.

En realidad, los casinos digitales funcionaban con una supervisión normativa bastante opaca. «No es solo el hecho de que la gente
pueda perder mucho dinero con unos pocos clics —me explicó
Woolway—. Es que no es un casino de Las Vegas, donde las máquinas
tragaperras son inspeccionadas por la Comisión del Juego de Nevada.
[…] El problema de estos casinos online es que estás jugando contra
máquinas de una empresa con sede en Aruba. […] ¿Cómo sabes cuáles son tus probabilidades reales de ganar?».

Muchos jugadores también se quejaban de interacciones sospechosas con las empresas de gestión de los casinos, sobre todo a la hora
de reclamar sus ganancias. Observaron que, si perdían, el dinero des-
aparecía con rapidez de su cuenta, con destino a la del casino; pero si
ganaban el casino solía retener el pago varios días, una forma como
otra cualquiera de incitarles a seguir jugando.

Por esta y otras razones, muchas instituciones financieras tradicionales de Estados Unidos evitaron prestar servicios a los casinos con
sede en paraísos fiscales. Pero eso dejó hueco para una empresa nueva

que necesitaba diversificar su base de clientes. «Nadie quería ocuparse de ello, así que nosotros entramos en escena y llenamos ese vacío», me contó Selby. En 2001, el equipo pudo conocer de primera mano la oscuridad de ese vacío, ya que varios miembros del personal se pasaron el año desplazándose a empresas que gestionaban casinos en islas cercanas a la costa de Estados Unidos.

■ ■ ■

En 1998 y 1999, algunas personas que habían perdido dinero haciendo apuestas online presentaron demandas contra las empresas de tarjetas de crédito. Una mujer de California, por ejemplo, demandó a MasterCard y Visa en un tribunal de distrito tras acumular una deuda de 70.000 dólares. Ganó y pudo renegociar la deuda. Pero, a raíz de ese caso y de otros similares, así como de la intensificación del escrutinio por parte de los medios de comunicación, Visa, MasterCard y American Express impusieron mayores restricciones a las webs de casinos ubicadas en paraísos fiscales.

Sin embargo, como PayPal había aprendido gracias a eBay, cualquier mercado despreciado por Visa, MasterCard y American Express podía ser una mina de oro. La compañía analizó al detalle los riesgos y las ventajas de prestar servicios a este tipo de empresas, y la junta directiva mantuvo un debate al respecto. Como miembro de los consejos de administración de Google y Yahoo!, Mike Moritz conocía las ventajas del sector, así que abogó por la involucración de PayPal. Era de la opinión de que, mientras la contribución del juego a sus ingresos fuera lo bastante baja, no saltarían las alarmas.

De todos modos, la entrada de PayPal en ese sector tampoco era nueva: ya había otra web que prestaba servicios de pago a casinos y empleaba los de X.com para completar las transacciones. «Esta empresa registró a todos los casinos que tenía en su web —recuerda Dan Madden, miembro del equipo de desarrollo de negocio encargado de ejecutar la llamada «estrategia Las Vegas»—. Así que dije: "Bueno, llamaré a todos esos casinos y les diré que pueden trabajar con nosotros"».

Tanto los casinos como PayPal sintieron que ganaban algo con el trato: los primeros, por tener una marca cada vez más reputada como proveedor de pagos; y PayPal, por cobrar una prima considerable por las transacciones de aquellos. Así comenzó una curiosa misión de prospección, para Madden y el equipo de desarrollo de negocio, que los llevó a la República Dominicana, Costa Rica, Antigua y Curazao, las paradisiacas sedes de algunas de estas empresas dedicadas al juego.

En realidad, el universo de las apuestas online se subdividía en dos: había, según Madden, casinos europeos legales que querían expandir su negocio en el Caribe; luego estaba el otro grupo, menos atractivo: las casas de apuestas con sede en Nueva York y Miami que deseaban trasladar a paraísos fiscales actividades que en Estados Unidos eran «complicadas» desde el punto de vista legal. «Era incómodo —me explicó Madden al recordar una reunión con el magnate de un casino en un paraíso fiscal—. Yo estaba sentado en aquella reunión y el tipo tenía una pistola encima de la mesa».

Aunque el juego llegó a representar solo una pequeña fracción, de apenas un dígito, en el volumen total de pagos de PayPal, los márgenes de beneficio alcanzaron el 20 y el 30 %, significativamente más altos que los que obtenían con los pagos ordinarios de las subastas.

Desde el principio, la compañía consideró el riesgo de este negocio como una cobertura contra uno mucho mayor: eBay. «Siempre estábamos buscando alternativas a eBay —recuerda Woolway—. Y el juego daba márgenes altos y crecía a toda velocidad. Por tanto, nosotros nos hallábamos en una posición perfecta para ser la solución evidente».

Sin embargo, a medida que PayPal se involucró en el juego online, fue sometida a un mayor escrutinio. Incluso se les citó a testificar en el Congreso, cosa que perjudicó a la compañía. Analistas del sector y grupos de presión de las asociaciones de tarjetas de crédito señalaban que, como PayPal era un intermediario de pagos (y no una empresa de tarjetas de crédito), daba a los casinos una cómoda cobertura para eludir la normativa sobre tarjetas de crédito.

Además, la expansión en este mercado, si bien era lucrativa, también expuso a PayPal a otro tipo de negocios que surgían en torno al juego. «Si tienes un casino en una ciudad —me explicó la analista de fraude Melanie Cervantes—, no es raro que haya un montón de delitos alrededor. [...] Pues lo mismo ocurre en Internet: cuando hay casinos, surgen otros fraudes por allí cerca».

Por supuesto, la falta de transparencia era difícil de ignorar. «Los casinos son una buena forma de enmascarar movimientos de dinero. [...] Si Vladimir le hace pagos de 5000 dólares a un tipo en Malta cada tres miércoles, y es algo bastante estructurado, tal vez esté haciendo "capas"», señaló Cervantes, en referencia a una etapa del proceso de blanqueo de dinero durante la cual los delincuentes añaden «capas» entre el origen de los fondos y su destino. «El blanqueo de capitales es ilegal. Encubre algunos delitos atroces del mundo real», añadió. Al explorar las redes del juego, descubrieron vínculos con todo tipo de actividades, desde tráfico de cocaína hasta contratación de sicarios o tráfico de armas, un vasto submundo digital que a partir de entonces PayPal tendría que recorrer y vigilar.

■ ■ ■

No obstante, a pesar de las complicaciones, la compañía se planteó dar pasos más serios en el negocio del juego, en forma de adquisición. En aquel momento, SureFire Commerce era el principal procesador de pagos del sector, con una cuota del 60 % de las transacciones de juego online.

Internamente, la investigación sobre SureFire recibió el nombre en clave de «Proyecto Zafiro», y la empresa se pasó varios meses llevando a cabo una diligencia debida y evaluando los riesgos. Recurrieron a PricewaterhouseCoopers para que hiciera el análisis, y los ejecutivos de ambas empresas se reunieron para someterse a mutuos interrogatorios sobre sus respectivos modelos de negocio.

Al profundizar en la actividad de SureFire, los ejecutivos de PayPal detectaron una señal de alarma: estaba jugando alegremente con los códigos que las asociaciones de tarjetas de crédito empleaban para las transacciones vinculadas al juego online. Y es que, con el fin de controlar mejor el sector, tales asociaciones habían implementado un código especial para este tipo de transacciones: el 7995. Si aparecía, serían objeto de una supervisión especial, y muchas de ellas serían rechazadas.

Pero, en lugar de utilizar el 7995, SureFire optó (con discreción) por otros códigos; por ejemplo, el 5999, que correspondía a «transacciones diversas por Internet». De este modo, el negocio seguía funcionando y limitaban la atención prestada por las empresas de tarjetas de crédito. Estos movimientos no eran en sí ilegales, pero constituían una inequívoca violación de las normas de procesamiento de dichas asociaciones.

Al final, PayPal detuvo sus negociaciones con SureFire Commerce, si bien el equipo supo aprovechar lo aprendido en beneficio propio. En esa época, julio y agosto de 2001, Visa y MasterCard empezaron a aplicar sus normas de forma más estricta, poniendo en el punto de mira a los procesadores de pagos que falseaban sus clasificaciones de codificación, entre ellos PayPal. Visa se había dado cuenta de que ciertas transacciones de casinos online en paraísos fiscales estaban codificadas de forma incorrecta, y PayPal recibió una severa notificación de requerimiento.

La compañía obedeció, cambiando sus prácticas de codificación, y luego dio un paso más, informando a Visa y MasterCard de que las infracciones de SureFire eran mucho más flagrantes y merecían un examen minucioso. Hizo falta valor. Al fin y al cabo, ambas empresas eran culpables de lo mismo. Pero en PayPal vieron una oportunidad: si SureFire sufría un golpe, ellos podrían ganar cuota de mercado en los casinos; y un viejo enemigo de PayPal, Visa, haría el trabajo sucio.

Tanto en sus coqueteos con SureFire Commerce como en sus disputas con eBay y su expansión en el extranjero, la empresa se mostró de lo más agresiva. Lo que empezó a base de pura inventiva tuvo que sobrevivir muchas veces tirando de un oportunismo feroz:

un producto de marca blanca que nunca se materializó, la prestación de servicios a entidades «dudosas» en el extranjero, la generación de impagos en eBay y el uso de las propias protestas de los usuarios del gigante de las subastas para afianzar los cambios.

En cada caso, tales prácticas poco ortodoxas tenían una razón de ser, una lógica de «el fin justifica los medios» que reflejaba la realidad de los escasos márgenes existentes en el negocio de los pagos. Por supuesto, la empresa no se saltó todas las reglas; tuvo buen cuidado de evitar lo que fuera ilegal (como pasó con aquel negocio de venta de marihuana), siguiendo lo que Thiel denominó regla de «nada de uniformes de presidiario». Pero cuando se trató de eludir las normas impuestas por los términos del servicio de Visa y MasterCard, por ejemplo, no hubo tantos reparos.

En gran parte esto se debía a los desalentadores datos que la directiva manejó durante años: la mayoría de sus pagos seguían procediendo de eBay, lo que dejaba a la empresa en una situación permanentemente inestable. Por ello, la apertura a otros mercados se convirtió en prioridad.

En una columna del boletín de la empresa, David Sacks expuso sus ideas acerca de esto: «En la práctica, PayPal solo puede entrar en un número muy limitado de mercados, porque los productos de pago tienen que estar hechos a medida de las necesidades de distintos tipos de clientes».

Sacks calculó que necesitarían tres meses de preparación antes del lanzamiento, y un agresivo esfuerzo de ventas y marketing posterior, para conquistar un nuevo mercado. Por tanto, siempre que fuera posible, PayPal exploraría mercados que «(1) fueran relativamente próximos al territorio actual en términos de funcionalidad; y (2) tuvieran una fuerte necesidad del servicio, porque las opciones existentes los infraatendieran».

Estos criterios llevaron a descartar posibles objetivos de expansión. Como cuando Sacks rechazó la propuesta de un trabajador que afirmaba que Pizza Hut o Amazon estaban listos para entrar. En opinión de Sacks, los minoristas *offline* suponían «una revolución (más que una evolución) respecto al punto en que PayPal se encuentra, y tampoco está claro que aportemos mucho más que las opciones existentes». También consideraba que la expansión a Amazon y a otros sitios similares era inviable por otra razón: el equipo conocía demasiado bien la frustración y las tensiones que supuso introducirse en el proceso de pago de eBay. Las páginas consolidadas «no están dispuestas a externalizar su línea de pago a PayPal», señaló.

En definitiva, PayPal sería selectiva con sus conquistas. «No lograremos dominar el mundo tirándonos de forma indiscriminada en paracaídas sobre tierras hostiles», concluyó Sacks.

20

PILLADOS POR SORPRESA

«Tendremos una oferta pública de venta termonuclear», declaró Musk en el verano de 2000. Sus trabajadores lo consideran uno de sus *muskismos* más memorables.

Pero el caso es que, un año después de la fundación de PayPal, los mercados acababan de sobrevivir a su propia explosión y se habían vuelto hostiles a las ofertas públicas de venta tecnológicas. Pets.com, respaldada por Amazon, fue buena prueba de ello: la publicitadísima empresa de alimentos para mascotas salió a bolsa en febrero de 2000, abriendo su actividad a once dólares por acción; más tarde, alcanzó un máximo de catorce dólares por acción. En noviembre, las acciones habían caído hasta los 19 centavos. Solo unos meses después de su salida a bolsa, tuvieron que cerrar. Y no fue la única: en el año 2000, las acciones de las ciberempresas perdieron de manera colectiva tres cuartas partes de su valor y llegaron a la pasmosa cifra de 2 billones de dólares de capitalización bursátil.

En medio de ese naufragio, PayPal exploró sus opciones de salir a bolsa. Thiel anunció un nuevo objetivo: alcanzar la rentabilidad en agosto de 2001. En realidad, este no era un requisito para entrar en el Nasdaq o en la Bolsa de Nueva York: en 2000, solo el 14 % de las empresas lograron ser rentables antes de su salida a bolsa. Sin embargo, dado el estado de ánimo a la baja del mercado sobre los valores tecnológicos, Thiel pensaba que la rentabilidad convencería a los escépticos.

Por lo tanto, persiguieron ese objetivo sin descanso; incluso se apretaron el cinturón allí donde más podía doler: con los tentempiés del equipo. En la primavera de 2001, el boletín de la empresa anunció lo impensable: a partir de ese momento, se iban a cobrar los refrescos y los aperitivos de las máquinas expendedoras. La cocina seguiría ofreciendo productos básicos, como la mantequilla de cacahuete y la leche, de forma gratuita, pero las comidas subvencionadas por la empresa se limitarían a tres bocadillos por semana. «Aunque al final estos pequeños sacrificios merecerán la pena», declaraban los redactores del boletín, con el estómago rugiendo de hambre.

La desaparición de los tentempiés gratuitos inspiró un acto de innovación rebelde. «Un par de chicos se juntaron y dijeron: "Bueno, qué demonios, si vamos a pagarlo, por lo menos que nos den lo que queremos" —recuerda Jim Kellas—. Así que diseñaron un cajón lleno de caramelos y demás golosinas. Y luego le pusieron un escáner que funcionaba con el código de barras que tenías en el reverso de tu tarjeta [de la empresa]. Lo pasabas por el escáner y se cargaba automáticamente en tu cuenta de PayPal». George Ishii, uno de los intrépidos fundadores de esta tienda interna, la llamó «Ishii Shou Ten», que en japonés significa «Tienda Ishii».

Además, para animar al equipo a alcanzar la rentabilidad, Thiel aceptó una apuesta: «Hay mucha gente aquí dispuesta a renunciar a muchas cosas para ayudar a la compañía a lograr el éxito —escribió Jennifer Kuo, autora del *Weekly Pal* de esa semana de mediados de abril de 2001—. Hemos renunciado al sueño, al tiempo libre, al ejercicio y al sol. Pero ahora nuestro CEO, Peter Thiel, ha aceptado asumir el sacrificio definitivo por el equipo. Si conseguimos ser rentables en agosto, ¡se teñirá el pelo de azul!».

■ ■ ■

Existen diversas razones por las que las empresas solicitan cotizar en la bolsa pública de valores. La primera es económica: al sacar al mercado una parte de sus acciones, pueden obtener capital de inversores institucionales, operadores minoristas y otros compradores en los mercados públicos. Para los fundadores de esas empresas y sus primeros trabajadores, que suelen tener acciones, tal proceso convierte el valor ficticio de tales acciones en dólares reales. Y para muchos de ellos es una oportunidad de salida tras el arduo trabajo de montar una empresa desde cero. Por otro lado, una oferta pública de venta permite determinar el valor de mercado de una compañía, basado en el precio que los accionistas públicos están dispuestos a pagar por cada acción. Por último, la repercusión mediática que rodea las salidas a bolsa puede ser un impulso para la marca, ya que la consolida en la mente del público.

En el caso de PayPal, tenía múltiples razones para salir a bolsa, pero la principal era la recaudación de fondos. Se había cerrado otra ronda de financiación de inversores internaciones, por un montante de 90 millones de dólares, en marzo de 2001, y la empresa estaba esforzándose mucho para ser rentable. Pero los fondos adicionales procedentes de una oferta pública de venta aportarían cobertura, sobre todo mientras iban gestionando con cuidado su dependencia de eBay, su tasa de fraude y sus frágiles relaciones con las compañías de tarjetas de crédito, entre otros riesgos.

Incluso en un mercado en auge, el proceso de salida a bolsa puede ser tenso y largo, ya que se suele prolongar entre tres meses y varios años. El papeleo es voluminoso y se necesitan muchos abogados. En el periodo previo a la OPI, la empresa se somete al escrutinio de bancos de inversión, auditores, legisladores, medios de comunicación y el público inversor. Además del coste en tiempo, una oferta pública de venta puede atraer querellas inoportunas y atención mediática no deseada, que tal vez ocasionen un daño irreparable. Además, a cambio de la posibilidad de recaudar fondos mediante la venta de acciones, se aceptan los estrictos requisitos de transparencia y regulación de la SEC. E incluso después de la salida a bolsa los trabajadores deben esperar a que finalice el «periodo de cierre» antes de vender sus acciones.

En julio de 2001, la misión de Mark Woolway dejó de ser recaudar fondos en el extranjero; a partir de entonces se dedicó a preparar la empresa para la maratón de la salida a bolsa. Como primer paso, ayudó a elegir un banco de inversión, decisión que era crucial, ya que este la guiaría a través del complejo entramado de riesgos del proceso y actuaría como «suscriptor», es decir, como intermediario entre la empresa que saca las acciones y los inversores que desean comprarlas. Sus responsables verificarían los requisitos para la cotización en bolsa, compartirían la información con los inversores, averiguarían cuál era la demanda potencial de sus acciones y fijarían el precio y el calendario de la oferta pública de venta para obtener la máxima repercusión.

El equipo se anotó un primer tanto cuando Morgan Stanley aceptó ser su principal suscriptor. Ese equipo, encabezado por su analista estrella, Mary Meeker, tenía una gran reputación en opciones públicas de venta tecnológicas, ya que había participado, entre otras, en la legendaria salida a bolsa de Netscape en 1995, considerado el pistoletazo de salida del boom de las puntocom. Ese mismo año, Meeker publicó el primer número de *Internet Trends*, su «estado de la nación» del mundo digital.

A mediados de agosto de 2001, PayPal comenzó el proceso de salida a bolsa preparando su S-1, un documento de varios cientos de páginas que debía presentarse a la SEC y en el que se detallaban la situación financiera, las operaciones, la historia y los aspectos legales de la empresa. El equipo de Morgan Stanley voló a Palo Alto para reunirse con ellos la última semana de agosto; entonces se comprometieron a llevar a cabo la oferta a finales de ese mismo año.

El 29 de agosto, Thiel notificó el periodo de cierre al personal y a los accionistas de PayPal, anunciando así que iniciaba su proceso de salida a bolsa. La nota contenía, además, una severa advertencia: debían tener cuidado con lo que compartían sobre la compañía a partir de ese momento. El *Weekly Pal* reiteró el mensaje, citando el famoso dicho de la Segunda Guerra Mundial: «¡Las lenguas largas hunden barcos!».

■ ■ ■

La salida a bolsa también ayudaría a fijar el precio de la empresa, cosa que —tal y como habían mostrado los múltiples intentos de adquisición— era difícil. «Necesitábamos salir a bolsa —admitió Jack Selby—. Podíamos hacerlo, dejar que el Nasdaq dijera lo que valíamos... y ya nos podían comprar».

Una vez iniciado el proceso, surgieron más pretendientes. Uno de ellos, CheckFree, empresa que trabajaba en la digitalización de facturas, se sintió especialmente atraído por el tamaño de PayPal, su ingente volumen de pagos y la fiabilidad que había logrado operando en una plataforma de terceros. «Las marcas de consumo son complicadas —señaló Pete Kight, fundador de CheckFree—, y, si hablamos de mover dinero, la confianza es muy difícil de generar».

A Kight le impresionó que PayPal hubiera logrado transformar el sistema de pagos de eBay (que no funcionaba) en un negocio en toda regla. «No pasa siempre que una solución encuentre el problema. A veces el problema encuentra la solución».

Kight conocía los deseos de PayPal de salir a bolsa, pero a Thiel le preocupaba la OPI. «[Thiel] no paraba de decir: "No quiero dirigir una empresa pública. No quiero ser un CEO público. Prefiero hacer otras cosas. No quiero salir a bolsa". Y me convenció. No pensé que fuera más complicado que eso», recuerda Kight.

Las dos empresas pronto se embarcaron en dos intentos de adquisición de CheckFree completos, con la diligencia debida. Pese a su entusiasmo por PayPal, en CheckFree sentían cierta preocupación por la dependencia de eBay, así como por el discurso ferozmente independiente de sus directivos. «Yo entré en el proceso pensando: "Estoy interesado, pero no pretendo derrocar al Gobierno ni nada por el estilo"», me contó Kight. Thiel trató de mitigar sus preocupaciones en varias conversaciones que mantuvieron en esa época.

Sin embargo, la principal inquietud de CheckFree era la dependencia de PayPal respecto a la red de asociaciones de tarjetas de crédito. A Kight le preocupaba que un solo cambio por parte de Visa o MasterCard pudiera acabar con PayPal. En ese caso, «habríamos comprado una empresa que no puede hacer lo que hace».

Al final, Kight decidió que CheckFree no podía seguir adelante. Hoy en día, se toma con buen humor el resultado: «Cuando la gente habla de la historia de CheckFree y me dicen: "Eres muy listo", yo les digo: "Bueno, si crees que soy tan listo, ¿cómo explicas que tuviera un par de oportunidades para comprar PayPal... y las rechazara?"».

■ ■ ■

El viernes 31 de agosto de 2001, PayPal registró su cliente número 10 millones. En las oficinas de Embarcadero 1840, un equipo ya entusiasmado con la inminente salida a bolsa lo celebró con cócteles margarita después del trabajo. Thiel envió un correo general en el que reflexionaba sobre el hito conseguido:

> Esta semana, PayPal ha registrado a su usuario número 10 millones. Tal vez se dé demasiada importancia a los números redondos. No obstante, ayudan un poco a poner las cosas en contexto:
>
> (1) 18 de noviembre de 1999: 1000 usuarios. Todavía no estamos seguros de si el producto va a despegar o si el número de usuarios simplemente se estancará tras el boom de interés inicial.
>
> (2) 28 de diciembre de 1999: 10.000 usuarios. PayPal está dando de alta a unos 500 usuarios al día y cada vez es más difícil enviar por correo (a mano) todos los sobres con los números de identificación de la gente. Aun así, parece que el ritmo de crecimiento aumenta día a día.
>
> (3) 2 de febrero de 2000: 100.000 usuarios. Definitivamente, el crecimiento parece exponencial. [...] Pero no tenemos ni idea de lo que vamos a hacer con estos usuarios. Nos empezamos a poner nerviosos por las bonificaciones de alta (20 dólares por persona) y sabemos que no pueden durar siempre. [...] Es evidente que el gasto también está creciendo de forma exponencial. [...] Otra empresa que está

al final de la calle (X.com) ofrece las mismas bonificaciones
y tememos arruinarnos por el camino. [Después de la fusión,
supimos que ellos también estaban algo asustados].

(4) 15 de abril de 2000: un millón de usuarios. Acabamos de
fusionar PayPal y X.com, y hemos recaudado 100 millones
de dólares como resultado de las altas tasas de crecimiento.
Ahora nos toca crear un negocio partiendo del capital,
el personal y la base de clientes disponibles. Robert
Simon, director general de dotBank, uno de los primeros
competidores adquiridos por Yahoo, y transformado en
PayDirect, apunta que la carrera de los pagos online la
ganará la primera empresa que llegue a la cifra de 5 millones
de usuarios.

Buen trabajo a todos.

Los «números redondos» servían para redactar una buena nota de
prensa. Vince Sollitto se trabajó a los periodistas para que cubrieran la
noticia, y PayPal difundió un comunicado. Sin embargo, entre los éxitos de agosto no figuró que Thiel se tiñera el pelo de azul: la empresa
no alcanzó la rentabilidad en el plazo que muchos esperaban.

■ ■ ■

Pese a las reservas de Thiel respecto a ser CEO de una empresa pública, quiso actuar con rapidez en la salida a bolsa. Para él y su directiva, el negocio de PayPal seguía estando plagado de riesgos. Así que,
además de otros beneficios, aquello los situaría en la misma liga que
eBay, demostrando así que PayPal no era solo un apéndice molesto del
que se podía prescindir con un mero un cambio de reglas.

No obstante, ese plan se topó con un obstáculo un lunes por la
tarde, en Nueva York. El equipo se había reunido con Morgan Stanley,
pero salieron frustrados de la reunión. Thiel informó de que los dos
analistas presentes no parecían saber mucho del negocio de PayPal;

de hecho, ni siquiera habían utilizado su servicio hasta ese momento. Peter consideró que sus preguntas («¿Cómo saca la gente dinero de PayPal?», «¿Cuánto cobra PayPal?»; «¿Cobra PayPal al remitente o al destinatario?») eran «mera rutina».

Además, el equipo de Morgan Stanley les dio malas noticias: ya no era posible salir a bolsa a finales de 2001. «Las razones —escribió Thiel en un email-resumen a Tim Hurd, miembro de la junta— se centraban en que sus analistas no estaban seguros de las perspectivas de PayPal y querían ver al menos dos trimestres de rentabilidad antes de seguir adelante». Morgan Stanley también les comunicó que tendrían que dejarles hacer un seguimiento de la empresa durante al menos medio año.

Thiel dedujo que PayPal había quedado atrapada en un fuego cruzado entre los banqueros de inversión de Morgan Stanley y sus analistas de valores. Los primeros —encargados de cerrar los acuerdos que ayudan a las empresas a obtener capital— habían traído a PayPal con entusiasmo; pero los analistas de renta variable —responsables del seguimiento de las acciones y de dar asesoramiento para la inversión basado en los datos— eran un poquito más suspicaces.

«Para que los analistas afirmen su "independencia" tienen que oponerse a los banqueros —informó Thiel a Hurd—. Irónicamente, esto ha supuesto que la única valoración "independiente" de PayPal dé como resultado la conclusión desinformada de que no es apta para salir a bolsa (ya que cualquier otro resultado de la valoración no hubiera parecido lo bastante "independiente"). Es lamentable que [Morgan Stanley] sea una institución tan fracturada que sus disputas internas acaben perjudicando a empresas como la nuestra».

«Este proceso nos ha pillado a todos por sorpresa», continuó Thiel. Le habían asegurado que los analistas de renta variable de Morgan Stanley apoyaban la salida a bolsa de PayPal, y asumió la culpa por «confiar en ellos en ese sentido. Mientras yo sea CEO de esta empresa, no volveremos a recurrir a ellos [a Morgan Stanley] en ninguna operación», concluyó. El equipo buscaría un nuevo suscriptor principal, lo que, sin duda, retrasaría la salida a bolsa.

A lo largo del proceso, el equipo expresó su frustración con el sector financiero en general. «Creo que [Peter] se decepcionó con estos banqueros de inversión —me comentó Rebecca Eisenberg, una de las principales asesoras de la empresa y de los administradores de la OPI—, porque son de una integridad pésima. [...] Pensaban que sabían cómo traducir PayPal a la SEC, pero ¿cómo traducir lo que ni siquiera entiendes? Y Peter tenía razón al tratar de mantenerlos al margen. Lo único que hicieron los banqueros de inversión fue entorpecer el éxito de PayPal».

En aquella reunión, al parecer, hubo un momento en que Thiel replicó a los banqueros; los miró y les dijo: «Espero que no vayamos a fingir que no opinamos cosas muy distintas sobre esta empresa». Al terminar, Thiel, Botha y Portnoy se dirigieron al aeropuerto en medio de un difícil trayecto debido al tráfico. «Lo único que quería era salir de la ciudad», confesó Thiel.

Pero fue más fácil decirlo que hacerlo, incluso una vez que llegaron al aeropuerto. Esa noche, Nueva York sufrió fuertes tormentas y el avión permaneció en la pista varias horas. Jason Portnoy y Roelof Botha tuvieron tiempo incluso de ver una película. Al final, con gran alivio, notaron que despegaban.

El equipo regresó al oeste en la noche del 10 de septiembre de 2001.

■ ■ ■

A la mañana siguiente, el vuelo 11 de American Airlines chocó contra la torre norte del World Trade Center.

La plantilla de PayPal se despertó en un país sumido en el caos. El ingeniero James Hogan recuerda ver caer en picado el tráfico de la web de PayPal: «Teníamos un monitor, en la pared de la sala de descanso, que mostraba el gráfico de uso de la página en tiempo real. Siempre presentaba más o menos la misma forma: subía durante el día y bajaba por la noche, un patrón tipo montaña rusa. Ese día, simplemente, se desplomó. Fue una señal de que el mundo estaba cambiando».

El trabajo de preparación para la salida a bolsa que había asumido Mark Woolway se detuvo. Los atentados habían reducido a escombros a más de una empresa de servicios financieros, y paralizaron los mercados durante días. En la oficina vieron las noticias con horror. Algunos estaban demasiado conmocionados para seguir trabajando, y los responsables de PayPal dejaron claro que cualquiera que quisiera volver a casa podía hacerlo. Otros, sin embargo, hallaron en su labor profesional una oportuna distracción de la tragedia. «Estaba soltero, vivía solo y mi existencia entera era el trabajo —recuerda Hogan—. Mi vida social y mi comunidad eran mis colegas. Así que estuvo bien estar con otras personas y procesar juntos lo que estaba pasando».

Giacomo DiGrigoli era neoyorquino y se había trasladado al oeste. Para él, el 11 de septiembre fue como un tiro en el estómago. Más tarde se enteró de que dos amigos de la universidad y uno del instituto habían muerto en los atentados. Rebecca Eisenberg, del equipo jurídico de PayPal, había estado en la costa este con su marido y tenía previsto volar de vuelta el 11 de septiembre; pero cambiaron sus planes y regresaron a casa un día antes. Su reserva original era para el vuelo 93, que tenía previsto viajar del Aeropuerto Internacional de Newark al de San Francisco: el fatídico avión que se estrelló en un campo de Pensilvania cuando los pasajeros se enfrentaron a los secuestradores.

Los miembros de PayPal que trabajaban en el extranjero vivieron aquel momento de una forma diferente. Jack Selby estaba destinado en Londres junto con Scott Braunstein, y habían quedado para comer en un restaurante italiano; se dejaron los teléfonos en la oficina.

Al volver, Braunstein vio a alguien histérico en la acera. «Cruzaba la calle diciendo: "¡Tienen los aviones en el aire! ¡Han secuestrado cinco aviones!"». Ambos pusieron las noticias en un televisor que tenían en un cuartito bajo las escaleras de su edificio de oficinas. «No nos lo podíamos creer», admitió Braunstein.

Cuando volvieron a la oficina, tenían docenas de llamadas y mensajes. «La gente me decía: "Lo siento mucho", como si yo fuera el representante de Estados Unidos allí —recuerda Braunstein—. Recibí un montón de mensajes muy sentidos de colegas de otras empresas y de amigos. *Nos solidarizamos. Esto es horrible.* Ese tipo de cosas».

■ ■ ■

El número del *Weekly Pal* del 14 de septiembre fue una especie de catálogo de la conmoción, el dolor y la ira de los trabajadores. «Perdí a alguien en uno de los aviones (no era un amigo íntimo, pero sí el mejor amigo de un amigo mío), y es una sensación estremecedora», escribió un gestor de cuentas. «Me sentí muy muy ultrajado y luego muy muy vulnerable», dijo otro. «Estoy un poco paranoica. Como si algo igual de horrible me pudiera pasar a mí» señaló una tercera.

El viernes 14, Peter Thiel envió su propia reflexión por email a toda la empresa:

Esta última semana ha sido muy dura. Al igual que mucha gente en todo el país, el equipo de PayPal se ha visto afectado por el peor ataque en territorio estadounidense desde la Segunda Guerra Mundial. Hemos intentado ser valientes, diciendo que continuaremos como hasta ahora. Pero sabemos que algunas cosas han cambiado de una manera que quizás aún no podamos comprender.

Esto se me hizo evidente en una reunión en el centro de San Francisco el jueves por la mañana: no pude aparcar en el garaje del edificio (porque los encargados no dejaban hacerlo a nadie que no trabajara allí); cuando por fin encontré otro aparcamiento y llegué a la entrada, la gente salía en tropel. Alguien dijo que había habido una amenaza de bomba. Casi de inmediato se comprobó que era mentira; pero algunas personas habían entrado en pánico y todo se había desbordado. De forma similar, he notado en los

últimos días más nerviosos a algunos trabajadores de nuestra
oficina de Palo Alto, y pido a los presentes que muestren un
poco más de sensibilidad en las próximas semanas, mientras
superamos juntos esta crisis.

¿Y qué hay de los terroristas, que creen que el único camino hacia
la libertad pasa por la locura y el asesinato? Tal vez sea un error
describirlos como «islámicos», porque eso haría parecer que
son «algo», cuando lo que los define es una suerte de negación
nihilista de sus enemigos: la globalización, el capitalismo, el
mundo moderno, Occidente en general y Estados Unidos en
particular. Creo que la salida a esta locura implica una afirmación
de lo mejor del mundo capitalista moderno occidental: la creencia
en la dignidad y el valor de cada vida humana (con independencia
de su origen o sus características personales) y la esperanza
asociada de que pueda construirse una comunidad mundial
pacífica en torno al libre intercambio de ideas, servicios y bienes.

Porque creo que los terroristas no solo eran malvados y
dementes, sino también estúpidos. No se puede detener el
comercio mundial volando un gran edificio, aunque se llame World
Trade Center. Para cargarse al Occidente capitalista moderno
habría que destruir mucho más: la red mundial de comunicaciones
y toda la infraestructura del comercio global. Habría que cerrar
Internet y PayPal, y todo lo que esta empresa intenta construir. Por
eso el ataque al World Trade Center iba dirigido en cierto modo
a nosotros, aunque los terroristas nunca hubieran oído hablar de
PayPal.

Me alegro de que todo nuestro personal esté a salvo y se
encuentre bien; y también sus familiares. Hemos hecho un trabajo
impresionante al desplegar algunos de nuestros recursos, por
pocos que sean, para ayudar a los damnificados: en el momento

de escribir este artículo, 22.238 miembros de la comunidad de
PayPal han donado un total de 829.423 dólares al Fondo Nacional
de Ayuda para Desastres de la Cruz Roja Estadounidense.

Nuestros pensamientos y oraciones están con las víctimas de
esta violencia sin sentido en Nueva York y Washington, y en todo
el mundo.

■ ■ ■

Como muchas otras empresas, PayPal lanzó una iniciativa solidaria tras los atentados. «Llegué a la oficina, y lo único en lo que pensaba todo el mundo era: "De acuerdo, ¿cómo ayudamos?"», recuerda Vivien Go.

Thiel hizo hincapié en la urgencia de poner en marcha la operación de ayuda. «Peter fue muy inteligente en ese aspecto —me dijo Go—. Sabía que la gente sería caritativa solo durante el impacto inicial. En las semanas siguientes, esa conmoción disminuiría... y se cansarían de tanta petición de ayuda, de solidaridad, etc. Teníamos que actuar lo más pronto posible tras los acontecimientos». Denise Aptekar, por su parte, cuenta que su colega Nora Grasham se puso en marcha esa misma mañana para impulsar la campaña de donaciones.

Los elementos básicos empezaron a funcionar la noche del 11 de septiembre. La empresa se apresuró a crear la cuenta relief@paypal. com, en la que se aceptaban donaciones que se derivarían a la Cruz Roja. Además, PayPal añadió un botón de donación a su web y creó los botones *Web Accept*, que los usuarios podían integrar en sus propias webs y en las páginas de subastas. Al día siguiente, 2400 personas habían donado ya un total de 110.000 dólares.

El esfuerzo de PayPal fue similar al de Yahoo! y Amazon, y en los medios de comunicación se habló de las tres empresas y sus programas de donaciones. Vince Sollitto calificó la respuesta de la compañía de «lógica», y se comprometió a mantener el programa el tiempo necesario. El 15 de septiembre, las donaciones a la Cruz Roja a través de PayPal superaban ya el millón de dólares. El 13 de noviembre, en la sede de la Cruz Roja de Bay Area, Thiel entregó un enorme cheque por un importe de 2,35 millones de dólares a Harold Brooks, CEO de esa delegación de la Cruz Roja de Estados Unidos.

El deseo de hacer el bien del equipo se incrementó por sus ansias de ganar. Por ejemplo, un ingeniero se percató de que Amazon había creado una página de acceso que explicaba mejor su labor de donación, y sugirió que PayPal hiciera lo mismo. El equipo se apresuró a efectuar las modificaciones pertinentes y desplegar los cambios para estar a la altura de sus rivales, incluso en una labor como esa, de recaudación de fondos para las víctimas.

La compañía también se mantuvo atenta a la respuesta frente al desastre de su antiguo rival, eBay. Y es que el gigante de las subastas había tenido ciertos problemas: algunos vendedores subieron artículos de mal gusto relacionados con Osama bin Laden y el World Trade Center, como postales, camisetas y periódicos. Otro puso en venta lo que, según él, era un trozo de hormigón chamuscado de los edificios, y algunos intentaron colocar vídeos caseros de las torres ardiendo y cayendo. El 12 de septiembre, eBay anunció la prohibición de ese tipo de subastas.

La plataforma organizó su propio plan de ayuda, cosa que les causó no pocos dolores de cabeza. Respondiendo a un llamamiento del gobernador de Nueva York, George Pataki, y del alcalde, Rudy Giuliani, eBay lanzó la «Subasta por Estados Unidos», un ambicioso programa para recaudar cien millones de dólares en cien días a través de su comunidad. Los vendedores subirían artículos cuyo valor se donaría a la beneficencia, y eBay distribuiría los ingresos entre siete fundaciones distintas.

El anuncio causó un gran revuelo y eBay contó con la colaboración de varios socios de renombre. El creador de *La guerra de las galaxias*, George Lucas, donó material de las películas para la iniciativa, y el presentador Jay Leno cedió una valiosa Harley-Davidson. Todos y cada uno de los miembros del Congreso firmaron una bandera para la subasta, y 38 gobernadores estatales hicieron también sus donaciones, entre ellas la de una colcha del gobernador de Virginia Occidental, o una semana con los gastos pagados en Hawái (a cargo de su gobernador).

En definitiva, eBay había lanzado la Subasta por Estados Unidos con buenas intenciones, pero aun así se alzaron ciertas voces de protesta. Por un lado, los vendedores estaban molestos, porque eBay perjudicaba sus ventas al contraponer las subastas benéficas a las tradicionales. Otro punto de discordia era que eBay había repercutido los gastos de envío de las subastas benéficas a los vendedores, no a los compradores. «Parece que seamos unos desagradecidos por no querer participar —se quejaba entonces un vendedor a CNET—. Y no se trata de eso, ni de que no nos importe o no queramos donar, sino de que eBay nos la ha jugado».

La Subasta por Estados Unidos también exigía a los usuarios que pagaran con Billpoint, dejando fuera, una vez más, a PayPal. eBay argumentó que esta política garantizaba una contabilización adecuada y la transferencia correcta de las cantidades recaudadas a las organizaciones benéficas. Pero los vendedores sostenían que la plataforma estaba sirviéndose de la iniciativa como tapadera para incrementar las altas en Billpoint. La prensa también metió baza, dando así a PayPal la oportunidad de atacar a eBay. «Un representante de PayPal declaró el lunes a CNET News.com que renunciaría a sus tarifas si se le permitiera participar en la subasta de eBay», informó esta cadena.

Entre bastidores, PayPal pasó a la ofensiva. Reid Hoffman envió un extenso correo a Rob Chestnut, abogado de eBay: «Te escribo para expresar de manera formal mi decepción por el hecho de que eBay haya optado por explotar los recientes acontecimientos trágicos para potenciar de un modo artificial la posición competitiva de "eBay Payments" (también conocido como Billpoint). Al obligar a todos los vendedores que deseen participar en la Subasta por Estados Unidos a registrarse en cuentas de eBay Payments se está privando a las víctimas de este ataque de una importante ayuda».

Hoffman señaló que la mayoría de los vendedores se negaban a aceptar Billpoint y argumentó que eBay se arriesgaba a perder parte de las ayudas por su «animadversión anticompetitiva». «Si el objetivo fuera en realidad recaudar fondos para paliar esta tragedia —añadió—, se habría invitado a PayPal a participar de forma activa y se nos habría indicado cómo ayudar para que tuviera éxito. En su lugar, cualquier análisis razonable sugiere que eBay se limita a seguir explotando su cuota de mercado mediante el uso de publicidad falsa y la coacción para conseguir que sus vendedores acepten Billpoint».

Además, mientras acusaban a eBay de aprovechar una crisis de semejantes dimensiones para copar el mercado de los pagos, PayPal añadió tal disputa a su creciente expediente antimonopolio.

■ ■ ▦

El 11 de septiembre tuvo efectos directos sobre las operaciones de la empresa. Por ejemplo, a Nick DeNicholas lo habían contratado como vicepresidente de desarrollo de software, y tenía que desplazarse de Los Ángeles a Bay Area. Sus colegas recuerdan que tras los atentados dimitió, alegando el estrés que le causaban los viajes en ese momento y el tiempo que debía pasar lejos de su familia.

John Kothanek, por su parte, puntualiza que varias agencias gubernamentales «de tres letras» se interesaron de pronto por el trabajo de PayPal. «Tras el 11 de septiembre [...] el Gobierno (solo diré "el Gobierno") acudió a nosotros y nos dijo: "No entendemos cómo se mueve el dinero por el mundo de forma electrónica". Porque seguían siendo gente analógica, por así decirlo. [...] Y nos preguntaron si les podíamos ayudar».

Luego estaba el asunto de la salida a bolsa de PayPal. Las bolsas de valores cerraron del 11 al 17 de septiembre, el cierre más largo desde 1933. Cuando los mercados reabrieron, se desplomaron más de un 7 %; y, tras cinco días de negociación, se esfumó más de un billón de dólares de capitalización bursátil. Ni una sola empresa salió a bolsa en septiembre de 2001: fue el primer mes sin una oferta pública de venta desde finales de los años setenta.

Incluso antes de los atentados la salida a bolsa de PayPal parecía incierta, pues se iba a producir tras una oleada de fracasos de las puntocom. También había varios escándalos contables notorios en el aire. Sin ir más lejos, en el año 2000 Xerox admitió haber declarado 1500 millones de dólares de ingresos que en realidad no poseía. En octubre del año siguiente se supo que la empresa estadounidense Enron, dedicada a la energía y las materias primas, había cometido un asombroso fraude que incluía el soborno a varios gobiernos extranjeros y la manipulación de los mercados energéticos en al menos dos estados de los Estados Unidos. En diciembre, Martha Stewart se vio envuelta en su propio escándalo de fraude de valores. En resumen, cada semana parecía traer consigo irregularidades de proporciones multimillonarias.

En medio de esta vorágine entró en juego PayPal. Pese a un ambiente tan movido, la compañía siguió tanteando su salida a bolsa. Después de dejar Morgan Stanley, la directiva eligió a Salomon Smith Barney para llevar a cabo la OPI. Los banqueros de SSB aconsejaron posponerla hasta 2002, pero Thiel exigió que se hiciera antes. «Cuanto más tardemos en salir a bolsa, peor será para nosotros», explicó Selby.

Aun con las reticencias de los banqueros, Thiel tenía varias razones para presentar la oferta pública de venta de PayPal con celeridad. En primer lugar, sabía que el proceso sería largo. «¿Quién sabe dónde estará el mundo dentro de tres meses? Así que vamos a empezar», pensaba.

En la universidad, Thiel se había empapado de la obra de René Girard, un teórico de la literatura y filósofo francés del ámbito de las ciencias sociales, conocido sobre todo por acuñar el concepto de «deseo mimético». «El hombre es una criatura que no sabe qué desear y se fija en los demás para decidirse —escribió Girard—. Deseamos lo que otros desean porque imitamos sus deseos». Él postulaba que esa imitación podía producir rivalidades y conflictos, y que había que estar alerta al respecto.

El interés de Thiel por Girard le llevó a menudo a hacer «zig» donde otros hacían «zag», un instinto que orientó la presentación de la OPI. «Si estás en un mundo en el que nadie sale a bolsa, quizá, paradójicamente, *es* el momento de salir a bolsa. Porque, ¿sabes?, es una contraposición positiva frente al caos... o algo así», me explicó Thiel.

Pero aquello no fue solo un triunfo de la lógica girardiana; Thiel admitió que la rivalidad, el conflicto y la emoción también jugaron un papel clave: «Tenía un punto de orgullo, ¿sabes? Si los banqueros pensaban que no estábamos preparados, entonces sería más importante que nunca hacerlo. Era una especie de enfrentamiento entre Wall Street y Silicon Valley, y había una parte de mí en la que, desde un punto de vista emocional, notaba que los bancos de Wall Street se mostraban especialmente negativos porque estábamos invadiendo su terreno».

Thiel reflexionó muchos años después de la salida a bolsa y reconoció que esos razonamientos se habían beneficiado de la perspectiva que da el paso del tiempo. Como racionalista feroz, también se vio obligado a reírse de aquellos sentimientos. «Aspiro a no ser tan competitivo, pero no siempre lo consigo. No creo que sea emocionalmente sano serlo tanto, pero esta es la explicación más sincera que puedo dar al respecto».

■ ■ ■

El 28 de septiembre de 2001, la prensa financiera dio la noticia: PayPal había presentado sus documentos de registro S-1 y saldría a bolsa con la etiqueta PYPL. «PayPal Inc. Se ha presentado en la SEC para recaudar hasta 80,5 millones de dólares —anunció la *CNN*—, haciendo así que sus planes para una oferta pública inicial sean una rareza en un mercado, por lo demás, vacío de OPI».

No obstante, esa atención no fue positiva para PayPal. La *CNN* señaló que la compañía no tenía ninguna relación contractual con la fuente de donde procedía la mayoría de sus usuarios (eBay), y que esta podía «restringir el uso de la publicidad de PayPal u obligar a sus vendedores a utilizar eBay Online Payments» en cualquier momento. Peor aún: «PayPal todavía no es rentable», añadía el artículo. Reuters calificó a PayPal de «servicio de pago online popular, pero que pierde dinero». Associated Press señaló que solo otras tres empresas tecnológicas habían salido a bolsa en 2001, y que la última en hacerlo, Loudcloud Inc, comenzó a cotizar a 6 dólares por acción, pero que para entonces ya cotizaba a unos paupérrimos 1,12 dólares. El *Wall Street Journal* afirmó que el mercado de las ofertas públicas de venta era «gélido». Por su parte, un destacado servicio de noticias en Internet, *Scripting News*, enlazó el comentario del periodista John Robb: «Hablando de un mal momento para presentar una oferta pública de venta…».

Surgieron, no obstante, opiniones que compensaban tales críticas, aunque incluso quienes apoyaban a PayPal admitían que quizá no fuera el mejor momento:

En general, la mayoría de los observadores pasivos (es decir, la prensa) se muestran reacios al respecto [de PayPal]. De hecho, esta semana nos entrevistó una relevante publicación estadounidense y no pudimos decir nada sobre las economías de escala impulsadas por la demanda ni de la propuesta de valor inherente de PayPal; en cambio, nos pidieron que opináramos sobre las pérdidas contables y la probable participación de PayPal en la industria del juego y para adultos. En resumen, quizá se trata de una empresa a la que a la prensa (e incluso al público) le encanta odiar.

El autor de este artículo, Gary Craft, de FinancialDNA.com, atribuyó buena parte de esa mala prensa a que el «equipo directivo de esta empresa viene de fuera, no de dentro» de los servicios financieros.

Una crítica que irritó a Thiel en especial fue la titulada «Asuntos de Estado. Tierra a Palo Alto». «¿Qué haría usted con una empresa de tres años de antigüedad que nunca ha obtenido beneficios, que va camino de perder 250 millones de dólares y cuyos archivos recientes de la SEC advierten de que sus servicios podrían estar siendo utilizados para el blanqueo de dinero y el fraude financiero? —preguntaba el autor—. Cualquier gestor o inversor de capital riesgo que estuviera detrás de PayPal en Palo Alto la sacaría a bolsa». Además, atribuía la propuesta de salida a bolsa de PayPal a una «supervisión veterana» insuficiente y concluía que el mundo necesitaba ese movimiento «tanto como una epidemia de ántrax».

A Thiel le enfureció la cobertura que habían dado a la noticia los medios de comunicación. «Aquello cabreó mucho a Peter —recuerda el ingeniero Russ Simmons—. Soltó un discurso delante de toda la empresa diciendo que eran idiotas y que íbamos a demostrar que estaban equivocados. Pocas veces lo he visto tan encendido».

21

PROSCRITOS

Thiel se había librado de vivir un mes septiembre con melena azul, pero por poco: a finales de 2001, el esfuerzo por ser rentables dio sus frutos. Todos los meses del cuarto trimestre se obtuvieron beneficios, aunque solo excluyendo el coste de distribuir acciones entre la plantilla y la «amortización del fondo de comercio» de la fusión entre Confinity y X.com.*

Que estos costes deban o no tenerse en cuenta para determinar la rentabilidad de una empresa era entonces un debate candente en los círculos contables. Aun así, al menos desde cierto punto de vista, PayPal podía considerarse una compañía con beneficios.

Thiel explicó la estructura financiera de la empresa en una nota enviada a todo el equipo en septiembre de 2001: «Tenemos unos costes fijos altos, otros costes variables bajos y unos ingresos variables altos. Cuantos más pagos fluyan a través de la red de PayPal, más rentable será la empresa. El reto para todos los que trabajáis en producto,

---

* En términos contables, el «fondo de comercio» es la estimación del valor de los activos intangibles (valor de marca, formación, lealtad del personal, etc.). Es especialmente relevante en el contexto de una transacción financiera (como la fusión entre Confinity y X.com), para la que tales activos intangibles deben valorarse con propósitos contables. En 2001 se requirió a las empresas que «amortizaran» estos costes en un plazo determinado, cosa que redujo su rentabilidad.

marketing, ventas y desarrollo de negocio es hacer que PayPal incremente aún más su volumen. Si somos capaces de mantener nuestras tasas de crecimiento dos trimestres más, estaremos en una forma espectacular».

Incluso el porcentaje de pagos efectuados a través de eBay dio un giro esperanzador a finales de 2001. Miles de webs de pequeñas empresas ya habían adoptado PayPal como servicio, y un tercio de las transacciones de la compañía procedía de otras ajenas a eBay. Tal crecimiento mitigó, pues, de forma considerable el riesgo asociado a eBay y apuntaba a un futuro con ingresos más equilibrados.

Incluso el momento de la salida a bolsa (que desconcertó a algunos analistas y observadores externos) acabó jugando a favor de PayPal. La compañía presentó su S-1 ante la SEC solo 17 días después del 11 de septiembre, cuando el mercado bursátil se estaba desplomando a unos mínimos no vistos desde hacía trece años. Pero para cuando la salida a bolsa estaba ya en el horizonte, el mercado de valores se había recuperado casi un 30 %. Como Thiel había insistido en continuar y presentar la oferta justo después de aquella catástrofe, PayPal era una de las pocas empresas listas para salir a bolsa a principios de 2002; por tanto, medios de comunicación e inversores volcaron su atención en ella.

En 2004, Thiel admitió que dicha atención era un arma de doble filo: «Pensé que [la salida a bolsa] era una decisión genial, porque nadie más lo estaba haciendo. El desafortunado inconveniente fue que nos sometieron a un escrutinio mucho mayor del que hubiéramos sufrido en otras circunstancias». De hecho, eso estuvo a punto de echar por tierra la salida a bolsa de PayPal.

■ ▦ ■

El equipo fijó una fecha provisional, el 6 de febrero de 2002, y continuó con los preparativos a buen ritmo. Con los escándalos económicos ocupando los titulares, ese proceso tendría que soportar un examen más riguroso de lo habitual. El personal de PricewaterhouseCoopers acampó en una de las salas de conferencias para analizar al milímetro los libros de contabilidad de PayPal.

También las operaciones de la empresa fueron sometidas a un control más estricto. A finales de 2001, por ejemplo, se había anunciado que amigos y familiares de los trabajadores podían registrarse para comprar acciones, algo que en sí no es extraño para una compañía que está a punto de salir a bolsa. Sin embargo, PayPal dio una vuelta de tuerca: decidieron utilizar su propio servicio de pagos para vender esas acciones, con la esperanza de que la medida suscitara cierta cobertura de los medios.

No obstante, a principios de enero de 2002 hubo que recular. «Los participantes que movieron dinero a PayPal para pagar sus participaciones —se comunicó al personal en un correo electrónico— deben volver a sacarlo lo antes posible».

Cuanto más se acercaba la fecha de la salida a bolsa, más precavida se mostraba la compañía. «Solo recuerdo el estrés y la presión de pensar: "Tenemos que mantener la web en marcha. Ya sabes, no introducir nada en el código que sea demasiado nuevo o que haga que se caiga la página"», recuerda Kim-Elisha Proctor. Durante algún tiempo, las pantallas de la oficina habían mostrado el número total de usuarios, el número de usuarios activos, las tasas de crecimiento y el volumen de transacciones, entre otros datos. En ese momento la información se limitaba a las estadísticas de usuarios. Del mismo modo, los informes diarios y semanales que elaboraba el equipo de Roelof Botha para distribuirlos libremente ahora solo llegaban a manos del equipo directivo.

Mark Sullivan —que en esos momentos era el vicepresidente del departamento de relaciones con los inversores— reiteró que necesitaban guardar silencio sobre todo lo que tuviera que ver con la empresa, incluso con su círculo más íntimo. «Las preguntas pueden parecer de lo más inocentes —señaló en un correo dirigido a todo el equipo—, pero conllevar nefastas consecuencias si revelamos algo que no sea ya de conocimiento público». Y es que la empresa tenía que protegerse tanto de la divulgación involuntaria de secretos como de las posibles denuncias por empleo de información privilegiada.

Pero, a pesar de haber cerrado puertas y ventanas, las viejas costumbres son difíciles de erradicar. A Janet He le llegó su oferta de empleo justo antes de la salida a bolsa, y recuerda que el responsable de contratación, Tim Wenzel, la apremió para que aceptara y se incorporara de inmediato, aunque eso implicara no cumplir con las dos semanas de preaviso que le exigían en su otro trabajo. «[Wenzel] dijo: "Será mejor que empieces el lunes. Me da igual que hagas dos trabajos a la vez"». Lo que él quería era que He se beneficiara de los precios previos a la OPI. «Fue muy amable por su parte», recuerda ella entre risas.

■■■

En los meses previos a una OPI, los banqueros que la suscriben organizan una gira para despertar el interés de los inversores institucionales. En el caso de PayPal, Jack Selby fue uno de los ejecutivos que viajó por todo el mundo para explicar en qué consistía esa empresa.

Casi de inmediato se topó con las consecuencias de los fracasos de las puntocom, que habían tenido lugar el año anterior. «Los tipos del otro lado de la mesa [...] decían: "Ya hemos visto esto antes. Estamos muy quemados. Y no vamos a volver a invertir en disparates"». Como empresa, PayPal no se ajustaba bien a las categorías con las que los inversores estaban familiarizados. «Aquellos tipos no habían visto nunca un negocio como el nuestro. ¿Éramos una empresa de tecnología financiera? ¿Una compañía tecnológica? ¿Una de servicios? Como híbrido, era difícil entender dónde encajábamos, y esos tipos eran muy rígidos».

Otra de las preocupaciones tenía que ver con la relativa juventud del equipo. Como parte de la presentación del S-1, las empresas deben aportar los nombres y las edades de sus directivas. En PayPal, la edad media de sus ejecutivos no llegaba a los 30 años. Y los suscriptores decían: «Deberíais tener ejecutivos más experimentados. No podemos presentarnos con esto ante nuestros clientes —recuerda Woolway—.

Pero nosotros nos mantuvimos firmes: "No. Este es el equipo que tenemos"». No obstante, entendía la difícil situación de los banqueros.
«El trabajo de los suscriptores es contraargumentar todas estas cosas.
Deben vender las acciones, así que hacen lo que tengan que hacer para
que sea más fácil».

Los meses previos a la salida a bolsa son un momento de gran
vulnerabilidad para cualquier empresa. Las acciones legales contra
ella exigen volver a presentar la documentación de la SEC, lo cual es
a veces un proceso costoso y engorroso, y puede conllevar un escrutinio mediático no deseado. La competencia y otros actores suelen
aprovechar este periodo de exposición para presentar demandas. «La
oferta pública de venta es un buen momento [para demandar] porque
es muy delicado, así que sueles estar dispuesto a extender un cheque y
que desaparezcan», me explicó Thiel.

El lunes 4 de febrero, PayPal recibió su primera demanda por parte
de CertCo, una empresa emergente de criptografía financiera con sede
en Nueva York y casi en bancarrota; alegaba que el «sistema de pagos
y transacciones electrónicas» de PayPal infringía la patente estadounidense número 6.029.150, propiedad de CertCo, y solicitaba ir a juicio
con jurado y el pago de «daños y perjuicios no especificados».

Nadie en PayPal había oído hablar de CertCo. No lo consideraban
un competidor y nunca, que ellos supieran, habían robado una idea o
un fragmento de código de sus productos. Aun así, Levchin llamó a su
asesor técnico, Dan Boneh, y juntos pasaron la noche estudiando los
detalles de la reclamación.

CertCo había presentado la patente en cuestión en 1996, dos años
antes de la fundación de Fieldlink, la empresa de seguridad móvil que
acabó siendo PayPal. Concedida en febrero de 2000, dicha patente
describía un sistema de pago en el que un grupo de clientes envía
dinero a un comerciante a través de «un agente». El cliente tiene un
canal de comunicación con el agente; el comerciante también. La solicitud de patente indicaba cómo utilizar claves para asegurar los flujos
de información del cliente al agente, de este al comerciante y viceversa.

Lo cierto es que, a grandes rasgos, aquello podía parecer un esbozo de lo que llegó a ser PayPal. Pero, dicho esto, la patente de CertCo describía un proceso no muy distinto del de muchos otros sistemas de pago online, incluidos varios previos a PayPal. Desde un punto de vista técnico, Visa, MasterCard, la mayoría de los bancos y casi todas las empresas emergentes de pago online o de dinero digital también entraban en conflicto con la patente de CertCo.

La demanda podía considerarse ejemplo de un problema más amplio: la tendencia de la Oficina de Patentes y Marcas de Estados Unidos a aprobar solicitudes demasiado genéricas, que planteaban ideas en lugar de inventos. Las críticas a esta práctica resultaron especialmente feroces en los círculos tecnológicos. En un caso famoso de finales de los noventa, se le concedió a Amazon una patente para hacer pedidos con un solo clic, cosa que utilizó para demandar a Barnes & Noble, que era competencia suya. El caso estuvo en los tribunales varios años, hasta que en 2002 se llegó a un acuerdo.

Tanto la demanda de Amazon como la propia patente recibieron numerosas críticas, entre ellas la del pionero de la tecnología Tim O'Reilly, que había popularizado términos como «código abierto» y «Web 2.0». «Patentes como la suya —señaló O'Reilly en una carta abierta a Jeff Bezos— son el primer paso para desvirtuar la Red, para elevar las barreras de entrada no solo a sus competidores, sino también a los innovadores tecnológicos que, de otro modo, podrían aportar grandes ideas que usted podría utilizar en su negocio». O'Reilly atribuía las decisiones de la Oficina de Patentes a su falta de conocimiento de la tecnología digital.

La demanda de CertCo contra PayPal era, pues, análoga a otras muchas: constituía el ejercicio de una patente demasiado amplia que nunca debería haberse concedido. Y el momento que eligió CertCo, por supuesto, llevaba a pensar que actuaron con mala fe. Esa compañía no había emprendido ninguna acción legal contra PayPal ni sus predecesoras en ningún momento entre finales de 1998 y 2001. «La infracción de patentes tiene más bien que ver con la extorsión —explicó

Levchin—. Vienen y te dicen: "Miren, tenemos una patente. Y ustedes tienen un producto. Un millón de dólares. Nosotros no tenemos dinero. O nos lo entregan o les dejaremos secos en los tribunales"». Tim Hurd, miembro del consejo de administración, describió la situación con CertCo mediante una frase más subida de tono: «Aquello era una gilipollez absoluta».

La directiva de PayPal también estaba furiosa, y optaron por no pactar con CertCo. «Peter dijo: "¡Desde luego que no! No vamos a pagarles a esta gente ni un centavo"», recuerda Hurd. Esto se debió, en parte, a que CertCo había presentado directamente la demanda, en lugar de plantear la opción de llegar a un acuerdo. Y, una vez demandados, PayPal no tenía ningún incentivo para llegar a un acuerdo. Chris Ferro, uno de sus abogados, se acuerda muy bien del ácido comentario de Thiel al respecto: «Es como si le pegan un tiro al rehén y luego mandan la nota de rescate».

Bromas aparte, se contrató a un bufete de abogados para hacer frente a la demanda; el lunes 11 de febrero, la empresa ya había presentado su respuesta. Sin embargo, el daño estaba hecho: aquello les obligó a volver a presentar su documentación ante la SEC, lo que retrasó la salida a bolsa una semana entera. Thiel estaba furioso. «Una de las reuniones más exaltadas en las que he estado —recuerda Ferro— fue una llamada telefónica con CertCo, justo cuando se aplazaba la salida a bolsa. Peter estaba fuera de sí y apenas podía mantener la compostura. Yo también estaba cabreado, pero me di cuenta de que, con independencia de lo que me importara a mí, significaba mucho más para ese tipo que se había dejado la piel en ello los últimos cuatro años».

En sus documentos S-1 originales, una empresa debe enumerar sus riesgos como negocio. PayPal ya había incluido su alto volumen de pagos en subastas, los nuevos competidores que parecían brotar como setas todos los días y sus más de 200 millones de dólares en pérdidas desde su fundación hasta finales de 2001. Pero ahora había que añadir la demanda de CertCo.

La historia de esta demanda y el consiguiente retraso de la salida a bolsa de PayPal tuvieron un gran eco en la prensa. «En un mercado tan deprimido [para las acciones tecnológicas], retrasar la salida a bolsa supone una verdadera mancha. Es algo muy negativo», afirmó un analista de mercados a *Forbes*.

■ ■ ■

El 7 de febrero, PayPal supo que era objeto de otra demanda. Esta vez el demandante era Lew Payne Publishing, Inc. (LPPI), una empresa de pagos online para webs de contenido adulto. Acusaba a PayPal de incumplimiento de contrato, apropiación indebida de secretos comerciales y tergiversación intencionada. Según los términos de su demanda, le había propuesto a PayPal asociarse para combinar el procesamiento de pagos de esta con su propio servicio de facturación recurrente. Entonces PayPal se retractó y se introdujo en el mercado de la pornografía por su cuenta. Por tanto, LPPI presentaba una demanda por pérdida de ingresos, además de por daños y perjuicios.

No obstante, también en este caso la cronología lo ponía en duda: la demanda se presentó en septiembre de 2001, justo cuando PayPal acababa de anunciar sus planes de salir a bolsa, pero no se le notificó hasta el 7 de febrero de 2002, cuando la salida a bolsa era inminente.

Pronto llegó un tercer dolor de cabeza legal: Tumbleweed Communications acusó a PayPal de infringir otra patente con los enlaces utilizados por la empresa en sus correos electrónicos a los usuarios. Por supuesto, PayPal era solo uno de los miles de servicios que insertaban enlaces en sus correos. Aquel era otro ejemplo de un sistema de patentes que no funcionaba correctamente.

Pero, a diferencia de las dos demandas anteriores, con Tumbleweed PayPal halló una escapatoria: la empresa se limitó a notificarles que se estaba preparando para demandar; es decir, no había presentado la demanda de forma oficial. Por tanto, sin llegar aún a los tribunales, PayPal no tenía obligación de enmendar su presentación ante la SEC, por lo que decidió postergar el asunto de Tumbleweed hasta después de la salida a bolsa.

Thiel envió a Hurd para que se ocupara de esa crisis. Tumbleweed había contratado a un bufete de abogados en Boston, y Hurd tenía previsto desplazarse allí para asistir a un funeral. Si Tumbleweed no había presentado la demanda al final del día, la oferta pública de venta de PayPal quedaría asegurada. Por tanto, Hurd se encargaría de mantenerlos ocupados hasta las 5 de la tarde. «Esa era mi única misión: solo tenía que ir allí y actuar como si estuviera negociando. [...] Lo que se me ocurriera para mantener a aquel tipo en la sala cuatro horas», recuerda Hurd.

Al final abandonó las oficinas a las 17:15. Lo había conseguido.

■ ■ ■

Aunque con una intención distinta a la de los demandantes que pretendían llegar a un acuerdo, la SEC también había estado examinando de cerca la OPI de PayPal (según ellos, quizá demasiado de cerca). «Tuvimos mala suerte en el sorteo [de la SEC]. Nos tocó una pajita muy corta», dijo Thiel con posterioridad en un acto público en Stanford. «Nos asignaron al único [evaluador de la SEC] que estaba ideológicamente en contra de las empresas. Pensaba que todas las compañías de Estados Unidos estaban dirigidas por delincuentes y que su trabajo como regulador de la SEC era impedir que jamás salieran a bolsa». Woolway coincide al recordar la reacción de los abogados de la empresa: «En cuanto nos asignaron el evaluador, nuestros abogados dijeron: "Oh, mierda, nos ha tocado uno malo"».

Fuera o no difícil aquella situación, el caso es que PayPal había optado por salir a bolsa tras el colapso de las puntocom, los atentados del 11 de septiembre y una oleada de irregularidades financieras. Quizá el intenso escrutinio de la SEC reflejara el contexto más que un problema con PayPal en particular, aunque la agencia habría estado en su derecho de prodigar una atención especial a una puntocom cuyas pérdidas acumuladas superaban los 200 millones de dólares.

Lo cierto es que la SEC se ensañó con PayPal en un sentido, alegando que habían violado el periodo de silencio de la OPI, que se extiende desde que los suscriptores presentan el registro de la oferta hasta varias semanas después de que las acciones empiecen a cotizar. En ese lapso, la compañía tiene prohibido hablar con la prensa o divulgar información que no esté incluida en sus documentos de registro. Los periodos de silencio existen para evitar el uso de información privilegiada, pero también hacen que las gestiones cotidianas de una empresa sean más engorrosas.

La SEC señaló que PayPal habría pagado honorarios a la empresa de investigación de mercados Gartner, que había publicado un informe el 4 de febrero en el que mostraba que se había convertido en el servicio de pago de persona a persona más fiable de la Red. El comunicado de prensa destacaba los puntos fuertes de PayPal: «El 33 % de los ciberconsumidores encuestados consideran que PayPal es un proveedor de servicios de pago de gran confianza —decía la encuesta—. El siguiente más fiable, Billpoint, se considera de gran confianza solo para el 21 % de las personas encuestadas».

La SEC no estaba de acuerdo con que se informara a PayPal de los resultados de esa investigación antes de que se hicieran públicos. En realidad, no dijeron que aquello *fuera* una violación de las normas, solo que *podría serlo*. Pero, en cualquier caso, PayPal se vio obligada a añadir una frase a la lista de riesgos en su documento S-1: «Si los contactos recientes de uno de nuestros trabajadores con el autor de la noticia sobre una investigación de mercados publicada por un tercero se consideraran una violación de la Ley de Valores de 1933, se nos podría exigir que recompráramos los valores que se vendieron en esta oferta».

Entre la fecha de presentación de la OPI de PayPal y la salida a bolsa propiamente dicha, la compañía revisó y volvió a presentar su expediente a la SEC ocho veces, el doble de las revisiones que hizo eBay antes de salir a bolsa. Aquel excepcional escrutinio era un signo de los tiempos, es verdad, pero al no haber hecho nunca antes una

OPI la mayor parte de la directiva lo tomó como algo habitual. «Todo el proceso fue largo y problemático. Pero tampoco contaba con ningún marco de referencia sobre cómo debería haber ido», recuerda Woolway.

■ ■ ■

Junto a los reguladores de la SEC, eBay fue otra entidad que prestó mucha atención a la salida a bolsa de PayPal. Y es que algo así amenazaba su posición en el mercado, ya que una cotización en bolsa confiere a cualquier empresa mayor credibilidad y una vía para recaudar más fondos. Por tanto, a eBay le resultaría cada vez más difícil presentar a PayPal como un incordio con mala reputación; tras la OPI, pasaría a estar regulada por la SEC, como ellos mismos.

A PayPal también le preocupaba eBay. «Íbamos a salir a bolsa y un montón de gente llamaría a eBay —me explicó Hoffman— y allí les dirían: "Oh, creemos que PayPal es un castillo de naipes. Vamos a echarlos de nuestra plataforma lo antes posible"». Según Hoffman, los inversores públicos tienen fama de aversión al riesgo. De modo que, si eBay los intoxicaba, la emisión de acciones de PayPal podría fracasar.

Además, con el periodo de silencio que se cerniría sobre la empresa a principios de 2002, no podrían decir nada para defenderse públicamente, así que Hoffman y el resto de la directiva idearon otra forma de callar a eBay. Él recuerda que pensó: «Si están en negociaciones para comprarnos y si dicen algo al mercado, estarán incumpliendo la responsabilidad fiduciaria». Así pues, el equipo directivo y la junta de PayPal decidieron iniciar otra ronda de negociaciones de adquisición con eBay, simplemente para cerrarles el pico.

De todos modos, Hoffman seguía siendo consciente de la posibilidad de una futura adquisición por parte de eBay y, por tanto, no quería cerrarse puertas: «Estaba convencido de que nos iban a comprar en algún momento. Así que necesitábamos que fuera un proceso muy limpio, en el que no se sintieran maltratados si no se llegaba a buen puerto, y que nos permitiera volver a negociar una tercera vez».

En enero de 2002, Hoffman y Thiel se dirigieron a la junta de PayPal para que fijara un precio de venta de la empresa, lo bastante alto como para obtener una buena rentabilidad, pero no tanto como para que los directivos de eBay se opusieran de inmediato. Se propusieron mil millones de dólares. PayPal esperaba que su OPI tuviera un precio de entre 700 y 900 millones; y esa oferta de mil millones incluía la prima que podía esperarse para un aspirante a comprador.

Hoffman se acercó, pues, a eBay con la oferta. Ellos respondieron con varias contraofertas, pero se mantuvo firme. «Tengo órdenes de vender la empresa por mil millones de dólares —recuerda haberles dicho—. No voy a negociar». Y, por supuesto, cada día de «no negociar» le valió a PayPal como un día más de silencio de eBay mientras su salida a bolsa llegaba a buen término.

eBay, por su parte, era consciente de que adquirir PayPal antes de su salida a bolsa podría resultar inteligente desde el punto de vista económico, así que volvió con una última oferta de 850 millones de dólares. Hoffman les respondió: «Si lo que me estás diciendo es que tu última oferta es de 850 millones, puedo llevarlo a la junta. Pero solo para que quede claro: tengo órdenes de vender por mil millones. Si me hicieras una oferta por ese importe, seríais de inmediato los dueños de la empresa».

Al parecer, a la CEO de eBay, Meg Whitman, le frustró que PayPal no quisiera ceder, y se quejó a Hoffman: eBay había mostrado buena fe al incrementar su oferta, pero PayPal no había respondido de la misma manera. «Creo que pensó que íbamos a aceptar los 850 millones. No se dio cuenta de que mi principal objetivo era mantenerlos callados, no vender la empresa», me relató Hoffman.

Si Whitman hubiera ofrecido mil millones en los primeros meses de 2002, Hoffman lo habría llevado a la junta y, según él, tal vez hubieran aceptado. «En parte, lo que le exigí a la junta fue que no hubiera marcha atrás. Si regreso con mil millones de dólares en efectivo, lo haremos. Si no, nos van a odiar».

Hoffman alargó el periodo de negociación todo lo posible y rechazó la oferta de eBay pocos días antes de la salida a bolsa de PayPal.

Llegado el momento, llamó a Whitman para decirle que la junta directiva no estaba dispuesta a aceptar menos de mil millones de dólares. Whitman le preguntó cuál sería la respuesta de PayPal si llegaban a esa cantidad. Cuando faltaban ya pocos días para la salida a bolsa, Hoffman le contestó con evasivas: podrían volver a tratar el tema después de la OPI.

En esa época, a principios de 2002, se publicaron numerosos artículos sobre la inminente salida a bolsa de PayPal. Además, la peculiaridad de una empresa de pagos a punto de salir a bolsa y «anidada» en la plataforma de otra compañía le valió a eBay una mención en cada uno de ellos. Sin embargo, la cúpula de esta no se pronunció públicamente sobre PayPal.

■ ■ ■

El jueves 7 de febrero de 2002 surgió otra crisis más. El estado de Luisiana informó a PayPal de que, con efecto inmediato, se le prohibiría hacer negocios allí.

PayPal había estado operando en Luisiana y en otros estados sin licencia estatal para la transmisión de dinero; esta es una autorización para enviar dinero a otros bancos del estado. La situación se debía, sobre todo, a que PayPal siempre había insistido en que no era un banco. «Una y otra vez se plantea la cuestión de qué es un banco —me explicó Thiel—. En esencia, es una entidad que se dedica a los préstamos fraccionados y que está respaldada por el Sistema de la Reserva Federal». Las regulaciones bancarias fueron diseñadas para proteger a los consumidores de los riesgos de colapso de los bancos debidos a esos préstamos fraccionados. Pero, puesto que PayPal no daba préstamos fraccionados, en su opinión no era un banco y no debía ser regulada como tal.

Por supuesto, este discurso beneficiaba a PayPal: ser un banco implicaba someterse a la misma regulación que ellos. Y sus críticos (entre los que destacaban algunos gigantes de la banca tradicional) no aceptaron esa autodefinición. En su opinión, PayPal aceptaba depósitos, emitía tarjetas de débito, guardaba dinero y pagaba intereses; por tanto, la ley debía tratarla como un banco en todo menos en el nombre, incluida la exigencia de licencias para la transmisión de dinero.

PayPal se las había arreglado para esquivar el problema porque la aplicación de tales licencias variaba mucho según el estado. Y en Luisiana no se habían molestado en comprobar la situación de la licencia de PayPal antes de la atención mediática que precedió a su salida a bolsa. Pero el periodista Robert Barker, de *BusinessWeek*, se puso en contacto con las agencias financieras de California, Nueva York, Idaho y Luisiana para obtener declaraciones que, según Thiel, llegaron a la SEC, y fue esta la que envió una notificación al estado de Luisiana. «No vemos con buenos ojos a nadie que retenga fondos para un cliente», declaró a Barker Gary Newport, consejero general de la Oficina de Instituciones Financieras de Luisiana. «Hasta que no lo hayamos resuelto [nuestras preocupaciones], PayPal ha recibido instrucciones de no operar». Las autoridades de California y Nueva York también informaron a la compañía de que sus licencias para la transmisión de dinero eran objeto de investigación. Una vez más, PayPal tuvo que volver a presentar sus documentos S-1 ante la SEC.

Aunque Luisiana solo representaba una pequeña parte de los usuarios de PayPal (unos 100.000 de un total de varios millones), se temía que un cabo suelto pudiera desatar todo el entramado normativo. «Es evidente que nadie quiere que este tipo de datos negativos salgan a la luz en un mercado en el que el pánico campa a sus anchas —declaró un analista de IPO.com—. Es difícil decir qué pasará ahora. Todo va a depender de la fortaleza de los inversores que ya tenían concertados para la OPI».

PayPal anunció públicamente que se reservaría «el derecho a impugnar la orden [de Luisiana] a través del proceso administrativo correspondiente». En privado, el equipo recorrió el estado buscando a un regulador comprensivo, un proceso que se hizo más difícil porque la acción de Luisiana contra PayPal se produjo en medio de los preparativos para su celebración anual del Mardi Gras. Aun así, Thiel y compañía localizaron a un comisionado bancario del estado para defender su caso.

Argumentaron que 100.000 habitantes de Luisiana dependían de PayPal y que si el estado cerraba el servicio esos electores podían culpar al funcionariado. Thiel recuerda haberles dicho: «¿De verdad quieren enfrentarse a toda esa gente que, al fin y al cabo, vota en las elecciones de Luisiana?». «Y [el comisario] estuvo de acuerdo en que sí, tal vez Luisiana no deseaba esa fama de estado atrasado y constituir una excepción», me contó Thiel. Poco después, PayPal volvió a hacer negocios en el «estado pelícano».

Según otros miembros del equipo, es probable que este movimiento salvara la OPI. «De no haber sido así… habríamos tenido que posponer la presentación —me dijo Selby—. Fue algo bastante heroico, un punto de esos que te hacen ganar el partido». Mientras el equipo responsable solucionaba el problema de Luisiana, Thiel los presionó para que contactaran con funcionarios de California, Nueva York e Idaho, y así evitar que otros estados siguieran el mismo ejemplo y complicaran los procedimientos de la OPI.

■ ■ ■

En resumen, desde mediados de enero hasta principios de febrero, PayPal se enfrentó a dos litigios, a la amenaza de un tercero, a la prohibición de Luisiana, a las solicitudes de licencia de California y Nueva York, al revuelo de la encuesta de Gartner y a un montón de inversores escépticos. Tales dificultades retrasaron la salida a bolsa del 6 al 15 de febrero, y algunos miembros del equipo empezaron a preguntarse si la OPI se llevaría finalmente a cabo. Al propio Thiel le preocupaba que cualquier otro sobresalto fuera demasiado. En aquella ocasión les dijo a sus colegas: «Mi sensación es que este proceso no aguantará una sorpresa más; se vendrá todo abajo».

Thiel, por lo tanto, presionó al equipo y a la entidad suscriptora para que completaran los procedimientos con rapidez, incluso aunque eso implicara fijar el precio de las acciones por debajo de lo esperado.

En un principio, los banqueros de PayPal preveían que los 5,4 millones de acciones que la empresa iba a sacar a los mercados públicos se venderían por entre 12 y 15 dólares cada una, lo que supondría una recaudación de 81 millones, tirando por lo alto. Thiel les comunicó que aceptaría un precio inferior con tal de completar la OPI cuanto antes.

En aquel momento, la incertidumbre se apoderó de la compañía. Se extendieron diversos rumores sobre otros posibles problemas legales, e incluso acerca de la cancelación de la OPI. Además, al haber invitado a amigos y familiares a participar, el personal debía enfrentarse a las preocupaciones de aquellos. En Nueva York, Ken Howery, Roelof Botha, Jack Selby y otros trabajaban a marchas forzadas con los banqueros para actualizar los documentos y calmar la ansiedad de los inversores institucionales. Mientras, en Palo Alto, unos cuantos se pasaron varias noches en vela para hacer frente a los litigios sobre las patentes y pulir el papeleo de la OPI.

«Estuvimos así de cerca de no conseguirlo», me dijo Hurd haciendo un elocuente gesto de pellizcar con los dedos.

■ ■ ■

En la noche del jueves 14 de febrero de 2002, Associated Press publicó por primera vez la noticia de que PayPal había fijado el precio de su OPI en 13 dólares por acción, y que cotizaría en el mercado Nasdaq al día siguiente.

Igual que con la cobertura mediática previa sobre la OPI, la historia de aquella última noche no fue exactamente la de un debut brillante. «No puedo evitar pensar que la empresa se está buscando problemas —señaló David Menlow, presidente de IPOFinancial. com, web dedicada al seguimiento de las salidas a bolsa—. ¿Por qué iba la gente a lanzarse a comprar una acción como esta, cuando hay tantas posibilidades de que cierren el servicio?». En su día, Menlow había incluido a PayPal entre las ofertas públicas de venta más prometedoras del trimestre, pero hacía poco la había recalificado como «arriesgada», tras el torrente de noticias negativas. Otra analista del sector se mostró «desconcertada» por la decisión de PayPal de salir a bolsa. «¿Por qué querrían ponerle precio a esta emisión, cuando todo el mundo siente que la cosa puede terminar mal?», se preguntó.

Mucha gente recuerda la sensación premonitoria de ese lapso de 16 horas, y el temor que cundió en la oficina. Para los trabajadores de PayPal con pareja, aquella noche de San Valentín fue especialmente complicada; muchos se debatían entre asistir a las cenas románticas planificadas desde hacía tiempo o reunirse con sus colegas en la oficina para ultimar, nerviosos, los detalles de la oferta pública de venta.

■ ■ ■

Tras la apertura del Nasdaq en la mañana del viernes 15 de febrero de 2002, los 5,4 millones de acciones de PayPal se pusieron a la venta para los inversores públicos. Con un precio inicial de 13 dólares por acción, se dispararon a 18 dólares en cuestión de minutos. PYPL llegó a cotizar a 22,44 $ el primer día, y cerró a 20,09 $, lo que supuso un aumento del 55 %, la mejor apertura de una oferta pública de venta en lo que iba de año.

«Golpeada y maltratada por una semana de malas noticias —publicó el *E-commerce Times*—, la empresa de pagos online PayPal (PYPL en el Nasdaq) ha conseguido, a trancas y barrancas, ser el centro de las miradas de Wall Street; se ha convertido en la primera OPI de una empresa de Internet en casi un año». Al final, eran buenas noticias, y el jefe de relaciones públicas de PayPal, Vince Sollitto, no contuvo su alivio: «Me siento como un tanque. Nos han lanzado de todo», admitió a mediodía, en declaraciones a una publicación especializada en tarjetas de crédito.

Los trabajadores de PayPal llamaron, felices, a sus familiares; cuando el equipo llegó a la oficina de Palo Alto a primera hora de la mañana, el entusiasmo era evidente. «En ese momento, la salida a bolsa era la cumbre más alta a la que uno podía llegar. Y éramos una empresa lo bastante pequeña para que, al conseguirlo después de todo lo ocurrido, en cierto modo sintieras que eras tú quien había llegado a la cima», recuerda el ingeniero Santosh Janardhan.

Durante las salidas a bolsa de eBay y Amazon se advirtió al personal que no se obsesionara con el precio de las acciones. En el caso de PayPal, sus directivos no intentaron mantener esa ficción, sino que difundieron la cifra en las pantallas en las que solían aparecer los datos de usuarios. «Todo el mundo miraba el teletipo cada tres minutos, o cada tres segundos», me comentó, divertido, Scott Braunstein.

Por la tarde, la canción de Barenaked Ladies «If I had a million dollars» empezó a sonar por toda la oficina: era la señal de que la fiesta podía empezar. Amy Rowe Klement recuerda que pensó: «Un momento, ¿no vamos a trabajar en todo el día? ¿Es posible? ¡Te puedes hacer una idea de la banda sonora que sonaba en mi cabeza!».

Para gran parte de los fundadores y primeros trabajadores de una pequeña empresa emergente que ahora cotizaba en bolsa, aquel fue un momento clave. «Miles de horas de trabajo… y ahora sabes que el mundo se da cuenta de que has triunfado —me comentó Erik Klein—. Uno ve su sueldo, pero no ningún resultado tangible del trabajo que ha hecho en esos años. No hasta ese momento, cuando te llega todo de golpe. Hasta ese día no es más que papel mojado». A lo largo de aquella jornada, varias personas lloraron de felicidad y de alivio.

James Hogan, uno de los ingenieros pioneros de Confinity, describió el día de la salida a bolsa como algo «que iba más allá que un "¡lo hemos conseguido!"; más que una sensación de logro compartido, […] no era solo el hecho de ganar una batalla de David contra Goliat».

Para él, representaba «una reivindicación de […] la cultura y los valores con los que funcionábamos». Tras una larga pausa, Hogan destacó «la sensación de confianza, que en parte parecía radicar en que todo el mundo estaba dispuesto a evaluar las ideas sobre la base de lo que iba a funcionar. Fuimos capaces de encontrar tal armonía de valores que superamos muchas tonterías. Pudimos crear grandes cosas y disfrutar del proceso, trabajando juntos cada día, en lugar de sentirnos aislados y estresados en nuestro cubículo».

John Kothanek, por su parte, recuerda que al mirar entre la multitud en el aparcamiento veía las partes que conformaban el todo: «Todavía no éramos una gran empresa. ¿Sabes?, como mucho allí había un par de cientos de personas. Podías mirar a la gente y decir: "Sé lo que ha hecho ese tío para que hayamos llegado hasta aquí. Y lo que ha hecho esa mujer. Sé lo que él, y ella, y ella, y él... han hecho para que llegáramos a este punto". Me sentía muy orgulloso de todo el mundo».

■ ▨ ■

Más tarde, Max Levchin calificaría aquel como «el día más feliz de mi vida»; sus colegas recuerdan que su habitualmente estoico director de tecnología se dejó llevar por las emociones. Se pasó el día de juerga, como se aprecia en una foto en la que ensarta una piñata verde con forma de símbolo del dólar con una enorme espada de plástico. «Teniendo en cuenta que estoy haciendo esto después de pimplarme una botella de champán, es bastante sorprendente que tenga tanta puntería», escribió a pie de foto, en su web.

De todos modos, en comparación con los fiestones de las puntocom de finales de los noventa, la celebración de la salida a bolsa de PayPal resultó insulsa. Se celebró en el aparcamiento de las oficinas de Embarcadero 1840, y no hubo grandes actuaciones musicales, elaboradas esculturas de hielo ni caros entremeses. Pusieron mesas de plástico plegables y unos cuantos altavoces para la música. Llegaron barriles de cerveza, abundantes botellas de champán de oferta y cajas de comida barata. Hubo quien se escapó a Palo Alto Creamery para comprar el plato más caro del menú: la «Bubbly Burger», una hamburguesa de 150 dólares que venía acompañada de una botella de Dom Pérnignon.

El equipo recuerda su asombro al ver al CEO, Peter Thiel, y al director jurídico, John Muller, haciendo *keg stands*, un juego que consiste en beber de un barril con los pies en alto. «Gente haciendo *keg stands*..., gente que *claramente* no había hecho un *keg stand* en su vida», recuerda Jeremy Roybal. Tras el cierre de la bolsa, ya por la tarde, Thiel y Levchin se pusieron unas coronas de papel. Por primera vez desde hacía mucho tiempo, solo unos pocos del equipo trabajarían la noche del viernes. «Fue la única ocasión en que nos permitimos no preocuparnos por el trabajo», me comentó Klein.

Los festejos tuvieron toques *paypalianos*, obviamente, así que la celebración se mezcló con ciertas dosis de competición. Lo más recordado fue Peter Thiel jugando diez partidas rápidas de ajedrez, simultáneas, en el aparcamiento. Había una apuesta en metálico para cada una, y los billetes se metían en orden bajo los tableros. Una gran multitud se apiñaba mientras Thiel pasaba de una partida a la siguiente.

Ganó nueve de diez. «Peter no bebe mucho... y ese día le obligamos a hacer un *keg stand* —recuerda Janardhan—. Estaba medio borracho, ¡pero, aun así, derrotó a nueve de diez personas! Fue una locura». David Sacks se ganó el derecho a presumir de por vida de ser el único que venció a Thiel al ajedrez aquel día. («Peter se enfadó mucho. Solo recuerdo que se levantó con cara de cabreo, estaba furioso», apuntó un observador).

Cuando la jornada llegaba a su fin, Thiel pronunció un discurso en el que puso en contexto el éxito de PayPal. «Dijo que la capitalización de mercado de PayPal era mayor que la de United, American y Delta juntas», recuerda Braunstein. El equipo distribuyó unas cazadoras de PayPal que terminaron por conocerse como las «chaquetas de la OPI» y que marcaron el estatus de los trabajadores pioneros de la compañía. Dionne McCray tejió a ganchillo el logo de PayPal en un gorro blanco que se puso para la ocasión.

Las celebraciones se prolongaron hasta bien entrada la noche. «En esencia, aquella fiesta es un enorme y borroso recuerdo en mi cabeza», sostiene Levchin. Oxana Wootton, por su parte, recuerda la mezcla de «felicidad, celebración, lágrimas..., algo así como Año Nuevo, [...] la excitación era parecida».

No obstante, al margen de las celebraciones algunos directivos de PayPal eran conscientes de que la salida a bolsa no era el final, sino solo el principio. Amy Rowe Klement se había incorporado a la empresa en septiembre del 99 como otros pocos trabajadores procedentes de X.com. Recuerda su sensación de «incredulidad y expectación» respecto a que PayPal hubiera logrado aquello. Y es que les costaba creer que su «esfuerzo estuviera dando algún tipo de fruto». Pero ese sentimiento se mezclaba con ciertas expectativas. «[Era] la constatación de que el verdadero trabajo estaba por hacer —me explicó—. En muchos sentidos, era apenas el comienzo de un nuevo capítulo. Ahora éramos una empresa adulta y teníamos una responsabilidad aún mayor con nuestros usuarios e inversores».

■ ■ ■

Los mercados públicos habían valorado a PayPal en una cifra que rozaba los mil millones de dólares. Thiel, Musk y otros miembros de la directiva habían defendido más de una vez ante la junta que se distribuyeran acciones entre la plantilla, y para mucha gente la OPI supuso unas enormes ganancias. «Fue el primer momento de liquidez que tuvimos, al margen de Elon», recuerda Woolway. Resultó clave sobre todo para quienes se habían incorporado a la empresa en los primeros tiempos, y que se quedaron unos años que pueden calificarse de caóticos. La salida a bolsa fue una confirmación, una señal de éxito más tangible que el crecimiento del número de usuarios o del volumen de las transacciones.

Además, tras la salida a bolsa, Thiel, Levchin y otros directivos eran, al menos sobre el papel, multimillonarios; y Sequoia Capital, Nokia Ventures, Madison Dearborn Partners y otros inversores obtuvieron un buen rendimiento.

Pero la mayor ganancia personal, de lejos, fue para Elon Musk. Según la documentación pública, había sido el mayor accionista individual de la empresa, y llegó a adquirir aún más acciones con el paso del tiempo. Así que, cuando el teletipo de la empresa parpadeó en las pantallas del Nasdaq, Musk poseía incluso más acciones de PayPal que accionistas institucionales como Nokia Ventures y Sequoia Capital. Su inversión inicial en la compañía alcanzó en ese momento un valor de más de cien millones de dólares.

Por lo tanto, en apenas cuatro años su fortuna había pasado de ocho a nueve cifras, y había sentado las bases para sus siguientes objetivos. «La salida a bolsa de PayPal me permitió disponer del capital necesario para poner en marcha SpaceX, ya que podía vender acciones o pedir un préstamo con ellas. Antes de eso, no tenía una especial liquidez», me explicó Musk.

22

Y SOLO CONSEGUÍ UNA CAMISETA

Tras la salida a bolsa, los trabajadores de PayPal adoptaron una nueva costumbre: comprobar el precio de las acciones de PYPL. Debido al periodo de cierre, la mayoría no podían vender hasta varios meses después, e incluso entonces las pertenecientes a los trabajadores más recientes seguirían sin tener titularidad (es decir, estarían asignadas, pero no distribuidas de manera oficial).

La estimación del patrimonio personal también resultaba en cierto modo terapéutica. Menos de una semana después de la salida a bolsa de PayPal, eBay anunció que pagaría 43,5 millones de dólares por la participación del 35 % de Wells Fargo en Billpoint. Esto supuso un problema, porque, para empezar, dicho precio hizo que la valoración de PayPal en casi mil millones de dólares pareciera desorbitada. Y es que, si dependía de las transacciones de eBay —se preguntaban los analistas de Wall Street— ¿cómo era posible que el servicio de pagos de esta valiera ocho veces menos? Así pues, el día que se anunció el acuerdo con Wells Fargo, las acciones de PayPal cayeron un 15 %.

No obstante, lo más preocupante era la posibilidad de que eBay fuera propietaria directa de su división de pagos. Ya no se vería limitada por banqueros con aversión al riesgo y, en teoría, podría potenciar el producto, asociarse o incluso escindir Billpoint como entidad independiente si lo deseaba. La prensa calificó la operación de amenaza para PayPal, y la directora general de Billpoint, Janet Crane, reafirmó las preocupaciones al prometer que la compra permitiría «con el tiempo, una mayor integración entre Billpoint y eBay».

La plataforma de subastas también aprovechó el momento para ganar poder de negociación frente a PayPal. A espaldas de la prensa, ambas reanudaron las conversaciones en pro de un posible acuerdo. La compra de la participación de Wells Fargo se había interpretado en PayPal como una amenaza: si no se llegaba a un acuerdo, el gigante de las subastas quedaría liberado para competir con mayor agresividad por la cuota de mercado de los pagos.

A finales de marzo de 2002, PayPal empezó a preparar informes detallados sobre su negocio para sus homólogos de eBay. El día 21, eBay hizo una oferta de compra por 1330 millones de dólares. El acuerdo de fusión llamaba a las dos compañías con nombres en clave: PayPal era «Orca» y eBay, «Ernie». (En una versión anterior del acuerdo de fusión, PayPal había elegido un animal marino más pequeño como nombre en clave: antes de convertirse en empresa pública, era «Marsopa»).

En una reunión matutina de la junta directiva celebrada al día siguiente, el 22 de marzo de 2002, la directiva de PayPal discutió el acuerdo. Thiel argumentó, según las actas, que «los ejecutivos de eBay han expresado su deseo de dejar atrás todas las especulaciones sobre una posible fusión». Luego dijo que se trataba de «un punto de inflexión para eBay, y que tenían que tomar una decisión estratégica: o bien seguir adelante por su cuenta y luchar contra PayPal, o bien comprarles».

La junta llegó a la conclusión de que los destinos de ambas empresas estaban, para bien o para mal, unidos, y que una adquisición por parte de eBay sería mejor que seguir enfrentándose hasta el infinito. De modo que «autorizó a Moritz y Thiel a dar una respuesta a eBay y a continuar las conversaciones sobre la posible fusión».

La junta siguió reuniéndose con frecuencia a lo largo del periodo de negociación, pero el 10 de abril «el señor Thiel informó de que la probabilidad de fusión había disminuido desde la anterior sesión de la junta». Entre aquella oferta de eBay y el 10 de abril, PayPal había comenzado a preparar su primer informe trimestral oficial como empresa pública y el anuncio de su primer trimestre rentable. En el mismo periodo, el precio de las acciones de eBay se había mantenido relativamente estable, y sus directivos se «opusieron de forma rotunda a que se acordara un mínimo o un "collar" para el precio de las acciones en el acuerdo».

El 11 de abril, las negociaciones llegaron a su fin. «La junta de PayPal ha determinado que, a la luz del anuncio inminente de su primer trimestre rentable, entre otras cosas, la empresa no está preparada para seguir adelante con la fusión en los términos actuales». Se autorizó a Thiel a presentar términos alternativos, en los que se proponía «un aumento de la relación de intercambio» y «un collar o un mínimo en el valor de las acciones de eBay que se recibiría en la fusión». Sospechaban que ninguno de los dos puntos sería aceptado.

El caso es que la noticia de la negociación se filtró y, cuando se anunció el primer trimestre rentable de PayPal, la conjunción de una posible adquisición por parte de eBay y la rentabilidad de la compañía hizo que el precio de sus acciones superara los 26 dólares, lo cual redujo aún más las posibilidades de acuerdo. Algunos miembros del equipo sospecharon que la filtración había sido intencionada, para frustrar a propósito el acuerdo.

Pero al final la causa importaba menos que el resultado: la fusión se había cancelado (de nuevo) y ambas partes retomaron sus hostilidades. Katherine Woo se había incorporado a la empresa justo antes de la salida a bolsa, y recuerda muy bien una reunión en la primavera de 2002 en la que se habló sobre eBay. «Nos reunieron en una sala de conferencias y nos dieron un discurso (¡muy serio!) sobre cómo eBay estaba intentando acabar con nosotros. Dijeron que tenía a cientos de

ingenieros trabajando en Billpoint con el único propósito de macha-
carnos. Y yo pensé: "Mierda. Voy a tener que esforzarme *mucho* este
verano"».

▓ ▒ ■

A principios de 2002, eBay había anunciado la celebración del eBay
Live, una de las muchas novedades que tenía programadas, para el
21 de junio en Anaheim, California. El evento reuniría a vendedores,
compradores, proveedores y demás allegados de la plataforma, y su
CEO, Meg Whitman, daría el discurso de apertura.

La mujer de Vince Sollitto lo había visto anunciado en un periódico. «Lo marcó, lo recortó y me lo dio —recuerda él—. Me dijo
que no podíamos perdérnoslo. Así que se lo di a David Sacks y este
exclamó: "Tienes razón, tenemos que ir"».

En PayPal ya se estaban organizando para asistir y hacer lo que
se había invitado a hacer a los vendedores de eBay y a otras empresas:
montar un pequeño estand atendido por sus trabajadores. Sin embargo, Sacks pensó que la ocasión merecía una aparición más espectacular.

Tras una lluvia de ideas, él y su equipo se decidieron por dos opciones, ambas pensadas para provocar a eBay. En primer lugar, PayPal
organizaría un gran evento la noche anterior al comienzo del eBay
Live. Después de enviar la invitación, el *Motley Fool* informó de ello:
«PayPal se cuela en la fiesta de eBay, otra vez».

Una vez robado el protagonismo con éxito, se enfocaron en
su segunda idea: el equipo de marketing había encargado miles
de camisetas con el logo de PayPal delante y la frase «New World
Currency» detrás. Las distribuirían en el evento, acompañadas
de un incentivo: quienes lucieran las camisetas en el eBay Live
optarían a un premio en metálico de 250 dólares. El objetivo era
recordar a la cúpula directiva de eBay que PayPal estaba ligado
de un modo indisoluble a su comunidad de vendedores. En otras

palabras, incluso los fans acérrimos de eBay llevarían *merchandising* de PayPal.

Así que, cuando eBay Live abrió sus puertas, el logo de PayPal estaba por todas partes; la mayoría llevaba las camisetas con la esperanza de ganarse un dinerillo. eBay se dio cuenta, y también había encargado sus propias camisetas para el evento, aunque tenía previsto cobrarlas. Pero ante la proliferación de camisetas de PayPal, cambió de idea. Al final, «eBay le daba a la gente una camiseta suya a cambio de la de PayPal —recuerda Sacks—. Así que lo único que tenían que hacer era venir a por una segunda camiseta nuestra para luego cambiarla por la de eBay».

Cuando Meg Whitman subió al escenario para pronunciar su discurso, fue recibida por miles de usuarios de eBay en silencio y un altísimo número de camisetas de PayPal. Para estos, el golpe de gracia llegó cuando *USA Today* publicó el 1 de julio un artículo sobre eBay Live en la primera página de su sección «Dinero». En la foto que lo acompañaba, Whitman sonreía y firmaba autógrafos; una de las personas que solicitaba su firma aparecía de pie a su izquierda, con el logo de PayPal estampado en el pecho.

■ ■ ■

Jeff Jordan, jefe de eBay Norteamérica, estaba allí y lo vio todo. Para entonces, el conflicto entre ambas compañías era una constante en su vida desde hacía años. Y las tácticas de PayPal en el eBay Live no hicieron más que incrementar su antipatía por la competencia.

Jordan había llegado a eBay en 1999. Tras estudiar en una escuela de negocios y dedicarse a la consultoría por una temporada, se fue a Disney, donde Meg Whitman ostentaba un alto cargo. Jordan llegó a ser director financiero de Disney Stores. Y, desde su posición en el sector minorista, se subió a la ola de Internet. Primero entró como director financiero en Reel.com, una web de alquiler de vídeos y películas a la carta. Pero esta empresa tuvo problemas, ya que sus ideas llegaron, según Jordan, «diez años antes de tiempo»; de modo que se puso a buscar su siguiente aventura empresarial.*

En el 99, Meg Whitman —entonces ya en eBay— contrató a Jordan, y seis meses después, a principios del año 2000, este fue ascendido a director de la división norteamericana de la compañía, labor que incluía la supervisión de los pagos (y el exasperante problema de PayPal). Cuando eBay compró Billpoint, estaba previsto que Jordan fuera su máximo responsable, pero la entonces directora de esta última empresa, Janet Crane, le pidió a Meg Whitman seguir en el cargo. «Eso fue quizá lo mejor que le pasó a mi carrera», admitió Jordan.

Mientras Billpoint perdía cuota de mercado en favor de PayPal, Jordan vio que esta última dominaba el componente del negocio de los pagos que generaba problemas a los demás. «PayPal optó por el riesgo», me explicó. Al asegurar las transacciones entre compradores

---

* Su búsqueda lo llevó a hacer una entrevista de trabajo memorable. Steve Jobs estaba buscando director financiero para Pixar y se puso en contacto con Jordan, que accedió a desayunar con él en Il Fornaio, en Palo Alto. «Yo llegué con mi americana —me contó Jordan— y él [Jobs] entró con sus sandalias Chacos y su ropa rasgada, 20 minutos tarde». Jobs solo tenía dos preguntas para la entrevista. Primera pregunta: «Estudiaste en la escuela de negocios de Stanford a finales de los 80 y luego estuviste en el centro del universo de la creación de empresas en la época más emocionante de la historia. ¿Y te convertiste en un maldito consultor?». Segunda pregunta: «¿Cómo pudiste trabajar en Disney ocho años? Son jodidamente idiotas…». Jordan vio las preguntas como lo que eran: una prueba de estrés típica de Steve Jobs. «Admitiré la primera —respondió—. Me ha costado diez años dar con el camino de vuelta hasta aquí, pero he venido para quedarme». En cuanto a Disney, respondió con dureza: «Te equivocas con ellos». A continuación, le explicó que las tiendas Disney son mucho mejor valoradas por los consumidores que los parques temáticos. «¡Y nosotros vendemos cosas!», añadió. Jobs pareció satisfecho y le propuso trabajar en Pixar. Pero Jordan se mostró reticente, ya que solo había ocupado el puesto de director financiero y buscaba algo diferente. Jobs le animó entonces a entrar en Apple para dirigir una nueva división. «Tengo una visión para las tiendas de Apple», le comentó, y procedió a esbozar una experiencia de compra reimaginada desde la raíz. Jordan pensó que deliraba y rechazó educadamente la oferta. «Evidentemente —reconoció luego, refiriéndose al concepto de tienda de Jobs— dio en el clavo».

y vendedores de eBay, obtenía pequeños porcentajes de los pagos, que crecían a medida que se generaba un efecto de red. Con el tiempo, ajustaron sus modelos de riesgo y redujeron el fraude, convirtiendo así la mera escalabilidad en un negocio real.

Como responsable de las operaciones de eBay en Norteamérica, Jordan había tenido que dar la cara ante la directiva por permitir que PayPal operara sin obstáculos en la plataforma. Pero sentía que tenía las manos atadas: ni dirigía Billpoint (que era terreno de Crane) ni podía bloquear a PayPal para que aquel fuera el sistema de pago por defecto en eBay. Y, al igual que otros en el sector, sentía un temor considerable por las leyes antimonopolio. «Teníamos toda una cultura de la prevención; por ejemplo, no usar la palabra *dominante* en ningún documento». El equipo de PayPal había azuzado de forma intencionada esos temores. «Adoptaron una buena pose —dijo Jordan refiriéndose a la actitud exagerada de Reid Hoffman sobre la cuestión antimonopolio—. Cuando se reunía conmigo me decía: "Ostras, si intentarías unir a Billpoint con eBay, ahí sí que podría haber un problema de monopolio, ¿no?"».

Jordan y su equipo también estaban muy atentos a la comunidad de eBay, donde las cifras de uso de PayPal hablaban por sí solas: millones de usuarios lo elegían para sus transacciones. A él le preocupaba, pues, que si acababa con PayPal eBay no solo estaría cometiendo un homicidio, sino también un suicidio. «Tenía sentimientos contradictorios respecto a cargarme a PayPal —admite—, porque hacía funcionar mi negocio».

Tanto él como otros de aquel equipo de eBay recuerdan las interminables reuniones sobre PayPal; y, como sus homólogos, trazaron todos los planes posibles para competir con, cerrar o entorpecer la labor de PayPal. Pero en 2002 se consideró que aquella era una causa perdida: PayPal ya cotizaba en bolsa y gozaba de una amplia base de usuarios leales, así que eBay tendría que convivir con su presencia, quisiera o no.

■ ■ ■

Para entonces, esa presencia se había convertido en interdependencia. Y en ningún lugar se vio más claro que en el eBay Live. «Hicieron un magnífico trabajo de marketing de guerrilla», rio Jordan al acordarse. En su opinión, la maniobra de las camisetas fue un potente recordatorio de que las dos empresas deberían haber establecido una simbiosis más que una competencia. Además, la lucha por la «cuota de mercado» de las camisetas en el evento ilustró lo absurdo de su enfrentamiento: los usuarios adoraban tanto a eBay como a PayPal, pero las propias empresas se odiaban.

En aquella ocasión, Jordan le hizo un gesto a David Sacks para que se acercara. «Básicamente hablamos de lo estúpida que se había vuelto esa competición —me contó este—; ahora ya competíamos incluso por las camisetas».

En realidad, había llegado a esta conclusión hacía tiempo, como otros de su equipo. «Gran parte de nuestro volumen de negocio procedía de eBay —se justificó Amy Rowe Klement—. Es decir, dependíamos por completo de nuestro enemigo». Sin embargo, poca gente en PayPal creía que ese riesgo pudiera disiparse sin un acuerdo entre las dos compañías. «Reid usaba un modo conciso para describir aquel reto: que alguien te haya disparado cinco balas y haya fallado... no impide que la sexta te mate», escribió Keith Rabois en *Quora* años después.

En efecto, eBay tenía una sexta bala preparada: además de recomprar a Wells Fargo su participación en Billpoint, había iniciado discretas conversaciones con Citibank en las que se discutió la posibilidad de vender el servicio de pagos al banco y eliminar así todas las comisiones en las transacciones. Tal acuerdo permitiría a eBay ofrecer un precio más bajo que PayPal, y el banco, a su vez, captaría nuevos clientes. «Si se firmaba el trato con Citibank, PayPal estaba acabado», conjeturó Jordan.

Aun así, Jeff Jordan veía más ventajas en la adquisición e integración de PayPal en eBay que en la venta de Billpoint a Citibank. Después de todo, la plataforma de subastas acababa de salir de una «relación complicada» con un banco, y no había garantías de que Citibank fuera a tener éxito donde Wells Fargo había fracasado. Además, Jordan veía en PayPal un negocio en auge por derecho propio; un negocio que podría llegar a ser más grande que la propia eBay.

A PayPal llegaron rumores sobre el acuerdo eBay-Citibank, y esto provocó una nueva oleada de pánico. Sacks y Levchin hablaron con Hoffman para saber si podían utilizar la documentación sobre conducta monopolística de eBay para obstaculizar la tentativa. Pero Hoffman les explicó que aquello sería, en el mejor de los casos, un farol; no había nada en el acuerdo propuesto entre eBay y Citibank que provocase que las autoridades antimonopolio adoptaran medidas preventivas. Además, PayPal seguía funcionando en eBay junto a otros servicios, por lo que la amenaza antimonopolio era mucho ruido y pocas nueces. «La pistola parece de verdad; puedo blandirla ante ti, mostrártela, apuntarte con ella —explicó Hoffman—. Pero si aprieto el gatillo, lo que sale es una banderita que dice ¡*Boom*! Es todo pura sugestión».

El caso es que la negociación con Citibank tal vez no fuera suficiente para atraer a las autoridades, pero tuvo otro efecto: animó a David Sacks a retomar la negociación eBay-PayPal.

■ ■ ■

Cuando Thiel y Hoffman tuvieron que suspenderla, justo antes de la salida a bolsa, acordaron que el primero transmitiría el mensaje a Whitman, mientras dejaba que Hoffman asumiera la responsabilidad por la ruptura del acuerdo. Lo que Thiel diría a la dirección de eBay era que Hoffman había llevado las cosas más lejos de lo que la directiva de PayPal deseaba. Cuando les comunicó la noticia, Meg Whitman se puso furiosa y se levantó de la mesa. «Si queréis guerra —parece que les soltó a Thiel y a otros ejecutivos de PayPal presentes en la reunión—, ¡guerra tendréis!».

Tanto esas negociaciones como las previas habían dejado un regusto amargo en la plataforma de subastas. Su directora tenía razón al sentirse frustrada: habían pasado ya por cuatro negociaciones de adquisición, y el precio ofrecido había empezado con 300 millones de dólares, luego pasó a 500, luego a 800 y por último a más de mil millones. Pero en todas las ocasiones el valor total de la operación o sus condiciones habían hecho fracasar el acuerdo.

Sacks y Jordan (que asumieron el papel de pacificadores esta vez) eran conscientes de que serían mirados con lupa, tanto externa como internamente. De hecho, si la prensa se enteraba, el resultado podía quedar comprometido, como ocurrió en abril.

Por tanto, la directiva de PayPal acordó que, dadas las rencillas del pasado, Thiel y Hoffman no debían participar en las conversaciones. Por casualidad, Meg Whitman tenía previsto un viaje personal al sur de California, lo que también la dejó fuera de la negociación. «La única manera de lograr el acuerdo —me explicó Jordan— fue que Meg y Peter se mantuvieran al margen».

Del 3 al 7 de julio, los directivos de eBay estudiaron las condiciones con David Sacks, John Malloy y Roelof Botha. «Aterrizamos en PayPal un sábado y empezamos con la diligencia», recuerda Jordan. Al término del fin de semana, él y su equipo tenían lista su presentación para la junta directiva de eBay. «Pasamos de los pliegos de condiciones al acuerdo definitivo de fusión en cuatro o cinco días», recuerda Sacks.

La salida a bolsa de PayPal allanó el camino para estas últimas conversaciones. «La oferta pública de venta fue muy útil para el acuerdo, porque había un precio marcado —señaló Jordan, refiriéndose a la claridad que ofrecía el importe de las acciones de PayPal—. Habíamos intentado comprarla cinco veces, pero las cuatro primeras no fuimos capaces de acordar un precio. Ahora bien, una vez que este estaba fijado y había cotizado un tiempo, valía 1400 millones de dólares». Tanto Sacks como Jordan pudieron presentar argumentos claros a sus juntas directivas y, según las actas de la de PayPal, eBay cedió en una serie de disposiciones clave de la fusión, incluida la «ausencia de collar en el precio de las acciones de eBay».

El debate de la junta de PayPal celebrado el sábado 6 de julio de 2002 fue riguroso y abarcó «con amplitud las transacciones propuestas en la actualidad, así como las alternativas a la fusión y los riesgos de efectuarla o continuar como entidad independiente». Lo cierto es que, pese a plantearse unos términos más favorables y una oferta de 1400 millones de dólares, varios miembros de la junta seguían creyendo que los mejores días de PayPal estaban por llegar. Musk, por ejemplo, pensaba que esa cifra continuaba infravalorando la empresa. «Yo les decía que estaban locos», me contó. Tim Hurd y John Malloy también expresaron sus dudas. «Me costó mucho, porque sabía que estábamos vendiendo por menos de lo que creía que valía la empresa», recuerda Malloy.

Las actas de aquella reunión recogen los riesgos empresariales de PayPal y detallan cómo la fusión podría mitigarlos:

- Una fusión entre PayPal y eBay reduciría los riesgos del plan de crecimiento estratégico de la Empresa.
- El proceso de análisis del mercado llevado a cabo por la Empresa en 2001 indicó que eBay era el único postor probable y factible para la Empresa.
- Ninguna otra empresa ha hecho una propuesta para adquirir o fusionarse con PayPal, ni un ofrecimiento atractivo para entrar en cualquier otro tipo de transacción con PayPal.
- La fusión minimizaría el riesgo de perder el acceso al procesamiento de pagos en las páginas de subastas.
- Tiene el potencial de reducir los riesgos de los cambios en la normativa de la asociación de tarjetas, así como los de fraude, y las incertidumbres relativas a los servicios financieros y a la regulación del juego online.
- La contraprestación actual es el precio por acción más alto que se puede negociar con eBay.
- La prima que la tasa de cambio proporciona sobre el precio de la OPI, el precio de las acciones ordinarias vendidas en la oferta derivada y el precio de las acciones a 5 de julio de 2002.
- El impacto potencial de no consumar la fusión, la incapacidad potencial para retener a miembros clave del equipo.

En última instancia, el factor decisivo para Malloy, Hurd y Musk fue la insistencia de la directiva en que ellos y sus subordinados directos habían llegado a su límite. «Nos preguntaron si queríamos o no ser adquiridos por eBay —recuerda Skye Lee—. Y yo estaba cansada. Pensaba: "Estoy lista. No puedo seguir haciendo esto"». Malloy sabía que Max Levchin podía soportar niveles inhumanos de trabajo, así que «cuando me dijo que era el momento, supe que teníamos que vender. No puedes obligar a la gente a seguir trabajando si ha llegado a ese punto».

Y es que, para muchos en PayPal, trabajar allí se había convertido en un ejercicio de perseverancia, no tanto de productividad. «La experiencia reiterada de llegar a tu límite no es algo que se pueda aguantar de forma indefinida —expresó Luke Nosek—. Al final quieres dejarlo por puro cansancio. Es mejor tomar una salida de ese tipo que tener a todo el mundo tan agotado que quizá lo siguiente que tengas que hacer... simplemente no salga».

Malloy también me explicó que, una vez que la idea de la fusión con eBay (y sus consiguientes recompensas económicas) flotó en el aire, ya era difícil volver atrás. «Es muy complicado para la gente normal volver a meter al genio en la botella». Aunque a Thiel lo veía menos motivado que al resto por las ganancias que obtendrían de la venta. «Él es más filosófico para esas cosas. No piensa de un modo tan mundano. Es más bien como si aplazara el riesgo».

En la mañana del domingo 7 de julio de 2002, la junta se reunió de nuevo para hacer una última revisión de la oferta de eBay. Thiel pidió que votaran y Malloy le secundó. «A los directivos se les hizo un sondeo individual —dice el acta—. Todos los presentes votaron que sí». PayPal se vendería a eBay.

■ ■ ■

En el otro lado, Jeff Jordan tenía que convencer a los suyos, por lo que ensayó sus argumentos: «Soy como un Amazon sin carro —recuerda haber dicho—. Deberíamos comprarnos un carro».

Aunque la directiva de eBay lo apoyaba, un miembro de la junta y CEO de Starbucks, Howard Schultz, los animó a reconsiderar su decisión. Señaló que PayPal solo había obtenido beneficios desde hacía poco y a duras penas. Esos 1400 millones de dólares se podían invertir mejor en otra cosa.

Otros veían la adquisición no como una solución a corto plazo para el problema de los pagos, sino como una inversión a largo plazo para la compañía. Por ejemplo, Scott Cook, miembro de la junta de eBay y fundador y antiguo CEO de Intuit, argumentó que PayPal contribuiría al negocio de eBay y podría generar grandes beneficios en el futuro.

Esto coincidía con los argumentos de Jordan. «En mi presentación ante la junta directiva, afirmé que PayPal sería más grande que eBay, lo que provocó algunas burlas. Insistí en que aquello ayudaría a eBay, pero también sería un grandísimo negocio levantado sobre sus espaldas».

Aunque al final una mayoría votó a favor de la adquisición de PayPal, hubo también algunas resistencias. «Fue la primera votación no unánime en la historia de eBay», reconoció Jordan.

■ ▩ ■

El lunes por la mañana (8 de julio de 2002) se dio a conocer la noticia: eBay compraba PayPal. Las dos empresas seguirían operando de forma independiente, y el acuerdo estaría sujeto a las «aprobaciones de los accionistas, del Gobierno y de los organismos reguladores». Según el comunicado de prensa, eBay Payments, de Billpoint, sería eliminado de manera gradual.

A las 4:30 de la mañana, Sal Giambanco reenvió un mensaje de Thiel a toda la empresa haciendo oficial la adquisición. Minutos más tarde, envió otro convocando a toda la plantilla de Mountain View a una reunión (que se acabó dividiendo en dos debido al tamaño del equipo). Cuando la gente llegó a la oficina, los rumores, la charla y la confusión copaban el ambiente. Alguien comparó esa sensación con la de los soldados que se enteran de un armisticio en pleno campo de batalla.

Corrió el rumor de que Meg Whitman se dirigiría al personal de PayPal a mediodía, y se vio confirmado al aparecer por allí un atril con el nombre «Meg Whitman» impreso en el estilo multicolor del logo de eBay. Mientras el equipo se reunía en el «Círculo Polar Ártico» (la sala de conferencias más grande de la empresa, llamada así en honor al termostato roto de otra sala de una oficina anterior), Thiel subió al atril «Meg Whitman» y hubo algunas risas. «¿Veis lo que tengo que aguantar? —bromeó—. Por eso voy a vender la empresa».

Tal como se relata en el libro *The PayPal Wars*, de Eric Jackson, Thiel defendió aquel día la venta ante el equipo: «Nos han hecho una oferta muy buena: una prima del 18 % sobre el precio actual de las acciones. Siempre se cuestiona si este tipo de operaciones tienen sentido o no. Pero, dado que hemos obtenido una buena valoración y hemos eliminado un enorme riesgo para la compañía, creo que sí lo tiene».

A continuación, prometió que ningún puesto correría peligro, «excepto en Billpoint». La sala aplaudió y vitoreó. «Tal vez pasen unos seis meses hasta que se cierre el acuerdo y se haga oficial la adquisición. Hasta ese momento, todo seguirá igual y las dos empresas se gestionarán por separado. Luego, una vez completada la venta, PayPal continuará siendo una unidad independiente dentro de eBay, con el actual equipo directivo intacto».

Tras sus breves comentarios, la gente salió en fila de la sala de conferencias. «Supongo que hemos ganado, ¿no? Aunque al habernos comprado, no lo parece», le comentó un trabajador a otro.

El analista de fraude Mike Greenfield no recuerda si se enteró de la adquisición por la radio o por un correo de la empresa. Pero sí se acuerda muy bien de sus reflexiones de camino al trabajo: «Iba en bici y pensaba: *Tal vez debería apuntarme a un máster. La verdad es que ya no necesito quedarme aquí*».

■ ■ ■

El personal se quedó sorprendido, aliviado y ansioso a partes iguales. Su empresa acababa de ser adquirida por la misma entidad a la que se habían enfrentado y de la que se habían burlado durante años. Por eso, a pesar de las garantías que daba Thiel, mucha gente se preguntaba qué significaría eso para sus puestos y para el futuro de PayPal.

David Sacks comentó con el equipo de producto que no estaba claro quién habría ganado si las empresas hubieran seguido enfrentadas. «En estos casos, si [el vencedor] está claro, no se suele llegar a un acuerdo —explicó, según el relato de Eric Jackson—. Quien vence no quiere ser adquirido, porque sabe que va a ganar, y quien pierde no es capaz de convencer a nadie para que lo compre». También les aseguró que él y Botha habían hecho el mejor trato posible, consiguiendo lo que en la cúpula de PayPal se consideraba el máximo valor de adquisición por parte de eBay.

Por su parte, la clientela de PayPal compartía el recelo del equipo. Por un lado, hubo gente que señaló en los foros que aquel acuerdo pondría fin a la confusión generada por los múltiples métodos de pago de eBay; pero otros argumentaban que uno de los puntos fuertes de PayPal (el rápido lanzamiento de «nuevas funciones fáciles de entender y de utilizar», como dijo alguien) podía peligrar con la nueva situación.

Ciertos medios de comunicación también miraron la operación con lupa. Los analistas de Wall Street se preguntaban si PayPal había hecho el movimiento correcto, dadas las grandes expectativas que había depositadas en la compañía. «Venderse a eBay —señaló con astucia uno de ellos— puede que haya sido la salida más fácil». Otros veían un manifiesto interés particular en el acuerdo. «Solo unos pocos (los primeros inversores, la dirección y los banqueros de inversión) se han enriquecido», escribió un columnista de *CBS MarketWatch*.

Con la oficina convertida en un hervidero, Meg Whitman llegó a mediodía luciendo una gorra de béisbol de PayPal. Subió a su atril y lanzó un cálido saludo. Luego preguntó cuántos trabajadores de PayPal utilizaban eBay. Se alzaron varias manos. Ella confesó que cuando esa mañana había preguntado a un grupo de eBay si habían utilizado PayPal, casi todas las manos se habían levantado.

A continuación, Whitman explicó al equipo de PayPal cómo funcionaba el negocio de eBay, dibujando el panorama de su alcance y crecimiento. «Deberían sentir mucho orgullo por la empresa que han construido —concluyó—, aunque a veces les pusiéramos algunos obstáculos». Terminó dando las gracias a Sacks y a Jordan por haber impulsado el acuerdo. Después de algunas preguntas y respuestas, los trabajadores de PayPal fueron recibiendo, según salían del Círculo Polar Ártico, camisetas de eBay en recuerdo de aquel momento.

Whitman trató de mostrarse amable, pero se enfrentaba a un público difícil, a gran parte del cual no convenció de inmediato. Hay quien recuerda su discurso como un «batiburrillo de palabras de moda». «Una de cada tres palabras era *sinergia*. Miré alrededor y vi que había perdido a su audiencia en los cinco minutos iniciales. Porque todo el mundo pensaba: "Esta no es la empresa que éramos". Era muy, muy corporativa». En defensa de Whitman, es posible que nada de lo que dijera hubiera conquistado corazones y mentes en aquel momento. Estaba hablando ante un público que, en el fragor de su competencia con Billpoint, había jugado en una ocasión con una «piñata Meg Whitman».

Bob McGrew había llegado tarde ese día y aún no se había enterado de la noticia. Alguien le lanzó una camiseta de eBay y, cuando preguntó de qué iba aquello, otra persona le respondió: «Nos acaba de comprar eBay».

«Y pensé: *¿Qué está pasando?* Pero poco a poco fui comprendiendo que eso era lo que iba a pasar».

■ ■ ■

Comparada con la salida a bolsa de PayPal, la adquisición por parte de eBay resultó decepcionante (y controvertida). Durante años, los exmiembros de PayPal discutirían las ventajas e inconvenientes de la decisión, con fuertes partidarios en ambos bandos.

Había quienes argumentaban que el acuerdo era necesario e inevitable; después de todo, resultaba preferible venderse a quemarse. «No es que nos estuviéramos quedando sin opciones; nos estábamos quedando sin fuerzas —puntualiza Vivien Go—. Y se dedicaban muchos esfuerzos, energías y recursos a luchar contra eBay, y no a la generación de valor. [...] Mucha gente pensaba que era mejor acabar de una vez por todas [...] solo para que todos los recursos que se estaban dedicando a destruirse mutuamente pudieran emplearse en otra cosa, en hacer prosperar el negocio de verdad».

Katherine Woo trabajaba en el servicio para vendedores ajenos a eBay y consideraba el acuerdo como el paso necesario entre la creación de PayPal y el crecimiento de la empresa fuera de eBay. «Necesitábamos un punto de apoyo para llegar donde está PayPal hoy —me comentó—. Y eBay lo era. Así que creo que había que pasar por la fase de ser comprados por eBay para integrarnos por completo, sin barreras, sin guerra entre nosotros. [...] Nos hacía falta ese capítulo para crecer lo suficiente y que se nos tomara en serio fuera de eBay». Al convertirse en el proveedor de pagos por defecto de eBay, apunta ella también, PayPal creció con rapidez, perfeccionó su modelo antifraude con mayor celeridad y convenció de un modo más fácil a otras webs para que adoptaran su sistema.

No obstante, cierta gente sostenía que el verdadero valor de PayPal estaba aún por llegar y que la venta a eBay frenaría su crecimiento. Y luego estaban quienes consideraban que aquello «ensuciaba» la misión histórica de PayPal: cambiar el sistema financiero. «Si esto fuera la revolución, ¿la venderías por dinero?», señaló Luke Nosek.

En definitiva, la adquisición por parte de eBay fue una estrategia más en el rico y variado historial de estrategias de control de riesgos de la compañía. Esa lista incluía la fusión, la reducción de las bonificaciones, la lucha contra el fraude e incluso la salida a bolsa. Desde cierto punto de vista, el éxito de PayPal había sido un ejercicio de cuidadoso control de riesgos tanto como de innovación, y la venta a eBay fue solo el último de ellos. «La gente no entiende la dinámica.

No entienden la presión competitiva por parte de eBay ni las presiones de los *lobbies*. Era mucho más complicado de lo que parecía a simple vista», se justificó Jack Selby.

■ ■ ■

Como si se tratara de corroborar este punto, al día siguiente de anunciar el acuerdo se materializó una amenaza: el 9 de julio, PayPal recibió una citación del fiscal general del estado de Nueva York, Eliot Spitzer. Este declaró que estaba investigando los vínculos de PayPal con el juego en paraísos fiscales.

Ya a finales de 2001 los directivos de PayPal habían empezado a recelar del negocio del juego. Su relación con Visa y MasterCard, ya de por sí frágil, corría el riesgo de deteriorarse aún más por culpa de las apuestas online. También creían que los potenciales inversores de Oriente Medio podían echarse atrás si PayPal se convertía en el principal proveedor de servicios de pago en ese sector. Pero quizás el mayor riesgo provenía del mundo de la política: el Congreso empezaba a prestar más atención a los casinos en paraísos fiscales, y el congresista Jim Leach había presentado un proyecto de ley para impedir que las instituciones financieras estadounidenses les dieran servicio. Los fiscales generales de los distintos estados también iban tomando medidas, y de esos polvos vino el lodo de la citación de Spitzer.

Para entonces, eBay y PayPal ya habían anunciado su acuerdo, pero aún estaba sujeto a la aprobación de los accionistas y de las autoridades. En otras palabras, la investigación de Spitzer llegó en un momento delicado. No obstante, una curiosidad de la misma fue una especie de regalo inesperado. «Una de las anécdotas es que lo enviaron por correo postal —recuerda Hoffman—. Si lo hubieran enviado por FedEx, habría llegado antes de que cerráramos el trato con eBay».

Chris Ferro, del equipo de abogados, veía esa la citación como una especie de cable de alta tensión. «Nos preocupaba que eBay entendiera que la citación de Spitzer era una adversidad y que intentara salirse del acuerdo. Así que las órdenes que recibí de Peter fueron:

"No dejes que esto se vea como algo desfavorable. *Necesitamos* cerrar este acuerdo. Asegúrate de que eso ocurra"».

Es evidente que eBay no ignoraba los ingresos millonarios procedentes del juego que aparecían en los libros de PayPal, y la cuestión había sido, de hecho, un punto de discordia en la negociación. Sacks quería mantener intacto ese negocio, mientras que Whitman pretendía deshacerse de él. Al final, eBay ganó la batalla: PayPal aceptó abandonar el negocio de las apuestas y así lo declaró en el anuncio de la fusión. «Para eBay era fundamental que dijéramos que nos salíamos de aquello —recuerda Hoffman—. Así que fue un regalo del cielo». (Pero para Dan Madden, que aterrizaba en Curazao justo cuando se difundía el acuerdo con eBay, aquello no fue ni mucho menos un regalito. Sus clientes de los casinos le acribillaron a preguntas sobre la futura gestión por parte de PayPal de las transacciones procedentes del juego. «Fue una semana incómoda», reconoció).

Aquella medida redujo en parte, aunque no del todo, la amenaza de Spitzer. PayPal aún tenía que responder a la citación. Hoffman reconoció que los registros previos de la compañía no eran del todo inocentes. De hecho, habían estado procesando pagos para casinos en paraísos fiscales y, aunque no habían incumplido la ley, había zonas grises que antes hicieron caer a otros procesadores de pagos.

Así pues, Hoffman y los abogados de PayPal se decantaron por un enfoque poco convencional. «Fui al departamento de relaciones públicas y pedí un dosier de prensa […] que empezara con todas las menciones que ya habíamos tenido en los medios en relación con el juego. "Comenzaremos con los medios nacionales más relevantes; luego, los más importantes de Nueva York; y luego todos los demás. Lo quiero todo". Con ese dosier estaríamos diciendo: "¿Sabes esa gran victoria mediática que esperas? Vale, pues el momento ya ha pasado. No vas a ganar nada crucificándonos"».

Una vez recopiladas las pruebas en su contra, el equipo solicitó una reunión con la oficina del fiscal general de Nueva York. Hoffman describe así su estrategia: «Les dijimos que queríamos reunirnos con ellos en el momento que les conviniera, lo antes posible. Literalmente, que nos dijeran un día, y yo (como miembro de la directiva), el director jurídico y quien fuera necesario iríamos a la hora que fijase. Intentábamos que calara en él la idea de "somos adultos y honestos. Nos prestamos a colaborar. No estamos tratando de eludir ni de retrasar nada"».

De modo que Hoffman y los abogados de PayPal repasaron con el equipo del fiscal general sus infracciones punto por punto, admitiendo incluso la que podría parecer más grave: un periodo de dos semanas durante el cual Visa había cambiado sus códigos para pagos en el juego y PayPal había procesado los suyos de forma incorrecta. «Podías ver cambiar su lenguaje corporal. [...] Todos se echaron hacia atrás, abrieron las carpetas y dijeron: "Otra vez, ¿qué fechas habéis dicho?"», recuerda Hoffman.

No obstante, el planteamiento conciliador de la empresa hizo mella en la fiscalía, sobre todo cuando ofrecieron su ayuda para detener a otros delincuentes. Al final, la empresa salvó los muebles pagando una multa de 200.000 dólares.

■ ■ ■

A finales de julio, el equipo de PayPal se reunió para celebrar su último encuentro fuera de las oficinas como empresa independiente. Eligieron un lugar al pie de las montañas de Santa Cruz, con vistas a Silicon Valley. Thiel inició los festejos con un discurso en el que repasó la historia de la compañía. Dicho discurso está incluido en el libro *The PayPal Wars*, de Eric Jackson.

«A veces hemos dicho que parece como si el mundo entero estuviera en contra nuestra. [...] Bueno, ¡pues lo está! —comenzó Thiel—. Primero pensaron que los bancos nos cerrarían el negocio. Cuando eso no ocurrió, dijeron que nuestros clientes dejarían de utilizar nuestro servicio. Eso tampoco ocurrió, y entonces le pidieron al resto del mundo que se uniera a ellos».

A continuación, Thiel citó dos artículos, uno titulado «Perdiendo la fe en PayPal» y el otro (todo un clásico), «Tierra a Palo Alto». Y pronunció un fragmento de este último: «¿Qué haría usted con una empresa de tres años de antigüedad que nunca ha obtenido beneficios, que va camino de perder 250 millones de dólares y cuyos archivos recientes de la SEC advierten de que sus servicios podrían estar siendo utilizados para el blanqueo de dinero y el fraude financiero?».

Thiel hizo una pausa mientras el público se reía, y luego cambió de tema.

«Existen dos grandes tendencias en el siglo xxi. En primer lugar, la globalización de la economía. Esta está creciendo a nivel internacional, y la población mundial está cada vez más interconectada. Mil millones de personas viven ahora en un país distinto al de su nacimiento. En segundo lugar, la búsqueda de seguridad. En este mundo globalizado y descentralizado, la violencia y el terrorismo están muy extendidos y son difíciles de contener. El terrorismo, en concreto, ha contaminado todos los países y es complicado pararlo. El reto es hallar la manera de luchar contra la violencia en el contexto de una economía abierta y global».

Thiel prosiguió explicando que en sus viajes a Washington se había sentido decepcionado por ambos bandos (la izquierda y la derecha), ya que no le parecía que entendieran ni los problemas del mundo ni sus posibles soluciones:

«Ninguno de los dos grandes partidos está planteando las preguntas correctas en relación con las necesidades más apremiantes del momento. [...] A nuestra manera, esto es lo que hemos estado haciendo en PayPal todo este tiempo. Hemos creado un sistema que permite a todo el mundo participar en el comercio global. Y hemos luchado contra la gente que nos podía hacer daño a nosotros y a nuestros usuarios. Ha sido un proceso gradual y repetitivo, y nos hemos equivocado muchas veces por el camino, pero hemos seguido avanzando en la dirección correcta para resolver estos grandes problemas mientras el resto del mundo los ignoraba.

Y por eso me gustaría enviar un mensaje al planeta Tierra desde Palo Alto. Llevamos una buena vida aquí en Palo Alto. Hemos sido capaces de mejorar muchas de las formas de hacer las cosas. Vengan a visitarnos alguna vez y aprenderán algo. Creo que descubrirán que es un lugar mucho mejor que la Tierra».

Aunque hay gente que recuerda las menciones políticas en el discurso de celebración de la OPI como momentos incómodos, otros reflexionan ahora sobre ello señalando que el trasfondo político de PayPal encaja con la creencia de la empresa en los logros individuales. Vivien Go, por ejemplo, comenta que su paso por PayPal «me convirtió en ciudadana estadounidense. [...] Al principio, uno de nuestros lemas era "democratizar los pagos", para que cualquier pequeño vendedor en el lugar más remoto del mundo, que nunca antes hubiera tenido opciones, pudiera, ya sabes, hacer negocios y mejorar su vida».

Eso encajaba, al menos según su experiencia, con la voluntad de la dirección de PayPal de empoderar a cualquiera dentro de la empresa. «Los directivos de PayPal tenían un verdadero interés en cambiar el mundo, en obtener la mejor versión del ser humano. Así que celebraban la contribución de cada persona. Daba igual que fueras un empleado raso; si tenías algo que decir, querían escucharlo. [...] Realmente creían en los individuos, en lugar de en las instituciones».

■ ■ ■

El penúltimo día antes de la adquisición, el equipo hizo otra celebración en el aparcamiento del 1840 de Embarcadero Road; era el último «hurra» antes de entrar en la plantilla de eBay Inc. El equipo ejecutivo se enfundó unos trajes inflables de sumo y accedió a hacer un simulacro de lucha libre en un cuadrilátero de grandes dimensiones. Así, los fundadores de PayPal (que pronto pasaría a ser propiedad de la competencia) se pegaron mientras cada equipo animaba a su jefe desde la barrera. Incluso el último día de independencia, reinó en PayPal un amistoso ambiente competitivo.

CONCLUSIÓN: EL MERCADO

Peter Thiel no había fijado ningún plan global de transición para los meses posteriores a la adquisición. En vez de eso, se marchó de viaje al extranjero tras el anuncio, dejando a David Sacks al mando. Este había ocupado el puesto de director de operaciones y algunos anticipaban que podría ser ascendido a CEO en la futura PayPal.

La retirada se había iniciado incluso cuando aún se estaba ultimando el acuerdo. Thiel empezó ya entonces a planear su siguiente movimiento: el regreso a su fondo de inversión global. Jack Selby, Ken Howery y otros exmiembros de PayPal lo acompañaron y le ayudaron con los preparativos. «En octubre ya estábamos operando», me relató Selby.

Así que Thiel envió una breve nota de despedida a toda la empresa el jueves 3 de octubre de 2002:

A todo el mundo:

Con efecto al cierre de los mercados de hoy, eBay ha completado su adquisición de PayPal. Tras reflexionar las últimas semanas, he llegado a la conclusión de que es el momento adecuado para afrontar nuevos retos y, por tanto, este será mi último día en la empresa.

Para todos los que hemos formado parte del equipo de PayPal han sido unos años increíbles e inolvidables. Siempre he sabido

que las personas son la parte más valiosa de cualquier empresa,
y hoy estoy más seguro que nunca de que así es. Mientras
nos mantengamos centrados en esta realidad, el futuro de la
combinación eBay-PayPal tendrá éxito.

Cuando fundamos PayPal, Max y yo empezamos contratando a
varios amigos. Con el tiempo también contratamos a los amigos
de nuestros amigos, y así sucesivamente, avanzando en círculos
concéntricos. Considero un testimonio indeleble de nuestro éxito
el hecho de que las amistades ya existentes se hayan fortalecido
y que se hayan forjado muchas nuevas. Sé que seguiremos en
contacto.

Saludos,
Peter

■ ■ ■

En los meses transcurridos entre el anuncio de la adquisición y su
entrada en vigor quedó claro que ni la directiva de eBay ni la de
PayPal se habían preparado del todo para afrontar lo que supondría
la integración de ambos equipos. En PayPal no les entusiasmaba la
idea de formar parte de eBay. «Tuvimos que hacer el papelón de ir
a la gente de eBay y decirles que queríamos quedarnos —recuerda
Woolway—. Pero era evidente que nadie en eBay quería que nadie
de PayPal se quedara... y nadie de PayPal aspiraba a quedarse en la
empresa fusionada».

Ambas partes preveían dificultades en cuanto a la cultura corporativa, y las primeras reuniones confirmaron una marcada diferencia
de perspectivas: un miembro de la junta de PayPal recuerda que «tardaba un día entero en convocar una reunión, porque en eBay había
demasiada burocracia». En un determinado momento, el equipo de
PayPal se desplazó a pie hasta la sede de eBay solo para tragarse una

presentación de PowerPoint de más de cien diapositivas. «Bueno, supongo que tendremos que contratar a nuestra propia persona de PowerPoint», bromeó un ejecutivo de PayPal al terminar aquella reunión.

Y es que el objetivo de eBay era llevarse la tecnología y los usuarios de PayPal, no captar talento. «En su mayoría, las habilidades que aportábamos como líderes eran redundantes», me explicó Selby. Meg Whitman nombró a un directivo de su confianza, Matt Bannick, como responsable de pagos y (era de suponer) futuro presidente de PayPal. De modo que Sacks no obtendría aquel puesto.

Aun así, eBay hizo grandes esfuerzos por mantener a ciertas personas a bordo del barco, entre ellas varios puestos clave. Todd Pearson, por ejemplo, había sido el responsable de la relación de la empresa con Visa y MasterCard a lo largo de los años. Sus habilidades y contactos habían mantenido a PayPal en marcha. «Si lo dejaba escapar —me dijo Selby—, la empresa habría estado jodida».

Sin embargo, varios de quienes se quedaron en eBay se dieron cuenta de que la vida en una gran empresa era asfixiante. «Estamos pasando de una mentalidad de vaqueros a una cultura de los caquis», señaló David Wallace. Pero él no le veía ningún sentido a nadar contracorriente respecto al cambio cultural, ya que eBay ya había «decidido lo que iba a hacer. PayPal ya no era la versión gigante de una empresa familiar».

Los antiguos trabajadores de PayPal notaron un inquietante aumento del papeleo, las reuniones y la necesidad de archivar informes. Aunque en parte eso era un efecto secundario de haberse convertido en filial de una empresa más grande, como estaban acostumbrados a la independencia y a la rapidez, se desesperaron. Janardhan, por ejemplo, recuerda que su nuevo jefe de eBay no entendía su trabajo, y llegó al punto de pedirle una hoja de cálculo con el detalle de lo que hacía y cómo empleaba su tiempo, «para poder asignar los recursos de forma adecuada». Él se quedó perplejo. «¿De qué me hablas? Aquello era como una escena de *Office Space*».

Es cierto que los trabajadores de PayPal admiten que tampoco pusieron mucho de su parte en la integración de las dos empresas. «Hubo entre tres y seis meses que fueron un infierno porque así lo quisimos», reconoce Kim-Elisha Proctor.

Además, no ocultaban para nada su descontento. Una memorable muestra de ello se produjo cuando eBay distribuyó mangostas de peluche por un llamamiento que hicieron a toda la empresa para marcarse objetivos inteligentes. En la zona de PayPal, la gente masacró a sus mangostas: a una la estrangularon con un cable Ethernet y la colgaron del techo; a otra la clavaron a la pared con un cuchillo atravesándole el esternón; otra fue crucificada y le pusieron una corona de espinas en miniatura. Desde luego que las mangostas mutiladas no contribuyeron a que el personal de PayPal se hiciera querer por sus nuevos «hermanos» de eBay. «El comportamiento de algunos de mis compañeros me pareció vergonzoso y francamente inapropiado —admitió Amy Rowe Klement—. Yo no tenía ninguna prueba de que los líderes de eBay fueran poco éticos o malvados. ¿Por qué no iba a darles una oportunidad?».

Un fragmento del *Weekly Pal* de esa época atestigua el cambio cultural. Los equipos habían empezado a celebrar «reuniones de integración», y un resumen de cómo estaban funcionando mostraba tanto el reto que suponía mezclar distintas culturas como cierto grado de sarcasmo que, sin duda, disgustó al personal de eBay:

Las reuniones de integración entre PayPal y eBay en el área de producto están yendo muy bien. La gente de eBay ha dedicado mucho tiempo a prepararlas; incluyen muchas simulaciones. Es impresionante ver simulaciones de varias webs de eBay con los logos de PayPal por todas partes.

En una de las reuniones de integración de productos nos preguntaron si podíamos compartir los identificadores de usuario y las contraseñas. Les dijimos que obtener una contraseña de PayPal era como abrir la puerta a todo el patrimonio de ese usuario. A continuación, David Sacks preguntó si alguna vez nos habían hackeado la web. Uno de los inocentes «ebayanos» respondió encogiéndose de hombros: «¡Claro!». Sacks dijo: «Pues entonces no será posible». Estuvieron de acuerdo. =)

Y unas cuantas citas:

«¡Hala! ¿Hay embutidos gratis?».

[En eBay] «debemos tener nuestros DRPs [también conocidos como especificaciones] terminados para que los revise la dirección antes del 1 de septiembre si queremos que lo lancen en enero».

Al llegar a la recepción de eBay: «¿Con quién estás?» («Con PayPal») «¿Has estado aquí antes?» («No») «¿De qué se trata?» («De que nos han comprado») «Oh… Vale…, hmmm… Supongo que no hace falta que fiches».

Max Levchin continuó como director de tecnología más tiempo del que muchos esperaban, pero no le resultó fácil trabajar para eBay. Se sentía cada vez más frustrado por el día a día de la gran empresa, y tampoco tenía unas responsabilidades específicas. John Malloy tomó su experiencia como referencia a la hora de trabajar con otros fundadores. «Gracias a Max […] soy mucho más sensible al hecho de que, cuando mis empresas se venden, me mantengo en contacto con todos mis fundadores. […] Porque hay un sentimiento de pérdida. Es algo parecido a la depresión. […] Tenías algo que llenaba tu vida y de pronto desaparece. Y tienes que reinventarte».

Cuando Levchin finalmente se marchó en noviembre de 2002, el equipo le despidió con una recreación de la legendaria fiesta de la salida a bolsa de la empresa. «Aquel día fue el mejor de mi vida, hasta donde puedo recordar —confesó en un correo que envió tras la fiesta a un reducido grupo de colegas—. Y esta fiesta ha sido una réplica fiel.

Además, he vuelto a hacer el ridículo delante de un montón de gente. No sé qué más puedo decir al respecto. [...] Me ha encantado y amo a todo el mundo por haberla organizado y por las demás genialidades :-)».

■ ■ ■

La rápida salida de Levchin y de los principales directivos de PayPal alimentó la idea de que eBay estaba perdiendo talento. Pero este discurso pasa por alto el hecho de que mucha gente de PayPal con talento se incorporó a eBay *después* de la adquisición, y disfrutó en adelante de una carrera larga, lucrativa y de gran impacto.

Sin ir más lejos, Katherine Woo llegó a PayPal en 2002 y, por tanto, como ella dice, «no era una "paypaliana" acérrima, de las de *PayPal hasta la muerte*. No llegué lo bastante pronto». Ella se quedó tras la adquisición de eBay y logró ascender. Señala que, en parte, lo que la mantuvo allí fue el profundo respeto que sentía por su jefa, Amy Rowe Klement. «Amy se preocupaba por la gente, no se dejaba llevar por aquello de *ellos son malos y nosotros somos buenos*».

Por su parte, para Klement la decisión de quedarse en eBay estuvo motivada por la pasión hacia un equipo al que había ayudado a crecer desde que eran cuatro gatos en una oficina encima de una panadería hasta que llegaron a ser una multinacional financiera. «Me preocupaba mucho por mi equipo (y por el diseño, la ingeniería, el control de calidad, el contenido, etc.). Me sentía muy orgullosa de lo que habíamos creado. Así que no estaba dispuesta a marcharme. Y el foco en mi propio crecimiento como líder tenía que ver con esto. Sabía que tenía mucho más que aprender». También sentía que la empresa tenía ciertos asuntos pendientes. «Enseguida tuvimos que enfrentarnos a la idea de que éramos algo así como la caja registradora de eBay. Debíamos demostrar que el negocio de los pagos era más importante que cualquier web de compraventa».

En cuanto a Huey Lin, se sintió decepcionada por la marcha de los más veteranos de PayPal, pero ese éxodo les dio nuevas oportunidades a ella y a otras personas. «Todos los altos cargos se marcharon y tuve que adaptarme», me explicó. Los mandos intermedios de PayPal obtuvieron rápidos ascensos, aprendieron a gestionar a personas y a desenvolverse en la mecánica de una organización más grande.

eBay también ofertaba programas de formación, como clases de «aprendizaje y desarrollo» para directivos, un concepto que era nuevo para la plantilla de PayPal. «La formación para directivos no existía en PayPal. Se improvisaba», recuerda Lin. Ella y otros se beneficiaron de estas oportunidades y se llevaron sus nuevos conocimientos a sus trabajos posteriores.

Algunos exmiembros de PayPal señalan también que el éxito en eBay dependía, en parte, del lugar donde cada cual aterrizaba. El primer ingeniero que tuvo PayPal, David Gausebeck, se unió al equipo de arquitectura, donde permaneció hasta 2008, seis años después de la adquisición. Aunque más tarde abrió su propia empresa, valora positivamente el tiempo que pasó trabajando en eBay. Su equipo «estaba bastante aislado de todo lo relacionado con el negocio de eBay. Seguía inmerso en los mismos problemas y desarrollando el mismo producto, y siendo relativamente feliz haciéndolo».

Muchos más exintegrantes de PayPal permanecieron en eBay y gran parte de ellos reconocen que les facilitó su desarrollo profesional, les enseñó a convertir una empresa emergente en una organización madura y les recompensó económicamente. Hay quien sigue trabajando en PayPal o en eBay en el momento de escribir este libro. Para muchos, su generosa compensación tuvo un gran impacto en sus vidas. Aunque Levchin, Musk, Thiel y algunos otros se beneficiaron tanto de la oferta pública de venta como de la compra de eBay (en parte debido a la «adquisición acelerada» de sus acciones, una práctica habitual en este tipo de transacciones), muchos de sus colegas tenían miles de acciones sin titularidad, así que los años que pasaron en eBay les permitieron obtener unas ganancias que parecían caídas del cielo.

■ ■ ■

Entre otros, Musk, Thiel, Sacks, Klement y Jeff Jordan (este último de ebay) habían defendido que PayPal podría seguir creciendo tras la adquisición. La historia ha demostrado que esas intuiciones eran correctas. En 2002, PayPal tenía más de 20 millones de usuarios en decenas de países; en 2010, superó los cien millones de usuarios en casi todo el mundo. En el momento de escribir este libro, PayPal cuenta con más de 350 millones de usuarios, y facturó casi un billón de dólares en transacciones solo en 2020.

Así mismo, su cuota de negocio dentro del ecosistema de eBay también creció. Cinco años después de la adquisición, PayPal representaba un tercio de los ingresos totales de la empresa; otros cinco años más tarde, aportaba casi la mitad. Según algunas estimaciones, la mitad de los 70.000 millones de dólares de valoración de eBay en 2014 era atribuible a PayPal.

Con el tiempo, el impresionante crecimiento de PayPal dentro de eBay hizo que un pequeño grupo reclamara su independencia. En 2002, en una charla en Stanford, alguien le preguntó a Thiel qué consejo podía darle a PayPal. «El mercado más grande está fuera de eBay —respondió él—. Deberían desarrollar muchas prestaciones y funcionalidades de producto que permitan los pagos de punto a punto en un contexto externo a eBay».

El movimiento independentista de PayPal cobró fuerza gracias al inversor y activista Carl Icahn. En 2013, él adquirió una importante participación en eBay y empezó a presionar para que PayPal se escindiera. Pero, en su informe trimestral de enero de 2014, eBay respondió: «En cuanto a la propuesta de separación del señor Icahn, la junta directiva de eBay [...] no cree que la ruptura de la empresa sea la mejor manera de maximizar el valor para los accionistas».

Icahn y eBay se enfrentaron a lo largo de la primavera y el verano de ese año. El primero lanzó contra la empresa acusaciones de conflicto de intereses y dejadez en el gobierno corporativo, además de hacer incesantes llamamientos a la separación de PayPal. «Nos hemos topado con muchas situaciones problemáticas a lo largo de los años, pero el desprecio absoluto por la rendición de cuentas en eBay es el más flagrante que hemos visto jamás», escribió en febrero de 2014. A su vez, eBay calificó a Icahn de «equivocado por completo» en su carta de respuesta, titulada «Cíñete a los hechos, Carl».

Icahn hizo pública su opinión a través de unas cuantas y lacerantes cartas abiertas dirigidas a los accionistas, así como en ciertas apariciones en la prensa. «PayPal es una joya y eBay está ocultando su valor», declaró a *Forbes*. Algunos exmiembros de PayPal también intervinieron en el debate. «No tiene sentido que un sistema de pago global sea una filial de una web de subastas —dijo Musk—. Es como si Target fuera dueño de Visa o algo así. [...] A PayPal la descuartizará el sistema de pagos de Amazon, o de otros como Apple, o ciertas empresas emergentes, si sigue formando parte de eBay». Él, que en aquel momento ya estaba metido de lleno en su doble papel como CEO de Tesla y SpaceX, llegó a la conclusión de que PayPal tenía que escindirse o, de lo contrario, se hundiría. «Carl Icahn es capaz de verlo —apuntó—. Y no es precisamente un superexperto en tecnología».

Sacks estaba de acuerdo y argumentaba que PayPal, libre de las garras de eBay, podría proporcionar una experiencia mejor que la mayoría de los bancos. «Si se le permitiera seguir su camino, podría dar pasos para convertirse en la compañía financiera más grande del mundo», declaró a *Forbes*. En definitiva, Sacks y Musk calculaban que, aunque el valor de PayPal había crecido hasta unos 30 o 40.000 millones de dólares bajo la propiedad de eBay, tenía el potencial de ser una compañía de 100.000 millones de dólares por sí sola.

En el verano de 2014, el presidente de PayPal, David Marcus, se marchó a Facebook. Un creciente interés por los pagos móviles surgió tras el lanzamiento de Apple Pay y la salida a bolsa de Alibaba, que dio a conocer Alipay, su producto de pago. Todo esto convenció a eBay para dar marcha atrás.

Así, el 13 de septiembre de ese año eBay anunció que PayPal volvería a ser una empresa independiente. Revocando su declaración de enero de 2014 —según la cual PayPal y eBay seguirían siendo una unidad indisoluble—, el CEO de PayPal, John Donahoe, escribió: «Una evaluación estratégica exhaustiva llevada a cabo con nuestra junta directiva muestra que mantener eBay y PayPal juntas más allá de 2015 resulta claramente menos ventajoso para cada negocio desde el punto de vista estratégico y competitivo». Los accionistas de eBay recibirían por cada acción una de PayPal.

Así pues, PayPal salió a bolsa por segunda vez a mediados de julio de 2015, trece años después de anunciarse su adquisición por parte de eBay. En el momento de escribir este libro, la capitalización bursátil de eBay en el Nasdaq supera los 40.000 millones de dólares. PayPal vale hoy más de 300.000 millones de dólares, es decir, más de 300 veces su valoración en la oferta pública de venta de 2002.

Con más de 20 años de historia, puede decirse que PayPal se ha convertido en el sistema de pago mundial que imaginaron sus fundadores. Y, aun así, para algunos, esta medida del éxito sigue siendo insuficiente. «PayPal debería ser la institución financiera más valiosa del mundo con diferencia», argumenta Musk. Años después de haberlo dejado todo atrás, le propuso a Reid Hoffman que el equipo fundador de PayPal volviera a adquirir la empresa y la convirtiera en el centro neurálgico de las finanzas mundiales.

Hoffman recuerda ese momento con humor y se lo toma como un pensamiento en voz alta de un amigo con ambición compulsiva, en cuya lista de tareas pendientes había cosas como coches eléctricos, tecnología espacial, transporte público, energía solar, lanzallamas fabricados a medida y muchas otras. «Habría que decirle que lo dejara estar de una vez», señaló.

■ ▨ ▨

Al igual que la propia PayPal, muchos de sus fundadores y de las primeras personas que trabajaron en la compañía han tenido éxito profesional. Varios terminaron abriendo otras empresas conocidas, como YouTube, Yelp, LinkedIn, SpaceX o Tesla. En varios de esos casos, las inversiones iniciales llegaron también de la red de antiguos miembros de PayPal. Yelp, por ejemplo, recibió su primera inversión de Levchin, quien se dice que accedió a ella el día después de su fiesta de cumpleaños, en la que los cofundadores de Yelp, Jeremy Stoppelman y Russ Simmons, compartieron con él su idea de las reseñas localizadas.

Incluso quienes no abrieron sus propias empresas se incorporaron a las de sus «hermanos» de PayPal: Tim Wenzel, Branden Spikes y Julie Anderson, por ejemplo, acompañaron brevemente a Musk en sus últimas compañías. Más tarde, Thiel fundó una empresa de capital riesgo (Founder's Fund) que contrató a muchos exmiembros de PayPal y además invirtió en sus empresas.

Sin embargo, no todo el mundo se puso en marcha enseguida. «Estuve un año sin poder trabajar después de aquella experiencia», reconoce Luke Nosek. Tras su salida se dedicó a viajar por el mundo. Otros probaron suerte en entornos más tranquilos, fuera del frenético ambiente de las empresas emergentes. Y tanto Bob McGrew como Levchin coquetearon con la idea de forjarse una trayectoria académica. El primero se matriculó en un programa de doctorado en Stanford. Y Levchin también buscó un doctorado, en su caso en criptografía, y se pasó un verano entero trabajando con uno de los primeros asesores técnicos de Confinity, Dan Boneh. Pero entonces, recuerda, Boneh frenó su floreciente carrera académica.

—Esto no va a funcionar —le soltó.

—¿Por qué? ¡Si me encanta! —replicó Levchin.

—No, no, porque cada vez que hablamos de algo lo único que quieres es saber para qué se va a utilizar. Tienes que pensar en tu próximo proyecto, en abrir una nueva empresa, no en resolver un complicado problema matemático —le explicó Boneh. McGrew también dejó al final su doctorado. Thiel le convenció para que se incorporara a la empresa de *big data* Palantir Technologies como director de ingeniería.

En cuanto a Sacks, su primer proyecto tras PayPal le llevó, aunque parezca mentira, a Hollywood. Junto con Levchin, Woolway, Thiel y Musk produjo la película satírica *Thank You for Smoking*, que fue nominada a dos Globos de Oro en 2007. Pero, a pesar de su éxito, al poco interrumpió la actividad de su productora. «Habíamos construido PayPal en tres años, e hicimos una película en tres años —le contó a un periodista en 2012—. Ambas son grandes experiencias, pero PayPal dio un fruto multimillonario que hoy tiene más de cien millones de usuarios. [...] Y es que se pueden lograr cosas en el sector tecnológico a una escala imposible de alcanzar con las películas». Total, que Sacks volvió a Silicon Valley y creó la red social corporativa Yammer, que vendió a Microsoft por 1200 millones de dólares en 2012.

También algunas rivalidades y desavenencias de PayPal se han mantenido a lo largo de los años, y son bien conocidas en los círculos de Silicon Valley. Sin embargo, ciertas heridas han cicatrizado de forma inesperada. En 2010, Meg Whitman se presentó como candidata a gobernadora de California; entre sus partidarios estaba Peter Thiel, su antiguo adversario en los negocios, que aportó casi 26.000 dólares a su campaña y le mostró su apoyo ante la prensa.

■ ■ ■

En 2006, la historia de la red de antiguos miembros de PayPal empezó a aparecer en las noticias. Por ejemplo, el *New York Times* publicó un extenso perfil al respecto. Pero fue un artículo de la revista *Fortune* en 2007 el que convirtió los vínculos de aquel grupo en legendarios. Su titular, «La mafia de PayPal», dejó huella. Las fotos que lo acompañaban mostraban a Thiel, Levchin y otros once exintegrantes de PayPal disfrazados de mafiosos. Inspirada en las películas de *El padrino*, la sesión fotográfica tuvo lugar en el Tosca Café, un emblemático restaurante de San Francisco con lujosos sofás de cuero y murales italianos.

Pese a la popularidad que alcanzó la foto, también irritó a muchos exmiembros de PayPal. Hubo quien pensó que la etiqueta de «mafia» se había puesto con mala intención. «No me gustó nada. [...] PayPal no era eso. Para ser sinceros, era un gran grupo de amigos que pensaban que podían hacer lo que quisieran, que se esforzaban mucho, eran muy inteligentes y estaban dispuestos a asumir riesgos y a perder. No es que aquel fuera un plan magnífico», observa Kim-Elisha Proctor. Además, para algunos de quienes conocían a y seguían trabajando con exintegrantes de PayPal, aquel apelativo implicaba una sofisticación y una mística inexistente en aquella plantilla de personajes rudos. «Casi todo el mundo allí se sentía un segundón —me comentó Malloy—. No había ningún chico popular. [...] Choca el hecho de que ahora la gente de PayPal sea vista como popular; no podrían ser más lo contrario».

En cuanto a Hoffman, prefería el término «red PayPal». «Al englobarlos bajo el término *mafia*, mucha gente asume que se trata de un grupo de personas que ven el mundo de la misma manera —declaró al *New York Times*—. Pero, en realidad, se trata de gente que pasó junta por una experiencia muy intensa. [...] Es como la serie *Hermanos de sangre*, un grupo de personas que fueron a la guerra juntas, pero que iban en direcciones distintas».

Por su parte, Julie Anderson, la trabajadora número cinco de X.com, no estaba de acuerdo con aquella imagen de los fundadores de PayPal. Cuando la vio por primera vez y se dio cuenta de que ahí solo había hombres, dijo sentir «verdaderas náuseas. Porque ninguna de nosotras estaba representada». Su crítica estaba más que justificada: ya en noviembre del año 2000, en la agenda telefónica de la empresa (con 150 contactos) había un tercio de mujeres, entre las que se encontraban varias —Julie Anderson, Denise Aptekar, Kathy Donovan, Donna Driscoll, Sarah Imbach, Skye Lee, Lauri Schultheis y Amy Rowe Klement, entre otras— que ocuparon puestos directivos y desempeñaron papeles vitales en el crecimiento y el éxito de la empresa.

Así pues, la foto de la mafia de PayPal generó un falso mito, y además preocupante. Como se documenta al detalle en el libro *Brotopia*, de Emily Chang, y en otras fuentes, hace tiempo que Silicon Valley tiene problemas para garantizar que las mujeres reciban un trato equitativo en los procesos de contratación, captación de fondos, promoción laboral, representación en las juntas directivas y en el reconocimiento de sus logros. La foto de la mafia y la leyenda que la rodea contribuyeron a agravar este problema y proporcionaron una evidencia gráfica de la crítica que se les hacía por ser un «club solo de chicos».

Para algunos exmiembros de PayPal, además, la foto era el símbolo desafortunado de cómo un equipo que antes estaba unido se había llegado a romper. «La realidad es que hay un pozo muy profundo de frustración, tristeza y rabia, porque aunque (en general) lo hicimos muy bien en lo profesional —escribió una antigua trabajadora en un correo electrónico— los hombres se mantuvieron unidos, nos excluyeron (en general) y se convirtieron en líderes del mundo». Ella y otras se sentían empoderadas en PayPal, pero se vieron apartadas de gran parte de la gloria posterior. Hoy en día, muchos ex de PayPal consideran que la foto y la etiqueta de «mafia» son una representación lamentablemente parcial de aquel primer equipo, y un tipo de imagen que refuerza los peores estereotipos del sector.

SB Master, responsable del nombre de PayPal y que pensaba mucho acerca de cómo bautizar a empresas y marcas, creía que la denominación de «mafia» tampoco les encajaba. Ella fue consultora para varios de los trabajadores iniciales cuando lanzaron otras empresas y proyectos, y (conociéndolos como los conocía) los consideraba un hatajo de empollones poco convencionales más que una mafia tecnológica. Pensando en la galería de talentos de los primeros años de PayPal, creía que el término «diáspora» se refería mejor a todo lo que derivó de aquel equipo inicial.

Aunque aparece en la foto de la mafia, David Sacks también prefiere llamar a aquello *diáspora*. «No es como un club; es más bien un movimiento de diáspora. Lo que sucedió es que, bueno, ya sabes, invadieron nuestro país, nos quemaron el templo y nos echaron. Nos parecemos más a los judíos que a los sicilianos».

■ ■ ■

Con el tiempo, ese grupo organizó varias reuniones, al menos una en casa de Sacks y otra en la de Thiel. Hasta quienes se habían distanciado de aquel equipo principal se maravillaban de lo lejos que habían llegado sus colegas desde sus días en University Avenue. Para Branden Spikes, ser testigo del progreso de sus antiguos compañeros resultaba inspirador. Como dijo más tarde, «muchas de las personas con las que me sentaba en aquellos cubículos, picando código y desarrollando sistemas, terminaron fundando algunas de las mejores empresas que existen hoy en día. Volver a reunirme con toda esta gente y escuchar sus historias fue muy sugerente». De hecho, tras una de esas reuniones Spikes se sintió motivado para recaudar fondos y abrir su propia empresa.

Y muchos se aferran a los recuerdos de esa época. Varias de las personas entrevistadas para este libro llevaban su camiseta de X.com o me enseñaron una taza de la marca a través de la pantalla. Y unas cuantas señalaron que su condición de «ex» de PayPal era algo bastante valioso en los círculos tecnológicos. Aún hoy les siguen acribillando a preguntas sobre lo que aprendieron en aquellos años.

En cambio, para otros que los asocien con aquello resulta agobiante. «No quiero ser solo el tío que creó PayPal», se quejó Levchin. Han pasado tantas cosas en la vida de los fundadores de la empresa en las dos décadas transcurridas desde entonces que es comprensible. En el primer intercambio de correos que tuvimos para este proyecto, Musk se preguntaba por qué alguien podría estar interesado en la historia de su segunda empresa. «Se ha quedado bastante vieja a estas alturas», me escribió.

Pero esta vieja historia proyecta una sombra alargada, e incluso el propio Musk mostró cierta vena nostálgica. Muchos años después de comprar la url X.com, la recompró en 2017. Y se reía mientras me contaba cómo había sido aquello: el corredor que se la vendió vio ese acuerdo como su máximo logro. «[Las url] son su gran pasión en la vida y sabe lo que hace. [...] Y me escribió una carta muy larga y emotiva», me relató Musk.

Al ser preguntado por sus pretensiones al respecto, Musk respondió en Twitter: «¡Gracias, PayPal, por permitirme recomprar X.com!

No hay ningún plan ahora mismo, pero tiene un gran valor sentimen-
tal para mí». En el momento de escribir este libro, si uno visita X.com
le recibe un solo carácter, una *x*. El resto de la página está en blanco.

No obstante, Musk dejó una sorpresita, una especie de huevo de
Pascua en X.com: mientras preparo este libro, cualquier otra variación de la url (www.x.com/q o www.x.com/z, por ejemplo) revela la
letra «y» en su lugar.

■ ■ ■

Aunque sus fundadores apenas hablaban de forma explícita de una
«cultura corporativa» en aquel momento, la manera de ser de PayPal
dio forma, en definitiva, a la actitud de toda una generación de talentos en Silicon Valley. Hoy en día, aquellos novatos que construyeron
PayPal se encuentran entre las personas más influyentes del mundo
de la tecnología y la ingeniería, y cada una de sus declaraciones es de-
codificada, diseccionada y debatida. Dirigen empresas e invierten en
otras, y reciben cientos de propuestas semanales de jóvenes promesas
llenas de ideas, ambición y energía.

Es inevitable: ya sea en podcasts, conferencias o discursos, comparten lo que aprendieron en su paso por PayPal. Este proyecto se ha
beneficiado de tales respuestas, pero muchos también añaden enseguida una especie de descargo de responsabilidad. «Nunca está muy
claro […] qué aprendizajes se pueden sacar —señaló Thiel—, porque
no es posible hacer el experimento de crear una de estas empresas dos
veces».

Aun así, no cabe duda de que la experiencia en PayPal sirvió de
base para los futuros proyectos del grupo. Por encima de todo, fue
la prueba de que unos cuantos novatos con talento podían trastocar
un sector, cosa que han reproducido en todos los ámbitos, desde las
redes sociales de carácter profesional hasta la contratación pública o
las infraestructuras. «Lo que aprendimos de la experiencia de PayPal
fue […] que se puede revolucionar un sector contando con gente inteligente, esforzándose mucho e implementando una tecnología que

no se haya visto antes —me aseguró Hoffman—. Y así, de repente, se amplía muchísimo el abanico de ámbitos a los que puedes dirigirte, gracias a nuestra experiencia en PayPal». Amy Rowe Klement comparte esta opinión: «Si no somos nosotros, ¿quién, entonces? La idea de que aquel variopinto grupo de gente inadaptada pudiera juntarse para crear algo de la nada resultaba increíble».

También llegaron a ver la inexperiencia como una ventaja. «Entre los mejores trabajadores de la empresa, muy pocos contaban con experiencia previa en el sector de los pagos —puntualizó Mike Greenfield, del equipo de análisis de fraude—; y muchos de los mejores tenían poca o ninguna en el desarrollo de productos de Internet». Si la empresa hubiera enfocado su lucha contra el fraude de la forma tradicional, «habrían contratado a gente que llevase 20 años elaborando modelos de regresión logística para los bancos, pero sin haber innovado nunca. De ese modo, las pérdidas por fraude tal vez hubieran acabado hundiendo a la compañía».

Lauri Schultheis recuerda que contrataba a propósito a personal sin experiencia. «Cuando buscábamos a gente para luchar contra el fraude, en realidad tratábamos de dar con personas sin trayectoria alguna en ese campo, porque no queríamos que tuvieran ideas preconcebidas sobre lo que debían hacer en PayPal. [...] Preferíamos que fueran capaces de adaptarse y pensar de forma diferente, y ver las cosas desde una perspectiva distinta, en lugar de decir: "Bueno, ya sabes, así lo hicimos en este banco y en este otro, y así es como deberíamos hacerlo aquí"».

Tim Wenzel recuerda que convocó a un candidato para una última entrevista con Thiel. Al terminar, este lo acompañó al cubículo de Wenzel y él, a su vez, a la salida. Cuando Wenzel regresó a su puesto, le esperaba un correo electrónico de Thiel: «Se acabó. Por favor, que no vengan más expertos en pagos».

Muchos eran novatos en otro sentido: la mayor parte de los diez cofundadores de X.com y Confinity habían nacido en el extranjero. «Inmigrar es en sí una forma de emprendimiento —señaló Sacks—.

Uno da un paso adelante para irse de su país y lo normal es que deje todo atrás. Es el acto de emprender por excelencia. Así que no es de extrañar que cuando la gente llega a EE. UU. siga intentando emprender para transformar su entorno».

Levchin incorporó un requisito sorprendente para los miembros de la plantilla de PayPal que, en su opinión, contribuyó al éxito de la empresa y a los logros posteriores de sus trabajadores: a muchos de los primeros contratados sencillamente no les gustaba trabajar por cuenta ajena. «El mejor en cualquier empresa y en cualquier nivel de responsabilidad es, en general, quien cree que ese será su último trabajo por cuenta ajena. Es decir, que su siguiente proyecto será propio —me explicó Levchin—. Creo que contar con el mayor número posible de personas con esa actitud fue lo que marcó la diferencia, lo que convirtió más adelante a la compañía en un terreno tan fértil para el emprendimiento». Tim Hurd, miembro de la junta directiva, me describió los requisitos para entrar a trabajar en PayPal de una forma muy sencilla: «¿Eres una estrella del rock intelectual? Punto número uno. ¿Puedes hacer lo que necesitamos que hagas, y hacerlo realmente bien? ¿Y te esforzarías muchísimo para lograrlo? Bien, no importaba nada más».

Tener éxito en Silicon Valley implica apartarse de esos novatos poco ortodoxos que tal vez acaben dando la vuelta al futuro. Hoy en día, varios fundadores de PayPal se hallan quizá más cerca de un primer ministro que de los Tom Pytels del mundo. «Cuando llegas a un cierto nivel de comodidad, es difícil volver a jugártelo todo y valorar a quien se lo está jugando todo de nuevo —me confesó Malloy—. Porque ¿entiendes de verdad a ese tipo que está ahí, durmiendo en el suelo?».

Aquellos pioneros, sobre todo en su papel de inversores, han tenido que hallar la forma de superar ese reto. Con este fin, Levchin se reúne bastante a menudo con pequeñas organizaciones estudiantiles en las distintas universidades que visita, y rememora sus días en la ACM. Se sabe que acepta reunirse con gente que está fuera de su órbita, incluso con algún estudiante de secundaria que de vez en cuando contacta con él, si su mensaje es convincente. En cuanto a Hoffman, se obliga a preguntarles con frecuencia a los demás: «¿Quién es la persona más excéntrica o poco ortodoxa que conoces? ¿Podría conocerla? Puede que esté loca *o* puede que sea un genio». Podría parecer que anda buscando a algún basto emprendedor que se asemeje a sus antiguos y bastos colegas, un grupito que logró transformar una «jaula de grillos» en una de las mayores empresas de capital abierto del mundo.

■ ■ ■

Sin embargo, estos atributos del personal de PayPal explican solo una parte del éxito de la fórmula: a finales de los noventa, Silicon Valley rebosaba de «estrellas intelectuales del rock» poco convencionales, dispuestas a sacrificar su vida social y sus horas de sueño en pro del éxito de su empresa emergente. No, el triunfo de PayPal brotó de otras fuentes.

Una de ellas fue un enfoque inquebrantable en el producto en sí, no solo en la tecnología que lo sustentaba. «Estábamos muy centrados en desarrollar el mejor producto posible. [...] Obsesionados con materializar algo que proporcionara la mejor experiencia posible al cliente —afirmó Musk sobre su trabajo tanto en Zip2 como en PayPal—. Y esa fue una estrategia de venta mucho más eficaz que tener una inmensa fuerza de ventas o trucos de marketing o decálogos de pasos y cosas así».

Pocos personificaron ese planteamiento tan bien como David Sacks y el equipo de producto, muchos de cuyos miembros tendrían luego destacadas carreras en ese ámbito. El propio Sacks aplicó a sus siguientes proyectos los aprendizajes adquiridos en PayPal, sobre todo en lo que respecta a la distribución del producto. «[Allí] partíamos de cero, con muy pocos recursos, y teníamos que descubrir cómo lograr la distribución —me confesó—. Desde la época en que estaba vinculado a PalmPilot [...] hasta el producto web, siempre nos preguntábamos: "¿Cómo conseguimos que la gente descubra esto, para que lo utilice?"».

El diseñador Ryan Donahue recuerda a un equipo «obsesionado con la distribución de su producto. Tenían una perspectiva muy brillante y en cierto modo muy madura sobre lo clave que era que el producto llegara a manos de la gente; y sabían que eso era en realidad más relevante que su calidad y que muchísimas otras cosas». Amy Rowe Klement, por su parte, señala que el equipo de producto captó a «líderes con una gran inteligencia emocional, con mucha empatía con los clientes», cosa que se transmitía tanto interna como externamente. «Montamos ese equipo no solo para que tuviera empatía con los clientes y desarrollara grandes productos, sino también para que mantuviera unida a la empresa».

Una vez resuelta la cuestión del producto, el rápido crecimiento de PayPal condujo a otra serie de aprendizajes que influyeron en el trabajo futuro de sus fundadores. Por ejemplo, el neologismo *blitzscaling* (escalada relámpago), acuñado por Reid Hoffman, y la obsesión de Silicon Valley por el crecimiento veloz pudieron tener sus raíces, al menos en parte, en las dos empresas emergentes de University Avenue. Russ Simmons me comentó que uno de los daños colaterales de ese trepidante ritmo de crecimiento fue que cambió su visión en futuras experiencias con empresas emergentes. «Estaba malacostumbrado, porque después pensaba: "Oh, solo hay que lanzar el producto y luego ya despega, ¿verdad?"».

■ ■ ■

Aquel producto y su vertiginosa propagación se forjaron en medio del fracaso de las puntocom, y muchos de los que vivieron aquello destacan el poder generador de la presión externa. Como nació durante el *boom* de las puntocom, PayPal empezó a despegar justo cuando el sector se hundía. «La mayor parte de nuestra experiencia —me comentó Jack Selby —la tuvimos después de aquel crack».

Y PayPal no sufrió un aterrizaje forzoso por los pelos. En el año 2000, la tasa de gasto la dejó con apenas unos meses de margen de financiación. Pero esos retos dieron lugar a resultados extraordinarios:

se aplicaron tarifas y se luchó contra el fraude, iterando con rapidez en ambos frentes. Muchos miembros de aquel equipo plantean que, sin la presión financiera, esas innovaciones tal vez no se hubieran producido. «Los mejores equipos se enfrentan a meteoritos —me dijo Malloy—. Y los meteoritos que pasan de largo sin rozarte generan oportunidades».

Incluso sus disputas con eBay, según algunos, fueron una buena prueba de su espíritu de lucha. El equipo tenía que desarrollar, lanzar, iterar y repetir cada vez que se veía amenazada su presencia en el terreno del gigante de las subastas. «Lo que más nos unió fue luchar contra eBay —apuntó Skye Lee—. Porque nada une más a una empresa que tener un enemigo mortal».

Thiel también señala esa presión como la característica que definió su experiencia en PayPal. «Si estás en una empresa de tanto éxito como Microsoft o Google, deducirás que abrir un nuevo negocio es más fácil de lo que es en realidad. Aprenderás muchas cosas equivocadas. Pero si estás en una empresa que ha fracasado tiendes a quedarte con la idea de que es imposible. En PayPal estábamos en una especie de punto medio: no tuvimos tanto éxito como algunos de los grandes de Silicon Valley, pero creo que la gente lo valoró y sacó de ello la mejor lección: que es difícil, pero factible».

Su experiencia también los transformó en severos jueces de los aspirantes a fundadores de empresas emergentes. «Es mucho más difícil de como la gente lo pinta», señaló Selby al respecto. Ahora, en su labor como inversores, juzgan la capacidad de resistencia del equipo fundador tanto como la solidez de sus ideas. ¿Con qué rapidez se moverán o se adaptarán a los retos? ¿Se verán abocados al fracaso en aras de aprender? «Si no estás haciendo demasiados ajustes porque no tienes fracasos de los que aprender —observó Hoffman—, entonces tal vez no estás aprendiendo con la suficiente velocidad.

Por supuesto, un entorno con tanta presión tenía sus inconvenientes. A veces el miedo a la quiebra, a eBay o a un nuevo competidor generaba determinación, aunque también podía socavar los ánimos.

Varios trabajadores me hablaron, medio en broma, del «trastorno por estrés postraumático de PayPal»: el desgaste psicológico de trabajar sin descanso en una empresa siempre al borde del abismo y con colegas cuya inteligencia podía resultar intimidante.

Al tratar de explicar las fricciones dentro de PayPal, Levchin la compara con su siguiente empresa, el servicio de intercambio de fotos Slide. Esta reflexión está incluida en los apuntes publicados de un curso de Stanford sobre empresas emergentes:

> En la directiva de PayPal surgían incompatibilidades con mucha frecuencia. Las reuniones de dirección no eran para nada armoniosas. Y las de la junta directiva eran aún peores. Eran reuniones, sin duda, productivas; se tomaban decisiones y se hacían cosas. Pero a la gente se la llamaba idiota si se lo merecía.
>
> En el siguiente proyecto, Slide, intentamos generar un entorno más agradable. La idea de hacer reuniones con buen ambiente parecía genial. Bueno, pues fue una estupidez. El error fue confundir el enfado con la falta de respeto. La gente inteligente y enérgica suele estar enfadada; no entre sí, normalmente, más bien se enfadan porque «aún no lo tenemos», es decir, porque deben resolver x cuando deberían estar trabajando en un problema mayor. La discordia en PayPal era en realidad el efecto secundario de una dinámica muy saludable.
>
> Si la gente se queja de los demás a sus espaldas, tienes un problema. Si no confía en los demás para hacer un buen trabajo, tienes un problema. Pero si la gente sabe que sus colegas van a cumplir, te irá bien. Incluso si se están llamando idiotas los unos a los otros.

Sacks me comentó que la cultura de la tensión de PayPal era también una cultura de la verdad. «Era una búsqueda de la verdad [...] había mucha tensión. Todos nos respetábamos y por eso funcionaba. Había muchos gritos y lo único que nos importaba era dar con la respuesta correcta».

Por su parte, David Gausebeck, que no solía levantar la voz, se marchó con la sensación de que el ambiente de PayPal no era precisamente conflictivo; más bien se caracterizaba por su alto nivel de exigencia. Tiempo después, ya como director de tecnología y fundador de Matterport, una plataforma de recursos 3D, recurrió a su modelo de equipo de alto rendimiento de PayPal. «Te creas ciertas expectativas. Por ejemplo, cuando trabajo en un equipo espero que todos sean muy buenos. Esa es mi experiencia».

■ ■ ■

Pero, más allá de su énfasis en el esfuerzo, la capacidad intelectual, la distribución del producto y la honestidad, muchos extrabajadores de PayPal valoran haber sido beneficiados con algo más: la buena suerte. «Se pueden tener muchas habilidades y a gente inteligente, pero el ingrediente principal, con diferencia, es cierto grado de suerte —me confesó Selby—. Una confluencia de acontecimientos. Que los astros se alinearon. Como quieras decirlo. Eso nos permitió triunfar».

«La gente quiere una historia simple —afirmó Malloy—. Y en realidad no funciona así. Necesitas muchísima suerte. Y no me refiero a la suerte que tienes cuando te encuentras una moneda; se trata de perseverar ante los cambios y generar tu propia fortuna. Pero, incluso en ese caso, si no pillas una buena ola puedes fracasar».

En el caso de PayPal, la suerte se presentó en distintas formas. En primer lugar, el grupo que la fundó tuvo la suerte de juntarse. También de aparecer en el momento oportuno. El hecho de que no acabaran siendo solo un accesorio olvidado de PalmPilot, o un hipermercado de servicios financieros fracasado, tuvo tanto que ver con el momento de su lanzamiento como con lo que ofrecían. Además, PayPal logró asegurarse una gran ronda de financiación (de nueve cifras) en la primavera del año 2000, justo antes de que el mercado se fuera al garete.

El diseño del producto de PayPal halló, asimismo, el momento oportuno: cuando salió al mercado, el correo electrónico se había convertido en una herramienta de uso común, e Internet ya era esencial. Si hubiera entrado en escena un año antes o un año después, podría haber sido pronto o demasiado tarde, y la compañía habría seguido el camino de eMoneyMail, PayPlace, c2it o cualquiera de los montones de empresas emergentes de pagos que fracasaron en aquella época.

Por otra parte, el éxito de PayPal a la hora de introducirse en el ecosistema de eBay, pese a las dificultades, también implicó tener la suerte de cara. Por ejemplo, si eBay hubiera obligado a hacer los pagos a través de Billpoint desde la primavera del 99, PayPal no habría tenido a una base suficiente de usuarios en la plataforma a finales de ese año. En otras palabras, eBay le proporcionó a PayPal una comunidad de usuarios activa y con voz que contribuyó a difundir el producto. «Existía la oportunidad de crear una empresa como PayPal, pero no estoy seguro de que hubiera sido posible ni siquiera tres años después», sentenció Thiel.

La empresa también salió a bolsa y fue adquirida por eBay justo antes del resurgimiento de Internet. Y los exmiembros de PayPal finalizaron su paso por la empresa como verdaderos creyentes de la Red en medio de un creciente mar de escépticos. Habían visto fracasar a otros (aquel campo de batalla estaba plagado de cadáveres), pero no a PayPal. Por eso se lanzaron de cabeza al movimiento «Web 2.0», iniciando e invirtiendo en la siguiente generación de ciberempresas.

Por tanto, teniendo en cuenta que la suerte fue la clave de esta historia, quienes formaron parte de PayPal se apresuran a desmontar cualquier mito sobre el éxito inevitable. «Cuando ganas fama en el Valle, puede que seas la máxima expresión de un novato, pero el Valle simplemente te abduce —me explicó Malloy—. Tú te conviertes en una ficción, la ficción se apodera de ti. [...] Todos somos geniales desgranando nuestra propia historia. Y perdemos de vista su componente humano. [...] Quién tiene éxito y quién no lo determina una línea muy fina». El hecho de que PayPal se situara en el lado afortunado de la línea ha hecho que algunos de sus exmiembros se comprometan a hacerla más gruesa. «[Aquello] me ha hecho reflexionar sobre cómo construimos esta capacidad de soñar en los demás», me dijo Amy Rowe Klement.

Ahora bien, los pioneros de PayPal reservan sus mayores elogios para quienes recorren ese mismo camino pedregoso: otros emprendedores en diversos campos. «Los individuos que aplican las grandes ideas a la dura e imprevisible realidad son quienes trabajan sobre el terreno, quienes tendrán mayor capacidad de influencia, y admiro a esa gente casi sin reservas —escribió Max Levchin en su blog personal, años después de haber salido de PayPal—. Un ingrediente clave para ser este tipo de persona es la falta casi irracional de miedo al fracaso y un optimismo extremo; pero también posee una faceta más estratégica: es alguien que consigue no quedarse atrapado en cada pequeño detalle [...] mientras es consciente de los que de verdad son importantes».

A esas alturas de su vida, Max Levchin había aplicado ya varias ideas a la «dura e imprevisible realidad». Y, sin embargo, terminaba pidiendo consejo: «Debe de haber muchos más ingredientes esenciales para terminar ejerciendo influencia. Me encantaría entender mejor a este tipo de personas [...] para ser capaz de maximizar mi propia capacidad de influencia. ¿Tenéis algún consejo?».

Epílogo

Durante el proceso de elaboración de este libro, activé alertas de correo electrónico para la frase «la mafia de PayPal». Al igual que quienes vivieron la historia, acabé desarrollando una relación complicada con dicha frase. Por una parte, era un término idóneo para la prensa, un modo eficaz de explicar en qué estaba trabajando; por otra, era incompleto, ya que simbolizaba los esfuerzos y las conexiones empresariales posteriores, pero no el proceso de creación de PayPal en sí mismo. Esa descripción, junto con la foto que la acompañaba, excluía de la historia a muchos personajes importantes y representaba al grupo de forma más homogénea de lo que realmente era.

Aunque me esforcé por evitar darle un carácter demasiado contemporáneo a los personajes, poniendo excesiva atención en tuits o declaraciones recientes, sí que quise hacer un seguimiento de su influencia como grupo. Como era de esperar, el apodo «la mafia de PayPal» era popular dentro del sector tecnológico. Cada vez que la empresa lanzaba una oferta pública o realizaba alguna adquisición importante, Twitter y otros foros rebosaban de menciones acerca de tal o cual «mafia».

Este término era especialmente popular en el extranjero. En Europa, el éxito de Revolut y Monzo dio lugar a la creación de la «mafia Fintech»; en Canadá, se referían de forma similar a los alumnos de Workbrain. En África, los cofundadores de la empresa Kopo Kopo dijeron explícitamente que querían crear «la mafia de PayPal del África Oriental». En India, se hablaba de cómo el éxito del gigante del e-commerce Flipkart había dado lugar a «la mafia de Flipkart». Algunas alusiones a la mafia, por ejemplo, a «la mafia Vegana», no provenían del mundo tecnológico, pero el mero hecho de usar la palabra mafia reflejaba un sentir y una intención parecidos: ¿Un grupo de personas talentosas sería capaz de nutrir todo un ecosistema?

Descubrí decenas de ejemplos de este tipo a través de las alertas y de amigos, aunque el uso más interesante de «la Mafia de PayPal» lo hallé en un entorno muy alejado del ámbito del emprendimiento tecnológico. La verdad es que no estaba seguro de incorporarlo al libro, pero creo que merece la pena documentarlo, al menos en aras de la posteridad. Es una historia peculiar, y tiene lugar en la otra punta del país, lejos de Silicon Valley.

■ ■ ■

En diciembre de 1997, una furgoneta blanca trasladó a un adolescente llamado Chris Wilson a la Institución Patuxent, un centro correccional de máxima seguridad situado en Jessup, Maryland, justo a las afueras de Baltimore.

Chris había crecido en Washington D.C, en el distrito de Columbia, en la época en la que la epidemia de crack arrasaba su comunidad. Multitud de jóvenes afroamericanos fueron víctimas del caos que les rodeaba. A los siete años, Chris había empezado a dormir en el suelo de su habitación, en lugar de hacerlo en su cama, con el fin de protegerse de balas perdidas. A los diez años, había asistido a más funerales que a fiestas de cumpleaños. A los catorce, nunca salía de casa sin una pistola.

Entonces se le presentó la oportunidad de utilizarla. Una noche, dos hombres se le acercaron a la salida de una tienda.

—Chris, tenemos un mensaje para ti —dijo uno.

Chris no estaba dispuesto a oír de qué se trataba. Sacó su pistola y disparó seis veces. Uno de los hombres murió en el acto, el otro huyó. Chris fue juzgado como si fuese un adulto y sentenciado a cadena perpetua.

En teoría nada de esto tendría que haber ocurrido, no en el caso Chris. Tenía una familia que se preocupaba por él. Le encantaba leer, jugaba a ajedrez y tocaba el chelo. Tenía fe en su futuro. Pero se había visto arrastrado por las crecientes olas de masacres y de crímenes a su alrededor. Si el miedo lo había llevado a cargar con una pistola, era porque Chris había visto cosas pavorosas.

Su madre había tenido un novio que era un policía corrupto. «Un día —dijo Chris—, me pegó una paliza y violó a mi madre delante de mí. Golpeó su cabeza con su arma de servicio». Su madre sobrevivió, pero ni ella ni Chris volvieron a ser los mismos.

También recuerda cómo, una tarde, de camino a casa de su abuela, tuvo que pasar por encima de cadáveres tendidos en la calle. «¿Cómo pretenden que un niño sea normal —preguntó—, cuando la gente cae como moscas a su alrededor?».

La prisión fue traumática, incluso a pesar de haberse enfrentado a un sinfín de situaciones impactantes. Nada más llegar, los apiñaron en una habitación (a él y a otros nueve hombres), les arrancaron la ropa, y les ordenaron que se inclinasen hacia abajo para realizar un examen de cavidades corporales. Chris lo recuerda como el momento más humillante de su vida.

Entonces se impuso la realidad: Patuxent iba a ser su hogar durante el resto de sus días. Transcurrió un año inmerso en una neblina depresiva. Se despertaba pensando cómo su corta y prometedora vida había llegado a un final tan amargo y prematuro. Coqueteó con el suicidio. Fumó marihuana de contrabando y maldijo al destino por haberle llevado hasta ahí.

■ ▪ ▪

El camino que llevó a Stephen Edwards a la cárcel fue similar al de Chris: lo sentenciaron por asesinato en primer grado cuando tenía dieciséis años. Antes de entrar en prisión, la vida de Stephen había sido notablemente distinta a la de Chris. Los padres de Stephen eran cristianos devotos, y creció con el evangelio. Gozó de una infancia relativamente tranquila y privilegiada: su padre trabajaba para la Reserva Federal, y su familia fomentó sus numerosos talentos, que no tardaron en aparecer.

Stephen era un genio de las matemáticas. Después de la jornada laboral, su padre traía el ordenador del trabajo a casa, y Stephen se pasaba horas aprendiendo a programar y a jugar con el aparato. Se interesó especialmente por la animación por ordenador. Dedicó ocho meses a programar una animación de cinco de minutos del lanzamiento de un cohete de la NASA. A Stephen se le iluminó la cara cuando el cohete pixelado por fin despegó con éxito.

A los doce años, Stephen empezó a asistir a una escuela pública de Washington, D. C. Allí, su inteligencia se convirtió en un lastre. Sufrió acoso escolar de forma constante y cruel. Una tarde, una docena de chicos más mayores se abalanzaron sobre él. Le reventaron la cabeza con una palanca y lo apuñalaron en las costillas. Aunque sus heridas se curaron, su mente no tuvo la misma suerte. Se volvió paranoico y empezó a llevar una pistola por protección. A los dieciséis, disparó y mató a un hombre porque pensó que iba a matarle. Stephen fue sentenciado a cadena perpetua.

■ ▥ ▦

Igual que Chris, Stephen pasó el primer año en prisión atormentándose con las mismas preguntas y hallando muy pocas respuestas. Pero cuando la niebla se empezó a disipar, Stephen regresó a su viejo amor: los ordenadores. Pensó que era lo único que podría hacer más llevadero su encarcelamiento.

Sus padres le proporcionaron libros de programación viejos, y empezó a aprender nuevos lenguajes de programación de forma autodidacta. Como no tenía acceso a un ordenador, escribía programas hipotéticos a mano, en blocs de notas amarillos, igual que el joven Max Levchin en Kiev. A falta de un ordenador para realizar las comprobaciones, tan solo podía hacer suposiciones sobre la validez de los programas. Pero disfrutaba resolviendo los rompecabezas que representaba la programación y el placer de crear algo desde cero.

Chris llevaba un año en prisión cuando se topó con Stephen. «Conocí a un chico que también era un menor cumpliendo cadena perpetua, y que era un tipo supercentrado» recuerda Chris. «Estaba estudiando para ser programador. Quería alcanzar ciertas metas y logros para conseguir salir de prisión. Recuerdo que me reí de él porque ni siquiera tenía un ordenador o acceso a uno». Enseguida se hicieron amigos y compañeros de celda.

La obsesión de Stephen por la superación personal terminó contagiando a Chris. Ambos se comprometieron a seguir un programa de ejercicio físico, educación, oración, a escribir un diario, y a leer y se rendían cuentas el uno al otro. Cuando Chris fallaba un problema de matemáticas en sus exámenes de práctica del título de graduado en educación secundaria, Stephen anotaba el número de flexiones que Chris le debía.

La ambición de Stephen despertó la imaginación de Chris. Inspirado por la iniciativa de Stephen de aprender a programar sin un ordenador, Chris escribió su propia lista de objetivos vitales sorprendentemente ambiciosos. Lo llamó su «plan maestro», y, entre otras cosas, incluía aprender español, obtener un título universitario y un máster en administración de empresas (MBA), comprarse un Corvette negro, y viajar por el mundo. Envió el documento por correo al juez que había dictado su cadena perpetua.

■ ■ ■

Chris y Stephen se convirtieron en presos modélicos. En pocos meses, Chris había logrado su título y Stephen había convencido al alcaide de la prisión para que le dejara usar el único ordenador de la oficina para probar sus programas. A cambio, aceptó crear un software para aligerar la carga administrativa de la institución. Mientras Stephen picaba código, un guarda no le sacaba los ojos de encima; los presos «no podían estar cerca de un ordenador sin escolta», recuerda Stephen.

El gusanillo de escribir código era demasiado intenso, y ni siquiera las varias horas que se pasaba detrás del teclado no eran suficientes para saciar sus necesidades. «¡Preferiría estar haciendo esto que cualquier otra cosa! ¿Cómo puedo conseguir más tiempo?» recuerda haber pensado Stephen. A medida que se corría la voz de sus habilidades, los jefes de otros departamentos de la prisión contactaron con él para que escribiera pequeños programas, y Stephen aprovechó la ocasión para ampliar su acceso a los ordenadores. Pronto, Stephen se convirtió en el administrador de sistemas no remunerado de Patuxent. «Escribí cincuenta aplicaciones distintas mientras estaba encarcelado», recuerda.

Pronto, el alcaide les otorgó más responsabilidades a Chris y Stephen. Les pidió que dieran clases a los demás reclusos y fundaron un club de lectura. Además, detectaron una oportunidad de negocio: los padres y los familiares de los reclusos quería fotos de sus seres queridos, así que ambos convencieron al director para que comprara una cámara digital. Cobraban un pequeño importe por las fotos, y los beneficios iban directamente al Fondo de Bienestar de los Presos, que se encargaba de financiar las mejoras de las prisiones.

Cada año, Chris le enviaba la juez una actualización de su «plan maestro», con todos los hitos que había logrado tachados con orgullo. Sin embargo, nunca recibía una respuesta. Aun así, ese plan que había empezado como una fantasía, había cosechado algunos éxitos significativos: Chris había terminado varias carreras, aprendido tres idiomas y había creado un negocio desde cero.

En su decimosexto año en prisión, la carta donde Chris actualizaba los progresos de su «plan maestro» cayó en manos de un juez distinto. Este nuevo juez vio en su historia exactamente el ejemplo al que aspiraba el sistema penitenciario, y modificó su sentencia para que pudiera ser gozar de la libertad condicional.

«Cuando me presenté en la corte, no solo lo hice con palabras de arrepentimiento, sino que traje bajo el brazo las pruebas de mis logros», escribió más tarde Chris en el Baltimore Sun. «Me había ganado mi diploma de bachillerato y un título universitario. Además, había aprendido a hablar español, italiano, mandarían y había ayudado a muchos reclusos que llegaban a la prisión. Sin embargo, lo más importante de mi plan maestro era que podía demostrar ante el juez diez años de constancia para lograr mis objetivos».

«Lo que has logrado es asombroso», le dijo el nuevo juez, y le concedió la libertad dieciséis años después de pisar por primera vez Patuxent, a los treinta y dos años. Su compañero de celda, Stephen, fue puesto en libertad dos años más tarde, después de una sentencia de veinte años.

■ ■ ■

Conocí a Chris y Stephen durante la escritura de este libro, mucho tiempo después de que salieran de prisión. Durante ese tiempo, Stephen había aprovechado su talento en la programación para dirigir una consultoría de software y, durante la pandemia, creó una empresa tecnológica para prestar apoyo a las escuelas y empresa que no permitían la asistencia física. Incluso obtuvo una patente (US10417204B2, «Método y sistema para la creación y entrega de comunicaciones dinámicas») por su trabajo sobre el procesamiento del lenguaje natural.

Chris no se había quedado atrás. Creó dos empresas, escribió un libro muy alabado por la crítica y emprendió una segunda carrera como artista. Su notable trayectoria profesional tras pasar por la cárcel culminó con una aparición en *The Daily Show* con Trevor Noah para promocionar su libro *The Master Plan*.

Actualmente, tanto Chris como Stephen viven la vida con un raro sentido de la urgencia; una urgencia que proviene de una aguda conciencia del valor que esta tiene. Como muchos que los conocieron, quería saber: ¿Cómo lo lograron? ¿Cómo habían superado sus circunstancias y cosechado más éxitos en la cárcel que la mayoría de nosotros con toda la libertad del mundo?

Chris fue honesto con el papel que desempeñó el azar, es decir, conocer a Stephen y cruzarse con un juez comprensivo, pero también fue muy claro sobre la importancia del esfuerzo individual. Se fijó unos objetivos específicos y se aferró a ellos como si se tratara de un dogma religioso. Diseñó un plan maestro y solo vivía para tachar los hitos que iba superando de la lista. Pegada a la pared de su celda, la hoja de papel a un solo espacio era una de las dos primeras cosas que veía al levantarse y una de las dos últimas que veía antes de acostarse. La otra fuente de inspiración visual con la que Chris se despertaba cada día era una foto que representaba todo lo que el «plan maestro» significaba para él. Justo al lado del plan maestro, pegada en la pared de su celda, había una foto recortada del número de la revista *Fortune* de noviembre de 2007 en la que aparecía «la Mafia de PayPal».

■ ■ ■

El interés de Chris y Stephen en esta historia iba mucho más allá de una simple fotografía. Dentro de la prisión de Maryland, ambos se convirtieron en expertos aficionados de la vida y obra de los fundadores de PayPal.

Todo empezó cuando la familia de Stephen se encargó de suscribirlo a algunas revistas del mundo empresarial para apoyar sus intereses: *Inc., Entrepreneur, Forbes, Fortune, Fast Company*. A finales de 2007, cuando Stephen recibió en número de la revista *Fortune*, Stephen fue el primero en leer la historia y se quedó cautivado: ante él se hallaba la hoja de ruta para convertir la programación en un estilo de vida exitoso.

Stephen leyó el artículo dos veces del tirón, y luego le entregó la revista a Chris. «Lee este maldito artículo», le dijo Stephen. Chris también se quedó asombrado: «Me quedé de piedra. Pensé que eso era lo que teníamos que hacer cuando saliéramos de la cárcel».

Chris recuerda que cuando leyó la palabra «billón» se quedó embelesado con la suma. «Intenté imaginarme lo que significaba un billón de dólares. ¡Eran mil millones! —dijo—. ¿Cómo puede alguien valer eso? Entonces, empecé a leer sobre toda esa gente de PayPal que empezó de la nada y ahora valía todo eso. Luego, empezamos a hablar de lo que podríamos hacer con esa cantidad de dinero. ¿Cómo podríamos cambiar el mundo? Y luego estaba esta imagen donde aparecían algunas personas que lo habían hecho realidad».

Stephen y Chris guardaron la fotografía para inspirarse. «Recubrí la foto con un montón de cinta adhesiva para laminarlo —recuerda Chris—. No era una pieza de museo, pero era suficiente». La foto laminada con cinta adhesiva se ganó un lugar privilegiado en la pared junto a los éxitos de sus vidas. «Cuando te levantabas, ahí estaba; y cuando ibas a dormir, también —dijo Chris—. Ese era mi objetivo. Si hacía flexiones, la miraba. Durante el confinamiento, también. Era como Robert De Niro en El cabo del miedo». Stephen dijo que ver la imagen cada día «la grabó permanentemente en nuestra cabeza».

«Cuando les mostraba la fotografía a los demás, les decía que iba a salir de la cárcel e iba a vivir ese tipo de vida para ayudar a mi comunidad —dijo Chris—. Siempre me contestaban que estaba jodidamente loco».

■ ■ ■

Ambos recortaron cada fragmento de texto pudieron encontrar sobre Elon Musk, Peter Thiel, Max Levchin, Reid Hoffman y los demás miembros de PayPal. Y a medida que los fundadores de PayPal aumentaban su poder e influencia, Chris y Stephen lograron amasar una enorme colección de recortes que concebían como un auténtico libro. «Era la única cosa que me importaba porque me mantenían vivo —dijo Stephen—. Esa es la verdad. Mi objetivo era que me recordaran y sirviera de ejemplo para gente como tú o como yo».

De esta forma, empezaron a pensar seriamente en los negocios y en el mundo empresarial como un camino de vida factible después de la cárcel. «Ya sabes que la sociedad no te va a recibir con los brazos abiertos cuando salgas. No existe una reinserción real —explicó Stephen—. Actualmente, la reinserción significa que sales arrastrándote de la cárcel y, entonces, pides limosna o, si tienes suerte, trabajas en un McDonald's o recogiendo basura. Si crees que vas a vivir como el resto de los que no han estado en la cárcel, estás equivocado. Por eso era tan importante para nosotros saber que había otro camino.

Empezar tu propio negocio es realmente el único camino para el que no hay un verdadero techo que se te impida progresar».

Hasta ese momento, ni Stephen ni Chris habían oído hablar de empresas que partían con las ambiciones de PayPal, ni de las redes de contactos que hacían posibles estas empresas. Las redes de contactos que conocían Stephen y Chris se dedicaban al blanqueo de dinero, a las drogas o a la violencia, y, en realidad, tenían otro nombre: bandas. «La mafia de PayPal era el ejemplo positivo de una banda —dijo Stephen—. Muchos de los chicos de la cárcel se habían mezclado con las compañías equivocadas. No tenían amistades sanas».

■ ■ ■

Pero la historia de esa fotografía no se quedó en la pared de su celda. En el curso que Chris y Stephen impartían para los nuevos reclusos, titularon su primera lección «La Mafia de PayPal». Fotocopiaron una serie de artículos y los distribuyeron con esa foto en la portada. «Es una foto muy oscura, y los demás querían hacer fotocopias del original —dijo Stephen—. Pero yo quería que usaran otra fotocopia para que el original no se estropeara».

El dosier que entregaron mostraba cómo los integrantes de la mafia de PayPal empezaron desde cero. Además, revelaba datos decisivos como que eran inmigrantes, jóvenes, inseguros y, en algunos casos, auténticos perdedores. «Predicamos el mensaje de PayPal y nos dimos cuenta de que esa historia funcionaba. Lograba enganchar a los reclusos», dijo Stephen.

Y, por supuesto, también hablaron del dinero, comparando el éxito de PayPal con ejemplos de riqueza que su público conocía perfectamente. «Es posible que quieras ser un traficante de drogas porque estos pueden ganar cerca de un millón de dólares. Pero, seamos realistas, pueden ganar un millón de dólares porque arriesgan su vida, cometen crímenes o pasan por la cárcel —dijo Stephen—. Por eso, mostrábamos el ejemplo contrario: el de unos tipos que lograron ganar miles de millones sin pasar por nada de eso. Lo que dejaba asombrados a los reclusos era por qué nadie les había contado que eso también era una opción».

Los nuevos reclusos se quedaban boquiabiertos con los progresos de Musk y Levchin. «Me miraban y me preguntaban si ellos también podrían haber hecho lo mismo», recuerda Stephen. La mera idea de que una empresa emergente abría un camino para salir de la calle y lograr el éxito era un gran progreso, una hoja de ruta que los reclusos nunca habían visto. «Lo utilicé para orientar todos los que aspiraban a ser algo más de lo que eran —dijo Chris—. Es decir, a casi todos los que me rodeaban, porque estábamos en una prisión de máxima seguridad».

■ ■ ■

En su campaña de divulgación de la historia de PayPal, Stephen y Chris insistieron enfáticamente en el término «mafia»: es decir, en la idea de que los fundadores y empleados de PayPal se cubrían las espaldas unos a otros. «Cuando hablé con algunos jóvenes que pertenecían a una banda, se sintieron identificados con eso», dijo Stephen. Por eso, los animaron a pasar a la acción, a tomar como modelo a los personajes de la foto y a relacionarse con personas afines y productivas. «Analizad su historia —decía Stephen—. Mirad lo que han logrado. Son parecidos a vosotros, en el sentido de que sangran y respiran como vosotros».

Stephen y Chris sabían cuándo sus palabras daban en el blanco y cuándo no. Conocían a su público: Habían crecido en los mismos barrios y habían atravesado las mismas puertas de la cárcel. Estos reclusos se mostraban escépticos ante cualquier cosa que pareciera distante o falsa; los presos sabían detectar una patraña.

Pero cuando Stephen y Chris hablaron de PayPal, todos los reclusos prestaron atención. Se trataba de una historia real. La red de contactos era real. La foto era real. El dinero era real. «Esta historia significó mucho para mi vida y la de mucha gente en la cárcel —dijo Stephen—. No puedes negar lo que han creado ni lo que representan. No se puede negar. Es un mensaje genuino».

Agradecimientos

En un principio, Max Levchin y Peter Thiel pensaron que el proceso de crear Fieldlink sería breve: crear la empresa, crecer rápido y venderla aprovechando la primera fiebre del oro de Internet. Pero lo que se suponía que tenía que ser un proyecto de un año al final se convirtió en uno de cinco, y su empresa se mantendría en el negocio durante más de dos décadas.

Del mismo modo, este libro empezó como un proyecto de dos años y medio que se prolongó durante cinco. Durante esta media década, muchas personas aportaron su granito de arena y soportaron pacientemente las historias y anécdotas de un autor obsesionado con una puntocom de la década a de los noventa. Para mis indulgentes amigos, es un alivio poder escribir lo siguiente: Sí, por fin está acabado y puedo dejar de hablar sobre el libro de PayPal.

Obviamente, no podría haber escrito esta frase sin los cientos de personas que crearon y trabajaron en PayPal, que se molestaron en explicar a un absoluto desconocido cómo empezaron en la empresa, qué hacían allí y qué significaba para ellos. Una de las mayores alegrías de este proyecto ha sido poder hablar durante horas con ellos, y estoy muy agradecido por su tiempo, su franqueza, sus reflexiones, sus notas y sus recuerdos.

Simon & Shuster dieron luz verde a este proyecto gracias a mi antigua editora, Alice Mayhew. Antes que nadie fue capaz de ver lo mismo que yo: que, en *ese momento*, *esa empresa* proyectó una sombra más larga de lo que muchos sospechaban. Ella es la primera y más importante estrella de este libro. Es la persona que nunca dejó que bajara los brazos cuando mi confianza decaía.

Además, también puso el listón muy alto, como hacía con todos sus proyectos. «Jimmy, tienes que demostrarme que lo que escribes aquí resistirá el paso del tiempo. ¿Por qué será relevante esta historia dentro de cincuenta años? ¿Qué es lo que va a mantenerlo en la lista de libros pendientes?», me preguntó. Alice era una editora que quería que los libros perduraran y exigía a sus autores que escribieran acorde con ello.

No puedo saber con certeza si este texto cumpliría sus elevadas expectativas, pero en su última comunicación conmigo, insinuó que podía estar cerca. Acababa de leer los primeros capítulos de las historias de X.com y Confinity y me comentó que el texto prometía: «Edison estaría asombrado». Espero de todo corazón que Alice también esté orgullosa del relato final. No habría sido posible sin ella.

Cuando Alice falleció a principios de 2020, el pánico se apoderó de mí. El libro era un proyecto enorme, no solo para mí, sino para cualquier editor que tuviera las agallas de aceptar el reto. Afortunadamente, el testigo de Alice lo recogió la brillante e inigualable Stephanie Frerich. Antes de que su jefe en Simon & Shuster le entregara este proyecto, yo nunca había hablado con Stephanie. Por eso, no tenía ni idea de cómo trabajaba o cómo se adaptaría al proyecto. Ella no me conocía de nada, y no podría echarle en cara que rechazara el encargo.

Estoy orgulloso de que no lo hiciera. La dirección de este proyecto por parte de Stephanie Frerich ha sido una bendición. Leyó cada línea de este libro varias veces, estimuló mis ideas con devoción y tenacidad, y luchó por este proyecto frente a los retrasos y en medio de una pandemia mundial. No hay espacio suficiente para señalar cada error o cada frase floja que corrigió. Si este libro consigue contar la historia de PayPal fielmente, es gracias a sus esfuerzos. Ha sido lo que todo un autor espera: una editora que se preocupa por el proyecto tanto como el autor. Se me saltan las lágrimas al pensar en sus esfuerzos, y mi gratitud hacia ella es infinita.

■ ▦ ■

La persona que «simplemente sabía» que al final todo saldría bien es la que mantenía la fe en mis proyectos sin importar cuántas veces yo dudaba de ellos. Laura Yorke todavía me tolera (no sé por qué), y trabajó en este libro con toda la pasión de una agente que podía ver su potencial. Hay innumerables historias sobre autores que quieren tirar sus borradores por la ventana y declarar sus proyectos muertos; luego hay innumerables historias sobre agentes que rescatan esos proyectos y enderezan la cabeza de los autores. A lo largo de este libro, Laura hizo eso más veces de lo que cualquier agente debería hacer, y por eso, y por muchas otras cosas, le estoy muy agradecido.

Mi amigo Justin Richmond soportó las primeras versiones de casi todos los párrafos, ideas y citas de este libro, normalmente enviadas a una hora intempestiva de la madrugada. Él fue la primera persona que llamé cuando se me ocurrió hacer este proyecto, y desde entonces ha recibido miles de mensajes, notas y llamadas. Hablar todos los días con él hizo posible este proyecto, y le agradezco eso y el regalo de su amistad.

Gregg Favre tiene muchos trabajos: bombero, funcionario de seguridad pública, oficial de la marina y atleta. También es un amigo que valora el esfuerzo que se necesita para terminar proyectos de larga duración, y le estoy agradecido por los muchos momentos en los que me animó, en los que dejó caer una pizca de sabiduría estoica o se aseguró de que siguiera adelante. Si me dieran un céntimo por cada vez que Gregg me dijo «¡Stay in the fucking saddle!» (*¡No te bajes del puto caballo!*, el consejo de Jon Landau a Jimmy Iovine en *The Defiant Ones*), sería rico. Gracias, Gregg. Ahora, a por la siguiente estrella.

Lauren Rodman es la persona que hizo que el duro ejercicio de terminar este libro fuera alegre. Lauren me obligó a celebrar cada victoria: las primeras entrevistas, los primeros borradores, las revisiones importantes. En cada etapa, exigía, como mínimo, una cena para brindar por los pequeños éxitos. Todas las personas del mundo deberían tener una amiga como Lauren Rodman, que me ha recordado paulatinamente lo lejos que estaba llegando el proyecto.

Mi amiga Grace Harry entendió la idea de este proyecto e impulsó su desarrollo de mil maneras distintas. Grace ha pasado toda su vida como musa de los artistas musicales con más talento del mundo, y aportó toda esa inteligencia y perspicacia en muchas conversaciones sobre este libro. Ella y su compañero, Ahmir «Questlove» Thompson, me ayudaron a descubrir los vínculos entre esta empresa y los grupos de personas creativas a lo largo de los años: artistas, poetas, escritores y músicos que maduraron en un determinado caldo de cultivo. Además, Grace también me proporcionó creatividad y nuevos puntos de vista cuando más lo necesitaba. No estábamos en un estudio de música, pero ahora entiendo por qué tantos músicos legendarios la necesitan en sus estudios. Ella fue la partera de este proyecto, que tiene mucho de ella.

Un sinfín de gracias a mi mentora, amiga y coach, Lauren Zander. Con toda probabilidad, este libro seguiría siendo una idea en mi mente si ella no me hubiera obligado a empezarlo y acabarlo. Casi todos los escritores se enfrentan a la ansiedad, el síndrome del impostor, el miedo, las dudas sobre sí mismos y a todo el ruido que rodea su proyecto, y yo, seguramente, soy más susceptible de lo habitual. Lauren fue un escudo contra todo esto, y respondió a todo tipo de mensajes locos con firmeza, concentración y compasión. A cualquier escritor le costaría encontrar una mejor amiga, y gracias a su insistencia y ánimo, le estoy muy agradecido.

Muchas otras personas ayudaron a hacer realidad este libro. Emily Simonson de Simon & Schuster me guio en el proceso editorial con paciencia y amabilidad. Elizabeth Tallerico leyó voluntariamente los primeros capítulos de este libro y me brindó su apoyo y consejo durante todo el proceso, incluso en los momentos más bajos de la redacción y la reescritura. Marjie Shrimpton, Miranda Frum y Rob Goodman revisaron los borradores y la obra es más sólida gracias a sus intervenciones.

Caleb Ostrom llegó tarde a este proyecto, y como le dije docenas de veces a lo largo de nuestra colaboración, desearía haberlo conocido antes. Ha sido un socio de ideas de primera clase, y le agradezco todo lo que ha hecho para hacer realidad el texto, incluyendo el hecho de haber tolerado con entusiasmo mis diversas historias, pensamientos y llamadas telefónicas, algunas de las cuales seguramente pusieron a prueba su paciencia. Gracias por soportarlo todo, Caleb.

Todo autor necesita tener cerca otros autores, y yo tengo la suerte de contar con los mejores del sector. Mi amigo Ryan Holiday hizo la primera presentación a Peter Thiel que y puso la primera piedra del proyecto. Allen Gannett participó en nuestras habituales cenas de terapia, y su convicción sobre este proyecto hizo que mereciera la pena hacerlo. Ashlee Vance, el autor de la biografía definitiva sobre Elon Musk, se sentó durante una larga comida con un completo desconocido, y luego se preocupó de buscarle los contactos clave y ofrecer su sabiduría editorial.

Al principio de todo, otro «autor de Alice Mayhew», Walter Isaacson, me hizo creer en la importancia y el potencial de este proyecto. Al final, me dio el tipo de consejo que solo puede ofrecerte alguien que ha pasado años trabajando en los mismos campos. Le agradezco todas sus ideas, sobre todo, las notas finales y la comprobación de los hechos y las entrevistas.

Mis amigos David y Kate Heilbroner me ofrecieron su casa cuando necesité hacer la rutina de la «cabaña aislada», y David también fomentó mi entusiasmo por el proyecto con su propia pasión por la narrativa documental y los personajes más grandes que la historia. Shir y Marnie Nir me ofrecieron su casa cuando necesité otro retiro espiritual para editar y revisar, y también me ofrecieron la cantidad justa de abrazos, conversaciones animadas y macarrones con queso que necesitaba. A Chris Wilson, Andy Youmans, Leah Feygin, Bentley Meeker, Nadia Rawls, Brandon Kleinman, Katie Boyle, Parker Briden, Jacob Hawkins, Arthur Chan, Kevin Currie, Bryan Wish, Enna Eskin, Steve Veres, Mike Martoccio, Matt Gledhill, Matt Hoffman, Tom Buchanan, Miho Kubagawa, Trisha Bailey, Nikki Arkin, Alex Levy, Bronwyn Lewis, Kaj Larsen, Meagan Kirkpatrick y Benjamin Hardy, gracias por las muchas, muchas palabras de ánimo (y por aguantar mis muchas, muchas ausencias). Este libro ha acabado, lo prometo.

■ ■ ■

Y, por último, gracias, Venice. Este libro está dedicado a ti. La idea de este proyecto nació cuando tú tenías un año, y se acabó cuando tenías seis. Los cinco años transcurridos han sido de los más felices de mi vida, en gran medida gracias a ti. Tú también soportaste mis historias sobre Max Levchin y Elon Musk, y ofreciste tu sabiduría en mis momentos de duda. Es poco probable que recuerdes la mayor parte de lo que ha pasado en estos últimos cinco años, pero yo nunca los olvidaré.

Los autores de este tipo de libros deberían abstenerse de molestar a los lectores con esta frase: «El lector es lo suficientemente inteligente como para descubrirlo por sí mismo». Pero hay una excepción especial a esa regla y aprovecho el momento para mencionarla.

Aquí va: vuestra vida estará determinada por todos vuestros proyectos y por la gente con la que los lleváis a cabo. Tendemos a preocuparnos por lo primero, y dejar de lado lo segundo. La historia de PayPal no es solo la historia de unas personas que se juntan para dar forma a un producto, sino la de cómo esa unión dio forma a las propias personas. Los fundadores y los primeros empleados de la empresa se presionaron mutuamente y exigieron lo mejor de sí mismos.

Espero que mis lectores también encuentren gente así y que puedan trabajar y vivir con ellas. Parece sencillo, pero es muy difícil. Yo he tenido suerte: tengo una serie de esas personas en mi vida, muchas de las cuales han sido nombradas en las páginas anteriores. Las conozco como «Tía Lauren», «Tía Grace» o «Tío Justin». Son las personas a las que rindo cuentas. No solo disfrutamos de la compañía del otro, sino que nos hacemos mejores. Nuestra amistad se basa en la incomodidad productiva, y nos amamos lo suficiente como para decir lo que hay que decir.

En cierto modo, no estoy seguro de poder desempeñar ese papel para vosotros. Hay lecciones que tendréis que aprender por vosotros mismos. Los compañeros de viaje os ayudarán. Los libros necesitan editores; la vida, también.

Como todos mis consejos, aprovechadlo como si fuera un vaso de agua en un desierto. De todas formas, quizás no deba preocuparme. Si habéis abierto este libro y habéis estado con él durante todo este tiempo, tal vez no necesitéis nada más.

J.S.
Nueva York

Nota sobre las fuentes y los métodos

Escribí este libro aproximadamente dos décadas después de que ocurrieran los hechos que describo en estas páginas. Mis anteriores libros eran biografías históricas, y comencé este proyecto de forma similar. En primer lugar, creé un extenso archivo con todos los libros, artículos, trabajos académicos y referencias similares publicadas sobre la empresa PayPal y las empresas que la habían precedido, Fieldlink, Confinity y X.com.

En la medida de lo posible, he intentado ceñirme a los artículos que se han publicado desde 1998 hasta mediados de la década de 2000. También he elaborado una hoja de cálculo con todas las entradas de blog, entrevistas y apariciones en los medios de comunicación de los primeros fundadores y empleados estrechamente relacionados con PayPal, y luego he leído, visto o escuchado cada una de esas apariciones y las he estudiado en busca de las mejores historias. Estos miles de artículos y cientos de horas de grabación han resultado esenciales, sobre todo los recuerdos de los protagonistas más cercanos a los acontecimientos en cuestión.

De entre todos esos recuerdos, los más valiosos proceden de las charlas con Elon Musk en la Universidad de Stanford en 2003 y de una presentación con Peter Thiel y Max Levchin en 2004. A lo largo de este proyecto, me he beneficiado enormemente de los archivos y las colecciones de universidades, medios de comunicación, bibliotecas y muchas otras entidades. No es una burla si aseguro que este libro no hubiera sido posible sin la ayuda de YouTube, una red de vídeo digital creada por los mismos que empezaron su carrera en PayPal.

También he aprovechado los archivos almacenados en el Internet Archive. Esta biblioteca sin ánimo de lucro realiza un excelente trabajo, y si una civilización extraterrestre quisiera descifrar el secreto de nuestra especie, haría bien en empezar por archive.org.

Además del material de los libros, artículos y contenidos audiovisuales existentes, también me puse en contacto con los antiguos empleados de PayPal: inversores, personas cercanas a la inversión, competidores y otras personas del entorno de PayPal. Durante la elaboración de este proyecto, intenté ponerme en contacto con varios cientos de personas, y más de doscientas respondieron y aceptaron entrevistarse conmigo. Agradezco a los antiguos empleados de PayPal que aceptaron mi invitación, especialmente a aquellos que están perpetuamente ocupados. Con todo, me dieron la oportunidad de sostener largas conversaciones con ellos. Espero que el resultado sea original y esclarecedor, incluso para los que vivieron la historia.

Para cada hito en la historia de PayPal, he intentado entrevistar al menos a dos personas que hubieran tenido un conocimiento íntimo de los acontecimientos. Siempre que ha sido posible, he respaldado esos hechos con documentos en papel o por correo electrónico, incluidas las actas del consejo de administración, los documentos de presentación y los memorandos internos. Muchas de las personas a las que entrevisté resultaron muy cuidadosas con sus archivos, y me beneficié de las notas, los correos electrónicos, los documentos y la correspondencia que guardaban. En particular, pude consultar varios gigabytes de correos electrónicos de este periodo que podrían llenar miles y miles de páginas. Esto me ayudó a entender y plasmar las distintas etapas de la empresa. Además, tuve la fortuna de encontrar cuatro ediciones del boletín de la empresa que aportó a mi investigación un tono y una intensidad que espero que se reflejen en el texto.

Las citas del libro proceden tanto de mis entrevistas como de las fuentes primarias y secundarias. Para facilitar la lectura del libro, no he incluido todas las fuentes en el propio texto, pero he elaborado cuidadosamente las notas finales para incluirlas. He respetado a las fuentes que deseaban aparecer en segundo plano, y he hecho todo lo posible por limitar el uso de citas anónimas.

Este libro ha pasado por varias revisiones, controles editoriales y lecturas exhaustivas. También lo han revisado varios editores del equipo de Simon & Schuster, y ha pasado una lectura legal del bufete de abogados Miller Korzenik Sommers Rayman LLP. Además, también conté con el apoyo de un veterano verificador de hechos, Benjamin Kalin, que aportó su agudeza para acabar de pulir el texto. Ben es implacable y se preocupa profundamente por la verdad. Le agradezco que me haya acompañado en este viaje.

Como en todos los proyectos de esta longitud, puede haber errores, y son enteramente míos. Escribí un borrador para este proyecto de varios cientos de miles de palabras; solo mis entrevistas ocupaban más de quince días de audio. Lo que tienen en sus manos es el resultado de muchas decisiones y dolorosas ediciones. La sala de montaje fue una auténtica carnicería.

El cuidadoso diseño de este libro implica el uso de diversas falacias narrativas: escribir sobre un momento determinado no es lo mismo que escribir sobre lo que ocurrió exactamente. Cuando Brad Stone se sentó con Jeff Bezos para hablar del primer libro de Stone sobre Amazon, Bezos le preguntó cómo se enfrentaría a los límites que impone una la narración lineal. «Cuando una empresa saca una idea, nunca se trata de un proceso ordenado —dijo Bezos—. Nunca se trata de una epifanía».

Y tenía toda la razón. Sin embargo, la respuesta de Stone también fue acertada: Un autor debe tener en cuenta la falacia narrativa y «lanzarse a contar una historia de todas formas». Yo añadiría que el objetivo de estos libros consiste en ordenar ese caos. Crear cualquier cosa es un proceso plagado de callejones sin salida, caminos descartados y momentos perdidos en las arenas del tiempo. Esperemos que este texto ilumine todo este esfuerzo de la misma manera que se logra sacar adelante cualquier gran idea.

Mientras escribía, intenté abordar los temas que aparecieron repetidamente en las entrevistas, pero también dejé espacio para aquellas historias e ideas que me conmovieron o sorprendieron. Sin embargo, fueron decisiones editoriales, y un conjunto diferente de decisiones daría lugar a un libro diferente. Me atrevería a decir que aún quedan por escribir varias versiones de la historia de PayPal, y que un futuro autor podría intentar explorar de nuevo este periodo.

Es por eso que me he esforzado en confeccionar las detalladas notas finales. Si algún valiente navega de nuevo por estas aguas, lo que sigue son los ríos que encontré durante mi viaje. Espero que en tu búsqueda encuentres nuevos cauces, y si cuando lo hagas todavía estoy en activo, escríbeme. Me uniré con gusto en la búsqueda de los años de PayPal.

J.S.

Notas

y a los Impresionistas Franceses, entre otros «círculos de colaboración», y su visión de su formación y funcionamiento es de primer orden. (Michael P. Farrell, *Collaborative Circles: Friendship Dynamics and Creative Work* [Chicago: University of Chicago Press, 2001].)

xviii   *«un escenario muy fértil»*... *«pensar en el mundo de la cultura»*: Comentario de Brian Eno en el Festival Luminous de 2009 en la Ópera de Sídney, Australia, http://www.moredarkthanshark.org/feature_luminous2.html.

xix   *«hallamos una forma de colaborar»*: Entrevista del autor con James Hogan, Diciembre 14, 2020.

PARTE 1: LA DEFENSA SICILIANA

1. Los cimientos

3   *«Paz y Prosperidad»*... *«una entre un millón»*: «Peace and Plenty in Pripyat», *Soviet Life*, Febrero 1986 (Washington, DC: Embassy of the Soviet Union in the US, 1986), 8–13.

5   *«La posibilidad de decirle a una máquina»*: «Working Hard & Staying Humble», Entrevista de Sarah Lacy con Max Levchin, Startups.com, Diciembre 9, 2018, https:// www.startups.com/library/expert-advice/ max-levchin.

5   *«Si copio exactamente los códigos»*: Entrevista del autor con Max Levchin, Junio 29, 2018.

5   *«Siempre me describo como un programador»*: «Working Hard & Staying Humble», Entrevista de Sarah Lacy con Max Levchin, Startups.com, Diciembre 9, 2018, https://www.startups.com/library/expert-advice/ max-levchin.

6   *Contribuyó muchísimo*: F. Lukatskaya, «Autocorrelative Analysis of the Brightness of Irregular and Semi-Regular Variable Stars». Symposium— International Astronomical Union, 1975, 67, 179–182, doi:10.1017/ S0074180900010251.

6 *«Dijo que no podía morir»*: David Rowan, «Paypal Cofounder on the Birth of Fertility App Glow», *Wired*, Mayo 20, 2014, https://www.wired.co.uk/article /paypal-procreator.

7   *«Fue un año disparatado»*: «Working Hard & Staying Humble», Entrevista de Sarah Lacy con Max Levchin, Startups.com, Diciembre 9, 2018, https:// www.start ups.com/library/expert-advice/max-levchin.

8   *«Nada más echar a andar»*: Entrevista del autor con Max Levchin, Junio 29, 2018.

8   *«¿Dónde aprendiste inglés?»*: Sarah Lacy, *Once You're Lucky, Twice You're Good* (New York: Gotham Books, 2008), 21.

8   *«Max es muy perfeccionista»*: Entrevista del autor con Jim Kellas, Diciembre 7, 2020.

9 «*Quiero entrar en el MTI*»: Sarah Lacy, «'I Almost Lost My Leg to a Crazy Guy with a Geiger Counter': Max Levchin and Other Valley Icons Share Their Stories of Luck», Agosto 17, 2017, https://pando.com/2017/08/17/i-almost-lost-my-leg-crazy-guy-geiger-counter-max-levchin-and-other-valley-icons-share-their-stories-luck/.

10 «*Soy un estudiante internacional*»... «*Esta es mi gente*»: Entrevista del autor con Max Levchin, Junio 29, 2018.

9 «*He visto departamentos de informática*»: Asociación de Antiguos Alumnos de Informática de la Universidad de Illinois, *Alumni News*, Spring 1996 (Vol. 1, no. 6), 26, https://ws.engr.illinois.edu/site manager/getfile.asp?id=550.

11 «*Puedo asegurarte que el tema de Eric Johnson*»: Kim Schmidt y Abigail Bobrow, «Maximum Impact», serie STORIED de la Universidad de Illinois, Mayo 30, 2018, https:// storied.illinois.edu/maximum-impact/.

11 «¿En qué estás trabajando?»: Entrevistas del autor con Scott Banister (Julio 25, 2018), Max Levchin (Junio 29, 2018) y Luke Nosek (Octubre 28, 2018).

11 «*Empecé a pensar que mi educación*»: Entrevista del autor con Luke Nosek, Octubre 28, 2018.

12 «*Caffeine*»... «*tarjeta de estudiante*»: «Scott Banister y Jonathan Stark: ACMers reunited at idealab!» *Department of Computer Science Alumni News*, Enero 2001 (vol. 2, no. 4), https://ws.engr.illinois.edu/sitemanager/getfile.asp?id=542.

13 «*rollo Jesucristo*»: Entrevista del autor con Ken Howery, Junio 26, 2018.

13 «*[Nosek y Banister] eran los subversivos*»: Entrevista del autor con Max Levchin, Junio 29, 2018.

14 «*Quita esto de mi vista*»: Ibid.

14 «*Max es quien me convenció*»... «*era un asunto bastante gordo*»: Entrevista del autor con Scott Banister, Julio 25, 2018.

14 «*En ese periodo nos gastamos*»: Max Levchin, «Seven Sixty Four», Blog personal de Max Levchin, Julio 15, 2016.

14 «*No creo que PayPal*»: Entrevista del autor con Luke Nosek, Octubre 28, 2018.

14 «*Era un bicho raro feliz*»... «*escribiendo* código en mi baño»: Entrevista del autor con Max Levchin, Junio 29, 2018.

15 «*Es posible que*»... «*Mighty Morphin Power Rangers*»: «CS Alums as Media Darlings», Asociación de Antiguos Alumnos de Informática de la Universidad de Illinois, *Alumni News*, Spring 1995 (Vol. 1, no. 5), 17, https://ws.engr.illinois.edu/sitemanager /getfile.asp?id=551.

16 «*Me matriculé allí por Marc Andreessen*»: Entrevista del autor con Jawed Karim, Diciembre 14, 2020.

16 «*Una de las cosas que más me influyó*»: Kim Schmidt y Abigail Bobrow, «Maximum Impact», serie STORIED de la Universidad de Illinois, Mayo 30, 2018, https:// storied.illinois.edu/maximum-impact/.

17 «*Tu abuela se está muriendo*»: Entrevista del autor con Max Levchin, Junio 29, 2018.

17 «*la educación superior*»: Dan Fost, «Max Levchin Likes the Edge», *San Francisco Chronicle*, Febrero 26, 2006, https://www.sfgate.com/business/article/Max-Levchin-likes-the-edge-Starting-another-2540752.php.

18 «*sacó de la pobreza*»... «*lo antes posible a Palo Alto*»: Entrevista del autor con Max Levchin, Junio 29, 2018.

2. Presentaciones

22 «*He estado compitiendo*»... «*El fin del mundo*»: Peter Thiel, discurso de graduación, Hamilton College, Mayo 2016, https://www.hamilton.edu/commencement/2016/address.

22 «*la crisis del cuarto de siglo*»: Entrevista del autor con Peter Thiel, Noviembre 28, 2017; véase también: Dina Lamdany, «Peter Thiel and the Myth of the Exceptional Individual», *Columbia Spectator*, Noviembre 22, 2016, https://www.columbiaspectator.com/opinion/2014/09/28/column/; Bill Kristol conversation with Peter Thiel, Julio 29, 2014, https://conversationswithbillkristol.org /transcript/peter-thiel-transcript/; Harriet Green, «PayPal Co-founder Peter Thiel Talks Quarter-Life Crises and How to Tackle the State», *City A.M.*, Noviembre 2, 2014, https://www.cityam.com/real-thiel/.

23 «*En primer lugar, queremos presentar un punto de vista alternativo*»: «Editor's Note», *Stanford Review*, Junio 1987.

23 «*¿Mente abierta o cerrada?*»: Andrew Granato, «How Peter Thiel and the *Stanford Review* Built a Silicon Valley Empire», *Stanford Politics*, Noviembre 27, 2017, https:// stanfordpolitics.org/2017/11/27/peter-thiel-cover-story/.

23 «*Peter quizá sea*»... «*Para que no pareciera un trastero*»: Entrevista del autor con Ken Howery, Junio 26, 2018.

26 «*club de los desayunos con millonarios*»... «*no hice casi nada*»: Entrevista del autor con Luke Nosek, Junio 25, 2018.

26 «*Si echo la vista atrás*»... «*unas 200 empresas*»: Entrevista del autor con Peter Thiel, Noviembre 28, 2017.

26 «*Para mí, aquello afectó a mi relación*»: Entrevista del autor con Luke Nosek, Junio 25, 2018.

27 «*Vaya, si algún día quiero entrar en el mundo financiero*»... «*es un bicho raro total*»: *NerdTV* episodio 2, Entrevista de Robert Cringley con Max Levchin, Septiembre 13, 2005, https://archive.org/details/ntv002.

27 «*necesitaba que lo rescataran*»: Entrevista del autor con Max Levchin, Junio 29, 2018.

28 «*Alguien debería rastrear*»: Entrevistas del autor con Max Levchin (Junio 29, 2018) y Peter Thiel (Noviembre 28, 2017).

28 *«Básicamente, metí todo el programa»*: Jessica Livingston, «Max Levchin», *Founders at Work* (New York: Apress, 2018), 2.

29 *«Acelerar un programa es una suerte de arte»*: Ibid., 3.

29 *«Conozco esos dispositivos»... «calcula justo 45 minutos»*: Entrevistas del autor con Max Levchin y Peter Thiel, 2017, 2018 y 2021.

31 *«Peter no era muy técnico»*: Entrevista del autor con Luke Nosek, Mayo 31, 2018.

31 *«Parecen simples pasatiempos»... «tu camino no será nada fácil»*: Entrevista del autor con Max Levchin, Junio 29, 2018.

32 *«No soy muy bueno resolviendo acertijos»... «la mejor idea para esa finalidad»*: Entrevista del autor con Erik Klein, Abril 25, 2021.

32 *«Es probable que dejásemos escapar»*: Entrevista del autor con Santosh Janardhan, Junio 15, 2021.

32 *«Es la satisfacción de llegar a una solución correcta»*: Entrevista del autor con un antiguo empleado de X.com. Comentario en segundo plano.

32 *tras muchas horas y cafés*: La inversión inicial de Thiel Capital se detalla en los documentos S-1 de la OPV de PayPal, https://www.sec.gov/Archives/edgar/data/1103415/0000912 05701533855/a2059025zs-1.htm.

33 *Parece que este chico sabe*: Entrevista del autor con John Powers, Agosto 3, 2018.

33 *«alto, desgarbado, estrafalario»*: Entrevista del autor con Max Levchin, Julio 24, 2018.

33 *«Podías ver»... «era lo más sensato»*: Entrevista del autor con John Powers, Agosto 3, 2018.

36 *«Era lo más parecido a un truco»*: Entrevista del autor con Max Levchin, Julio 24, 2018.

37 *«Los CEO y los fundadores»*: Entrevista del autor con John Malloy, Julio 25, 2018.

3. Las preguntas correctas

38 *Cierto día, Elon se tropezó con un artículo*: Datos biográficos de Peter Nicholson extraídos de una entrevista del autor con Nicholson, Julio 19, 2019; Lawrence Powell, *Cape Breton Post*, Noviembre 19, 2017; así como de las biografías publicadas por el Canadian Institute for Climate Choices y el Macdonald-Laurier Institute.

38 *«No miento si digo»*: Entrevista del autor con Peter Nicholson, Julio 19, 2019.

38 *«filosofía, economía y de cómo funcionaba el mundo»... «todo un cerebro»*: Entrevista del autor con Elon Musk, Enero 19, 2019.

39 *«Éramos un poco como DARPA»*: Entrevista del autor con Peter Nicholson, Julio 19, 2019.

39 «*mucho tiempo hablando*»: Amit Katwala, «What's Driving Elon Musk?», *Wired*, Septiembre 8, 2018.

39 «*Su auténtica pasión*»: Entrevista del autor con Peter Nicholson, Julio 19, 2019.

40 «*Se desarrolló un mercado secundario*»: Lawrence Powell, «Curious by Nature—Order of Nova Scotia recipient Peter Nicholson always in the thick of things», *Cape Breton Post*, Noviembre 19, 2017.

40 «*Tenía 19 años o así*»... «*y nadie la aprovechara*»: Entrevista del autor con Elon Musk, Enero 19, 2019.

41 «*Lo que Elon quizá no supo entender*»: Entrevista del autor con Peter Nicholson, Julio 19, 2019.

41 «*la incompetencia de los bancos*»... «*no apuestan por la innovación*»: Entrevista del autor con Elon Musk, Enero 19, 2019.

42 «*Sabía que*»: Alaina Levine, «Profiles in Versatility», *APS News*, Octubre 2013 (vol. 22, no. 9).

42 «*En una clase de análisis avanzado*»: Alaina Levine, «Profiles in Versatility», *APS News*, Noviembre 2013 (vol. 22, no. 10).

42 «*Nerdmaster 3000*»: «Computer History Museum Presents: An Evening with Elon Musk», Enero 22, 2013, https://www.youtube.com/watch?v=A-5FMY-K-o0Q.

42 «*tuve una crisis existencial*»: Alaina Levine, «Profiles in Versatility», *APS News*, Octubre 2013 (vol. 22, no. 9).

43 «*hiperinteligentes*»: Douglas Adams, *The Hitchhiker's Guide to the Galaxy*, 1ra edición (New York: Del Rey, 1995).

43 «*Muchas veces*»: «Computer History Museum Presents: An Evening with Elon Musk», Enero 22, 2013, https://www.youtube.com/watch?v=A-5FMY-K-o0Q.

43 *En la universidad*: Ashlee Vance, *Elon Musk* (New York: Ecco, 2017), 53–54.

43 «*Pensé que podía*»: Alaina Levine, «Profiles in Versatility», *APS News*, Octubre 2013 (vol. 22, no. 9).

44 «*Era el encargado de cambiar los discos*»: Correo electrónico de Mark Greenough al autor, Junio 24, 2020.

45 «*destruir un carguero espacial*»: Elon Musk, «Blastar», *PC and Office Technology*, Diciembre 1984, 69.

45 «*Musk Computer Consulting*»... «*por la noche*»: *Queen's Journal* (vol. 118, no. 28), Enero 22, 1991, 2.

45 «*Era demasiado tímido*»: Kevin Rose interview, «Foundation 20: Elon Musk», Septiembre 7, 2012, https://www.youtube.com/watch?v=L-s_3b5fRd8.

45 «*Me pregunté qué sería*»: «Computer History Museum Presents: An Evening with Elon Musk», Enero 22, 2013, https://www.youtube.com/watch?v=A-5FMY-K-o0Q.

46   «*Las puntocom están en auge*»: Entrevista del autor con Peter Nicholson,
      Julio 19, 2019.

46   «*Sabía que me quedaría al margen*»: «Computer History Museum Presents:
      An Evening with Elon Musk», Enero 22, 2013, https://www.youtube.com/
      watch?v=A5FMY-K-o0Q.

46   «*No soy atrevido por naturaleza*»: Phil Leggiere, «From Zip to X»,
      Pennsylvania Gazette, Noviembre 1999.

46   «*Bueno, aprovecha la oportunidad*»: Entrevista del autor con Elon Musk,
      Enero 19, 2019.

47   «*Maye le dijo*»... «*hermano mayor*»: Entrevista del autor con Jean Kouri,
      Septiembre 12, 2021.

47   «*embaucador*»... «*talento para hacer el bien*»: Entrevista del autor con Elon
      Musk, Octubre 3, 2021.

47   «*[Durante la Segunda Guerra Mundial]*»: Joseph Keating y Scott Haldeman,
      «Joshua N. Haldeman, DC: The Canadian Years, 1926–1950», *Journal
      of the Canadian Chiropractic Association*, (vol. 39, issue 3), Septiembre
      1995.

47   «*El nuevo producto*»... «*Quién sabe lo que puede pasar*»: Editores, «Datelines»,
      San Francisco Chronicle, Febrero 2, 1996.

48   «*En un principio*»: Ashlee Vance, *Elon Musk* (New York: Ecco, 2017), 66.

48   «*Pensé que estaban drogados*»: Alice LaPlante, «Zipping Right Along»,
      Upside US ed., *Foster City* (vol. 10, issue 11), Noviembre 1998, 57–60.

48   «*empresas de telecomunicaciones*»: Chris Bucholtz, «Internet Directory
      Mayo Help Carriers Dial in New Business», *Telephony* (vol. 231, issue 4),
      Julio 22, 1996, 28.

49   «*una plataforma tecnológica*»: Comunicado de prensa de Zip2 Septiembre
      30, 1996, PR Newswire.

49   «*el nuevo superhéroe de la prensa*»: Heidi Anderson, «Newspaperdom's New
      Superhero: Zip2», *Editor and Publisher*, Enero 1996, 4–8.

49   «*Los novedosos mapas*»: Comunicado de prensa de Zip2 Septiembre 30,
      1996, PR Newswire.

50   «*A mediados del 97*»... «*con Microsoft*»: Heidi Anderson, «Newspaperdom's
      New Superhero: Zip2», *Editor and Publisher*, Enero 1996, 4–8.

50   «*nunca había coordinado a un equipo*»... «*recurrir a esa persona*»: Ashlee
      Vance, *Elon Musk* (New York: Ecco, 2017), 73.

50   «*Desarrollamos una tecnología*»: Entrevista del autor con Elon Musk, Enero
      19, 2019.

51   «*La verdadera batalla*»: Laurie Flynn, «Online City Guides Compete in
      Crowded Field», *New York Times*, Septiembre 14, 1998.

51   «*No se trataba de una cuestión filosófica*»: Max Chafkin, «Entrepreneur of
      the Year, 2007: Elon Musk», *Inc.*, Diciembre 1, 2007.

51 «*Pese al interés*»: Laurie Flynn, «Online City Guides Compete in Crowded Field», *New York Times*, Septiembre 14, 1998.

51 «*Recibí los millones en mi buzón*»... «*21 millones de dólares*»: Entrevista del autor con Elon Musk, Enero 19, 2019.

51 «*tiene la imagen y los modales*»: Alice LaPlante, «Zipping Right Along», Upside US ed., *Foster City*, (vol. 10, issue 11), Noviembre 1998, 57–60.

52 «*Había trabajado para desarrollar una tecnología*»... «*poner los cimientos de Internet*»: Entrevista del autor con Elon Musk, Enero 19, 2019.

4. "Lo único que me importa es ganar"

53 «*Por desgracia, como el acceso a Internet*»... «*de mi cuenta en la web*»: Alyssa Bentz, «First in online banking», Marzo 14, 2019, *historia corporativa de Wells Fargo*, https://www.wells fargohistory.com/first-in-online-banking/.

54 «*el Amazon de los servicios financieros*»: Varios de los primeros empleados de X.com confirmaron esta frase, que concuerda con la visión de ventanilla única que Musk se había propuesto alcanzar.

54 «*un puñado de ordenadores*»: Entrevista del autor con Elon Musk, Octubre 3, 2021 (Véase también: Elon Musk, entrevistado por Walter Issaccson, en la Cumbre del Nuevo Establecimiento de Vanity Fair, 2014, https://www.youtube.com/watch?v=fPsHN1KyRQ8.)

54 «*Por alguna razón desconocida*»: Entrevista del autor con Elon Musk, Enero 19, 2019.

55 «*Ambos eran brillantísimos*»: Entrevista del autor con Peter Nicholson, Julio 19, 2019.

55 «*Es uno de los mejores*»: Entrevista del autor con Harris Fricker, Julio 31, 2019.

56 «*Si dentro de 20 años*»... «*que lo impelía*»: Entrevista del autor con Chris Payne, Septiembre 13, 2019.

57 «*Imagina que pudieras*»... «*Yahoo! ya había pasado*»: Entrevista del autor con Ed Ho, Agosto 8, 2019.

57 «*la mejor dirección de Internet*» Entrevista del autor con Elon Musk, Enero 19, 2019.

58 «*Con la inminente amenaza*»: Correo electrónico de Dave Weinstein al autor el 9 de agosto de 2019, que contiene el documento Word «The Early History of X.com».

58 *vendieron la dirección*: Los detalles de la transacción se incluyen en la presentación S-1 de PayPal, en una sección relativa al fondo de comercio y otros activos intangibles. «En mayo de 1999, la empresa adquirió el dominio X.com a cambio de 1.500.000 acciones preferentes de la serie A de la empresa, convertibles obligatoriamente, por un valor total de 0,5 millones de dólares», https://www.sec.gov /Archives/edgar/data/1103415/000091205.

58   *La negociación suscitó el interés*: Lisa Bransten, «Bartering for Equity Can Offer Sweet Rewards in Silicon Valley», *Wall Street Journal*, Septiembre 2, 1999, https://www.wsj.com/articles/SB936223888144908543.

58   *«En primer lugar»... «el mejor de los sentidos»*: Entrevista del autor con Elon Musk, Enero 19, 2019.

59   *«Estaba fascinado»*: Entrevista del autor con Chris Payne, Septiembre 13, 2019.

59   *«En aquel momento»*: Entrevista del autor con Ed Ho, Agosto 8, 2019.

59   *«Con una simple llamada»*: Entrevista del autor con Chris Payne, Septiembre 13, 2019.

59   *«Para mi sorpresa»*: Entrevista del autor con Harris Fricker, Julio 31, 2019.

60   *Tal empeño*: Entrevista del autor con Elon Musk, Octubre 3, 2021.

60   *«Cuando quería contratar a alguien»*: Entrevista del autor con Ed Ho, Agosto 8, 2019.

60   *«Craig era un auténtico coloso»*: Entrevista del autor con Harris Fricker, Julio 31, 2019.

60   *«Por aquel entonces había más bancos»*: Entrevista del autor con un antiguo empleado de X.com. Comentario en segundo plano

61   *«Pensábamos que íbamos a aplastar»... «los consumidores»*: Entrevista del autor con Ed Ho, Agosto 8, 2019.

61   *«Somos un banco»*: «Virtual Banker», *Forbes*, Junio 15, 1998, https://www.forbes.com/forbes/1998/0615/6112127a.html?sh=3fa9fe86432b.

61   *«El único problema»*: Entrevista del autor con Ed Ho, Agosto 8, 2019.

62   *«Es muy frustrante comprobar»*: Presentación de Elon Musk a los líderes del pensamiento empresarial de la Universidad de Stanford, 8 de octubre de 2003, https://spacenews.com /video-elon-musks-2003-stanford-university-entrepreneurial-thought-leaders-lecture/.

63   *«No podemos temer»*: Entrevista del autor con Chris Payne, Septiembre 13, 2019.

63   *«Cuando se nos presentó este dilema»*: Entrevista del autor con un antiguo empleado de X.com employee. Comentario en segundo plano.

63   *«Existen requisitos para el capital»*: Entrevista del autor con Chris Payne, Septiembre 13, 2019.

63   *«Cuando contábamos nuestro proyecto»*: Entrevista del autor con Harris Fricker, Julio 31, 2019.

64   *«Todo eso era extraño»... «nunca es una línea recta»*: Entrevista del autor con Chris Payne, Septiembre 13, 2019.

64   *«No es lineal»*: Entrevista del autor con Ed Ho, Agosto 8, 2019.

65   *«Se empieza con una idea»*: «Elon Musk habla de un nuevo tipo de escuela que creó para sus hijos», Elon Musk entrevistado en la televisión china BTV, 28:15, https://www.youtube.com/watch?v=y6909DjNLCM.

65   «*Siempre que se ponían*»: Entrevista del autor con Ed Ho, Agosto 8, 2019.

65   «*Nunca podrían trabajar juntos*»: Entrevista del autor con Chris Payne, Septiembre 13, 2019.

65   «*Por favor, Elon, vuelve*»... «*ganar a lo grande*»: Email to Elon Musk, Mayo 9, 1999, compartido con el autor por Harris Fricker.

66   «*Las discusiones eran acaloradas*»: Entrevista del autor con Ed Ho, Agosto 8, 2019.

66   «*arreglar las cosas*»... «*llegado a este punto*»: Entrevista del autor con Peter Nicholson, Julio 19, 2019.

67   «*Sabíamos que estaba pasando algo*»... «¿qué demonios acaba de pasar?»: Entrevista del autor con Chris Payne, Septiembre 13, 2019.

67   «*Elon convocó a todo el mundo*: Entrevista del autor con Doug Mak, Junio 18, 2019.

67   «*algún día tendrían mucho valor*»: Entrevista del autor con Chris Chen, Agosto 26, 2019.

67   «*Fue muy honesto conmigo*»: Entrevista del autor con Chris Payne, Septiembre 13, 2019.

67   «*La situación había afectado*»: Entrevista del autor con Elon Musk, Enero 19, 2019.

67   «*Me encantaba trabajar*»... «*software de otros y modificarlo*»: Entrevista del autor con Ed Ho, Agosto 8, 2019.

68   «*Yo sabía que si Elon estaba convencido*»: Entrevista del autor con Doug Mak, Junio 18, 2019.

68   «*Al mirar a mi alrededor*»... «*le llegara la respuesta*»: Entrevista del autor con Julie Anderson, Julio 19, 2019.

69   «*un punto caliente*»... «*en las empresas emergentes*»: Entrevista del autor con Elon Musk, Enero 19, 2019.

69   «*Me habría gustado gestionar*... «*No hemos vuelto a hablar*»: Entrevista del autor con Harris Fricker, Julio 31, 2019.

69   «*Eran dos talentos titánicos*»: Entrevista del autor con Peter Nicholson, Julio 19, 2019.

5. Los vigilantes

70   «*No teníamos mucho dinero*»: Email de John Powers al autor, Julio 17, 2021.

70   «*Era la única persona que conocía*»... «*esforzarme para que aceptara*»: Entrevista del autor con Max Levchin, Junio 29, 2018.

71   A *Howery le preocupaba*: Entrevista del autor con Ken Howery, Junio 26, 2018.

71   «*Tienes razón, pero yo estoy muy ocupado*: Entrevista del autor con Max Levchin, Junio 29, 2018.

72   «*Iba al trabajo*»: Entrevista del autor con Russel Simmons, Agosto 24, 2018.

72 «*Simplemente, desapareció*»... «*Necesitaban más garantías*»: Entrevista del autor con Yu Pan, Julio 24, 2018.

73 «*Russ es brillante*»: Entrevista del autor con Max Levchin, Junio 29, 2018.

73 «*Nunca he sido un gran estratega*»: Entrevista del autor con Russel Simmons, Agosto 24, 2018.

73 «*Esto es genial*»: Correo electrónico de Max Levchin (delph@netmeridian. com) a Russel Simmons (resimmon@uiuc.edu) el 16 de septiembre de 1998, compartido con el autor.

73 «*Sabía que*»... «*parece una estafa*»: Entrevista del autor con Russel Simmons, Agosto 24, 2018.

73 «*[Ella] dijo*»: Ibid.

74 «*Pensaba que la seguridad*»... «*con ese grupo*»: Entrevista del autor con Luke Nosek, Junio 25, 2018.

74 «*¿cuál sería su cometido?*»: Entrevistas del autor con Luke Nosek (Junio 25, 2018) y Max Levchin (Junio 29, 2018).

74 «*Luke... era de esas personas*»: Entrevista del autor con Max Levchin, Junio 29, 2018.

75 «*Fue entonces cuando descubrí*»: Entrevista del autor con Luke Nosek, Mayo 31, 2018.

75 «*Todo el mundo me dijo*»: Entrevista del autor con Max Levchin, Junio 29, 2018.

76 «*¿Puedo dejarte aquí mismo?*»... «*trabajando en esto*»: Entrevista del autor con Max Levchin, Junio 29, 2018.

76 «*Aunque parecía un paso lógico*»: Jessica Livingston, «Max Levchin», *Founders at Work* (New York: Apress, 2018), 3.

76 «*la empresa logró una ronda de inversiones*»: Documentos de la inversión compartidos con el autor.

76 «*El fondo de Thiel*»: Más tarde, se haría mucho hincapié en el hecho de que una parte de la inversión de Thiel se hizo a través de una Roth IRA, un mecanismo de jubilación de reciente creación que permitía que las acciones de Confinity convertidas en PayPal crecieran libres de impuestos. Dado que Thiel había comprado sus acciones de Confinity al principio del ciclo de vida de la empresa, esta inversión creció sustancialmente a medida que la empresa tuvo éxito. Los hechos básicos de la situación parecen ser ciertos: Thiel supuestamente compró 1.700 dólares de acciones de Confinity y lo hizo con una Roth IRA, a un precio bajo por acción, según la información de ProPublica. Pero dadas las perspectivas profundamente inciertas de la compañía, la apuesta del Roth IRA de Thiel parece más una ruleta de la jubilación que una previsión clarividente. La decisión fue, esencialmente, una apuesta, con una desventaja relativamente baja y un gran potencial de ganancia. Si la empresa tenía éxito, como así fue, la inversión de Thiel

crecería libre de impuestos; si Confinity fracasaba (como parecía probable), la cantidad de dólares que Thiel arriesgaba era baja, al menos para alguien con un título de abogado y su mezcla de experiencia laboral. Thiel no fue el único en este movimiento, y otros empleados de PayPal también habrían comprado acciones con sus cuentas de jubilación para aprovechar el crecimiento libre de impuestos..

77 «*buscaban negocios*»: Entrevista del autor con Graeme Linnett, Junio 19, 2019.

77 «*No sabía nada de empresas*»: «Pals Make Ideas Pay», *Contact*, Mayo 16, 2016. https://alumni.uq.edu.au/contact-magazine/article/2016/05/pals-make-ideas-pay.

77 «*El mercado actual*»... «*y celeridad*»: Plan de negocios de Confinity Febrero 1999 compartido con el autor

79 «*prehistoria*»: Adam Grant, «Want to Build a One-of-a-Kind Company? Ask Peter Thiel», *Authors@Wharton* podcast, Octubre 3, 2014, https://knowle-dge.whar ton.upenn.edu/article/peter-thiels-notes-on-startups/; véase también: Jackie Adams, «5 Tips from Peter Thiel on Starting a Startup», *LA*, Octubre 3, 2014, https:// www.lamag.com/culturefiles/5-tips-peter-thiel-starting-startup/.

79 «*Era una especie de*»... «*interactuado de esa manera*»: Entrevista del autor con David Wallace, Diciembre 5, 2020.

80 «*su jefe, Paul Tuckfield*»... «*gente muy, muy inteligente*»: Entrevista del autor con Santosh Janardhan, Junio 15, 2021.

81 «*Teníamos que contratar*»: «A Fireside Chat with David Sacks '98», University of Chicago Law School, Mayo 16, 2014, https://www.youtube.com/watch?v=9KX92 0RJTp0.

81 «*Fue un auténtico reto*»: Comentario de Peter Thiel en la sesión de Stanford eCorner Entrepreneurial Thought Leader, «Selling Employees, Selling Investors, and Selling Customers», Enero 21, 2004.

81 «*Podemos hacerlo*»: Entrevista del autor con Vince Sollito, Abril 25, 2019.

81 «*si tenías unos pocos conocimientos*»: Entrevista del autor con Santosh Janardhan, Junio 15, 2021.

82 «*Tenía mucho tiempo*»... «*no fui capaz de dejarlo*»: Entrevista del autor con Tom Pytel, Diciembre 4, 2020.

82 «*Era un nómada*»: Entrevista del autor con Max Levchin, Junio 29, 2018.

82 «*Le asomaban los dedos*»: Entrevista del autor con Russel Simmons, Agosto 24, 2018.

82 «*Eran los zapatos más cómodos*»: Entrevista del autor con Tom Pytel, Diciembre 4, 2020.

82 «*El que se uniera*»: Entrevista del autor con Russel Simmons, Agosto 24, 2018.

83 «*En ese momento de tu vida*»: Entrevista del autor con Tom Pytel, Diciembre 4, 202.

83 «*[Pero] si las guardas*»... «*mi clave de acceso*»: Jessica Livingston, «Max Levchin», *Founders at Work* (New York: Apress, 2001), 3.

84 «*No todas las aplicaciones*»... «*cuando están muy cerca*»: Bill Dyzel, «Beaming Items with Your Palm Device», *PalmPilot for Dummies*, Octubre 1, 1998, https://www.dummies.com/consumer-electronics/smartphones/blackberry/beaming-an-item-from-your-palm/.

84 «*Aunque el puerto no es lo bastante potente*»: A. J. Musgrove, «The PalmPilot's Infrared Port», *Dr. Dobb's Journal*, Abril 1, 1999, https://www.drdobbs.com/the-palm pilots-infrared-port/184410909?queryText=musgrove.

85 «*pintoresca e inútil*»: Jessica Livingston, «Max Levchin», *Founders at Work* (New York: Apress, 2001), 3.

85 «*Recuerda que pensó*»: Entrevista del autor con Lauri Schulteis, Diciembre 11, 2020.

86 «*mejor que el efectivo*»... «*US Treasury*»: Presentación de Confinity compartida con el autor por Peter Thiel.

86 *Hoy en día*: Entrevista del autor con Peter Thiel, Noviembre 28, 2017. En una discusión posterior en septiembre de 2021, Thiel ofreció lo siguiente en relación con la identidad de Satoshi: «Permítanme enmarcarlo un poco más en general. Creo que si tratas de averiguar quién es Satoshi, hay básicamente dos enfoques. Uno es que vino del mundo criptoanarquista ciberpunk. El otro es que él o ella era una especie de sabio idiota, completamente desconectado de todo el mundo. [Con la] segunda teoría, es imposible de averiguar algo. Así que, al igual que tienes que buscar las llaves perdidas bajo las luces, tienes que asumir que la primera teoría es cierta, si tienes alguna esperanza de resolver el enigma. Y si la primera teoría es cierta, entonces habría estado en Anguilla».

87 «*Era difícil pasar por alto la ira*»: Comentario de Peter Thiel en la sesión de Stanford eCorner Entrepreneurial Thought Leader, «Beating Competitors-and the Conventional Wisdom», 21 de enero de 2004.

88 «*Hemos estudiado, probado e incluso promovido*»: Entrevista del autor con Mark Richardson, Septiembre 6, 2019.

88 «*un proceso insoportable*»: Comentario de Peter Thiel en la sesión Stanford eCorner Entrepreneurial Thought Leader, «Selling Employees, Selling Investors, and Selling Customers», Enero 21, 2004.

88 «*En aquella época no se hacían*»... «*Eran brillantes*», me contó»: Entrevista del autor con John Malloy, Julio 25, 2018.

89 «*Ahí tienes a Peter*»... «*su gran reputación*»: Entrevista del autor con Pete Buhl, Julio 30, 2018.

89 *Levchin, que había hecho los deberes*: Uno de los documentos a los que Levchin hizo referencia durante este periodo fue el escrito de 1998

«Experimenting with Electronic Commerce on the PalmPilot», del Dr. Neil Daswani y el Dr. Dan Boneh. «Este documento describe nuestra experiencia en la implantación de un sistema de pago electrónico para la PalmPilot. Aunque Palm OS carece de soporte para muchas características de seguridad deseadas, somos capaces de construir un sistema adecuado para pequeños pagos. Discutimos las ventajas y desventajas de utilizar una PDA para realizar pagos seguros frente a la utilización de una tarjeta inteligente o un PC de sobremesa», https://citeseerx.ist.psu.edu/viewdoc/summary?-doi=10.1.1.40.770.

90   «*No lo sé*»: Entrevista del autor con Max Levchin, Junio 29, 2018.

90   *Sin embargo, aun con esa reputación*: Entrevistas del autor con Steve Jurvetson (Abril 8, 2019) y Luke Nosek (Octubre 28, 2018).

91   «*John fue una incorporación crucial*»: Entrevista del autor con Scott Banister, Julio 25, 2018.

91   «*el héroe olvidado*»: Entrevista del autor con Max Levchin, Octubre 30, 2018.

91   «*se había comprado un barco*»... «*Un día para olvidar*»: Entrevista del autor con John Malloy, Octubre 29, 2018.

6. En el barro

92   «*Pensaba que*»: Entrevista del autor con Elon Musk, Enero 19, 2019.

93   «*La tecnología de infrarrojos*»: Entrevista del autor con Max Levchin, Junio 29, 2018.

93   «*Apenas funcionaba*»: Entrevista del autor con Yu Pan, Julio 24, 2018.

93   «*Por supuesto*»: Comentario de Max Levchin a Stanford eCorner, Enero 21, 2004.

93   «*Necesito ponerme*»: Entrevista del autor con Max Levchin, Junio 29, 2018.

94   «*no fue tan espectacular*»: Entrevista del autor con Pete Buhl, Julio 30, 2018.

94   «¡No se puede!»: Entrevista del autor con Max Levchin, Julio 24, 2018.

94   «*Fue una forma perfecta*»: Comentario de Peter Thiel en la sesión de Stanford eCorner Entrepreneurial Thought Leader, 21 de enero de 2004, https://ecorner.stanford.edu/videos/selling-investors-beaming-at-bucks/.

95   «*Esta fue una de las lecciones*»... «*hacia* dónde íbamos»: Entrevista del autor con Luke Nosek, Mayo 31, 2018.

95   «*Creo que necesitábamos*»: Ibid.

95   «*Nos figuramos que*»: Entrevista del autor con Luke Nosek, Mayo 31, 2018.

96   «*Historia del libro*»... «*puramente creativo, aleatorio*»: Entrevistas del autor con SB Master, Octubre 31, 2018, y Julio 15, 2021.

96   «*Práctico*»... «*incluyendo a los de fuera de Estados Unidos*»: Diapositiva de la presentación de nombres de 1999 compartida por SB Master.

97   «*prometedores*»: Correo electrónico del autor de SB Master, Septiembre 23, 2021.

97   «*tono presuntuoso*»: Entrevista del autor con SB Master, Octubre 31, 2018.

97   «*Lleva a pensar en cuentas*»: Diapositiva de la presentación de PayPal compartida por SB Master.

97   «*Si la gente*»... «*de este recurso*»: Entrevista del autor con SB Master, Octubre 31, 2018.

98   «*Todos pensábamos lo mismo*»: Entrevista del autor con Russel Simmons, Agosto 24, 2018.

98   «*Sin lugar a dudas, no fue una decisión unánime*»: Entrevista del autor con Jack Selby, Octubre 30, 2018.

98   «*La gente no va a fiarse*»: Entrevista del autor con Pete Buhl, Julio 30, 2018.

98   «*Al principio*»: Entrevista del autor con David Wallace, Diciembre 5, 2020.

98   «*Sostuve que era un gran nombre*»: Entrevista del autor con Scott Banister, Julio 25, 2018.

99   «*Elige PayPal*»: Mayo 12, 2020, correo electrónico de SB Master al autor.

99   «*Chen estaba muy emocionado*»: Entrevista del autor con James Hogan, Diciembre 14, 2020.

99   «*Los ingenieros son muy cínicos*»: Blake Masters, «Peter Thiel's CS183: Startup— Class 1 Notes Essay», http://doc.xueqiu.com/13bd54e4b2f11b3f-bbcbbbab.pdf.

100   «*engranaje*»: Entrevista del autor con James Hogan, Diciembre 14, 2020.

100   «*Estábamos muy preocupados*»: Entrevista del autor con Erik Klein, Abril 25, 2021.

100   «*Max repetía una y otra vez*»: Entrevista del autor con Santosh Janardhan, Junio 15, 2021.

101   «*dinámica de grupo*»: Entrevista del autor con Luke Nosek, Octubre 28, 2018.

101   «*entrevista breve*»... «*parte de eso*»: Entrevista del autor con Skye Lee, Septiembre 24, 2021.

102   «*Salí de la entrevista*»: Entrevista del autor con Denise Aptekar, Mayo 14, 2021.

102   «*Aquel almuerzo se alargó*»... «*¿cómo sería trabajar con ellos cada día?*»: Entrevista del autor con Benjamin Listwon, Mayo 21, 2021.

102   «*Despedir a la gente*»: Blake Masters, Peter Thiel's CS183: Startup—Class 1 Notes Essay, http://doc.xueqiu.com/13bd54e4b2f11b3fbbcbbbab.pdf.

102   «*En realidad, deberíamos*»: Entrevista del autor con un empleado de la primera etapa de PayPal. Comentario en segundo plano.

102   «*Si estás solo*»... «*eso frena el avance*»: Blake Masters, «Peter Thiel's CS183: Startup— Class 1 Notes Essay», http://doc.xueqiu.com/13bd54e4b2f11b3f-bbcbbbab.pdf.

104   «*Yo estaba seguro*»: Entrevista del autor con Scott Banister, Julio 25, 2018.

104   *En 1999, más de cinco millones*: James Niccolai y Gohring, «A Brief History of Palm», *PC World*, Abril 28, 2010, https://www.pcworld.com/article/195199/article.html.

105 «*Vivíamos en el paraíso*»: Entrevista del autor con Reid Hoffman, Julio 30, 2018.

106 «*Eso debería haber sido solo un parche*»: Entrevista del autor con Max Levchin, Junio 29, 2018.

106 «*En el mundo de Internet*»: Entrevista del autor con Erik Klein, Abril 25, 2021.

106 «*En la década de los veinte*»: Suzanne Herel, «Meet the Boss: David Sacks, CEO of Yammer», *SFGATE*, Febrero 22, 2012, https://www.sfgate.com/business/meettheboss/article/Meet-the-Boss-David-Sacks-CEO-of-Yammer-3347271.php.

106 «*Pero Sacks no pasó la prueba*»: Entrevista del autor con un empleado de la primera etapa de PayPal. Comentario en segundo plano.

106 «*Era una idea estúpida*»... «*lo que hacían mal*»: Entrevista del autor con David Sacks, Noviembre 28, 2018.

107 «*Peter, necesito gente*»: Entrevista de Jason Calacanis con David Sacks, «This Week in Startups—David Sacks, CEO of Yammer», Junio 29, 2010, https://www.youtube.com /watch?v=TYA_vdHSD8w.

107 «*Por mucho que la gente*»: Entrevista del autor con Giacomo DiGrigoli, Diciembre 9, 2020.

108 «*Con el objetivo*»: Entrevista del autor con Max Levchin, Junio 29, 2018.

108 «*Nadie había trabajado*»: Entrevista del autor con Erik Klein, Abril 25, 2021.

108 «*Viéndolo en perspectiva*»: Entrevista del autor con Russel Simmons, Agosto 24, 2018.

108 «*Una idea asombrosamente mala*»... «*nadie saldrá herido*»: Publicación de SlashDot «Beaming Money», Julio 27, 1999, https://slashdot.org/story/99/07/27/1754207/beaming-money #comments.

109 «*sección de FAQ*»: Sección de preguntas frecuentes del sitio web paypal. com, Octubre 12, 1999, Archive paypal.com/FAQ.HTML.

110 «*Si eres ingeniero*»: Entrevista del autor con Max Levchin, Junio 29, 2018.

110 «*Tras la ronda inicial*»: Entrevista del autor con David Wallace, Diciembre 5, 2020.

110 «*Ahora mismo, en mi empresa*»: Entrevista del autor con Erik Klein, Abril 25, 2021.

111 «*Por un instante*»: Blake Masters, «Peter Thiel's CS183: Startup—Class 1 Notes Essay», http://doc.xueqiu.com/13bd54e4b2f11b3fbbcbbbab.pdf.

111 «*Estábamos programando*»: Entrevista del autor con David Gausebeck, Enero 31, 2019.

111 «*Fue la situación más peliaguda*»: Entrevistas del autor con Max Levchin, Junio 29, 2018 y Julio 24, 2018.

111 «*Palm*»... «*me bastaría con un lápiz*»: Entrevistas del autor con Dan Boneh (Junio 27, 2018) y Max Levchin (Julio 24, 2018).

7. El poder del dinero

111   *Se habían marchado*: Varios empleados compartieron las listas de teléfonos de ese periodo. Estas dos listas —el antes y el después de las salidas— fueron compartidas por Doug Mak, el empleado número 6 de X.com.

113   *«Aunque en el 99»*... *«El dinero hablaba»*: Entrevista del autor con Scott Alexander, Junio 17, 2019.

114   *«inversores de capital riesgo»*: Milford Green, «Venture Capital Investment in the United States 1995-2002», *Industrial Geographer* (vol. 2, issue 1), Octubre 2011, 2–30.

115   *«No necesitábamos el dinero»*: Entrevista del autor con Elon Musk, Enero 19, 2019.

115   *«En una famosa operación»*: Nicholas Carlson, *Marissa Mayer and the Fight to Save Yahoo!* (New York: Grand Central Publishing, Enero 2015.

115 *« un auténtico huracán»*... *«un tanto quijotesca»*: Entrevista del autor con Mike Moritz, Diciembre 19, 2019.

116   *«Moritz me dijo que»*: Entrevista del autor con Elon Musk, Enero 19, 2019.

116   *«Me dijo: «¡Vamos a crear un banco digital!»*: Entrevista del autor con Steve Armstrong, Enero 29, 2021.

116   *«No teníamos casi nada»*: Entrevista del autor con Scott Alexander, Junio 17, 2019.

117   *«una combinación»*: «Zip2 Founder Launches 2nd Firm: Readies Financial Supersite», *Computer Business Review*, Agosto 29, 1999, https://techmonitor.ai/technology/zip2_founder_launches_2nd_firm_readies_financial_supersite.

117   *«Tener todo el patrimonio»*: Lee Barney, «John Story Astutely Shifts Directions», *Mutual Fund Market News*, Septiembre 13, 1999.

117   *«X.com tenía grandes aspiraciones»*: Entrevista del autor con Chris Chen, Agosto 26, 2019.

118   *«'entradas' en una base de datos»*: Musk ha utilizado esta expresión para describir el dinero en varios momentos, como en una conferencia del 8 de octubre de 2003 en la Universidad de Stanford y de nuevo a finales de 2020 en la cumbre del Consejo de Directores Generales del Wall Street Journal. Este último comentario recibió mucha más atención, ya que tuvo lugar en un momento en el que las criptodivisas estaban en alza y la propia riqueza personal de Musk había alcanzado cotas asombrosas.

118   *«Mi objetivo»*: Entrevista del autor con Elon Musk, Enero 19, 2019.

118   *«En esa época»*... *«me subí al barco de inmediato»*: Entrevista del autor con Tim Wenzel, Diciembre 4, 2020.

119   *«era la empresa con más diversidad»*... *«abandonar la empresa con dignidad»*: Entrevista del autor con Deborah Bezona, Octubre 13, 2020.

119   *«Los llamábamos»*: Entrevista del autor con Elizabeth Alejo, Octubre 14, 2020.

120 «*Una empresa con cero activos*»: Ken Schachter, «Will X.com Mark the Spot for Financial Services?», Ignites.com, Septiembre 2, 1999.

120 «*Mi carrera... peinaba canas*»: Entrevista del autor con Mark Sullivan, Octubre 19, 2019.

120 «*Yo usaba expresiones rimbombantes*»: Entrevista del autor con Sandeep Lal, Mayo 19, 2021.

121 «*Siempre quise*»... «*suyo sin problemas*»: Entrevistas del autor con Amy Rowe Klement, Septiembre 24, 2021 y Octubre 1, 2021.

122 «*heroínas olvidadas*»: Entrevista del autor con Elon Musk, Octubre 3, 2021.

122 «*Siempre quise ser*»: Entrevista del autor con Oxana Wootton, Diciembre 4, 2020.

122 «*Sentí que tenía*»: Entrevista del autor con Colin Catlan, Abril 5, 2019.

123 «*En realidad, me preocupaba*»: Entrevista del autor con Branden Spikes, Abril 25, 2019.

123 «*Regístrate con tu correo electrónico*»... «*por cortesía de Zip2 Corp*»: Archivo de internet, X.com, Octubre 13, 1999, https://web.archive.org/web/19991013062839/http://x.com/about.html.

124 «*Nuestro ciclo de ventas*»... «*la colaboración*»: Entrevista del autor con Satnam Gambhir, Julio 28, 2020.

124 «*En septiembre, X.com anunció*»: «X.com Uses Barclays to Close Retail Loop», *American Banker*, Noviembre 1, 1999.

124 «*que permitía a X.com comprarlo*»: Varios detalles sobre el acuerdo entre el First Western National Bank y X.com están disponibles en los documentos S-1 presentados por PayPal cuando la empresa se preparó para salir a bolsa en 2002. «First Western National Bank» también aparece en el reverso de la tarjeta Titanium de X.com, una tarjeta de débito lanzada por la empresa.

124 «*creación de la cuenta de usuario*»... «*seguridad del cliente*»: Carol Curtis, «Move Over, Vanguard», CNBC.com, Noviembre 12, 1999.

125 *no podían igualarlos en lo tecnológico*: «Zip2 Founder Launches 2nd Firm: Readies Financial Supersite», *Computer Business Review*, Agosto 29, 1999, https://techmonitor.ai /techonology/zip2_founder_launches_2nd_firm_readies_financial_supersite.

125 «*Nadie nos va a superar, y punto*»: John Hechinger y Pui-Wing Tam, «Vanguard's Index Funds Attract Many Imitators», *Wall Street Journal*, Noviembre 12, 1999, https://www.wsj.com/articles/SB942358046539516245?st=jjzy7eh1f8w5jwp&r eflink=mobilewebshare_permalink.

125 «*preparado para convertirse*»: Mark Gimein, «Fast Track», Salon.com, Agosto 17, 1999, https://www.salon.com/1999/08/17/elon_musk/.

125 «*Elon quería salir al mercado*»: Entrevista del autor con Colin Catlan, Abril 5, 2019.

125 «*Se movía frenético*»: Entrevista del autor con Mark Sullivan, Octubre 19, 2019.

126 «*Dormíamos debajo las mesas*»: Entrevista del autor con Colin Catlan, Abril 5, 2019.

126 «*La mayoría de los CEO*»: Entrevista del autor con Branden Spikes, Abril 25, 2019.

126 «*En realidad, no tenía despacho*»: Entrevista del autor con Mark Sullivan, Octubre 19, 2019

126 «*Recuerdo que*»... «*tu aspecto*»: Entrevista del autor con Wensday Donahoo, Diciembre 11, 2020.

126 «*Pero Elon dijo*»... «*que podíamos comprar*»: Entrevista del autor con Nick Carroll, Marzo 29, 2019.

127 «*Era un banco*»: Entrevista del autor con Branden Spikes, Abril 25, 2019.

127 «¿Cómo será nuestra *web?*»: Entrevista del autor con Nick Carroll, Marzo 29, 2019.

127 «*Para mí*»... «*fuese limpio, impecable*»: Entrevista del autor con Scott Alexander, Junio 17, 2019.

127 «*En esos momentos pensaba*»: Entrevista del autor con Nick Carroll, Marzo 29, 2019.

127 «*Había mucho por hacer*»: Entrevista del autor con Mark Sullivan, Octubre 19, 2019.

117 128 «*Habíamos investigado*»... «*en menos tiempo*»: Entrevista del autor con Scott Alexander, Junio 17, 2019.

128 «*Ahora Linux tiene un montón*»: Entrevista del autor con Elon Musk, Enero 19, 2019.

128 «*En esa época*»: Entrevista del autor con Nick Carroll, Marzo 29, 2019.

129 «*Yo había trabajado*»: Entrevista del autor con Amy Rowe Klement, Octubre 1, 2021.

129 «*Nhon ha estado aquí*»: Entrevista del autor con Scott Alexander, Junio 17, 2019.

129 «*Elon estaba muy, muy satisfecho*»: Entrevista del autor con Mark Sullivan, Octubre 19, 2019.

PARTE 2. MALA JUGADA

8. Si tú lo construyes

133 «*El primer día*»: Entrevista del autor con Colin Catlan, Abril 5, 2019.

133 «*explosivo*»: Entrevista del autor con Julie Anderson, Julio 19, 2019.

133 «*Teníamos la esperanza*»: Entrevista del autor con Colin Catlan, Abril 5, 2019.

133 «*se quedó estupefacto*»: Entrevista del autor con Ken Miller, Enero 21, 2021.

134 «*No puedo decir*»: Entrevista del autor con Steve Armstrong, Enero 29, 2021.

134 «*Mis amigos y yo*»: Email de Maye Musk a Elon Musk, Enero 21, 2000.

134 «*Había miles de errores*»: Entrevista del autor con Elon Musk, Enero 19, 2019.

134 «*Era un tipo muy simpático*»: Entrevista del autor con Branden Spikes, Abril 25, 2019.

135 «*Se detecta un fallo de seguridad en un banco digital*»... «*durante un mes*»: John Markoff, «Security Flaw Discovered at Online Bank», *New York Times*, Enero 28, 2000.

135 «*Deberían salirse del negocio*»...«*que aguanten mucho*»: Kevin Featherly. «Online Banking Breach Sparks Strong Concerns», Newsbytes PM, *Washington Post*, Enero 28, 2000.

135 «*El nombre de X.com*»: John Engen, «X.com Tries to Stare Down the Naysayers», *US Banker*, Marzo 2000, 11, 3.

135 «*Todo aquello fue terrible*»: Entrevista del autor con Julie Anderson, Julio 19, 2019.

136 «*El personal trabajaba*»...«*pinchazo en la otra*»: Entrevista del autor con David Gausebeck, Enero 31, 2019.

136 «¿*qué ocurría si alguien*»...«*nadie había reclamado*»: Entrevista del autor con Max Levchin, Junio 29, 2018.

137 «*Donde estábamos, nadie tenía cobertura*»: Pie de foto en levchin.net, http://www.levchin.com /paypal-slideshow/3.html.

137 «*sensación de terror*»...«*no estaba preparado*»: Entrevista del autor con David Wallace, Diciembre 5, 2020.

137 «*Cada día nos arremolinábamos*»: Entrevista del autor con Colin Catlan, Abril 5, 2019.

138 «*Me limité a decirle*»: Entrevista del autor con Ryan Donahue, Mayo 5, 2021.

138 «*No inventamos las transferencias*»: Entrevista del autor con Elon Musk, Enero 19, 2019.

139 «*Hacer una transferencia*»: Entrevista del autor con Elon Musk, Enero 19, 2019.

139 «*captar usuarios*»: Entrevista del autor con Amy Rowe Klement, Septiembre 24, 2021.

139 «*Cuando presentábamos a la gente*»: Discurso de graduación de Elon Musk en Caltech, 2012.

140 «*Era fundamental*»... «*la atención del producto*»: Entrevista del autor con Elon Musk, Enero 19, 2019.

140 «*Quería reventar el proyecto*»... «*Así debe ser*»: Entrevista del autor con David Sacks, Noviembre 28, 2018.

140 «*Teníamos que contar*»: Entrevista del autor con Denise Aptekar, Mayo 14, 2021.

141 «*Se quejaba, no entendía*»: Entrevista del autor con Giacomo DiGrigoli, Diciembre 9, 2020.

141 «*Siempre tuvimos*»: Lee Gomes, «Fix It and They Will Come», *Wall Street Journal*, Febrero 12, 2001, https://www.wsj.com/articles/SB981489281131292770.

141 «*Cuando nos comunicaron*»: Entrevista del autor con David Wallace, Diciembre 5, 2020.

142 «*La atención es finita*»: Tim Draper y Steve Jurvetson, «Viral Marketing», *Netscape M-Files*, Mayo 1, 1997.

143 «*Debe de ser una broma*»... «¡Es fantástico!!»: Entrevista del autor con David Jaques, Agosto 12, 2021.

144 «*Por tanto, cada vez*»: Entrevista del autor con David Sacks, Noviembre 28, 2018.

144 «*Elon siempre contaba la historia*»: Entrevista del autor con Nick Carroll, Marzo 29, 2019.

144 «*Era crucial incentivar*»: Entrevista del autor con Elon Musk, Enero 19, 2019.

144 «*Hay que quitarse el sombrero* »: Entrevista del autor con Colin Catlan, Abril 5, 2019.

145 *Al principio*: Adam Cohen, *The Perfect Store: Inside eBay,* 1st ed. (Boston: Little, Brown and Co, 2002), 4–5.

145 «*Si es posible, investigaremos*»: Correo electrónico de Peter Thiel (Peter@confinity.com) a Graeme Linnett y Peter Davison, 8 de abril de 1999, compartido con el autor por Peter Davison.

145 «*eBay era una compañía muy inestable*»: Comentario de Peter Thiel. «Selling Customers—Getting the Product Out», Foro de líderes del pensamiento empresarial de Stanford, Enero 21, 2004, https://ecorner.stanford.edu/videos/selling-customers-getting-the-product-out/.

145 nota pie de página «*friki de la electrónica*»: *Meet the Buyer Behind EBay Founder Pierre Omidyar's First Ever Sale*, acceso Octubre 14, 2021, https://www.youtube.com/watch?v=n7tq4EiGkA4.

146 «*De acuerdo, no tenemos*»: Entrevista del autor con Luke Nosek, Junio 25, 2018.

146 *David Wallace reenvió*: Entrevista del autor con David Wallace, Diciembre 5, 2020.

146 «*Fue uno de esos momentos*»... «*de forma orgánica*»: Entrevista del autor con David Sacks, Noviembre 28, 2018.

147 «*No sabía muy bien*»... «*cae nuestra web?*»: Entrevista del autor con Max Levchin, Octubre 30, 2018.

148 «*Nosotros queríamos competir*»: Entrevista del autor con Doug Mak, Junio 18, 2019.

148 «*En realidad, los usuarios de eBay*»: Entrevista del autor con Skye Lee, Septiembre 24, 2021.

149 «*Si eBay no hubiera existido*»: Entrevista del autor con Vivien Go, Mayo 6, 2021.

149 «*Un objetivo del curso*»: «Philosophy 80: Mind, Matter, and Meaning» programa de estudios del trimestre de invierno de 1986 en Stanford, compartido con el autor por el Dr. Michael Bratman.

149 «*Peter y yo*»: Entrevista del autor con Reid Hoffman, Julio 30, 2018.

149 «*La ASSU tiene*»: «ASSU Spring Election Pamphlet», 1987, 5–6, https:// archives.stanforddaily.com/1987/04/09?page=6&section=MODSMD _ARTICLE4#issue.

150 «*Si salgo elegido*»: «Nominations and Elections Committee», *Daily Pennsylvanian* (vol. CIX, no. 26), Marzo 1, 1993, 12.

151 «*Siempre le comentaba*»: Entrevista del autor con Reid Hoffman, Julio 30, 2018.

152 «*Me pareció extraño*»: Entrevista del autor con Pete Buhl, Julio 30, 2018.

152 «*Hoffman nunca juzga*»: Entrevista del autor con Vivien Go, Mayo 6, 2021.

152 «*Si no crees*»: Entrevista del autor con Luke Nosek, Mayo 31, 2018.

152 *En su infancia*: Reid Hoffman, «Game O», *Greylock* (blog), Mayo 18, 2021, http:// greylock.com/greymatter/reid-hoffman-game-on/.

152 «Él tomaba asiento»: Entrevista del autor con Dan Madden, Mayo 6, 2021.

153 «*Colaborábamos con*»... «*por cada uno*»: Entrevista del autor con Tom Gerace, Marzo 21, 2019.

153 *BeFree salió a bolsa*: «Digits: Gambits & Gadgets In the World of Technology», *Wall Street Journal*, Marzo 9, 2000, https://www.wsj.com/articles/SB9525597 53465844367.

153 «*Su campaña era viral*»... «*ingresos reales*»: Entrevista del autor con Pat George, Marzo 26, 2019

154 «*Fue muy difícil*»... «*ningún acuerdo*»: Entrevista del autor con Tom Gerace, Marzo 21, 2019.

154 «*Los dos me estaban mirando*»: Entrevista del autor con Pat George, Marzo 26, 2019.

154 «*uno de los mayores errores*»: Entrevista del autor con Tom Gerace, Marzo 21, 2019.

155 «*Parecía que quería*»: Entrevista del autor con Pat George, Marzo 21, 2019.

155 «*Peter es mucho menos tolerante*»... «*puesto en Tesla*»: Entrevista del autor con Elon Musk, Enero 19, 2019.

155 «*San Diego*»... «*atrevimiento*»: Entrevista del autor con Bill Harris, Julio 3, 2019.

156 «*Son cosas*»: Entrevista del autor con Colin Catlan, Abril 5, 2019.

156 «*Todo parece perfecto*»... «*sabes mucho más sobre esto*»: Entrevista del autor con Elon Musk, Enero 19, 2019.

157 «*X.com puede ser la empresa*»: «Ex-Intuit Exec Joins Internet Financial Services Startup as CEO», Gomez Staff, Gomez.com, Diciembre 7, 1999.

9. Guerra de Widgets

159 «*Todo el mundo estaba paranoico*»: Entrevista del autor con John Malloy, Julio 25, 2018.

159 «*si pasaba por la otra oficina*»: Entrevista del autor con Max Levchin, Octubre 30, 2018.

159 «*A finales de 1999*»: Entrevista del autor con David Wallace, Diciembre 5, 2020.

159 «*Tenía una aplicación*»: Entrevista del autor con Elon Musk, Enero 19, 2019.

159 «*Gozábamos de una pequeña*»... «*sobre todo lo demás*»: Entrevista del autor con Ken Howery, Septiembre 26, 2018

159 «*Los efectos de red*»: Ibid.

160 «*Eso incrementó mucho*»: Entrevista del autor con Yu Pan, Julio 24, 2018.

160 «*Nos vimos obligados*»... «*restos de cigarrillos*»: Entrevista del autor con Denise Aptekar, Mayo 14, 2021.

160 «*Teníamos miles*»: Entrevista del autor con Oxana Wootton, Diciembre 4, 2020.

161 «*Fue una especie de guerra fría*»: Entrevista del autor con David Gausebeck, Enero 31, 2019.

161 «*En realidad, me di cuenta*»... «*guerra de widgets*»: Entrevista del autor con Elon Musk, Enero 19, 2019.

162 «*Todo el mundo sabía que Musk bromeaba*»: Entrevista del autor con Doug Mak, Junio 18, 2019.

162 «*Todo el mundo sabía lo que había*»: Entrevista del autor con Luke Nosek, Mayo 31, 2018.

162 «*Esta gente de PayPal*»... «*mi respeto de inmediato*»: Entrevista del autor con Elon Musk, Enero 19, 2019.

163 «*Creo que todos pensábamos*»: Entrevista del autor con Julie Anderson, Julio 19, 2019.

163 «*No estábamos para tonterías*»: Entrevista del autor con Colin Catlan, Abril 5, 2019.

163 «*Era a la vez excitante*»: Entrevista de Peter Thiel con Dave Rubin en *The Rubin Report*, Septiembre 12, 2018, https://www.youtube.com/watch?-v=h10kXgTdhNU.

163 «*Nosotros teníamos*»: Entrevista del autor con Yu Pan, Julio 24, 2018.

163 «*no podía permitirse un automóvil de lujo AAA*»: Max Levchin—Startup School 2011, https://www.you tube.com/watch?v=9R2xgM-pu18.

163 «*Elon parecía un tipo popular*»: Entrevista del autor con Max Levchin, Junio 29, 2018.

163 «*Elon había ganado*»: Entrevista del autor con Jack Selby, Octubre 30, 2018.

163 «*A Peter le gusta ser directo*»: Entrevista del autor con Luke Nosek, Mayo 31, 2018.

164 «*Peter sabía reconocer*»: Entrevista del autor con John Malloy, Julio 25, 2018.

164 «*Un buen perdedor*»: George Packer, «No Death, No Taxes», *New Yorker*, Noviembre 28, 2011, https://www.newyorker.com/magazine/2011/11/28/no-death-no-taxes.

164 «*Al principio se propuso*»: Entrevista del autor con David Wallace, Diciembre 5, 2020.

164 «*Thiel era implacable*»: Entrevista del autor con Ed Bogas, Julio 29, 2019.

165 «*Siempre chocábamos con ellos*»: Entrevista del autor con Ken Howery, Septiembre 26, 2018.

165 «*No hay duda de que*»: Anthony Deden, «Reflections on Prosperity», *Sage Chronicle*, Diciembre 29, 1999.

165 *Entonces se acordó*: Thiel, Nosek, Levchin y Powers comentaron en repetidas ocasiones en entrevistas con autores el número de veces que se rechazó la financiación de Confinity. La reflexión pública más detallada sobre este momento proviene de la presentación de Thiel y Levchin en 2003 a los estudiantes de Stanford. El fragmento de esa presentación «Selling Employees, Selling Investors, and Selling Customers» está disponible en línea, así como en forma de transcripción, https://ecorner.stanford.edu/vid eos/selling-employees-selling-investors-and-selling-customers/.

166 «*Muchos llegamos a la conclusión*»: Entrevista del autor con Ken Howery, Septiembre 26, 2018.

166 «*Algo me decía*»… «*no criticara, bajo ningún concepto, a X.com*»: Entrevista del autor con Vince Sollitto, Abril 25, 2019.

166 «*Ambas empresas éramos*»… «*hacia el monopolio*»: Entrevista del autor con Bill Harris, Julio 3, 2019.

166 «*Harris llevaba traje*»… «*escuchar algo así*»: Entrevista del autor con Max Levchin, Octubre 30, 2018.

167 «*Dejamos claro que aceptar*»: Entrevista del autor con Pete Buhl, Julio 30, 2018.

167 «*El 8 %*»… «*falta de experiencia*»: Entrevista del autor con John Malloy, Octubre 29, 2018

168 «*se pusiera las pilas*»: Entrevista del autor con Luke Nosek, Junio 25, 2018.

168 «*Sabía que esos tipos*»… «*por delante de ellos*»: Entrevista del autor con Elon Musk, Enero 19, 2019.

169 «*Elon era reacio*»: Entrevista del autor con Bill Harris, Julio 3, 2019.

169 «*Obviamente, pensaba que estaba loco*»: Entrevista del autor con Max Levchin, Octubre 30, 2018.

170 «*te ayudaré a doblarla*»: Entrevistas del autor con Bill Harris (Julio 3, 2019) y Max Levchin (Octubre 30, 2018).

170 «*No creo que esto funcione*»: Entrevista del autor con Max Levchin, Octubre 30, 2018.

170   «*A mí no me importaba*»... «*nunca habría dicho que sí*»: Entrevista del autor con Elon Musk, Enero 19, 2019.

171   «*¿Solo podía quedar uno?*»... «*aumentar de tamaño*»: Entrevista del autor con Bill Harris, Julio 3, 2019.

172   «*Pendíamos de un hilo*»: Entrevista del autor con John Malloy, Julio 25, 2018.

172   «*No es tanto unir*»: Entrevista del autor con Luke Nosek, Octubre 30, 2018.

10. Accidentes

173   «*obra de arte*... *realmente hermosa*»: Además de expresar este sentimiento durante una entrevista, Musk también hizo estos comentarios en varias ocasiones a lo largo de los años. Véase también: Paul Henderson, «Elon Musk's Car Collection Is Out of This World», GQ, 28 de junio de 2020, https://www.gq-magazine.co.uk/lifestyle/article /elon-musk-car-collection.

173   *Además, entre los siete McLaren F1*: Blog personal de Sami Aaltonen, repasando cada uno de los coches que se unieron para el Tour del 25º Aniversario del Club de Propietarios de McLaren F1 en el Sur de Francia., https://samiaal.kuvat.fi/kuvat/1993-1998+MCLAREN+F1   +/MCLAREN+F1+-+ENGLISH/CHASSIS+067/.

173   «*El F1 pasará a la historia*»: Andrew Frankel. «The Autocar Road Test: McLaren F1». Autocar. Mayo 11, 1994.

173   «*Imagina un coche*»: Entrevista del autor con Erik Reynolds, Julio 22, 2021.

174   *Uno de sus propietarios*: «Rowan Atkinson's McLaren F1: From Twice-Crashed Mess to £8m Icon», CAR magazine, acceso Octubre 15, 2021, https://www.carmagazine.co.uk/car-news/motoring-issues/2015/rowan-atkinsons-mclaren-f1-from-twice-crashed-mess-to-8m-icon/.

174   *Además, por esas fechas*: Darius Senai, «Three Killed as Pounds 627,000 McLaren Crashes», The Independent, Octubre 23, 2011, https://www.independent.co.uk   /news/three-killed-pounds-627-000-mclaren-crashes-1082273.html.

174   «*Poseerlo requiere tener nervios de acero*»: Peter Robinson, «Tested: 1994 McLaren F1 Humbles All Other Supercars», Car and Driver, Agosto 1994, https://www.caranddriver.com/reviews/a15142653/mclaren-f1-supercar-road-test-review/.

174   «*Hace tres años*»: Comentario de Elon Musk en una entrevista en la CNN, «Watch a Young Elon Musk Get His First Supercar in 1999», CNN, https://www.you tube.com/watch?v=s9mczdODqzo.

174   *Además, a diferencia de los demás*: Comentario de Musk a Sarah Lacy, «Elon Musk: How I Wrecked an Uninsured McClaren F1», Pando Daily, Julio 16, 2012, https://www.youtube.com/watch?v=mOI8GWoMF4M.

174   «*Era como esa película de Hitchcock*»: Entrevista del autor con Peter Thiel, Septiembre 11, 2021.

174 *«Entonces, ¿qué es capaz de hacer esta máquina?»... «como un disco»:* Entrevista del autor con Elon Musk, Enero 19, 2019. Véase también: Comentario de Musk a Sarah Lacy, «Elon Musk: How I Wrecked an Uninsured Mclaren F1», *Pando Daily*, Julio 16, 2012, https://www.youtube. com/watch?v=mOI8GWoMF4M.

174 *«En realidad, no sabía llevarlo»:* Ibid.

175 *«Nunca me lo dijeron»:* Entrevista del autor con Bill Harris, Julio 3, 2019.

175 *«Creo que podemos decir con seguridad»:* Entrevista del autor con Elon Musk, Enero 29, 2019.

175 *«En realidad, fue mi primer despegue»:* Entrevista del autor con Peter Thiel, Septiembre 11, 2021.

175 *«Lo fundamental era hacer»:* Comentario de Max Levchin al eCorner de la Universidad de Stanford, 21 de enero de 2004, https://ecorner.stanford.edu/ videos/when-and-why-to-merge-with-a-competitor-to-dominate-a-market/.

175 *«ganadora»:* Correo electrónico de una usuaria a Julie Anderson y Vince Sollitto, Marzo 5, 2000.

176 *«El principal inconveniente»:* «eBay's Billpoint Might Tap Visa», *CBS Market Watch*, Febrero 29, 2000.

178 *«Recuerdo que debatimos durante horas»:* Entrevista del autor con Amy Rowe Klement, Septiembre 24, 2021.

178 *«Resulta que concedimos líneas de crédito»:* Entrevista del autor con Ken Miller, Enero 21, 2021.

179 *«Si hubiéramos subido a la azotea»:* Comentario de Reid Hoffman a Sarah Lacy, «PandoMonthly: Fireside Chat with Reid Hoffman», *PandoDaily*, Agosto 12, 2012, https://www.youtube.com/watch?v=lKDcbFGct8A.

179 *«Si no solucionamos lo del fraude»:* Entrevista del autor con Elon Musk, Enero 19, 2019.

179 *«En ese momento, creo que»:* Entrevista del autor con Colin Catlan, Abril 5, 2019.

179 *«En Confinity nos dijeron que nosotros»:* Entrevista del autor con David Gausebeck, Enero 31, 2019.

180 *«Mira, no es mal negocio»:* Eric Jackson, *The PayPal Wars* (Los Angeles: World Ahead Publishing, 2004), 72.

180 *«Fue divertido»:* Entrevista del autor con Ken Howery, Septiembre 26, 2018.

180 *«Tras varias horas»:* Entrevista del autor con Erik Klein, Abril 25, 2021.

180 *«Nadie quería una reducción»:* Entrevista del autor con Todd Pearson, Octubre 8, 2018.

181 *«Dada la situación financiera»:* Entrevista del autor con Julie Anderson, Julio 19, 2019.

181 *El espacio, de más de:* términos del contrato de arrendamiento entre X.com y Harbor Investment Partners, https://corporate.findlaw.com/contracts/ land/1840-embarcadero-road-palo-alto-ca-lease-agreement-harbor.html.

181 *«Puede parecer una tontería»*: Entrevista del autor con Lee Hower, Noviembre 1, 2018.

181 *«Es oficial»*: Sal Giambanco email a all@paypal.com y all@x.com. Marzo 30, 2000.

181 *«Tenemos una gran»*: Artículo de prensa titulado «X.com Announces $100 Million Financing Round», Abril 5, 2000, https://www.paypalobjects.com / html/pr-040500.html.

182 *«Yo no lo llamaría»*: Entrevista del autor con Elon Musk, Enero 19, 2019.

182 *«Estaban entusiasmados»... «seguiría ahí mucho tiempo»*: Comentario de Peter Thiel al eCorner de la Universidad de Stanford, Enero 21, 2004, https://ecorner.stanford.edu/wp-content/uploads/sites/2/2004/01/1027. pdf.

183 *«Peter presionó»*: Entrevista del autor con David Sacks y Mark Woolway, Noviembre 28, 2018.

183 *«Si no cerramos los acuerdos»*: Entrevista del autor con Ken Howery, Septiembre 26, 2018.

183 *«Cualquier cambio»... «experiencia dura»*: Phil Leggiere, «From Zip to X», *Pennsylvania Gazette*, Octubre 26, 1999, https://www.upenn.edu/gazette/1199/leggiere.html.

183 *«Este está siendo el momento de paz»*: Ibid.

183 *«ridícula»*: Entrevista del autor con Elon Musk, Enero 19, 2019.

184 *«Sabía algo»... «era un salto sin red»*: Entrevista del autor con Tim Hurd, Noviembre 15, 2018.

184 *«la retahíla»*: Artículo de prensa titulado «X.com Announces $100 Million Financing Round», Abril 5, 2000, https://www.paypalobjects.com/html/pr-040500.html.

185 *«Los días de avaricia»*: Catherine Tymkiw, «Bleak Friday on Wall Street», CNNFn, Abril 14, 2000, https://money.cnn.com/2000/04/14/markets/markets_newyork/.

185 *«En realidad, no invertiría»*: Catherine Tymkiw, «The Internet Lives On», CNNFn, Diciembre 23, 2000, https://money.cnn.com/2000/12/23/technology/internet_review /index.htm.

185 *«Quizá el punto álgido»*: Entrevista del autor con Peter Thiel, Noviembre 28, 2017.

185 *«Todas las empresas»*: Entrevista del autor con David Sacks, Noviembre 28, 2018.

186 *«Por aquel entonces, había quizá»*: Entrevista del autor con Vince Sollitto, Abril 25, 2019.

186 *«No creo que la gente sepa»*: Entrevista del autor con Amy Rowe Klement, Septiembre 24, 2021

186 *«Si el equipo»*: Entrevista del autor con Mark Woolway, Enero 29, 2019.

186 «*Teníamos la sensación*»: Entrevista del autor con David Wallace, Diciembre 5, 2020.

186 «*Peter tiene un punto en la agenda*»... «*nos demandarán a todos*»: Entrevista del autor con Tim Hurd, Noviembre 15, 2018.

187 «*El dramatismo*»... «*con PayPal*»: Entrevista del autor con John Malloy, Julio 25, 2018.

11. El «motín del Nut House»

188 «*PayPal siempre me ha funcionado*»... «*como la seda*»: *Weekly eXpert*, Junio 9, 2000.

188 «*Los usuarios nos preferían*»: Entrevista del autor con Colin Catlan, Abril 5, 2019.

188 «*Inventamos algo que*»: Entrevista del autor con Jim Kellas, Diciembre 7, 2020.

189 «*24 horas al día*»: Entrevista del autor con Reid Hoffman, Agosto 24, 2018.

189 «*[Wallace] nos dijo que*»: Entrevista del autor con David Sacks, Noviembre 28, 2018.

189 «*Miré el saldo... no utilizaré más sus servicios*»: Queja de un cliente enviada a X.com el 22 de febrero de 2000.

190 «*Acaban de rechazarme la tarjeta*»: Correo electrónico de Elon Musk al equipo de X.com el 10 de abril de 2000.

190 «*ponerse en contacto*»: CUIDADO CON «X.COM»!! por: wzardofodd. E-pinions, 26 de febrero de 2000.

190 «*Me entregaban*»: Entrevista del autor con Vivien Go, Mayo 6, 2021.

190 «*La gente pensaba*»: Entrevista del autor con Skye Lee, Septiembre 24, 2021.

190 «*Se puso a gritarme*»... «*en las que trabajo*»: Entrevista del autor con Dionne McCray, Mayo 18, 2021.

191 «*Nos cobraban un montón*»: Entrevista del autor con Elon Musk, Enero 19, 2019.

191 «*No sé cómo se me ocurrió*»: Entrevista del autor con Julie Anderson, Julio 19, 2019.

191 «*Haz lo que quieras*»: Entrevista del autor con Elon Musk, Enero 19, 2019.

192 «*Eran fantásticos*»: Entrevista del autor con Julie Anderson, Julio 19, 2019.

192 «*se han atendido los miles*»: Email de *Weekly eXpert* a all@x.com, Mayo 12, 2000.

192 «*Cuando encontrábamos un fallo... Tuvimos incluso avisos de bomba*»: Entrevista del autor con Michelle Bonet, Enero 7, 2021.

192 «*Al cabo de un tiempo*»: Entrevista del autor con Amy Rowe Klement, Octubre 1, 2021.

193 «*Lo hacían fenomenal*»: Entrevista del autor con Elon Musk, Enero 19, 2019.

194 «*Nunca me paré a pensar*»: Entrevista del autor con Julie Anderson, Julio 19, 2019.

194	«*Nada más llegar me dijo*»… «*era asombroso*»: Entrevista del autor con Ryan Donahue, Mayo 5, 2021.

194	«*Recuerdo que una vez*»: Entrevista del autor con Giacomo Drigoli, Diciembre 9, 2020.

194	«*Si tuviéramos que elegir*»: «Elon Musk's First Public Speech—Talks Paypal and SpaceX, 2003», acceso Julio 29, 2021, https://www.youtube.com/watch?v=n3yfa0MU01s.

195	«*Lo único que hacía era ir a la oficina y fichar*»: Entrevista del autor con un antiguo empleado de X.com. Comentario en segundo plano.

195	«*Dos o tres meses*»… «*más de 20 personas!*»: Entrevista del autor con David Sacks, Noviembre 28, 2018.

195	«*Bill nunca llegó a resolver*»: Entrevista del autor con un antiguo empleado de X.com. Comentario en segundo plano.

195	«*cuatro tíos con un ego*»: Entrevista del autor con Bill Harris, Julio 3, 2019.

195	*Harris ordenó emitir*: Email de Bill Harris a all@x.com, Marzo 9, 2000, con el asunto: «X.com Announcements—REVISED».

196	*Vamos a detener la sangría*: Entrevista del autor con Bill Harris, Julio 3, 2019.

196	«*PayPal había tardado un mes*»: Eric Jackson, *The PayPal Wars* (Los Angeles: World Ahead Publishing, 2004), 95.

196	«*Fue un error*»: Entrevista del autor con Luke Nosek, Octubre 25, 2019.

197	«*Aunque si tuviera un TiVo*»: Entrevista del autor con un antiguo ingeniero de X.com. Comentario en segundo plano.

198	«*Cuantas más transacciones hacíamos*»: Entrevista del autor con Amy Rowe Klement, Septiembre 24, 2021.

199	«*A partir de hoy*»: Email de Peter Thiel a all@x.com. Mayo 5, 2000.

200	«*No estaba nada contento con su marcha*»: Entrevista del autor con David Sacks, Noviembre 28, 2018.

201	«*Estaba molesto*»… «*para desahogarnos*»: Entrevista del autor con Elon Musk, Enero 19, 2019.

202	«*Al salir nos dimos cuenta*»: Entrevista del autor con un exejecutivo de PayPal. Comentario en segundo plano.

203	«*Se quedó atónito*»: Ibid.

203	«*Harris intentó hacer ver que*»: Entrevista del autor con Elon Musk, Enero 19, 2019.

203	«*Hola, compañeros*»: Email de Elon Musk a all@x.com. Mayo 12, 2000.

205	«*un auténtico shock*»: Entrevista del autor con Sandeep Lal, Mayo 19, 2021.

205	«*En realidad, con independencia*»: Entrevista del autor con Denise Aptekar, Mayo 14, 2021.

206	«*decepcionado*»… «*ejercer de líderes*»: Entrevista del autor con Bill Harris, Julio 3, 2019.

206 «*algunos trabajadores creían que*»: Mark Gimein, «CEOs Who Manage Too Much», *Fortune*, Septiembre 4, 2000, https://money.cnn.com/magazines/fortune/fortune_ar chive/2000/09/04/286794/.

207 «*Bill estaba al cargo de*»: Entrevista del autor con John Malloy, Julio 25, 2018.

207 «*Sabíamos lo que había pasado*»: Entrevista del autor con David Sacks, Noviembre 28, 2018.

208 «*El fundador*»... «*contra el arrecife*»: Entrevista del autor con Elon Musk, Enero 19, 2019.

208 «*Silicon Valley no*»: Entrevista del autor con David Sacks, Noviembre 28, 2018.

209 «*Creo que, simplemente*»... «*tuve que aceptar*»: Entrevista del autor con Elon Musk, Enero 19, 2019.

209 «*No fue una crisis*»: Entrevista del autor con Luke Nosek, Mayo 31, 2018.

12.. Cambio de signo

210 «*Redirigió la empresa*»: Entrevista del autor con Mark Woolway, Enero 29, 2019.

210 *Una semana más tarde*: Email de Elon Musk a all@x.com en Junio 8, 2000.

211 «*Me sentía bastante protegido*»: Entrevista del autor con James Hogan, Diciembre 14, 2020.

211 «*Cuando se detecta un desajuste*»: Frederick Brooks, *The Mythical Man Month* (Boston: Addison Wesley Pub. Co., 1975; edición del 25 aniversario, 2000), 14.

212 «*La palabra director*»... «*una buena estrategia*»: Entrevista del autor con David Sacks, Noviembre 28, 2018.

213 «*Cuando entré en PayPal*»: Entrevista del autor con Janet He, Junio 30, 2021.

213 «*Aquello no era una democracia*»: Entrevista del autor con Jeremy Stoppelman, Enero 31, 2019.

213 «*En mi primera entrevista*»: Entrevista del autor con Kim-Elisha Proctor, Mayo 15, 2021.

214 «*¿Has estado despierto toda la noche?*»... «*ya no puedes más*»: Robert Cringely, *Nerd TV*, episodio 2, «Max Levchin», Septiembre 13, 2005, https://archive.org/details/ntv002.

214 «*La adicción al trabajo no es*»: Entrevista del autor con William Wu, Diciembre 5, 2020.

215 «*Llegabas a las*»: Entrevista del autor con Dionne McCray, Mayo 18, 2021.

215 «*Te enganchaba*»: Entrevista del autor con Oxana Wootton, Diciembre 4, 2020.

215 «*Tenías que acostumbrarte*»: Entrevista del autor con un antiguo empleado de X.com. Comentario en segundo plano.

215 «¿Qué demonios hace?»: Entrevista del autor con un antiguo empleado de X.com. Comentario en segundo plano.

216 *«poco realista»...* «un comentario hiriente»: Intercambio de correos electrónicos, 11 de julio de 2001, asunto: «RE: Debit cards for cat1 buyers».

216 *«una serie de personas»*: Email de David Sacks a all@x.com, Junio 22, 2000.

217 *«En realidad, PayPal facilitaba»*: Entrevista del autor con Vince Sollitto, Abril 25, 2019.

217 *«Tendrían que habernos aplastado»*: Entrevista del autor con Todd Pearson, Octubre 8, 2018.

217 *«Lo llamé la»*: Entrevista del autor con Tim Hurd, Noviembre 15, 2018.

218 *«Las transacciones internas»*: Entrevista del autor con Elon Musk, Enero 19, 2019.

218 *«Invertimos el 100 % de»*: Entrevista del autor con David Sacks, Noviembre 28, 2018.

218 *«Si tienes que sacar dinero»...* *«estábamos jodidos»*: Entrevista del autor con Elon Musk, Enero 19, 2019.

220 *«Tampoco le disgustó»...* *«Esos cheques enviados»*: Entrevista del autor con Sanjay Bhargava, Enero 22, 2019.

222 *«Es una idea fantástica»*: Entrevistas del autor con Todd Pearson (Octubre 8, 2018) y Sanjay Bhargava (Enero 22, 2019).

223 *«Cada usuario era»*: Entrevista del autor con Skye Lee, Septiembre 24, 2021.

223 *Con el tiempo, la compañía*: Email de David Sacks a all@x.com, Julio 21, 2000, asunto: «FW: Live: PayPal's $10,000 Lucky Bank Account Sweepstakes».

224 *«Fue un paso de gigante»*: Entrevista del autor con Elon Musk, Enero 19, 2019.

224 *«Era una idea que, como la del velcro»*: David Sacks email to all@x.com on Junio 14, 2000.

224 *«Como éramos una institución»...* *«en PayPal»*: Entrevista del autor con Daniel Chan, Abril 26, 2021.

225 *«un conjunto de botones... los abandonaran»*: Entrevista del autor con David Sacks, Noviembre 28, 2018.

226 *«Se trataba de echar una mano»*: Entrevista del autor con Ryan Donahue, Mayo 5, 2021.

227 *«permitiría a los usuarios»...* *«adelante X-Click»*: Documento Word titulado «XClick Product Description 2.doc» del 24 de marzo de 2000 que describe el product X-Click.

228 *«Pintó un porvenir»*: Entrevista del autor con Amy Rowe Klement, Septiembre 24, 2021.

228 *«Esa será la prueba definitiva»*: Entrevista del autor con Sandeep Lal, Mayo 19, 2021.

228 *«Teníamos que encontrar»*: Entrevista del autor con Elon Musk, Enero 19, 2019.

228 «*Las raíces del portal de subastas*»: Entrevista del autor con Rob Chestnut, Julio 19, 2021.

229 «*inferior a lo que se paga*»: Email de update@paypal.com a todos los usuarios, Junio 15, 2000, «Important News About Your PayPal Account».

229 «*En esa reunión*»: Entrevista del autor con Sandeep Lal, Mayo 19, 2021.

230 «No se obligará a»: Email de update@paypal.com a todos los usuarios, Junio 15, 2000, «Important News About Your PayPal Account».

230 «*Cuando pusimos en marcha*»: Entrevista del autor con David Wallace, Diciembre 5, 2020.

230 «*Si podemos cumplir*»: Elon Musk email a all@x.com, Mayo 18, 2000.

231 «*Los usuarios que escriban*»: Email de Julie Anderson a all@x.com, Julio 14, 2000.

231 «*Recientemente, X.com se ha fusionado*»: «Can Community Banks Win Over the 'Nintendo Generation' While Still Appealing to Their Grandparents?», *ABA Banking Journal*, Septiembre 1, 2000.

232 «*Ayer, X.com superó*»: Email de Eric Jackson a all@x.com, Junio 1, 2000, asunto: «Daily User Data (6/1/00)».

232 «*El crecimiento vertiginoso*»: *Weekly eXpert*, Mayo 12, 2000.

233 «*Cambiar el caótico ambiente*»: *Weekly eXpert*, Junio 16, 2000.

233 «*alquiló la sala a pesar*»: *Weekly eXpert*, Julio 7, 2000.

233 «*Nuestro presidente, Peter Thiel*»: *Weekly eXpert*, Junio 23, 2000.

233 «*Justine, su esposa*»: *Weekly eXpert*, Junio 30, 2000.

234 «¡Hemos crecido mucho!*!*»: *Weekly eXpert*, Agosto 4, 2000.

234 «*Por supuesto, como somos una empresa*»: Email de Elon Musk a all@x.com, Junio 1, 2000.

13. La espada

236 «*Hay personas a las que*»... «*echar el cierre*»: Entrevistas del autor con Roelof Botha, Diciembre 11 y Diciembre 19, 2019.

240 «*Luke, creo que*»: Entrevista del autor con Luke Nosek, Octubre 28, 2018.

240 «*Nuestro portal duplicaba*»... «*un obstáculo insuperable*»: Entrevista del autor con Ken Brownfield, Diciembre 28, 2020.

241 «*Teníamos dos webs*»: Entrevista del autor con David Gausebeck, Enero 31, 2019.

242 *un tremendo dolor de cabeza*: Charles Mann, «Living with Linux», *The Atlantic*, Agosto 1999, https://www.theatlantic.com/magazine/archive/1999/08/living-with-linux /377729/.

242 «*Era como si*»: Entrevista del autor con un antiguo empleado de PayPal. Comentario en segundo plano.

242 «*Por ejemplo, con Linux*»... «*es decir, Microsoft*»: Entrevista del autor con Elon Musk, Enero 19, 2019.

243   «*Nuestro equipo de ingenieros*»: *Weekly eXpert*, Julio 21, 2000.

243   «*Decía que, si*»: Entrevista del autor con Luke Nosek, Octubre 28, 2018.

244   «*El Microsoft Database Server*»: Entrevista del autor con Ken Brownfield, Diciembre 28, 2020.

244   «*como Microsoft resolvía*»: Entrevista del autor con un antiguo empleado de PayPal. Comentario en segundo plano.

244   «*El problema es que*»... «*cinco minutos*»: Entrevista del autor con Jawed Karim, Diciembre 14, 2020.

245   «*Cuando poníamos a prueba*»: Entrevista del autor con David Kang, Diciembre 10, 2020.

245   «*Ahora mismo, nuestro servidor*»: Email de un ingeniero de X.com a Robert Frezza, Julio 20, 2000.

245   «*cada trece segundos*»: Entrevista del autor con un antiguo empleado de X.com. Comentario en segundo plano.

245   «*Cada día que pasaba*»: Entrevista del autor con un antiguo empleado de X.com. Comentario en segundo plano.

245   «*Cuando llegué a casa*»... «*los servidores de Microsoft*»: Entrevista del autor con Sugu Sougoumarane, Diciembre 3, 2020.

246   «*Unix es una plataforma*»... «*aún* más éxito»: Entrevista del autor con Doug Mak, Junio 18, 2019.

247   «*Si te dedicas a arreglar*»: Entrevista del autor con un antiguo empleado de X.com. Comentario en segundo plano.

247   «*Los fanáticos*»... «*cosechas buenos frutos)*»: «Is Linux server more secure than Windows server?» nixCraft, https://www.cyberciti.biz/tips/page/87.

247   «*En esa* época, mi vida»: Entrevista del autor con Ken Brownfield, Diciembre 28, 2020.

247   «*Mucha gente*»: Entrevista del autor con Jawed Karim, Diciembre 14, 2020.

248   «*Así que cuando escribía*»: Entrevista del autor con William Wu, Diciembre 5, 2020.

248   «*Fue una etapa muy extraña*»: Entrevista del autor con David Kang, Diciembre 10, 2020.

248   «*Para que el calendario*»... «*En otras palabras, había que trabajar*»: Email de Elon Musk a varios destinatarios, incluido engineering@x.com, Agosto 27, 2000, asunto: «spicing up the V2 launches».

249   «*Sabía que tenían un grave problema*»: Entrevista del autor con Todd Pearson, Octubre 8, 2018.

249   «*Todo el mundo se pregunta*»: *Weekly eXpert*, Septiembre 22, 2000, enviado a all@x.com.

250   «*En realidad, tenemos una*»: Entrevista del autor con Reid Hoffman, Septiembre 1, 2018.

250   «*A principios de*»: Entrevista del autor con Santosh Janardhan, Junio 15, 2021.

251 «*Si solo pretendes*»: Entrevista del autor con Elon Musk, Enero 9, 2019.

251 «*una y otra vez*»... «*se usaba ese nombre*»: Entrevista del autor con Vivien Go, Mayo 6, 2021.

251 «*muchos correos electrónicos*»: Entrevista del autor con Rena Fischer, Enero 8, 2021.

251 «*X era el núcleo*»: Entrevista del autor con Amy Rowe Klement, Octubre 1, 2021.

252 «*Si ese hubiera sido*»: Entrevista del autor con Reid Hoffman, Septiembre 1, 2018.

252 «*Hay que tomar una decisión*»: Entrevista del autor con Elon Musk, Enero 9, 2019.

252 «*Creo que el mérito*»: Entrevista del autor con Peter Thiel, Septiembre 11, 2021.

252 «*Musk es ese tipo de empresario*»: Entrevista del autor con Reid Hoffman, Septiembre 1, 2018.

252 «*En septiembre teníamos unos 65 millones*»: Entrevista del autor con Peter Thiel, Septiembre 11, 2021.

252 «*Cuatro años después de graduarme*»: Entrevista del autor con Elon Musk, Enero 19, 2019.

253 «*No quiero seguir*»: Entrevista del autor con Max Levchin, Septiembre 23, 2021.

14. El coste de la ambición

254 «*los dramas de empresa*»... «*punto de inflexión*»: Entrevista del autor con Elon Musk, Enero 19, 2019.

255 «*Vale, otro lunes más*»: Entrevista del autor con un antiguo empleado de X.com. Comentario en segundo plano.

256 «*Quizá pensaron que volvería*»... «*¿tanto miedo tenían?*»: Entrevista del autor con Elon Musk, Enero 19, 2019.

256 «*este estaba en el vestíbulo de una compañía*»...«*¡Dios! Tengo que volver de inmediato*»: Entrevista del autor con John Malloy, Octubre 29, 2018.

257 «*Eso debería haberlo revisado*»: Entrevista del autor con un antiguo miembro de la junta directiva de PayPal. Comentario en segundo plano.

257 «*Tienes cuatro motores*»: Entrevista del autor con Tim Hurd, Noviembre 15, 2018.

257 «*Musk se dio cuenta de que*»...«*el problema radicaba en el tiempo*»: Entrevista del autor con Sandeep Lal, Mayo 19, 2021.

258 «*Había mucha tensión*»: Entrevista del autor con John Malloy, Octubre 29, 2018.

258 «*La junta se reunió*»: Entrevista del autor con Elon Musk, Enero 19, 2019.

259 «*He recibido la moción*»... «*a finales de año*»: Email de un antiguo empleado de X.com a Tim Hurd y a un grupo de empleados de X.com, Septiembre 23, 2000, asunto: «Elon Musk».

259 «*Gracias, amigos*»: Email de Elon Musk a un antiguo empleado de X.com, Septiembre 23, 2000, asunto: «RE: Elon Musk».

259 «*Cuando regresé*»: Entrevista del autor con Elon Musk, Enero 19, 2019.

259 «*Era un hecho consumado*»: Entrevista del autor con Sandeep Lal, Mayo 26, 2021.

260 «*Como sabéis*»: Email de Peter Thiel a all@x.com, Septiembre 24, 2000, asunto: «Email to all employees».

261 «*Hola a todos*»: Email de Elon Musk email a all@x.com, Septiembre 25, 2000, asunto: «Taking X.com to the next level».

262 «*Me resultó muy extraña*»: Entrevista del autor con Branden Spikes, Abril 25, 2019.

262 «*Aunque no estaba de acuerdo*»: Declaraciones de Elon Musk en la conferencia Inc. 5000 de 2008 en National Harbor, Maryland, https://www.youtube.com/watch?v=Xcut1JfTMoM.

262 «*Actuó por el bien*»: Entrevista del autor con John Malloy, Octubre 29, 2018.

262 «*No fue nada*»: Entrevista del autor con Max Levchin, Septiembre 23, 2021.

263 «*Yo consideraba a la empresa*»: Entrevista del autor con Elon Musk, Enero 19, 2019.

263 «*Parecía muy angustiado*»: Entrevista del autor con Jawed Karim, Diciembre 14, 2020.

263 «*Que nadie se asuste*»: William Shakespeare, *Julius Caesar*, acto 3, escena 1.

263 «*en una guerra civil no hay bando ganador*»: Entrevista del autor con Erik Klein, Abril 25, 2021.

264 «*No obstante, cuando Musk lo llamó*»: Entrevista del autor con Mark Woolway, Enero 29, 2019.

264 «*Recuerdo que hubo gente*»: Entrevista del autor con Jawed Karim, Diciembre 14, 2020.

264 «*una pequeña crisis*»... «*productiva y madura?*»: Entrevista del autor con Amy Rowe Klement, Octubre 1, 2021.

264 «*Amábamos a Elon*»... «*hecho de esa forma*»: Entrevista del autor con Jeremy Stoppelman, Enero 31, 2019.

265 «*Hoy en día, me sorprende*»: Entrevista del autor con Sandeep Lal, Mayo 26, 2021.

265 «*Cuando tomaron la decisión*»: Entrevista del autor con Sandeep Lal, Mayo 19, 2021.

266 «*Nunca nos faltaron al respeto*»: Entrevista del autor con Branden Spikes, Abril 25, 2019.

266 «*Yo era consciente de que*»: Entrevista del autor con Jeremy Stoppelman, Enero 31, 2019.

266 «*Los retos a los que*»: Entrevista del autor con Lee Hower, Noviembre 1, 2018.

267 «*Fue un golpe muy bien ejecutado*»... «*era la mejor decisión*»: Entrevista del autor con Elon Musk, Enero 19, 2019.

268 «*Es difícil discutir*»... «*su hacha de guerra [la de ellos]*»: Declaraciones de Elon Musk en la conferencia Inc. 5000 de 2008 en National Harbor, Maryland, Maryland, https://www.youtube.com /watch?v=Xcut1JfTMoM.

268 «*una empresa de un billón de dólares*»: Entrevista del autor con Elon Musk, Enero 9, 2019.

269 «*la primera flor*»... «*tras un largo invierno*»: Charles Dickens, *A Tale of Two Cities* (New York: Penguin Classics, 2003), 1.

269 «*Elon*»... «*lamento*»: Nota compartida con el autor por Seshu Kanuri.

269 «*Steve Jobs hizo grande a Pixar*»: Email de Scott Alexander al author, Junio 18, 2019.

269 «*Estábamos en un pequeño bar de Palo Alto*»: Entrevista del autor con Mark Woolway, Enero 29, 2019.

270 «*el primer cohete privado*»: «SpaceX Launches Falcon 1 Liquid Fuel Rocket into Orbit», Octubre 3, 2008, https://www.militaryaerospace.com/home/article/16718119/spacex-launches-falcon-1-liquid-fuel-rocket-into-orbit.

PARTE 3. TORRES DOBLADAS

15. Igor

273 «*Era la cosa más*»: Entrevista del autor con un miembro de la junta directiva. Comentario en segundo plano.

273 «*no ser lo bastante rigurosos*»: Entrevista del autor con John Malloy, Octubre 29, 2018.

274 «*En realidad, Peter no quería*»: Entrevista del autor con Reid Hoffman, Septiembre 1, 2018.

274 «*Hacíamos falsas entrevistas*»: Entrevista del autor con David Sacks y Mark Woolway, Noviembre 28, 2018.

274 «*Era un matemático brillante*»: Entrevista del autor con Peter Thiel, Febrero 23, 2019.

275 «*Cuando tenía veintimuchos años*»: Entrevista del autor con David Solo, Febrero 26, 2019.

275 «*Existía una probabilidad muy alta*»: Entrevista del autor con Tim Hurd, Noviembre 15, 2018.

275 «*había jugado un gran papel*»: Entrevista del autor con Peter Thiel, Febrero 23, 2019.

276 «*bastante disgustado*»: Entrevista del autor con un antiguo empleado de PayPal. Comentario en segundo plano.

276 «*Lo extraordinario*»: Entrevista del autor con Rebecca Eisenberg, Septiembre 1, 2021.

277 «*En aquel entonces, cada pequeña*»: Entrevista del autor con Oxana Wootton, Diciembre 4, 2020.

277 «*Pensábamos que*»: Entrevista del autor con Mark Woolway, Enero 29, 2019.

278 «*Aquí está la breve actualización*»: Email de Peter Thiel email a all@x.com, Septiembre 28, 2000, asunto: «Company update».

278 «*ingenua respecto al fraude*»: Comentario de Max Levchin a Stanford eCorner, «Coping with Fraud», Enero 21, 2004, https://ecorner.stanford.edu/wp-content /uploads/sites/2/2004/01/1028.pdf.

279 «*fraude comercial*»... «*no tenía freno*»: Entrevista del autor con Roelof Botha, Enero 21, 2019.

280 «*Si no hubiéramos resuelto*»: Entrevista del autor con Tim Hurd, Noviembre 15, 2018.

280 «*vaya hacia el norte*»... «*perderemos la guerra*»: Akira Kurosawa, *Seven Samurai [Shichinin no samurai]*. Dirigida por Akira Kurosawa, Toho Company, 1954.

280 «*El fraude nos salvó*»: Entrevista del autor con Luke Nosek, Mayo 31, 2018.

281 «*Uno se quedaba maravillado*»: Entrevista del autor con Todd Pearson, Octubre 8, 2018.

281 «*Propongo considerar*»: TURING, A. M. «I.—COMPUTING MACHINERY AND INTELLIGENCE», *Mind* (vol. LIX, no. 236), Octubre 1, 1950, 433–60, https://doi.org/10.1093/mind/LIX.236.433.

282 «*¿Qué es lo que un ordenador*»: Entrevista del autor con David Gausebeck, Enero 31, 2019.

284 «*El mundo está gobernado por robots*»: John Mulaney, «Robots», segmento del especial de Netflix *Kid Gorgeous* con John Mulaney, https://www.facebook.com/watch/?v=1015554 0742988870.

284 «*'No me jodas?'*»: Entrevista del autor con David Sacks, Noviembre 28, 2019.

284 «*La imagen no puede*»: Entrevista del autor con Skye Lee, Septiembre 24, 2021.

284 «*Peter lo llamaba*»: Entrevista del autor con David Sacks, Noviembre 28, 2019.

284 «*el ajustado bucle iterativo*»: Email de David Sacks al autor, Diciembre 1, 2018.

284 «*Muchos de nuestros*»: Entrevista del autor con Ken Miller, Enero 21, 2021.

285 «*Gracias por recomendarnos*»: Email de Peter Thiel a Bill Frezza, Marzo 2, 2000.

285 «*Al principio pensé*»: Entrevista del autor con Max Levchin, Octubre 30, 2018.

286 «*Y entonces dije*»: Entrevista del autor con Jawed Karim, Diciembre 14, 2020.

286 «*Tuvimos una conversación*»: Entrevista del autor con Max Levchin, Octubre 30, 2018.

286 «*Creo que la broma*»... «*esa clase de cosas*»: Entrevista del autor con Bob McGrew, Noviembre 1, 2018.

287 «*Me comentó varias veces*»: Entrevista del autor con John Kothanek, Mayo 11, 2021.

288 «*Los malos*»: «How a Scam Artist Helped the Art of Monitoring», *American Banker*, Agosto 28, 2006.

288 «*Y enviaban*»: Entrevista del autor con Bob McGrew, Noviembre 1, 2018.

288 «*Llegó a ser algo así como*»: Entrevista del autor con Ken Miller, Enero 21, 2021.

290 «*No hacíamos más que imprimir*»: Entrevista del autor con John Kothanek, Mayo 11, 2021.

290 «*De repente, solo con darle a un botón*»: Entrevista del autor con Ken Miller, Enero 21, 2021.

290 «*En términos simples*»: Entrevista del autor con Santosh Janardhan, Junio 15, 2021.

291 «*Nuestro esfuerzo condujo*»... «*hacer algo sospechoso*»: Entrevista del autor con Bob McGrew, Noviembre 1, 2018.

291 «*La gente que acabó trabajando*»: Entrevista del autor con Santosh Janardhan, Junio 15, 2021.

292 «*En efecto, me contrataron*»... «*Creábamos como cien de esas*»: Entrevista del autor con Mike Greenfield, Agosto 7, 2020.

292 «*En realidad, PayPal es poco más o menos*»... «*recuperar el dinero más adelante*»: Comentario de Max Levchin a Stanford eCorner, «Coping with Fraud», Enero 21, 2004, https:// ecorner.stanford.edu/wp-content/uploads/ sites/2/2004/01/1028.pdf.

293 «*Perder mucho dinero*»: Mike Greenfield. «Data Scale—Why Big Data Trumps Small Data», Numerate Choir (blog), acceso Julio 22, 2021, http:// numerate choir.com/data-scale-why-big-data-trumps-small-data/.

293 «*A medida que los estafadores*»: «PayPal is, more or less»: Comentario de Peter Thiel a Stanford eCorner, «Coping with Fraud», Enero 21, 2004, https://ecorner.stanford.edu/wp-content/uploads/sites/2/2004/01/1028. pdf.

294 «*Se podían ver cómo subía*»: Entrevista del autor con Ken Miller, Enero 21, 2021.

294 *Levchin se hizo con*: «Innovator Under 35: Max Levchin, 26», *MIT Technology Review*, acceso Julio 22, 2021, http://www2.technologyreview. com/tr35/profile.aspx?TRID=224.

294 *los esfuerzos de Levchin y Frezza*: System and method for depicting online transactions, acceso Julio 22, 2021, https://patents.google.com/patent/ US7249094B2/en.

295 «*IGOR es una de las dos*»: Nicholas Chan, «Heart Failure Claims Talented Senior Frezza», *Stanford Daily*, Enero 8, 2001.

295 «*Sentimos un gran desconsuelo*»: Entrevista del autor con Tim Wenzel, Diciembre 4, 2020.

295 «*interesante, personal*»: Email de Max Levchin a PayPal.com-1840Embarca dero@paypal.com, Diciembre 20, 2001.

295 «*Puedo decir sin exagerar*»... «*un consuelo para mí*»: correo electrónico que Max Levchin envió a PayPal.com-1840Embarcadero@paypal.com, Diciembre 30, 2001. El correo electrónico contiene el texto de una nota de Bill Frezza a los empleados de PayPal Max Levchin, Nellie Minkova, Peter Thiel y Sal Giambanco.

16. Usa la fuerza

296 «*a un grupo fantástico de personas*»... «*que antes era gratuito*»: «The Investor Show: PayPal Founder Member Paul Martin on Starting PayPal», acceso Julio 23, 2021, https://www.youtube.com/watch?v=EATXYARdMZI.

297 «*Los coleccionistas de botones*»... «*consultado conmigo?*»: Adam Cohen, *The Perfect Store: Inside eBay* (1st ed.) (Boston: Little, Brown and Co, 2002), 42.

298 «No era una estrategia nueva»: Múltiples autores, Documento Word titulado «X.COM UPSELL CAMPAIGN TALKING POINTS», Septiembre 12, 2000.

298 «*Actualización Business*»: Múltiples autores, página intermedia «A message to our sellers», Septiembre 12, 2000.

299 «*Que dé comienzo*»: Email de Eric Jackson a all@x.com, Septiembre 13, 2002, asunto: «The Upsell Clickthrough Page is Live».

299 «*Cuando me registré*»: David Baranowski, «PayPal's Plea for Honesty», *Auction Watch*, Septiembre 13, 2000.

299 «¿Es PayPal el que debe»: Greg Sandoval, «PayPal 'Reminds' Businesses to Pay Up», CNET, Septiembre 13, 2000.

300 «*Engaño comercial*»: Email de Damon Billian a community@x.com, Septiembre 13, 2000.

300 «*Solo en OTWA*»: Ibid.

300 «*Tras el lanzamiento*»: Email de Damon Billian a community@x.com, Septiembre 15, 2000.

300 «*Los primeros resultados*»: Email de Eric Jackson a all@x.com, Septiembre 13, 2000.

301 «*X.com se compromete*»: Múltiples autores, página intercalada, «A message to our sellers», Septiembre 12, 2000.

301 «*Así que por fin*»... «*supongo*»: David Baranowski. «PayPal's Plea for Honesty», *Auction Watch*, Septiembre 13, 2000.

301 «*Nos dimos cuenta de que*»: Comentario de Peter Thiel a Stanford eCorner, «Coping with Fraud», Enero 21, 2004, https://ecorner.stanford.edu/ wp-content/up loads/sites/2/2004/01/1028.pdf.

302 «*Los seres humanos*»: Email de Amy Rowe Klement al autor, Octubre 4, 2021.

302 «*Pedimos a los vendedores*»: Múltiples autores, página intercalada, «A message to our sellers», Septiembre 12, 2000.

302 «*Siempre íbamos poniendo... lo que iba a pasar*»: Entrevista del autor con Amy Rowe Klement, Septiembre 24, 2021.

304 «*Pero el término* freemium»: Barbara Findlay Schenck, «Freemium: Is the Price Right for Your Company?», *Entrepreneur*, Febrero 7, 2011, https:// www.entre preneur.com/article/218107.

304 «*Creemos que nadie*»: «The Investor Show: PayPal Founder Member Paul Martin on Starting PayPal», acceso Julio 23, 2021, https://www.youtube. com/watch?v=EATXYARdMZI.

305 «*Dentro de dos semanas*»... «*la mayor parte de nuestros costes*»: Email de Eric Jackson a all@x.com, Octubre 3, 2000, adjunto en el correo electrónico incluía «un correo electrónico que se está enviando a muchos de nuestros usuarios activos de Cuentas Personales esta noche para informarles de nuestro nuevo límite de fondos de tarjetas de crédito recibidos por las Cuentas Personales».

306 «*La verdad es que*»: Entrevista del autor con David Sacks, Noviembre 28, 2018.

306 «*PayPal era gratuito*»... «*NO usarlo*»: Email de Damon Billian a community@x.com, Octubre 4, 2000.

306 «*Pueden protestar todo lo que quieran*»: Email de Damon Billian a community@x.com, Octubre 5, 2000.

306 «*¿De qué va todo este mal rollo*»: Email de Damon Billian a community@x. com, Octubre 4, 2000.

308 «*Los desarrolladores* freemium»: «Freemium Business Model | The Psychology of Freemium | Feedough», Septiembre 28, 2017, https://www. feedough.com/free mium-business-model/.

309 «*El viernes 24 de noviembre*»: *Weekly eXpert*, Diciembre 8, 2000.

309 «*La mala noticia*»: Email de Branden Spikes a all@x.com, Noviembre 27, 2000.

310 «*Pero se especula con que*»: *Weekly eXpert*, Octubre 13, 2000.

310 «*Vimos al mismísimo*»: *Weekly eXpert*, Noviembre 3, 2000.

17. Crimen en directo

311 «*servicios de consultoría sobre seguridad*»... «*manos a la espalda!*»: Steve Schroeder, *The Lure: The True Story of How the Department of Justice Brought Down Two of the World's Most Dangerous Cyber Criminals* (1st ed.) (Boston: Cengage Learning PTR, 2011,) 40–72.

313 *juntos habían atacado*: Mike Brunker, «FBI Agent Charged With Hacking», MSNBC, Agosto 15, 2002, https://www.nbcnews.com/id/wbna3078784.

313 *«las habilidades de hackeo»... «para revenderlas»*: Raymond Pompon, «Russian Hackers, Face to Face», F5 Labs, Agosto 1, 2017, https://www.f5.com/labs/articles/threat-intelli gence/russian-hackers-face-to-face.

314 *«Cuando volví de la»... «máquinas inútiles»*: Entrevista del autor con John Kothanek, Mayo 11, 2021.

314 «¿Alguien en X.com habla»: Email de JKothanek@x.com a all@x.com, Junio 16, 2000.

314 *«¿Acaso no sabes que»... «una respuesta de ellos»*: Entrevista del autor con John Kothanek, Mayo 11, 2021.

315 *«curiosa relación»*: Dan Fost, «Max Levchin Likes the Edge», *San Francisco Chronicle*, Febrero 26, 2006.

315 *«Debo deciros que»*: Steve Schroeder, *The Lure: The True Story of How the Department of Justice Brought Down Two of the World's Most Dangerous Cyber Criminals* (1st ed.) (Boston: Cengage Learning PTR, 2011), 104.

315 *«¿Crees que me has pillado?»*: Dan Fost, «Max Levchin Likes the Edge», *San Francisco Chronicle*, Febrero 26, 2006.

315 Kothanek: *«Hola, colega»*: Steve Schroeder, *The Lure: The True Story of How the Department of Justice Brought Down Two of the World's Most Dangerous Cyber Criminals* (1st ed.) (Boston: Cengage Learning PTR, 2011), 108.

317 *«Que les den»*: Dan Fost, «Max Levchin Likes the Edge», *San Francisco Chronicle*, Febrero 26, 2006.

317 *«Eran muy descarados»*: Deborah Radcliff, «Firms Increasingly Call on Cyberforensics Teams», CNN.com, Enero 16, 2002», acceso Julio 23, 2021, https://www.cnn.com/2002/TECH/internet/01/16/cyber.sleuthing.idg/index.html?related.

317 *«Yo soy un ruso impasible»*: Dan Fost, «Max Levchin Likes the Edge», *San Francisco Chronicle*, Febrero 26, 2006.

317 *«Conseguimos las pruebas»... «del fraude»*: Entrevista del autor con Elon Musk, Enero 19, 2019.

318 *«Empezábamos»... «para perseguirlo»*: Entrevista del autor con Melanie Cervantes, Junio 25, 2021.

318 *«Pudimos establecer»*: Deborah Radcliff, «Firms Increasingly Call on Cyberforensics Teams», CNN.com, Enero 16, 2002», acceso Julio 23, 2021.

319 *«lógicamente furioso»*: Steve Schroeder, *The Lure: The True Story of How the Department of Justice Brought Down Two of the World's Most Dangerous Cyber Criminals* (1st ed.) (Boston: Cengage Learning PTR, 2011), 108.

319 *«El equipo de desarrollo»*: Entrevista del autor con David Gausebeck, Enero 31, 2019.

319 «*Ya existían unas reglas*»... «*analistas de fraude*»: Entrevista del autor con Bob McGrew, Noviembre 1, 2018.

320 «*herramientas de «permisos»*»: Entrevista del autor con Huey Lin, Agosto 16, 2021.

320 «*hasta el punto en que*»... «*para acceder al armario*»: Entrevista del autor con Colin Corbett, Julio 16, 2021.

321 «*Eran muy elaborados*»: Entrevista del autor con Kim-Elisha Proctor, Mayo 15, 2021.

321 «*Si te dedicas a investigar el fraude*»... «*se necesita ayuda*»: Entrevista del autor con Melanie Cervantes, Junio 5, 2021.

322 «*Kothanek*»... «¡*Vamos a por ellos!*»: Entrevista del autor con Jeremy Roybal, Septiembre 3, 2021.

322 «¿Sabes esa sensación»: Entrevista del autor con Melanie Cervantes, Junio 5, 2021.

323 «*Estaba enganchado*»: Entrevista del autor con John Kothanek, Mayo 11, 2021.

323 «*El fraude es amor*»... «*friki de la tecnología financiera*»: «Max Levchin of Affirm: Why I Built Affirm after PayPal», *Evolving for the Next Billion* podcast, Febrero 24, 2021, https:// nextbn.ggvc.com/podcast/s2-ep-38-max-levchin-of-affirm-after-paypal/.

323 «*Detectar el fraude*»: Entrevista del autor con Melanie Cervantes, Junio 5, 2021.

324 «*Creo que el gran punto*»: Entrevista del autor con John Kothanek, Mayo 11, 2021.

324 *Como represalia*: Mike Brunker, «FBI Agent Charged with Hacking», NBC News, acceso Julio 23, 2021, https://www.nbcnews.com/id/wbna3078784.

18. Guerrillas

325 *En el tercer trimestre*: «EBay Inc. Releases Third Quarter 2000 Financial Results», acceso Julio 24, 2021, https://investors.ebayinc.com/investor-news/press-re   lease-details/2000/EBay-Inc-Releases-Third-Quarter-2000-Financial-Results /default.aspx.

325 «*uno de los pocos*»: David Kathman, «EBay Shows Why It's the Cream of the Internet Crop», Morningstar, Inc., Octubre 19, 2000, https://www.morningstar.com /articles/8203/ebay-shows-why-its-the-cream-of-the-internet-crop.

325 «*Como ya sabréis*»: Email de David Sacks al grupo de empleados de X.com, Octubre 15, 2000.

326 «*Mejor aún*»: Email de ceo@Billpoint.com titulado «New Lower Fees from eBay Online Payments» enviado a los clientes, Septiembre 19, 2000.

326 «*Sin trucos*»: Email de Billpoint a los clientes, publicado en los foros el 13 de octubre de 2000, que Damon Billian envió a toda la empresa el 13 de octubre de 2000.

326 «*Por desgracia*»... «*que no sean el precio*»: Email de David Sacks a un grupo de empleados de X.com, Octubre 15, 2000.

328 *Incluso conforme la plataforma*: Entrevista del autor con Reed Maltzman, Junio 27, 2019.

328 *Había visto a rivales*: CBR Staff Writer, «Auction Universe Re-launches With AntiFraud Guarantee», TechMonitor, Septiembre 15, 1998.

328 «*Contratamos a ejecutivos*»: Meg Whitman y Joan O'C. Hamilton, *The Power of Many: Values for Success in Business and in Life* (New York: Currency, 2010), 66.

329 «*No podíamos hacer mucho*»: Entrevista del autor con Jason May, Junio 11, 2019.

329 «*En cierto modo*»: Entrevista del autor con Ken Howery, Septiembre 26, 2018.

329 «*Tal vez miraban a*»: Ibid.

330 «*Fue sin duda*»: Eric M. Jackson, *The PayPal Wars: Battles with EBay, the Media, the Mafia, and the Rest of Planet Earth* (1st ed.) (Los Angeles: World Ahead Pub, 2004), 176.

330 «*aunque les encanta la oferta*»: Nota de eBay a sus vendedores, citada en Damon Billian «End of day for Octubre 25th», Octubre 25, 2000.

331 «*He tardado más de una semana... Billpointless*»: Email de Joanna Rockower a empleados de X.com, Octubre 23, 2000.

331 «*Soy vendedor*»: Email de Damon Billian a Community@X.com, Noviembre 22, 2000.

331 «*Estamos trabajando*»: Grant Du Bois, «'Buy It Now' Feature Flawed», eWeek/ ZDNet.

331 «*Esto es una maratón*»: Adam Cohen, *The Perfect Store: Inside EBay* (1st ed.) (Boston: Little, Brown, 2002), 231.

331 «*La cuota de mercado de*»: Email de Eric Jackson a un antiguo empleado de X.com, Noviembre 28, 2000.

332 «*el sistema de pago online*»: David Kathman. «EBay Shows Why It's the Cream of the Internet Crop», Morningstar, Inc., Octubre 19, 2000.

332 «*David y Peter*»: Entrevista del autor con un antiguo empleado de PayPal. Comentario en segundo plano.

332 «*la confianza y la seguridad*»... «*digno de admiración*»: Entrevista del autor con Rob Chestnut, Julio 19, 2021.

333 «*PayPal era*»: Meg Whitman y Joan O'C. Hamilton, *The Power of Many: Values for Success in Business and in Life* (New York: Currency, 2010), 65.

334 «*Acuerdos*»: Email de Reid Hoffman a robc@ebay.com, Octubre 11, 2000.

334 «*Hoy hemos tenido*»... «*evidentes incertidumbres*»: Email de Reid Hoffman a toda la empresa, Noviembre 10, 2000.

335 «*Si el criterio de Billpoint*»... «*riesgo que está asumiendo*»: Email de Reid Hoffman a varios empleados de X.com, Diciembre 18, 2000.

336   *En una ocasión*: Entrevista del autor con Premal Shah, Agosto 23, 2021.

337   *«Si hubiera llevado a cabo»*: Eric M. Jackson, *The Paypal Wars: Battles with EBay, the Media, the Mafia, and the Rest of Planet Earth* (1st ed.) (Los Angeles: World Ahead Pub, 2004), 207.

338   *«No nos agrada»...* *«cuenta de Billpoint para siempre»*: Rosalinda Baldwin, «Billpoint's Unethical Tactics», *Auction World*, Julio 14, 2001, acceso Julio 24, 2021, http://auctionguild.com/ebart/ebayart012.htm.

339   *«A ciertos vendedores»*: Entrevista del autor con Rob Chestnut, Julio 19, 2021.

340   *«Uno de los supuestos»*: Entrevista del autor con David Sacks, Noviembre 28, 2018.

340   *«eBay tenía todo un historial»*: Entrevista del autor con David Sacks, Noviembre 28, 2018.

341   *«Sí, se pensó en la posibilidad»*: Entrevista del autor con Jason Mayo, Junio 11, 2019.

341   *«Éramos muy reacios»*: Entrevista del autor con Rob Chestnut, Julio 19, 2021.

341   *«Teníamos un gran imán»*: Adam Cohen, *The Perfect Store: Inside EBay* (1st ed.) (Boston: Little, Brown and Co., 2002), 101.

341   *«Recibíamos sugerencias»...«malware»*: «The Investor Show: PayPal Founder Member Paul Martin on Starting PayPal», acceso Julio 23, 2021, https://www.youtube.com/watch?v=EATXYARdMZI.

342   *«Estas cosas parecen sencillas»*: Ibid.

343   *«eBay está abusando»*: Carta a Meg Whitman, compartida con el consejo de administración de la empresa en junio de 2001.

343   *«Rob, si eBay ha puesto»*: Email de Reid Hoffman a robc@ebay.com, Enero 2, 2001.

343   *«La postura de eBay era»*: Entrevista del autor con Vince Sollitto, Abril 25, 2019.

344   *«Para ser justos»...* *«si les cerrábamos el negocio»*: Entrevista del autor con Rob Chestnut, Julio 19, 2021.

19. El dominio del mundo

345   *«centro económico mundial»...* *«sistema financiero mundial»*: Entrevista del autor con Elon Musk, Octubre 3, 2021.

346   *En 1998*: Bruno Giussani, «France Gets Along With Pre-Web Technology», *EuroBytes*, Septiembre 23, 1997, https://archive.nytimes.com/www.nytimes.com/library/cyber/euro/092397euro.html.

347   *«Si eres coleccionista»*: Entrevista del autor con Bora Chung, Agosto 16, 2021.

347   *«David Sacks ya lo sospechaba»*: Entrevista del autor con Giacomo Drigoli, Diciembre 9, 2020.

347 «*Silicon Valley*»: Entrevista del autor con Mark Woolway, Enero 29, 2019.

347 Nota al pie de página «*Hicimos muchas operaciones*»: William Boston. «Purchase of Germany's Alando.de Expands EBay's Global Presence», *Wall Street Journal*, Junio 23, 1999, https://www.wsj.com/articles/SB930088782376234268.

348 «*el proceso de entrevistas*»... «*con las de Estados Unidos*»: Entrevista del autor con Scott Braunstein, Noviembre 6, 2018.

348 «*Los reguladores estadounidenses*»: Entrevista del autor con Sandeep Lal, Mayo 19, 2021.

349 «*Al cabo de una hora*»: Entrevista del autor con Scott Braunstein, Noviembre 6, 2018.

349 «*el primer banco*»: Jessica Toonkel, «Web-Only Telebank First in US to Plan Operations Overseas», *American Banker*, Abril 25, 2000.

349 «*Para localizar*»... «*Cuando llegué*»: Entrevista del autor con un antiguo empleado de X.com, Junio 23, 2021.

350 «*No existe mucha*»: Entrevista del autor con Scott Braunstein, Noviembre 6, 2018.

350 «*Cuando aterrizaba en*»: Entrevista del autor con Mark Woolway, Enero 29, 2019.

350 «*Llegué a última hora*»... «*formidable!*»: Email de Jack Selby tao all@x.com, Mayo 28, 2000, asunto: «X.com has friends in China, specifically the China Development Bank».

352 «*En esencia*»: Entrevista del autor con Jack Selby, Octubre 30, 2018

352 «*El acuerdo con Crédit Agricole*»: Entrevista del autor con Mark Woolway, Enero 29, 2019.

352 «*Todos remábamos en la misma dirección*»: Entrevista del autor con Jack Selby, Octubre 30, 2018.

352 «*Una cosa que estaba*»... «*comercio*»: Entrevista del autor con Sandeep Lal, Mayo 26, 2021.

353 «*historia de éxito del comercio electrónico*»... «*su propia web*»: Weekly Pal, Junio 14, 2002.

353 «*Si conseguías esa licencia*»... «*a sus autoridades*»: Entrevista del autor con Sandeep Lal, Mayo 19, 2021.

354 «*empatizar*»... «*pesadilla*»: Entrevista del autor con Giacomo DiGrigoli, Diciembre 9, 2020.

354 «*Parece que todas las empresas tecnológicas*»: Entrevista del autor con Benjamin Listwon, Mayo 21, 2021.

354 «*David le echó un vistazo*»: Entrevista del autor con Giacomo DiGrigoli, Diciembre 9, 2020.

355 «*Le dije*»: Entrevista del autor con Reid Hoffman, Septiembre 1, 2018.

355 «*escuchara mis preocupaciones*»: Entrevista del autor con Kim-Elisa Proctor, Mayo 15, 2021.

355   «*No buscaríamos*»: Entrevista del autor con David Sacks, Noviembre 28, 2018.

355   «*Las empresas de Estados Unidos...* «concluyentes al respecto»: Matt Richtel, «US Companies Profit from Surge in Internet Gambling», *New York Times*, Julio 6, 2001.

356   «*No haces más que*»: Matt Richtel, «Bettors Find Online Gambling Hard to Resist», *New York Times*, Marzo 29, 2001.

356   «*No es solo*»: Entrevista del autor con Mark Woolway, Enero 29, 2019.

357   «*Nadie quería ocuparse*»: Entrevista del autor con Jack Selby, Octubre 30, 2018.

357   *En 1998 y 1999*: Davan Maharaj, «Courts Toss Online Gambling Debts», *Los Angeles Times*, Noviembre 23, 1999. (Véase también: Matt Richtel, «Who Pays Up If Online Gambling Is Illegal?» *New York Times*, Agosto 21, 1998.)

357   «*Esta empresa registró*»... «*encima de la mesa*»: Entrevista del autor con Dan Madden, Mayo 6, 2021.

358   «*Siempre estábamos buscando*»: Entrevista del autor con Mark Woolway, Enero 29, 2019.

359   «*Si tienes un casino*»... «*delitos atroces del mundo real*»: Entrevista del autor con Melanie Cervantes, Junio 25, 2021.

359   *modelos de negocio*: Correos electrónicos y documentos de la empresa relacionados con el proyecto Sapphire, del 16 al 29 de mayo de 2001.

361   «*En la práctica*»... «*tierras hostiles*»: *Weekly Pal* newsletter, Noviembre 30, 2001.

20. Pillados por sorpresa

363   «*Tendremos una oferta pública*»: Varios empleados compartieron este recuerdo de su época en X.com durante el año 2000.

363   *En realidad, este no era un requisito*: Corrie Driebusch y Maureen Farrell, «IPO Market Has Never Been This Forgiving to Money-Losing Firms», *Wall Street Journal*, Octubre 1, 2018.

364   «*Aunque al final*»: *Weekly Pal* newsletter, Abril 6, 2001.

364   «*Un par de chicos*»: Entrevista del autor con Jim Kellas, Diciembre 7, 2020.

364   «*Hay mucha gente*»: *Weekly Pal* newsletter, Abril 13, 2001.

366   «*Las lenguas largas*»: *Weekly Pal* newsletter, Septiembre 7, 2001.

367   «*Necesitábamos salir a bolsa*»: Entrevista del autor con Jack Selby, Octubre 30, 2018.

367   «*Las marcas de consumo*»... «*y las rechazara?*»: Entrevista del autor con Pete Kight, Enero 7, 2019.

368   «*Esta semana*»: Peter Thiel, «Presidential Reflections», *Weekly Pal*, Agosto 31, 2001.

370   «*mera rutina*»... «*en ninguna operación*»: Email de Peter Thiel a Tim Hurd, Septiembre 12, 2001.

371 «*Creo que*»: Entrevista del autor con Rebecca Eisenberg, Septiembre 1, 2021.

371 «*Espero que no*»... «*salir de la ciudad*»: Entrevista del autor con Peter Thiel, Septiembre 11, 2021.

371 «*Teníamos un monitor*»... «*que estaba pasando*»: Entrevista del autor con James Hogan, Diciembre 14, 2020.

372 «*Cruzaba la calle diciendo*»... «*Ese tipo de cosas*»: Entrevista del autor con Scott Braunstein, Noviembre 6, 2018.

373 «*Perdí a alguien*»... «*me pudiera pasar a mí*»: *Weekly Pal* newsletter, Septiembre 14, 2001.

373 «*Esta última semana*»: Email de Peter Thiel enviado a toda la empresa por Sarah Jane Wallace, Septiembre 14, 2001, asunto: «FW: presidential reflections».

375 «*Llegué a la oficina*»... «*tras los acontecimientos*»: Entrevista del autor con Vivien Go, Mayo 6, 2021.

377 «*Parece que seamos*»: Troy Wolverton, «eBay's Charity Auction Upsets Some Sellers», CNET, Septiembre 18, 2001.

377 «*Te escribo para expresar*»... «*aceptar Billpoint*»: Email de Reid Hoffman a robc@paypal.com, Septiembre 18, 2001.

378 «*Sus colegas recuerdan que tras los atentados*»: Entrevista del autor con John Kothanek, Mayo 11, 2021.

378 *Luego estaba el asunto*: Alexander Osipovich, «After the 9/11 Attacks, Wall Street Bolstered Its Defenses», *Wall Street Journal*, Septiembre 7, 2021. (Véase también: David Westenberg y Tim Gallagher, «IPO Market Remains Dormant in the Third Quarter of 2001», publicación del sitio web del bufete de abogados WilmerHale, https://www.wilmerhale.com/en/insights/publications/ipo-market-remains-dormant-in-the-third-quarter-of-2001-octubre-18-2001.)

379 «*Cuanto más tardemos*»: Entrevista del autor con Jack Selby, Octubre 30, 2018.

379 «¿Quién sabe dónde»: Entrevista del autor con Peter Thiel, Septiembre 11, 2021.

379 «*Deseamos lo que otros desean*»: Rene Girard, «Generative Scapegoating», en Robert G. Hammerton-Kelly, ed., *Violent Origins: Walter Burkert, René Girard, and Jonathan Z. Smith on Ritual Killing and Cultural Formation*. (Stanford University Press, 1988), 122.

380 «*Si estás en un mundo*»... «*dar al respecto*»: Entrevista del autor con Peter Thiel, Septiembre 11, 2021.

380 «*PayPal Inc*»... «*no es rentable*»: «PayPal Files $80.5M IPO—Oct. 1, 2001», CNNFn, acceso Julio 24, 2021, https://money.cnn.com/2001/10/01/deals/pay pal/.

381   «*servicio de pago online popular, pero que pierde dinero*»: Reuters, «News
      Scan: Diciembre 17, 2001», https://www.forbes.com/2001/12/17/1217auto-
      newsscan10.html?sh=3116310144a3.
381   *Associated Press*: «PayPal Inc. Files Plans to Test Frosty IPO Market», acceso
      Julio 25, 2021, https://www.foxnews.com/story/paypal-inc-files-plans-to-
      test-frosty-ipo-market.amp.
381   «*gélido*»: Don Clark, «PayPal Files for an IPO, Testing a Frosty Market», *Wall
      Street Journal*, Octubre 1, 2001, https://www.wsj.com/articles/SB100179289
      8981822840.
381   «*Hablando de un mal momento*»: Comentario de John Robb del servicio
      de noticias Scripting News, 30 de septiembre de 2001, enlaces agregados,
      http://scripting.com/2001/09.html.
381   «*En general, la mayoría*»: Gary Craft, «The Week of January 25th in
      Review», Informe semanal del FinancialDNA.com, Enero 26, 2002.
381   «¿Qué haría usted»... «*epidemia de ántrax*»: George Kraw, «Affairs of State—
      Earth to Palo Alto», Law.com, acceso Julio 25, 2021, https://www.law.com /
      almID/900005370549/.
382   «*Aquello cabreó mucho*»: Entrevista del autor con Russel Simmons, Agosto
      24, 2018.

21. Proscritos

383   «*Tenemos unos costes fijos*»: «Presidential Reflections... by Peter Thiel»,
      Weekly Pal newsletter, Septiembre 7, 2001.
384   «*Pensé que [la salida a bolsa]*»: Peter Thiel—The Initial Public Offering
      (IPO), acceso Julio 25, 2021, https://www.youtube.com/watch?v=nlh9X-
      B0KbeY.
385   «*Los participantes que movieron*»: *Weekly Pal* newsletter, Febrero 1, 2001.
385   «*Solo recuerdo el estrés*»: Entrevista del autor con Kim-Elisha Proctor, Mayo
      15, 2021.
385   «*Las preguntas pueden parecer*»: Email de Mark Sullivan a all@paypal.com,
      Enero 14, 2002.
386   «*[Wenzel] dijo*»: Entrevista del autor con Janet He, Junio 30, 2021.
386   «*Los tipos del otro lado*»: Entrevista del autor con Jack Selby, Octubre 30, 2018.
386   *Y los suscriptores decían*»: Entrevista del autor con Mark Woolway, Enero
      29, 2019.
387   «*La oferta pública de venta es un buen momento*»: Peter Thiel—The Initial
      Public Offering (IPO), acceso Julio 25, 2021, https://www.youtube.com/
      watch?v=nlh9XB0KbeY.
387   *El lunes 4 de febrero*: Kristen French, «PayPal IPO Not Coming Before
      Monday», *TheStreet*. Febrero 7, 2002, https://www.thestreet.com/opinion/
      paypal-ipo-not-coming-before-monday-10008463.

387   «*un agente*»: David Kravitz, Pagos y transacciones en el sistema de comercio electrónico, US Patent Number 6029150A.

388   «*Patentes como la suya*»: Tim O'Reilly, «Tim O'Reilly Responds to Amazon's 1-Click and Associates Program Patents in His 'Ask Tim' Column», Febrero 29, 2000, acceso Julio 25, 2021. https://www.oreilly.com/pub/pr/537.

389   «*Miren, tenemos una patente*»: Comentario de Max Levchin a Stanford eCorner, Enero 21, 2004, https://ecorner.stanford.edu/wp-content/uploads/sites/2/2004/01/1029.pdf.

389   «*Peter dijo*»: Entrevista del autor con Tim Hurd. Noviembre 15, 2018.

389   «*Es como si*»... «*los últimos cuatro años*»: Entrevista del autor con Chris Ferro, Septiembre 3, 2021.

390   «*En un mercado tan deprimido*»: «PayPal's IPO Delayed», *Forbes*, Febrero 7, 2002, acceso Julio 25, 2021, https://www.forbes.com/2002/02/07/0207paypal.html.

391   «*Esa era mi única misión*»: Entrevista del autor con Tim Hurd, Noviembre 15, 2018.

391   «*Tuvimos mala suerte*»: Peter Thiel—The Initial Public Offering (IPO), acceso Julio 25, 2021, https://www.youtube.com/watch?v=nlh9XB0KbeY.

391   «*En cuanto nos asignaron*»: Entrevista del autor con Mark Woolway, Enero 29, 2019.

392   «*El 33 % de los*»: Trintech's Marketspace Digest, Febrero 7, 2002.

392   «*Si los contactos recientes*»: «Risks Related to This Offering», SEC FORM S-1. 2002, https://www.sec.gov/Archives/edgar/data/1103415/000091205702005893/a20 60419zs-1a.htm.

393   «*Todo el proceso fue largo y problemático*»: Entrevista del autor con Mark Woolway, Enero 29, 2019.

393   «*Íbamos a salir a bolsa*»... «*Si no, nos van a odiar*»: Entrevista del autor con Reid Hoffman, Septiembre 1, 2018.

395   «*Una y otra vez se plantea*»: Comentario de Peter Thiel a Stanford eCorner, Enero 21, 2004, https://ecorner.stanford.edu/wp-content/uploads/sites/2/2004/01/1036.pdf.

396   «*No vemos con buenos ojos*»: Robert Barker, «Why PayPal Might Not Pay Off», *Businessweek*, Febrero 3, 2002, https://www.bloomberg.com/news/articles/2002-02-03 /why-paypal-might-not-pay-off.

396   «*Es evidente que nadie*»: Michael Liedtke, «PayPal may Shut Down in Louisiana, Casting Cloud Over IPO», Associated Press, Febrero 12, 2002.

396   «*el derecho a impugnar*»: Troy Wolverton, «PayPal Asked to Stay Out of Louisiana», ZDNet, Febrero 12, 2002, acceso Julio 26, 2021, https://www.zdnet.com/ar ticle/paypal-asked-to-stay-out-of-louisiana/.

397   «*¿De verdad quieren enfrentarse*»: Comentario de Peter Thiel a Stanford eCorner, Enero 21, 2004, https://ecorner.stanford.edu/wp-content/uploads/sites/2/2004/01/1029.pdf.

397 «*De no haber sido así*»: Entrevista del autor con Jack Selby, Octubre 30, 2018.

397 «*Mi sensación*»: Eric M. Jackson, *The PayPal Wars: Battles with EBay, the Media, the Mafia, and the Rest of Planet Earth*, 1st ed. (Los Angeles: World Ahead Pub, 2004), 242.

398 «*Estuvimos así de cerca*»: Entrevista del autor con Tim Hurd, Noviembre 15, 2018.

398 «*No puedo evitar pensar*»... «*puede terminar mal?*»: Michael Liedtke, «PayPal Prices IPO at $13 Per Share», Associated Press, Febrero 14, 2002.

399 «*Golpeada y maltratada*»: Keith Regan, «PayPal IPO Off to Spectacular Start», *ECommerce Times*, Febrero 15, 2002, acceso Julio 26, 2021, https:// www.ecommercetimes.com/story/16368.html.

399 «*Me siento como un tanque*»: Thomson Financial's Card Forum, «PayPal Has a Successful Debut on the Nasdaq», Febrero 15, 2002.

399 «*En ese momento, la salida a bolsa*»: Entrevista del autor con Santosh Janardhan, Junio 15, 2021.

400 «*Todo el mundo miraba*»: Entrevista del autor con Scott Braunstein, Noviembre 6, 2018.

400 «*Un momento*»: Email de Amy Rowe Klement al autor, Octubre 4, 2021.

400 «*Miles de horas de trabajo*»: Entrevista del autor con Erik Klein, Abril 25, 2021.

400 «*que iba más allá que un*»... «*en nuestro cubículo*»: Entrevista del autor con James Hogan, Diciembre 14, 2020.

401 «*Todavía no éramos*»: Entrevista del autor con John Kothanek, Mayo 11, 2021.

401 «*Teniendo en cuenta que estoy haciendo esto*»: Web personal de Max Levchin, http://www.levchin.com/paypal-slideshow/13.html.

401 «*Gente haciendo* keg stands»: Entrevista del autor con Jeremy Roybal, Septiembre 3, 2021.

402 «*Peter no bebe mucho*»: Entrevista del autor con Santosh Janardhan, Junio 15, 2021.

402 «*Peter se enfadó mucho*»: Entrevista del autor con un empleado de X.com. Comentario en segundo plano.

402 «*Dijo que la capitalización*»: Entrevista del autor con Scott Braunstein, Noviembre 6, 2018.

402 «*En esencia, aquella fiesta*»: Comentario de Max Levchin a Stanford eCorner. Enero 21, 2004, https://ecorner.stanford.edu/wp-content/uploads/ sites/2/2004/01/1029.pdf.

402 «*felicidad, celebración, lágrimas*»: Entrevista del autor con Oxana Wootton, Diciembre 4, 2020.

403 «*incredulidad y expectación*»: Email de Amy Rowe Klement al autor, Octubre 4, 2021.

403 «*Fue el primer momento*»: Entrevista del autor con Mark Woolway, Enero 29, 2019.

404 «*La salida a bolsa de PayPal*»: Entrevista del autor con Elon Musk, Enero 19, 2019.

22. Y solo conseguí una camiseta

406 «*con el tiempo, una mayor integración*»: Ina Steiner, «EBay Spends $43.5 Million to Gain 100% Control of Billpoint Payment Service», *eCommerceBytes*, Febrero 22, 2002, acceso Julio 27, 2021, https://www.ecommercebytes.com/cab/abn /y02/m02/i22/s01.

406 «*Orca*»... «*en la fusión*»: Borradores de acuerdos de fusión y actas de directorio de principios de 2002.

407 «*Nos reunieron*»: Entrevista del autor con Katherine Woo, Julio 1, 2021.

408 «*Lo marcó, lo recortó*»: Entrevista del autor con Vince Sollitto, Abril 25, 2019.

408 «*PayPal se cuela en la fiesta de eBay, otra vez*»: Rick Aristotle Munarriz, «PayPal Crashing eBay's Party, Again», Motley Fool Take, Junio 14, 2002.

409 «*eBay le daba a la gente una camiseta*»: Entrevista del autor con David Sacks, Enero 29, 2019.

410 «*diez años antes de tiempo*»... «*marketing de guerrilla*»: Entrevista del autor con Jeff Jordan, Abril 26, 2019.

412 «*Básicamente hablamos*»: Entrevista del autor con David Sacks, Enero 29, 2019.

412 «*Gran parte de nuestro volumen*»: Email de Amy Rowe Klement al autor, Octubre 4, 2021.

412 «*Reid usaba un modo conciso*»: Keith Rabois, «Why Did PayPal Sell to EBay?—Quora», Septiembre 5, 2010, acceso Julio 27, 2021, https://www.quora.com/Why-did-PayPal-sell-to-eBay.

412 «*Si se firmaba el trato con Citibank*»: Entrevista del autor con Jeff Jordan, Abril 26, 2019.

413 «*La pistola parece de verdad*»: Entrevista del autor con Reid Hoffman, Agosto 24, 2018.

413 «*Si queréis guerra*»: Adam Penenberg, *Viral Loop: From Facebook to Twitter, How Today's Smartest Businesses Grow Themselves* (1st ed.) (New York: Hyperion, 2009), 179.

414 «*La única manera*»... «*empezamos con la diligencia*»: Entrevista del autor con Jeff Jordan, Abril 26, 2019.

414 «*Pasamos de los pliegos de condiciones*»: Entrevista del autor con David Sacks, Enero 29, 2019.

414 «*La oferta pública*»... *1400 millones de dólares*»: Entrevista del autor con Jeff Jordan, Abril 26, 2019.

414 *«ausencia de collar»... «miembros clave del equipo»*: Paypal board minutes, Julio 6, 2002

415 *«Yo les decía que estaban locos»*: Entrevista del autor con Elon Musk, Enero 19, 2019.

415 *«Me costó mucho»*: Entrevista del autor con John Malloy, Octubre 29, 2018.

416 *«Nos preguntaron si queríamos»*: Entrevista del autor con Skye Lee, Septiembre 24, 2021.

416 *«cuando me dijo que era el momento»... «llegado a ese punto»*: Entrevista del autor con John Malloy, Octubre 29, 2018.

416 *«La experiencia reiterada»*: Entrevista del autor con Luke Nosek, Mayo 31, 2018.

416 *«Es muy complicado»... «si aplazara el riesgo»*: Entrevista del autor con John Malloy, Octubre 29, 2018.

416 *«Soy como un Amazon»... «historia de eBay»*: Entrevista del autor con Jeff Jordan, Abril 26, 2019.

417 *«aprobaciones de los accionistas, del Gobierno y de los organismos reguladores»*: SEC.gov, «eBay to Acquire PayPal», https://www.sec.gov/Archives/edgar/data/1103415/000091205702026650 /a2084015zex-99_1.htm.

418 *«¿Veis lo que tengo que aguantar?»... «equipo directivo intacto»*: Eric M. Jackson, *The PayPal Wars: Battles with eBay, the Media, the Mafia, and the Rest of Planet Earth* (1st ed.) (Los Angeles: World Ahead, 2004), 282.

418 *«Supongo que hemos ganado»*: Eric M. Jackson, *The PayPal Wars: Battles with eBay, the Media, the Mafia, and the Rest of Planet Earth* (1st ed.) (Los Angeles: World Ahead, 2004), 283.

418 *«Iba en bici y pensaba»*: Entrevista del autor con Mike Greenfield, Agosto 7, 2020.

419 *«En estos casos, si [el vencedor] está claro»*: Eric M. Jackson, *The PayPal Wars: Battles with eBay, the Media, the Mafia, and the Rest of Planet Earth* (1st ed.) (Los Angeles: World Ahead, 2004), 287.

419 *«Venderse a eBay»*: Bambi Francisco, «Who's Really Getting Paid, Pal?» MarketWatch, Julio 9, 2002, acceso Julio 27, 2021, https://www.marketwatch.com /story/whos-really-getting-paid-pal.

420 *«Deberían sentir mucho orgullo»*: Eric M. Jackson, *The PayPal Wars: Battles with eBay, the Media, the Mafia, and the Rest of Planet Earth* (1st ed.) (Los Angeles: World Ahead, 2004), 284.

420 *«batiburrillo de palabras de moda»... «corporativa»*: Entrevista del autor con un antiguo empleado de X.com. Comentario en segundo plano.

420 *«Nos acaba de comprar eBay»*: Entrevista del autor con Bob McGrew, Noviembre 1, 2018.

421 *«No es que nos estuviéramos»*: Entrevista del autor con Vivien Go, Mayo 6, 2021.

421 «*Necesitábamos un punto*»: Entrevista del autor con Katherine Woo, Julio 1, 2021.

421 «*Si esto fuera la revolución*»: Entrevista del autor con Luke Nosek, Mayo 31, 2018.

421 «*La gente no entiende la dinámica*»: Entrevista del autor con Jack Selby, Octubre 30, 2018.

422 «*Una de las anécdotas*»... «*regalo del cielo*»: Entrevista del autor con Reid Hoffman, Septiembre 1, 2018.

422 «*Nos preocupaba*»: Entrevista del autor con Chris Ferro, Septiembre 3, 2021.

423 «*Fue una semana incómoda*»: Entrevista del autor con Dan Madden, Mayo 6, 2021.

423 «*Fui al departamento de relaciones públicas*»... «¿qué fechas habéis *dicho?*»: Entrevista del autor con Reid Hoffman, Septiembre 1, 2018.

424 «*A veces hemos dicho*»... «*mejor que la Tierra*»: Eric M. Jackson, *The PayPal Wars: Battles with eBay, the Media, the Mafia, and the Rest of Planet Earth* (1st ed.) (Los Angeles: World Ahead, 2004), 294–295.

426 «*me convirtió*»... «*en lugar de en las instituciones*»: Entrevista del autor con Vivien Go, Mayo 6, 2021.

Conclusión: El mercado

427 «*En octubre ya estábamos operando*»: Entrevista del autor con Jack Selby, Octubre 30, 2018.

427 «*Con efecto al cierre*»: Email de Peter Thiel a all@x.com, Octubre 3, 2002, asunto: «My departure from PayPal».

428 «*Tuvimos que hacer el papelón*»: Entrevista del autor con Mark Woolway, Enero 29, 2019.

428 «*tardaba un día*»... «*Bueno, supongo que*»: Entrevistas del autor con un antiguo miembro del consejo de administración y del equipo ejecutivo de X.com. Comentario en segundo plano.

429 «*En su mayoría*»: Entrevista del autor con Jack Selby, Octubre 30, 2018.

429 «*Si lo dejaba escapar*»: Ibid.

429 «*Estamos pasando de una mentalidad de vaqueros*»: Entrevista del autor con David Wallace, Diciembre 5, 2020.

429 «*para poder asignar*»: Entrevista del autor con Santosh Janardhan, Junio 15, 2021.

430 «*Hubo entre tres y seis meses*»: Entrevista del autor con Kim-Elisha Proctor, Mayo 15, 2021.

430 «*El comportamiento de algunos*»: Email de Amy Rowe Klement al autor, Octubre 4, 2021.

430 «*Las reuniones de integración entre PayPal y eBay*»: *Weekly Pal* newsletter, Agosto 16, 2002.

431 «*Gracias a Max*»: Entrevista del autor con John Malloy, Julio 25, 2018.

431 «*Aquel día fue el mejor de mi vida*»: Email de Max Levchin a un pequeño grupo de empleados de PayPal, Noviembre 25, 2002, asunto: «Thank you!!!»

432 «*no era una*»... «*somos buenos*»: Entrevista del autor con Katherine Woo, Julio 1, 2021.

432 «*Me preocupaba*»... «*web de compraventa*»: Email de Amy Rowe Klement al autor, Octubre 4, 2021.

433 «*Todos los altos cargos*»... «*Se improvisaba*»: Entrevista del autor con Huey Lin, Agosto 16, 2021.

433 «*estaba bastante aislado*»: Entrevista del autor con David Gausebeck, Enero 31, 2019.

434 «*El mercado más grande está fuera de eBay*»: Comentario de Peter Thiel a Stanford eCorner, Enero 21, 2004, https://ecorner.stanford.edu/wp-content/uploads/sites/2/2004/01/1034.pdf.

434 «*En cuanto a la propuesta de*»: «eBay Inc.'s Statement on Carl Icahn's Investment and Related Proposals», Enero 22, 2014, https://www.ebayinc.com/stories/news/ebay-incs-statement-carl-icahns-investment-and-related-proposals/.

435 «*el desprecio absoluto*»: Maureen Farrell, «Carl Icahn Charges eBay's Board with 'Complete Disregard for Accountability'», *Wall Street Journal*, Febrero 24, 2014, https://blogs.wsj.com/moneybeat/2014/02/24/carl-icahn-charges-ebays-board-with-complete-disregard-for-accountability/.

435 «*equivocado por completo*»: «Stick to the Facts, Carl: eBay Inc. Responds to Carl Icahn», Febrero 26, 2014, https://www.ebayinc.com/stories/news/stick-facts-carl-ebay-inc-responds-carl-icahn/.

435 «*PayPal es una joya*»... «*más grande del mundo*»: Steven Bertoni, «Carl Icahn Attacks eBay, Marc Andreessen and Scott Cook in Shareholder Letter», *Forbes*, acceso Julio 29, 2021, https://www.forbes.com/sites/stevenbertoni/2014/02/24/carl-icahn-attacks-ebay-marc-andreessen-and-scott-cook-in-shareholder-letter/.

436 «*Una evaluación estratégica*»: «eBay Inc. to Separate eBay and PayPal Into Independent Publicly Traded Companies in 2015», Septiembre 30, 2014, https://www.businesswire.com/news/home/20140930005527/en/eBay-Inc.-to-Separate-eBay-and-PayPal-Into-Independent-Publicly-Traded-Companies-in-2015.

436 «*PayPal debería ser*»: Entrevista del autor con Elon Musk, Enero 19, 2019.

436 «*Habría que decirle que*»: Entrevista del autor con Reid Hoffman, Septiembre 1, 2018.

437 «*Estuve un año sin poder trabajar*»: Entrevista del autor con Luke Nosek, Mayo 31, 2018.

437 «*Esto no va a funcionar*»: Entrevista del autor con Max Levchin, Julio 24, 2018.

438 «*Habíamos construido PayPal en tres años*»: Suzanne Herel, «Meet the Boss: David Sacks, CEO of Yammer», *SFGATE*, Febrero 22, 2012, https://www.sfgate.com/business/meettheboss/article/Meet-the-Boss-David-Sacks-CEO-of-Yammer-3347271.php.

438 «*La mafia de PayPal*»: Jeff O'Brien, «The PayPal Mafia», *Fortune*, Noviembre 13, 2007.

438 «*la etiqueta de «mafia»*»: Entrevista del autor con Kim-Elisha Proctor, Mayo 15, 2021.

439 «*Casi todo el mundo allí se sentía*»: Entrevista del autor con John Malloy, Julio 25, 2018.

439 «*Al englobarlos*»: David Gelles, «Reid Hoffman: 'You Can't Just Sit on the Sidelines'», *New York Times*, Mayo 31, 2019, https://www.nytimes.com/2019/05/31 /business/reid-hoffman-linkedin-corner-office.html.

439 «*verdaderas náuseas*»: Entrevista del autor con Julie Anderson, Julio 19, 2019.

440 «*La realidad es que*»: Email de un antiguo empleado de PayPal al autor. Esta cita se utilizó con la aprobación del empleado, y se mantuvo en segundo plano por decisión del empleado y del autor.

440 «*creía que el término «diáspora»*»: Entrevista del autor con SB Master, Octubre 31, 2018. (Un año antes del titular «Mafia de PayPal» en *Fortune*, la escritora Rachel Rosmarin utilizó el término «Diáspora de PayPal» en un artículo para Forbes el 12 de julio de 2006, titulado «El éxodo de PayPal»).

440 «*No es como un club*»: «This Week in Start-Ups: David Sacks of Yammer», *TWiST* #245, Abril 6, 2012, topicplay.com/v/2180.

441 «*muchas de las personas*»: Entrevista del autor con Branden Spikes, Abril 25, 2019.

441 «*No quiero ser solo el tío que*»: Entrevista del autor con Max Levchin, Marzo 1, 2018.

441 «*Se ha quedado bastante vieja*»: Email de Elon Musk al autor, Diciembre 11, 2018.

441 «*[Las url] son su gran pasión*»: Entrevista del autor con Elon Musk, Enero 19, 2019.

441 «*¡Gracias, PayPal*»: Tuit de Elon Musk, Julio 10, 2017.

442 «*Nunca está muy claro*»: Comentario de Peter Thiel en Stanford, Enero 21, 2004, ecorner.stanford.edu/videos/1021/Lucky-or-Brilliant/.

442 «*Lo que aprendimos*»: Peter Thiel y Reid Hoffman hablan de PayPal y del éxito de las startups, acceso Octubre 14, 2021, https://www.youtube.com/watch?v=qvpCN3DqORo.

443 «*Si no somos nosotros, ¿quién, entonces?*»: Email de Amy Rowe Klement al autor, Octubre 4, 2021.

443 «*Entre los mejores trabajadores*»: El post de Mike Greenfield en Quora, «¿Qué creencias firmes sobre la cultura para emprender tenían Peter, Max

y David en PayPal?» acceso Octubre 14, 2021, https://www.quora.com/
What-strong-beliefs-on-culture-for-entrepreneurialism-did-Peter-Max-
and-David-have-at-PayPal.

443   «*Cuando buscábamos a gente*»: Entrevista del autor con Lauri Schulteis,
Diciembre 11, 2020.

443   «*Se acabó*»: Entrevista del autor con Tim Wenzel, Diciembre 4, 2020.

443   «*Inmigrar es en sí una forma de emprendimiento*»: Entrevista del autor con
David Sacks, Noviembre 28, 2018.

444   «*El mejor en cualquier empresa*»: Comentario de Max Levchin en la mesa
redonda, Startup2Startup: PayPal Mafia 2.0 (Part 1), acceso Octubre 14,
2021, https://www.youtube.com/watch?v=1WPud4dmdG4.

444   «*¿Eres una estrella del rock intelectual?*»: Entrevista del autor con Tim Hurd,
Noviembre 15, 2018.

444   «*Cuando llegas a un cierto nivel de comodidad*»: Entrevista del autor con
John Malloy, Julio 25, 2018.

445   «*Quién es la persona*»: Entrevista del autor con Reid Hoffman, Octubre 10,
2021.

445   «*Estábamos muy centrados*»: Elon Musk presentation to Stanford eCorner, Octubre 8, 2003, https://ecorner.stanford.edu/wp-content/uploads/
sites/2/2003/10/384.pdf.

445   «*[Allí] partíamos de cero*»: Entrevista del autor con David Sacks, Noviembre
28, 2018.

446   «*obsesionado con la distribución*»: Entrevista del autor con Ryan Donahue,
Mayo 5, 2021.

446   «*líderes con una gran inteligencia emocional*»... «*unida a la empresa*»:
Entrevista del autor con Amy Rowe Klement, Octubre 1, 2021.

446   «*Estaba malacostumbrado*»: Entrevista del autor con Russel Simmons,
Agosto 24, 2018.

446   «*La mayor parte de nuestra experiencia*»: Entrevista del autor con Jack Selby,
Octubre 30, 2018.

447   «*Los mejores equipos*»: Entrevista del autor con John Malloy, Octubre 29,
2018.

447   «*Si estás en una empresa de tanto éxito*»: Verdades binarias con Peter Thiel|
Disrupt SF 2014, acceso Julio 29, 2021, https://www.youtube.com/watch?-
v=Kl8JvF5id6Q.

447   «*Es mucho más difícil*»: Entrevista del autor con Jack Selby, Octubre 30, 2018.

447   «*Si no estás haciendo demasiados ajustes*»: LinkedIn Speaker Series con
Reid Hoffman, acceso Julio 29, 2021, https://www.youtube.com/watch?-
v=m_m1BaO9kcY.

448   «*En la directiva de PayPal*»: Blake Masters, «Peter Thiel's CS183: Startup—
Class 5 Notes Essay», Tumblr, Blake Masters (blog), Abril 20, 2012, https://

blakemas ters.tumblr.com/post/21437840885/peter-thiels-cs183-startup-class-5-notes-essay.

448 «*Era una búsqueda de la verdad*»: «This Week in Start-Ups: David Sacks of Yammer», *TWiST* #245, acceso Julio 29, 2021, https://www.youtube.com/watch?v=lomz3f7kdy8.

449 «*Te creas ciertas expectativas*»: Entrevista del autor con David Gausebeck, Enero 31, 2019.

449 «*Se pueden tener muchas habilidades*»: Entrevista del autor con Jack Selby, Octubre 30, 2018.

449 «*La gente quiere una*»: Entrevista del autor con John Malloy, Julio 25, 2018.

450 «*Existía la oportunidad de crear*»: «Trump, Gawker y Leaving Silicon Valley | Peter Thiel | TECH | Rubin Report», acceso Julio 29, 2021, https://www.youtube.com/watch?v=h10kXgTdhNU.

450 «*Cuando ganas fama*»: Entrevista del autor con John Malloy, Octubre 29, 2018.

450 «*[Aquello] me ha hecho reflexionar*»: Email de Amy Rowe Klement al autor, Octubre 4, 2021.

450 «*Los individuos que aplican las grandes ideas*»: Max Levchin, «High Leverage Individuals», demasiado largo para twittear, 2013, acceso Julio 29, 2021, https://max.levch.in/post/35659523095/high-leverage-individuals.

Epílogo

453 *En Europa*: Isabel Woodford, «Europe's Fintech 'Mafia': Meet the EmployeesTurned-Founders», *Sifted*, acceso Julio 25, 2021, https://sifted.eu/articles/digital-bank-mafia/.

453 *en Canadá*: Murad Hemmedi, «Canada's PayPal Mafia: The Surprising Afterlife of Workbrain, the 2000s-Era Startup That Inspired Some of Canada's Most Promising Tech Companies», *The Logic*, Diciembre 30, 2020, https://thelogic.co/news/the-big-read/canadas-paypal-mafia-the-surprising-afterlife-of-work brain-the-2000s-era-startup-that-inspired-some-of-canadas-most-promising-tech-companies/.

453 *En África*: Eric M. K. Osiakwan, «The KINGS of Africa's Digital Economy», *Digital Kenya*, 2017, 55–92, https://doi.org/10.1057/978-1-137-57878-5_3.

454 *En India*: «How The Flipkart Mafia Flipped the Fate of the Indian Startup Ecosystem», *Inc42 Media*, Mayo 6, 2017, https://inc42.com/features/flipkart-mafia/.

454 «*la mafia Vegana*»: Christina Farr, «Meet the 'Vegan Mafia', a Secret Group of Investors Betting on the Future of Food», CNBC, Agosto 12, 2017, https://www.cnbc.com/2017/08/11/vegan-mafia-food-investor-network-includes-bill-maris-kyle-vogt.html.

454 «*Chris, tenemos un mensaje para ti*»... «*prisión de máxima seguridad*»: Entrevista del autor con Chris Wilson, Septiembre 18, 2018.

455 «*Un día*»: Isaac Simpson. «After Life». *Breakout*, Febrero 17, 2017, https:// medium.com/breakout-today/after-life-5ea4c1ea6d72.

457 «*no podían estar cerca*»... «*Es un mensaje genuino*»: Entrevista del autor con Stephen Edwards, Septiembre 18, 2018.

458 «*Cuando me presenté en la corte, no solo lo hice con palabras de arrepentimiento*»: Chris Wilson, «Allow Children Sentenced to Life a Second Chance», *Baltimore Sun*, acceso Julio 25, 2021, https://www.baltimoresun. com/opinion/op-ed/bs-ed-parole-wilson-20150308-story.html.

Sobre el autor

JIMMY SONI es un autor muy reconocido. Su anterior libro, *A Mind at Play: How Claude Shannon Invented the Information Age*, ganó el Premio Neumann 2017, que concede la Sociedad Británica de Historia de las Matemáticas al mejor libro divulgativo de historia de las matemáticas, y el Premio Middleton 2019, del Institute of Electrical and Electronics Engineers. Su último proyecto, *Jane's Carousel*, escrito con la difunta Jane Walentas, recoge la extraordinaria historia de una mujer que restauró un popular tiovivo de Brooklyn Bridge Park. Vive en Brooklyn, Nueva York, con su hija, Venice. Para obtener más información sobre el trabajo del autor, visita su página web: www.jimmysoni.com.

Anotaciones

Anotaciones

Serie Management en 20 minutos

Harvard Business Review

La **Serie Management en 20 Minutos** de HBR te permite estar actualizado sobre las habilidades de gestión más esenciales. Ya sea que necesites un curso intensivo o un breve repaso, cada libro de la serie es un manual conciso y práctico que te ayudará a revisar un tema clave de management. Consejos que puedes leer y aplicar rápidamente, dirigidos a profesionales ambiciosos y aspirantes a ejecutivos, procedentes de la fuente más fiable en los negocios. También disponibles en ebook.

Con la garantía de **Harvard Business Review**

Disponibles también en formato **e-book**

Solicita más información en revertemanagement@reverte.com

www.revertemanagement.com

@revertemanagement

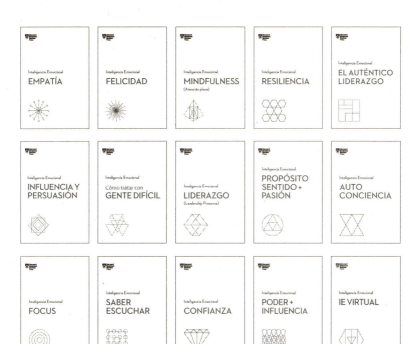

Serie Inteligencia Emocional
Harvard Business Review

Esta colección ofrece una serie de textos cuidadosamente seleccionados sobre los aspectos humanos de la vida profesional. Mediante investigaciones contrastadas, cada libro muestra cómo las emociones influyen en nuestra vida laboral y proporciona consejos prácticos para gestionar equipos humanos y situaciones conflictivas. Estas lecturas, estimulantes y prácticas, ayudan a conseguir el bienestar emocional en el trabajo.

Con la garantía de **Harvard Business Review**

Participan investigadores de la talla de
Daniel Goleman, Annie McKee y **Dan Gilbert**, entre otros

Disponibles también en formato **e-book**

Solicita más información en revertemanagement@reverte.com

www.revertemanagement.com

@revertemanagement

Guías Harvard Business Review

En las **Guías HBR** encontrarás una gran cantidad de consejos prácticos y sencillos de expertos en la materia, además de ejemplos para que te sea muy fácil ponerlos en práctica. Estas guías realizadas por el sello editorial más fiable del mundo de los negocios, te ofrecen una solución inteligente para enfrentarte a los desafíos laborales más importantes.

Monografías

Michael D Watkins es profesor de Liderazgo y Cambio Organizacional. En los últimos 20 años ha acompañado a líderes de organizaciones en su transición a nuevos cargos. Su libro, **Los primeros 90 días**, con más de 1.500.000 de ejemplares vendidos en todo el mundo y traducido a 27 idiomas, se ha convertido en la publicación de referencia para los profesionales en procesos de transición y cambio.

Todo el mundo tiene algo que quiere cambiar. Pero el cambio es difícil. A menudo, persuadimos, presionamos y empujamos, pero nada se mueve. ¿Podría haber una mejor manera de hacerlo? Las personas que consiguen cambios exitosos saben que no se trata de presionar más, o de proporcionar más información, sino de convertirse en un catalizador.

Stretch muestra por qué todo el mundo -desde los ejecutivos a los empresarios, desde los profesionales a los padres, desde los atletas a los artistas- se desenvuelve mejor con las limitaciones; por qué la búsqueda de demasiados recursos socava nuestro trabajo y bienestar; y por qué incluso aquellos que tienen mucho se benefician de sacar el máximo provecho de poco.

¿Por qué algunas personas son más exitosas que otras? El 95% de todo lo que piensas, sientes, haces y logras es resultado del hábito. Simplificando y organizando las ideas, **Brian Tracy** ha escrito magistralmente un libro de obligada lectura sobre hábitos que asegura completamente el éxito personal.

De la mano de **Daniel Goleman** y de otros destacados investigadores, esta obra ofrece información actualizada y rigurosa sobre cómo alcanzar un mayor grado de bienestar y satisfacción personal a través de una correcta gestión de nuestras emociones.

Daniel Goleman, psicólogo y conferenciante de renombre internacional, es autor de bestsellers sobre inteligencia emocional. Está considerado como uno los pensadores más influyentes del mundo.

Referenciado como uno de los diez mejores libros sobre gestión empresarial, **Good to Great** nos ofrece todo un conjunto de directrices y paradigmas que debe adoptar cualquier empresa que pretenda diferenciarse de las demás.

Jim Collins es un reconocido estudioso especializado en qué hace que las empresas sobresalgan, y asesor socrático de líderes de los sectores empresariales y sociales.

Conoce los principios y las filosofías que guían a Bill Gates, Jeff Bezos, Ruth Bader Ginsburg, Warren Buffett, Oprah Winfrey y muchos otros personajes famosos a través de conversaciones reveladoras sobre sus vidas y sus trayectorias profesionales.

David M. Rubenstein ha hablado largo y tendido con los líderes más importantes del mundo sobre cómo han llegado a ser famosos. **Conversaciones** comparte estas entrevistas con estos personajes.

Gallup y **Reverté Management** publican una nueva edición de su bestseller número 1. Esta edición incluye un total de 50 ideas sobre acciones específicas y personales para el desarrollo de tus talentos dominantes. Cada libro incluye un código de acceso a la evaluación en línea de CliftonStrengths.

El libro de Ryan Holiday, **Diario para estoicos**, es una guía fascinante y accesible para transmitir la sabiduría estoica a una nueva generación de lectores y mejorar nuestra calidad de vida. En la **Agenda**, los lectores encontrarán explicaciones y citas semanales para inspirar una reflexión más profunda sobre las prácticas estoicas, así como indicaciones diarias y una introducción útil que explica las diversas herramientas estoicas de autogestión.

También disponibles
en formato e-book

Solicita más información en
revertemanagement@reverte.com
www.revertemanagement.com